中国财经·纵横

中国特色社会主义经济理论的发展与回顾

——纪念中国改革开放40周年

卫兴华 著

中国财经出版传媒集团
中国财政经济出版社

图书在版编目（CIP）数据

中国特色社会主义经济理论的发展与回顾：纪念中国改革开放40周年/卫兴华著．—北京：中国财政经济出版社，2018.11

（中国财经·纵横）

ISBN 978-7-5095-8594-8

Ⅰ．①中…　Ⅱ．①卫…　Ⅲ．①中国特色社会主义-经济建设-研究　Ⅳ．①F120.3

中国版本图书馆CIP数据核字（2018）第249805号

责任编辑：吕小军　　　　责任校对：徐艳丽

封面设计：思梵星尚

中国财政经济出版社出版

URL：http：//www.cfeph.cn

E-mail：cfeph@cfeph.cn

社址：北京市海淀区阜成路甲28号　邮政编码：100142

营销中心电话：010-88191537　北京财经书店电话：64033436　84041336

北京富生印刷厂印刷　各地新华书店经销

710×1000毫米　16开　28.25印张　522 000字

2018年11月第1版　2018年11月北京第1次印刷

定价：96.00元

ISBN 978-7-5095-8594-8

（图书出现印装问题，本社负责调换）

本社质量投诉电话：010-88190744

打击盗版举报热线：010-88191661　QQ：2242791300

《中国财经·纵横》丛书编委会

出版说明

值党的十九大胜利召开、中国改革开放40年之际，中国财政经济出版社以近70年的积淀，秣马厉兵，重磅推出《中国财经·纵横》系列精典作品。2018年为系列丛书出版的元年，今后我们将继续本着敬业的出版人精神，以全貌展示财政、经济学大家的精品力作，及时收集、传承专家观点，记录、传播中国现代化经济体系建设历程，出版精品以飨读者，为国家财政、经济学发展做出贡献，为全面建成小康社会、全面推进社会主义现代化建设做出贡献！

总　　序

——改革开放 40 年的理论与实践创新

我国改革开放 40 年中，经济社会和其他各方面的发展都取得了举世瞩目的成就。改革初始，是放宽政策，改变“一大二公”的所有制结构。先后允许个体经济和私营经济发展，继而改革国营经济管理体制，要求将国营经济搞活。先后经历了放权让利，扩大企业经营自主权，实行企业利润留成，两权分离（国家所有，企业经营，国营企业改为国有企业），继而实现企业承包制、股份制、股份合作制、混合所有制，经济体制改革的目标模式从计划经济为主、市场调节为辅，到公有制基础上的有计划的商品经济，再到国家调节市场，市场引导企业，最终实行社会主义市场经济。

中国进行改革开放，是为了调动一切积极因素解放和发展生产力，并不断提高人民的物质文化生活水平，最终实现共同富裕。这是遵从了马克思主义关于科学社会主义本质规定的基本原理。针对“左”风时期忽视生产力发展的根本任务，忽视共同富裕的社会主义根本目的，邓小平提出了社会主义本质论：解放生产力，发展生产力，消灭剥削，消除两极分化，最终达到共同富裕。为了在我国生产力落后、人民贫穷的条件下更有效地发展社会主义，提出了社会主义初级阶段理论，为发展非公有制经济提供了理论和实际依据。社会主义初级阶段理论，是科学社会主义的理论创新，它与中国特色社会主义理论创新是紧密联系的。随后又提出公有制为主体、多种所有制共同发展，是社会主义初级阶段的基本经济制度。习近平同志提出：初级阶段的“基本经济制度是中国特色社会主义的重要支柱”。基本经济制度的提出，是对科学社会主义继承、坚持与发展。按照科学社会主义的基本原理，社会主义经济制度要以公有制为基础。公有制具有两个根本职能，一是解放被私有制旧制度束缚了的生产力；二是最终实现共同富裕的制度保证。由于我国的社会主义不是脱胎于发达资本主义国家，而是脱胎于生产力极端落后的半殖民地半封建的社会制度，我们既要坚持社会主义经济制度，又不能搞单一的公有制。这种理论和制度创新体现在我国的宪法规定中。我国宪法中存在两种经济制度并存的规定。其一是："中华人民共和国的社会主义经济制度的基础是生产资料的社会主义公有制，即全民所有制与劳动群众集体所有制。实行各尽所能，按劳分配的原则"。其二是：1987 年，中央提出社会主义初级阶段的基本经济制度后，1988 年，修改后的宪法，增添了初级阶段基本经济制度的规定："国家在社会主义初级的阶段，坚持公有制为主体、多种所有制经济共同发展的基本经济制度，坚持按劳分配为主体、多种分配方式并存的分配制度。"不要混同两种经济制度的内涵，社会主义经济制度只以公有制为基础，不包括非公有制经济。而社会主义初级阶段的基本经济制度则包括非公有制经济，但又要以公有制为主体。这是因为外资经济是外国资本主义经济，私营经济和个体经济是非社会主义经济，非公有制经济在我国现阶段具有重要地位和作用，要鼓励和促进其创新发展这与其社会经济性质是不同的问题。同样道理，为鼓励和保障非公有制经济发展，中央又提出了非公有制经济是社会主义市场经济的重要组成部分，在理论上将非公有制经济从体制外纳入体制内，但不要将非公有制经济解读为社会主义经济的重要组成部分。后来又提出股份制是"基本经济制度的重要实现形式"。随后又提出公私资本交叉持股的混合所有制经济。股份制不是一种独立的所有制形式，要把公有制的存在形式，如国有经济和集体经济形式，同公有制的实现形式如承包制、股份制等区别开来。股份制的性质取决控股权掌握在私资手中还是公资手中。

由计划经济转向社会主义市场经济，经历了一个不断探索和讨论的曲折过程。由最初在计划经济中引进市场调节，提出计划经济为主、市场调节（市场经济）为辅，到 1992 年党的十四大正式提出实行社会主义市场经济，到习近平提出让市场在资源配置中起决定性作用，更好地发挥政府的作用，这是国际社会主义发展史上的一大创新。

改革开放40年来，我国经济社会发展创造了世界奇迹，根据统计，从改革开放起步的1978年到2016年，我国GDP总量约由3678亿元增加到74.41万亿元，年均增长9.6%；人均GDP从385元增加到53980元，年均增长8.5%。1978年，我国经济总量位于世界第10位；2010年，超过日本居世界第2位，占世界经济总量的份额由1.8%提高到2017年15%左右。这里既有国有经济的重大贡献，也有非公有制经济的重大贡献。

党的十八大以来，习近平同志在改革开放和经济社会发展战略上提出一系列新思想、新举措。在2017年的十九大报告中提出我国进入中国特色社会主义新时代，提出新时代社会主要矛盾的转化，确定了我国发展的历史方位，部署了两个100年的具体阶段划分，并从总体上提出了习近平新时代中国特色社会主义思想。它系统回答了建设什么样的中国特色社会主义和怎样建设中国特色社会主义这一根本性问题。其中包括怎样更有效地发展生产力，怎样实践以人民为中心，更有效地满足人民日益增长的美好生活需要，实现共同富裕。习近平同志的新思想新理论，是马克思主义的中国化和现代化，是科学社会主义的继承发展与创新。

值中国财政经济出版社《中国财经·纵横》出版之际，应邀写此文，是为序。

卫兴华

2018年4月

目　录

第一篇　四个十年改革中的理论与实践回顾 …………………………（1）

从社会主义商品经济到社会主义市场经济
——纪念改革开放40年 ……………………………………（3）

我国基本经济制度的确立和完善
——纪念改革开放40周年 ……………………………………（9）

改革开放40年来中国特色社会主义几个经济理论的创新与发展 ……（13）

中国特色社会主义经济理论发展的几个问题 ……………………（25）

需要科学地总结改革开放30年 ……………………………………（34）

改革开放以来我国市场功能与政府功能组合关系的演变
——纪念改革开放20年 ……………………………………（42）

收入分配体制的现实考察与对策设计
——纪念党的十一届三中全会10周年 ……………………（54）

第二篇　进入新时代以来经济理论和实践的发展 ………………（69）

关于新时代党的领导和经济社会发展的思考 ……………………（71）

关于十九大报告中新思想新理论的思考 …………………………（78）

正确看待我国社会主要矛盾转化 ……………………………………（81）

对新时代我国社会主要矛盾转化问题的解读 ……………………（83）

辨析对我国当前社会主要矛盾转化问题解读的理论是非 ………（96）

应准确解读我国新社会主要矛盾的科学内涵 ……………………（103）

共同富裕是中国特色社会主义的根本原则
——访著名经济学家、中国人民大学经济学院卫兴华教授 ………（114）

关于坚持社会主义市场经济的改革方向问题 ……………………（123）

关于更加尊重市场规律，更好发挥政府作用问题（访谈） …………（134）

社会主义市场经济要在法治轨道上运行 …………………………（143）

澄清供给侧结构性改革的几个认识误区 …………………………（153）

工人阶级是先进生产力和生产关系的代表 ………………………（158）

第三篇 关于中国特色社会主义经济理论的一些问题 …………………… (163)
深化对中国特色社会主义经济理论的认识 ………………………………… (165)
社会主义初级阶段基本经济制度形成的历史过程和成就 …………… (176)
有领导有谋划地自觉发展是社会主义的客观要求和重要特点
——兼析社会主义初级阶段的理论与实践 ………………………… (187)
着力于发展生产力和发展社会主义生产关系的统一 ………………… (202)
按照社会主义本质要求处理财富分配关系
——访中国社会科学院马克思主义研究院特聘研究员卫兴华教授
…………………………………………………………………… (207)
我国现阶段收入分配制度若干问题辨析 ………………………………… (221)
论建立我国个人收入分配的新体制 ……………………………………… (228)
论我国贫富分化下的挥霍性消费问题 …………………………………… (234)
近年来关于效率与公平关系的不同解读和观点评析 ………………… (241)
关于社会主义经济与有中国特色社会主义的经济问题
——评《再论认真学习有中国特色社会主义经济理论》的观点
与逻辑 ……………………………………………………………… (254)

第四篇 关于社会主义市场经济理论与实践的发展问题 ………………… (279)
坚持社会主义市场经济的改革方向 ……………………………………… (281)
关于建立社会主义市场经济体制问题 …………………………………… (286)
准确把握邓小平市场经济思想发展的曲折历程 ……………………… (291)
"国家调节市场，市场引导企业" 辨析 ………………………………… (301)
市场经济与社会主义市场经济问题 ……………………………………… (306)
经济学的学派不是宗派 …………………………………………………… (311)

第五篇 关于国有企业改革过程的历史回顾与对策 ……………………… (317)
改革：完善社会主义公有制经济和按劳分配的运行机制与实现形式 … (319)
论把企业推向市场 ………………………………………………………… (324)
关于深化国有企业改革的几个问题
——访著名经济学家、中国人民大学经济学院卫兴华教授 ……… (327)
夯实中国特色社会主义的经济基础 ……………………………………… (338)
理直气壮做强做优做大国有企业 ………………………………………… (343)
统一认识 卸下包袱 加强管理 ………………………………………… (345)
从理论和实践的结合上弄清和搞好混合所有制经济 ………………… (357)

关于所有制与股份制的联系与区别
——走出对股份制认识上的误区 …………………………… (368)
国有企业改革和职工下岗再就业问题 …………………………… (374)
改革与管理是辩证统一的关系
——兼评晓亮的《管理不能代替改革》 …………………………… (378)
怎样认识混合所有制经济
——兼评“国退民进”论 …………………………… (384)
改革攻坚，必须发展与完善国有经济
——对一种否定国有经济理论的评析 …………………………… (390)

第六篇　经济增长与发展方式转变的历史回顾 …………………………… (397)
经济增长更加重视质量和效益 …………………………… (399)
我国发展到了依靠创新驱动的阶段 …………………………… (401)
对我国经济增长方式转变的新思考 …………………………… (403)
把握增长速度　转变增长方式 …………………………… (411)
提高劳动生产率是发展生产力的核心
——写在《列宁全集》中译本第二版60卷出版之际 ……………… (416)
我国经济走势及国企解困 …………………………… (420)
对中国经济发展的历史与现实的经济学思考 …………………………… (432)
按照社会主义本质致力科学发展 …………………………… (436)

第一篇

四个十年改革中的理论与实践回顾

从社会主义商品经济到社会主义市场经济①
——纪念改革开放 40 年

一、对商品经济理论问题认识不断深化，公有制基础上有计划商品经济体制的确立

进行经济体制改革，是为了解放和发展生产力，首先把国有经济搞好搞活。这样，必然会涉及怎样准确认识和把握发展社会主义经济与商品经济和市场的关系问题。从商品经济概念的应用，到对商品经济理论的探讨，到社会主义与商品经济的关系，到市场取向的改革，再到公有制基础上的有计划的商品经济体制的确立，直到社会主义市场经济体制的建立，经过了一个曲折而复杂的不断推进过程。也是思想不断解放、改革不断深化的过程，是马克思主义基本原理与中国实际相结合而不断中国化和特色化的过程。

什么是商品经济？一开始在概念上就产生了理解上的分歧。在马恩著作中，没有商品经济和市场经济概念，只有商品生产、商品交换、商品流通等概念。因此，在社会主义经济中能否应用商品经济概念，曾有两种否定意见。一种是认为商品经济是资本主义经济范畴，不适用于社会主义经济。其实，这是一种误解。西方经济学包括其权威性辞典中，并不用商品经济概念，直到 20 世纪才流行市场经济概念。另一种否定意见是根据西方经济学不使用商品经济概念，因此难以精确翻译成与西方对接的概念。不过，应该知道，在列宁的著作中，既有商品经济概念，也有市场经济概念。他把商品经济区分为小商品经济或简单商品经济与资本主义商品经济。至于市场经济，列宁在 1906 年的论文中将其与计划经济看作是两种相互对立的社会经济制度。在马恩论著中虽然没有商品经济一词，但将他们所讲的商品生产和商品流通统一起来，就是商品经济。也可以说，马克思所

① 本文的主要部分由《经济日报》于 2018 年 7 月 12 日刊发，标题为《在理论创新中走向社会主义市场经济》。

讲的与资本主义经济相联结的商品生产与商品流通，就是资本主义市场经济。在改革开放的发展中，怎样认识社会主义经济与商品经济的关系，成为一个必须解决的重要理论与实践问题。20 世纪 80 年代前期，理论界曾进行过一次较热烈的讨论。讨论的主旨是社会主义经济是不是商品经济。存在多种不同的见解。有的主张社会主义经济是商品经济；有的主张社会主义经济是计划经济；有的主张是存在商品经济的计划经济；有的则主张是计划经济下的商品经济。不赞同将社会主义经济归结为商品经济的学者所持的理由是：商品经济存在于多个社会中，不是社会主义经济的特点，计划经济才是社会主义的经济特点。主张社会主义经济是商品经济的学者，强调进行改革必须有理论上的新的突破，必须重视商品经济的重要地位和作用。应当肯定，这次讨论有积极意义，为党的十二届三中全会的理论创新提供了可选择的素材。不过，回顾这一次讨论的理论是非，当时没有明确分清，是讨论社会主义经济的本质规定和特点，还是讨论社会主义经济改革中的体制选择。如果讲社会主义的本质特点，那就不能归结为一个商品经济。因为资本主义经济也是商品经济，手工业经济同样是商品经济，但三者的经济性质是完全不同的。马克思曾批评资产阶级的辩护士用商品市场关系来说明资本主义关系，掩盖资本主义关系的本质，因此更不应用商品经济来说明社会主义经济的本质关系。但从经济体制改革的角度来看，提出社会主义经济是商品经济，是有重大理论和实际意义的。按照马克思的划分，人类社会经济发展要经历三种社会经济的发展过程：自然经济—商品经济—产品交换经济。产品交换经济是商品经济消亡后的劳动互换方式。社会主义实践证明，社会主义不但不能消除商品经济，生产力落后的社会主义国家，还需要大力发展商品经济。商品经济起着瓦解自然经济的作用，是一种社会历史进步。商品经济的发展与生产力的发展是相互促进的，对社会主义经济体制改革同样具有重大促进的作用。我国曾经把实行公有制基础上的有计划的商品经济，作为经济体制改革模式。1979 年 6 月的《政府工作报告》中指出：我国传统体制的要害问题，是“在生产和流通领域中忽视了商品生产的价值法则”。这样就需要对商品经济和市场作用重新认识和评价。先后提出计划经济为主，市场调节（市场经济）为辅，“把企业推向市场”，公有制基础上有计划的商品经济，国家调节市场、市场引导企业等。

1984 年 10 月，在党的十二届三中全会通过了《中共中央关于经济体制改革的决定》（以下简称《决定》），这是作为城市经济体制改革的纲领性文件提出的。《决定》的内容虽然还没有超越计划经济的框架，但提出了一系列创新的理论观点。它指出：社会主义经济体制，不能单靠行政命令加以实施，不能忽视经济杠杆和市场调节的重要作用。改革计划体制，首先要突破把计划经济同商品经济对立起来的传统观念，明确认识社会主义计划经济是公有制基础上有计划的商品经济。这实际上是将社会主义经济与商品经济统一起来。《决定》还提出："商品经济的充分发展，是社会经济不可逾越的阶段。"这表明：商品经济发展落后的我国，必须经历一个"充分发展"的过程。《决定》强调指出："只有充分发展商品经济，才能把经济真正搞活，促使各个企业提高效率，灵活经营。"党的十二届三中全会突破将计划经济与商品经济的对立，实质上是突破了社会主义经济与商品经济的对立。《决定》发表后，获得理论界的高度评价和广泛宣传，特别是获得邓小平的完全肯定，认为这是写出了新的政治经济学。在此后的党中央文件中，也多次提及这一《决定》中的有关论述，给予高度评价。如党的十四大报告回顾十二届三中全会的《决定》时指出：它"提出我国社会主义经济是公有制基础上的有计划商品经济，……是对马克思主义政治经济学的新发展，为全面经济体制改革提供了新的理论指导"。充分发展商品经济，意味着要充分发挥市场机制的作用，为市场取向的改革提供了理论支持。

二、由社会主义商品经济跨向全面实行社会主义市场经济

在马恩著作中，由于没有商品经济和市场经济概念，也就不存在两者的异同问题。在一些西方国家的论著中，没有商品经济概念，只有市场经济概念。在我国，无论理论著作或中央文件，都曾很少用商品经济概念，更长期避免使用市场经济概念，后来普遍使用了。但商品经济和市场经济两者是什么关系？学界存在认识上的不同。不同的认识，反映不同的理论观点。有的学者认为，商品经济就是通过市场进行交换的经济，因此确认商品经济就是市场经济。也有学者认为，提出社会主义市场经济以后就不必再用商品经济概念了。还有学者认为，西方国家没有商品经济与市场经济的区分，我国也没有必要区分为两个概念。

研究经济问题应从中国实际出发，中国的商品市场关系，经历了与别的国家不同的发展历史。中国在实行指令性计划经济时期，也存在商品经济，但市场不起资源配置作用，决定资源配置的是国家计划，因而这种商品经济不是市场经济。只有市场能起决定资源配置作用的商品经济才是市场经济。再者，中央文件中，也把商品经济与市场经济区分开来。前面已引述的十二届三中全会的决定中，既强调发展商品经济，又提出：就总体上说，我国不是实行那种"完全由市场调节的市场经济"。我国由社会主义商品经济理论转向社会主义市场经济理论，是经过一个曲折与复杂的不断探索过程。长期以来，无论西方学者和政要，还是社会主义国家的学者与决策层，对市场经济和计划经济形成了一个共识。认为资本主义实行市场经济，社会主义实行计划经济。过去，世界银行的经济社会统计，是把资本主义国家称作市场经济国家，把社会主义国家称作计划经济国家，这也是当时实际情况的反映。对资本主义经济起资源配置作用的是市场经济，而

对社会主义经济起资源配置作用的是计划经济。因此，我国进行经济体制改革，虽然总的说是市场取向的改革，但一直回避公开讲市场经济改革取向问题。但在中央决策层的改革理论的思考中，已开始考虑怎样将市场经济同私有制的资本主义市场经济脱钩。即在社会主义公有制经济内，在计划经济的总框架内，引进市场调节即市场经济机制问题。邓小平是我国改革开放的总设计师，由计划经济完全转向社会主义市场经济，是在邓小平理论指导下完成的。但邓小平的社会主义市场经济思想，也是经历了一个发展过程的。邓小平于1991—1992年南方谈话提出计划经济不等于社会主义，市场经济不等于资本主义，由此确立了社会主义市场经济改革的目标模式后，不少学者根据过去没有公开发表的邓小平于1979年11月26日与外宾的谈话，断言邓小平远在1979年就提出了实行社会主义市场经济的观点。这是不符合事实的。邓小平的原话是："说市场经济只存在于资本主义社会，只有资本主义的市场经济，这肯定是不正确的。社会主义为什么不可以搞市场经济。"但紧接着邓小平又讲："我们是计划经济为主，也结合市场经济。"这里所讲的实际上是中央有关文件中曾一再讲过的"计划经济为主，市场调节为辅"的另一种表述，完全由市场调节的那部分计划外的经济就是市场经济。如果断言1979年11月邓小平就提出现在所实行的放弃计划经济的社会主义市场经济，那就会产生改革的理论与实践发展历史中的逻辑矛盾。兹举两例：其一，由邓小平主持起草、党的十一届六中全会通过的《关于建国以来党的若干历史问题的决议》中明确讲："必须在公有制基础上实行计划经济，同时发挥市场调节的辅助作用。"其二，1984年，《中共中央关于经济体制改革的决定》讲："就整体说，我们国家实行的是计划经济，而不是那种完全由市场调节的市场经济。"这里所讲的计划经济的内涵，是扩大指导性计划，缩小指令性计划。这里也并不是完全否定市场经济，而只是"就整体上说"不实行，但不否定国民经济中的一部分可以完全由市场调节，即局部实行市场经济。邓小平对十二届三中全会的这一《决定》给予高度评价。

从我国经济体制改革的发展历史来看，社会主义经济也可搞市场调节、市场经济的指导思想。从最初概念的提出和局部实行，到最后转向全面实行，是邓小平、陈云、李先念等在指导思想上相互支持的结果。胡锦涛同志于2005年6月13日《在陈云同志诞辰100周年纪念大会上的讲话》指出：陈云同志"明确提出，在社会主义制度下，只有有计划按比例还不行，还必须有市场调节。他的这个重要认识，对我们突破高度集中的计划经济体制的束缚，曾经产生过广泛而深远的影响"。

1979年2月，李先念在一次会上讲："我同陈云同志谈，他同意，在计划经济前提下，搞点市场经济作补充，不是小补充而是大补充。”[①] 同年3月8日，陈云写的《计划与市场问题》提纲中，明确提出了传统计划经济的弊端是只有“有计划按比例”这一条，而没有在社会主义制度下还必须实行市场调节这一条，文中将市场调节与市场经济通用。1979年4月5日，李先念代表中央《在中央工作会议上的讲话》，正式提出：“在我们的整个国民经济中，以计划经济为主，同时充分发挥市场调节的辅助作用。”将此作为经济改革的目标模式。需要说明，邓小平在改革前期是完全认同这一模式的，1982年4月3日的一次讲话中他明确表明：“最重要的还是陈云同志说的，公有制基础上的计划经济，市场调节为辅。”[②]邓小平与陈云都是把市场调节与市场经济作为内涵相同的概念通用的。但在长时期中，只有在内部讲话中用市场经济一词，而公开讲话则一般只用市场调节一词。这是对市场经济与资本主义相联系的传统认识的一种回避。其实，邓小平与陈云所讲的市场经济，已经突破了传统观念。传统观念认为，市场经济必然以私有制为基础，由市场调节资源配置，所以必然与资本主义相联系。而邓小平、陈云等讲的市场经济，是以公有制为基础的社会主义经济中的市场经济。因而是社会主义市场经济，只是在由市场决定资源配置的体制与机制上两者有一定的共同性。

市场取向改革的理论与实践在不断发展。党的十三大报告完全放弃了计划经济为主，市场调节为辅的改革模式，提出“计划和市场的作用范围都是覆盖全社会的。新的经济运行机制，总体上来说应当是‘国家调节市场，市场引导企业’的机制。”这种新的经济运行机制，事实上已与社会主义市场经济的运行机制相一致。“市场引导企业”，就是由市场而不是由国家计划直接调节企业的经营活动。“国家调节市场”，就是国家运用经济、法律等手段调控市场运行。1989年在批判资产阶级自由化的情况下，有人将强调市场调节作用也作为自由化批评。邓小平在1989年6月9日的讲话中明确肯定，“我们要继续坚持计划经济与市场调节相结合，这个不能改”。[③] 这里所讲的计划经济与市场调节相结合，与原来“为主为辅”的模式已不相同。这里的计划经济主要是指指导性计划，它与市场调节（市场经济）相结合，不再是主辅关系的板块式结合，而是有机的渗透式结合。1991—1992年邓小平的南方谈话，把市场经济理论推向一个更高的阶段。他完全突破了将计划经济与市场经济作为两种对立社会经济制度范畴，提出“计划经济不等于社会主义”，“市场经济不等于资本主义”，两者都是手段。正是遵循这一理论指导，我国在党的十四大报告中确立了社会主义市场经济体制。

---

① 《陈云年谱》下卷，中央文献出版社2015年版，第265页。

② 《陈云年谱》下卷，中央文献出版社2015年版，第293页。

③ 《邓小平文选》第3卷，人民出版社1993年版，第306页。

习近平同志高度重视社会主义市场经济理论和实践问题，进行了一系列新的阐述，并提出了新的理论观点。他要求“坚持社会主义市场经济改革的方向不动摇”。[①] 又提出：“使市场在资源配置中起决定性作用和更好发挥政府作用，这是……一个重大理论问题。”[②]过去讲市场在资源配置中起基础性作用，现在改提“决定性”作用，加重了市场作用的分量。之所以强调这一问题，正如习近平同志所指出的，是因为经济体制改革的核心问题仍然是处理好政府和市场的关系。经济发展就是提高资源尤其是稀缺资源的配置效率，市场配置资源是最有效率的形式。同时为了避免片面性理解，习近平同志又指出：“我国实行的是社会主义市场经济体制，我们仍然要坚持发挥我国社会主义制度的优越性，发挥党和政府的积极作用，市场在资源配置中起决定作用，并不是起全部作用。”[③]习近平同志也指出了我国社会主义市场经济体制建设中存在的多方面问题和解决的途径。按照习近平同志的有关指导思想，发展和完善我国社会主义市场经济体系，会有利于我国在新时代经济社会发展转向重在质量和效益的提高。

①②③　《习近平关于社会主义经济建设论述摘编》，中央文献出版社 2017 年版，第 51—53 页。

我国基本经济制度的确立和完善[①]
——纪念改革开放40周年

在改革开放40年不断推进的理论与实践创新中，确立和完善社会主义初级阶段基本经济制度无疑是一项重大成就。正如习近平同志所指出的："坚持和完善公有制为主体、多种所有制经济共同发展的基本经济制度，关系巩固和发展中国特色社会主义制度的重要支柱。"不断发展和完善的基本经济制度，对坚持和发展中国特色社会主义、推动我国经济社会持续健康发展发挥着重要作用。

调整所有制结构，鼓励、支持和引导非公有制经济发展

1978年，党的十一届三中全会作出把党和国家工作中心转移到经济建设上来、实行改革开放的历史性决策。针对过去把家庭副业、集市贸易等也当作"资本主义尾巴"加以限制的做法，党的十一届三中全会提出，"社员自留地、家庭副业和集市贸易是社会主义经济的必要补充部分"。这为个体经济的发展提供了依据，为调整所有制结构打开了突破口。

我国的社会主义制度脱胎于生产力极端落后的半殖民地半封建社会。马克思、恩格斯认为，私有制的存在，既是生产力发展的结果，又是生产力发展不够高的结果。在原始社会生产力极端落后的条件下，不可能存在私有制；同样道理，在社会主义社会要以公有制完全取代私有制，必须以生产力高度发展为条件。恩格斯在《共产主义原理》中回答"能不能一下子就把私有制废除"的问题时明确指出，"不，不能，正像不能一下子就把现有的生产力扩大到为实行财产公有所必要的程度一样"。

党的十一届三中全会后，我们党带领人民实行改革开放，着力发展生产力和提高人民生活水平，这就需要调动一切积极因素和各种生产资源。为此，我们坚持马克思主义和科学社会主义基本原理，立足中国实际，大力调整所有制结构，

① 本文原载《人民日报》2018年9月19日。

改变原来“一大二公”的所有制模式，允许非公有制经济发展，既鼓励和引导国内私营经济和个体经济发展，又积极引进外资企业来我国发展。

我国实行改革开放，是为了解放被传统体制束缚的生产力，需要利用国际国内两个市场、两种资源。为此，既要坚持社会主义公有制的主体地位，发挥国有经济的主导作用，又要实行多种所有制经济共同发展。从一开始只允许个体经济存在与发展，到允许私营经济发展，再到鼓励外资的引进与发展；从界定非公有制经济是公有制经济或社会主义经济的“补充”，到强调多种所有制经济共同发展；从实践中的非公有制经济快速发展，到在理论上提出公有制为主体、多种所有制经济共同发展是社会主义初级阶段的基本经济制度，明确“两个毫不动摇”；从市场调节和市场经济概念的提出，到社会主义市场经济体制的确立，再到提出非公有制经济是社会主义市场经济的重要组成部分，这是一个思想不断解放、理论不断创新、实践不断推进的波澜壮阔的改革发展过程。

社会主义初级阶段基本经济制度的形成和发展

社会主义初级阶段理论是在非公有制经济发展到一定阶段后提出的。在实践中，非公有制经济的发展在增加供给、满足需要、扩大就业、增加税收、搞活经济等方面发挥了重要作用。但在理论上，还需要突破社会主义与私有制不相容的传统观念，进一步推进思想解放。我们党根据我国生产力落后的国情，提出了社会主义初级阶段理论。这一理论在20世纪80年代初就开始提出。1987年党的十三大报告系统论述了我国处于社会主义初级阶段的理论，明确说明了当时的国情：我国10亿多人口，8亿在农村，基本上还是用手工工具搞饭吃，还存在落后于现代水平几十年甚至上百年的工业。还存在大量贫困人口和不少文盲半文盲。与基本国情相联系，进一步阐明我国社会主要矛盾是“人民日益增长的物质文化需要同落后的社会生产之间的矛盾”。解决这一主要矛盾的根本途径，就是大力发展生产力，发展商品经济，利用价值规律和市场调节的作用。为了快速发展生产力和商品经济，就需要进行改革开放，就需要调整所有制结构，既不搞单一公有制，也不搞私有化，而是实行公有制为主体、多种所有制经济共同发展。

党的十三大报告指出，我们进行的改革，“包括以公有制为主体发展多种所有制经济，以至允许私营经济的存在和发展，都是由社会主义初级阶段生产力的实际状况所决定的”。这里肯定了私营经济的存在和发展，并对其积极作用进行了论述。1997年党的十五大报告提出：“公有制为主体、多种所有制经济共同发展，是我国社会主义初级阶段的一项基本经济制度”“非公有制经济是我国社会主义市场经济的重要组成部分。”党的十八大以来，习近平同志多次对我国基本经济制度作出重要论述，指出实行公有制为主体、多种所有制经济共同发展的基本经济制度，是中国共产党确立的一项大政方针，是中国特色社会主义制度的重要组成部分，也是完善社会主义市场经济体制的必然要求。

在社会主义初级阶段理论基础上确立社会主义初级阶段基本经济制度，具有多方面的理论和实践意义。第一，它表明中国特色社会主义是马克思主义基本原理与中国具体实际相结合的成果，是科学社会主义的中国化、时代化；第二，它指导我们推进社会主义建设要从我国仍处于并将长期处于社会主义初级阶段的基本国情出发，既不走封闭僵化的老路，也不走改旗易帜的邪路；第三，它为在公有制为主体条件下鼓励、支持和引导非公有制经济发展提供了理论依据；第四，它为我国发展社会主义市场经济提供了制度前提和积极因素；第五，它为我国消除贫穷落后、解决温饱问题、全面建成小康社会、全面建成社会主义现代化强国奠定了理论基础、提供了现实条件。

在新时代继续坚持和完善基本经济制度

改革开放 40 年来，我国经济社会发展所取得的历史性成就与确立和完善社会主义初级阶段基本经济制度、发展社会主义市场经济密切相关。其中，既有以国有经济为主的公有制经济的贡献，也有非公有制经济的贡献，表明既不搞单一公有制也不搞私有化的中国特色社会主义取得巨大成功。当前，中国特色社会主义进入了新时代，意味着近代以来久经磨难的中华民族迎来了从站起来、富起来到强起来的伟大飞跃。新时代的一个重要特点是我国社会主要矛盾已经转化为人民日益增长的美好生活需要和不平衡不充分的发展之间的矛盾，解决这一主要矛盾，仍然要坚持和完善社会主义初级阶段基本经济制度。

首先，我国社会主要矛盾发生转化，没有改变对我国社会主义所处历史阶段的判断，我国仍处于并将长期处于社会主义初级阶段的基本国情没有变。党的十九大报告再次强调："必须坚持和完善我国社会主义基本经济制度和分配制度，毫不动摇巩固和发展公有制经济，毫不动摇鼓励、支持、引导非公有制经济发展。"应当认识到，公有制经济和非公有制经济在我国经济社会发展中都是不可替代的，要保护各种所有制经济产权和合法利益，保证各种所有制经济依法平等使用生产要素、公开公平公正参与市场竞争、同等受到法律保护，依法监管各种所有制经济。公有制经济与非公有制经济是相辅相成、相得益彰的关系，而不是相互排斥、相互抵消的，要促进公有制经济和非公有制经济良性竞争、相互协作、共同发展。党的十八届三中全会《中共中央关于全面深入改革若干重大问题的决定》指出："国有资本、集体资本、非公有资本等交叉持股、相互融合的混合所有制经济，是基本经济制度的重要实现形式，有利于国有资本放大功能、保值增值、提高竞争力，有利于各种所有制资本取长补短、相互促进、共同发展。"

这是我们党对我国基本经济制度认识的进一步深化。

其次，我国社会主要矛盾发生转化，意味着发展不平衡不充分已经成为满足人民日益增长的美好生活需要的主要制约因素，而解决发展不平衡不充分问题，必须坚持和完善基本经济制度。发展不平衡不充分是相对于人民日益增长的美好生活需要而言的。原来社会主要矛盾的主要方面是生产力非常落后，连低端低质的供给也不能满足人民低水平的物质文化需要。新时代社会主要矛盾的主要方面是中高端生产力相对不足，低端低质产品过剩而高端高质产品供给不够充分，不能满足人民提高了的美好生活需要，因而形成了供给和需求新的不平衡。还应看到，人民美好生活需要日益广泛，不仅对物质文化生活提出了更高要求，而且在民主、法治、公平、正义、安全、环境等方面的要求日益增长。满足人民日益增长的、多方面的美好生活需要，需要牢固树立和贯彻落实新发展理念，加快转变发展方式、优化经济结构、转换增长动力，也需要坚持和完善基本经济制度，把各种所有制经济的活力和动力都充分激发出来，共同致力于高质量高效益的发展，共同推动更平衡更充分的发展。只有这样，才能确保到 2020 年如期全面建成小康社会，进而开启全面建设社会主义现代化国家新征程。

改革开放40年来中国特色社会主义几个经济理论的创新与发展[①]

一、中国特色社会主义理论的提出和发展

中国特色社会主义理论是由邓小平最先提出来，并在实践中不断发展的。这一理论是在总结我国改革前社会主义建设中得失成败的经验教训的基础上提出的，是具有重大理论和实践意义的根本性的理论创新。这一理论观点最早是在1982年9月党的十二大开幕词中提出的："我们的现代化建设，必须从中国的实际出发。无论是革命还是建设，都要注意学习和借鉴外国经验。但是，照抄照搬别国经验、别国模式，从来不能得到成功。这方面我们有过不少教训。把马克思主义的普遍真理同我国的具体实际结合起来，走自己的道路，建设有中国特色的社会主义，这就是我们总结长期历史经验得出的基本结论。"[②] 这段话包括三层意思：其一，无论干革命还是进行社会主义建设，都要从中国实际出发，走自己的道路，这并不排除对外国经验的借鉴，但不能照搬。举例说，苏联曾长期把"优先发展重工业"作为经济发展的一条毋庸置疑的客观规律，将其与扩大再生产中生产资料优先增长的规律相混同，结果忽视了轻工业和农业的发展。在我国社会主义建设初期，优先发展重工业是必要的，但后来从实际出发，我们强调工农业并举，提出按农轻重顺序安排经济发展。邓小平讲："社会主义究竟是个什么样子，苏联搞了很多年，也并没有完全搞清楚。"[③] 由此，苏联的经验也不能照搬。邓小平在后来多次讲话中，一再讲到建设具有中国特色的社会主义时，往往会提到我国曾照搬外国经验，结果并不成功。例如，他在1987年7月4日与

---

① 本文原载《毛泽东邓小平理论研究》2018年第7期，与何召鹏合写。

② 《邓小平文选》第3卷，人民出版社1993年版，第2—3页。

③ 同上，第139页。

外宾谈话时说："中国正是根据自己的实际情况，建设有中国特色的社会主义。"[①] 其二，建设中国特色社会主义既不能照搬马克思主义的"本本"，搞教条主义，又必须坚持和运用马克思主义的基本原理。1985年9月，邓小平在党的全国代表会议上的讲话中特别提出希望，要使"全党的各级干部，首先是领导干部，在繁忙的工作中，仍然有一定的时间学习，熟悉马克思主义的基本理论，从而加强我们工作中的原则性、系统性、预见性和创造性。只有这样，我们党才能坚持社会主义道路，建设和发展有中国特色的社会主义"。[②] 就是说，建设和发展中国特色社会主义必须学习和坚持马克思主义，以马克思主义为指导。其三，建设中国特色社会主义必须将马克思主义的普遍真理与中国实践相结合，中国的社会主义不是脱胎于发达的资本主义国家，而是脱胎于生产力极端落后、广大人民绝对贫困的半殖民地半封建社会，这就增添了中国建设社会主义的特殊性、曲折性和困难性。只有将马克思主义与中国实际结合起来，依据中国国情建设和发展中国特色社会主义，才是真正用科学态度坚持和发展马克思主义，坚持和发展科学社会主义。

邓小平提出的有中国特色的社会主义理论，无论在概念的表述还是内涵上，都随着40年来中国改革开放和经济社会的发展而不断丰富。中共中央文件已把"有中国特色的社会主义"改为"中国特色社会主义"，去掉一个"有"字，既在表述上更加简洁，又加重了"中国特色"的涵量。

邓小平的有中国特色社会主义理论包括多方面内容。从经济理论方面看，有社会主义本质论，社会主义初级阶段理论，社会主义初级阶段的主要矛盾理论，社会主义市场经济理论，改革与开放理论，分"三阶段"建设现代化国家理论等。

习近平高度评价了邓小平在党的十一届三中全会后改革开放与发展的创新思想。他提出：邓小平"开拓了马克思主义新境界，把对社会主义的认识提高到新的科学水平，……成功开创了中国特色社会主义"，[③] 并指出："中国特色社会主义是实践、理论、制度紧密结合的。"在理论和实践结合中，"形成了中国特色社会主义道路、理论体系、制度。中国特色社会主义道路是实现途径，中国特色社会主义理论体系是行动指南，中国特色社会主义制度是根本保障，三者统一于中国特色社会主义伟大实践"。[④]

在对中国特色社会主义的理论认识上，学界曾存在多种不科学的观点。有人

---

① 《邓小平文选》第3卷，人民出版社1993年版，第249页。

② 同上，第147页。

③ 《习近平总书记系列重要讲话读本（2016年版）》，学习出版社、人民出版社2016年版，第23页。

④ 同上，第25页。

把中国特色社会主义与马克思主义的科学社会主义对立起来，提出要用中国特色社会主义“摒弃传统社会主义”。有人用“当代马克思主义”否定“传统马克思主义”，有人提出中国应实行“民主社会主义”，等等。习近平反复论述了中国特色社会主义与马克思主义、与科学社会主义是继承与发展的关系。他指出：中国特色社会主义理论体系“写出了科学社会主义的‘新版本’，是深深扎根于中国大地、符合中国实际的当代中国马克思主义。它同马克思列宁主义、毛泽东思想是坚持、发展和继承、创新的关系。”[①]“也是科学社会主义理论逻辑和中国社会发展历史逻辑的辩证统一。”[②] 并强调说明：“中国特色社会主义，既坚持了科学社会主义基本原则，又根据时代条件赋予其鲜明的中国特色。这就是说，中国特色社会主义是社会主义，不是别的什么主义。”[③]

中国特色社会主义进入新时代，意味着我国迎来了从站起来、富起来到强起来的伟大飞跃。这在中华民族发展史上、世界社会主义发展史上乃至人类社会发展史上，具有重大意义。它提出了一个重大的时代课题：新时代坚持和发展什么样的中国特色社会主义？怎样坚持和发展中国特色社会主义？正是习近平新时代中国特色社会主义思想系统回答了这两大问题。习近平新时代中国特色社会主义经济思想是其核心内容。其中主要包括：在全面建成小康社会的基础上分两步走，在21世纪中叶建成富强民主文明和谐美丽的社会主义现代化强国；新时代我国社会主要矛盾是人民日益增长的美好生活需要和不平衡不充分的发展之间的矛盾；坚持以人民为中心的思想，把人民对美好生活的向往作为奋斗目标；坚持全面深化改革，只有改革开放才能更好地发展中国，更好地发展社会主义和马克思主义；坚持新发展理念，即创新、协调、绿色、开放、共享的发展理念；坚持和完善我国社会主义基本经济制度和分配制度，毫不动摇巩固和发展公有制经济，毫不动摇鼓励、支持和引导非公有制经济发展；使市场在资源配置中起决定性作用，更好地发挥政府的作用；推动新型工业化、信息化、农业现代化同步发展；中国特色社会主义最本质的特征是中国共产党领导。我们要坚持党对一切工作的领导。现实中有些人容易认为党的领导是政治范畴，不属于经济理论内容。但是应当明确：没有以马克思主义为指导的共产党的领导，就不会有社会主义经济制度，也不会有中国特色社会主义经济。中国特色社会主义建设与发展的成功，有赖于中国共产党的正确领导。

中国特色社会主义是中国特色社会主义理论、制度和道路的统一。中国特色社会主义理论体系包括多方面的内容，其理论基础是中国特色社会主义经济理论

① 《习近平总书记系列重要讲话读本（2016年版）》，学习出版社、人民出版社2016年版，第26页。
② 同上，第10页。
③ 同上，第28页。

体系；中国特色社会主义制度，也包括多方面内容，其制度基础是中国特色社会主义经济制度；中国特色社会主义道路，起决定性作用的是中国特色社会主义经济与社会发展道路。中国特色社会主义经济理论引领中国特色社会主义经济制度和中国特色社会主义道路。随着中国特色社会主义经济实践的发展，中国特色社会主义经济理论也随之不断丰富和发展。本文主要从经济理论与经济实践的结合上，从经济理论、经济制度和经济发展道路的统一中，研究、评析改革开放40年来中国特色社会主义三个重大经济理论的发展。

二、社会主义本质理论的提出和发展

搞社会主义，应首先弄清什么是社会主义，怎样建设社会主义，而且应首先弄清为什么要实行社会主义。弄清这些内容才能厘清中国特色社会主义与科学社会主义一脉相承的特点。社会主义是共产主义的低级阶段，《共产党宣言》（以下简称《宣言》）中还没有将共产主义区分为低级和高级两个阶段。《哥达纲领批判》才明确将其划分为两个阶段，因此，《宣言》所阐明的首先是共产主义低级阶段的本质规定及其根本特点。“共产主义”“共产党”，顾名思义，就是要共生产资料之产，也就是要用公有制取代私有制。为什么要搞“共产”，实行公有制？因为从历史事实看，凡以私有制为基础的社会制度，都会产生贫富分化，形成对劳动人民进行剥削压迫的制度。搞社会主义、共产主义，就是要使广大劳苦群众从被剥削、被压迫的困苦境地中解放出来，要“使所有劳动者过最美好的、最幸福的生活”，“只有社会主义才能实现这一点”。① 过美好幸福的生活，需要有充分的物质文化财富，这需要通过大力发展生产力生产出来。《宣言》就明确指出：无产阶级取得政权后，要把一切生产工具集中在国家手中，并且尽可能快地增加生产力的总量。这表明了三层意思：要建立社会主义，首先要由劳动人民掌握国家政权；其次，要建立国有经济；再次，要快速地发展生产力，增加产品总量。但这都不是根本目的，而是达到目的政治和经济条件。无论取得政权、建立国有经济，还是尽可能快地发展生产力，都服从于一个根本目的：不断提高人民的生活水平，满足人们的物质文化生活需要，逐步走向共同富裕。《宣言》也讲，这是丰富和提高工人生活的一种手段。马克思在1857—1858年的《经济学手稿》中明确提出：在未来的新社会制度中，“社会生产力的发展将如此迅速……生产将以所有的人富裕为目的”。②

在过去很长一段时间，在政治经济学的论著和教材中，一般讲政治经济学的研究对象是生产关系，包括资本主义政治经济学和社会主义政治经济学。其实，

① 《列宁选集》第3卷，人民出版社1995年版，第546页。

② 《马克思恩格斯全集》第46卷，人民出版社1980年版，第222页。

应把资本主义政治经济学和社会主义政治经济学的研究对象区分开来。马克思研究资本主义经济重在研究资本主义生产关系及其经济发展规律，尽管马克思是紧密结合生产力的发展研究资本主义生产关系的本质和发展过程的，但他没有义务为资产阶级提供发展生产力的理论与对策，他只是考察了资本主义是怎样发展生产力的，资本主义生产关系怎样随着生产力的发展，怎样由劳动对资本的形式隶属发展为实际隶属，特别是考察了资本主义生产关系与生产力的矛盾，以及由此导致的经济危机。但马克思、恩格斯和列宁讲到有关社会主义政治经济学问题时，都反复强调：社会主义要快速发展生产力。因此，社会主义政治经济学要研究怎样更快更好地发展生产力。过去有一种传统观点认为，区分不同社会制度的标准主要是生产关系，而不是生产力，也有其事实和理论依据。我国和其他社会主义国家的生产力远落后于发达资本主义国家，因此，只能以生产关系作为划分标准。再者，任何社会制度都要发展生产力，任何新社会制度生产力的发展都快于旧社会制度时期。因此，不能将发展生产力作为社会主义的特征，更不能作为本质规定。这样讲看起来也颇有道理。但是，在理论与事实上，这一观点存在认识上的误区。社会主义要表现出相较于资本主义的优越性，其最本质的特点和优越性就是全体人民的共同富裕。这是任何私有制社会不可能实现的。然而，共同富裕必须以生产力的快速和高度发展为条件。马克思、恩格斯强调社会主义要大力发展生产力，原是指发达资本主义国家建立社会主义后的任务，而我国是在生产力极端落后的基础上建立社会主义的，更需要快速发展生产力。首先要在发展速度上快于资本主义国家，最后在生产力的绝对高度上赶上和超过它。如果搞社会主义而忽视生产力的发展，甚至将重视发展生产力批判为“唯生产力论”，结果只能是贫穷的公有制和按劳分配、贫穷的社会主义。但贫穷不是社会主义，不可能实现共同富裕。正是针对这种认识和实践的误区，邓小平通过总结过去我国社会主义发展的得失成败，反复强调并提出，社会主义的根本任务是发展生产力，并在发展的基础上提高人民的生活水平。后来又提出作为经典论断的社会主义本质论：社会主义的本质是解放生产力，发展生产力，消灭剥削，消除两极分化，最终达到共同富裕。这既是对马克思主义关于社会主义本质规定的继承与坚持，又是根据社会主义实践的理论发展。过去一般认为，革命是解放生产力，社会主义建立后，是要保护和发展生产力。实践证明：社会主义也存在生产关系的原有实现形式不适应生产力发展的问题，需要通过改革解放和发展生产力。经过40年来的改革开放，我国的经济社会发展成就，超越了西方发达国家经过百年以上发展达到的水平，成为仅次于美国的世界第二大经济体。广大人民的生活水平总体上显著提高。这表明，中国特色社会主义是坚持和发展了马克思主义关于社会主义本质规定的两大原则，即快速发展生产力和不断提高人民物质文化生活水平，走向共同富裕。

习近平坚持和发展了社会主义本质理论的观点。他指出："改善民生是推动发展的根本目的。我们的发展是以人民为中心的发展，全面建成小康社会、进行改革开放和社会主义现代化建设，就是要通过发展社会生产力，满足人民日益增长的物质文化需要，促进人的全面发展。"①

党的十八大报告将保障和改善民生提到了更加突出和很高的位置，强调"必须坚持人民主体地位"，改革开放、发展生产力的根本目的是共同富裕。"必须坚持走共同富裕的道路。共同富裕是中国特色社会主义的根本原则。"②

党的十九大报告也强调："坚持在发展中保障和改善民生。增进民生福祉是发展的根本目的。必须多谋民生之利，多解民生之忧，在发展中补齐民生短板、促进社会公平正义。"③

马克思主义经典作家只是从基本原理上提示了社会主义经济理论和制度的本质规定和基本经济特点。但究竟怎样和通过什么途径建设社会主义，特别是落后国家怎样建设社会主义？通过什么途径和采用什么方法快速发展生产力？怎样在发展生产力的基础上满足人民物质文化需要？怎样消除两极分化，实现共同富裕？他们不可能在一百多年前就提出具体意见。这需要马克思主义后继者来探索和实现。习近平的新时代中国特色社会主义经济思想，就是对马克思主义和科学社会主义本质理论的坚持、继承、发展与创新，是科学社会主义基本原理的具体化、中国化与现代化。

在研究社会主义本质理论和中国特色社会主义经济理论问题时，有一个应当面对而不应回避的问题，邓小平的社会主义本质理论中还有"消灭剥削，消除两极分化"的规定。可以从三个角度把握这一规定。第一，这是讲马克思主义关于社会主义本质规定的重要内容，实现共同富裕就要以消灭剥削和消除两极分化为前提，为了做到这点，就要以公有制取代私有制。在公有制基础上不会出现两极分化。因此，中国特色社会主义也要以公有制为基础或为主体。第二，社会主义本质规定的全部内容完全适合于成熟的社会主义制度，在十几代人以后的社会主义高级阶段，生产力高度发达，公有制经济充分表现出完全超越于私有制经济的优越性，私有制经济已完成了在中国历史上的任务，不会再存在了。第三，我国现在处于社会主义初级阶段，实行中国特色社会主义，还不能实行单一的公有

① 《习近平总书记系列重要讲话读本（2016 年版）》，学习出版社、人民出版社 2016 年版，第 213 页。

② 胡锦涛："坚定不移沿着中国特色社会主义道路前进，为全面建成小康社会而奋斗——在中国共产党第十八次全国代表大会上的报告"，《人民日报》2012 年 11 月 18 日。

③ 习近平：《决胜全面建成小康社会夺取新时代中国特色社会主义伟大胜利——在中国共产党第十九次全国代表大会上的报告》，人民出版社 2017 年版。

制，应坚持以公有制为主体、多种所有制共同发展，允许、鼓励和引导非公有制经济发展。这并不违反马克思主义基本原理。马克思主义指出：私有制的产生是生产力发展的结果，在生产力极端落后没有剩余产品出现的条件下，不会产生私有制和剥削制度。而私有制的存在，又是生产力发展不够的结果。恩格斯在《共产主义原理》中讲明了这一问题。只有在生产力高度发展的条件下，才能消灭私有制。我国的民族资本主义和个体经济在旧中国没有获得充分发展，在中国特色社会主义条件下，还有发展生产力、满足人民就业和提高生活水平的积极作用。但也应强调，必须是在国有经济为主导、公有制为主体的制度下发展非公有制经济。我们还应注意：我国在改革中出现了贫富分化现象，这是在中国人民总体生活水平提高的条件下出现的分化，我们把它称作相对两极分化，而不是“富者愈富、贫者愈贫”的绝对两极分化。我国的贫困人口在不断减少，现在实行扶贫攻坚战、精准扶贫，在2020年要消灭贫穷，全面建成小康社会。

同时，我们也不能回避一个现实问题。由于分配不公平，我国存在财产积累和个人分配收入过分扩大的差距。有的富豪资产几十亿、几百亿、上千亿元，年收入几亿、几十亿元，不少演艺人员年收入几千万或上亿元，为社会舆论所诟病；而低收入群体虽然解决了温饱问题，但年收入只有几万元甚至更少。这是实现全民共同富裕需要跨越的一个难点，也是中国特色社会主义经济肌体上的一个痛点。我们必须通过调节和完善分配制度缩小收入差距，但应明确，生产关系决定分配关系，在实行公有制的经济中是不会产生贫富分化的。缩小相对贫富分化的根本途径，就是坚持国有经济为主导、公有制为主体的条件下发展非公有制经济，也就是要坚持和完善社会主义经济制度和社会主义初级阶段的基本经济制度。

三、社会主义初级阶段理论的提出和发展、社会主要矛盾的转化问题

马克思在《宣言》中还没有把取代资本主义的共产主义区分为两个阶段。他在《资本论》中初步提出了未来“自由人的共同体”会有不同的发展阶段。他在《哥达纲领批判》中，将取代资本主义后的发展分为三个阶段，一是从资本主义到共产主义的过渡时期；二是过渡时期结束后进入共产主义的第一阶段，或称之为低级阶段；三是发展到共产主义的高级阶段。马克思的这种区分，是就发达资本主义国家而言的，他所讲的共产主义低级阶段就是我们现在所讲的社会主义。马克思主义经典作家没有再把社会主义区分为不同的阶段。毛泽东曾根据旧中国是生产力落后的半殖民地半封建社会的社会制度，提出了新民主主义理论。中国首先要进行新民主主义革命，建立新民主主义社会制度，经过一个较长时期的发展，条件成熟时，再转向社会主义制度。这一理论是从中国实际出发对

马克思主义的发展与创新。但新中国成立后，革命和经济恢复发展得比较顺利，产生了急于求成、脱离实际的过激观点。不但超越新民主主义社会制度急于建立消灭一切私有制的“一大二公”的社会主义，还接着刮起共产风，“共产主义是天堂，人民公社是桥梁”，试图通过人民公社，建立起共产主义社会制度，结果给国家人民带来巨大的损害。

党的十一届三中全会重新确立了马克思主义实事求是的思想路线，解放了思想，重新认识了社会主义的发展问题。在总结以往经验教训的基础上，提出了我国处于社会主义初级阶段的理论判断。这个判断也是经历一个逐步加深和系统化过程的。先是在党的十一届四中全会纪念新中国成立 30 周年的会议上，叶剑英发表讲话提出，“我国社会主义制度还处于幼年时期”，接近于“初级阶段”的提法。1981 年，《中国共产党中央委员会关于建国以来党的若干历史问题的决议》第一次明确指出：“我国社会主义制度还是处于初级阶段。”[①] 以后的中央文件也多次提出这一论断，但没有具体和系统的论证与论述。直到 1987 年，党的十三大报告根据我国的实际情况，全面系统地论述了我国处于社会主义初级阶段，并指出，这是建设中国特色社会主义的首要问题，并将它作为我们党制定基本路线、方针、政策的理论基础。

提出社会主义初级阶段理论，具有多方面的重要意义：一是它有利于防止再做超阶段的错事；二是它为发展非公有制经济提出了理论和实践依据；三是明确了我国是在经济、社会、文化、教育等各方面落后的基础上建立社会主义的，这就需要经历长达百年的时间建立起社会化、商品化、现代化、生产力大幅度提高、具有自己雄厚的物资技术基础的社会主义强国；四是有利于支持中国特色社会主义理论与实践。中国特色社会主义与社会主义初级阶段存在多方面的交叉。例如，公有制为主体、多种所有制共同发展，按劳分配为主体、多种分配方式并存，既是社会主义初级阶段的经济内容与特点，也是当代中国特色社会主义经济特点。习近平在 2017 年 7 月 26 日的讲话中要求“全党要牢牢把握社会主义初级阶段这个最大国情，牢牢立足于社会主义初级阶段这个最大实际，更准确地把握我国社会主义初级阶段不断变化的特点……更好发展中国特色社会主义事业”。[②] 由此可见，把握和立足于社会主义初级阶段这个最大的国情和实际，是更好地发展中国特色社会主义事业的现实基础。

中国特色社会主义理论与社会主义初级阶段理论，既紧密联系，内涵上有所

---

① 中共中央文献研究室编：《十一届三中全会以来党的历次全国代表大会中央全会重要文件选编》，中央文献出版社 1997 年版。

② “高举中国特色社会主义伟大旗帜，为决胜全面小康社会实现中国梦而奋斗”，《人民日报》2017 年 7 月 28 日。

交叉，又有所区别。从时间起始点来说，社会主义初级阶段理论是从1956年“三大改造”完成、建立起社会主义制度算起，经历100年时间，到21世纪中叶将进入社会主义中级阶段。而中国特色社会主义是从1978年党的十一届三中全会算起的。我们认为，即使进入社会主义中级阶段和高级阶段，社会主义制度依然会具有中国特色，依然会是中国特色社会主义。如公有制的存在形式和实现形式，按劳分配的实现形式，共同富裕的实现形式，经济社会发展的具体途径和方式等，也会根据当时具体的实际情况而定夺。

社会主义初级阶段理论的提出，是基于我国生产力的落后和人民群众的贫困状态。提出这一理论，正是要着力于解决和消除这种落后与贫困状况。更明确点说，落后与贫穷，是社会主义初级阶段的起点，而不是整个阶段的特点。在初级阶段发展的100年中，生产力在不断提升，财富在不断增长，人民的生活水平在不断提高，因而落后与贫穷的状况在不断变化、不断消减。因此，习近平要求要“更准确地把握我国社会主义初级阶段不断变化的特点”。[①]“不断变化”，表现在改革开放40年来，我国经济社会不断发展并取得巨大成就以及综合国力的显著提高上。

人民群众生活水平的提高是生产力发展的直接表现。生活水平的提高，表现为消费需求的变化。习近平在2014年12月9日的讲话中指出：目前，消费需求中的“羊群效应”没有了，“模仿型排浪式消费阶段基本结束，消费拉开档次，个性化、多样化消费渐成主流，保证产品质量安全、通过创新供给激活需求的重要性显著上升。随着我国收入水平提高和消费结构变化，供给体系进行一些调整是必须的”。[②]

党的十九大报告提出：中国特色社会主义进入新时代。这也可以说社会主义初级阶段进入新时代。习近平新时代中国特色社会主义思想是指导我国发展与改革开放的创新思想。新时代我国社会主义初级阶段的社会主要矛盾发生了变化。以前关于主要矛盾的论断是“人民日益增长的物质文化生活需要与落后的社会生产之间的矛盾”，现在转化为“人民日益增长的美好生活需要和不平衡不充分发展之间的矛盾”。这种主要矛盾的转化，不是两种相对立的矛盾的转化，而是一脉相承的需求侧与供给侧内涵提升的转化。生产力发展达到一定高度、生产供给提高了档次和质量，人民的需求总体上也相应地提高了档次和质量，要求质量和安全度更高，更个性化、多元化、方便化，具有新科技含量，能够适应自己美好生活需要的物质化产品，而且消费需求拓宽了，在民主、法治、公平、正义、安

---

① “高举中国特色社会主义伟大旗帜，为决胜全面小康社会实现中国梦而奋斗”，《人民日报》2017年7月28日。

② 习近平：《关于社会主义经济建设论述摘编》，中央文献出版社2017年版，第75页。

全、环境等方面要求也日益增长。但是，我国的生产供给还不能充分满足这种日益增长的美好生活需要，从而形成供给和需求的不平衡。因此，不平衡不充分的短板是直接相对于日益增长的美好生活需要而言的。不少解读新社会主要矛盾的论述离开了这一根本关系，大谈区域、城乡不平衡，收入不平衡，生产力落后，还存在原始的生产力，“老少边穷”地区落后等，偏离了党的十九大报告有关论述的原意，也不符合习近平多次讲话的有关说明。如果对不平衡不充分发展的解读与原意相悖，那么，解决矛盾的途径与方略就会“失之千里”。这里只是略论几点，以辨明理论是非。

党的十九大报告首先讲了过去5年来巨大变革与成就，又一分为二地讲到还存在的诸多不足，并将其概括为七点，用分号明确区分开。第一个不足就讲“发展不平衡不充分的一些问题尚未解决，发展质量和效益还不高，创新能力不够强，实体经济水平有待提高，生态环境保护任重道远”。这段论述明确说明了“发展不平衡不充分”是指什么，同时也表明了解决这种“不足”的途径是什么。首先是要提高供给质量，提高创新能力，加强实体经济、改善生态环境等。紧接着后面又讲：“我国社会主要矛盾的变化是关系全局的历史性变化，……我们要在继续推动发展的基础上，着力解决好发展不平衡不充分的问题，大力提升发展质量和效益，更好满足人民在经济、政治、文化、社会、生态等方面的日益增长的需要”。[①] 这再次表明，解决不平衡不充分发展的短板，首先应提升发展质量和效益。

2017年12月，习近平在中央经济工作会议的讲话中再次指出：“坚持发展新理念，紧扣我国社会主要矛盾变化，按照高质量发展的要求，统筹推进‘五位一体’总体布局和协调推进‘四个全面’战略布局，坚持以供给侧结构性改革为主线，统筹推进稳增长、促改革、调结构、惠民生、防风险各项工作。”[②] 这里将解决主要矛盾的具体途径拓宽了，但首先强调的依然是发展“质量”，满足美好生活需要必须以供给侧改革为主线。2018年6月，习近平在山东考察时强调，要“切实把新发展理念落到实处，不断取得高质量发展成就，不断增强经济社会发展创新力，更好满足人民日益增长的美好生活需要”。这里再次强调了高质量发展。“高质量”是个广义概念，既包括具有高科技含量的高端产品，也包括安全、绿色、方便、高质量的非高端产品。至于在政治、安全、公平、正义、生态等方面的需要，更与区域城乡等发展不平衡无内在关系。

---

① 习近平：《决胜全面建成小康社会　夺取新时代中国特色社会主义伟大胜利——在中国共产党第十九次全国代表大会上的报告》，人民出版社2017年版，第11—12页。

② 中央经济工作会议在京举行，习近平发表重要讲话［EB/OL］http：//fimance. people. com. cn/nl/2016/1216/c1004 – 28956302. html.

1997 年，党的十五大报告提出：实行“公有制为主体，多种所有制共同发展是我国社会主义阶段的一项基本经济制度”。[①] 这里加“一项”二字，是因为基本经济制度是以所有制为基础的多项制度，如直接生产过程中的生产关系制度、交换制度、分配制度等，无论公有制或私有制只是其中一项基础性的制度。后来为论述简便，取消了“一项”二字，只讲社会主义初级阶段基本经济制度，但是有两个涉及理论是非的经济学概念必须区分清楚，既不应混淆，也不要模糊。一个是“社会主义经济制度”或“社会主义基本经济制度”；另一个是“社会主义初级阶段的基本经济制度”。我国是社会主义国家，必然要建立以公有制为基础的社会主义经济制度，这一制度已写入我国宪法。我国宪法修改多次，但这一制度的相关规定一直坚持未改。《宪法》规定：“中华人民共和国社会主义经济制度的基础是生产资料的社会主义公有制，即全民所有制与劳动群众集体所有制。”就是说，社会主义经济制度只以公有制为基础，不包括非公有制经济。外资企业是外国资本主义经济，私营企业是民族资本主义经济，个体经济是不具有特定社会性质的小私有制经济，它存在于多个社会制度。因此，决不能将这类资本主义经济和小私有制经济视作“社会主义经济”或“社会主义经济制度”的构成部分。有学者断言：只把公有制作为社会主义经济，不承认私营经济和个体经济也是社会主义经济，也是构成社会主义经济制度的基础，那是应当“摒弃的传统社会主义”。他们所要摒弃的正是科学社会主义。党的十五大提出社会主义初级阶段的基本经济制度后，我国将其纳入宪法作为一项新的规定。这样，我国宪法就有两种“经济制度”的并列规定：一种是“社会主义经济制度”；另一种是“社会主义初级阶段的基本经济制度”，泾渭分明，不容混淆。我们也应明确将非公有制经济纳入社会主义初级阶段基本经济制度中，表明非公有制经济由体制外进入体制内，发展非公有制经济是长期的、毫不动摇的制度性安排，有利于非公有制经济的发展。问题在于要把非公有制经济在社会主义初级阶段的重要地位和作用，与其所具有的社会性质区分开来。

还有类似的一个问题。我国改革的一个重大举措，是由计划经济转向社会主义市场经济。习近平指出，要使市场经济在资源配置中起决定作用和更好地发挥政府的作用。这是中国特色社会主义理论的重大创新与发展。1987 年党的十五大报告提出“非公有制经济是社会主义市场经济的重要组成部分”，这个论断是符合实际的。因为市场和市场经济是全国统一的，所以不能按不同的经济成分区分为不同的市场和市场经济。以社会主义公有制为主体的多种所有制的市场和市场经济，都相互连接共同起资源配置的作用。但在统一的社会主义市场经济中，

---

① 中共中央文献研究室编：《十五大以来重要文献选编（上）》，人民出版社 2000 年版。

依然存在社会主义经济与非社会主义经济的区分，而有学者混同社会主义市场经济和社会主义经济，断言肯定非公有制经济是社会主义市场经济的重要组成部分，就是肯定其是社会主义经济的重要组成部分，不再存在“资”与“社”的区分，多种经济成分都是社会主义经济。应知道，社会主义经济是经济制度范畴，而社会主义市场经济是社会主义经济与市场经济的结合，是经济体制范畴。两者在概念、理论和实践上都存在明显区别。

中国特色社会主义经济理论发展的几个问题[①]

我国社会主义经济理论与实践的发展，既坚持了马克思主义经济理论的一些根本性的原理；又从我国的实际国情出发，将马克思主义与我国的经济实际相结合，发展和创新了马克思主义创始人的科学社会主义经济理论，走出了一条中国特色社会主义经济理论与实践的新路。“社会主义经济制度”是指社会主义经济关系总和，它以公有制为基础，劳动者成为生产要素的主人，实行按劳分配，消灭剥削、消除两极分化，最终实现共同富裕。社会主义经济制度，存在于社会主义的全过程。在初级阶段，它还不成熟、不健全。通过中级阶段进入高级阶段，社会主义经济制度就成熟和发达了。而“社会主义初级阶段的基本经济制度”，则具有初级阶段的特点，凸显于初级阶段，它以公有制为主体、按劳分配为主体，同时存在非公有制经济和非按劳分配方式。社会主义市场经济，是社会主义经济与市场经济相结合。市场经济是属于经济体制和运行机制范畴，不具有特定的社会经济性质。

我国社会主义经济理论与实践的发展，既坚持了马克思主义经济理论的一些根本性的原理，如实行公有制、按劳分配，劳动人民当家做主，快速发展生产力，最终实现共同富裕，缩小和最终消除城乡差别、体脑差别，实现人的全面自由发展等；又从我国的实际国情出发，将马克思主义与我国的经济实际相结合，发展和创新了马克思主义创始人的科学社会主义经济理论，走出了一条中国特色社会主义经济理论与实践的新路。

这条新路是在总结国内外社会主义实践与发展中的得失成败、经过不断探索与发展而明确起来的。随着中国特色社会主义实践的发展，中国特色社会主义经济理论也会不断丰富与发展。

---

① 本文原载《学术月刊》2008年第12期，为纪念改革开放30周年而作。

一、对社会主义经济与商品经济内在关系的理论创新

马克思主义创始人曾认为未来社会主义制度将消除商品经济。斯大林在作为苏联社会主义经济发展的理论与实践总结的《苏联社会主义经济问题》一书中，虽然肯定商品生产存在的必然性和价值规律的作用，但他认为商品的活动范围“只限于个人消费品”，价值规律“不能起生产调节者的作用”。这也是当时苏联经济体制实际情况的理论反映。而且斯大林提出，商品流通范围的扩大，“会阻碍我们向共产主义前进，应一步一步地缩小商品流通的活动范围”。

受上述社会主义经济理论的影响，新中国成立以后，在改革开放前的历史时期中，我国理论界对商品经济在社会主义制度下的地位和作用问题，存在各种不同的见解。有社会主义非商品经济论、生产资料非商品论、生产资料商品外壳论、商品逐渐褪色论，也有个别学者，持社会主义和共产主义商品经济论。

社会主义国家都在发展中遇到了传统经济体制对发展生产力的束缚问题，提出了进行改革的要求。而改革，就需要重视商品经济和市场机制在社会主义经济发展中的地位和作用，需要突破传统的理论观点。

在改革的前期阶段，虽然强调发展商品经济，发挥价值规律的作用，但还是在计划经济的框架内构建社会主义商品经济体制的。传统理论认为，计划经济是社会主义经济制度的本质属性。所以，当时的理论发展与创新，首先要突破将计划经济与商品经济对立起来的传统观念，从而突破社会主义非商品经济论、生产资料非商品论等观点。

1979 年 4 月 5 日，李先念在中央工作会议上的讲话中提出，“要自觉运用价值规律来调节生产”，要在国家计划指导下，“按照市场供求关系进行生产”。关于我国社会主义必须自觉运用价值规律的作用问题，理论界基本上统一了认识。但是，商品经济是否是社会主义的本质属性，怎样表述社会主义经济与商品经济的关系，学界的认识存在着分歧。直到 20 世纪 80 年代初期，理论界还在争论社会主义经济同计划经济和商品经济的关系的表述问题。

1984 年 10 月 20 日，党的十二届三中全会通过了《中共中央关于经济体制改革的决定》（以下简称《决定》）。《决定》提出：“要突破把计划经济同商品经济对立起来的传统理念，明确认识社会主义计划经济必须自觉依据和运用价值规律，是公有制基础上的有计划的商品经济，商品经济的充分发展，是社会经济发展不可逾越的阶段，是实现我国经济现代化的必要条件。”《决定》的这种论述，是社会主义经济理论的重大创新与发展。

党的十三大报告和十四大报告，都对《决定》中关于商品经济的论述给予很高的评价。这一理论既否定了社会主义经济非商品经济论、生产资料非商品

论、商品经济与计划调节对立论、商品逐渐褪色论等观点，也否定了商品经济是旧社会制度遗留下的经济形式，是外加于社会主义经济而非社会主义经济内生的东西的观点。但是关于商品经济是社会主义经济的本质属性还是非本质属性的问题，理论界一直存在着分歧。

如果我们从本质属性上界定社会主义经济，可以认为，社会主义经济是公有制为基础的经济，是解放生产力发展生产力，消灭剥削，消除两极分化，逐步实现共同富裕的经济。至于商品经济，是几个社会形态中共有的经济形式。我们可以说，手工业经济是商品经济，资本主义经济是商品经济，社会主义经济也是商品经济。但这种共有的商品经济并不能用以说明和表明这三种不同社会经济的本质属性。马克思一再批判作为资本主义辩护士的詹姆斯·穆勒，“企图把资本主义生产当事人之间的关系，归结为商品流通所产生的简单的关系”。并指出：“商品生产和商品流通是极不相同的生产方式都具有的现象，因此，只知道这些生产方式所共有的抽象的商品流通的范畴，还是根本不能了解这些生产方式的不同特征，也不能对这些生产方式作出判断。”① 提出社会主义经济是公有制基础上的有计划的商品经济，是把社会主义的根本制度性特征与经济体制性特征统一起来，使我国的改革走向市场取向的道路，为后来建立社会主义市场经济体制，做了重要的阶段性的理论铺垫。

二、从提出市场调节（市场经济）为辅，到全面实行社会主义市场经济的理论发展

在一个很长的历史时期，无论马克思主义者还是西方学者与政要，都把计划经济与市场经济作为两种对立的社会经济制度范畴。即社会主义实行计划经济，资本主义实行市场经济。西方经济学一般将私有制作为市场经济的核心。

正因为这样，在我国改革开放前的历史时期，只强调发展商品经济，自觉运用价值规律，发挥市场调节作用。而在公开的正式的中央文献中，避免讲“市场经济”概念。有的学者在较早的论著中，认为商品经济就是市场经济，并以此为据表明自己或某人较早提出搞市场经济的改革思想。这是一种简单化的逻辑推理。在发达资本主义国家，“商品经济”与“市场经济”的确没有什么区别。甚至不讲商品经济，只讲市场经济。而在我国，商品经济与市场经济是不能画等号的。第一，我国在计划经济体制下，也存在商品经济与市场，但那时的市场，不能对社会经济起调节作用。可以说，市场不起调节作用的商品经济，不是市场经济。第二，如果把商品经济等同于市场经济，那我国在传统计划经济时期就存在

---

① 《马克思恩格斯全集》第23卷，人民出版社1972年版，第133页。

商品经济和市场，就等于有市场经济了。以此推理，我们早就实行社会主义市场经济了。显然不能这样认识问题。第三，我国确立社会主义市场经济体制，是要使市场在资源配置中起基础性作用，而我国计划经济时期的商品经济，并不起资源配置的作用，配置资源的是指令性计划。第四，改革开放以来，中央有关文件中强调发展商品经济的同时，是将商品经济与市场经济区别开来的。例如，《决定》中，既提出社会主义经济是公有制基础上的有计划的商品经济，强调发展商品经济；但同时又讲："就总体说，我国实行的是计划经济，而不是那种完全由市场调节的市场经济。"

大力发展商品经济，就必然要发挥市场机制的作用。只要发展完全意义上的商品经济，市场就会起调节经济的作用。在传统体制下，把市场调节作为资本主义经济的调节机制。在我国改革进程中，需要突破这一传统观念。而最先突破这一传统观念的，是中央决策层的陈云、邓小平、李先念等。

有资料表明，早在1978年国务院务虚会上，李先念根据陈云的意见，就提出了"计划经济与市场经济相结合"的改革思想。[①] 1979年2月，李先念在一次会上说："我同陈云同志谈，他同意，在计划经济前提下，搞点市场经济作为补充，不是小补充，是大补充。"[②] 陈云在同年3月8日写的《计划与市场问题》一文中，是将"市场调节"与"市场经济"作为含义相同的概念通用的。在此文中，他指出：苏联和中国实行计划经济，但没有根据已经建立社会主义经济制度的经验，对马克思的原理（有计划按比例）加以发展，这就导致现在计划经济中出现的缺点……"只有计划按比例这一条，没有在社会主义制度下还必须有市场调节这一条"。同时也就为"发展"提出了思路，即引入"市场调节"。

在研究陈云同志这一改革的新思路时，应明确以下几点：

第一，陈云同志讲"计划经济"，是着眼于"有计划按比例"发展。凡是不符合按比例乃至导致比例失调的计划，如官僚主义、长官意志的计划，不是陈云所主张的计划经济。第二，陈云和邓小平都把"市场调节"与"市场经济"作为含义相同的概念使用。在内部讲时，经常提市场经济，但正式公开发表时，一般用市场调节概念。这是为减少意识形态上的障碍。第三，陈云关于计划经济与市场调节（市场经济）相结合的改革思想，后来将其概括为"计划经济为主，市场调节为辅"，得到了邓小平、李先念等中央决策层的赞同与支持，因而写到一系列的中央有关文件中，并写入宪法中，成为我国改革前期的统一指导思想。第四，计划经济为主，市场调节（市场经济）为辅的改革模式，从改革进一步深化和发展后的眼光来审视，显得具有局限性。但要用历史唯物主义的观点进行

---

① 朱佳木：《我所知道的十一届三中全会》，中央文献出版社1998年版，第14页。

② 《陈云年谱》下卷，中央文献出版社2000年舨，第293页。

评析，应肯定市场取向的改革正是从这里起步的。它为社会主义市场经济体制的建立做了理论上的铺垫。第五，邓小平同志 1979 年 11 月 26 日在与外宾谈话中，提出："社会主义为什么不可以搞市场经济，这个不能说是资本主义。我们是计划经济为主，也结合市场经济，但这是社会主义的市场经济。"这个讲话过去并未正式公开发表。这里所讲的市场经济思想，同陈云所讲的是完全一致的。

怎样处理好计划与市场的关系，始终是我国经济体制改革过程中不断探索和认识不断发展的问题。1984 年的《决定》，在改革思路上有了新的发展，虽然它继续讲计划经济的优越性，讲"就总体说我国是实行计划经济"，但是，第一，如前所说，对计划经济内涵的认识发生了变化。要逐步缩小指令性计划，扩大指导性计划。第二，不再提计划经济为主，市场调节为辅。因为《决定》的改革内容已超出了计划与市场只是板块式结合的关系。第三，除继续在国民经济中划出一块不纳入计划"完全由市场调节"的辅助部分外，《决定》提出"指导性计划主要依靠运用经济杠杆的作用来实现"。

经济体制改革思路的进一步发展，是 1987 年 2 月 6 日邓小平同几位中央负责人的谈话和十三大报告提出的新观点。邓小平同几位负责人讲：计划和市场都是方法。"我们以前是学苏联的，搞计划经济，后来又讲计划经济为主，现在不要再讲这个了。"在马克思、恩格斯的著作中，没有计划经济概念，只讲过计划调节。列宁在 1906 年的著作中提出"计划经济"与"市场经济"概念，作为两种对立的社会经济制度。苏联在斯大林时期建立起全国统一的排斥市场调节的计划经济体制。我国在建立起社会主义制度以后也参照苏联模式建立起计划经济体制。我国在改革中引入市场调节机制，突破了传统体制的框架。但市场调节机制如果只起次要的"为辅"的作用，还是有局限性的。因此，在党的十三大报告中，计划与市场的关系有了全新的提法。新的经济体制"应该是计划与市场内在统一的体制"。"计划和市场都是覆盖全社会的""必须把计划工作建立在商品交换和价值规律的基础上。以指令性计划为主的直接管理方式，不能适应社会主义商品经济发展的要求"。提出国家对企业的管理逐步转向间接管理为主。新的经济运行机制"总体上来说应当是国家调节市场，市场引导企业"。显然，这离全面构建社会主义市场经济体制新模式的里程已相距很近了。

"国家调节市场，市场引导企业"的经济运行机制，既适用于指导性计划体制，也适用于市场经济体制。但是，在"八九波"后有人认为这种提法是错误的，随后中央文件中也不再提它。然而，从实行社会主义市场经济的角度来重新审视这一提法，它正是构建和发展社会主义市场经济体制必要的经济运行机制。因此，我始终认为那两句话是正确的。我国实行市场经济，不能没有宏观调控。而宏观调控就要由国家调节市场运行。如果没有国家政府对市场的调节，市场就会是完全盲目的。自发的，市场秩序会是混乱的。既然实行市场经济，发挥市场配置资源的作用，就要由市场机制直接调节企业的生产经营活动。如果从计划与市场的关系来看，也可以讲“计划调节市场，市场调节企业”。

社会主义市场经济体制确立的决定性的一步，是邓小平视察南方时的谈话。

邓小平在 1991 年视察上海时讲：“不要以为，一说计划经济就是社会主义，一说市场经济就是资本主义，不是那么回事，两者都是手段。”他在 1992 年又讲：计划经济不等于社会主义，市场经济不等于资本主义。完全超越了把计划经济和市场经济看作是社会基本制度范畴的传统观念，只将其作为可供选择的手段。在 1992 年的十四大报告中，正式提出建立社会主义市场经济体制。对“社会主义市场经济”的界定，主要有三点：一是由市场发挥资源配置的功能；二是市场经济与社会主义基本制度相结合；三是由社会主义国家实行宏观调控。

有的学者认为，市场经济本身不存在“姓资”“姓社”的问题，据此不赞成讲“社会主义”市场经济。的确，市场经济作为资源配置的手段，资本主义可以用，社会主义也可以用，但是，应当明确，市场经济总是与一定的社会经济制度相结合的，与资本主义制度相结合，就是资本主义市场经济；与社会主义制度相结合，就是社会主义市场经济。在市场经济前面加上“社会主义”这一定语，一是突破了将市场经济与资本主义相联系的传统观念，表明社会主义制度也可以搞市场经济；二是表明，我们实行的市场经济要坚持社会主义方向，不是搞私有化的市场经济。要将我国实行的社会主义市场经济与西方实行的资本主义市场经济区别开来。

三、“社会主义初级阶段基本经济制度”理论的创立

根据毛泽东同志的新民主主义理论，新中国成立以后，应实行新民主主义的社会制度，条件成熟时，再由新民主主义转向社会主义制度，新民主主义社会制度理应经历一个较长的时期。然而，新中国成立后，刚经过 3 年恢复时期，到 1953 年，就提出了向社会主义过渡的总路线。把从中华人民共和国成立到社会主义制度建立，作为“从新民主主义到社会主义的过渡时期”，就是说，从 1949 年中华人民共和国一成立，就要转向社会主义了，而且，从 1953 年提出过渡时期总路线，到 1956 年“三大改造”基本完成，宣布进入社会主义社会，只经历了 3 年时间。急于消灭城乡私有制经济，急于“让资本主义绝种”，急于搞全国一统天下的公有制。脱离了我国原来是半殖民地半封建社会、生产力落后的国情，造成了此后长时期中经济发展和人民生活中存在的诸多社会问题。

之所以要讲这一段的历史事实，是因为它与我们改革开放以来先后提出社会主义初级阶段理论和社会主义初级阶段的基本经济制度理论有关。多个社会主义

国家在自己的发展进程中，都碰到了所处历史阶段的定位问题。例如，1959 年，苏共“二十一大”的报告中提出，苏联已“进入全面开展共产主义社会建设的时期”。1961 年的苏共“二十二大”又宣布要在 20 年内即到 1980 年“基本建成共产主义”。1967 年纪念十月革命 50 周年的报告中，提出苏联处在发达的社会主义阶段，不再提建设共产主义。1983 年，苏联新领导人又退了一步，认为苏联正处在发达社会主义的起点。戈尔巴乔夫又称苏联为“发展中的社会主义”。

东欧原社会主义国家，也对自己所处的社会发展阶段进行了重新定位。如波兰提出，它尚处在“从资本主义向社会主义过渡的最后阶段”。

我国在改革开放后，破除“一大、二公、三纯”的非科学的、超阶段的社会主义观点，允许非公有制经济的存在与发展。根据国情提出了社会主义初级阶段理论。社会主义初级阶段的理论核心或基础，是社会主义公有制为主体条件下多种经济成分即多种所有制经济的存在与发展。

社会主义初级阶段理论的提出，主要是为发展非公有制经济提供了理论支持。而对待非公有制经济发展的认识，也经历了一个思想不断解放，认识不断发展，政策不断放宽的过程。

随着改革开放过程中政策的放宽，非公有制经济首先是个体经济发展起来。在改革初期的 1978 年，城镇个体劳动者只有 15 万人，1979 年增加到 31.6 万人，1980 年为 81.4 万，1981 年为 113 万人，1985 年增加到 450 万人，到 1986 年年底，全国城乡个体经济从业人员已达到 1900 万人。到 2006 年底，全国个体工商户达 2576 万户，从业人员 7500 万人。

对非公有制经济在社会主义初级阶段分阶段的地位和作用问题，也有个思想不断解放和认识不断发展的过程。开始时还认识不足，1987 年，只是对原有的一些个体工商户进行登记，在经营范围和其他方面设有诸多限制。后来在政策上不断调整和放宽。1980 年下半年，提出“适当发展个体经济”的方针。1981 年 7 月 7 日颁布了《国务院关于城镇非农业个体经济若干政策性规定》的文件，城乡个体工商户、专业户迅速发展起来。随着个体经济的发展，有的人手不够，需要雇几个人。当时对私有制经济的发展规模，是有限制的。但又不能完全不允许雇工存在。那样会阻碍经济发展。于是国务院颁布的政策性规定中提出，“个体经营户，一般是一人经营或家庭经营”。“必要的，经过工商行政管理部门的批准，可以请一个至两个帮手；技术性较强的或有特殊技艺的，可以带两三个，最多不超过五个学徒。”就是说，连帮工和学徒，最多不得超过 7 人。这实际上已经把“个体经济”原有界定扩大了。

但是，这个政策一实行，不管是否技术性较强或有无特殊技艺，“雇工大户”迅速发展了起来。而且雇工超过 8 个人（被当作由小企业主转为资本家界限）的日益增多。这也是符合发展规律的。个体私有制商品经济的发展，必然会出现分化，产生出资本主义性质的私营企业。对雇工远远超过 8 人的私人企业，应否肯定其合法存在和发展，在认识上是有分歧的。但是中央采取了既谨慎、又宽松的政策。既然不予取缔，实际上起了保护作用，于是就很快发展起来。实践证明，发展私营企业利大于弊。1987 年 1 月中央颁布了《把农村改革引向深入》的文件，肯定了私营企业的地位和作用。指出："个体经营者为了补充自己劳动力的不足，按照规定可以请一二个帮手，有技术的可以带三五个学徒。对某些为了扩大经营规模，雇工人数超过了这个限度的私人企业，也应当允许存在，加强管理，兴利抑弊，逐步引导。"又说："在社会主义社会的初级阶段，在商品经济的大发展中，在一个较长时期内，个体经济和小量私人企业的存在是不可避免的。"肯定它是社会主义经济的一种补充形成，并论述了它的积极作用。同时指出："私人企业有同公有制经济有矛盾的一面，本身也存在一些固有弊端，主要是收入分配过分悬殊，对此，可以通过管理和立法，加以调节和限制。"这样就肯定了私人企业的合法地位。

党的十三大报告进一步明确阐述了私人企业的性质和作用及党的方针政策。指出："私营经济是存在雇佣劳动关系的经济成分……实践证明，私营经济一定程度的发展，有利于促进生产，活跃市场，扩大就业，更好地满足人民多方面的生活需要，是公有制经济必要的有益的补充。"报告同时指出，中外合资、合作企业和外商独资企业，"也是我国社会主义经济的必要的和有益的补充"。1995 年 9 月在党的十四届三中全会上，江泽民强调指出：坚持公有制的主体地位，是社会主义的一条根本原则，也是我国社会主义市场经济的基本标志，只有确保公有制经济的主体地位，才能防止两极分化，实现共同富裕。任何动摇、放弃公有制主体地位的做法，都会脱离社会主义的方向。同时也指出，允许和鼓励个体、私营、外资等非公有制经济的发展，并正确引导，加强监督，依法管理，"使它们成为社会主义经济的必要补充"。

党的十五大报告，对非公有制经济的地位，作出了新的论断："非公有制经济是我国社会主义市场经济的重要组成部分。"并提出了"社会主义初级阶段基本经济制度"这一新的概念："公有制为主体、多种所有制经济共同发展，是我国社会主义初级阶段的一项基本经济制度。"

从以上的论述可以看出，在我国改革开放中，对非公有制经济在社会主义初级阶段的地位和作用的认识，是不断发展和放开的。由最初个体经济的"拾遗补阙"地位，到非公有制经济"是社会主义经济的补充"，再到非公有制经济"是社会主义市场经济的重要组成部分"，并被纳入"社会主义初级阶段的基本经济制度"范畴之中。这样，多种所有制经济共同发展，就不是一个短时期内的权宜之计，而是整个社会主义初级阶段的发展战略方针。

基本经济制度中还应包括分配制度。所有制只是经济制度的基础。社会主义初级阶段的分配制度，是按劳分配为主体、多种分配方式并存。所谓多种分配方式，除公有制经济中实行按劳分配外，主要还有在私营和外资企业中实行按生产要素所有权分配。

在发展中国特色社会主义经济理论问题上，要分清几个理论是非问题。

第一，要分清“社会主义初级阶段的基本经济制度”同“社会主义经济制度”这两个既相联系又相区别的不同概念。“社会主义经济制度”是指社会主义经济关系总和，它以公有制为基础，劳动者成为生产要素的主人，实行按劳分配，消灭剥削、消除两极分化，最终实现共同富裕。社会主义经济制度，存在于社会主义的全过程。在初级阶段，它还不成熟，不健全。通过中级阶段进入高级阶段，社会主义经济制度就成熟和发达了。而“社会主义初级阶段的基本经济制度”，则具有初级阶段的特点，凸显于初级阶段，它以公有制为主体、按劳分配为主体，同时存在非公有制经济和非按劳分配方式。在我国宪法和中央有关文件中，“社会主义初级阶段的基本经济制度”和“社会主义经济制度”是作为两个范畴分别应用的。

第二，要分清“社会主义市场经济”与“社会主义经济”的关系与区别。社会主义市场经济，是社会主义经济与市场经济相结合。市场经济是属于经济体制和运行机制范畴，不具有特定的社会经济性质。而“社会主义经济”概念有狭义、广义之分。从狭义的角度说，它是指社会主义经济成分，是从所有制的含义着眼的，如国有经济、集体经济等。从广义的角度说，它与“社会主义经济制度”是内涵相同的。社会主义经济是以公有制为基础的经济体系。因此，讲“非公有制经济是社会主义市场经济的重要组成部分”，是正确的。但不能将其理解为“非公有制经济是社会主义经济的重要组成部分”。

中国特色社会主义经济理论，是在邓小平理论指导下发展起来的。邓小平关于什么是社会主义，怎样建设社会主义的论述，关于社会主义本质的论述，关于社会主义初级阶段的主要矛盾的论述，关于三个有利于的判断标准的论述，关于社会主义市场经济的论述，关于改革开放的思想的论述，为中国特色社会主义经济理论体系奠定了思想和理论基础。党中央有关社会主义经济改革与建设、经济增长与科学发展等方面新的指导思想，学界的经济理论创新，都在为中国特色社会主义经济理论体系增添新的内容，它在继续发展与完善之中。

需要科学地总结改革开放30年[①]

一、用科学的改革观总结改革开放30年的成就与不足

改革开放30年，其历程和成就，所碰到的问题，以及目前究竟怎么来进行评价，怎样总结，学界观点并不一样，这也是正常的。我觉得应当有个共识，需要进行客观的实事求是的总结。客观总结改革开放的得失，实事求是地总结经验，是为了提高认识，统一思想，把握事物发展的规律，更好地搞好改革与发展大业。是为了推动经济社会更好地向前发展。

既要正面总结成功的经验，这是主要的一面；也要总结某些方面的不足。肯定成就，是为了沿着改革的正确方向与道路继续前进；正视不足，是为了弥补缺失，改进工作，以利于深化改革扩大开放。有一种绝对化的看法：不允许对改革开放提任何缺点和意见，甚至不允许讲反思。似乎30年的改革开放没有任何不足或缺失，谁要讲点缺点，谈点不足，提点完善改革的意见，就说谁是反改革。更有人把强调应坚持改革的社会主义方向、不赞同把国企“一卖了之”、批判新自由主义等也指责为反改革。有必要弄清，在谈论改革还是反改革问题上需要分清两个不同的方面。事实上存在两种改革观。党中央和邓小平所主张和实行的改革，是坚持马克思主义（包括发展了的马克思主义）、坚持改革的社会主义方向，旨在使社会主义自我完善、自我发展。而某些人所主张的改革则与此相反，如邓小平所指出的：他们搞“全盘西化，打着拥护开放、改革的旗帜，……是要改变我们社会的性质”。他还指出：“某些所谓的改革，应该换个名字，叫做自由化，即资本主义化……我们讲的改革与他们不同，这个问题还要继续争论的。”[②] 江泽民在庆祝中国共产党成立70周年大会上的讲话中也指出：“在改革中不坚持社会主义方向就会葬送党和人民七十年奋斗的全部成果。要划清两种改

---

① 本文是根据与两位访问者的谈话整理修改而成。原载《理论前沿》2008年第16期。

② 《邓小平文选》第3卷，人民出版社2001年版，第229、第297页。

革开放观，即坚持四项基本原则的改革开放，同资产阶级自由化主张的实质上是资本主义化的‘改革开放’的根本界限。”这类“改革”家高调批评别人“反改革”，实际上是不满别人不赞成和反对他们所主张的私有化、全盘西化的改革。这种“反改革”并没有错，是用正确的、坚持社会主义道路的改革观，反对打着改革旗号演变社会主义的所谓“改革”。

毋庸置疑，30 年来，改革开放的成就是有目共睹的。成就是主要的，应在总结经验中充分肯定。但能说改革开放过程中一切措施都百分之百的正确，就没有任何需要总结的教训和缺失吗？党中央并不这样认为。1989 年 11 月 9 日党的十三届五中全会通过的《中共中央关于进一步治理整顿和深化改革的决定》中就明确指出：“十一届三中全会以来，党中央、国务院在执行正确路线、方针、政策的过程中，对经济建设和改革开放的具体指导也有失误。”“在建设和改革两方面都存在急于求成的偏向。”并提出了具体事例。为此，“党中央和国务院要认真总结经验教训，多做调查研究，多走群众路线，努力提高决策的正确性和科学性”。自 1989 年以来，又经过了近 20 年的改革开放，改革的涉及面更宽，力度更大。改革的成就也更多。但广大群众也切身感到存在一些问题和偏误。比如说，改革过程中，大量国有资产流失，有的企业负责人借改革之机以权谋私，侵吞国有资产，或是官商勾结，以超低价将国企出卖给私商，如果事先有个出卖国有企业的严格的章法，有一定的审批程序，公开竞标出售，哪些国企能卖，哪些不能卖，事先有个章法与安排，就会好得多。还有，长期流行着一个口号式的提法，即“国退民进”，它广泛地被误解为是中央提出的指导思想，其实中央并不赞同某些学者宣传的这一偏颇的提法。《人民日报》和《经济日报》都刊发过不赞同这样宣传的文章，但力度和影响不大，没有起到应有的澄清理论和政策是非的作用。现在还有人在继续宣传“国退民进”。中央的指导思想是国有企业“有进有退，有所为有所不为”。而讲“国退民进”。意味着国有企业只留下一个“退”字。退出来让位给私有企业，民营企业一般作为私有企业的代名词，似乎改革的战略就是让私有制企业取代国有企业。前些年出卖国企成风、“一卖了之”的现象，与“国退民进”的宣传是有联系的。如能公开对其澄清，辨明理论是非，消除其负面影响，国企的损失自然会小些。再比如，教育改革、医疗改革、住房改革，还存在这样那样的问题，需要改进。30 年来，财富大幅度增长，人均 GDP 翻了三番多，但出现了收入差距过大的趋势。新的中央领导集体强调提出应让改革发展的成果惠及广大人民，应更加重视社会公平，缩小收入差距，提高低收入者的收入水平，解决“三农”问题。这是完全必要和正确的。如果能更早地关注和着手解决这类问题，改革与发展的成果会更大一些。我们的居民收入大幅提高了，现在满大街是私人小汽车，许多人的居住条件显著改善了，全国人民的生活水平从温饱不足发展到总体小康，我们的生活水平和质量的确提高了，这是谁也不能否认的。我在中央党校《理论前沿》2007年第22期发表的一篇文章中具体讲了改革的成就，配合十七大讲改革不能倒退，倒退是没有出路的。我们在国际上的地位空前提高了，经济总量已从世界第十一位跃至世界第四位，将进入世界第三，我国已成为世界第三贸易大国。中国的面貌发生了历史性的重大变化。我们改革的政策是让一部分人先富裕起来，先富带后富。这对摆脱普遍贫穷起了积极作用。但30年来，一部分人先富起来的意愿实现了，可是没有带动起后富。现在中央着手解决"三农"、下岗工人、农民工的问题、收入差距过大问题等。我们新的中央领导，对这些问题的重视和解决，是完全正确的。教育体制改革、医疗体制改革、住房体制改革，乃至国有企业和集体经济改革，还存在一些什么问题？要不要探讨，要不要总结？我觉得应该回顾，应该总结，总结是为了更好地前进，并不是反改革。

有人宣称，出现了一股反改革的思潮，但没有举出具体事例。究竟是什么人在什么地方站出来反对改革的？反对什么改革，怎样反对？邓小平讲，中国没有反改革派。当然也不能否认，会有个别或少数人有另一种比较偏颇的看法，就是用"过去的"剪裁和评判"现在的"。把问题和不足看的偏重，把成就和功绩看的偏轻。对改革开放质疑多，横挑鼻子竖挑眼，这类意见多见于网上和会议发言，影响并不大。据说也有个别人肯定阶级斗争为纲，肯定"文化大革命"。这当然不能赞同。而且也不会起什么作用，并不成为"思潮"。不能把个别事例扩大化，将其与正当地提出改进意见、主张反思混在一起，都作为反改革来批驳，甚至把与中央一致的理论认识，如强调更加重视公平，主张调整"效率优先，兼顾公平"的提法也诬之为反改革。有人把指出收入差距扩大、主张缩小收入差距扩大趋势的正确意见，竟说成是"左"派挑起的有害的事端。我尽量不用"左"和右的政治概念，主张应分清带引号的"左"和不带引号的左。不带引号的左派，是代表革命，代表进步的。国民党左派如廖仲恺、何香凝等我们党是肯定和支持的。鲁迅等的左翼作家联盟，是进步的，鲁迅是左派。我们反"左"是反那个带引号的极左。有时候反"左"，有人把不带引号的左也去反。把坚持马克思主义、坚持科学社会主义（包括中国特色社会主义），坚持四项基本原则，也作为"左"来反。

该怎样回顾和评价改革开放30年，我的看法是：（1）应以正面总结和宣传成就为主，但少讲不讲大话、空话、套话，不要千文一面。文章要有思想，有见解，有分析，有归纳。要总结出水平，将经验上升到理论，要探求改革开放和发展的规律性的东西。以便更好地用创新的科学理论指导进一步的改革开放。（2）要敢于实事求是地总结理论认识和改革开放实践中的不足与教训，不要回避。我们党在革命和建设事业中，始终采取坚持真理、修正错误，发扬成绩、克服缺点的科学态度。这样做有利于我们正确面对和解决在深化改革和扩大开放中所出现的新问题和新矛盾。(3) 纪念改革开放 30 年，不需要过多强调个人在改革开放中的理论贡献，那种高调凸显自己，自我吹嘘的东西，多不如少，少不如无。

二、社会主义市场经济思想是怎样提出和发展的

我们要客观看待改革开放，实事求是地评价改革开放的成果，总结经验教训，以便更好地前进。纪念和总结改革开放 30 年，必然会碰到和需要弄清楚一些理论问题。对有关改革理论的提出与发展也需要总结，比如，我国经济体制改革的模式转变，是由传统计划经济体制转向社会主义市场经济。我国经济体制转型为社会主义市场经济体制，促进了经济的快速发展。胡锦涛同志概括中国改革开放 30 年的成就时，首先肯定"30 年来，中国成功实现了从高度集中的计划经济体制到充满活力的社会主义市场经济体制"。[①] 但这两种不同体制的转变过程，在理论研究和宣传中，需要按照理论提出和发展的实际轨迹实事求是地加以阐述和分析。我们中国的市场经济思想是怎么提出来的？邓小平同志最初提出市场经济的原有观点的内涵是什么？他的市场经济思想有无一个发展过程？应当肯定，市场经济和市场调节思想是在邓小平赞同和支持下由陈云最先提出来的。胡锦涛同志在 2005 年 6 月 13 日的讲话中高度评价了陈云在改革中的理论思想贡献，指出："陈云同志积极支持和推动邓小平同志倡导的改革开放……提出了许多影响深远的重要思想。"他特别指出，陈云提出的社会主义制度下必须有市场调节的"重要认识，对我们突破高度集中的计划经济的束缚，曾经产生过广泛而深远的影响"。

陈云与邓小平都是把"市场调节"与"市场经济"作为含义相同的概念使用。据《陈云年谱》下卷第 236 页记载，1979 年 2 月，李先念在一次会上说："我同陈云同志谈，他同意，在计划经济前提下，搞点市场经济作为补充，计划经济与市场经济相结合，以计划经济为主；市场经济是个补充，不是小补充，是大补充。"陈云 3 月 8 日写文章：《计划与市场问题》也提出了市场经济概念，将"市场调节"与"市场经济"两个概念通用。原文最后部分提到：在经济体制改革中，并不随着计划经济的发展"市场经济部分所占绝对数额就愈缩小"。正式发表时，根据别人建议，将"市场经济"一词改成"市场调节"，1995 年出版《陈云文选》时，又把它改回为市场经济了。再者，邓小平关于市场经济的理论

---

① 胡锦涛："在日本早稻田大学的演讲"，《人民日报》2008 年 5 月 9 日。

观点，也有一个发展过程，并不是一开始就主张现在所实行的市场经济。邓小平于 1979 年 11 月份与外宾谈话时，讲社会主义为什么不可以搞市场经济，指的是计划经济为主，市场调节为辅意义上的市场经济，不是现在实行的放弃计划经济的市场经济。有很多人包括一些知名的学者，说小平同志 1979 年 11 月份跟外国人谈话就提出了现在所实行的社会主义市场经济。那就无法说明：既然是 1979 年就提出现在实行的社会主义市场经济，为什么 1984 年《中共中央关于经济体制改革的决定》（以下简称《决定》）中还大讲计划经济的优越性？它还讲，“就整体说我们国家实行的是计划经济，而不是那种完全由市场调节的市场经济”。中共中央的这一《决定》是城市经济体制改革的纲领，邓小平同志对这个文献大加赞扬，完全肯定。所谓就总体上说，我们的改革是实行计划经济，而不是那种完全由市场调节的市场经济，正是隐喻地表示不能全部或全面实行但可以局部实行市场经济，这是“市场调节”为辅意义上的市场经济。而且，邓小平同志 1979 年 11 月的谈话讲的是我们是“计划经济为主，也结合市场经济”。前后的意思是一样的。

邓小平同志是一个伟大的政治家。他善于听取和采纳认为是正确的意见。在改革的前期，他完全赞同陈云的经济体制改革观点：计划经济为主，市场调节为辅。1982 年 4 月 3 日，邓小平在一次谈话中讲：“最重要的，还是陈云同志说的，公有制基础上的计划经济，市场调节为辅。”① 为“主”为“辅”的模式写到十二大报告中，写到其他中央文件里，写到宪法中，这是在小平同志指导下写的。可见，陈云和邓小平在改革前期，那个时候讲市场经济，不是现在否定计划经济的市场经济，是在计划经济条件下实行市场调节意义上的市场经济。作为理论工作者对于改革理论的发展是怎么发展过来的，要实事求是地评价，应弄清事情发展的实际过程。

随着改革实践的发展，邓小平关于计划经济与市场经济关系的理论思想也发展了。1987 年邓小平同中央几位领导谈话中说：“我们以前学苏联的，搞计划经济，后来又讲计划经济为主，现在不要再讲这个了。”所谓学苏联搞计划经济，是指只搞计划经济，排斥市场调节（市场经济）。据此，党的十三大报告没有再提计划经济为主。在 1989 年 6 月 9 日政治风波后的讲话中说：“我们要继续坚持计划经济与市场调节相结合这个不能改。”这已经不再是“为主”“为辅”的结合模式，而是如十三大报告中所讲的，计划与市场的内在结合，两者都是覆盖全社会的结合了。在改革开放的新的历史时期，1990—1992 年邓小平在南方谈话中，提出计划经济不等于社会主义，市场经济不等于资本主义，完全超越和突破

① 《陈云年谱》下卷，中央文献出版社 2000 年版，第 293 页。

了计划经济是社会主义制度内在属性的传统看法。确立了我国全面实行市场经济的指导思想，超越了过去的理论认识。十四大报告根据邓小平同志的理论指导，提出了我国实行社会主义市场经济的体制模式。我们现在有些教科书，有些论文，说小平同志早在1979年11月就提出了现在实行的市场经济，没有从发展的角度去把握，这个不符合事实。我们做学问，一定要实事求是。赞扬邓小平同志的功劳，但要一是一，二是二。在中央决策层，市场经济思想是谁先提出来的，小平同志的市场经济思想是怎样的发展过程，原原本本如实地把它阐发出来，这个更符合实际，我觉得这样更有利于树立小平同志的形象。

构建和发展社会主义市场经济体制，应在科学发展观指导下进行。提出科学发展观，是一个很重要的战略性思想，是中国特色社会主义理论体系的重要组成部分。既蕴含着对过去经济发展经验教训的总结，也体现着适应当代科技进步，适应现代化发展时代潮流的前瞻性认识。实践证明："大跃进""超英赶美""全民炼钢""跑步进入共产主义"，违反经济规律，不是科学发展。靠"长官意志"决策，"瞎指挥"，不是科学发展。片面追求高速度，GDP挂帅，粗放式经营，也不是科学发展。

科学发展观，要求实现以人为本，统筹兼顾，全面协调可持续的发展。我们讲的科学发展观，不言而喻，是社会主义制度下的科学发展观。讲以人为本，首先要关注劳动人民的利益，特别是弱势群体的利益。要体现社会主义的本质要求，也就是要在科学发展观的指导下去解放生产力和发展生产力，消除两极分化，避免或缓解收入差距过分扩大的趋势，实现共同富裕。要用科学发展观指导社会主义市场经济的发展，就要既发挥市场经济在资源配置中的积极作用和优势，也要注意克服和减弱市场经济运行中的盲目性和消极作用。为此，一要重视加强和完善宏观调控，二要强调与社会主义基本制度相结合的特点。科学发展观，不要流为抽象的口号，成为作报告，写文章的大话、空话、套话，应重在落实。需要在实际经济工作中一步一个脚印地去贯彻和实现。

三、正确理解和把握"社会主义市场经济"的内涵

社会主义市场经济是社会主义制度与市场经济相结合。党的十七大报告强调"把坚持社会主义基本制度同发展市场经济结合起来"，并将其作为我国巩固和发展社会主义的宝贵经验之一。这实际上是否定了某些学者所主张和宣传的市场经济的微观基础不能是公有制，只能是私有制的观点。我们既要发挥社会主义制度的优越性，又要发挥市场经济在资源配置中的灵活性和有效性。市场和市场经济是统一的，不存在多种经济成分形成的多种市场经济。市场机制配置资源对公有制经济和私有制经济是一样的。因此，社会主义市场经济概念中既包括公有制

经济，也包括非公有制经济。正因为如此，中央文件中提出“非公有制经济是社会主义市场经济的重要组成部分”，但不少人将这一论断理解和宣传为非公有制经济是“社会主义经济”的重要组成部分，即将“社会主义市场经济”等同于“社会主义经济”。这是两个既有联系又有区别的概念，不应混为一谈。有人又根据这种混同，认为只要大力发展多种非公有制经济就等于发展社会主义经济。其实，之所以将非公有制经济作为社会主义市场经济的重要组成部分，是因为有“公有制为主体”这个前提条件，离开公有制为主体，以私有制为基础的市场经济只能是资本主义市场经济。从这个角度出发，首先，改革不能动摇社会主义制度。改革开放不能倒退，经济体制不能倒退，社会主义经济制度也不能倒退，既要讲改革不能倒退，也要讲社会经济制度不能倒退。我们的改革是社会主义制度自我完善和自我发展的改革。但是，我们需清醒地认识：西方敌对势力和国内的某些势力，在想方设法采取暴力的方式或非暴力的方式图谋演变我国的社会制度。怎么保持社会主义的巩固与发展，在经济制度上，不要空谈公有制为主体。从现在的统计材料来看，从发展趋势来看，公有制可能越来越不是主体，怎么办？如果公有制越来越缩小，缩小到20%了，私有制扩大到80%了，还叫不叫社会主义经济制度？公有制为主体能不能坚持？怎么坚持？

四、怎样从理论与实践的结合上坚持公有制为主体，多种所有制经济共同发展

马克思主义主张搞公有制，不是从什么道义、公平原则出发的，首先是从生产力标准出发的。是因为公有制比私有制更进步，更有效率，它更有利于发展生产力。马克思主义讲公有制取代私有制，是因为它能更好更快地发展生产力，不是仅仅从意识形态考虑的。我觉得我们改革，怎么样搞好国有企业，怎么样搞好公有制，使国有企业和集体企业搞得生机盎然，是需要很好地研究和出台一些有效措施的，到现在为止，我们国有企业是不是已经实现我们原来搞好搞活的目标了？国有经济和集体经济，在绝对量和比重上不断下降。一定程度的下降是必然的，合乎国情的，但总应该有个底线，不能下降到私有制为主体，再者，留下来的公有制经济特别是国有经济，怎么真正搞好搞活，真正表现出它的优越性？还远远做得不够。

我赞同发展非公有制经济，过去一大二公，现在实行公有制为主体，多种所有制共同发展，鼓励非公有制经济发展，这是必要的，有利于我们发展社会主义社会生产力，符合邓小平的三条“有利于”标准。但是我们引进外资，怎么样才能对我们发展有利？首先应对我们发展社会主义经济有利，不要盲目地引进，我们在这方面也有一些经验教训值得总结。要立足于保护我们国家的安全，增进人民群众的利益。不能片面地强调资本的利益，而忽视了劳动者的利益。过去一段时间过多地重视资本的利益这一面，而忽视劳动利益这一面。比如农民工的问题，工资低，工资拖欠，劳动时间很长，有些企业严重损害工人的权益，这些问题并不是现在才有，而是已经出现了很多年却一直没有被足够重视。我们是社会主义国家，应该加强保护弱势群体的利益，工农群众的利益，让改革开放和发展的成果真正惠及广大人民。保护好发展好公有制经济，保护好发展好非公有制经济，统筹兼顾。真正地坚持以公有制为主体，而如果公有制为主体成一句空话，私有制经济为主体了，社会主义经济制度也就不存在了。正如江泽民同志在庆祝中国共产党成立70周年大会上的讲话中所强调指出的："动摇了生产资料公有制，就动摇了社会主义的经济基础，必将损害全体人民的根本利益，也就谈不上社会主义了。"在这个问题上，理论界各种观点都有。有些学者说我们的国有企业不是社会主义经济，还引证恩格斯在《反杜林论》中的话作根据。又说，私营企业才是社会主义经济。其实，恩格斯在《反杜林论》中是讲：资本主义国家的国有企业不是社会主义，俾斯麦的国有企业不是社会主义。而我国的一些学者竟据此说，我们社会主义国家的国有企业也不是社会主义。邓小平讲：判断的标准主要是三条"是否有利于"，其本意是讲判断改革开放是非得失的标准。而有的学者硬说三条"是否有利于"的标准，是判断姓"资"姓"社"的标准。他们说，私营、外资、个体经济符合三条有利于的标准，所以都是社会主义性质的。以此为据，再宣传"国退民进""国有企业从竞争领域退出来"，其造成的消极作用是很大的。尽管中央并不认同这种提法，但是没有形成一种理论声势，宣传的力度也不够，所以很多人都不知道。改革的理论是改革实践的先导，因此，总结改革开放30年的理论是非也是必要的。

改革开放以来我国市场功能与政府功能组合关系的演变[①]

——纪念改革开放20年

新中国成立以后的一个长时期中，我国由理论到实践，一直把苏联在斯大林领导下建立的高度集中的经济管理体制和我国与之雷同的管理体制，看作是神圣不可侵犯的、社会主义制度应有的模式。我们曾把经济体制同经济制度相混同，把某些社会主义国家较早进行的体制改革，视作对社会主义经济制度的背离。在"左"的一套盛行的时期，谁要强调利润，强调市场作用，甚至强调发展生产，谁就会被作为修正主义的靶子挨批。因此，在党的十一届三中全会以前，即在"左"的一套理论、方针和政策被否定以前，市场取向的经济体制改革是不可能提出来的。

粉碎"四人帮"以后，在邓小平同志倡导下，拨乱反正，解放思想，实事求是，才将改革的任务提到议事日程上来。1978年12月13日，邓小平在中央工作会议闭幕会上作了《解放思想，实事求是，团结一致向前看》的讲话。这个讲话为党的十一届三中全会提出改革任务奠定了理论和政策基础。同年12月22日，党的十一届三中全会提出："实现四个现代化，要求大幅度地提高生产力，也就必然要求多方面地改变同生产力发展不相适应的生产关系和上层建筑，改变一切不适应的管理方式、活动方式和思想方式，因而是一场广泛、深刻的革命。"全会提出对经济管理体制和经营管理方法着手进行认真的改革。从此在中华大地上吹响了改革的号角。

进行经济体制改革，尽管改革的对象是多方面、多层次的，但集中到一点，就是要充分发挥市场机制的作用。这应包括两方面：一方面，在经济运行过程中发挥市场调节和市场配置资源的作用；另一方面，要探求和完善社会主义经济制

① 本文原载《当代经济》1998年第5期。

度实现的有效形式，也就是最有利于促进生产力发展的形式。如公有制的实现形式，社会主义分配关系的实现形式，国家、企业和职工个人三者之间利益关系相结合的实现形式，计划与市场相结合的有效实现形式等。这诸方面的实现形式的改革，在一定程度上也需要利用和发挥市场的功能。在改革的前期，侧重于前一方面；在改革的深化过程中，后一方面也日益得到了重视。

但是，改革的理论与实践，对市场取向或市场化的改革，包括对计划与市场关系的认识与处理，不是直线推进的，而是经过了曲折的、复杂的道路。

一、对传统计划经济缺点的开始认识：缺少市场调节

在 20 世纪 70 年代末改革一开始，就针对排斥市场调节作用的传统计划经济体制的弊端，提出了发挥市场调节作用的理论。

1979 年 3 月 8 日，陈云同志在一份讲话提纲《计划与市场问题》中，对计划经济及其缺点以及改革的对策提出了自己的评论和建议。他说：苏联和中国按照马克思所说的有计划按比例的理论办事，实行计划经济，当时是完全对的。“但是没有根据已经建立社会主义经济制度的经验，对马克思的原理（有计划按比例）加以发展，这就导致现在计划经济中出现的缺点。”他指出：缺点是“只有有计划按比例这一条，没有在社会主义制度下必须实行市场调节这一条”。按陈云同志当时的理解，市场调节“就是按价值规律调节，也就是经济生活中的某些方面可以用‘无政府’‘盲目’生产的办法来加以调节”。他批评现在的计划太死，包括的东西太多，缺少市场自动调节的部分。因此生产不能丰富多彩，人民所需日用品十分单调。他提出的改革建议是：整个社会主义时期的经济必须有两个部分：（1）计划经济部分；（2）市场调节部分（即不作计划，让它根据市场供求的变化进行生产，即带有“盲目”调节的部分）。第一部分是主要的；第二部分是从属的次要的，但又是必须的。他认为这两部分经济在不同部门应有不同的比例。由于“直到现在我们还不是有意识地认识到这两部分经济同时并存的必然性和必要性”，结果是，该严的不严（必须按比例的），该宽的不宽（非计划部分）。而忽视市场调节的另一后果是，对价值规律忽视，思想上没有“利润”概念。

对陈云同志的上述意见，需要进行历史的、实事求是的评析。第一，从现在已达到的理论高度和改革实践来看，这一意见当然是有局限性的。但也应该肯定，在中央决策层，陈云首次指出了传统计划经济体制的缺点是没有市场调节，改革就必须发挥市场调节的作用，这具有理论和实践的突破性意义。市场取向的改革就是由此起步的。而且它曾成为我国改革前期阶段中央的统一指导思想。第二，由于对市场调节概念是从典型的或传统的含义上去理解，认为市场调节必然

是也只能是由价值规律盲目地、“无政府”地去调节，因而，市场调节与计划调节便难以有机结合，市场调节只能在计划外的经济中起作用。这种模式中的计划与市场的功能，就成为所谓“板块式”的组合关系。第三，陈云同志将计划经济的含义，解释为“有计划按比例”。这是一种宽口径的解释。这里没有把计划经济限定在指令性计划范围内，他反而批评“现在的计划太死，包括的东西太多”。但这又是以指令性计划经济的存在为背景的。此外，还有什么别的计划方法实现“有计划按比例”，当时还没有明确提出来。在他看来，既然社会主义经济的发展，其主要方面或主要部分，不应是“盲目”的、“无政府”的，而应是“有计划按比例”的。因此，计划与市场的组合模式就是计划经济为主、市场调节为辅了。第四，陈云曾把“市场调节”与“市场经济”作为含义上相同的概念使用。在内部讲问题时，常用“市场经济”概念，但公开正式发表时，一般用“市场调节”概念。在早于陈云的《计划与市场问题》一文的前一月，即1979年2月，李先念在一次会上说：“我同陈云同志谈，他同意，在计划经济前提下，搞点市场经济作补充。”“计划经济与市场经济相结合，以计划经济为主。市场经济是补充，不是小补充，而是大补充。”① 在同年3月公开发表的《计划与市场问题》一文中，不用“市场经济”而改用“市场调节”了。1982年1月26日，《人民日报》报道了25日陈云在同国家计委几位负责同志春节座谈会上的讲话要点，提出“怎样坚持计划经济为主，市场经济为辅的问题”。他讲计划经济为主，主要是指：“我们办企业更要加强计划性，要讲究产品有没有销路，原材料从哪里来，经营怎样搞。现在我们有些地方，不那么讲究这些问题。”他讲的“市场经济为辅”，其实就是市场调节为辅。当时，传统理论否定社会主义可以实行市场经济，所以对《人民日报》报道的陈云同志关于“市场经济”的提法感到意外。此后，新闻媒体的报道中，又将其改回到“市场调节为辅”的提法上来。在正式发表的陈云同志谈话即《加强计划经济》一文中，“市场经济为辅”改成了“市场调节为辅。”这表明，在公开和正式发表意见时，陈云同志尽量避讳使用“市场经济”一词，而代之以“市场调节”概念。在1979年以后的中央文件中，计划经济为主，发挥市场调节辅助作用，被规定为经济体制改革的方向。1979年4月，李先念在中央工作会议的讲话中，提出了改革经济管理体制的原则和方向。其中第一条就是：“在我们的整个国民经济中，以计划经济为主，同时充分发挥市场调节的辅助作用。”并对此做了说明：可以考虑对关系到国计民生的重要产品由国家统一计划，统一规定价格，其他产品由企业根据市场的供求情况自行确定生产数量，允许自产自销，价格有的由国家规定，有的根据

---

① 转引自苏星著：《论社会主义市场经济》，中共中央党校出版社1994年版，第58页。

市场供求关系允许在一定幅度内浮动，企业之间可以进行竞争。在我国社会主义经济理论与实践中，第一次提出了公有制企业间进行竞争的指导思想。

发挥市场调节辅助作用的改革思路，写进了邓小平同志主持起草的1981年6月十一届六中全会通过的中共中央《关于建国以来党的若干历史问题的决议》之中："必须在公有制基础上实行计划经济，同时发挥市场调节的辅助作用。"写入了1981年的政府工作报告之中："我国经济体制改革的基本方向应当是：在坚持实行社会主义计划经济的前提下，发挥市场调节的辅助作用。"也写入了1982年12月通过的我国《宪法》之中："国家在社会主义公有制基础上实行计划经济。国家通过经济计划的综合平衡和市场调节的辅助作用，保证国民经济按比例地协调发展。"在1982年9月党的十二大报告中，把计划经济与市场调节的关系确定为"计划经济为主、市场调节为辅"的原则，并强调正确贯彻这一原则"是经济体制改革中的一个根本性问题"。十二大报告提出要正确划分指令性计划、指导性计划和市场调节各自的范围和界限。对国有经济中关系国计民生的生产资料和消费资料的生产和分配，尤其是对于关系全局的骨干企业，必须实行指令性计划。对于集体所有制经济也要按需要下达一些具有指令性的指标，如对粮食和其他重要农副产品的征购派购。十二大报告中还强调"实行指令性计划，这是我国社会主义全民所有制在生产的组织和管理上的重要体现"。除指令性计划外，对许多产品和企业要实行主要运用经济杠杆以保证其实现的指导性计划。至于各种各样的小商品，产值小、品种多，可让企业根据市场供求变化自行安排生产。这意味着将国民经济分为三块：一是指令性计划经济；二是指导性计划经济；三是市场调节经济即市场经济。

关于计划经济和市场调节的范围和界限的这种划分，事实上表明了市场功能与政府功能在不同层次上的差异。在指令性计划范围内，依然是政府功能起作用。但是如十二大报告所指出的，实行指令性计划，也要"经常研究市场供需状况的变化，自觉利用价值规律，运用价格、税收、信贷等经济杠杆引导企业实现国家计划的要求，给企业以不同程度的机动权"。就是说，指令性计划不能违背而是要符合市场供求规律和价值规律的客观要求。因而市场功能在这里是在较低的程度上起作用，不能在整体上起调节经济和配置资源的作用。在指导性计划范围内，市场与政府的功能怎样组合，虽然当时对指导性计划的具体形式和操作过程还缺乏清晰的研究和论述，只是一般地提出运用经济杠杆保证其实现，但实行指导性计划，理应是计划调节与市场调节相结合。市场调节是基础性调节，计划调节是导向性调节。运用经济杠杆，包括价格、信贷、利率等杠杆，应更充分体现市场功能。因此，与指令性计划相比，指导性计划应是弱化政府功能，强化市场功能。至于不纳入国家计划的小商品，则完全由市场自发调节，充分发挥市场功能；政府的功能则只表现在：国家通过政策法令和工商行政工作加强管理，并协助它们解决某些重要原料的供应，引导其沿着正确的轨道发展。

党的十二大以后的几年中，总的改革框架依然是坚持“为主”“为辅”的原则，但市场取向的力度在总体上逐渐加强。

1982 年 11 月的《政府工作报告》，在再次强调“必须正确贯彻执行计划经济为主、市场调节为辅的原则”的同时，提出“大的方面用计划管住，小的方面放开”的方针。所谓小的方面放开，实际上就是放给市场。1983 年 6 月的《政府工作报告》中进一步提出：按照社会化大生产的要求组织生产和流通，发展统一的社会主义市场。打破地区间、部门间、城乡间的分割。开辟多种流通渠道，减少流通环节，做到货畅其流。1984 年 5 月的《政府工作报告》中提出：必须按照“为主”“为辅”的原则，适应大力发展社会主义商品生产和商品交换的要求，把原有的按行政区划、行政层次统一收购和供应商品的流通体制，改变为开放式、多渠道、少环节的流通体制，形成城乡畅通、地区交流、纵横交错、四通八达的流通网络，形成社会主义的统一的市场。

二、对商品经济在社会主义经济中的地位和作用的重新评价和再认识

进行经济体制改革，要发挥市场调节的作用，必然要涉及商品经济在社会主义经济中的地位和作用问题。传统计划经济体制的弊端，重要的一条是没有市场调节。而没有市场调节是不重视商品经济及其规律作用的结果。1979 年 6 月的《政府工作报告》指出：传统经济体制的要害问题，是“在生产和流通领域中忽视了商品生产的价值法则”。这样，就需要从理论与实践的结合上对商品经济进行重新认识和评价。在我国，有的学者曾拘守马克思 100 多年前的观点，主张社会主义非商品经济论；或全民所有制非商品经济论；或生产资料非商品论；人民币非货币论等。特别在“左”的理论与政策盛行的岁月，曾把商品经济与资本主义相混淆。所谓“堵不住资本主义的路，就迈不开社会主义的步”。实际上，堵的是发展商品经济的路。党的十一届三中全会以后，随着改革开放的推进，理论界对社会主义制度下的商品经济问题再次展开了更为广泛的讨论。绝大多数学者肯定社会主义制度下发展商品经济的必要性及其重要作用。但在社会主义经济是计划经济还是商品经济的问题上，存在着不同观点的争论。有的认为，社会主义要实行商品经济，但商品经济存在于几个不同的社会形态，不是社会主义经济的特征，因此不能把社会主义经济归结为一个商品经济，社会主义经济的特点是计划经济。有的则相反，认为社会主义经济就是商品经济。但宣传这一观点的人中，其具体理解又有差别。有的是从这一角度得出判断：社会主义经济不是自然经济，也不是马克思曾预计的产品交换经济，而是商品经济。这里不涉及对社会

主义经济的本质判断。我们赞同这种理解。但有的则是从社会主义经济的特征或本质的角度作出社会主义经济是商品经济的判断。我们认为，商品经济构不成任何社会经济的本质。它既不是资本主义经济的本质，不能表明资本主义经济的特征；更不是社会主义经济的本质，不能表明社会主义经济的特征。因此，如果讲社会主义经济是商品经济，或者讲社会主义经济是有计划的商品经济，这不是给社会主义经济下定义，而是将其既与自然经济区别开来，又与产品交换经济区别开来。资本主义经济是商品经济，社会主义经济是商品经济，进入市场的个体经济也是商品经济（小商品经济）。就其具体商品经济的属性来说，它们有共同性。但就其各自的社会经济性质来说，它们具有质的差异。有的研究人员如晓亮先生强调，商品经济是社会主义经济的本质。他说：如果不承认商品经济是社会主义经济的本质，那商品经济就是外壳了。这是逻辑上的混乱！难道非本质的东西都是外壳？比如，人是生物，但生物不是人的本质，因为各种动植物都是生物。难道能由此论断，生物是人的外壳吗？用这种观点论证社会主义经济是商品经济，是一种缺乏正确思维逻辑的论断。过去曾争论过社会主义经济中的生产资料是实质上的商品还是只具有商品的外壳，这倒可以说是一种非此即彼的判断。但讨论社会主义经济的本质是不是商品经济，则是另外一个完全不同的问题。

关于商品经济在社会主义经济中的地位和作用问题，发展商品经济与经济体制改革的关系问题，在后来的中央文件中，不断作出了明确的阐述。

1984 年 10 月，党的十二届三中全会通过的中共中央《关于经济体制改革的决定》（以下简称《决定》），作为城市经济体制改革的纲领性文件，对计划经济与商品经济的关系及商品经济的历史地位，提出了新的论断，并规定了改革方向、性质、任务和基本方针政策。《决定》一方面强调地论述了实行计划经济是社会主义经济优越于资本主义经济的根本标志之一，但同时又指出社会主义计划体制应是统一性与灵活性相结合的体制。这种体制不能单纯依靠行政命令加以实施，不能忽视经济杠杆和市场调节的重要作用。

《决定》提出了一系列新的理论观点。指出：改革计划体制，首先要突破把计划经济同商品经济对立起来的传统观念，明确认识社会主义计划经济是在公有制基础上的有计划的商品经济。商品经济的充分发展，是社会经济发展不可逾越的阶段。《决定》还强调指出：只有充分发展商品经济，才能把经济真正搞活，促使各企业提高效率，灵活经营，灵敏地适应复杂多变的社会需求，而这是单纯依靠行政手段和指令性计划所不能做到的。实行计划经济同运用价值规律、发展商品经济，不是互相排斥的，而是统一的，把它们对立起来是错误的。

将计划经济与商品经济统一起来，从经济运行机制来看，就是将计划调节与市场调节结合起来。

三、市场取向改革的新发展

中共中央《关于经济体制改革的决定》没有再提“计划经济为主，市场调节为辅”的公式。在计划与市场的功能组合关系上，提出和阐述了以下几点新的思想：(1)“计划经济即有计划的商品经济。”将计划经济与商品经济内在地统一起来，也就意味着将计划与市场的功能内在地统一起来。但《决定》把商品经济与市场经济区别开来，提出“就总体说，我国实行的是计划经济……而不是那种完全由市场调节的市场经济”。(2)“实行计划经济不等于指令性计划为主，指令性计划和指导性计划都是计划经济的具体形式。”改变了以往讲计划经济就是指令性计划或指令性计划为主的传统观点。(3)虽然总体上不实行“完全由市场调节的市场经济”，但并不排除在局部范围内实行。“完全由市场调节的生产和交换，主要是部分农副产品、日用小商品和服务修理行业的劳务活动。”《决定》事实上把市场调节分成两类：一类是“完全由市场调节”的生产与交换，这就是市场经济，它在国民经济中起辅助的但不可缺少的作用。这部分市场经济，是指公有制经济中不作计划的经济部分。完全突破了市场经济只与私有制相联系乃至与资本主义相联系的传统观念。另一类不是完全由市场调节的经济，事实上包括指导性计划经济。不完全由市场调节，意味着计划与市场都起调节作用。

市场取向的改革，通过改革实践的发展和改革理论的推进，改革的思路和方针也日益具体化和明确化。1985 年 9 月，党的全国代表会议通过的《中共中央关于制定国民经济和社会发展第七个五年计划的建议》中，对经济体制改革，提出了一些新的思想和措施。认为建立新型的社会主义经济体制，主要抓三个方面：一是使全民所有制企业真正成为相对独立的、自主经营、自负盈亏的商品生产者和经营者；二是进一步发展社会主义的有计划的商品市场，逐步完善市场体系；三是国家对企业的管理逐步由直接控制为主转向以间接控制为主。为搞活企业，要逐步减少指令性计划任务，逐步减少国家分配调拨生产资料的种类和数量，扩大生产资料市场。还要开辟和发展资金市场、技术市场，并同时促进劳动力的合理流动。当时还避讳提“劳动力市场”概念，只是提“合理流动”。为扩大和发挥市场功能，以适应市场化改革的要求，提出：“逐步形成少数商品和劳务实行计划价格，多数实行浮动价格和自由价格的统一性与灵活性相结合的价格体系。”我们知道，要充分发挥市场调节作用，就必须逐步放开价格。但当时价格改革还不可能很快到位，因为价格体系和体制的改革，是涉及各部门生产、流通和广大群众生活状况的敏感问题，不能急于求成。要充分考虑国家、企业和人民群众的承受能力，要尽可能保持价格总水平的基本稳定，避免引起严重的通货膨胀，引起大的社会震动。因此，在1979年到1984年期间，是以国家调整价格为主，重点是农产品购销价格的改革。1979年大幅提高了18种主要农产品价格和8种主要副食品的销售价格，也提高了一些工业产品和铁路短途货运及水运价格，调低了手表和涤棉布的价格，还对部分产品实行浮动价格，并放开了一批小商品的价格。实行了“调放结合，以调为主”的价格改革。1985年以后，价格改革的步伐加快。虽然在一个时期内，仍实行“放调结合”的方针，但“放”的比重在逐步增加。1985年，取消粮棉统购，改为合同定购。除粮食、食用植物油的合同定购部分及棉花、烤烟、糖料等少数农产品由国家定价外，绝大部分农副产品价格放开，并放开了少数工业消费品价格。对生产资料，实行计划外部分加价和部分实行议价的办法。

1987年2月6日，邓小平同志在同几位中央领导人的谈话中，明确否定了“计划经济为主”的提法，他说：“我们以前是学苏联的，搞计划经济。后来又讲计划经济为主，现在不要再讲这个了。”因此，十三大报告中既没有再提“计划经济为主”，也没有再提“计划经济”优越性。1987年10月的十三大报告，从理论指导上将市场取向的改革向前推进了一大步。报告指出：传统体制下的许多做法，如直接向企业下达过多的指令性指标，实行统购统销和供给制式分配，有的是在新中国成立初期的国内国际环境中为加快奠定工业化基础而采取的，有的是从革命战争年代沿袭下来的，并不是社会主义制度必然要求的固定不变的东西。报告提出新的经济体制是社会主义有计划的商品经济体制，即计划与市场内在统一的体制，这种新体制的特点是：第一，建立在公有制基础上的社会主义商品经济体制，通过运用计划调节和市场调节两种形式和手段，保持国民经济的协调发展。第二，必须把计划工作建立在商品交换和价值规律的基础上。以指令性计划为主的直接管理方式，不能适应社会主义商品经济发展的要求。不能把计划调节同指令性计划等同起来。要逐步缩小指令性计划范围。第三，新的经济运行机制，总体上来说应当是“国家调节市场，市场引导企业”的机制。报告还指出：“发展生产资料市场、金融市场、技术市场和劳务市场，发行债券、股票，都是伴随社会化大生产和商品经济的发展必然出现的，……社会主义可以而且应当利用它们为自己服务。”这里扩大了市场体系的范围，提出股票可以为社会主义利用，并且用“劳务市场”取代了“劳动力合理流动”的提法。

党的十三大报告在理论上扩大了市场调节的范围和功能，市场机制不再是充当辅助的角色，而是要在总体上直接调节企业，计划体制转为指导性计划为主。“国家调节市场，市场引导企业”，是一种二层次的纵向调节机制：“市场引导企业”，是基础层次的调节，也可以说让市场在资源配置中起基础性作用；“国家调节市场”，是指国家在宏观层次上调节市场机制，以克服和减少市场的盲目性和自发性，增加经济运行的计划性与自觉性，保持国民经济的协调发展。十三大报告也不再把经济体制模式划分为指令性计划、指导性计划、市场调节这样三块。因为在占主要比重的指导性计划范围内，市场也发挥着直接调节企业的作用。即使指令性计划，也要建立在符合价值规律和市场需求的基础上。

四、市场取向改革的理论和实践在曲折中推进

要发挥市场直接调节企业的作用，就必须理顺价格体系。扭曲的价格是难以正常发挥调节企业的作用的。为此，就需要改革价格体系和体制，主要由市场机制形成价格。但放开价格的改革，需要一定的环境和条件。首要条件是：不存在总需求超过总供给的巨大差额，不存在严重的通货膨胀。

然而，1988 年在对价格改革的环境和条件缺乏分析和研究的情况下，突出地也是突然地强调要立即进行放开价格的改革，大张旗鼓地宣传和准备出台新的价格改革措施。认为“具备了物价改革的条件”，要搞价格改革闯关，要“迎着风浪前进”，准备“冒点风险”。这种决策是非科学的，是脱离实际的。1988 年，存在着总需求超过总供给的巨大差额。1984—1987 年，4 年累计总供求差额为 3000 亿元，而 1988 年同 1987 年相比，总供求差率从 13.6% 扩大到 16.2%，出现了较为严重的通货膨胀。在此条件下是不宜出台放开价格的大的措施的。

同年 8 月，中央政治局在北戴河会议上通过了价格改革的初步方案，提出“绝大多数商品价格放开，由市场调节，以转换价格形成机制”。由于 7 月放开了名酒名烟的价格后价格猛涨了几倍，造成了放开价格就意味着价格猛涨的群众恐慌心理。于是，北戴河会议的价格改革方案一传播，便发生了全国大规模的提取存款抢购商品的风潮，给已有的严重通货膨胀火上加油。在此情况下，中央不得不迅速改变决策，推迟价格改革措施，并在 9 月召开的十三届三中全会上确定了今后两年治理经济环境和整顿经济秩序的任务。1989 年的《政府工作报告》中也指出了上年价格改革工作的失误。

在治理整顿期间市场化的改革放慢了，政府的功能必然增强。1989 年又发生了政治风波，政府功能进一步增强。理论界竟有人错误地把市场化改革和强调市场调节作为资产阶级自由化来批。邓小平同志在同年 6 月 9 日的讲话中指出：“我们要继续坚持计划经济与市场调节相结合，这个不能改。实际工作中，在调整时期，我们可以加强或者多一点计划性，而在另一个时候多一点市场调节，搞得更灵活一些。以后还是计划经济与市场调节相结合。”这段论述实质上是强调不能放弃市场调节，不能改变市场取向改革的方向。这里只是指出了“计划经济与市场调节相结合”的根本原则。至于采取何种方式相结合，需要进一步探讨。江泽民同志在 9 月 29 日国庆 40 周年讲话中就此发表了意见：“我们要在实践中

不断探索，努力创造一种适合中国情况的、把计划经济与市场调节有机结合起来的社会主义商品经济运行机制。计划经济和市场调节结合的程度、方式和范围，要经常根据实际情况进行调整和改进。这是一个重大的理论问题和实践问题。希望全党同志特别是经济工作者要为此而付出艰苦努力，以求得这个问题的逐步解决。”讲话表明计划经济与市场调节应是一种“有机”结合。结合的具体方式和范围等，还未在理论上和实践中解决，有待于通过艰苦努力逐步解决。

在实行治理整顿期间和政治风波以后，理论和实际工作中强调计划的声音多起来了。而且十三大提出的“国家调节市场，市场引导企业”的经济运行机制模式也被否定了，在经济理论的论著中成了禁区。似乎讲“市场引导企业”是犯忌的、错误的。其实，小平同志并没有否定这一模式。当有人提出它是错误的时候，小平同志讲：“十三大报告中的那两句话‘国家调节市场，市场引导企业’我就没有看出有问题，当时可能有人看出有问题，但是没有人明确提出来。那两句话究竟怎么样，我也没有研究。如果是错了，就不讲了。”可见，小平同志并没有肯定那两句话就是错的。“如果错了，就不讲了。”如果不错呢？当然可以继续讲。我们一直认为，“国家调节市场，市场引导企业”这一新的经济运行模式没有错。这是市场化改革中政府功能与市场功能相结合的有效模式，也是计划与市场有机结合的有效形式。经济体制改革要求企业进入市场，由市场引导和调节企业的经营活动，否则就谈不上市场调节，而且，离开这一新的经济运行机制，也就无法实现国家对企业的间接管理。至于“国家调节市场”就是国家利用经济、法律等手段对市场进行宏观调控，也是必要的。如果没有“国家调节市场”，市场会乱，会盲目运行，企业也难以有序发展。

1990 年的《政府工作报告》中，将计划经济与市场调节相结合分为三种形式：一是指令性计划；二是指导性计划；三是市场调节。这又回到了过去三分法的结合关系中。报告还具体说明：“对全民所有制大中型企业的重要经济活动实行指令性计划或指导性计划管理为主；对城乡集体经济主要实行指导性计划或市场调节，对个体经济、私营经济和外资企业实行市场调节。”按此说明，国有大中型企业不实行或少实行市场调节了，实行市场调节的范围主要是集体经济和私有制经济。而且把指导性计划与市场调节看作是并列的关系。然而，市场取向的改革，发挥市场调节作用，应首先是针对全民所有制企业的传统体制的。改革的中心环节是要通过处理好计划与市场的关系把全民所有制企业搞好搞活。怎样实现市场功能与政府功能的有效组合，也主要着眼于全民所有制即国有企业。

五、邓小平同志南方谈话后“社会主义市场经济体制”模式的确立

1992 年邓小平同志在南方谈话中，提出了“计划经济不等于社会主义，资

本主义也有计划；市场经济不等于资本主义，社会主义也有市场。计划和市场都是经济手段”。邓小平同志的南方谈话对改革的理论与实践产生了极大的影响，突破了对市场经济的传统看法。在学习和宣传南方谈话中，又查证和收集到邓小平自 1979 年以来在多次谈话中关于社会主义也可以搞市场经济的论述。只是过去这些论述没有公开发表。

根据邓小平同志南方谈话的精神，江泽民同志 1992 年 6 月 9 日在中央党校的讲话中初步提出“社会主义市场经济体制”的模式。并说明这种新经济体制的特点是：“在经济运行机制上，把市场经济和计划经济的长处有机结合起来，充分发挥各自的优势作用，促进资源优化配置。”

在党的十四大报告中明确提出：“我国经济体制改革的目标是建立社会主义市场经济体制。”也就是“要使市场在社会主义国家宏观调控下对资源配置起基础性作用”。

社会主义市场经济中的市场功能与政府功能的组合关系是：第一，在对企业的关系上，市场在微观层次上直接调节企业的经济活动。而政府（国家）在宏观层次上通过调节市场间接调节企业的行为。第二，政府通过税收、信贷、利率等经济杠杆调节微观经济。还通过一定措施如“菜篮子工程”等，调节某种产品的供给。第三，市场功能是政府功能的基础，宏观层次的调控措施，要与市场运行机制相适应。第四，政府在宏观经济领域起着调节作用。如涉及国民经济全局的一系列重点项目的安排与建设；实现总量平衡；实行经济结构和地区结构的调整；对国民经济的治理整顿包括严重通货膨胀的抑制；实施再就业工程；经济社会发展战略目标的制定等，都要进行直接调控。目前流行“宏观调控”概念，但对“宏观调控”可以有两种理解。一是对宏观经济进行调控；二是在宏观层次上对国民经济包括微观经济进行调控。如果把“宏观调控”概念改换为“政府调控”，含义会更明确。政府调控既包括调控宏观经济，也包括调控微观经济（一般为间接调控，也有某些方面的直接调控。如在纺织行业压缩和淘汰 1000 万棉纺锭；以保护价格收购粮食等）。

实行市场经济，首先要有两个条件：一条是放开价格即由市场机制形成价格；二是废除指令性计划体制。

实行改革开放以来，逐步放开了商品的价格。不过，1992 年以前，放开价格的过程比较缓慢。1992 年提出实行社会主义市场经济体制后，价格改革进入新阶段。1992 年，较大幅度地放开了各类商品的价格，由市场直接调节。另外，过去在传统体制下，国有企业甚至集体企业生产什么，生产多少，为谁生产，都按照国家下达的指令性计划进行，即由指令性计划调节。现在，通过市场化改革，由指令性计划调节的产品只留下少数几种了。即基本上废除了指令性计划经济体制，实现了市场调节体制。从这两个方面来看，实行市场经济的根本原则即市场机制调节价格、调节企业经营活动从而调节供给和需求关系已经确立，改革的市场“取向”成为现实。市场的功能加强和扩大了，政府功能的作用范围相应缩小了。但政府的调控功能，或是现在一般所说的宏观调控的功能，不是要削弱，而是要完善，在一定方面还要加强。

市场经济根本原则的实现，并不等于社会主义市场经济体制已经建立。我国存在多种所有制经济。非公有制经济是天生的市场经济派，它们一产生，就在市场中求生存、求发展，不需要国家鞭策和推动它们去进入市场。而公有制经济特别是国有企业同市场经济接轨，远不如私有制经济同市场经济接轨那样容易。尽管一再强调和宣传把企业推向市场，让国有企业在市场竞争中显身手、求发展，但迄今问题仍未解决。原有的国有企业实现形式难以适应市场经济的需要，两者存在一定的矛盾。原因固然是多方面的，但最根本的一条，是国有企业只能负盈，而不能负亏，亏损最后还是落在国家身上。因此，要真正建立社会主义市场经济体制，还需要探索公有制特别是国有经济的实现形式。

1997 年党的十五大报告强调“要坚持社会主义市场经济的改革方向，使改革在一些重大方面取得新的突破”。提出公有制实现形式可以而且应当多样化；提出股份制是现代企业的一种资本组织形式，资本主义可以用，社会主义也可以用；并指出以劳动者的劳动联合和劳动者的资本联合为主的集体经济，尤其要提倡和鼓励。

由国家和集体控股的股份制，可以成为公有制的实现形式之一。股份合作制，也可以成为集体经济的一种实现形式。两者都有利于市场化改革的推进。但搞股份制和股份合作制，应因地制宜，因企制宜，从实际条件出发，不能刮风，搞“一刀切”。不能靠行政命令手段由上往下压指标、限期完成任务。那样会把事情搞乱，出现市场功能失灵、政府功能也失灵的局面。这会给社会主义市场经济体制的建立造成消极后果。

收入分配体制的现实考察与对策设计[①]

——纪念党的十一届三中全会10周年

说明：本文是1988年为参加中央召开的纪念党的十一届三中全会10周年理论讨论会提供的论文。后在《经济研究》发表。论文从某些侧面反映了当时的经济改革发展状况。

一、要重视和解决个人收入分配中的平均主义和不公平两大问题

我国个人收入分配体制的改革目前正面临着双重的挑战：一方面是合理拉开收入差距的改革目标尚未实现，平均主义、“吃大锅饭”的现象仍比较严重地存在并又有新的发展；另一方面是社会分配不公平及收入差距悬殊的倾向已经出现并有继续扩大的趋势，人们各自对社会所做的贡献同自己的收入很不相称。这是造成个人收入分配秩序紊乱的截然相反的两种社会现象。它们绞在一起，严重危害着新的收入分配体制的建立，并使得社会主义商品经济新秩序也难以顺利地形成。面对收入分配改革中的这种形势，一方面，必须致力于克服平均主义倾向，合理拉开收入差距，以提高效率；另一方面，则要切实注意解决好个人收入相差悬殊的问题，真正体现社会公平。无论是平均主义倾向还是社会分配不公平现象，都是影响整个经济体制状况的重大问题，特别是社会分配不公平这个改革中出现的新问题，敏感度很高，并且政策性也极强，因而在目前改革困难较大的条件下，解决这些问题要极为慎重，在政策和措施的制定及实施步骤上都要力求稳妥，切忌大的政策波动和反复。

个人收入分配之所以在改革过程中出现了上述截然相反的两个方面的问题，其中一个重要的原因，是我们在近几年的经济体制改革中，侧重于企业外部经济利益机制的转换，而对于企业内部经济体制利益机制的转换没有给以同等足够的重视。企业外部经济利益机制转换和企业内部经济利益机制转换的非对称性，不

---

① 本文原载《经济研究》1989年第1期，与魏杰合写。

仅使得原有体制下的企业内“吃大锅饭”的现象存在并继续发展，而且又引起了社会收入分配不公平这个新问题。具体表现在如下几个方面：

首先，企业外部经济利益机制的转换由于没有企业内部的经济利益机制转换的配合，因而使得国家在转换经济利益机制的过程中，没有形成一个包括企业内部收入分配制度在内的完整和规范的个人收入分配体制，而只是建立了国家与企业之间的利润比例分配体制。这样的分配体制虽然使得企业职工个人利益和国家利益都同企业利润相联系，能够在一定程度上有利于调动企业职工的个人积极性，但是由于在企业内部没有形成一种合理的个人收入分配体制，企业职工个人收入与企业利润挂钩并没有真正促进职工通过多贡献来获得多收入，而往往是要靠企业滥发奖金来维持生产情绪，因而使得企业必然要通过各种非规范行为去获取高利润。这种非规范行为，在市场秩序紊乱的条件下，形成了企业之间利润的非正常差距，加之企业在原有体制下存在着技术及资金占有等方面的差别，这种非主观努力因素又加剧了上述利润差距，从而在企业之间形成了人均实现利润的巨大差别，导致收入分配的严重不公平。虽然国家力求采取一些措施来平衡收入分配，然而由于没有合理的企业内部的分配机制与之配合，效果不大。结果是形成了盲目攀比之风，激发了工资膨胀和分配不公平两个方面的轮番交替上升。更为严重的是，企业利润与价格、利率等再分配机制密切相关，这些再分配机制的扭曲时时都在对收入分配格局产生着强大的不公平性冲击，促进了不公平倾向的发展。

其次，由于侧重企业外部经济利益机制转换而忽视企业内部经济利益机制转换，也就不可能在企业内部建立一套行之有效的、能够促进生产力发展的、合理的个人收入分配体制，使得平均主义、“吃大锅饭”的弊端仍然存在。特别是，这种忽视又引起了失误，进一步加重了原有的平均主义弊端。例如，1985 年在企业中实行的工资套改和在科教卫生系统实行的工资改革，不但没有克服或弱化原有工资制度中的弊端，反而增添和强化了诸多缺点，离开按劳分配原则更远。1985 年企业中的“活奖金”的一部分被改成“死工资”，导致了 1986 年第一季度全国性工业生产滑坡。而科教卫生系统的工资改革更是没有考虑个人的实际专业水平和劳绩、贡献，结果是由上而下地在更大范围内“吃大锅饭”，搞平均主义，多劳少得、少劳多得甚至不劳多得的“倒挂”现象更扩大了。因此，我们应该尽快转换企业内部的经济利益机制，形成合理的企业内部个人收入分配体制，这已成为消除和阻止平均主义继续发展的关键。

从上述分析中我们可以看出，企业内部个人收入分配体制的改革，是整个经济体制改革的重要组成部分。如果没有这方面的改革或改革不成功，广大职工和科技人员的积极性、创造性和主动性难以调动起来，其他方面的改革搞得再多，也很难获得总体改革的应有效果。搞好企业内部个人收入分配体制的改革，不仅会有利于消除平均主义和收入不公平这两个弊端，而且会由于提高劳动者的生产和改革的积极性而有利于其他方面的改革，有利于增加供给和约束消费基金膨胀。当然，我们还应该在加快企业内部经济利益机制转换的同时，进一步完善和发展企业外部经济利益机制的转换。

平均主义和收入分配不公平虽然在形成原因、存在范围及作用形式等方面有其相联系之处，但是作为收入分配过程中截然相反的两种弊端，还是有着很大的差别，我们在弱化和消除它们时必须充分注意其各自的特点。从目前的状况来看，平均主义主要存在于国有经济企业内部和事业单位内部。弱化和消除它的关键，是实现包括下述两方面内容在内的企事业单位内部经济利益机制的转换：首先，逐步实行和完善计件工资制和定额工资制、责任工资制，并把产品及劳务的数量同质量、成本联系在一起评定劳动者的贡献和收入，即用每个劳动者所提供的产品及劳务的数量和质量及其对劳动要素的节约程度，来衡量和评价他们各自所耗费的劳动数量和质量，并给以相应的劳动报酬，从而实现按劳分配原则所要求的按社会有效劳动时间（表现为有效劳动成果）分配，以弱化和消除平均主义。其次，逐步把原来以国家为唯一主体的集权式工资分配体制，转变为国家、企业和劳动者三者为主体的工资分配体制，并使这三者实行合理和规范的职能分工，即：国家主要是在再分配过程中行使收入分配的宏观协调职能，从宏观上控制积累和消费的比例以及社会工资总额增长率，而不应该再直接地决定初次分配过程中的具体业务，要改变过去那种由国家统一规定升级时间和升级面，并且是按工龄、按学历分配而不是真正按有效劳动分配的不合理状况；初次分配过程的具体业务主要是由企业和劳动者个人共同决定，企业有权具体规定企业内部的工资奖金制度和升级制度，劳动者个人有权利按照劳动平等和报酬平等的原则获得自己应得的收入，企业同劳动者的相互制约和双向选择，可以在初次分配过程中拉开合理的、适度的收入差距，实现按劳分配的原则。

同平均主义问题不同，收入分配不公平是近几年改革中出现的新问题，它的形成有着更为复杂的原因，可以说它是整个经济体制改革不配套及其局部失误的综合反映；并且它的作用范围相当广，涉及不同经济成分之间的收入不平等、脑体劳动之间的收入不平等、国有经济不同部门、不同企业之间的收入不平等，等等。因而解决这个问题要比消除平均主义难得多，复杂得多，需要采取综合治理的方式，要具体对待并使各方面措施有效配合。下面我们对几种主要的不公平收入分配现象加以具体分析，并提出相应的对策设计。

二、如何看待和处理国有经济职工收入同个体经济和私营经济收入的差距

如何看待和处理不同经济成分之间的收入差距，特别是如何看待和处理个体经济及私营经济的收入同国有经济职工收入的差距，是目前个人收入分配制度改革中必须要回答的重大问题。个体经济及私营经济在经济发展中有许多方面的积极作用。从生产力标准考虑问题，它们的收入偏高一些也是容许的。问题是目前个体经济及私营经济的收入已过分地高于国有经济职工收入，具有许多不公平性因素，成为社会普遍关注的问题。如何把这种不公平性差距调整到合理的范围内？经济学界不少人认为应该通过所得税形式将个体经济及私营经济的过高收入收为国有，从而缩小它们同国有经济职工之间的收入差距。这就是说，应该通过抑制个体经济及私营经济收入而使其同国有经济职工收入保持在大体相当的范围内。我们认为这种方法过于简单，不利于促进个体和私营经济的发展。我们现在面临的是需要个体经济和私营经济进一步发展的局面。应该进行具体分析，并采取相应的调整对策。从目前来看，形成个体经济及私营经济同国有经济之间的个人收入差距的原因，主要有以下几种：

（一）结构性原因

个体经济及私营经济可以根据需求结构变化而灵活地转产，及时地去经营那些因供不应求而利润高的行业，例如它们目前有的就是从事传统体制下处于萎缩状态的“第三产业”等急需发展的行业，因而其收益较高；但国有企业因体制和其他原因，资产转移比较困难，不能自由地选择急需发展的行业。由于我国目前还不可能通过市场机制而形成平均利润率，因而其结果只能是形成结构性收益差距。对于这种收益差距，也要通过税收杠杆加以调节，但不宜采取过重的税收将个体经济及私营经济的结构性收益全部收归国家。应该把重点放在改善国有经济管理体制，使国有企业能够自我选择经营方向方面。这不仅要求真正把经营方向的选择权交给企业，使企业具有转产的权力，而且还要给企业留更多的发展基金，以使企业具有转产的能力。只有国有经济企业同个体经济及私营经济一样具有了适应市场需要转产的权力和能力，由结构性原因引起的这种收益差距就会通过竞争而趋于合理化。

（二）体制缺陷性原因

由于价格、税收不合理以及管理制度不严，使得一些个体经济及私营经济钻价格双轨制和税制不健全的空子，通过偷税漏税等非法手段牟取暴利的现象普遍存在，从而同国有经济职工收入之间形成了不合理性收益差距。消除这种收入差

距的途径是：第一，工商、税务等部门要加强对个体经济及私营经济的管理和监督，规范其经营行为，引导它们通过诚实的劳动和正常的经营活动取得合法收入；第二，要不断完善工商及税务制度，特别是鉴于目前大部分个体经济及私营经济无账可查，偷税漏税十分严重的情况，应在完善工商和税务制度的同时，尽快组织开展个体经济及私营经济建账等基础性工作；第三，对于以非法手段牟取暴利者，要依法严格制裁。要加强法律手段的作用。

（三）管理体制性原因

个体经济及私营经济一般都能够做到劳动的优化组合，有效地使用人"财"物；并且劳动强度大，有效劳动时间也长，因而可以通过较高的经济效益带来高收益；而国有经济却人、财、物浪费严重，人浮于事，特别是有效工时大约平均只有 3 小时左右，就是先进企业也只不过五六个小时左右，因而远远比不上多数个体经济及私营经济的经济效益。由此而形成的收入差距是合理和正常的。不能试图以牺牲效率而追求大锅饭式的"公平"。否则，将不利于促进生产力的发展。消除这种收入差距的唯一办法，只能是尽快理顺国有经济的利益关系，加强和完善国有经济的管理体制，调动劳动者的生产积极性，使国有经济通过提高经济效率和效益而缩小同个体经济及私营经济的收入差距。

（四）分配制度的原因

造成国有经济同个体经济及私营经济收入差别过大的一个重要原因，是因为这两类不同性质的经济成分，实行着两种不同的分配制度。国有经济的职工收入，主要是通过按劳分配，就是说，其收入来源主要是自己的劳动。而个体经济及私营经济则不同，其当事人的收入，既包括资产收入，又包括劳动和经营收入，这种收入总和，当然要高于国有经济职工的劳动收入。尽管国有经济的职工享有国家的福利保障，但也远远比不上个体经济及私营经济通过几个不同收入源泉而获得的收入。对于这种收入差距应通过收入所得税的形式加以适当调整，但不应靠调整来完全消除这种差距。在现阶段，实行公有制为主体，多种所有制经济共同发展，个体经济和私营经济的资产收入和经营收入是合理合法的。

（五）所有制的原因

国有经济同个体经济及私营经济在所有制性质上的差异，以及与此相联系的管理方式上的差别，使得国有经济在现有体制下无法同个体经济及私营经济进行公平的竞争，从而引起了它们之间在收入上的差距。这主要表现在：国有经济不仅要向国家上缴税收，还要上缴利润。而个体经济及私营经济则仅仅上缴税收，并且税率要比国有经济低得多。对于这种收入差距，要通过实现税赋公平来调整。应使国有经济的税赋负担合理。国有企业利润也应给企业留一部分，作为奖励和补助基金。

（六）经营方式的原因

个体和私营经济同国有经济实行的是两种不同的经营方式。前者比较灵活，在原料购买和产品销售上可以根据实际情况进行选择，而且夹杂着许多非规范行为；而国有经济的经营方式虽然经过这几年的改革有了进步，但仍然比较僵化，而且国有经济不允许采取个体和私营经济所采取的某些不当行为。因而国有经济在经营上，很难竞争过个体和私营经济，其结果当然是经济效益要低于后者。在同一个市场上，只有经营者都具有统一的经营权力和原则，才能做到机会均等，平等竞争。一方面，要在国家宏观调节下，通过经济的、行政的和法律的手段，形成引导和约束个体和私营经济的经营机制，以限制和克服其不正当的经营行为；另一方面，要真正放开和完善国有经济的经营权力。所以，出路在于统一经营规则，统一市场规则，不能搞双轨规则。

三、要重视和解决体脑收入倒挂的分配不公平问题

教育、科研和卫生等部门的脑力劳动者的收入低于一般生产和流通部门的体力劳动者的收入，是目前分配不公平中的一个突出方面。这种“脑体倒挂”、简单劳动与复杂劳动倒挂的不正常现象已发展得非常严重。例如，教授和研究员的平均工资，只相当于出租汽车司机收入的20%—30%，只相当于补鞋、修自行车等个体摊贩收入的30%—40%；年过花甲工作40多年的老教授的工资，远不如初中程度、工作两三年的宾馆服务员的收入。这种奇怪现象，在资本主义国家没有，在其他社会主义国家也没有，在20世纪80年代以前的中国也未曾有。这种倒挂现象的出现，既有其客观原因和过程，也有政策上的失误。它对中华民族的科学、教育和学术事业的繁荣所造成的消极影响和有害后果，将随着时间的推移而日益显露出来。目前，从中小学生到大学生、研究生的辍学率在提高，人才外流现象严重，“读书无用论”重新抬头，研究生毕业不愿留教育和研究部门……已露出消极影响的端倪。因此，必须认真调查和分析倒挂问题，针对其不同的形成原因采取有效的措施。

形成脑体劳动收入倒挂的第一个原因，是由于改革中采取了收入形式的双轨制。即：某些体力劳动者占绝大部分的企业单位的职工个人收入已基本上全部放开，正在形成市场收益决定职工个人收入的机制，即个人收入随着市场收益的增

多而不断提高，特别是由于缺乏较完善的、规范性的企业内部的分配机制，宏观调控措施又跟不上，不同部门、企业之间的收入分配关系紊乱，因而出现了个人收入过度上涨和相互攀比的倾向；但是脑力劳动者占绝大部分的教育、卫生、科研等事业单位的个人收入，却统在国家手中，完全由国家决定，几年不动或者只是“微调”，而且往往只是部分人有份。30多年只提高一级或一级也未提的，大有人在。其结果只能是同企业单位的劳动者之间的收入差距越拉越大。对于这种收入差距，有人主张实行国家管制的办法，即国家收回企业单位的收入分配决定权，并对其进行控制和压缩，通过紧缩企业单位职工收入的办法，使其同事业单位脑力劳动者的收入水平大体相适应。对于企业单位职工的非合理性高收入，确实应该通过税收加以调整，并且也要尽快使其收入分配制度规范化，但是不能试图通过收回企业单位收入分配权的办法，来解决脑体倒挂问题。这种办法事实上是行不通的。首先，由于收入刚性规律的作用，企业单位的个人收入难以压下来，如果要硬压，只能是影响劳动者的生产积极性，对生产发展不利。其次，国家实际上也不可能管理好企业单位的具体收入分配活动，这已被几十年的实践所充分证明。因此，应采取的办法是，国家在规范企业单位个人分配制度的同时，有计划有步骤地调整事业单位脑力劳动者的个人收入水平，可参照企业单位职工的收入水平，调高教育、科研等事业单位的脑力劳动者的个人收入标准。宁可在一两年内压缩点基建项目和集团购买力，也要腾出一部分经费来解决脑力劳动、复杂劳动报酬偏低的问题。这关系到我国“四化”建设和百年大业问题。重点应先解决那些专业水平高、劳绩和贡献大，而工资偏低的突出问题。

形成脑体劳动收入倒挂的第二个原因，是受过去20多年“左”的错误影响，教育、科研、卫生等事业单位的脑力劳动对国家和社会发展的作用和贡献，没有获得真正的承认。因而对脑力劳动的报酬，背离了社会主义分配关系中的等量劳动相交换的原则。加之教育、卫生等部门在我国长期以来实际上被作为社会福利部门，公费教育被作为国家对个人无偿提供的福利，教师的脑力劳动的间接生产性，它在促进生产力发展和社会经济繁荣方面的积极作用被忽视了。

粉碎“四人帮”以后，邓小平同志一再强调要尊重知识，尊重人才，“凡是人才……要提高他们的物质待遇”，可是在实际分配关系中，这一要求并没有得到落实，甚至反其道而行之。改变脑力劳动收入偏低状况的根本方法，在于要承认脑力劳动的“价值”，支付其应得的报酬，要彻底改变过去那种教育部门同国家之间的非“等价”的财政拨款关系，教育部门同国家财政的关系应遵守等量劳动获取等量报酬的按劳分配原则，即教育部门为国家（社会）培养人才，国家（社会）支付教育部门应获得的劳动报酬。这样，比较高级的和复杂的脑力劳动就能够被承认，从而可获得较高的收入。考虑到我国目前体制的现实和国家支付教育费用的有限能力，在国家支付教育界劳动报酬的同时，也可以考虑有条件的高等学校招收一部分自费生，以弥补国家因财政紧张难以有效提高教师收入的缺陷。

形成脑体劳动收入倒挂的第三个原因，是由于“劳务市场”特别是“人才市场”没有开放，脑力劳动的较高贡献没有一种机制来加以肯定。在现行体制下，因为人才的流动实际上并没有制度化和规范化，所以当脑力劳动者在某一单位无法以多贡献而取得多收入时，不可能通过流动的形式重新选择能够按劳付酬的单位，只能束手无策，高贡献而接受低待遇。特别是因为现在的脑力劳动者大都属于国家干部范畴，而国家干部在现行政策下又难以流向那些可以按劳付酬的其他非国有经济成分。正因为脑力劳动者的收入取决于自己所在工作单位及国家，自己本身没有一种能够保证自己高贡献而能获得高收入的抗衡力量，也就是没有一个双方共同评价贡献及相应收入的机制，所以事实上很难做到使复杂劳动获得比简单劳动更多的收入。因此，只有在“劳务市场”特别是高级人才“市场”全面开放，使脑力劳动者和体力劳动者能够在机会均等的公平环境中进行竞争的条件下，我国人才短缺的结构才能真正在收入分配中显示出其作用，使脑力劳动者的贡献在收入分配中得到科学的评价，脑体劳动收入倒挂的现象也就不可能持久。

形成脑体劳动收入倒挂的第四个原因，是教育及卫生等事业部门的“大锅饭”体制还没有真正改变过来，并且在某种程度上又扩大了平均主义的因素。大锅饭使得有限的教育及卫生等事业经费的一部分，均摊到人浮于事的冗员身上，粥少僧多，其结果只能是整个人均收入水平偏低。这在教育界表现得最为突出。国家近些年对教育事业的拨款确实在增加，但由于教育界特别是高校人浮于事的现象非常严重，1 个人的事 3 个人干甚至 5 个人干，不少人多拿钱少干事，甚至只拿钱不干事，其结果是有限的经费按不断增多的人头分，整个收入水平难以提高。加之我国教育部门背着沉重的后勤、教育行政、管理行政及服务性行业的包袱，而后勤等服务性单位又要同教学及科研单位在收入上“攀比”（目前高校某些服务人员的个人收入，实际上超过了教授的收入），其结果是造成了脑力劳动者收入水平的下降。对于上述影响教育界脑力劳动者收入水平的因素，唯一可采取的办法，是改革现行教育体制，按劳付酬，提高效率，消除人浮于事的现象，将那些不适宜从事教育事业的人及不适宜由教育部门负担的社会服务性工作，转向其他部门，下决心压缩教育部门不必要的人员，这样即使在有限的经费不提高的状况下，也可以通过裁减冗员及提高效率而提高教师的收入水平。如果教育界这种人浮于事的现象不消除，国家就是再提高教育经费，也难以增加脑力劳动者的收入。因此，应该在压缩掉不必要人员的基础上，按照劳动贡献分配收入，消除平均主义。从目前的状况来看，首先，不应再简单地按职称、按学历、按工龄去调整分配关系，搞“一刀切”，这是用平均主义的方法去解决分配不公平问题，其结果是会产生另一种不公平。实际上即使在同一高级职称人员之间，水平和成就也相差悬殊，因而不应静态地固定地按职称确定收入，而应该按实际能力和业绩来确定收入。其次是不应以年龄划线，使走出了中青年时代的老专家学者，在分配体制改革中成为被遗忘的死角。目前师生两代教授挤在同一工资线上，或者是中年教授在学业上并未超越和赶上老师，但工资却高于老师几级的现象很不合理，这是近几年来只给一定年龄以下的某些学者提级的结果。因此，要消除各式各样的平均主义，真正使报酬与实际业绩挂钩。能否消除大锅饭分配方式，是教育部门脑力劳动者个人收入能否提高的重要一环。

四、怎样看待和处理国有经济内部不同行业之间的个人收入分配不公平问题

国有经济内部不同行业之间个人收入差距的非正常扩大，是个人收入分配不公平的又一个重要方面。从北京市统计局对 16 个行业的一些国有企业的个人调查结果来看，从事采掘、建筑、饮食和服务等行业的国有企业的人均月收入为 217 元多，而从事交通、商业、邮电、金融等行业的国有企业的人均月收入却只有 176 元；如果对某些行业进行单项比较，个人收入差距会更为突出，如出租汽车司机的收入要高于公共汽车司机的两倍左右。这种收入分配不公平极大地影响了劳动者的生产积极性，使国有经济的有效劳动时间严重缩短，生产效率甚为低下，已成了危害经济发展以致社会经济秩序稳定的重要问题了。因此，应根据其形成的不同原因，尽快制定行之有效的措施。

国有经济各企业之间的个人收入分配不公平，首先表现为结构性收入不公平。这是指国有经济内部各企业由于外在非主观原因，有的服务于供不应求的紧俏行业，而有的却只能服务于供过于求的滞销行业，紧俏行业和滞销行业的收入差距较大，从而国有经济内部不同企业的职工个人收入也相差甚远。应该看到，我国现存的结构性收入差距完全是由原有旧体制的痼疾和改革中措施不配套而引起的。在改革开始以前，国有经济各企业从事何种行业都是由国家决定的，当时由于实行统收统支的大包揽制度和统一的个人工资分配制度，行业间的结构性收益差距不会形成不同企业间的职工个人收入不公平，但是在改革开始以后，特别是在国有企业实行自负盈亏和根据收益自行决定职工个人收入的条件下，这种结构性收益差距就造成了国有企业之间的职工个人收入不公平。就是说，国有企业各自所从事的行业是在旧体制下就决定了的，改革开始后，在企业只能接受原有行业分工而自己并不具有完全的行业选择权和转产能力的条件下，国家却承认了

因行业差异所引起的结构性收入差距，从而造成了国有经济企业间的不公平性个人收入差距。对于结构性收入不公平，最终的解决办法，是在行业选择竞争中通过利润平均化而消除。在条件尚未具备的目前，国家应通过行业收益差距税，适当征收那些供不应求的紧俏行业因非主观努力而带来的高收益，以使结构性收入差距保持在公平的范围内。

国有经济各企业之间的个人收入不公平的另一个方面，是要素来源性收入不公平。这是指各企业因获得生产要素（包括劳动、资金、生产资料、技术等）的难易程度及要素使用费用的不同，而使企业之间形成了非主观努力性收益差距。这主要是由两种情况所引起的：一是在改革开始之前，国有经济各企业所使用的劳动、资金技术、生产资料等生产要素都是由国家配置的，客观上形成了要素使用的不平等，这种不平等的格局在改革开始后作为既成事实而被接受下来，在企业职工的个人收入由企业按照各自收益决定的条件下，这种要素使用不公平等便形成了企业之间职工个人收入的不平等；二是在改革开始以后，由于企业还未真正割断同国家行政权力机关的联系，企业还隶属于不同的国家行政机关，并且自身还具有不同的行政级别，从而使得各企业因主管部门的权力大小的不同，以及企业自身行政等级的不同，在生产要素的使用费用支付上有很大差别，如主管部门有较大权力的企业就可以搞到价格比较便宜的计划内钢材，而那些主管部门权力较小的企业则只能从市场上用较高的自由价格获取钢材，这就形成了企业之间的不公平性收益差距及相应的职工个人之间收入不平等。这种要素来源性收入不公平差距的消除，最终要依靠市场化方式，即各企业在市场上依据统一的市场规则及价格获取生产要素。但是考虑到生产要素获取上的不公平格局已经形成，国家原来给企业配置的技术及生产资料等现在无法通过市场均等化，特别是考虑到目前市场的不完善状况和资源配置体制的转变需要较长的时间，目前可以先采取统一资金收益的方式，通过按企业资金使用量及资金收益率来提取企业的这种级差收益，从而达到消除生产要素来源性收入不公平差距。这样就使那些拥有较高技术和较先进生产资料从而折合资金量较大的企业，要向国家上缴较多的资金收益，从而使这种非主观努力性收益转入国家财政，最终消除企业之间的由生产要素来源差别形成的收入不公平。

国有经济企业之间个人收入不公平的第三个方面，是区域性收入不公平。这是指各企业因所在区域不同而形成了不公平性收入差距。这包括两种情况：一是在过去传统体制下由于国家整个发展战略失误，而使一些国有经济企业搬迁到远离交通要道的偏远山区，或远离原材料基地和产品销售地的外部不经济地区，从而增加了这些企业的生产成本和削弱了它们的竞争能力，结果是在改革开始后引入市场机制的条件下，形成了它们同处于交通便利及经济繁荣地区的国有企业之间的职工个人收入不公平性差距。二是在改革开始以后，国家对不同地区实行不同的经济政策，特别是对一些改革实验区和沿海开放地区采取了一些优惠政策，这样就使那些处于实施优惠政策地区的国有企业在产、供、销等方面获得了有利条件，形成了国有企业之间的机会不均等和竞争不公平，从而使不同地区的国有企业在职工个人收入上拉开了差距。对于前一种情况解决的办法是，应考虑交通不便及外部不经济对于企业的生产成本的上升性推动作用，在税收及上缴利润等方面给以适当的照顾。对于后一种情况，解决的办法是，优惠政策必须符合市场机制的要求。出于发展战略和改革开放的需要，国家对某些地区实行一定的优惠政策是必要的，但是优惠政策不能损伤市场机制。例如，在税收上，国家的优惠政策应采用减免税收和增加财政补贴的办法，而不应在不同的地区设置不同的税制，使各地税制、税率和征税基数不一，从而破坏了市场机制所要求的机会均等和公平竞争。现在有不少地区性优惠政策恰恰损伤了市场机制，形成了不同地区的国有企业职工之间的收入差距，因而关键在于完善和规范优惠政策，使优惠政策符合市场机制的要求。

国有企业之间职工个人收入不公平的第四个方面，是分配依据性不公平。这是指确定国有经济各企业的职工分配基金总额的依据不公平，造成了企业间职工个人收入的不公平。前一段时间主要是把上缴利润作为确定企业职工分配基金的依据，实行企业职工分配基金总额随上缴利润浮动的办法，这种办法在国有经济各企业的生产要素的质和量比较均等，或者它们的取得是企业通过积累等主观性努力而获得的情况下，由利润差距引起的企业职工个人收入差距是公平的。问题是，现在国有经济各企业在生产要素上差异很大，并且这种差异是由国家非等价性的配置形成的，而不是企业主观努力的结果，因而把由企业技术条件、资产价值、劳动素质等各种因素决定的利润，作为确定企业职工个人分配基金总额的依据，是很不公平的。因非主观努力而在技术条件、资产价值等方面具有优势的企业，往往花费较少的劳动，却由于能够取得高利润而可以获得较高的个人收入，而另一些企业花费较多劳动，却因取得较少利润而只能获得较少个人收入。因此，确定各企业职工分配基金总额的唯一依据，是经济效益和国有资金“价格”这两个因素。经济效益在商品经济条件下是通过资金收益率来衡量的，即通过每元投入资金获得的收益来衡量，每元投入资金获得的收益越高，则经济效益越好。对于具有不同经济效益的国有企业，国家规定其统一的资金“价格”，即使用每元资金所支付的费用，并依据资金“价格”来收取企业使用全部资金应缴的费用。这样就把国家配置给企业的技术条件、资产价值等，用同一的标准，转换为统一形态的资金，并依据统一的资金“价格”来提取收益，从而使国家为企业配置的有利生产要素方面的优势，通过国家提取较多资金收益的方式消除掉了，使各企业的实际收入都只取决于企业本身的主观努力。各种非主观努力因素消除后的企业经济效益同职工分配基金总额挂钩，可以保证各企业之间职工个人收入分配的公平性。

五、根治以权牟取暴利的行为问题

再分配机制紊乱和政治体制改革缺位，使得某些人依据某种权力牟取暴利，是收入分配不公平的最突出方面。具体表现在：第一，极度严重的总需求膨胀和物资奇缺，使得掌握紧俏物资分配大权的某些人，通过受贿和卖高价等非法手段获取暴利。第二，信贷资金利率过低使得一些能够取得大量贷款资金的人获取暴利。例如，如能贷到 1000 万元，按 10% 的利润率计算，一年可收入 100 万元，而给国家银行支付的利息仅只有 7 万元左右。第三，双轨价格为“倒爷”提供了获取暴利的基础。例如，在天津一家宾馆里曾发生了这样的事：第一个“倒爷”将手中一张 50 吨钢材的提货单每吨加价 100 元卖给第二个“倒爷”，第二个“倒爷”又以每吨加价 150 元卖给第三个“倒爷”，第三个“倒爷”又加价倒卖，致使这张提货单在同一宾馆倒腾了 5 次，5 个“倒爷”不费吹灰之力各自获得 5000 元和更高的暴利。

由上述可见，总需求膨胀和短缺经济是某些人得以牟取暴利的有利环境，而利率及价格等再分配机制紊乱为某些人牟取暴利提供了基础，政治体制改革缺位、政府行为不规范和工作人员不廉洁，则为某些人牟取暴利提供了可乘之机。由这种非法牟取暴利而引起的社会收入不公平，是对社会经济发展和社会秩序稳定最为有害的消极因素，并且也是人们反映最为强烈的社会弊端，因而应尽快加以消除。

对于通过非法手段而牟取的高收入，有人提出依靠严肃法律来消除，这当然是有道理的。但是由于这些非法收入的形成原因已不仅仅是分配制度方面的问题，而是涉及整个经济体制及政治体制方面的问题，因而仅靠法律手段不行，而是应在严肃法律的同时，要有各方面改革包括政治体制改革的配合。也有人认为，要消除非法性高收入，必须加强国家的管制。这当然也是对的，问题是，在目前政治体制存在不少弊端，政府工作人员廉洁性较差，并且国家机关又仍然以行政权力直接掌握着一定的物资分配大权的条件下，要靠加强国家管制而消除非法性收入不公平，显然是不可能的。因此，我们认为，根治非法性收入不公平的有效办法，是采取综合治理的方式。其内容主要包括：

首先，坚决控制总需求的急剧膨胀和通货的高幅度膨胀，消除非法性不公平存在和发展的环境。过去我们对于总需求膨胀和通货膨胀的危害性的认识看来很不够，没有把它同整个收入分配制度和收入不公平以及由此引起的社会经济秩序不稳定联系起来。现在看来，只要总需求膨胀和通货膨胀继续发展，那么公平的社会分配制度就不可能建立起来，因为它们在不断为一些人利用总需求膨胀和通货膨胀而非法牟取暴利提供有利环境，其结果只能是无法形成稳定和公平的商品经济新秩序。因此，应尽快采取坚决措施把总需求压下来，遏止通货膨胀的继续发展。消除总需求膨胀和通货膨胀的关键在于国家，因为总需求膨胀实际上就是货币形态的总需求膨胀，通货膨胀就是货币供应的膨胀，只要掌握货币发行权的国家严格控制货币发行量，那么货币形态的总需求就膨胀不起来，货币供给也不会膨胀。因此，只有国家严格控制了货币发行量，才能很快消除总需求膨胀和通货膨胀。除此之外的一切控制民间经济活动的反总需求膨胀和通货膨胀措施，都不可能很快奏效。只要国家不搞超经济性货币发行，民间的经济活动就不会形成总需求膨胀和通货膨胀。可以说，形成总需求膨胀和通货膨胀的源泉在国家。这就要求国家必须抛弃某些国家利益偏好，例如盲目追求高速度、盲目扩大基本建设规模等，真正从人民利益出发，严格控制货币发行量，保证社会分配公平和社会秩序的稳定。

其次，规范社会再分配机制，消除非法性收入不公平得以存在和发展的基础。价格、贷款利息、利润等再分配机制的变动率即物价指数、贷款利率、利润率等，都必须统一化和规范化，应具有内在的联动联系，它们之间不应存在非对称性量动紊乱状况，例如不应存在物价指数和利润率上升而贷款利率僵化不动的状况。若出现再分配机制紊乱，就必然会使一些掌握商品及资金分配权的人有空可钻。因为再分配机制紊乱，为某些人牟取暴利提供了基础，所以仅靠法律惩罚是不可能真正消除的，因此，消除非法性收入不公平的根本，在于规范化再分配机制，最终形成统一的市场决定机制。价格和利率等再分配机制本身就属于市场机制范畴，任何人为地直接决定都会形成不公平，只有让它们在市场中形成并随市场变化而变动，才能最终消除人为因素所造成的收入分配不公平。

再次，推进政治体制改革和促进政府廉洁化，以消除非法性收入不公平得以存在和发展的政权真空。从历史教训来看，在推进商品经济发展的条件下，政权机构直接掌握经济运行中的物资及资金，直接经营和管理具体经济业务，都容易在货币魔力的冲击下产生官商和官倒资本，形成社会收入分配的最大不公平。我国政治体制改革落后于经济体制改革，形成改革过程中的严重缺位，使得以权谋私的非法性高收入得以存在和发展，其危害涉及整个社会。因此，推进政治体制改革，保证政府廉洁化，已成了消除非法性高收入不公平状况的当务之急。从保证收入分配公平化来看，政治体制改革的原则，应该是不让不廉洁的政府官员具体掌握资金及物资的分配大权，并且不能让政府机关再对经济运行过程进行直接的和具体的管理，以防止以官谋利。国家对经济活动的作用主要是间接的宏观调节。应该把政经分离、政企分离作为保证收入公平化，维护公平和稳定的经济秩序的重要措施。从现在的状况来看，只有经济体制改革而没有政治体制改革，经济体制改革不仅不能顺利的进行，还会在改革中因政治体制改革缺位而形成新的弊端，非法性收入不公平就是在这种状况下形成的。因而应尽快推进政治体制改革。

第二篇

进入新时代以来经济理论和实践的发展

关于新时代党的领导和经济社会发展的思考[①]

中国特色社会主义进入新时代，体现在新中国站起来、富起来、强起来；体现在一个强有力的以马克思主义为指导的执政党领导一切的巨大成果；体现在对社会主要矛盾变化的认识及与之相关的总任务和奋斗目标的明确；体现在发展更重质量并建设一个现代化经济体系，寻求更有质量的增长。展望中国从“富起来”走向“强起来”新时代，我们要在以习近平同志为核心的党中央坚强领导下，认清主要矛盾的新变化，以新理念构建现代化经济体系，为人民的美好幸福生活而奋斗。

坚持加强和完善党对一切工作的领导

在中国共产党的领导下，我国完成了新民主主义革命的胜利，推翻了压在中国人民头上的三座大山：帝国主义、封建主义和官僚资本主义，获得了民族独立和人民的解放，中国人民站起来了，洗雪了百余年来任由列强侵略宰割的耻辱。在共产党的领导下，我国进行了社会主义革命和社会主义建设，在旧中国所遗留下来的生产力极端落后的基础上建立了社会主义制度。在中国共产党领导下，我国提出和实践社会主义初级阶段理论、中国特色社会主义道路与制度，进行了近40年的改革开放，使中国从“站起来”到“富起来”，并进入“强起来”的中国特色社会主义新时代。

党的正确领导是人民当家作主和依法治国的根本保证。没有共产党的领导，民族复兴必然是空想。创建和发展社会主义事业、走中国特色社会主义道路、夺取新时代中国特色社会主义的新胜利，必须坚持以马克思主义武装的中国共产党领导。党的十九大报告强调：“坚持党对一切工作的领导。党政军民学，东西南北中，党是领导一切的。”党的十九大报告在阐述新时代中国特色社会主义思想内涵时，指出：“明确中国特色社会主义最本质的特征是中国共产党领导，中国

---

① 本文原载《前线》2017年第11期。

特色社会主义制度的最大优势是中国共产党领导，党是最高政治领导力量。”正因为如此，必须从严治党，做到“立党为公、执政为民”。

社会主义事业必须共产党领导，有其客观必然性。社会主义的产生和发展，与以往一切社会形态的产生和发展有根本性的区别。以往新的社会经济制度的萌芽是在旧社会制度中产生，并逐渐发展，最后取代旧的制度，建立起新的社会制度。就资本主义制度来说，资本主义经济萌芽，如马克思所说，远在14世纪就在地中海沿岸地区和国家产生了。16世纪西方一些国家就进入了资本主义社会制度。但直到19世纪初期，还没有“资本主义”概念产生。资本主义与市场经济是同生共存的，但“市场经济”的概念直到19世纪末还未出现。国外学者和少数国内学者曾探讨“资本主义”和“市场经济”概念最初由何人，在何时、何著作中提出，但至今依然显得杂乱无章，无确实证据可立论。如果查证，最早从社会经济制度含义上提出“资本主义”概念的就是马克思。虽然在19世纪50年代，马克思在论著中还很少使用资本主义概念，但在个别地方还是使用了。如在1857年至1858年的《经济学手稿》中马克思讲道：“有一种幻想，以为资本家实际上是‘节约’的，似乎正因为这样他们才成为资本家——这是一种在资本主义以前的时期才有意义的要求和想法。”① 直至19世纪60年代，马克思在著作中才开始普遍运用资本主义概念。

虽然资本主义经济离不开市场经济，但市场经济一词出现得更晚。从现有资料看，最早提出市场经济一词的是列宁。他在1906年的《土地问题和争取自由的斗争》一文中提出：“只要还存在着市场经济，……世界上任何法律都无法消灭不平等和剥削。”“只有建立起大规模的社会化的计划经济”，同时一切生产资料归劳动者所有，“才能消灭一切剥削”。西方国家后来宣传市场经济，在一定程度上是用以反对社会主义计划经济的。西方学者广泛使用和宣扬市场经济，是在20世纪30年代及以后的时期。20世纪二三十年代，产生过一次资本主义市场经济和社会主义计划经济的大论战。一些西方学者把市场经济与资本主义相等同，把计划经济与社会主义相等同，用资本主义否定社会主义。由此，市场经济概念才在西方国家广泛流传起来。

可以看出，资本主义是先有社会经济制度的产生与发展，后有资本主义和市场经济概念及其理论的形成。这表明资本主义的产生和发展，是一个自然而然的自发演进的过程，并不是事先在封建主义内部建立起一个主张实行资本主义制度的政党、提出资本主义概念和理论、有领导有规划地开展资本主义运动、自觉实现和推进资本主义的过程。资本主义制度建立以后，也不会出现倒退回封建制度

---

① 《马克思恩格斯全集》第46卷（上册），人民出版社1979年版，第244页。

的事情。因此，不需提出要坚持资本主义道路和方向的问题。

社会主义产生和发展，与以往社会制度的产生和发展有根本的不同。“社会主义”一词是个广义的大概念。先有“社会主义范畴”“社会主义理论”“社会主义运动”“社会主义革命”，后有“社会主义制度”的产生和发展。我们讲“社会主义 500 年”，是先有社会主义思想和理论，后有社会主义实践。社会主义由空想变为科学后，一切社会主义事业都是有领导、有组织、有规划的自觉的行动。脱离开马克思主义政党的领导，没有党用科学的理论教育、掌握和发动群众，社会主义事业不可能胜利。

从人类以往的发展历史来看，一个新的社会制度建立和发展后，不存在倒回旧制度的可能。世界上一百多个资本主义国家，没有一个会倒退回封建制度去。因此，没有一个资本主义国家的政治家和理论家会提出要坚持资本主义道路和资本主义方向。而我国则要不断强调坚持社会主义道路、方向。如果不坚持以马克思主义为指导的党的领导，不自觉地去进行社会主义的发展和改革，发展了的社会主义也可能倒退回旧制度去。某些原社会主义国家亡党亡国、倒退回旧制度的历史事实就是殷鉴。放弃或削弱共产党的领导，社会主义事业必然难以成功而最终转向失败。

认清新时代主要矛盾的新变化

新中国成立后，生产力一度极端落后，广大人民群众缺衣少食。在党的领导下，经过 3 年的发展，到 1952 年，我国国民经济就恢复到 1936 年的水平。1953 年，我国开始实行第一个五年经济计划。第一个五年计划完成得较好，在生产力发展和人民生活水平的提高两方面都取得了显著的成就。1956 年，党的八大是在三大改造基本完成期间召开的。党的八大决议提出了我国主要矛盾的转化，即由三大改造前的工人阶级与资产阶级的矛盾，转化为“人民对于建立先进的工业国的要求同落后的农业国的现实之间的矛盾”，是“人民对于经济文化迅速发展的需要同当前经济文化不能满足人民需要的状况之间的矛盾”。在消灭生产资料私有制，建立了社会主义制度后，党的八大决议对主要矛盾转化的论述，总的说来是正确的。

但是，1957 年“反右”运动后，我国放弃了八大决议关于社会主要矛盾的论断，将主要矛盾规定为“无产阶级和资产阶级的矛盾，社会主义道路和资本主义道路的矛盾”。1958 年，我国违反生产关系适合生产力发展状况的规律搞大跃进，想通过建立人民公社实现共产主义，脱离生产力落后的现实，干了许多超阶段的事。

1978 年，党的十一届三中全会放弃“以阶级斗争为纲”的方针，把工作重点转移到以经济建设为中心的社会主义现代化建设上来。总结新中国成立后在社会主义建设与发展中的经验教训，根据我国生产力落后、经济短缺、人民生活的基本物质文化需要不能满足的现实，我国提出了社会主义初级阶段的理论。1981年，中共中央《关于建国以来党的若干历史问题的决议》第一次明确提出“我们的社会主义制度还是处在初级阶段”。党的十三大在以往多次论述的基础上，进一步系统和比较充分地论述了我国社会主义初级阶段的理论和实践问题，并以此作为党和国家制定经济社会发展的基本路线、方针和政策的理论依据。

在经济社会发展的不同阶段，我国都要提出相应的社会主要矛盾的具体内容。党的十一届三中全会既然否定了“以阶级斗争为纲”方针，将工作重点转移到社会主义现代化建设上来，对社会主要矛盾的提法自然也需要改变。邓小平同志在 1979 年 3 月提出：“我们的生产力发展水平很低，远远不能满足人民和国家的需要，这就是我国目前时期的主要矛盾，解决这个主要矛盾就是我们的中心任务。”① 1981 年，中共中央《关于建国以来党的若干历史问题的决议》将主要矛盾表述为“在社会主义改造基本完成以后，我国所要解决的主要矛盾，是人民日益增长的物质文化需要同落后的社会生产之间的矛盾”。党的十二大报告确定了这一表述。对这一社会主要矛盾的表述，一直延续到党的十九大报告前。

党的十九大报告改变了原有的表述，提出了社会主要矛盾的变化，我国已进入了中国特色社会主义发展的新时代，应“明确新时代我国社会主要矛盾是人民日益增长的美好生活需要和不平衡不充分的发展之间的矛盾”。党的十九大关于主要矛盾的变化的表述，反映了我国生产力快速发展的巨大成就和人民生活水平总体上已提高到一个新的层次的事实，是当代中国特色社会主义政治经济学的创新与发展。

我们需要清楚的是，两种不同表述的社会主要矛盾，都是社会主义初级阶段供给不能满足人民日益增长的需要的矛盾。应当分清生产供给不能满足消费需求，既可以是指生产力绝对落后、日用消费品绝对短缺的情况，也可以是指矛盾的内涵虽然发生变化，但生产力还是相对落后、供给不能满足提高了的需求的情况。习近平总书记在党的十九大召开前正是从后一种意义上论述社会主要矛盾没有变的。习近平总书记 2016 年 1 月 29 日在十八届中央政治局第三十次集体学习时的讲话中指出：“我国发展虽然取得了巨大成效，但我国仍处于并将长期处于社会主义初级阶段的基本国情没有变，人民日益增长的物质文化需要同落后的社会生产之间的矛盾这一社会主要矛盾没有变。”之所以这样讲，是在提醒和激励我们要看到不足，要为实现“两个一百年”的目标继续奋发图强。2016 年 7 月 1

---

① 《邓小平文选》第 2 卷，人民出版社 1994 年版，第 182 页。

日《在庆祝中国共产党成立95周年大会上的讲话》中，习近平总书记再一次重申："我国仍处于并将长期处于社会主义初级阶段的基本国情没有变，人民日益增长的物质文化需要同落后的社会生产之间的矛盾这一社会主要矛盾没有变。这是我们谋划发展的基本依据。"

虽然两种不同表述的社会主要矛盾，都是社会主义初级阶段的主要矛盾，都是人民的需求同经济社会发展之间的矛盾。但是社会主要矛盾的具体内涵已有很大改变，原来社会主要矛盾的内涵是生产力极端落后，不能满足人民群众低水平日用消费品的需要，什么都要凭票证限量供应。而改革开放已近40年的今天，生产力大幅提高，我国已经告别了短缺经济时代，已由卖方市场转向买方市场。主要矛盾内涵发生了变化，一方面低端产品产能过剩，需要减少无效供给、增加有效供给，另一方面中高收入消费群体的物质文化需求得不到满足，要求提供高质量、更安全、符合个性需求的高端产品。人民日益增长的美好生活需要的内容不限于物质文化方面，已扩展到民主、法治、公平、正义、安全、环境等方面，社会主要矛盾已表现为人民日益增长的美好生活需要和不平衡不充分的发展之间的矛盾。对这一点习近平总书记讲道，"同时，我们也清醒认识到，中国仍然是世界上最大的发展中国家。中国的人均国内生产总值仅相当于全球平均水平的三分之二、美国的七分之一，排在世界80位左右。按照我们自己的标准，中国还有7000多万贫困人口。如果按照世界银行的标准，中国则还有两亿多人生活在贫困线以下。中国城乡有7000多万低保人口"[①]，这也是事实。

社会主义主要矛盾内涵的这种转变，其实党中央早已认识到并采取了供给侧结构性改革的对策。我国进入了中国特色社会主义发展的新时代，新时代主要表现之一就是社会主要矛盾的内涵的重大变化，明确提出社会主要矛盾的转化有利于我们自觉地朝向新时代的新任务、新目标砥砺前行，为人民的美好幸福生活而努力奋斗。

认识新发展理念，建设现代化经济体系

从1956年三大改造完成、建立了社会主义制度算起，我国的发展要经历相当长的社会主义初级阶段时间。从实际发展过程来看，可将其分为三个不同时期。前30多年是生产力落后、人民群众生活贫穷时期；大约从1987年到2020年，即到中国共产党成立100周年，中间30多年是实现全面小康任务的时期；再经过30年的发展，到21世纪中叶，即到中华人民共和国成立100周年时建立起社会主义现代化的强国。党的十九大报告进一步提出从2020年到21世纪中

---

① 《习近平关于社会主义经济建设论述摘编》，中央文献出版社2017年版，第8页。

叶，又可分为两个阶段来安排。第一个阶段是从2020年到2035年，在全面建成小康社会的基础上，“基本实现社会主义现代化”。第二个阶段是从2035年到本世纪中叶，“把我国建成富强民主文明和谐美丽的社会主义现代化强国”。到那时，我国就会成为综合国力和国际影响力在全球领先的国家。这样具体划分两个新阶段，有利于全党全国人民明确近期与远期需要完成的奋斗目标。

现在，我国的经济社会发展实际上已经提前实现了小康社会预期的目标，总体上解决了人民温饱问题，基本达到了小康水平，并进入决胜全面建成小康社会、开启全面建设社会主义现代化国家新征程的新时期。在这一新征程新时期，我们要贯彻新的发展理念，建设现代化经济体系。

经过30多年的经济高速增长，我国的经济增量已位居世界第二。但要看到，我国过去的高速经济增长，在长时间中主要是粗放型增长，表现为：高投入、高消耗、高污染；低产出、低质量、低效益。在当时的人口红利和资源红利下，生产成本较低，但资源消耗大、环境污染严重，是不可持续的发展方式。为此，党中央提出调整经济结构，转变发展方式，以人为本、全面协调可持续科学发展观等经济社会发展思想。党的十八大以来，习近平总书记提出一系列新发展谋略和思想：以人民为中心的发展思想；用新的发展理念统领发展全局；适应、把握和引领经济发展“新常态”；以供给侧结构性改革为发展主线；实施创新驱动发展战略；推进新型工业化、信息化、城镇化、农业现代化同步发展；使市场经济在资源配置中起决定性作用和更好发挥政府作用；实施“一带一路”建设、京津冀协同发展战略等。

党的十九大汲取和丰富了上述经济社会发展的新战略、新思想，指出我国经济已由高速增长阶段转向高质量发展阶段，正处在转变发展方式、优化经济结构、转变增长动力的攻关期，提出了“建设现代化经济体系”的新任务、新举措。

“现代化经济体系”重视实体经济的发展。党的十九大报告要求“建设现代化经济体系，必须把发展经济的着力点放在实体经济上，把提高供给体系质量作为主攻方向，显著增强我国经济质量优势”。实体经济是提供满足人们多种生活所需产品的经济部门，我们不能轻实体经济而重虚拟经济，也不能将实体经济仅仅解读为创造价值的物质生产劳动部门，实体经济也包括商业、文化、服务业。我们要按照党的十九大要求“加快建设制造强国，加快发展先进制造业，推动互联网、大数据、人工智能和实体经济深度融合”。为此，需要深化供给侧结构性改革。

建设现代化经济体系，需要建设创新型国家，实现创新驱动发展。党的十九大指出：“创新是引领发展的第一动力，是建设现代化经济体系的战略支撑。”

创新，包括理论创新、制度创新、体制创新、管理创新、科技创新等方面。但更重要的是科技创新，特别重在颠覆性技术创新。为此，需要建设一支具有国际水平的战略性科技人才队伍。

建设现代化经济体系，不能脱离开农业的现代化。要构建现代化农业产业体系、生产体系、经营体系等。要如党的十九大报告所指出的：“实施乡村振兴战略。农业农村农民问题是关系国计民生的根本性问题，必须始终把解决好‘三农’问题作为全党工作重中之重。”

建设现代化经济体系，要实施区域协调发展战略。推进西部大开发形成新格局；通过深化改革和转变发展方式，加快东北等老工业基地发展；振兴、推动中部地区崛起；率先实现东部地区创新引领优化发展。

建设现代化经济体系，要贯彻习近平总书记以人民为中心的发展思想。这是新时代中国特色社会主义思想的组成部分。要如党的十九大报告所指出的：“把人民对美好生活的向往作为奋斗目标，依靠人民创造历史伟业。”

关于十九大报告中新思想新理论的思考[①]

十九大报告中有很多新的思想、新的理论，是中国特色社会主义政治经济学的新发展。我之前在中央民族大学召开的研讨会上讲了社会主义初级阶段主要矛盾的转变，还讲了十九大报告没有再像过去讲按生产要素“贡献”分配，没有讲“贡献”两字，只是讲“坚持按劳分配原则，完善按要素分配的体制机制”。实际上应是如马克思所说，按生产要素所有权分配。还有个理论问题，是遗留问题。我们曾长期讲，我国的分配原则是“效率优先，兼顾公平”，“初次分配重视效率，再分配重视公平”。这个提法有问题，后来党的十七大改变了提法，讲初次分配和再分配都要处理好效率与公平的关系，再分配更加重视公平。这样讲更科学些，获得了认同。但是其中蕴含着一个问题，没有被注意到。效率是生产概念，不是分配概念。分配领域没有分配效率高低的问题，分配领域只有分配合理不合理、公平不公平的问题。把生产领域的效率放在分配领域，无论讲效率优先于公平，或者讲效率和公平的统一，都是不合适的。十九大报告没有这样讲，没有再提这个问题，而是把效率和公平的统一，放在发展经济的范围内。发展经济，既要重视质量、重视效率，又要重视公平，重视分配公平，重视整个社会的公平。还有个关于 GDP 的问题，大家要注意到，十九大讲初级阶段的发展状况也好，还是讲初级阶段的最后 30 年要划分为两个阶段也好，都没有用 GDP 总量和人均 GDP 作为发展目标。昨天，我讲了这几个问题，今天不再具体讲。十九大报告强调发展实体经济，指出：“建设现代化经济体系，必须把发展经济的着力点放在实体经济上，把提高供给侧质量作为主攻方向。”什么是实体经济？我看到有报纸把实体经济叫做创造价值的物质生产部门。这种说法是错误的。实体经济既包括物质生产部门，也包括商业服务部门。虚拟经济包括股票买卖和其他有价证券交易经济。当然虚拟经济也必要，但是要分清主次，不要在金融投放中

① 本文是 2017 年 11 月 4 日在中国人民大学举行的经济理论研讨会的发言整理稿。后发表在《政治经济学评论》2018 年第 1 期。

重虚拟经济而轻实体经济，这是一个重要问题。这些问题我今天不展开谈。重点讲一下第一个问题，即社会主义初级阶段的社会主要矛盾的转化问题。

现在报刊上都会宣传这个问题，但是我觉得宣传不应是照抄文件的语言，讲些套话大话，而缺少研究性分析和论证。作为经济理论工作者，也要进行宣传，但是应该是“宣传有纪律，研究无禁区”。比如，可提出一个问题：既然社会主义初级阶段基本国情没有变，为什么初级阶段主要矛盾转变了？再提一个问题：习近平总书记2016年1月29日的讲话还讲社会主要矛盾没有变，2016年7月1日在中国共产党成立95周年时，他还强调几个“没有变”，其中就包括社会主义初级阶段的社会主要矛盾没有变。为什么刚刚过了一年，十九大报告就改变了社会主要矛盾的提法？这两个提法是什么关系？习近平总书记过去讲主要矛盾没有变，现在讲主要矛盾改变了，若说这两个提法都对，好像不好简单这样讲。是否前一个提法不妥？恐怕也不能这样说。究竟怎么分析这个问题，宣传可以避开，但我们研究不能避开。其实符合实际和逻辑的宣传，才是科学的和令人信服的。理论工作与理论创新的发展，要迎难而上。对一些困难的问题，避开的问题，我们要进行研究。我觉得这个问题可以按照习近平总书记分析问题的思想方法来考虑。

习近平总书记有一个重要的分析问题的方法，叫做“两点论与重点论的统一”。他既强调“两点论”，又强调“重点论”。比如他讲社会主义初级阶段几十年来有了巨大的发展，生产力快速发展，“我国用几十年的时间走完了发达国家几百年走过的发展历程”。① 他讲我国生产力发展在许多方面超过世界其他国家，但是他也讲我们的缺点。既讲我们的成就，又讲我们存在的困难和问题，这是“两点论”。我觉得，根据“两点论与重点论的统一”，他讲社会主义初级阶段社会主要矛盾没有变也是有依据的。随着我国生产力发展超过了世界绝大多数国家，人均国内生产总值从1978年的300多元，增加了上百倍，发展很快。但是，他又指出，我国人均国民生产总值只等于美国的七分之一，等于世界平均水平的2/3。我们还相对落后，过去是绝对落后，现在发展了，但是相比发达国家我们还是落后的。相比我国建成全面现代化国家所要求的水平，也是落后的。这是绝对落后和相对落后的区别。强调我们还相对落后，不要自满，我们还要继续努力奋发，为争取“两个一百年”目标的实现而继续砥砺前行。习近平同志从这个角度讲我国社会主要矛盾没有变，也可以认同。在初级阶段的发展中，我国人均GDP大幅提高，总体上人民的收入提高了、生活水平提高了，但是还有几千万贫困人口。他既强调我们的成绩，又看到我们的不足和困难。在两点论中把重点论

① 《习近平总书记系列重要讲话读本》，学习出版社、人民出版社2016年版，第36—37页。

放在相对落后方面，所以，从这个角度来看，我们的主要矛盾并没有变，生产力发展还相对落后，还存在相当大的一部分贫困人口和低保人口，这完全符合事实。把重点放在生产还相对落后，人民日益增长的物质文化生活需要还不能满足这一方面了。

实际上，在十九大之前，中央已经考虑到我国社会主要矛盾内涵的变化。中央提出供给侧结构性改革，实际上就是针对社会主要矛盾内涵的变化，就是要强调提供和提高有效供给，提高供给的质量，以满足更高水平的需要。因为现在人们的需求变化了、提高了，有相当一部分群体跑到国外购买高级消费品，购买奢侈品，说明我们的生产供给不足，我们的生产发展了，但是还不能充分满足人民提高了的生活需要，产生了新的供求不平衡和矛盾，从这个角度讲，已经看到主要矛盾内涵的这种变化，所以才提出供给侧结构性改革。特别要注意习近平总书记 2017 年 7 月 26 日的讲话，他既强调我国社会主义初级阶段的基本国情没有变，我国是世界上最大的发展中国家的国际地位没有变，但是又提出“要准确地把握我国社会主义初级阶段不断变化的特点”。为什么现在强调这个呢？那就是把两点论中的重点论转移到我国已进入了发展的新阶段，我们的发展任务、目标已有所变化。为了说明我国社会主义现阶段“不断变化的特点”，讲话强调指出，改革开放和十八大以来，“党和国家事业发生历史性变革，我国发展站到了新的历史起点上，中国特色社会主义进入了新的发展阶段”。这段话实际上已经预示了十九大报告所提出的中国特色社会主义已进入新时代。在新时代，经济社会的发展已获得巨大成就，已经从站起来走向富起来、强起来，在这样新的历史发展条件下，如果继续讲生产的绝对落后、人民群众的生活水平还是很贫困，就不符合事实了，不符合我们现在进入经济社会发展的新时代，不符合新时代的新的经济思想了。所以十九大报告把重点论放在我们巨大的发展上了，我国经济社会发生变化了。而同时也要看到我们发展的不足，发展的不平衡和不充分，是满足人民日益增长的美好生活需要的“短板”。至于既讲我国社会主要矛盾转化了，又讲社会主义初级阶段的国情没有变，这个问题不难理解。第一，我国社会主义初级阶段要经历一百年的时间，要最后完成全面现代化的任务，我国还没有走出这个阶段，还在继续完成“两个一百年”的发展目标。第二，我国社会主义初级阶段最主要的经济特点是公有制为主体，多种所有制经济共同发展；按劳分配为主体，多种分配方式并存，这一特点没有变。“两个毫不动摇”要继续坚持下去。

正确看待我国社会主要矛盾转化①

从党的八大提出社会主要矛盾到改革开放初期，我国生产力极其落后，连人民最基本的日用消费品需要也远不能满足，需要凭票、限量供应。而近些年来，社会主要矛盾的内涵有了根本性变化：我国社会生产力水平总体上显著提高，我国经济规模已稳居世界第二位，生产能力在很多方面进入世界前列；存在的更加突出的问题是发展不平衡、不充分，这已经成为满足人民日益增长的美好生活需要的主要制约因素。正是以这一新的发展情况为依据，党的十九大报告明确指出新时代我国社会主要矛盾是人民日益增长的美好生活需要和不平衡不充分的发展之间的矛盾，并强调：人民美好生活需要日益广泛，不仅对物质文化生活提出了更高要求，而且在民主、法治、公平、正义、安全、环境等方面的要求日益增长。这种内容的拓宽，具有重要的理论意义和实践意义。它既发展了先前对社会主要矛盾内容的表述，又明确了经济社会发展和供给侧结构性改革的方向，成为习近平新时代中国特色社会主义思想的重要内容。

党的十九大报告指出，必须认识到，我国社会主要矛盾的变化，没有改变我们对我国社会主义所处历史阶段的判断，我国仍处于并将长期处于社会主义初级阶段的基本国情没有变，我国是世界最大发展中国家的国际地位没有变。对此，应该如何理解呢？

提出社会主义初级阶段的基本国情没有变，是讲我们还没有走出社会主义初级阶段的历史过程，还要完成初级阶段应完成的任务，全面实现社会主义现代化。这是从初级阶段的总任务、总目标来讲的，还可从两个具体方面来分析。一方面，初级阶段的根本经济特征是公有制为主体、多种所有制经济共同发展，按劳分配为主体、多种分配方式并存，这也是中国特色社会主义的经济特征。这一特征没有变，就表明我国社会主义初级阶段的基本国情没有变。另一方面，我国作为世界上最大的发展中国家，即使经过经济快速发展、人均国内生产总值目前

① 本文原载《人民日报》，《红旗文摘》于2017年12月转载。

达到了八九千美元，进入了中等收入国家行列，但依然远低于发达国家水平。这也说明我国仍处于并将长期处于社会主义初级阶段的基本国情没有变，我国是世界最大发展中国家的国际地位没有变。

因此，对社会主要矛盾的转化，需要把握几点：其一，它是社会主义初级阶段主要矛盾的转化，表明社会主义初级阶段具体发展状况的重大变化。社会主义初级阶段的具体特征年年月月都在发展变化。因此，要把从战略定力上讲的“基本国情没有变”和具体实践中的“不断变”区别开来。其二，社会主要矛盾涉及供给和需求双方。在新的社会主要矛盾下，需求的内容拓宽了，不限于物质文化的需要，还涵盖民主、法治、公平、正义、安全、环境等方面的需要；供给方的能力也达到了新水平，同时表现出发展不平衡不充分的特征。其三，社会主要矛盾的转化是在长期发展中逐渐积累的，经过从量变到质变的过程。其四，对社会主要矛盾转化的认识应持两点论。它既反映我国生产力快速发展和人民生活水平显著提高的新特点，又反映我国供给结构和需求结构不协调与不平衡的新特点；既表明中国特色社会主义进入了新时代，又表明我国的生产供给还不能满足人民生活水平新的更高需求。

对新时代我国社会主要矛盾转化问题的解读①

党的十九大后理论界发表了很多有关新时代社会主要矛盾转化问题的文章，但理解并不完全一致，甚至有些理解不一定正确。应从两个方面判断是非：一个是怎么理解更符合马克思主义基本原理和方法，怎么解读更符合党的十九大提出的相关新理论、新思想，更符合习近平同志提出的一些新思想的本意；另一个是怎样解读更符合我国经济实际。这些方面我们应该进行认真探讨。

我提出几个有关的理论问题：首先，任何社会制度都要经历不同的发展阶段，是不是在不同的历史发展阶段都会有社会主要矛盾的转化？这个问题就有不同的看法。有的人认为，无论哪个社会，只要经历不同的发展阶段，就会相应地有不同的社会主要矛盾。能不能这样说？这是第一个问题。

第二个问题是：党的十九大讲我们进入了中国特色社会主义新时代，同时提出我国社会主要矛盾发生了转化。究竟是由于我国社会主要矛盾发生了转化，在这个基础上进入了中国特色社会主义新时代，还是反过来正是由于我国进入了中国特色社会主义新时代，才使得社会主要矛盾发生了转化？究竟哪个决定哪一个也有不同的看法。

第三个问题是：当前我国社会主要矛盾的转化和以往社会主要矛盾的转化有没有区别？就是说进入了中国特色社会主义新时代，社会主要矛盾发生了转化，这个转化和以往的，包括不同社会制度主要矛盾的转化，也包括新中国成立以来多次提出主要矛盾的转化相比较，这次主要矛盾的转化有何特点？

第四个问题是：党的十九大讲我国社会主义初级阶段的基本国情没有变、中国作为世界上最大的发展中国家的国际地位没有变。但是，我国社会主要矛盾转化了。“两个没有变”与“一个变”，这里有没有矛盾？怎么解释？

第五个问题是：我们不能避开人们会提出的一个问题，为什么习近平同志在2016 年 7 月纪念中国共产党成立 95 周年时，提出了“三个没有变”，即：社会

---

① 本文原载《社会科学辑刊》2018 年第 2 期。

主义初级阶段基本国情没有变、我国是世界上最大的发展中国家的国际地位没有变、我国社会主义初级阶段主要矛盾没有变，然后又在党的十九大提出社会主要矛盾变化了？这两个提法，一个是说没有变，一个是说变了，怎么理解？两种提法是否具有一致性或区别性？

第六个更重要的问题是：原来的社会主要矛盾是人民日益增长的物质文化需要司落后的社会生产之间的矛盾，现在转化了，是人民日益增长的美好生活需要和不平衡不充分的发展之间的矛盾。怎么理解“不平衡不充分的发展”？包括《人民日报》《光明日报》《北京日报》，以及一些刊物上一些权威性的人士发表的大量文章，都是讲诸如城乡发展不平衡、区域发展不平衡、产业发展不平衡、收入发展不平衡、同一个地区和城市发展也不平衡，还讲生产力落后造成的不平衡不充分发展。我觉得这样解读和宣传不符合党的十九大关于社会主要矛盾转化的本意，不符合习近平同志新思想的本意，也不符合经济生活实际。根本就不应该用城乡、区域不平衡和生产力落后等来解读主要矛盾转化后的“不平衡不充分发展”。

第七个问题：我们讲新时代社会主要矛盾的转化，人民日益增长的美好生活的需要和不平等不充分的发展，既需要从整体上进行分析，又需从具体的不同方面进行分析。首先从整体上说，我国生产力大幅提高了，人民群众的财富和收入也相应显著提高了。我们早已走出了“短缺经济”时代，消除了生产力绝对落后和人民绝对贫困。因此，人民的生活需要提高了、拓宽了，都有自己的美好生活需要。其次又要具体分析。我国实际上存在不同的收入阶层，我们看到中等收入群体在持续扩大，中国中等收入阶层数量在全世界比任何一个国家都多。这是发展中的阶层上升，是进步。但是，我们中国人口多，13 亿多将近 14 亿。就相对占比而言，我们的居民收入还是一个金字塔型的，还不是呈橄榄形的。其实，橄榄型分配也只是走向共同富裕的过渡形式。实现共同富裕后就不应存在橄榄型分配结构。目前，我国富豪和富裕的人口占比是少数，中间阶层也没占到多数。这表示一个问题，就是说人民日益增长的美好生活需要对不同的阶层是有区别的，有的是富豪，有的是比较富裕的，有的是中等收入，有的是低收入，不同财富占有和不同收入群体，应该说都有美好生活的需要，他们的美好生活需要是不是一样？不同阶层的不同美好生活需要是什么？怎么样能够满足不同阶层的美好生活需要？这是需要进一步研究的课题。

上述问题，是我们学习和研究党的十九大的报告和习近平同志的一系列新理论、新思想时需要深入理解和把握的问题。要把它讲清楚，要以问题为导向，不能用大话、套话简单重复些中央文件和习近平同志的讲话甚至对其错解做宣传。

一、新中国成立以来我国社会主要矛盾转化的历程及比较

我们可以说，任何社会制度都存在基本矛盾，即生产力和生产关系的矛盾。但是这个基本矛盾的表现形式在不同的制度下是不同的。能不能说任何社会制度都会经历不同阶段，在每个不同的阶段社会主要矛盾就要发生转化？我觉得不能这样讲。不存在这个一般原理：任何社会制度都要经过不断的发展阶段，社会主要矛盾都会随着不同阶段的变化而变化。

就以资本主义制度来说，马克思在《资本论》中讲了资本主义发展的三个阶段，我们读《资本论》、读政治经济学教科书，就连这三个阶段的表述，也往往存在不完全准确的解读。没有注意到《资本论》里讲工场手工业前面有“分工和”定语，是讲“分工和工场手工业”。资本主义简单协作也是在工场手工业进行，只不过这个工场手工业没有分工；而第二阶段工场手工业是分工的工场手工业。就是这些细小的地方我们都没有注意到。马克思在世时看到资本主义发展经历了三个阶段，马克思去世以后经过了100多年发展，到现在，如果我们再讲资本主义发展的阶段，可以补充为四个阶段、五个阶段。我们就以马克思所讲的三个阶段来讲，资本主义社会主要矛盾是什么？是不是三个阶段都发生了主要矛盾转变？资本主义基本矛盾，即生产力和生产关系的矛盾，表现在两方面，表现在经济上是生产社会化和资本主义私有化的矛盾；表现在社会上和政治上，是无产阶级和资产阶级之间的矛盾。这是资本主义的主要矛盾。马克思、恩格斯、列宁以及后继者都没有讲过：在这三个阶段资本主义的主要矛盾发生了变化，三个阶段有三个主要矛盾，没有这样讲过。我们讲政治经济学，学《资本论》，从来也没有说资本主义的主要矛盾随着几个阶段的发展变化发生转化，不存在这个问题。

新中国成立以来，已经历70年的发展。在这70年的发展中，经历了不同的具体阶段，包括社会主义初级阶段大阶段中的不同小阶段。随着具体阶段的变化，我国的社会主要矛盾的论断确实改变了好多次。这个是由我国的特殊情况、特殊的历史发展阶段和曲折的历史过程形成的，不具有普遍意义。从我们中国来看，不同的阶段提出了不同的社会主要矛盾，这有我们中国自己的特殊历史情况。1949年以前，旧中国社会制度是半殖民地半封建社会，社会主要矛盾是“三座大山”（封建主义、官僚资本主义、帝国主义）压迫广大的人民群众，而中国人民起来与“三座大山”进行斗争、反抗，这是旧中国的主要矛盾。1949年以后，我们消灭了封建主义、官僚资本主义和帝国主义在华侵略性的垄断企业。但不消灭而是要发展民族资本主义，要实行多种经济成分并存的新民主主义制度。把资产阶级也纳入人民范畴，民族资产阶级没有被消灭，跟苏联不同。原来

毛主席写《新民主主义论》，是主张我们确立新中国的政权以后，让民族资本主义有个大的发展。现在年轻人都不知道我们的五星红旗上的五个星星代表什么了。《新民主主义论》是毛泽东主席对马克思主义的重大发展。中国原来是半殖民地半封建社会，生产力极端落后，广大人民绝对贫困，不应该直接转变为社会主义，要先建立新民主主义制度。

新中国成立前夕，召开了新的政治协商会议，通过了《共同纲领》，它等于临时宪法，明确了我们建立新民主主义社会制度。那时候《共同纲领》没有提出向社会主义过渡的问题，有些参加会议的成员提出，是不是《共同纲领》写上我们将来要向社会主义过渡？刘少奇同志代表中央发言讲话，说社会主义那是未来的事情，现在不提。所以《共同纲领》里没有提社会主义。我们国旗的五个星星，大星星代表共产党，四个小星星代表四个阶级围绕着共产党来发展，四个小星星是工人阶级、农民阶级、城市小资产阶级、民族资产阶级。这表示我们先建立新民主主义制度，经过新民主主义制度发展到一定阶段以后，再向社会主义过渡。

新中国成立以后，主要矛盾是什么？虽然把民主资产阶级划入到人民范围，但是主要矛盾变成了工人阶级和资产阶级的矛盾。后来我们急于求成，急于向社会主义过渡，1952 年毛泽东提出了向社会主义过渡问题，1953 年正式提出了过渡时期总路线。接着进行了“三大改造”，就是将农业、手工业和资本主义工商业的私有制改造为社会主义公有制，完全消灭私有制，“让资本主义绝种”。原来准备经过三个五年计划即 15 年过渡到社会主义，但实际上到 1956 年“三大改造”就基本完成，宣布进入了社会主义。

1956 年召开的中共第八次全国代表大会，提出了社会主要矛盾的变化。因为我们“三大改造”完成了，资产阶级和无产阶级主要矛盾不存在了，主要矛盾转化了，对转化了的我国国内的主要矛盾，表述为人民对于建立先进的工业要求同落后的农业国现实间的矛盾，是人民对于经济文化迅速发展的需要同当前经济文化不能满足人民需要之间的矛盾。这个矛盾的转化是对原来主要矛盾的排斥与否定。原来是资产阶级和无产阶级的矛盾，我们消灭资产阶级、消灭私有制后，矛盾转化了，转化前后主要矛盾是互相对立、互相排斥的。但是对于党的八大对社会主要矛盾的论断，我看许多有关论文里没有讲全，光讲了这两句话，实际上还有一句话，这句话不够科学、不够准确。它提出：社会主义制度建立了以后，主要矛盾的实质就是“先进的社会主义制度同落后的生产力之间的矛盾”。最后把主要矛盾归结为这么一句话。显然，这句话让人听了以后会认为，中国的社会主义制度建立得太早了，马克思主义讲生产力决定生产关系，生产关系要适合生产力的发展，这也是历史唯物主义重要的原理。把社会主义建立后的主要矛盾实质归结为先进的社会主义制度和落后的生产力之间的矛盾，这跟马克思主义基本原理不一致了。所以中央很快就表示，党的八大关于主要矛盾的表述不科学，不再提了。不再宣传这个主要矛盾的内容不是因为“反右”才否定新提的主要矛盾的，“反右”以前就没有宣传了。我觉得虽然最后这句话表达得不是很科学，但前面那两句话还是符合实际的，不应全盘否定。

1957 年 10 月 9 日，中共中央召开了八届三中全会，毛泽东在全会上作了讲话，他明确否定了党的八大决议关于主要矛盾的论断，他提出“我国社会主要矛盾仍然是无产阶级和资产阶级，社会主义道路和资本主义道路的矛盾”，变成两个阶级、两条道路的主要矛盾了。1949 年到 1952 年的 3 年恢复时期，我们发展得很快，经过那么久的战争破坏，我们 3 年就把经济恢复到 1936 年的水平。一直到 1956 年第一个五年计划时期，经济发展得很好、很快，甚至感到经济发展过快，超越了国力。经过前 30 年的发展，我们建立了完整的工业体系，经济增长年均 6% 以上。中国人民站起来了，为改革开放后的发展打下了基础。

党的十一届三中全会把党的工作重点从阶级斗争为纲转向以经济建设为中心，也放弃了无产阶级专政下继续不断革命的理论。后来，邓小平提出新的社会主要矛盾的论断，后经中央文件正式提出我国的主要矛盾是人民日益增长的物质文化需要同落后的社会生产之间的矛盾。当时还没有提出社会主义初级阶段理论，是先提出主要矛盾的转化。党的十三大报告全面地、系统地、完整地论述了社会主义初级阶段理论。初级阶段的观点在党的十三大前虽提出来了，但是没有展开论证。党的十三大进行了系统论证，同时又提出社会主义初级阶段的主要矛盾。将两者紧密统一在一起，提出社会主义初级阶段的主要矛盾，就表示不是整个社会主义社会的主要矛盾，整个社会主义社会还要经历社会主义中级阶段和高级阶段。社会主义中级阶段、高级阶段，不可能再是落后的生产，不可能再是人民的物质文化需要不能满足的状况。从 1949 年到党的十三大，确实是生产绝对落后、人民绝对贫困，所以当时提出的主要矛盾符合我们当时的实际。

提出主要矛盾、主要矛盾的主要方面是生产力绝对落后，因而，就是要大力快速发展生产力，发展商品经济，才能够不断提高人民的物质文化生活水平。所以，提出社会主义初级阶段的主要矛盾，又是对以阶级斗争为纲的主要矛盾的排斥和否定。这两种主要矛盾是对立的。所以说，我国主要矛盾的多次变化，是曲折的、复杂的，有它的特殊性。党的十九大报告提出了中国特色社会主义进入新时代，新时代这个概念是个大概念。没有用新时期，新时代比新时期内涵更大、更广泛、更深远。

进入新时代，提出社会主要矛盾发生了转化，转化前后的这两种主要矛盾不是互相排斥、互相对立的，而是有它的一致性，是一脉相承的，具有抽象意义的共同点。什么共同点？都是供给不能满足需求。原来的主要矛盾是人民日益增长的物质文化需要同落后的社会生产之间的矛盾，需求侧和供给侧都是低水平的，是低水平的物质文化需要，是解决温饱的物质文化需要；落后的社会生产是绝对落后。人们需要的消费品，连最基本的口粮、最基本的生活用品，也不能完全满足需要，还要凭票券限量供应。供求不平衡，是低水平的不平衡。而我们现在的供求不平衡的矛盾是高水平的不平衡，需求方和供给方都是高水平的了。

二、用习近平同志“两点论与重点论的统一”方法研究我国现实经济问题

我们从一个社会经济现象的侧面也可以看出我国当前经济社会发展中的实际情况和问题。改革开放以前没有大批中国人到外国旅游，到外国购买高级消费品。当然，当时国门没有开放，政治社会环境也不允许。再一个原因是大家都穷，即使允许你出国购买高端消费品，也没有条件，没有购买力。三年困难时期，大家曾饿着肚子劳动，我亲身经历过，下放劳动连窝头都吃不饱。现在我们大量的比较富裕的群体，到境外购买高级消费品，购买奢侈品。根据世界旅游组织发布的报告显示，2016 年中国游客境外消费额高达 2610 亿美元。连续 15 年保持两位数的增长，把美、德、英、法甩在了后头。2015 年，我们中国人买走的奢侈品，等于全世界奢侈品的 46%，这说明我们不能充分满足他们高水平的需要，还要跑到日本买什么马桶盖。尽管我们现在产生了贫富分化，但这是相对贫富分化，而非富者越富、贫者越贫的绝对两极分化。我国可以允许富者越富，但不会是贫者越贫。大家现在都有微信，有时候你们会收到各种各样的信息，极左的、极右的。有的为了贬低我们社会主义，挑拨性地编造一些假数字、假信息。我也会看微信，就收到过这样的信息说：改革开放前最低的工人收入 39 块钱，购买力等于现在的六七千块钱，用以说明现在人们的工资，特别是工人群众的工资太低了，远远不如改革开放以前的最低工资。人民的购买力、实际工资，远远赶不上改革开放以前的。有些人不考虑真伪，不去算下账，信以为真。我记得 20 世纪五六十年代北京猪肉 9 毛钱一斤，现在多少钱？就算 10 块钱，涨到几倍？十来倍吧。白面（标准粉）1 角 8 分 4 一斤，现在白面是不是 2 块钱一斤？涨了近 10 倍。鸡蛋那时候 8 毛多钱一斤，现在 5 块钱，涨到几倍？差不多 6 倍。那时候永久牌自行车 125 块钱，上海手表 120 块钱，现在涨到多少？也就涨了 2—3 倍吧。现在工人基本工资一般也三四千元。就算 3000 元，和 39 元相比，涨了多少倍？70 多倍！如果 4000 元，等于 39 块钱的 100 多倍。

所以，我们既要看到两极分化，又要确认大家的生活水平提高了，还要看到虽出现贫富分化但不是绝对的两极分化。邓小平讲过，如果发生了两极分化我们改革就失败了。邓小平讲两极分化是绝对两极分化，我们出现的两极分化是相对

两极分化。绝对两极分化，是富的越富，穷的越穷。我们不存在穷的越穷，穷的也要扶贫、救济，使贫困人口脱贫，而且低收入群体的收入也在不断提高，是相对两极分化。相对那些财富滚滚增加的大款、富豪而言，工农群众的财富和收入与之相比差距越来越大，不能不看到这个实际情况。因为是建设社会主义，大家的收入水平都提高了，低收入的也提高了，但两者间的差距还很大。与那些年收入几亿、几十亿的富豪相比，低收入的工农群众一年才三四万块钱，有些农民的收入比这还低。这个差距太大。搞社会主义，要共同富裕，所以要从两方面分析这个问题：一方面要看到我们存在两极分化，不要否认，有人否定是不顾事实；另一方面也要看到改革开放以来，我们经济发展了，整体上说人们的生活水平提高了，要看到差距，也要看到大家生活水平绝对的提高。习近平同志分析问题的方法，是“两点论和重点论的统一”，我们要学会这个分析问题的方法。两点论是既要看到我国发展的成就，也要看到发展的不足。但重点是应从整体上看到我国的巨大发展成就和人民财富与收入的绝对提高。看到供给与需求两侧总水平的显著提高。

三、“两个没有变”和“一个变”的联系和统一

党的十九大报告提出：我国社会主义初级阶段的基本国情没有变，我国作为世界上最大的发展中国家的国际地位没有变，根据是什么？它和社会主要矛盾的变化有没有矛盾？可以肯定地说没有矛盾。“两个没有变”和“一个变”是统一的。我们可以从几方面来说明社会主义初级阶段的基本国情没有变。

首先，我们已经明确：社会主义初级阶段要经历100年的时间，百年的目标是要实现全面现代化。初级阶段提出“三步走”，第一步是解决温饱问题，第二步是解决小康水平问题，第三步是实现全面现代化的问题。我们现在的发展，远远超过了预期。邓小平同志最初提出的三步走，前两步基本快完成了。我们基本上实现了小康，到2020年全面实现小康水平。但是还有最后30年，党的十九大又把它分成两个小阶段：2020年到2035年是一个阶段，2035年到21世纪中叶又是一个阶段。我们初级阶段的任务还没有完成，实现了全面现代化才算走出了初级阶段，所以我们还处在初级阶段。我说我们的发展超过了预期，邓小平最初提出三步走，他原来说我们到20世纪末人均GDP达到800—1000美元；他又预期，到21世纪中叶赶上中等发达国家水平，人均GDP达到4000美元，认为21世纪中叶人均达到4000美元，就达到了中等发达国家水平。实际上，2017年我们人均GDP大约可达到8500多美元了，更不要说我们还有30多年的时间要走向全面现代化。2035年基本实现现代化，比预计目标提前了15年。

党的十九大的文件没有讲我们到2035年基本实现现代化以及到21世纪中叶

实现全面现代化时人均 GDP 是多少，为什么没有再预计这个？我考虑有几个方面原因：一方面，预测到哪一年人均 GDP 是多少，根据经验看往往是不太准确的。邓小平预计 21 世纪中叶达到 4000 美元，如果 21 世纪中叶只达到 4000 美元，那依然是很落后的国家，预期和实际水平差得太多了。所以，预计达到多少美元，很难准确地估计出来。我们有时候往往超过了预期。

再一点，我们现在要求转变发展方式，要求从速度型和数量型发展转为质量型和效率型发展。数量型发展 GDP 可以统计出来，但质量型发展难以统计出来。另外，我们要全面实现现代化，不仅仅是 GDP 的增长问题，也不仅仅是物质文化水平提高的问题，还包括美好生活需要的其他方面，如政治、公平、正义、安全、生态、法治等一系列方面。我们希望环境不要污染，能够呼吸清洁的空气，能够有清洁的水喝，能够吃上没有污染、无毒的食品，喜欢蓝天白云、青山绿水。我们将来要建立美丽的国家，这个很难用 GDP 来统计。但这不是说我们要放弃 GDP 的统计，到时候，到 2020 年、2035 年、21 世纪中叶，我们也会统计出 GDP 总量达到多少，人均 GDP 达到多少，每年还会统计的，只是不预期未来的具体 GDP 数字了。

为什么说初级阶段基本国情没有变？刚才讲了一个原因，就是初级阶段战略目标还没有实现，没有走出长达百年的初级阶段。第二点，初级阶段的基本经济制度没有变。大家知道，我国社会主义初级阶段的经济特点是公有制经济为主体、多种所有制经济共同发展；是按劳分配为主体，多种分配方式并存。这个经济特点存在于百年的初级阶段中，也不会变。我顺便说一下，多种分配方式，主要的是两种：一是完全的公有制经济实行按劳分配；二是私营和外资企业实行按要素所有权分配。过去讲按要素贡献分配，我认为这个提法不科学，这是把西方代表资本的话语权纳入到我国社会主义分配中来。过去还曾长期讲我们社会主义分配制度是“效率优先、兼顾公平”，也是把西方右翼学者的观点当作我们社会主义分配原则。后来在贫富分化日益突出的情况下，才最后改变提法。可以看出关于社会主义初级阶段的分配原则，曾有两种不科学的提法，既不符合马克思主义分配理论，也不符合社会主义经济实际情况。先是提出社会主义分配原则是“效率优先，兼顾公平”“初次分配重视效率，再分配重视公平”。社会主义能够不重视分配公平吗？这个提法是有利于资本而不利于劳动的。我从来不宣传它，但也不好公开反对，但可以在写文章时，换一个提法。我写教材、写论文，主张社会主义既要重视效率也要重视公平，要把两者统一起来。后来两极分化日益明显，刘国光等学者提出，分配制度的效率和公平的天平应该向公平倾斜了。中央也逐渐认识到原有的提法需要调整，日益重视分配公平。社会公平的话语日益增多。后来党的十七大放弃了原来宣传了十多年的分配制度重效率而轻公平的原则。但是，有个遗留的问题：将分配原则改为效率与公平并重，是否科学？

大家是否注意到，党的十九大文件没有再讲分配制度要兼顾效率公平。尽管党的十七大统一了提法：初次分配与再分配都要处理好效率和公平的关系，再分配更加重视分配公平。党的十九大没有再这样讲。党的十九大报告既讲提高效率与效益，又强调公平与公正，是将两者放在经济社会发展的总领域中讲，而不是放在分配领域中讲。讲效率是指生产效率、劳动效率。分配领域还讲效率问题吗？分配只存在分配公平不公平、合理不合理问题，不存在分配效率高还是效率低，没有这个问题。虽然党的十七大调整了原有提法，但依然放在分配领域。效率是生产领域的问题，发展经济既要重视效率又要重视公平，是生产和分配的关系，是做大“蛋糕”和分好“蛋糕”的关系。我一直主张生产重效率，分配重公平，在生产领域可以讲效率优先，优先于产值或 GDP。但怎么能在分配领域讲效率还要优先于公平呢？我们发展经济要把效率和公平统一起来，也就是把生产的效率同分配的公平统一起来。不是在分配领域把两者统一起来。

还有按生产要素贡献分配问题。加上“贡献”两个字，有人照搬西方那一套，否定马克思主义的劳动价值论、剩余价值论。还把按生产要素贡献分配作为整个社会主义的分配原则，否定按劳分配为主体、多种分配方式并存的分配原则，否定资本主义经济存在剥削，还宣传工人工资拿多了是剥削资本家，还将此当作中国特色社会主义经济理论的创新和贡献自我宣扬。

党的十九大文件，没有再提按生产要素贡献分配。我们还是应按照马克思的分配理论研究分配问题。马克思分配理论是科学的、符合实际的。《资本论》第三卷后面，马克思专门设一章讲“分配关系和生产关系”。即使在资本主义经济中讲按生产要素贡献分配也不科学，为什么？按生产要素分配，难道分配给生产要素吗？分配给资本吗？分配给原材料吗？按生产要素分配不是分配给要素本身，是分配给资本所有者、土地所有者。即使承认非生产要素也有贡献，自然力也是生产要素，如利用风力、水力发电，利用太阳能来生产，尤其在农业生产中，需要阳光雨露、风调雨顺。但自然力作为生产要素（马克思把自然力作为重要生产力要素）在生产中作了重大贡献，参加分配吗？你分配给阳光雨露吗？分配给风力、水力吗？自然力之所以不参加分配，是因为它没有被某个主体占有，没有所有权。如果有了所有权，就要参与收入分配。即使讲按生产要素贡献分配，资本的贡献不等于资本家的贡献，土地的贡献不等于地主的贡献。而劳动的贡献恰恰就是劳动者的贡献。劳动、劳动力与劳动者都是合为一体的。

我们搞马克思主义经济学、搞政治经济学、学《资本论》、讲课、写文章，一定要实事求是地按照马克思的理论观点分析问题。资本主义经济分配方式就是按生产要素所有权分配。如果讲得更具体一点，资本主义的分配方式是以按资

（本）分配为核心的，按生产要素所有权分配，这个符合实际。所以，我国存在的外资企业、大私营企业，本来就是资本主义经济；有人把它说成是社会主义经济，是不对的。私营企业、外资企业是按生产要素所有权分配，完全的公有制就是按劳分配。

社会主义初级阶段实行公有制经济为主体、多种所有制经济共同发展，按劳分配为主体、多种分配方式并存的分配制度，是存在一百年不会变。就从上述战略目标和基本经济制度没有变来看，社会主义初级阶段基本国情也没有变。另外，党的十九大报告讲中国是世界上最大的发展中国家的国际地位也没有变。习近平同志讲得很清楚，虽然我们的经济规模跃居世界第二位，生产力大力发展了，有些生产力发展超过了世界其他国家，但是，“中国依然是世界上最大的发展中国家，中国的人均国内生产总值仅相当于全球平均水平的三分之二，美国的七分之一”①。所以我们虽摆脱了绝对落后，但还相对落后。这也是习近平同志的两点论：既强调我们生产力大力发展了，看到我们巨大的成就，也要看到我们的相对不足、相对落后。相对于什么？一个是相对于发达国家还相对落后，另一个是相对于 21 世纪中叶我国实现全面现代化的目标，还是相对落后。

所以，可以论断：我国社会主义初级阶段的基本国情没有变，中国是世界上最大的发展中国家的国际地位没有变。是两个“没有变”。但是我国的社会主要矛盾变化了。这个表现得很明显。总体上说，全国人民收入水平和生活水平显著提高了。我国中产阶层的人数不断增多。外国学者也在议论我国中产阶层的扩大和生活水平显著提高。他们作过调查统计，把中国年收入 10 万元到 20 万元的叫作中产阶层，我觉得这个低了一点，最低可以按 15 万元或 20 万元来计算。

四、正确理解新时代社会主要矛盾的内涵

我国转化后的社会主要矛盾的内涵，一个是需求侧，一个是供给侧。讲供给侧的不平衡不充分的发展，是指什么，是针对需求侧讲。需求的水平提高了，要求质量更高、更多样化、更符合个性、更安全、科技含量更高的物质文化供应。恩格斯把消费资料分成三类：生存资料、发展资料、享受资料。我们在社会主义初级阶段的初期，是绝对的落后和绝对贫穷。对广大人民群众来说，生存资料，甚至基本生活资料都不能满足，谈不上发展资料和享受资料的满足。现在我国发展了，比较富裕的阶层，更不要说富豪，生存资料不在话下，发展资料也不在话下，他可以享受到高端物质文化生活。有的可以坐豪车、住豪宅，吃豪宴，获得更多的享受资料。但是低收入阶层，特别是贫困人口，首先是解决他们生存资料

① 《习近平关于社会主义经济建设论述摘编》，中央文献出版社 2017 年版，第 89 页。

需要。再好一点，中产阶层已解决了生存资料的需要，进而需要更多更好的发展资料。当然也会追求一些享受资料。所以，不同的收入阶层，他们的美好生活需求不是固定一致的，而且美好生活需要不是一个固定的概念，是个动态的概念、发展的概念。同时也要肯定一点：对广大人民群众来说，包括低收入群体，有一个共同的美好生活需要，那就是党的十九大报告所讲的“幼有所育、学有所教、劳有所得、病有所医、老有所养、住有所居、弱有所扶”，以及社会公平正义。

所谓不平衡不充分的发展，不要脱离开它是相对于美好生活的需要提出的，就是说，生产与社会供给要与提高了的生活需要相匹配，要满足人民日益增长的对美好生活的需要。虽然我们生产力大力发展了，供给水平也提高了，低端供给过剩，高端供给在不断增加但还供给得不够充分，形成高端需求增长与供给不充分的不平衡。这表明我们发展得还不足，不能充分地满足对美好生活需求的需要。不要脱离开这个着眼点，大谈城乡不平衡、区域不平衡、产业不平衡、收入不平衡等，讲了很多不平衡，我觉得这是言不及义，因为讲这些缩小不了也解决不了主要矛盾问题，而且偏离了主题。那些诸多不平衡，过去存在，现在存在（现在是在缩小而不是扩大），将来也不可能完全消除。这些不平衡与解决主要矛盾没有内在联系。

现在报刊上发表了不少解读和宣传社会主要矛盾转化的文章。在解读作为主要矛盾主要方面的“不平衡不充分的发展”时，大都离开了直接相对于人民日益增长的美好生活需要的需求方，大谈与主题无内在联系的多种不平衡不充分。这里举一篇具有代表性和权威性的论文为例，它说：“发展不平衡主要指各区域各方面发展不平衡，制约了全国发展水平的提升。”“现阶段我国发展不平衡不充分表现在很多方面。比如，从社会生产力看，我国仍有大量传统、落后甚至原始的生产力，而且生产力水平和布局很不平衡。”“从城乡区域发展看，发展水平差距仍然较大，特别是老少边地区经济社会发展比较落后。从收入分配看，收入差距仍然较大。”① 有些文章解读“不充分”还加添要素不充分、产业不充分、竞争不充分、模式不充分、形态不充分、潜力释放不充分、动力转换不充分等。

为了说明这类解读不符合经济生活实际，我可以举出许多事例。例一，广大居民希望供给优质的米面、高品质的水果、绿色的蔬菜，还需要更多的高质量的其他消费品。暂时还不能得到充分满足，你能怪这是城乡、区域发展不平衡，老少边地区发展落后，收入差距较大等造成的吗？只能说为了满足高水平的需求，我们农业生产需要进行供给侧结构性改革，增加高质量和更符合需求的消费品的供应。在我国实际生活中，对玉米的需求减少了，而对大豆、杂豆、杂粮等的需

---

① 冷溶：“正确把握我国社会主义主要矛盾的变化”，《人民日报》2017年11月27日，第1版。

求增加了，这是从全国范围来考察供求变化的。美好生活的需要并不排斥对杂豆、杂粮等非高端产品的需要，但要求高质量的杂豆、杂粮供给，以适应这种供求关系变化。2017 年我国调整了粮食品种的种植面积：籽粒玉米面积减少了约 2000 万亩，大豆面积增加了 700 万亩，杂粮、杂豆增加了 600 万亩。[①]

再举一个工业品的例子，前些年李克强总理提出我们大家使用的圆珠笔芯的圆珠还得进口的问题。圆珠笔芯的圆珠需要一种特殊的钢材，而这个特殊的高级钢材我们过去生产不出来，需要大量进口。圆珠笔并不是高端产品，但我们美好生活需要离不开它，这就是供求关系不平衡、发展不充分。圆珠笔芯圆珠自己不能造，这是短缺，与城乡区域和收入等不平衡毫无关系。我们现在已经解决了这个问题。太原钢铁厂经过 5 年刻苦的钻研，已经生产出了所需特殊钢材。我们大量的钢材过剩是低端产品过剩，而太原钢厂能够生产出这种特殊钢材来，就能够解决圆珠笔所需要的笔芯圆珠，用不了几年就可以不用再进口了，我们就可以解决这方面的发展不充分、供给不平衡问题。太原是中部地区，中部地区落后于东部地区，但是它可以生产出过去我们依靠进口现在可以不进口的特殊钢材来，这与中部地区落后于东部地区有什么联系？

党的十九大报告和习近平同志的其他讲话，从来没有用区域不平衡、城乡不平衡等来说明作为社会主要矛盾内涵的发展不平衡、不充分。请大家注意一下：党的十九大报告第一个问题讲我们 5 年来的成就，强调 5 年来我们生产力巨大发展。习近平重点论是强调我们 5 年来获得巨大发展，但两点论又讲我们还存在不足，存在困难。其中讲我们存在的不足，首先就是讲我们发展不平衡、不充分，质量不高、科技创新能力不高，实体经济发展不够。这正是讲新的社会主要矛盾不平衡、不充分的发展问题是质量不高、科技创新不够等的表现。这段论述用分号与下面的论述分开。下面另用一段论述我们的另外缺点："城乡区域发展和收入分配差距依然较大。"就是说，党的十九大报告本身，是把作为社会主要矛盾内涵的发展不平衡、不充分，跟城乡、区域和收入分配不平衡作为两个不同的问题并列提出来的。而我们现在许多论文、著作，却把党的十九大报告所讲的两个不同问题混淆起来。用后一个问题取代前一个问题。用城乡区域和收入不平衡解释前一个发展不平衡、不充分。

习近平同志在 2017 年 10 月 11 日参加党的十九大贵州省代表团讨论时说："要深刻学习领会中国特色社会主义进入新时代的新论断，深刻学习领会我国社会主要矛盾发生变化的特点。"又强调指出："我国社会主要矛盾的变化，是关系全局的历史性变化，对党和国家工作提出了许多新要求，我们要深入贯彻新发

① "我国粮食生产坚定向优向绿步伐"，《人民日报》2017 年 11 月 21 日，第 1 版。

展理念，着力解决好不平衡不充分问题，更好满足人民多方面日益增长的需要。”这里提出了三个重要论点：一是要深刻学习领会我国社会主要矛盾变化的新特点，这个新特点应包括供给和需求两侧变化的新特点，“不平衡不充分的发展”也是具有新含义的新特点。区域、城乡等的不平衡是旧有的特点，不是历史性变化的新特点。二是强调社会主要矛盾的变化是关系全局的历史性变化。学者们用以解读的城乡区域不平衡等种种不平衡都是长期存在的，不存在“关系全局的历史性变化”。三是解读不平衡不充分的途径是贯彻新发展的理念。党的十九大报告还提出，“着力解决好发展不平衡不充分问题，大力提升发展质量和效益”。强调“建设现代化经济体系”“扩大优质增量供给，实现供需动态平衡”“以供给侧结构性改革为主线，推动经济发展质量变革、效率变革”等。这都是新时代的新变化、新任务。必须紧扣这些内容，解读不平衡不充分问题。

党的十九大报告论述我国社会主要矛盾转化时特别指出：“人民美好生活需要日益广泛，不仅对物质文化生活提出了更高要求，而且在民主、法治、公平、正义、安全、环境等方面的要求日益增长。”试问：这种生活需要更广泛地超越物质文化方面的发展不平衡不充分，能用城乡区域等方面的不平衡来说明吗？

实际上，中共中央前几年提出供给侧结构性改革，就是已经觉察到，我国的社会主义初级阶段主要矛盾的内涵已经发生了变化，看到了我们需求侧结构水平提高了，但供给侧结构还不能满足这个需要，低端产品的无效供给过剩，高质量产品的有效供给不足，两者并存。只有通过供给侧结构性改革，才能逐渐实现新的平衡。有些居民需要的产品还要通过进口或到国外购买。例如，妇女们所用的高质化妆品和婴儿用品，不少人在出国旅游中根据需要选择。现在要大幅度降低这类商品的进口关税，以满足居民的美好生活需要，又可以减少购买力的外流。我们要提高国内消费力，让大家多在国内购买中高端和高质的消费品，以促进经济的发展。这也属于供给侧结构性的改革。

特别是有的学者用“我国仍有大量传统落后甚至原始的生产力”来解读作为社会主要矛盾内涵的不平衡不充分发展，就更难理解了。党的十九大报告讲中国特色社会主义进入新时代和社会主要矛盾的转化，是以我国从站起来、富起来到强起来的“伟大飞跃”，特别是以“我国社会生产力水平总体上显著提高，社会生产能力在很多方面进入世界前列”为前提提出来的。而有的学者却反其道而行，用生产力落后，甚至是原始生产力来解读作为社会主要矛盾内涵的不平衡不充分发展。这是30年前党的十三大报告论述我国社会主义初级阶段和社会主要矛盾时用过的类似语言。看来，对党的十九大报告的新理论、新思想，还确实需要如习近平同志所要求的，要“深刻学习与领会”，形成符合党的十九大报告新理论、新思想的理论共识。

辨析对我国当前社会主要矛盾转化问题解读的理论是非[①]

十九大报告提出：中国特色社会主义进入新时代，我国社会主要矛盾已转化为人民日益增长的美好生活需要和不平衡不充分发展之间的矛盾。对于这个重要理论问题，报刊上发表的解读文章已很多，但是存在解读上的差异和偏误。

一、中国特色社会主义进入新时代与社会主要矛盾的转化是什么关系

有一个不同理解的问题：社会主要矛盾是随着我国特色社会主义进入新时代而发生了转化；还是由于我国社会主要矛盾发生了转化，决定了我国的发展进入了新时代？有些学者持后一种观点。例如，有学者论述“中国特色社会主义进入新时代的判断依据”时，认为进入新时代的重要依据是基于社会主要矛盾的转化。持这种解读的学者不是个别的。笔者认为，这样解读不符合十九大报告的原意。并不是先有社会主要矛盾的转化，决定了中国特色社会主义进入新时代。而是先有改革开放40年来生产力的快速发展和人民生活水平总体上大幅度提高，特别是十八大以来新的发展成就，中国特色社会主义进入了新时代。十九大报告提出：经过改革开放以来的发展，“我国经济实力、科技实力、国防实力、综合国力、进入世界前列”。又讲：“经过长期努力，中国特色社会主义进入了新时代，这是我国发展新的历史方位。”发展进入新时代，还依据：我国稳定解决了十几亿人的温饱问题，总体上实现小康，不久将全面建成小康社会，人民美好生活需要日益广泛，我国社会生产能力在很多方面进入世界前列。正是在这种新的历史发展背景下，十九大报告提出：“中国特色社会主义进入新时代，我国社会主要矛盾已经转化为人民日益增长的美好生活需要和不平衡不充分的发展之间的矛盾。”社会主要矛盾的转化，是中国特色社会主义进入新时代的表现和必然结

---

① 本文原载《人文杂志》2018年第4期，稍有删节。

果。习近平同志在2017年7月26日讲话中就指出："经过改革开放近40年的发展，我国社会生产力水平明显提高；人民生活显著改善，对美好生活的向往更加强烈，人民群众的需要呈现多样化多层次多方面的特点。"这实际上是先期点出了十九大报告中将提出的社会主要矛盾转化问题。人民对美好生活的向往和需要，是以我国社会生产力水平明显提高，人民生活显著改善为前提的。

还有一个问题需要弄清。有的学者认为，任何社会都会经历不同的社会发展阶段，在不同发展阶段社会主要矛盾都会发生转化。这种论断缺乏理论和事实根据。新中国成立以来，社会主要矛盾的提法改变多次，有中国特殊和曲折的历史情况。社会主要矛盾的转化是反映社会经济发展规律的必然过程。既反映一定社会形态的生产力发展状况，又反映该社会形态的经济关系状况。违反社会发展规律，人为地制造和强加的社会主要矛盾，会给生产力和生产关系的发展造成损害。当未来进入成熟的、高级阶段的社会主义后，会继续存在生产力和生产关系的矛盾，但可以推断，不会再有随着生产力的发展，社会主要矛盾的相应转化。还可以以资本主义制度为例来分析，《资本论》中把资本主义的发展分为三个阶段：简单协作、分工和工场手工业、机器大工业。但马克思、恩格斯没有提出三个不同发展阶段主要矛盾的转化。他们说明资本主义生产力和生产关系矛盾的经济表现是生产社会化和资本主义私人占有之间的矛盾；其社会、政治表现是资产阶级和无产阶级的矛盾。这一矛盾在当代资本主义依然未变。

二、社会主要矛盾转化后矛盾双方的具体内涵怎样准确理解

新的社会主要矛盾是"人民日益增长的美好生活需要和不平衡不充分的发展之间的矛盾"。应当明确，转化后的社会主要矛盾与转化前的社会主要矛盾的内涵是一种相互联系、一脉相承的关系，是矛盾内涵的提升与拓展，而不是相互否定与排斥的关系。社会主义的主要矛盾是对资本主义主要矛盾的否定与排斥，社会主义初级阶段的主要矛盾是对以阶级斗争为纲的主要矛盾的否定与排斥。而社会主义初级阶段主要矛盾的转化是生产力与生活水平提高的结果，两者具有抽象的一致性和共同点，即供给不能满足需求的矛盾。原来是绝对落后的生产不能满足低水平的生活需求；现在是发展了的生产和社会供给不能充分满足提高和扩展了的生活需求，即对美好生活的需求。目前，对新的社会主要矛盾需求的解读一般说来不存在难解的问题。美好生活需求既包括质量更高、更安全、更多样化、更方便的物质文化需要，还包括在民主、法治、公平、正义、安全、环境等方面的要求。解读的分歧与偏误主要是在供给侧方面。供给侧的内涵是"不平衡不充分的发展"。这是社会主要矛盾的主要方面。究竟该怎样正确解读？现在多数学者较普遍的解读是：我国存在诸如城乡发展不平衡、地区发展不平衡、收入高低

不平衡等。兹举几例。在某报发表的《深刻把握我国社会主要矛盾转化的新特点》一文中讲：发展不平衡是指“东西部、南北部、各个行业之间、各个部门之间、人和人之间的发展不平衡现象比较突出”。在一家中央大报发表的《正确认识我国社会主要矛盾的变化》一文中讲：“作为我国社会主要矛盾变化的不平衡不充分，不仅表现在落后地区、农村发展不充分，落后地区与发达地区、农村与城市发展的不平衡；而且表现在东部发达地区，包括一些大城市依然有发展不平衡不充分的现象。”还有一篇具有导向性意义的题为《正确把握我国社会主要矛盾的变化》一文中讲：“发展不平衡，主要指各区域与各方面发展不平衡，制约了全国发展水平的提高。发展不充分，主要指一些地方、一些领域、一些方面还有发展不足的问题。……从社会生产力看，我国依然有大量传统、落后甚至原始的生产力，而且生产力水平和布局很不均衡。从收入分配看，收入差距仍然较大，……这些发展不平衡不充分的问题相互掣肘，带来很多社会矛盾和问题。是现阶段各种社会矛盾的主要根源。”

我认为，以上这种解读不符合十九大报告的有关论述原意，也与习近平同志的其他有关论述的本意相悖。同时，从根本上说，这种解读与新提出的社会主要矛盾的内涵不相吻合。

提出社会主要矛盾的转化，是供给侧和需求侧矛盾的转化。无论转化前还是转化后的主要矛盾，都是从社会总体上来讲的。转化前的社会主要矛盾的需求侧是“日益增长的物质文化需要”；供给侧是“落后的社会生产”。尽管不同地区、不同行业、不同收入、城市与乡村的物质文化需要会有所差别；落后的社会生产在不同地区、不同行业也会有发展快慢的差别，但不能用这种发展不平衡去解读转化前社会主要矛盾的内涵。“落后的社会生产”，是直接对应“人民日益增长的物质文化需要”的。解决矛盾的战略方针就是大力发展生产力，发展商品经济，消除落后与贫困，走向共同富裕。同理，作为转化后的主要矛盾即“人民日益增长的美好生活需要和不平衡不充分的发展之间的矛盾”，也是从社会总体上来讲的。“不平衡不充分的发展”是直接对应“人民日益增长的美好生活需要”的。也就是说，人民日益增长的美好生活需要还不能得到完全的充分的满足，还存在生产与社会供给侧同生活需求侧之间的不平衡。这既表现出我国经济社会发展的巨大进步，同时又表现出我国的发展还存在不足。

经过40年来生产力的快速发展，我国已经消除了生产力绝对落后、人民生活绝对贫困的“短缺经济”状态，已由卖方市场转向买方市场。我国既存在低端产品积压滞销，又存在高端产品供给不足的情况。低端产品过剩和高端产品不足，这也是发展不平衡问题。这种不平衡也应当纳入新的社会主要矛盾的内涵之中，因为也属于供求不平衡范畴。但这并不是说我国生产不出高端产品，而是指质量、数量与品种还不能充分满足人民的需求。这突出地表现在我国不少居民到境外购买高端消费品和奢侈品。有媒体报道：2016 年，中国游客蝉联境外消费冠军。游客消费达 2010 亿美元，连续 15 年保持两位数的增长。2015 年，中国人民买走全球 46% 的奢侈品。这使我国大量购买力外流，减少了国内消费对经济发展的拉动作用。这种现象，正是我国的生产和社会供给不能充分满足人民日益增长的美好生活需要、发展和供给不充分、供求不平衡的突出表现。这与城乡发展不平衡、区域发展不平衡等没有什么内在联系。

人民日益增长的美好生活需要，从物质生活品来说，包括诸如质量更高、更安全的各类米面、肉蛋和奶制食品，以及绿色优质蔬菜瓜果等，这主要由农业生产供应。目前的供给还不充分和不平衡。有些高级水果和其他食品及高端用品还需靠进口满足需要。这与区域发展不平衡、城乡发展不平衡等并不存在内在联系。

人民日益增长的美好生活需要，还包括在经济、政治、社会、安全、生态等方面的需要。对这类需要的满足，也存在供给不充分和供求不平衡问题，同样不能用地区不平衡、城乡不平衡、收入不平衡，甚至生产力落后等来说明。落后的山区反而环境污染少，山更青，水更净。内蒙古的蓝天白云、遍地野花，远比京沪和发达地区更优美。很难说，大城市的安全度远比农村高。

三、回归以十九大新思想解读社会主要矛盾的转化

提出社会主要矛盾的转化，既要讲清楚新主要矛盾的具体内涵，又要提出解决主要矛盾的方略。这在十九大报告和习近平同志的其他讲话中已有说明。十九大报告中讲：“我国社会生产力水平总体上显著提高，社会生产能力在很多方面进入世界前列，更加突出的问题是发展不平衡不充分，这已经成为满足人民日益增长的美好生活需要的主要制约因素。”显然，这里所讲的发展不平衡不充分，是以我国进入新时代、生产力已获得显著提高为论断前提的。不是以中西部地区落后于东部地区、农村落后于城市等发展不平衡以及还存在落后的生产力为前提的。地区之间、城乡之间等发展不平衡，与我国进入新时代和社会主要矛盾转化没有什么联系。习近平同志在参加十九大贵州省代表团讨论时指出：“我国社会主要矛盾变化是关系全局的历史变化”，这“对党和国家工作提出了许多新要求，我们要深入贯彻新发展理念，着力解决好不平衡不充分问题，更好满足人民多方面日益增长的需要”。应注意：首先，社会主要矛盾的变化，既是历史性变化，又是关系全局的变化。而地区、城乡等发展不平衡与这种历史性和全局性的变化无关。其次，解决主要矛盾中不平衡不充分发展的方略，是通过贯彻新发展理念，其中首先是创新发展，也包含绿色发展等来解决。十九大报告中还提出：

"着力解决好发展不平衡不充分问题，大力提升发展质量和效益。"十九大报告还专设一节《贯彻新发展理念，建设现代化经济体系》，这是新时代转变发展方式和针对新的社会主要矛盾的战略任务。其中主要有：我国经济已由高速增长阶段转向高质量发展阶段；建设现代化经济体系是跨越关口的发展战略目标；必须坚持质量第一、效益优先；以供给侧结构性改革为主线；创新是引领发展的第一动力。

如果把新社会主要矛盾中的"不平衡不充分发展"，定位为城乡、区域等发展不平衡，那么，解决矛盾的途径，就远离十九大报告的精神。城乡、地区等的发展不平衡，只能尽力缩小，却难以完全消除，从而难以成为解决社会主要矛盾的途径。即使假定区域、城乡等的发展不平衡问题解决了，也不能保证人民日益增长的美好生活需要得到充分的满足、消除供求的不平衡。

有必要说明的是：消除或缩小我国存在的城乡间、地区间等的现实差别和发展不平衡，走共同富裕道路，需要致力于城乡、区域等协调发展战略，促进城乡、地区间的平衡发展。这也是必要的发展任务。习近平同志提出新发展理念，包括创新、协调、绿色、开放、共享，并对各条进行了阐述，其中对协调的阐述是："我国发展不协调是一个长期存在的问题，突出表现在区域、城乡、经济和社会、物质文明和精神文明、经济建设和国防建设等关系上。"不协调、不平衡表现在许多方面，还可以讲更多方面。但这种不协调、不平衡的治理，是另外的任务，与作为社会主要矛盾内涵的"不平衡不充分"发展不是一回事。应当注意到：十九大报告中关于作为新的社会主要矛盾供给方的发展不平衡不充分，与城乡、区域发展和收入分配的不平衡，是作为两个并列存在的不同问题提出的。十九大报告第一条的"过去五年的工作和历史性变革"，系统论述了我国各方面的巨大成就，同时又讲到存在的许多不足，首要的不足就是"发展不平衡不充分的一些突出问题尚未解决"。并将其与"发展质量和效益不高，创新能力不够强，实体经济水平有待提高"紧密联系。同时提到另外一些方面的不足，包括"城乡、区域发展和收入分配差距依然较大"。这是两种不同的"不足"。

四、以供给侧结构性改革为主线，由数量发展转为质量发展，适应人民对美好生活的需要

人民对美好生活的需要可分为两个层次：第一个层次是对美好生活现实的有支付能力的需要；第二个层次是对美好生活的期盼需要。也就是习近平同志所讲的：我们的人民热爱生活，期盼有更好的教育，更稳定的工作，更满意的收入，更可靠的社会保障，更高水平的医疗卫生服务，更舒适的居住条件，更优美的环境，期盼孩子们能成长得更好，工作得更好，生活得更好。人民对美好生活的向

往，就是我们的奋斗目标。在十九大报告中又讲：要补齐民生短板。“在幼有所育、学有所教、劳有所得、病有所医、老有所养、住有所居、弱有所扶上不断取得新进展”。

对美好生活的需求之所以有别，是因为我国居民存在财富占有和收入分配上的贫富差距。习近平同志指出：“我国经济发展的‘蛋糕’不断做大，但分配不公问题比较突出，收入差距、城乡区域公共服务水平差距较大。……使全体人民朝着共同富裕方向稳步前进，决不能出现‘富者累百万，而贫者食糟糠’的现象。”①

我国财富占有和收入分配上存在不同阶层，既有富裕阶层（包括部分富豪），又有中等收入阶层，还有低收入阶层。日本新闻网站 2017 年 12 月 22 日报道：根据在北京、上海、广州的调查，中国中等收入阶层的年收入为 10 万到 20 万元。我认为，以 10 万元起步作为中产阶层的收入标准，显然是低了点，可以以 15 万元或 20 万元起步。虽然中国中产阶层的总人数高于其他国家，但还不占中国人口的高比例。据澎湃新闻 2017 年 12 月 21 日报道：我国中产阶层占全国人口总数的比例并不高，远远低于美国的 33.8% 和日本的 59.5%。可见，低收入阶层仍占我国人口的多数，需要通过优化收入分配制度和分配体制，提高低收入阶层的生活水平，扩大中等收入阶层比重，缩小贫富差距。

尽管我国还存在人数较多的低收入群体，但应看到，我国已稳定解决了十几亿人的温饱问题，总体上实现小康，不久将全面建成小康社会。总体上说，全国人民的收入和生活水平提高了。现在属于低收入群体的民工的月收入，也达 3000—4000 元，是改革开放前的 80 倍到 100 倍。工资的涨幅远远高于物价的涨幅。因此可以推断低收入群体的大部分成员，其生活水平也有较大提高。他们同样有美好生活的需要，就是说：无论富裕阶层、中等阶层和低收入阶层，都存在不同层次的对美好生活的需要，需要通过供给侧结构性改革，解决供给对需求不平衡、不充分的矛盾。

供给侧结构性改革，就是要去低端产品过剩产能，扩大高端产品的产能。对美好生活需要的高质量、高科技、高性能、多样化、个性化的供给，不外两个渠道：一是国内自产，这应是主要的；二是靠进口，作为补充。当代任何国家都有进出口贸易，但是，作为现代化强国，我国应能自己生产出不依靠国外的高端产品。

长期以来，为满足国人对某些特殊产品和奢侈品的需要，从境外进口。而且进口税较高。扩大开放后，因同类商品境外便宜，国人竞相购买。为更好满足这

① 《习近平关于社会主义经济建设论述摘编》，中央文献出版社 2017 年版，第 25 页。

方面需要，也为减少购买力外流，国家对一些进口商品大幅度减税，如化妆品进口关税由10%降至5%，咖啡机、智能马桶盖由32%降至10%；婴儿用品及部分配方婴儿奶粉关税降为零。从2017年12月1日起，部分消费品进口关税平均税率由17.7%降至7.7%。这是在外贸领域调整供给侧结构的举措。当然，如果这类消费品国内能够全靠自己生产，而且质量更高，就能够更好地满足人民的美好生活需要了。

制造业生产和进出口贸易需要供给侧结构性改革，同样，农业生产也需要供给侧结构性改革。《人民日报》2017年12月27日，发表了一篇题为“为了乡亲们的美好生活”的报道。其中讲到：小麦是国人口粮的当家品种，过去主要用来做馒头、面条等主食。但做面包需要的强筋小麦，做饼干需要的弱筋小麦等品种，在国内缺少有效供给，需通过进口来调剂。就是说我国还存在小麦生产和供给上的短板。我国农业生产需要通过供给侧结构性改革提供小麦新品种。目前，根据对农产品需求侧的结构性变化，我国减少了玉米的产量，增加了大豆产量。籽粒玉米种植面积累计调减近5000万亩，大豆增加了1600多万亩。绿色防控技术应用面积扩大，粮菜果茶等绿色食品生产面积总计超过5亿亩。

习近平同志明确指出：“新形势下，农业主要矛盾已经由总量不足转变为结构性矛盾，主要表现为阶段性供过于求和供给不足并存。推进农业供给侧结构性改革，提高农业综合效益和竞争力，是当前和今后一个时期我国农业政策改革和完善的主要方向。”① 总之，为了适应我国发展新时代社会主要矛盾的转化，需要通过供给侧结构性改革，通过创新发展，解决人民美好生活需要中供给侧的发展不平衡、不充分问题。要真正深入领会十九大报告新理论新思想的本意不走样，为创建和发展中国特色社会主义政治经济学提供科学的、符合实际的创新理论与思想。

---

① 《习近平关于社会主义经济建设论述摘编》，中央文献出版社2017年版，第198页。

应准确解读我国新社会主要矛盾的科学内涵[①]

立足于对社会主要矛盾的科学判断来确定党和国家的工作重心和根本任务，是事关中国特色社会主义建设事业全局的根本性问题。党的十九大报告提出："中国特色社会主义进入新时代，我国社会主要矛盾已经转化为人民日益增长的美好生活需要和不平衡不充分的发展之间的矛盾。"[②] 以此取代原有的社会主义初级阶段的主要矛盾，即人民日益增长的物质文化需要和落后的社会生产之间的矛盾。这一新的重大判断和历史性论断，坚持了运用矛盾分析法看待社会发展的马克思主义理论精髓，为制定新时代中国特色社会主义改革发展的新方略提供了基本依据。鉴于目前对社会主要矛盾内涵的主流解读囿于生产力落后以及城乡、区域发展和收入水平等现象层面的不平衡，有必要从理论层面加以澄清。

一、从供给侧和需求侧的关系认识当前中国社会主要矛盾

社会主义初级阶段社会主要矛盾的转化问题，是马克思主义政治经济学和中国特色社会主义政治经济学的一个重要理论和实践问题，是马克思主义关于社会主要矛盾理论的创新与发展，也是改革开放 40 年来生产力大幅度提高、人民生活质量和水平显著提升的结果。正确解读和运用这一理论，有助于明确和把握解决这一主要矛盾的途径、动力和方略，从而有助于顺利实现"两个 100 年"的战略目标。

然而，从十九大以来的有关论著看，目前对此存在着解读和认识上的重大差别。在包括权威媒体的诸多讲解中，较普遍地把作为社会主要矛盾主要方面的"不平衡不充分的发展"，解读为区域和城乡发展不平衡、收入不平衡，落后地区发展不充分，生产力不平衡，还存在落后的生产力等。最具有代表性也是最有

---

① 本文原载《马克思主义研究》2018 年第 9 期。

② 习近平：《决胜全面建成小康社会，夺取新时代中国特色社会主义伟大胜利》，人民出版社 2017 年版，第 11 页。

影响力的一篇题为《正确把握我国社会主要矛盾变化》的论文。其中写道："影响满足人民对美好社会需要的因素很多，但主要是发展不平衡不充分问题。发展不平衡，主要指各区域各方面发展不够平衡，制约了全国发展水平提升。发展不充分，主要指一些地方、一些领域、一些方面还有发展不足的问题，……现阶段我国发展不平衡不充分表现在很多方面。比如，从社会生产力看，我国仍有大量传统的、相对落后甚至原始的生产力，而且生产力水平和布局很不均匀。……从城乡区域发展看，发展水平差距仍然较大，特别是老少边穷地区经济社会发展还比较落后。从收入分配看，收入差距仍然较大。……这些发展不平衡不充分问题相互掣肘，带来很多社会矛盾问题，是现阶段各种社会矛盾的主要根源。"① 这种作为主流观点的普遍解读不够准确，既脱离了十九大报告的本意，不符合习近平同志的一再论述，也不符合 2018 年政府工作报告的有关解读。

从理论逻辑上看，"发展不平衡不充分"本是指相对于美好生活需要而言供给还不充分，形成需求侧与供给侧的不平衡。如果离开这一主题，大谈无直接关联的多种不平衡，就会偏离对当前社会主要矛盾的本质的把握，有点离题。从现实层面看，这种局限于生产力水平、布局和地区差异的解读，并不能从实际经济生活情况说明供给不能充分满足美好生活需要所形成的供求不平衡，究竟表现在哪里。

（一）"发展不平衡不充分"的突出问题并不直接涵盖城乡、区域发展和收入水平的不平衡以及生产力落后等内容

十九大报告和习近平同志的多次有关讲话，都没有把作为新的社会主要矛盾主要方面的不平衡不充分发展解读为城乡、区域发展和收入水平的不平衡以及生产力落后等。虽然十九大报告中也提到"城乡区域发展和收入分配差距依然较大"，但那是作为另外的"不足"问题讲的，与主要矛盾不挂钩。

十九大报告首先论述了"过去五年的工作和历史性变革"，讲了所取得的巨大成就，又一分为二地提出我国还存在的七方面"不足"。例如还包括"社会文明水平尚需提高"等。这七个方面的"不足"是分别用分号明确区别开来的。第一个"不足"就是作为社会主要矛盾供给侧的不平衡不充分发展。它明确指出："发展不平衡不充分的一些突出问题尚未解决，发展质量和效益还不高，创新能力不够强，实体经济水平有待提高，生态环境保护任重道远。"② 在这里，已经清楚地说明了不平衡不充分发展的主要内涵。

---

① 冷溶："正确把握我国社会主要矛盾的变化"，《人民日报》2017 年 11 月 27 日 07 版。

② 习近平：《决胜全面建成小康社会，夺取新时代中国特色社会主义伟大胜利》，人民出版社 2017 年版，第 9 页。

诚然，“发展不平衡不充分”构成我国经济社会发展中“不足”的核心内容之一，但并不是其全部。从人民日益增长的美好生活需要看，人民需要质量和科技含量更高的消费品，需要美好的生态环境等。但是，目前的生产与供给不充分，主要原因在于发展质量和效益不高，科技创新和创新驱动发展不够，虚拟经济干扰实体经济的发展，生态环境保护措施存在不足等，这就形成供给侧与需求侧的不平衡。十九大报告所讲的第二个“不足”是“民生领域还有不少短板，……城乡区域发展和收入分配差距依然较大”，这一“不足”与前述的不足尽管有联系，但又存在着严格的区别。有的学者和其他人士容易将这两种有别的“不足”混在一起，用后者解读前者，这种理解显然是一种偏离。

（二）初级阶段社会主要矛盾针对的是需求侧和供给侧两个方面的关系和矛盾

从理论逻辑上看，初级阶段的社会主要矛盾，无论转化前或转化后，都是从需求侧和供给侧两方面的关系和矛盾讲的。原有主要矛盾中的“落后的社会生产”，是直接相对于“人民日益增长的物质文化需要”讲的。现在所讲的主要矛盾中的“不平衡不充分发展”，是直接相对于“人民日益增长的美好生活需要”讲的。由于不能充分满足人民日益增长的美好生活需要，从而形成供给与需求的新的不平衡。不能离开这个根本关系和矛盾，侈谈其他无关的不平衡不充分。而且，更应注意到的一个重要问题是：讲主要矛盾是从总体、从宏观层面来讲的。原来讲主要矛盾是人民日益增长的物质文化生活需要同落后的社会生产之间的矛盾，是从当时全国整体上着眼的，广大人民群众处于绝对贫困状态，连日用必需品也需凭票限量供应，温饱问题尚有待解决，其根本原因是生产力绝对落后。其实，当时同样存在多种发展不平衡，如生产力布局和发展不平衡，生产设备总体上落后，但也有一部分新建的先进技术设备和当时属于现代化的企业。同样存在城市发展快于农村、东部沿海地区发展高于中西部地区、个人收入也很不平衡的情况。以收入差别为例，1956 年工资改革后的工资级别分 25 个等级，高低相差 16 倍多。高校教师和科研人员的工资分 13 级，一级教授为 345 元，助教最低者为 42.5 元。虽然有这多种发展不平衡，但当时社会主要矛盾的表述可以完全不考虑这多种不平衡的存在，并不影响从总体上对社会主要矛盾的表述。同样，它也不影响从总体上说生产力绝对落后，人民生活绝对贫困这种总体的判断。为了缓解和改变这一主要矛盾，就要大力发展生产力，发展商品经济，进行改革开放，发展多种所有制经济，不断提高人民的物质文化生活水平，现已总体上实现了小康水平。因此，可以说，改革开放 40 年，是解决和消除原有社会主要矛盾的 40 年，是走向民富国强的 40 年。

中国特色社会主义进入新时代，新时代的社会主要矛盾已转化为人民日益增长的美好生活需要和不平衡不充分发展的矛盾。转化前后的两种主要矛盾，都属于社会主义初级阶段的主要矛盾，都是供给和需求的矛盾。只不过是供给侧和需求侧的内涵发生了质的变化，两侧都升级了。这是随着40年改革开放的成果不断扩大，主要矛盾由逐渐的量变转向质变，供求双方的内涵都升华了。有些低端日用消费品产能过剩，表明温饱问题已总体上解决，生活需要的档次和质量提高了、内容拓宽了。既需要高品质的物质文化生活，也需要青山绿水蓝天白云，还有民主、法治、公平、正义、安全等方面的要求。这种转向美好生活需要的变化，是生产力快速发展的结果，是生产和供给总水平提高的结果，是我国进入世界中高收入阶段的结果。这也是从总体上来讲的，并不排除低收入群体和部分贫困人口的存在，以及某些方面差距和落后的存在。但是，人民日益增长的美好生活需要目前还不能充分满足。因而还存在着生产供给与美好生活需要的不平衡，形成了新的社会主要矛盾。试问：如果没有生产力的快速发展，社会财富的不断增长，生产供给质量和档次的提高，哪来美好生活需求的日益增长？社会主要矛盾的转化，如十九大报告所述，是以“我国社会生产力水平总体上显著提高，社会生产能力在很多方面进入世界前列”为前提的，接着才讲“更加突出的问题是发展不平衡不充分”。可见，用生产力落后，还存在“原始的生产力”、乡村落后、中西部落后等来解读不平衡不充分的发展，是与十九大报告本意相悖的。那种解读等于说，我国进入新时代，生产供给侧的水平和质量没有变化、没有提高，而需求侧的档次和质量却大幅度提升了，发生了质的变化，凭空转化为人民日益增长的美好生活需要了，是与旧有的生产力落后和区域城乡不平衡等形成了矛盾。这种逻辑显然是悖理的。

（三）对社会主要矛盾的主流解读与实际经济生活状况明显相悖

举点事例。一个事例是，作为美好生活需要的重要一环，是国人出境旅游人次不断增多。从2002年到2017年，由8300万人增加到1.3亿人。除旅游外，还要购买大量高档高质消费品。联合国世界旅游组织发布的报告显示，中国游客多年蝉联境外消费冠军。2016年，境外消费达2610亿美元。2015年，中国人买走全球46%的奢侈品，这使我国购买力大量外流。这一情况既表明我国人民富起来了，又表明对他们是作为美好生活需要不可缺少的高档高质消费品，而国内还不能充分供应，形成新的供需不平衡。这种情况与城乡不平衡、区域不平衡等有关吗？解决矛盾的办法，一是治标，降低相关消费品进口关税，让国人将购买力留在国内。二是治本，通过创新驱动发展、供给侧结构性改革，国内能自行生产出这类产品来。第二个事例，广大群众作为美好生活需要的智能手机和高科技消费品，需要有高级芯片，但我国还不能自己生产，需每年花2000亿美元从美国进口，这又是国内生产供给不能充分满足国人高端消费需求的表现。现在已有经验教训，如果依靠大量进口芯片或其他高科技产品，以平衡国内高端需求，存在受制于人的隐患，可能带来遭受巨大损失的风险，国内生产应尽快补足这一短板。这种短缺的产生与解决，也与城乡区域和收入等发展不平衡无关。还可举个总的事例。城市需要的优质米面、肉类、豆类、蔬菜、水果等，需要农村供应；农村需要的诸如高效医药、优质奶粉、优质油盐，以及其他优质工业消费品等，需要城市供应。但在质量、品种、档次和安全等方面还不能充分满足城乡人民美好生活需要，这能用区域城乡不平衡、收入不平衡等来说明吗？再者，城乡人民的美好生活需要，要求消除假冒伪劣商品、有毒消费品、金融欺诈、不安全因素等。这类问题的产生与解决同样与生产力落后、区域城乡不平衡等无关。

二、从社会主要矛盾解决途径认识“不平衡不充分发展”

在论述商品经济的历史发展时，马克思曾指出：“问题和解决问题的手段同时产生。”① 新时代中国社会主要矛盾的解决，同样也需要将主要矛盾与解决矛盾的途径联系起来。目前的主流解读，将新时代社会主要矛盾中的发展不平衡不充分，片面解读为生产力发展不充分、还存在着落后生产力，以及在区域、城乡和收入等方面存在着不平衡，必然导致一个问题，即解决上述问题的思路与十九大报告解决社会主要矛盾的途径相悖。怎样解决新的社会主要矛盾，这与怎样理解发展不平衡不充分的内涵密切相关，十九大报告和2018年的政府工作报告都有明确说明，但这种解读离开了这些说明。

解决新的社会主要矛盾的途径是什么？解决新的社会主要矛盾，就是要解决作为社会主要矛盾主要方面的发展不平衡与不充分。十九大报告和习近平同志的多次讲话已讲清楚了。十九大报告的第八部分“提高保障和改善民生水平，加强和创新社会治理”，实际上回答了解决新的社会主要矛盾的主要途径。其中讲到：“不断满足人民日益增长的美好生活需要，不断促进社会公平正义，形成有效的社会治理、良好的社会秩序，使人民获得感、幸福感、安全感更加充实、更有保障、更可持续。”为此提出七项战略举措：一是优先发展教育事业；二是提高就业质量和收入水平；三是加强社会保障体系建设；四是坚决打赢脱贫攻坚战；五是实行健康中国战略；六是打造共治共建共享的社会治理格局；七是有效推进国家安全。此外还强调生态文明建设。在十九大报告的第一部分还指出：“必须认识到，我国社会主要矛盾的变化是关系全局的历史性变化，对党和国家工作提出了许多新要求。我们要在继续推动发展的基础上，着力解决好发展不平衡不充分

① 《马克思恩格斯文集》第5卷，人民出版社2009年版，第107页。

问题，大力提升发展质量和效益，更好满足人民在经济、政治、文化、社会、生态等方面日益增长的需要。”① 从这段话中可以看出：首先，社会主要矛盾的变化，包括由“落后的社会生产”提升为“不平衡不充分的发展”，都是“关系全局的历史性变化”，而区域城乡发展不平衡，某些方面发展落后等，是原已存在的老问题，不存在关系全局的历史性变化。其次，解决不平衡不充分发展的重要环节是“大力提升质量和效益”。再次，还要满足人民政治、文化、社会、生态等方面的需要，所有这些都与区域、城乡等方面的不平衡无关。十九大报告的第三部分也讲到解决社会主要矛盾的途径：“明确新时代我国社会主要矛盾是人民日益增长的美好生活需要和不平衡不充分的发展之间的矛盾，必须坚持以人民为中心的发展思想，不断促进人的全面发展、全体人民共同富裕。”十九大报告第五部分《贯彻新发展理念，建设现代化经济体系》同样与解决发展不平衡不充分的短板相关。它指出：“我国经济已由高速增长阶段转向高质量发展阶段，正处在转变发展方式、优化经济结构、转换增长动力的攻关期，建设现代化经济体系是跨越关口的迫切要求和我国发展的战略目标。必须坚持质量第一、效益优先，以供给侧结构性改革为主线，推动经济发展质量变革、效率变革、动力变革，提高全要素生产率，着力加快建设实体经济、科技创新。”②

可以看出，十九大报告不是集中在一处诠释社会主要矛盾转化问题和解决不平衡不充分发展的途径，而是分散在多处论述的。之所以如此，正是因为经济、社会、政治、文化、生态等各方面的发展，都与新的社会主要矛盾相联系，都与在发展中要解决发展不平衡不充分的短板密切相关。

这里再引证2018年3月政府工作报告中的有关说明，这是经党中央研究通过的。其中讲到今年的工作任务，是认真贯彻习近平新时代中国特色社会主义经济思想。第一任务就是“大力推动高质量发展，……要着力解决发展不平衡不充分问题，围绕建设现代化经济体系，坚持质量第一、效益优先，促进经济结构优化升级”。这就表明，今后发展经济，首先要着力于解决新的社会主要矛盾中发展不平衡不充分的问题，解决的途径重在提高质量和效益，优化经济结构等。总之，无论十九大报告还是政府工作报告，无论讲新的社会主要矛盾的内涵或解决不平衡不充分发展的途径，都没有提及区域、城乡和其他不平衡。事实上，这些方面的不平衡只能缩小，难以完全消除。因此，不可能依靠消除这些方面的不平衡解决新的社会主要矛盾。如果说，改革开放30多年中的经济社会发展是围绕

---

① 习近平：《决胜全面建成小康社会，夺取新时代中国特色社会主义伟大胜利》，人民出版社2017年版，第11—12页。

② 习近平：《决胜全面建成小康社会，夺取新时代中国特色社会主义伟大胜利》，人民出版社2017年版，第30页。

着解决原有的社会主要矛盾进行的，那么，今后直到21世纪中叶，经济社会的发展，是要围绕着新的社会主要矛盾展开的。而基本解决新的社会主要矛盾，需要到21世纪中叶才能完成。至于完全实现美好生活需要，完全实现全民共同富裕，应是在社会主义高级阶段。

当然，从我国发展经济社会的总体战略任务、实现“两个一百年”的奋斗目标，最终实现全体人民的共同富裕的原则来讲，缩小区域城乡发展差距，缩小收入分配差距，着力提高老少边穷地区的生产和生活水平，是完全必要的，并且要纳入发展战略目标的整体布局中。但这与相对于人民日益增长的美好生活需要而言的发展不平衡不充分，是内涵不同的两回事情。

应当指出，在讲解十九大精神的论著中，也有部分论文，对社会主要矛盾中的不平衡不充分的发展进行了符合十九大原著的说明。如张高丽同志在《开启全面建设社会主义现代化国家新征程》一文中讲：“我国社会主要矛盾的变化是关系全局的历史性变化，……我们要坚持以经济建设为中心，坚持稳中求进工作总基调，贯彻新发展理念、建设现代化经济体系，坚持质量第一、效益优先，以供给侧结构性改革为主线，着力加快建设实体经济、科技创新。”① 没有从区域城乡等发展不平衡去解读。

刘云山同志在《深入学习贯彻习近平新时代中国特色社会主义思想》一文中，讲社会主要矛盾也未涉及区域城乡等不平衡。他指出：“新时代我国社会主要矛盾是人民日益增长的美好生活需要和不平衡不充分的发展之间的矛盾，必须坚持以人民为中心的发展思想，不断促进人的全面发展、全体人民共同富裕；明确中国特色社会主义事业总体布局是‘五位一体’、战略布局是‘四个全面’。”② 同样没有提及与此无关的其他多种不平衡和生产力落后等。

三、从整体性和层次性两个方面深化认识社会主要矛盾

人民日益增长的美好生活需要和不平衡不充分发展之间的社会主要矛盾，如前所说，是从整体性来考察的。尽管存在多方面发展的差别，但总的说，物质文化生活水平较普遍地都提高了。毋庸置疑，我国还存在收入差距过大的事实，存在贫富分化。这是引起社会诸多矛盾的一个不容忽视的因素，是建设社会主义应消除两极分化、最终达到全民共同富裕的一个绕不开的难点，也可以说，是中国特色社会主义肌体的一个痛点。事实上，习近平同志已经关注这一问题。他在2015年10月29日的讲话中明确指出：“共享发展注重的是解决社会公平正义问

---

① 张高丽：“开启全面建设社会主义现代化国家新征程”，《人民日报》2017年11月8日第3版。

② 刘云山：“深入学习贯彻习近平新时代中国特色社会主义思想”，《人民日报》2017年11月6日第2版。

题。'治天下也，必先公，公则天下太平矣。'让广大人民群众共享改革发展成果，是社会主义的本质要求，是社会主义制度优越性的集中体现，是我们党坚持全心全意为人民服务根本宗旨的重要体现。我国经济发展的'蛋糕'不断做大，但分配不公平问题比较突出，收入差距、城乡区域公共服务水平差距较大。我们必须坚持发展为了人民，发展依靠人民，发展成果由人民共享，作出更有效的制度安排，使全体人民朝着共同富裕方向稳步前进，绝不能出现'富者累巨万，而贫者食糟糠'的现象。"①

还有一个不容回避但又似乎难以回答的理论和现实问题，很需要讲清楚。因为它与社会主要矛盾的转化问题是密切相连的。大家都知道，邓小平同志曾明确指出："改革过程中如果出现了两极分化，改革就失败了。"② 而我国从 20 世纪 90 年代开始出现收入差距过大的趋势，逐渐形成贫富两极分化现象。怎样评价？能否套用邓小平的预言，做出肯定的回答。我认为，正确回答这一问题，需要首先弄清有关的一些比较复杂的理论和现实问题。过去讲两极分化，一般是指由于社会分配关系严重不公平，造成富者越富、贫者越贫的两极分化，是绝对的两极分化。形象地描述，就是"朱门酒肉臭，路有冻死骨"。这一般是与以私有制为基础的剥削制度相联系的，邓小平也是从绝对两极分化意义上提出警示的。我把贫富分化分为绝对两极分化和相对两极分化。我国出现的两极分化是相对两极分化。尽管富者可以越富，但贫者不会越贫或恒贫。评价改革得失成败的标准，还是邓小平提出的三条标准：是否有利于发展社会主义社会的生产力，是否有利于增强社会主义国家的综合国力，是否有利于提高人民的生活水平。

众所周知，改革开放 40 年来，我国的社会生产力快速发展，在 30 多年中，以年均 9.8% 的高速发展，在世界发展历史上是空前的。统计资料显示，从 1978 年到 2017 年的 40 年中，我国 GDP 总量由 3678 亿元增加到 80 万亿元，按可比价格计算，年均增长 9.5%；人均 GDP 由 385 元增加到 2016 年的 33616 元。中国的经济总量所居世界的位次，由 1978 年的第 10 位已跃居仅次于美国的第 2 位。全国居民恩格尔系数由 1978 年的 60% 以上下降到 2017 年的 29.3%，这表明中国第一次进入联合国划分的 20% 至 30% 富足区间。恩格尔系数大幅下降，表明人民群众总支出中，用于食物消费支出占比减少，是一个家庭或国家富裕程度的简洁度量指标。

再从综合国力的发展来看：综合国力包括经济、政治、外交、军事、国际地位等多个方面。改革开放 40 年来，我国的国力空前提高。习近平同志在 2016 年

---

① 中共中央文献研究室编：《习近平关于社会主义经济建设论述摘编》，中央文献出版社 2017 年版，第 19 页。

② 《邓小平文选》第 3 卷，人民出版社 1993 年版，第 139 页。

1月18日的讲话中指出：我国在世界经济和全球治理中的分量迅速上升，我国是世界第二经济大国、最大货物出口国、第三大货物进口国、第二大对外直接投资国、最大外汇储备国、最大旅游市场，成为影响世界政治经济版图变化的一个主要因素。十九大报告中又指出，我国已从站起来走向富起来和强起来，我国已经消除了100多年中任由列强宰割、不断割地赔款的国家耻辱。

再从第三个判断标准来看，改革开放40年来，我国总体上消灭了绝对贫困，稳定解决了十几亿人的温饱问题，总体上实现了小康，不久将全面建成小康社会。虽然个人财富和收入差距较大，甚至存在相对两极分化，但又不能否认，低收入群体的实际收入和购买力也远比改革开放前提高不少。1956年，在职人员最低收入为三十几元，现在，包括农民工收入，较低的也有两三千元，增加近100倍，而平均物价上涨约在10倍以上。可以说，40年来，我国既出现了一批富裕和比较富裕的阶层，又出现了在世界上人数最多的中产阶层，低收入群体也解决了温饱问题。还有部分贫困人口，通过大力精准扶贫、脱贫和实行低保，将会全部摆脱贫困状态。可以说，中国人民生活从短缺走向充裕，从贫困走向小康，从而社会主要矛盾发生了质的转化。

由此可见，从生产力的快速发展，综合国力的大幅度提高和总体上人民生活质量显著改善来看，我国改革开放40年的成就是显著的、成功的。

但是，要一分为二地分析问题。如果从社会主义的本质要求来看，从消除两极分化、实现全民共同富裕的社会主义基本原则来看，我国作为社会主义国家，出现相对贫富分化，毕竟不是发展与改革的成就，而是社会主义生产关系体系发展中的一种缺失。邓小平的警示还是有远见的。的确，发展起来后的问题，并不比发展起来前的问题少。富起来时的相对两极分化，比绝对贫穷时的共同贫穷产生的矛盾和问题会更多。为了从理论上说明这个问题，我们有必要印证马克思的一段论述："一座房子不管怎样小，在周围的房屋都是这样小的时候，它是能满足社会对住房的一切要求的。但是，一旦在这座小房子近旁耸立起一座宫殿，这座小房子就缩成茅舍模样了。这时，狭小的房子证明它的居住者不能讲究或者只能有很低的要求；并且，不管小房子的规模怎样随着文明的进步而扩大起来，只要近旁的宫殿以同样的或更大的程度扩大起来，那座较小的房子的居住者就会在那四壁之内越发觉得不舒适，越发不满意，越发感到受压抑。"①

当生产力绝对落后、物质匮乏、各种生活必需品凭票限量供应时，平均主义的供给方式，大家没有攀比，也没有怨恨，知道是国家穷。随着生产力快速发展，财富几十倍成百倍地增长，"蛋糕"越做越大。但分配不公，富人切去大

---

①《马克思恩格斯选集》第1卷，人民出版社1995年版，第349页。

块，给穷人留下一小块，尽管穷人的这一小块比过去也增大了，但相对差距越来越大。有些人的资产几十亿、几百亿、上千亿元，某些高管和高级演艺人员的年收入几百万、几千万元，有的富豪年收入几亿、几十亿元，而低收入群体年收入只有三四万元，不少农民工还经常被业主欠薪。这种贫富的分化，会引发多种社会矛盾。缓解和消除贫富分化问题，是解决新时代社会矛盾不容忽视的问题。我们既不能劫富济贫，也不能限制富豪更富。至少在社会主义初级阶段必然如此。但是，为缩小贫富差距过大的情况，应有积极的对策。邓小平讲过，只要坚持公有制为主体，不会产生两极分化。因此，一方面，要如习近平同志所指出的，要做强、做优、做大国有经济，要重视坚持、发展和完善公有制为主体、多种所有制经济共同发展的“基本经济制度”；另一方面，个人资产几十亿、几百亿元，年利润几亿、十几亿元大企业主在缩小贫富差距中，可以起一定的积极作用。他们可多谋职工之利，多从事点社会救助事业，多为社会做点贡献。这既有利于缓解收入差距过大的矛盾，有利于共同富裕，也有利于减少弱势群体的仇富心理和社会矛盾。也应看到，虽然由于存在贫富分化的现象，会诱发诸多社会矛盾，但由于我国存在一个比世界诸国绝对人数较多的中产阶层，有利于维持社会基本稳定，我们应在发展中继续扩大中等收入阶层。综上所述可以看出，我们在研究新时代社会主要矛盾转化问题时，不能不研究这方面问题。我们既不能因为存在贫富差距过大现象，否认总体上说人民群众的生活水平显著提高，存在日益增长的美好生活需要。又需要看到，由于存在较大收入差距的事实，对美好生活需要的具体情况也是分不同层次的，解决社会主要矛盾的途径也是多方面的。因此，对“美好生活需要”和发展不平衡不充分的概念，应有个比较科学的符合实际的理解和把握。

首先，人民日益增长的美好生活需要是一个动态的概念，不是一个内涵固定化的概念，因为美好生活需要会不断提高和扩展。其次，由于人的财富积累和收入层次的不同，对美好生活需要的具体内容也会有所不同。再次，从美好生活需要的实现情况来说，存在三种不同的状况：一种是已实现或可实现的美好生活需要，这是有支付能力的需要；另一种是根据条件将会实现从而正在期待的美好生活需要；还有一种是处于期盼性的美好生活需要，期盼通过自己的努力和国家的扶持，能够实现美好生活需要。需要看到，也存在广大人民群众共同的美好生活需要。比如，都希望能得到优质的医疗、优质的文化与教育、优质安全的社会消费品，水更净、天更蓝，环境优美，生活安全，公平正义，民主法治等等。这种现实的人民日益增长的美好生活需要，还不能得到充分满足，因而同样存在供给侧相对于需求侧来说的不平衡。

这方面的问题，习近平同志是始终一目了然的。无论十九大报告提出社会主要矛盾转化前或转化后，他一直秉持以人民为中心的发展思想，来提出问题和解决问题。他在 2012 年 11 月 15 日，十八大会议后的讲话中说："我们的人民热爱生活，期盼有更好的教育、更稳定的工作、更满意的收入、更可靠的社会保障、更高水平的医疗卫生服务、更舒适的居住条件、更优美的环境，期盼孩子们能成长得更好、工作得更好、生活得更好。人民对美好生活的向往，就是我们的奋斗目标。"[①] 在十九大报告中又进一步提出：增进民生福祉是发展的根本目的。必须多谋民生之利、多解民生之忧，在发展中补齐民生短板、促进社会公平正义，在幼有所育、学有所教、劳有所得、病有所医、老有所养、住有所居、弱有所扶上不断取得新进展，深入开展脱贫攻坚，保证全体人民在共建共享发展中有更多获得感，不断促进人的全面发展、全体人民共同富裕。确保国家长治久安、人民安居乐业。这段话既讲了人民日益增长的美好生活需要的基本方面，又提出了发展中存在的短板，同样属于发展不平衡不充分的问题。怎样解决这些短板，或者说，怎样解决人民日益增长的美好生活需要和不平衡不充分的发展之间的矛盾，正是党和政府的战略任务，需要按照习近平新时代中国特色社会主义经济思想来加以解决。

---

① 中共中央文献研究室编：《习近平关于社会主义经济建设论述摘编》，中央文献出版社 2017 年版，第 19 页。

共同富裕是中国特色社会主义的根本原则[①]
——访著名经济学家、中国人民大学经济学院卫兴华教授

本刊记者：胡锦涛在党的十八大报告中指出："共同富裕是中国特色社会主义的根本原则。"您作为经济学家，怎样理解胡锦涛的这一讲话精神？

卫兴华：胡锦涛同志在党的十八大报告中，全面地、系统地、深入地阐述了中国特色社会主义和科学发展观的内容与要求。报告高度关心人民的利益，将保障和改善民生提到一个很高的位置。"任何时候都要把人民利益放在第一位""把以人为本作为深入贯彻落实科学发展观的核心立场，要"始终把实现好、维护好、发展好最广大人民根本利益作为党和国家一切工作的出发点和落脚点"，"保障人民各项权益，不断在实现发展成果由人民共享、促进人的全面发展上取得新成效"；提出"加强社会建设，必须以保障和改善民生为重点"；要"在中国共产党成立一百年时全面建成小康社会""使我国人民生活水平快速提高起来"。所有这一切，都围绕社会主义的一个本质规定和根本目的："共同富裕。"报告指出："必须坚持走共同富裕的道路。共同富裕是中国特色社会主义的根本原则。"走中国特色社会主义道路，以经济建设为中心，坚持改革开放，解放和发展生产力，建设社会主义市场经济，建设社会主义生态文明，是为了"促进人的全面发展，逐步实现全体人民共同富裕，建设富强民主文明和谐的社会主义现代化国家"。共同富裕是中国特色社会主义的重要内容和根本目的，是社会主义最本质的规定，是建设富强民主文明和谐社会主义现代化国家的条件和要求。

本刊记者：十八大报告强调提出，在新的历史条件下，夺取中国特色社会主义的新胜利，要牢牢把握八项基本要求，其中第五条就是"必须坚持走共同富裕道路"。您是怎么理解"共同富裕"同其他几项基本要求的关系的？

---

① 本文原载《思想理论教育导刊》2013 年第 7 期。

卫兴华：八项基本要求中“必须坚持走共同富裕道路”是最核心的一项。将共同富裕确定为“中国特色社会主义的根本原则”，要使发展成果“更多更公平惠及全体人民，朝着共同富裕方向稳步前进”。其他七项基本要求虽与“必须坚持走共同富裕道路”并列，也都与共同富裕密切相关，是实现共同富裕的条件和保证。“必须坚持人民主体地位”，就是必须坚持人民当家作主，发挥主人翁精神；让人民有话语权、参与权、管理权、监督权；只有人民当家作主，积极从事发展与改革事业，才能保证“朝着共同富裕的方向稳步前进”。“必须坚持和发展社会生产力”，这是中国特色社会主义的根本任务，是实现共同富裕的物质条件。共同富裕只能建立在生产力高度发展的基础上。“必须坚持推进改革开放”，这是为了更好更快地发展生产力，是提高人民的物质文化生活水平，走向共同富裕的必由之路。“必须坚持维护社会公平正义”，这是中国特色社会主义的内在要求。坚持社会公平正义，有利于缩小收入分配差距过分扩大的趋势，有利于消除两极分化和逐步实现全体人民的共同富裕。“必须坚持促进社会和谐”“要把保障和改善民生放在更加突出的位置”。民生为重，民生为上，高度重视保障和改善民生，是走向共同富裕的必要措施。贫富分化，凸显社会矛盾，不利于社会和谐。走共同富裕道路，是促进社会和谐的根本途径。而社会和谐，减少和缓解社会矛盾，也有利于在共同富裕的道路上胜利前进。“必须坚持和平发展”，指的是不仅重视国内和谐发展，也重视国际和平发展。坚持改革开放的发展、合作的发展、共赢的发展，争取在国际和平环境中发展自己，才能有利于中国特色社会主义建设事业的顺利发展，有利于全面小康社会的建成，有利于共同富裕的逐步实现。“必须坚持党的领导”。中国共产党是以马克思主义为指导的中国特色社会主义事业的领导核心，只有坚持中国共产党的坚强和正确领导，才能保证马克思主义的科学社会主义和中国特色社会主义事业不断发展。作为社会主义的本质规定和中国特色社会主义根本原则的共同富裕，才能稳步实现。如此强调保障和改善民生，如此关注谋取和保障广大人民的根本利益，如此从理论与实践的结合上着力于全体人民的共同富裕，在以往的中央文件中是没有或少有的。

本刊记者：邓小平强调共同富裕是社会主义的本质规定，十八大报告强调共同富裕是中国特色社会主义的根本原则。其理论背景是要与改革开放前一度搞贫穷的社会主义的错误做法进行区别呢，还是在回归和发展马克思主义，是科学社会主义和中国特色社会主义应有之义，本来就是社会主义的根本目的和根本原则呢？

卫兴华：我认为是两者兼有。在改革开放前的“左”的错误影响下，一度曾不讲也不能讲社会主义的本质规定和根本目的是共同富裕。那时宣传的是穷革命、富则修（修正主义），宁要贫穷的社会主义，不要富裕的资本主义。把重视发展生产力诬之为“唯生产力论”，把关心人民生活水平的提高，批之为“经济主义”“福利主义”。那时讲社会主义就是强调三条：公有制、按劳分配、国民经济有计划按比例发展（或计划经济）。于是，建设和发展社会主义，就是提高公有制水平，扩大公有制范围，追求一大二公三纯的共有制度。讲按劳分配往往成为吃大锅饭的平均主义，而且只能靠在公有制经济中做工、种田获得劳动收入。长途贩运是投机倒把，个体经济是资本主义，农民在庭院中种点玉米、南瓜，也被当作搞资本主义强迫砍掉。只能讲工人“为革命而做工”，农民“为革命而种田”，不能讲为发家致富而发展生产。把农民搞点土特产、发展点商品经济看作是走资本主义道路，进行堵截。所谓“堵不住资本主义的路，就迈不开社会主义的步”，就是在堵塞发展商品经济提高生活水平的路。实行指令性计划经济，企业没有经营自主权，农民也没有经营自主权。搞经济不重视经济效益，重视“算政治账”，而忽视“算经济账”。社会主义生产的目的被模糊了。把某些有利于发展生产力、改善人民生活的经济行为作为资本主义道路批判，其结果是普遍贫穷的社会主义。这是违背科学社会主义基本原则的。

改革开放以来，邓小平总结新中国成立后社会主义建设中正反两方面的经验与教训，一再提出：什么是社会主义，怎样建设社会主义，在认识上不是很清楚的。他一再强调提出社会主义的根本任务是发展生产力。在 1980 年 4 月到 5 月的谈话中，强调“首先要发展生产力”，“经济长期处于停滞状态总不能叫社会主义，人民生活长期停止在很低的水平总不能叫社会主义”。[①] 1986 年又讲：“我们要发展社会生产力，……是为了最终达到共同富裕，所以要防止两极分化。这就叫社会主义”。既强调发展生产力，又强调共同富裕。前者是手段，后者是目的。在 1992 年的南方谈话中，邓小平概括地提出了“社会主义的本质，是解放生产力，发展生产力，消灭剥削，消除两极分化，最终达到共同富裕”。[②] 这里事实上是抓住了作为社会主义本质的两大环节：一是解放和发展生产力，二是实现共同富裕。至于消灭剥削和消除两极分化，与共同富裕的内涵是一致的，是实现共同富裕的社会条件。共同富裕就意味着剥削和两极分化的消灭。

把解放与发展生产力同共同富裕作为社会主义的本质规定强调提出，在中国共产党的理论发展史中是第一次。有必要说明：在 1953 年 12 月 16 日的《中共中央关于发展农业生产合作社的决议》中，使用过“共同富裕”概念。但当时还没有建立社会主义制度，也不是作为社会主义的本质规定提出的。它说，“党在农村工作中的最根本的任务，就是要善于用最明白易懂而为农民所能够接受的

① 《邓小平文选》第 2 卷，人民出版社 1994 年版，第 312 页。

② 《邓小平文选》第 3 卷，人民出版社 1993 年版，第 373 页。

道理和办法，去教育和促进农民群众逐步联合组织起来，逐步实行农业的社会主义改造，……并使农民能够逐步完全摆脱贫困的状况而取得共同富裕和普遍繁荣的生活”。[①] 这里的“共同富裕”，只是作为相对于贫困状况的新状况而言的。

我们说邓小平提出的社会主义本质，抓住了搞社会主义的两大环节：解放发展生产力和实现共同富裕。这是党的理论发展历史上的首倡。但不能说是马克思主义发展史上的首倡，应当说是继承与发展的关系。指出这一点，是为了消除有关的两种误解。其一是误解和错解马克思主义原理，以为马克思主义只是革命斗争的理论，不是社会主义建设的理论，已经过时。认为邓小平提出社会主义本质论，是不同于马克思、恩格斯、列宁的一种全新的社会主义理论。其二是同样误解错解了马克思、恩格斯和列宁的理论，或明或暗地质疑：邓小平提出的社会主义本质论和中国特色社会主义理论，是否改旗易帜？十八大报告明确指出：中国特色社会主义“既不走封闭僵化的老路，也不走改旗易帜的邪路”。从根本上说，坚持发展中国特色社会主义，也是坚持和发展马克思主义的科学社会主义。因为中国特色社会主义，如十八大报告所说，是“把马克思主义基本原理同中国实际和时代特征结合起来”，“中国特色社会主义既坚持了科学社会主义基本原则，又根据时代条件赋予其鲜明的中国特色”，是源与流的关系。

本刊记者：怎样理解这一“源”和“流”的关系呢？

卫兴华：邓小平所讲的社会主义本质论和中国特色社会主义理论，强调快速发展生产力，民生为重，共同富裕，正是马克思主义的科学社会主义旗帜上写明的东西，马克思、恩格斯和列宁有明确的论述。马克思、恩格斯在《共产党宣言》中指出：“无产阶级将利用自己的政治统治，一步一步地夺取资产阶级的全部资本，把一切生产工具集中在国家即组织成为统治阶级的无产阶级手里，并且尽可能快地增加生产力的总量。”这是“丰富和提高工人生活的一种手段”。马克思在1857—1858年的《经济学手稿》中指出：在未来的社会主义制度中，“社会生产力的发展将如此迅速，……生产将以所有人的富裕为目的”。[②] 恩格斯在《反杜林论》中讲：在社会主义制度下，“通过有计划地组织全部生产，使社会生产力及其成果不断增长，足以保证每个人的一切合理的需要在越来越大的程度上得到满足”。[③] 又说：社会主义“通过社会生产，不仅可能保证一切社会成员有富足的和一天比一天充裕的物质生活，而且还可能保证他们的体力和智力获得充分的自由的发展和运用”。[④] 列宁指出：社会主义要创造出高于资本主义的劳

---

① 《建国以来重要文献选编》，中央文献出版社1993年版，第661—662页。

② 《马克思恩格斯全集》第46卷下，人民出版社1980年版，第222页。

③ 《马克思恩格斯选集》第3卷，人民出版社1995年版，第336页。

④ 《建国以来重要文献选编》，中央文献出版社1993年版，第633页。

动生产率，要通过发展生产力使劳动者过美好的生活。他说：“只有社会主义才可能广泛推行和真正支配根据科学原则进行的产品的社会生产和分配，以便使所有劳动者过最美好的，最幸福的生活。只有社会主义才能实现这一点”。①

社会主义要实现全体劳动人民的共同富裕，“让所有劳动者过最美好最幸福的生活”，这是社会主义区别于以往一切社会制度的本质所在。原始社会没有私有制，没有阶级剥削与对立，平均分配，没有收入分配上的不公平，但由于生产力极端落后，不可能有共同富裕和美好的生活。奴隶制度、封建制度、资本主义制度，都存在阶级剥削与对立，存在贫富两极分化，不可能共同富裕。因此，中国特色社会主义强调以经济建设为中心，快速发展生产力，保障和改善民生，走共同富裕道路，完全符合马克思、恩格斯和列宁的理论指导。没有改马克思主义之旗，易科学社会主义之帜。

又好又快地发展生产力，是实现社会主义共同富裕的物质条件。实行公有制为基础或为主体，是实现共同富裕的制度保证，私有化必然导致两极分化，不可能实现共同富裕。因此，中国特色社会主义必须坚持实行公有制为主体。只有在公有制为主体前提下发展非公有制经济，才能保证我国的社会主义性质。

我认为，邓小平提出社会主义的本质规定中的最本质的规定，应是共同富裕。解放和发展生产力，消灭剥削和消除两极分化，是服从于共同富裕这一根本目的，为其提供物质条件和社会条件的。也只有与社会主义共同富裕相联系，解放和发展生产力，消灭剥削和两极分化，才能融入社会主义本质规定。否则，解放和发展生产力，是一切新社会制度都起的作用。《共产党宣言》中讲过，资产阶级统治不到一百年的时间中，所创造的生产力，比过去一切世代创造的全部生产力还要多，还要大。至于阶级剥削和两极分化，在原始社会中根本不存在但没有共同富裕，只有共同贫穷。因此，实现全体人民的共同富裕，是社会主义和共产主义区别于以往一切社会制度的最本质规定，这是在本质前加一“最”字的用意所在。

本刊记者：虽然我们党提出“共同富裕”的概念，但人们的理解并不一样。您怎样理解“共同富裕”这一概念的内涵呢？

卫兴华：共同富裕是个相对概念和动态概念，而不是绝对概念和静态概念，因为难以提出一个衡量共同富裕的绝对标准。共同富裕的水平也会不断提高，需要分清把握共同富裕的几个不同层次问题。

首先，我们要将走共同富裕道路同共同富裕目标的实现区别开来。当一个生产力落后的国家，在特殊条件下建立了社会主义制度时，即使实行了公有制，共同富裕也只能是作为发展的目的去努力实现。如果是发达资本主义国家建立了社

---

① 《列宁选集》第3卷，人民出版社1995年版，第546页。

会主义制度，由原来的贫富两极分化转向共同富裕，也有一个逐步实现的过程。只不过转变过程可以缩短一些而已。就我国来说，目前讲共同富裕，主要是指走共同富裕道路，向着共同富裕目标不断迈进。目标实现的长短，要看生产力发展的状况和财富不断增长的状况。走共同富裕的道路，就需要采取一系列的保障和改善民生的措施，在把“蛋糕”不断做大的同时，重视分好“蛋糕”，将发展的成果惠及广大人民。在这个问题上，存在不同的见解：有的认为，生产决定分配与消费，先生产，后消费。因此应重在发展生产，做大“蛋糕”。另一种意见认为，社会主义的根本目的是共同富裕，特别在当前收入差别过大的发展趋势下，应重在公平分配，分好“蛋糕”。还有人认为，实行市场经济，市场调节分配收入，必然会产生收入差别扩大，这是正常的，不必大惊小怪。另有人认为，一个国家在起飞过程中，根据倒U形分配理论，先产生收入差距扩大趋势，发展到一定阶段，差距就会缩小。我认为，既要重视做大“蛋糕”，又要重视分好“蛋糕”，应把两者统一起来。从过程的顺序来说，只有先做好、做大“蛋糕”，才谈得上分好、分大“蛋糕”。但从两者的关系上来讲，生产服从于消费需要，做大“蛋糕”的目的是通过分配“蛋糕”供人们享用。也就是效率与公平并重，做大“蛋糕”与分好“蛋糕”并重。因此，应将做好、做大的“蛋糕”，及时进行公平分配。公平分配“蛋糕”，有利于调动劳动积极性，把“蛋糕”做得更大更好。“蛋糕”不光有大小的问题，还有质量高低好坏的问题。

其次，我们要明确，共同富裕不是均等富裕。即使消灭了剥削和贫富分化，都凭劳动和贡献获得收入，并且随着生产力的快速发展和财富的相应扩大，大家的收入都不断增加，逐渐实现了富裕，但富裕的程度也是有差别的，住房面积的大小、级别的高低会有区别；汽车的大小与质量不会划一；衣食的质量、品位也会不同；银行存款的多少会有差异。能力大、才智高、贡献大的会更富裕一些，这是合理的。奖勤罚懒、奖优罚劣、按劳分配、按对国家和社会的贡献分配，依然是社会主义的原则。

再次，我们要明确，共同富裕作为一个相对概念，是社会主义和共产主义由低到高的不断推进过程。从全社会人民之间的收入和生活水平来看，即使达到了共同富裕的水平，富裕的层次也会有区别，而且，不同人们之间的富裕层次也不会固定不变，会有交叉和转化。从经济社会发展的过程来看，在现实社会主义社会和未来共产主义社会中，共同富裕的水平依然是一个随着生产发展和财富增加不断提高的过程。可以初步判断，我国会经历一个由初级共同富裕到中级共同富裕再到高级共同富裕的历史过程，实现初级共同富裕，不需要达到目前发达国家的人均国内生产总值（GDP）5万美元以上，只要缓和乃至消除了两极分化，实现了分配公平，按照目前的购买力水平，人均收入达到5万美元以下，可以肯定地进入初级共同富裕阶段。高级共同富裕阶段，应是成熟的社会主义和共产主义社会的事情。

最后，我们要明确，全面建成小康社会并不简单等于共同富裕。生产力的高度发展，财富的大幅增长，表现为 GDP 总量的迅速扩大，有利于共同富裕的实现。我国目前的经济总量已居世界第二位，2011 年，我国人均 GDP 达到 5430 美元，现已达到 6000 多美元，正在向全面小康社会迈进。到 2020 年，要全面建成小康社会，按照十八大报告提出的目标，人均 GDP 翻一番，达到 10860 美元。这时是否达到了共同富裕呢？应当肯定，不能简单以人均 GDP 多少作为衡量共同富裕的标准。2010 年，美国媒体排名全球最富国家，美国排名第六，人均 GDP 为 47702 美元，即使年均增长 2%，绝对增长量就达 954 美元，2011 年也达到 48656 美元，是中国同一年的近九倍。但美国作为最富的资本主义国家，存在严重的两极分化，存在 1% 与 99% 的对抗。人均 GDP 的高水平掩盖着两极分化贫富差别。美国的蛋糕已做得很大，但分配不公平，增大的蛋糕份额，大都落入富人的口袋。我国改革开放 30 多年来，经济快速增长，经济总量（GDP）也大幅提高，由 1980 年的 2000 亿美元，增加到 2010 年的近 60000 亿美元。人均 GDP 从 1980 年的约 200 美元，增长到 2001 年的约 1000 美元，到 2011 年，达到 5430 美元，但收入分配差别也不断扩大，基尼系数由 1978 年的 0.3093，增加到 1993 年的 0.4080，到 2003 年的 0.479，到 2009 年的 0.490。到 2020 年，当人均 GDP 达到 1 万多美元时，人们的绝对收入水平和生活水平，总的来说，会普遍提高，全面建成了小康社会。这时，如果基尼系数不是继续扩大，而是显著缩小，生活贫困人口基本消除，人们的实际生活水平，已远超越温饱线，虽然人们的收入和生活水平还有一定差距，（目前过大的收入差距和贫富分化难以在几年内完全消除）但由于绝对水平都提高了，原来过大的差距缩小了，可以说，开始接近共同富裕门坎。如果届时基尼系数仍然过大，没有缩小，或缩小很少，依然存在相对两极分化（不是富者越富、穷者越穷的绝对两极分化，而是消灭贫困过程中的相对两极分化），即使可以建成全面小康社会，也难以判断接近共同富裕。

本刊记者：怎样贯彻和落实十八大报告提出的“共同富裕是中国特色社会主义的根本原则”这一战略任务？

卫兴华：十八大报告的这一规定具有重要的理论和现实意义。坚持走共同富裕的道路，就是坚持走社会主义道路。为了实现共同富裕，就需要有一系列的战略和政策措施。概括起来，依然是狠抓建设社会主义的两大环节：一是以经济建设为中心，又好又快地发展生产力，夯实共同富裕的物质基础；二是巩固和完善基本经济制度，坚持两个“毫不动摇”，搞活、搞好和发展公有制经济，夯实共同富裕的制度保证。十八大报告的总题目为“坚定不移沿着中国特色社会主义道路前进，为全面建成小康社会而奋斗”，所阐述的有关经济社会建设的内容，都是以发展为手段，实现共同富裕为目的。报告的第一部分概括地提出，必须清醒地看到我们经济社会生活中存在的亟待解决的困难：发展中不平衡、不协调、不可持续问题依然突出，科技创新能力不强，产业结构不合理，农业基础依然薄弱，资源环境约束加剧，制约科学发展的体制机制障碍较多，深化改革开放和转变经济发展方式任务艰巨；城乡区域发展差距和居民收入分配差距依然较大；社会矛盾明显增多，教育、就业、社会保障、医疗、住房、生态环境、食品药品安全、安全生产、社会治安、执法司法等关系群众切身利益的问题较多，部分群众生活比较困难等。论述的前一段是概述发展生产力中存在的需要解决的困难问题；后一段是概述在保障和解决民生问题，走共同富裕道路中所存在的亟待解决的困难问题。

实现社会主义共同富裕需有物质保障和制度保障。物质保障就是快速发展生产力，实行科学发展，重质量，重效益；制度保障就是坚持和完善中国特色社会主义经济制度，“既不走封闭僵化的老路，也不走改旗易帜的邪路”。十八大报告将坚持走共同富裕的道路同坚持社会主义经济制度和分配制度紧密联系在一起。为了坚持走共同富裕道路，就“要坚持社会主义基本经济制度和分配制度”。什么是“社会主义基本经济制度”？我国宪法中明确规定：“中华人民共和国的社会主义经济制度的基础是生产资料的社会主义公有制，即全民所有制和劳动群众集体所有制。社会主义公有制消灭人剥削人的制度，实行各尽所能、按劳分配的原则。”宪法中将“社会主义经济制度”同“社会主义初级阶段的基本经济制度”作为既有联系又有区别的两个概念并列提出。后者的内容是：“国家在社会主义初级阶段，坚持公有制为主体、多种所有制经济共同发展的基本经济制度”，初级阶段的分配制度是：“按劳分配为主体、多种分配方式并存的分配制度。”只有坚持社会主义公有制经济制度和社会主义按劳分配制度，才能坚持和完善社会主义初级阶段的基本经济制度和分配制度。邓小平同志明确告诉我们：“我们在改革中坚持了两条，一条是公有制经济始终占主体地位，一条是发展经济要走共同富裕的道路，……只要我国经济中公有制占主体地位，就可以避免两极分化。”① 离开了公有制为基础或为主体，搞私有化，就必然是两极分化，不可能实现共同富裕。“不走改旗易帜的邪路”，首先就是不走私有化的邪路。

本刊记者：您认为实现共同富裕的难点是什么，怎样克服这一难点，最终实现我们的目标？

卫兴华：在中国特色社会主义的建设和科学发展过程中，会碰到这样那样的障碍和困难，需要不断克服。转变经济增长和发展方式，调整经济结构，全面协

---

① 《邓小平文选》第2卷，人民出版社1994年版，第149页。

调可持续发展等等，都不是摆着平坦大道可任你顺利前进的事情。实现共同富裕，除了要解决发展方面的难题外，更重要的是会碰到怎样坚持和发展公有制为主体和按劳分配为主体的制度性难题。当前，我国私营经济和外资经济已占国民经济的很大比重，城乡70%到80%的职工在非公经济中就业。私营外资企业是资本主义经济，资本利润和雇佣劳动力的收入是天然对立的。根据近几年的统计资料，私营外资企业工人的平均工资收入，只及国有企业职工收入的一半多，不少企业侵犯职工的正当权益。当然，也有一些私营企业，奉公执法，关心和维护职工权益，热心于公益和慈善事业，值得肯定和赞许。但一般来说，私有制经济或资本主义经济，会产生贫富分化，难以实现社会主义所要求的共同富裕。而我国是社会主义国家，走中国特色社会主义道路，不能放弃作为社会主义本质规定和根本原则的共同富裕。所以，在一定历史阶段，只能实现中国特色的社会主义共同富裕。从私营经济中产生的富豪，需要依法保护其财产，也不能限制其人数增加和其财富的进一步扩大。只能从两方面致力于共同富裕：一方面也是主要方面，重在保障和改善低收入劳动者的生活状况，特别是困难群体的民生问题。正如十八大报告所指出的那样："要统筹城乡社会保障体系建设""要多谋民生之利，多解民生之忧，解决好人民最关心最直接最现实的利益问题，在学有所教、劳有所得、病有所医、老有所养、住有所房上持续取得新进展，努力让人民过上好生活。"要"加大惠民政策力度"，让广大劳动人民衣食住行的基本生活条件获得保证，无后顾之忧，而且能享受到人的全面发展所需的生活资料、发展资料和享受资料，水平不断提高。另一方面，对富人阶层而言，应多交点税收，多行点善举，多承担点社会责任，多关心点困难群体。特别是私营和外资企业，应多给职工提高点工资和多谋点福利，保障职工权益。这样，初级层次的共同富裕也基本可以达到。

最后，需要补充一点的是，重视和强调走共同富裕道路，本是科学社会主义和中国特色社会主义应有之义。面对当前收入分配差距过大的趋势，强调和着力于共同富裕，更具有重要理论和现实意义。但是，在着力于保障和改善民生，提高人民收入和生活水平，全面建成小康社会，"让人民过上好生活"，描绘出未来共同富裕的美好愿景时，不要在宣传中形成一种激励广大群众不实际的片面期待与需求，忽视了另一重要方面，即广大劳动人民群众应为建设社会主义和美好家园"各尽所能"，齐心奋斗，为社会多做贡献。正如习近平同志在同采访十八大的中外记者见面时所讲的："人民对美好生活的向往，就是我们的奋斗目标。人世间的一切幸福都需要靠辛勤的劳动来创造。"从长远的发展趋势来看，劳动者应主要靠提高文化知识和科技水平，靠自己更多更好的劳动和才智贡献，获得更多的收入。在齐心协力做大"蛋糕"的同时，每人分得更大的一块。这也是社会主义应有之义。

关于坚持社会主义市场经济的改革方向问题[①]

中国共产党十八届三中全会的《中共中央关于全面深化改革若干重大问题的决定》（以下简称《决定》）将过去一直讲的市场在资源配置中的“基础性”作用，改变为“决定性”作用，是一个突出的新提法。学界的解读存在差异。本文将论述为什么要将“基础性”作用改换为“决定性”作用；改提“决定性”作用是否科学；原来的“基础性”作用究竟是什么含义；市场决定资源配置的同时怎样更好地发挥政府作用和发挥什么作用；不能泛化市场的决定作用，离开经济体制改革中资源配置的范围，扩展到整个经济社会和其他各个领域；不能将市场决定资源配置的新提法做出新自由主义的解读和宣传。

我国的经济体制改革，已经历了30多年的岁月。改革的宗旨“是社会主义制度的自我完善与发展”。改革的取向，总体上说是“市场取向”，最终确立了社会主义市场经济体制模式。改革的成就是有目共睹的：生产力快速发展，经济总量跃居世界第二，人民生活水平显著提高，正向建成全面小康社会迈进。

一、改革的方向：建立和完善社会主义市场经济体制

有三种关于改革方向的提法，需要正确理解与把握。

（一）坚持改革的方向，倒退是没有出路的

对这一提法，应按其本意正确理解。那就是要改革僵化保守的不利于生产力发展的旧体制。建立有活力有效率的新体制。改革与不改革，是两种方向，应取前者而舍后者。但是，有人高调讲“坚持改革的方向”另有其取向。例如，一再宣称“国退民进”是改革的方向。他们主张国有企业退出经济领域，由私人经济进入取而代之，又大力宣传国有企业退出竞争性领域。近几年又高调批评与事实不符的所谓“国进民退”。诚然，改革开放以来，实施公有制为主体、多种

① 本文原载《毛泽东邓小平理论研究》2014年第2期。

所有制经济共同发展的基本经济制度，国有经济一统天下的局面会被打破。国有经济的绝对量和比重减少、非公有制经济的绝对量和比重增加，是自然的必然趋势。我国现有的国有经济还存在这样那样的问题，需要进一步深化改革，党的十八届三中全会已提出了改革的部署。但需要明确：我国是社会主义国家，应当坚持宪法规定的国有经济为主导、公有制为主体的根本制度。"国有经济即社会主义全民所有制经济，是国民经济中的主导力量。国家保障国有经济的巩固和发展。"宪法的这一规定不容否定。我国的国有经济的绝对量和相对量已缩小很多。如果继续宣传"国退民进""国有经济从竞争领域退出"的主张，这就离开了社会主义自我完善与发展的改革方向。国有经济大多是竞争性行业，市场经济是竞争性经济，为什么不允许国有经济参与竞争呢？如果让在国有经济中占多数的竞争性企业全部退出，由私人经济取而代之，让私有制经济一统天下，搞全面私有化，那就变成资本主义经济制度了。

（二）"坚持市场化的改革方向"或"坚持市场经济的改革方向"

这一提法本身是可以成立的，但存在正确解读和偏离本意的解读问题。正确解读应是指坚持社会主义的市场化改革方向或社会主义市场经济的改革方向。而有人高调宣传坚持市场化改革方向或市场经济改革方向，是将其与社会主义制度相分离和相对立的。他们否定国有经济的重要地位和作用，否定公有制是社会主义制度的经济基础。有时，他们也讲社会主义，但讲的是另一回事。有人讲国有经济不是社会主义，私营经济是人民社会主义。有人不断写文章引证恩格斯《反杜林论》中批评"冒牌社会主义"的话来否定我国国有经济的社会主义性质。这完全错解和曲解了恩格斯的话，恩格斯批评"冒牌社会主义"，是指有人把镇压工人运动的"铁血宰相"俾斯麦的某些国有化措施称作社会主义，当然是错误的，"冒牌的"。资本主义国家的国有经济被学界称作国家垄断资本主义，没有改变资本的性质。恩格斯之所以将其批评为"冒牌社会主义"，是因为"现代国家"即资本主义国家，"不管它的形式如何，本质上都是资本主义的机器，资本家的国家，理想的总资本家"。即使搞国有化，"转化为国家财产，都没有消除生产力的资本属性"。而人民掌握政权下的国有经济，就是社会主义。恩格斯强调指出："无产阶级将取得国家政权，并且首先把生产资料变为国家财产。"这种生产资料国有制，是社会主义经济制度的基础。[①]

（三）"坚持社会主义市场经济的改革方向"

这是党的十八大报告中强调的。十八届三中全会的决定中再次强调这一提

---

① 《马克思恩格斯选集》第3卷，人民出版社1995年版，第630页。

法。这一提法比前两种提法更明确、更完整。前两种提法只强调要坚持改革方向或市场化改革方向，容易被另有所图者接过去另搞一套。讲改革，必须弄清改什么、怎样改、举什么旗、走什么路，存在一个改革的大方向问题。改革，就是既不走封闭僵化的老路，又不走改旗易帜的邪路，是要改革不利于社会主义经济发展的传统体制，创立有利于社会主义经济发展的新经济体制，即社会主义市场经济体制。

什么是市场经济？市场经济是与计划经济相对应的一种资源配置方式。长期以来，无论西方论著还是马克思主义论著，存在一个共同的认识：市场经济是资本主义，计划经济是社会主义。这也是当时客观事实的反映。因为所有资本主义国家，始终实行市场经济制度；而苏联建立社会主义后的长时期中，所有社会主义国家都实行计划经济。我国改革开放过程中，认识到传统计划经济日益显露出的弊端，进行市场取向改革的探索。最终，突破了市场经济姓“资”、计划经济姓“社”的理论框架，找寻到完全创新的改革模式。

二、从社会主义商品经济到社会主义市场经济

不要将市场经济与商品经济划等号。我国在传统计划经济体制下，也存在商品经济，是社会主义商品经济。党的十二届三中全会和中央其他文件中还提出，社会主义经济是公有制基础上的有计划的商品经济，将创建和发展有计划的商品经济体制，作为改革的取向。有商品经济就有市场，但在传统计划经济体制下，市场不起调节经济的作用。在经济发展中起配置资源作用的是指令性计划，而不是市场。西方有些国家的词典中没有商品经济概念，只有市场经济概念，因而不存在市场经济与商品经济的异同问题。我国的特殊历史发展条件，造成商品经济与市场经济两个概念既相联系又有区别的情况。只有当市场机制能起调节生产的作用，从而成为资源配置者时，这种商品经济才是市场经济。因此，可以说，市场经济是通过市场调节起资源配置作用的商品经济。市场经济作为一种经济体制和资源配置方式，它自身不存在“姓资”“姓社”问题，但它又不能脱离开一定的社会经济制度而独立存在。它可以与资本主义制度相结合，形成资本主义市场经济，也可以与社会主义经济制度相结合，形成社会主义市场经济。

有人借口市场经济是中性的，不存在“姓资”“姓社”问题，因而反对讲社会主义市场经济。然而，当前世界上只有两种市场经济，反对讲社会主义市场经济，必然转向资本主义市场经济。这里存在一个思维逻辑问题：“商品经济”概念也是中性的，但我国区分“资本主义商品经济”和“社会主义商品经济”，没有人提出反对意见，形成共识。为什么一讲社会主义市场经济就要反对呢？其真实意图是反对与社会主义公有制相结合的市场经济。

我国对社会主义市场经济提出界定的是党的十四大。十四大报告指出："我们要建立的社会主义市场经济体制，是同社会主义基本制度结合在一起的，是要使市场在社会主义国家的宏观调控下对资源配置起基础性作用。"[①] 这里所讲的资源配置，也就是马克思主义经济学所讲的通过价值规律的作用调节生产与流通，将生产资料和劳动力分配到各个经济部门。可以看出社会主义市场经济包括三层含义：一是市场经济是由市场机制（供求机制、竞争机制、利率机制、价格机制等）调节资源配置的经济体制；二是社会主义市场经济是市场经济与社会主义基本制度相结合的经济，是以公有制为基础或为主体、以共同富裕为根本目的的；三是社会主义市场经济，不是完全自发的自由市场经济，而是在社会主义国家宏观调控下运行的市场经济。国家要运用经济政策、经济法规、计划指导和必要的行政管理和法律手段，引导市场健康发展。

社会主义市场经济的根本特点，在于将社会主义基本制度的优越性同市场经济的灵活性、效率性结合起来。市场经济是竞争经济。市场鼓励强者而不怜悯弱者。市场规律会形成一种激励机制和创新机制，促进经济的发展。同时也要看到，市场调节经济具有自发性、盲目性和滞后性，存在市场失灵。当代资本主义的市场经济也已不是政府只起"守夜人"作用的自由市场经济，也要实行政府干预。第二次世界大战后，许多资本主义国家如日、法、韩等实行的经济计划，包括短期计划和长期计划，用"看得见的手"引导"看不见的手"。德国实行"社会市场经济"，也是将政府的作用与市场的作用结合起来。我国是社会主义国家，公有制的主体地位和国家的宏观调控制约着市场经济的负面效应，可以避免和削弱资本主义市场经济必然产生的经济震荡和经济危机。

我国已经初步建立了社会主义市场经济体制。取消了指令性计划，放开了市场。商品价格的市场化率已达98%，企业的生产经营活动不再由国家计划规定任务指标，基本上是根据市场供求和价格状况安排生产结构和规模。消费者可以自由进入市场，按市场规则自由选择商品。"计划供应""短缺经济"成为历史。卖方市场转为买方市场，这正是市场经济的特点。但我国初步建立起的社会主义市场经济还不完善，需要进一步深化改革。

党的十八大报告提出要全面深化经济体制改革。"经济体制改革的核心问题是处理好政府和市场的关系，必须更加尊重市场规律，更好发挥政府作用。"又指出："要加快完善社会主义市场经济体制，更大程度更广范围发挥市场在资源配置中的基础性作用，完善宏观调控体系。"[②]

---

① 《十四大以来重要文献选编（上）》，人民出版社1996年版。

② 胡锦涛：《坚定不移沿着中国特色社会主义道路前进　为全面建成小康社会而奋斗——在中国共产党第十八次全国代表大会上的报告》，人民出版社2012年版，第118页。

2013 年召开的党的十八届三中全会，通过了《中共中央关于全面深化改革若干重大问题的决定》（以下简称《决定》），全会的《决定》既是全面落实十八大提出的改革任务，又将各项任务具体化，并提出了新的理论指导与部署。怎样更加尊重市场规律？怎样更大程度更广范围发挥市场在资源配置中的作用？怎样处理好政府和市场的关系？三中全会的《决定》提供了指导意见。

三、为什么《决定》强调提出使市场在资源配置中起“决定性”作用

《决定》关于深化经济体制改革的一个引人注目的新提法：“使市场在资源配置中起决定性作用和更好发挥政府作用。”[①] 将多年来所讲的市场配置资源的“基础性”作用，改变为“决定性”作用。显然，从行文上看，强化和扩大了市场配置资源的作用。习近平指出：这是这次全会决定提出的一个重大理论观点。

之所以强调提出市场在资源配置中的“决定性”作用，根据三中全会的《决定》和习近平同志关于《决定》的说明，可以概括为以下几点：

（一）市场决定资源配置是市场经济的一般规律，市场经济本质上就是市场决定资源配置的经济

健全社会主义市场经济体制必须遵循这条规律。可以说，由“基础性”作用改变为“决定性”作用，是回归市场经济的本质规定和要求，是遵循市场经济规律的必要。我们知道，市场经济和计划经济是两种不同的资源配置方式。在传统计划经济时代，国民经济完全受指令性计划调节，生产什么、生产多少，产品提供到何处，完全根据计划指标安排，企业没有生产经营自主权。因此，生产资料和劳动力等资源怎样分配到不同的部门和企业，完全由政府计划调节。因此，实行计划经济，发挥计划调节作用，就是国家计划在资源配置中起决定性作用。这是计划经济的本质要求。改革开放以来，我国实行市场取向的渐进改革，最终确立了社会主义市场经济体制模式。市场经济就是由市场机制调节企业的生产和销售活动。企业生产和销售什么，生产多少、卖到何外，完全遵从反映市场供求关系的价格信号。也就是由市场决定资源配置，不再由政府决定。但政府不是从此撒手不管，而是要更好发挥自己应尽的责任。应当注意到，三中全会提出“使市场在资源配置中起决定性作用”，是与“更好发挥政府作用”连在一起作为不可分割的一句话来阐述的。政府起什么作用，《决定》也做了简要说明。

---

① “中国共产党十八届三中全会全面深化改革决定”，《人民日报》2013 年 11 月 16 日。

（二）过去一直提市场配置资源的“基础性”作用，而现在改提“决定性”作用，有一个条件成熟因素

从1992年党的十四大提出我国经济体制改革的目标是建立社会主义市场经济体制，要使市场在国家宏观调控下对资源配置起基础性作用到十八大的20年来，没有提市场配置资源的“决定性”作用，只提“基础性”作用，现在改提“决定性”作用，表示使市场在资源配置中起决定性作用已具备成熟的条件。按照历史事实和习近平的说明，大体有两方面的成熟条件：其一是认识上的条件；其二是实践所提供的条件。长期以来，马克思主义经济学和西方经济学都认为，市场经济是资本主义的，计划经济是社会主义的。而且从历史事实来看，资本主义国家都一直实行市场经济，而社会主义国家曾一直践行计划经济。我国由计划经济转向市场经济，经历了市场取向改革的不同阶段。大体上有：计划经济为主，市场调节（市场经济）为辅；社会主义有计划的商品经济体制（更大范围发挥市场作用）；计划和市场是覆盖全社会的；计划经济与市场调节（市场经济）相结合；最后统一了认识，建立了社会主义市场经济体制。这是逐步推进社会主义经济市场化的改革过程，也是逐步推进思想解放的过程。突破市场经济“姓资”、计划经济“姓社”的传统认识已不容易，如果再直接提出西方所宣传和践行的市场配置资源的决定性作用，仍会有认识上的障碍，不如提“基础性”作用更平稳。而目前之所以改提“决定性”作用，是由于如习近平所说：“考虑各方面的意见和现实发展要求，经过反复讨论和研究，中央认为对这个问题从理论上作出新的表述，条件已经成熟。”① 这表明，以前不提“决定性”作用，是条件还不成熟。讲条件成熟，还有另一方面的条件即实践条件。习近平指出：“现在，我国社会主义市场经济体制已经初步建立，市场化程度大幅度提高，我们对市场规律的认识和驾驭能力，不断提高，宏观调控体系更为健全，主客观条件具备，我们应该在完善社会主义市场经济体制上迈出新的步伐。”② 就是说，在新的条件下，党和政府对市场规律的认识和驾驭市场的能力不断提高。因此，从理论认识和实践过程两方面看，提高和扩大市场配置资源作用的主客观条件都已成熟。主观条件是理论认识条件；客观条件是现实实践条件。据此，可以而且有必要将市场配置资源的“基础性”作用，改变为“决定性”作用。

所谓市场配置资源的“基础性”作用，一直没有人解释其含义。其实，“基础性”作用并非与“决定性”作用相排斥，也可以做出相一致的解读。有时，

---

① 习近平：“关于《中共中央关于全面深化改革若干重大问题的决定》的说明”，《人民日报》2013年11月16日。

② 习近平：“关于《中共中央关于全面深化改革若干重大问题的决定》的说明”，《人民日报》2013年11月16日。

讲基础作用，就是决定作用。例如，讲经济是基础，决定上层建筑。讲生产资料所有制是生产关系体系基础，就是指所有制决定生产关系体系。另外，市场配置资源的基础性作用，也可以理解为基础层次的作用，即在政府、市场、企业的关系中，政府在宏观层次起作用，市场在基础层次起作用，并不排斥其决定性作用。不过，“基础性”作用的提法毕竟不够透明，会模糊其含义，容易被理解为“初步性”或“打基础”的作用。为地方官员不合理干预提供了理论认识的空间。

（三）强调提出市场配置资源的决定性作用，是深化经济体制改革的需要

我国虽然初步建立了社会主义市场经济体制，“但仍存在不少问题，主要是市场秩序不规范，以不正当手段谋取经济利益的现象广泛存在；生产要素市场发展滞后”；市场规则不统一，存在部门保护主义和地方保护主义；市场竞争不充分，阻碍优胜劣汰和结构调整，等等。正是由于有人为了谋取不正当利益，会采取不正当手段过多进行行政干预。习近平指出：遵循市场决定资源配置规律，是要“着力解决市场体系不完善，政府干预过多和监管不到位问题”。并且指出，有利于“抑制消极腐败现象”。[①] 事实证明，有些政府人员不当干预，与腐败行为相关。

四、市场决定资源配置要求更好发挥政府作用

习近平在关于《决定》的说明中指出：我国实行的是社会主义市场经济体制，我们仍然要坚持发挥我国社会主义制度的优越性、发挥党和政府的积极作用。“市场在资源配置中起决定性作用，并不是起全部作用”。[②] 这表明，某些特定行业和企业的资源配置，并不由市场决定。例如，发展国防军事工业，国家创建和发展战略性新兴产业，进行基础设施建设和公共服务体系建设，开创和发展航天工程事业，建立社会保障性事业等，这些方面的资源配置不会都交给市场决定，而主要由政府决定。

在市场经济运行中，政府的一个重要职责是市场监管。市场配置资源的决定作用越大，范围越广，政府监管市场的职责也越大，越需要“更好发挥政府作用”。习近平在关于《决定》的说明中指出：健全社会主义市场经济体制，既要着力解决“政府干预过多”的问题，又要着力解决“市场体系不完善”和“监

① 习近平：“关于《中共中央关于全面深化改革若干重大问题的决定》的说明”，《人民日报》2013年11月16日。

② 习近平：“关于《中共中央关于全面深化改革若干重大问题的决定》的说明”，《人民日报》2013年11月16日。

管不到位问题”。[①] 解决后两方面的问题，正是政府的职责所在和宏观调控的任务。所谓政府干预“过多”，表明并不否定不“过多”的、必要的、正当的政府干预。“过多的干预”是不当干预，不是政府职责所在，也不是宏观调控任务。政府监管职责主要是针对诸如制假售假、生产和销售有毒食品、非法集资和传销、黄赌毒市场、欺行霸市、市场垄断、不正当竞争、虚假广告、环境污染，等等。这种政府干预是必要的。政府还要监管生产安全和职工权益保障。连西方经济学的权威著作萨缪尔森的《经济学》也概括了资本主义市场经济中的政府四项职能：为市场确立法律框架，确定市场准则；影响资源配置以改善经济效率，“帮助按社会需要进行资源配置”，“有时候，政府做出的选择凌驾于市场供给和需求的配置之上”，如“控制污染物的排放”；制定改善收入分配的计划。“看不见的手可能惊人地有效率，但它同时也带来非常不平等的收入分配”，“收入再分配是政府的第二个主要经济职能”；通过宏观经济政策来稳定经济。以上四种政府职能表明“政府应进行干预以增进市场经济的功能和公正”。[②] 这里讲的是资本主义市场经济中的政府职能和必要干预。我国实行社会主义市场经济，应在更大程度上更好地发挥政府的职能。政府的职能除前面所讲的监管与促进作用外，还有完善市场经济体系的职责。要统一市场规则，维护市场秩序，消除市场封锁与割据，打破市场垄断，提供公平的市场竞争环境，防止和处置环境污染和损害生态平衡的行为；还要运用利率、税收、信贷等财政金融手段，影响和调节市场，引导企业科学发展；并以效率和公平相统一的理念与政策，引导缩小收入分配过大差距、消除贫富分化、走共同富裕道路。

五、分清两个层面的政府职能和宏观调控作用

需要明确：处理好政府和市场的关系，让市场起“决定性”作用，是就市场经济运行中市场在资源配置中的作用而言的。在这个层面，是市场起决定作用，政府起监管和促进作用。这是市场经济运行中基础层面的关系，另一个是宏观层面的关系，即在整个经济社会发展中政府的作用。不应把市场的“决定性作用”泛化和扩展到第二个层面，我们讲“宏观调控”，有两层含义：一是在政府、市场、企业的三者关系中，政府处于宏观层次，即居高层次，市场处于中间层次，企业处于基础层次。在这个层面讲政府职能和宏观调控，就是指在市场起决定资源配置的前提下，政府在宏观层次上对市场和企业进行必要的、科学的监管和引导，并促进市场体系的完善和发展，促进企业的科学发展。

---

① 习近平：“关于《中共中央关于全面深化改革若干重大问题的决定》的说明”，《人民日报》2013年11月16日。

② ［美］保罗·萨缪尔森：《经济学》第14版（上），胡代光等译，北京经济学院出版社1996年版。

宏观调控的另一层含义，是政府对宏观经济的调控。宏观经济是指整个国民经济的各种经济活动的总称。根据《决定》和习近平关于《决定》的说明，在资源配置和宏观经济发展中，政府职能和宏观调控的主要任务是：保持经济总量平衡，促进重大经济结构协调和生产力布局优化，减缓经济周期波动影响，防范区域性系统性风险，稳定市场预期，实现经济持续健康发展，健全以国家发展战略和规划为导向、以财政政策和货币政策为主要手段的宏观调控体系，增强宏观调控前瞻性、针对性、协同性。形成参与国际宏观经济政策协调的机制，推动国际经济治理结构完善。政府要加强发展战略、规划、政策、标准等制定和实施，加强地方政府公共服务、社会管理、市场监管、环境保护等职责。所有这些都是需要政府去办而且应办得更好的事情。

使市场在资源配置中起决定性作用，处理好政府与市场的关系，市场能办到和办好的事，就让市场去起决定作用，政府不要过多干预，政府应做好自己能办而市场办不了和办不好的事。这是深化社会主义市场经济体制改革中的应有之义。深化经济体制改革是中共中央关于全面深化改革的决定中一个重要方面。此外还有深化政治体制、文化体制、社会体制、生态文明体制、党的建设制度的改革。深化六个方面的改革，提出六个“紧紧围绕”。只有深化经济体制改革要求“紧紧围绕使市场在资源配置中起决定性作用”。其他五个方面的“紧急围绕”，与市场的决定作用没有直接联系。如深化政治体制改革，要“紧紧围绕党的领导，人民当家做主、依法治国的有机统一”。深化党的建设制度改革，要“紧紧围绕提高科学执政、民主执政、依法执政”来实现。但政治建设和党的建设自身不能引进市场规律，更不能由市场决定。

2014 年 1 月 1 日，《人民日报》等媒体发表了习近平同志的“切实把思想统一到党的十八届三中全会精神上来”一文。其中指出：“使市场在资源配置中发挥决定性作用，主要涉及经济体制改革，但必然会影响到政治、文化、社会、生态文明和党的建设等各个领域。要使各方面体制改革朝着建立完善的社会主义市场经济体制这一方向协同推进，同时也使各方面自身相关环节适应社会主义市场经济发展提出的新要求。”要适应经济体制改革的需要转变政府职能，党和政府要提高驾驭市场经济的能力，要为深化经济体制改革提供理论指导与实践决策。诸领域的建设与改革要受到市场决定资源配置的影响（是“影响”而不是“决定”），要与深化经济体制改革协同推进，而不是背道而驰。

全面深化改革的总目标是完善和发展中国特色社会主义制度，推进国家治理体系和治理能力现代化。要坚持社会主义市场经济的改革方向，以促进社会公平正义、增进人民福祉为出发点和落脚点。需要明确“坚持社会主义市场经济的改革方向”，就表示不应单强调市场化改革，而与社会主义制度相脱离。离开社会主义的市场化改革，必然导向资本主义市场经济。三中全会《决定》在提出“紧紧围绕市场在资源配置中起决定作用”的后面，紧接着讲“坚持和完善基本经济制度”，并要求加快完善宏观调控体系。而坚持和完善基本经济制度，首先要求坚持和完善国有经济为主导、公有制为主体。同时也坚持鼓励、支持非公有制经济的发展。所有上述这些方面，都离不开党的领导和政府的推进。

六、泛化市场决定作用的解读偏离《决定》精神

有的学者出于担心泛化市场的决定作用、质疑市场配置资源的决定性作用的新提法，认为这只适用于资本主义市场经济，而不适用于社会主义市场经济。其实，讲市场配置资源的决定作用，与马克思主义经济学讲价值规律调节生产即自发地将生产资料和劳动力（资源）分配于不同的部门，是一样的道理。价值规律调节生产，也就是企业生产什么、生产多少，由反映供求关系和竞争关系的价格来决定，价值规律决定同市场决定是一回事。讲价值规律决定资源配置或市场决定资源配置，涉及三个方面的“决定”事项：一是价格的决定。在市场经济中，市场价格不再由政府决定，而是在价值基础上由竞争机制和供求机制决定。二是企业的生产经营活动包括其生产规模与结构的安排，不再由政府指令性计划决定，而是由反映市场供求关系的市场信号决定。三是消费需求的选择与决定。不再是“短缺经济”和“卖方市场”下的凭票供应、排队抢购，购买者没有选择权和决定权的状况，而是在市场经济中的供求规律与竞争规律作用下，消费者有权决定自己的需求选择，也就是《决定》中所说的“消费者自由选择、自主消费”。弄清这些方面的理论与实际情况，弄清价值规律决定和市场决定资源配置的本意，就不会对社会主义市场经济中由市场决定资源配置的理论与实践产生质疑。

有些读者和学者，由于没有分清不同领域政府和市场的不同作用，也没有弄清政府职能和宏观调控在不同层面的作用，误以为强调市场的决定作用涵盖了我国整个经济社会的发展，从而产生疑虑。只要讲清问题所在，就会消除疑虑。

目前存在的一个问题是，有的主流媒体也出现了泛化市场决定作用的解读，这会误导读者。例如，2013 年 11 月 15 日，《人民日报》刊发了“中央财经领导小组办公室负责人详解十八届三中全会亮点：句句是改革、字字有力度——权威访谈 · 学习十八届三中全会精神”一文，受访者是中央宣讲团成员杨伟民。他解读说：“市场的作用从‘基础’变为‘决定’……是深化经济体制改革以及引领其他领域改革的基本方针。”“提出市场起决定性作用，就是改革的突破口和路线图，基本经济制度、市场体系、政府职能和宏观调控、财政金融、土地制度、生态文明等方面的改革，都要以此为标尺。”这里竟然将市场的决定作用泛化到

整个经济社会、生态文明等不同领域，甚至泛化到由市场决定基本经济制度。然而，国有经济为主导、公有制为基础的社会主义经济制度，或者公有制为主体、多种所有制经济共同发展的社会主义初级阶段基本经济制度，没有党和政府的引导与推进，能由市场决定其形成、存在和发展吗？竟然连政府职能和宏观调控也要由市场决定！颠倒了关系！应是由政府职能监管市场，由宏观调控调节市场运行，而不是反过来由市场决定政府的监管和宏观调控作用。对于杨伟民的这种解读，中国社会科学院马工程项目的一个课题组已在《对三中全会精神的一些"权威解读"值得商榷》一文中进行了评论。[①]

另外，有的学者以新自由主义的理念或欧美市场经济模式的理念为依据，对市场决定资源配置的作用也做了泛化的解读。如有的学者在解读中淡化和否定市场决定资源配置中的宏观调控作用，说什么"是市场起决定作用，不是宏观调控"。公然忽视和否定《决定》中强调宏观调控作用的有关论述。另外，有的学者认为中央提出市场的决定作用，就是要弱化政府的职能，是否定"强势政府"，否定政府对市场的"驾驭"和对市场及社会经济生活的监管，否定国有经济的作用。认为自己的一套新自由主义观点，被三中全会采纳，争论见了分晓。这种解读和宣传，完全不符合《决定》的本意和精神，也会影响和加重一些读者和学者对市场决定资源配置新提法的疑虑。应正本清源，按照《决定》的精神，澄清理论是非。

习近平在关于《决定》的说明中，明确提到"我们对市场经济规律的认识和驾驭能力不断提高"。指出：实行社会主义市场经济，要"发挥党和政府的积极作用"，"强调科学的宏观调控、有效的政府管理，是发挥社会主义市场经济体制优越性的内在要求"。而且，"全会决定强调必须毫不动摇巩固和发展公有制经济，坚持公有制为主体地位，发挥国有经济主导作用，不断增强国有经济的活力、控制力、影响力"。[②] 可见，《决定》和习近平关于《决定》的说明，是与新自由主义的"教义"完全对立的。有人将《决定》一厢情愿地做出新自由主义的解读，完全是自作多情！

---

① 中国社会科学院与工程项目课题组："对三中全会精神的一些'权威解读'值得商榷"，《思想理论情况反映》2012 年 11 月 28 日。

② 习近平："关于《中共中央关于全面深化改革若干重大问题的决定》的说明"，《人民日报》2013 年 11 月 16 日。

关于更加尊重市场规律，更好发挥政府作用问题（访谈）[①]

党的十八届三中全会，是在十一届三中全会召开35周年之际，在全面建成小康社会和全面深化改革开放的重要阶段，召开的一次十分重要的会议。全会审议通过了《中共中央关于全面深化改革若干重大问题的决定》（以下简称《决定》），习近平总书记就贯彻落实全会精神发表了重要讲话。学习、宣传、贯彻好全会精神和习近平重要讲话精神，是教育战线的重大政治任务。为准确把握十八届三中全会的重要精神，努力凝聚起全面深化改革的广泛思想共识，本刊记者邀请著名经济学家、中国人民大学经济学院卫兴华教授，对全会提出的一系列重大理论和实践问题进行深入解读。

本刊记者：党的十八届三中全会是在全面建成小康社会决定性阶段召开的重要会议，在国内外产生了强烈反响。您作为经济学家，怎样看待这次全会取得的成果？

卫兴华：党的十八届三中全会，审议通过了《决定》，全面制定了中国共产党在新的历史起点上运筹帷幄、治国理政的改革总方针，确立了全面深化改革的顶层制度设计与总体改革方案，从而为长远而持续的发展提供根本性的制度保障，将谱写改革开放伟大征程新篇章，将为全面实现民富国强、民族复兴的中国梦注入强大的动力与活力。

十八届三中全会在全面总结35年改革开放巨大成就的基础上，回应社会的期盼，在改革开放的顶层制度设计方面取得了新的进展，明确提出了全面深化改革的总目标：完善和发展中国特色社会主义制度，推进国家治理体系和治理能力现代化。围绕从经济体制改革到社会体制以及政治、文化、生态等体制即“五位一体”体制的改革与全面提升，围绕中国特色社会主义制度完善与发展的总目

---

① 本文原载《思想理论教育导刊》2014年第1期。

标，《决定》提出了构成中国特色社会主义制度的一系列体制改革任务，体现出全面改革的决心与信心，有力回答了此前的国内外对十八届三中全会的改革期盼。

在全面深化改革的方法上，《决定》提出：加强顶层设计和摸着石头过河相结合，整体推进和重点突破相促进，提高改革决策科学性，广泛凝聚共识，形成改革合力。

围绕全面深化改革的顶层制度设计，形成了六个方面的总体改革方案，呈现出全面进行社会制度与体制创新的改革新布局。《决定》按照五位一体的事业布局和党的建设六个方面的改革要求，系统阐述了全面深化改革的战略部署。根据改革总目标与围绕总目标提出的六个方面的制度体制改革部署，形成了总体改革方案，使得全面改革的路线图得到了清晰描绘和勾画。过去的改革，多是单方面的改革，如单方面的经济体制的改革。而经济体制的改革又多是单项推进，如农业中的联产承包责任制的改革，工业中的承包制、股份制改革等。而十八届三中全会推进的改革，是系统性、整体性、协同性的全面深化改革。在全面深化改革中，经济体制改革起着"牵引作用"。

本刊记者： 总体改革的重点是经济体制改革。全会在经济体制改革方面提出了哪些新的提法和举措？

卫兴华： 经济生活是社会生活、政治生活、文化生活、生态文明的经济基础。我国的改革大业，是从经济体制改革开始，以后逐步推进到其他各方面。十八届三中全会提出的整体改革方案，是六个方面整体推进的改革部署，而经济体制改革对其他方面的改革起着"牵引作用"，是全面深化改革的重点和基础。从深化经济体制改革的内容来看，有两项明显的新的提法与举措：一是强化市场在资源配置中的地位和作用；二是为非公有制经济的发展提供了更为广阔的空间和利好政策。

从强化市场的作用来看，《决定》的一个突出的重大新提法，就是提出了市场在资源配置中起决定性作用。过去的提法是让市场在资源配置中起"基础性"作用，现改为"决定性"作用，加重了市场作用的分量。"基础性"作用可以有不同的解读，容易被理解为"初步性"或"打基础"之意，为某些地方政府不当干预企业生产经营活动提供了理论和政策空间。改提"决定性"作用，就提高了明确度和认识度。市场决定资源配置是市场经济的一般原理和规律。市场经济要求：市场价格在价值基础上由供求机制和竞争机制调节。企业按市场价格信号调节生产结构和规模，实现物力和人力资源在不同行业和企业间的有效配置。市场经济的核心问题是处理好政府与市场的关系。实际上涉及政府、市场与企业的关系。实行市场经济，是由市场直接调节企业经营活动，从而由市场决定资源的配置，不是由政府直接调节企业，决定资源配置。市场起决定作用，首先要求凡是能由市场形成价格的都交给市场，要放开竞争性业务，推进公共资源配置市场化，政府不进行不当干预。但这并不是排斥政府的作用，而是要“更好发挥政府作用”。政府的作用体现在改进和完善有效的政府职能和宏观调控体系上，而不是去干涉企业的正常经营与运行。市场能办到和能办好的事，就交给市场。但存在市场失灵问题，而且市场调节的自发性、盲目性和滞后性，都需要发挥政府的宏观调控作用。政府应做好自己该管的事，不要做不该自己管的事。既不要越位、错位，也不要缺位。

《决定》指出：“建设统一开放、竞争有序的市场体系，是使市场在资源配置中起决定性作用的基础。”也就是说，为发挥市场在资源配置中的决定性作用，需要以建立现代市场体系为基础和前提。无论公有或私有企业都按照市场规则进行自主经营、公平竞争；消费者在市场上自由选择、自主消费；商品和生产要素在市场上自由流通、平等交换。为此，就要求清除市场壁垒和市场割据。这样才能提高市场决定配置资源的效率。

为了加快完善现代市场体系，要改革市场监管体系，实行统一的市场准入制度，实行统一的市场监管，清理和废除妨碍全国统一市场和公平竞争的各种规定和做法。反对地方保护，反对垄断和不正当竞争，健全优胜劣汰市场化退出机制。建立城乡统一的建设用地市场，完善金融市场体系，完善人民币汇率市场化形成机制，加快推进利率市场化，推动资本市场双向开放，加快实现人民币资本项目可兑换。另一方面要健全技术创新市场导向机制，发展技术市场，促进科研成果资本化、产业化，加强知识产权运用和保护。

本刊记者：“使市场在资源配置中起决定性作用和更好发挥政府作用”，这确实是三中全会《决定》关于深化经济体制改革的一个引人注目的新的重大提法。为什么要强调提出使市场在资源配置中起决定性作用？

卫兴华：三中全会《决定》将多年来所讲的市场配置资源的“基础性”作用，改变为“决定性”作用。显然，从行文上看，强化和扩大了市场配置资源的作用。习近平同志很重视这一理论观点的提法改变。他指出：“关于使市场在资源配置中起决定性作用和更好发挥政府作用。这是这次全会决定提出的一个重大理论观点”。“经济体制改革的核心问题仍然是处理好政府和市场关系”。根据三中全会的《决定》和习近平同志关于《决定》的说明，我认为有以下几点考虑：

第一，市场决定资源配置是市场经济的一般规律，市场经济本质上就是市场决定资源配置的经济。健全社会主义市场经济体制必须遵循这条规律。可以说，由“基础性”作用改变为“决定性”作用，是回归市场经济的本质规定和要求，是遵循市场经济规律的必要。我们知道，市场经济和计划经济是两种不同的资源配置方式。在传统计划经济时代，国民经济完全受指令性计划调节，生产什么、生产多少，产品提供到何处，完全根据计划指标安排，企业没有生产经营自主权。因此，生产资料和劳动力等资源怎样分配到不同的部门和企业，完全由政府计划调节。因此，实行计划经济，发挥计划调节作用，就是国家计划在资源配置中起决定性作用。这是计划经济的本质要求。改革开放以来，我国实行市场取向的渐进改革，最终确立了社会主义市场经济体制模式。市场经济就是由市场机制调节企业的生产和销售活动。企业生产和销售什么，生产多少、卖到何处，完全遵从反映市场供求关系的价格信号。也就是由市场决定资源配置，不再由政府决定。但政府不是从此撒手不管，而是要更好发挥自己应尽的责任。应当注意到，三中全会提出“使市场在资源配置中起决定性作用”，是与“和更好发挥政府作用”连在一起作为不可分割的一句话来阐述的。政府起什么作用，《决定》也做了简要说明。

第二，过去一直提市场配置资源的“基础性”作用，而现在改提“决定性”作用，有个条件成熟因素。从 1992 年党的十四大提出我国经济体制改革的目标是建立社会主义市场经济体制，要使市场在国家宏观调控下对资源配置起基础性作用。到十八大的 20 年来，没有提市场配置资源的“决定性”作用，只提“基础性”作用，现在改提“决定性”作用，表示已具备提出的成熟条件。按照历史事实和习近平同志的说明，大体有两方面的成熟条件。其一是认识上的条件；其二是实践所提供的条件。长期以来，马克思主义经济学和西方经济学都认为，市场经济是资本主义，计划经济是社会主义。而且从历史事实来看，资本主义国家都一直实行市场经济，而社会主义国家曾一直践行计划经济。我国由计划经济转向市场经济，经历了市场取向改革的不同阶段。大体上有：计划经济为主，市场调节（市场经济）为辅；社会主义有计划的商品经济体制（更大范围发挥市场作用）；计划和市场是覆盖全社会的；计划经济与市场调节（市场经济）相结合；最后统一了认识，建立了社会主义市场经济体制。这是逐步推进社会主义市场化的改革过程，也是逐步推进思想解放的过程。突破市场经济“姓资”、计划经济“姓社”的传统认识已不容易，如果再直接提出西方所宣传和践行的市场配置资源的决定性作用，仍会有认识上的障碍，不如提“基础性”作用更平稳些。而目前之所以改提“决定性”作用，是由于如习近平同志所说：“考虑各方面的意见和现实发展要求，经过反复讨论和研究，中央认为对这个问题从理论上作出新的表述，条件已经成熟。”这表明，以前不提“决定性”作用，是条件还不成熟。讲条件成熟，还有另一方面的条件即实践条件。习近平同志指出：“现在，我国社会主义市场经济体制已经初步建立，市场化程度大幅度提高，我们对市场规律的认识和驾驭能力，不断提高，宏观调控体系更为健全，主客观条件具备，我们应该在完善社会主义市场经济体制上迈出新的步伐。”就是说，在新的条件下，由于党和政府对市场规律的认识和驾驭市场的能力已不断提高，因此，从理论认识和实践过程两方面看，提高和扩大市场配置资源作用的主客观条件都已成熟。主观条件是理论认识条件；客观条件是现实实践条件。据此，可以和有必要将市场配置资源的“基础性”作用，改变为“决定性”作用。

第三，强调提出市场配置资源的决定性作用，是深化经济体制改革的需要。我国虽然初步建立了社会主义市场经济体制，“但仍存在不少问题，主要是市场秩序不规范，以不正当手段谋取经济利益的现象广泛存在；生产要素市场发展滞后”；市场规则不统一，存在部门保护主义和地方保护主义；市场竞争不充分，阻碍优胜劣汰和结构调整，等等。习近平同志指出：遵循市场决定资源配置规律，是要“着力解决市场体系不完善，政府干预过多和监管不到位问题”，并且指出，这有利于“抑制消极腐败现象”。事实证明，正是由于有人为了谋取不正当利益，会采取不正当手段进行行政干预，从而滋生有些政府人员的腐败行为。

本刊记者：三中全会《决定》的说明中，既讲市场的“决定性作用”，又讲“更好发挥政府作用”，核心问题是处理好政府与市场的关系。

卫兴华：是的，我们要特别注意理解好这一问题。由市场而不是由政府在资源配置中起决定性作用，绝不是让政府撒手不管，无所作为。习近平同志明确指出：既要“更加尊重市场规律”，又要“更好发挥政府作用”。在关于三中全会《决定》的说明中，也是既讲市场的决定性作用，又讲“更好发挥政府作用”。核心问题是处理好政府与市场的关系。

习近平同志在关于《决定》的说明中指出：我国实行的是社会主义市场经济体制，我们仍然要坚持发挥我国社会主义制度的优越性、发挥党和政府的积极作用。“市场在资源配置中起决定性作用，并不是起全部作用。”这表明，某些特定行业和企业的资源配置，并不由市场决定。例如，发展国防军事工业，国家新建和发展战略性新兴产业，进行基本公共服务体系建设，开创和发展航天工程事业，建立社会保障性设施等，这些方面的资源配置不会都交给市场决定，而是主要由政府决定。

其次，在市场经济运行中，政府的一个重要职责是市场监管。市场配置资源的决定性作用越大，范围越广，政府监管市场的职责也越大，越需要“更好发挥政府作用”。习近平同志在关于《决定》的说明中指出：健全社会主义市场经济体制，既要着力解决“政府干预过多”的问题，又要着力解决“市场体系不完善”和“监管不到位问题”。解决后两方面的问题，正是政府的职责所在和宏观调控的任务。所谓政府干预“过多”，表明并不否定不“过多”的、必要的、正当的政府干预。“过多的干预”是不当干预，不是政府职责所在，也不是宏观调控任务。政府监管职责主要是针对诸如制假售假、生产和销售有毒食品、环境污染、非法集资和传销、黄赌毒市场、欺行霸市、市场垄断、不正当竞争、虚假广告，等等。这种政府干预是必要的。政府还要监管生产安全和职工权益保障。连西方经济学的权威著作萨缪尔森的《经济学》也概括了资本主义市场经济中的政府四项职能：（1）为市场确立法律框架，确定市场准则；（2）影响资源配置以改善经济效率，“帮助按社会需要进行资源配置”，“有时候，政府做出的选择凌驾于市场供给和需求的配置之上”，如“控制污染物的排放”；（3）制定改善收入分配的计划。“看不见的手可能惊人地有效率，但它同时也带来非常不平等的收入分配”，“收入再分配是政府的第二个主要经济职能”；（4）通过宏观经济政策来稳定经济。该书认为，以上四种政府职能表明“政府应进行干预以增进市场经济的功能和公正”。[①] 这里讲的是资本主义市场经济中的政府职能和必要干预。我国实行社会主义市场经济，应在更大程度上更好地发挥政府的职能。政府的职能除前面所讲的监管与促进作用外，还有完善市场经济体系的职责。要统一市场规则，维护市场秩序，消除市场封锁与割据，打破市场垄断，提供公平的市场竞争环境，防止和处置环境污染和损害生态平衡的行为。还要运用利率、税收、信贷等财政金融手段，影响和调节市场，引导企业科学发展，并以效率和公平相统一的理念与政策，引导企业缩小收入分配过大差距、消除贫富分化、走共同富裕道路。

本刊记者：怎样更好发挥政府作用？

卫兴华：更好发挥政府作用，处理好政府和市场的关系，让市场起“决定性”作用，是就市场经济运行中市场在资源配置中的作用而言的。在这个层面中，是市场起决定性作用，政府起监管和促进作用。这是市场经济运行中基础层面的关系，另一个是宏观层面的关系，即在整个经济社会发展中政府的作用，不应把市场的“决定性作用”泛化和扩展到第二个层面。我国讲“宏观调控”，有两层含义：一是在政府、市场、企业的三者关系中，政府处于宏观层次，即居高层次，市场处于中间层次，企业处于基础层次。在这个层面讲政府职能和宏观调控，就是指在市场决定资源配置的前提下，政府在宏观层次上对市场和企业进行必要的监管和干预，并促进市场体系的完善和发展，促进企业的科学发展。宏观调控的另一层含义是政府对宏观经济的调控。

宏观经济是指整个国民经济的各种经济活动的总称。根据三中全会的《决定》和习近平同志关于《决定》的说明，在资源配置和宏观经济发展中，政府

---

① 保罗·萨缪尔森、威廉·诺德豪斯：《经济学》（上），胡代光译，首都经济贸易大学出版社 1996 年版。

职能和宏观调控的主要任务是：保持经济总量平衡，促进重大经济结构协调和生产力布局优化，减缓经济周期波动影响，防范区域性系统性风险，稳定市场预期，实现经济持续健康发展，健全以国家发展战略和规划为导向、以财政政策和货币政策为主要手段的宏观调控体系，增强宏观调控前瞻性、针对性、协同性。形成参与国际宏观经济政策协调的机制，推动国际经济治理结构完善。政府要加强发展战略、规划、政策、标准等的制定和实施，加强地方政府公共服务、社会管理、市场监管、环境保护等职责。所有这些都是需要政府去办而且应办得更好的事情。

使市场在资源配置中起决定性作用，处理好政府与市场的关系，市场能办到和办好的事，就让市场去起决定性作用，政府不要多加干预，政府应做好自己能办而市场办不了和办不好的事。这是深化社会主义市场经济体制改革中的应有之义。深化经济体制改革是三中全会《决定》中一个重要方面。此外还有深化政治体制、文化体制、社会体制、生态文明体制、党的建设制度的改革。深化六个方面的改革，提出六个“紧紧围绕”。只有深化经济体制改革要求“紧紧围绕使市场在资源配置中起决定性作用”。其他五个方面的“紧紧围绕”，与市场的决定性作用没有直接联系。如深化政治体制改革，要“紧紧围绕党的领导、人民当家做主、依法治国有机统一”；深化党的建设制度改革，要“紧紧围绕提高科学执政、民主执政、依法执政水平”来实现。都未提市场的决定性作用。政治体制和党的建设制度改革，都不能引进市场规律，更不能由市场决定。

全面深化改革的总目标是完善和发展中国特色社会主义制度，推进国家治理体系和治理能力现代化。要坚持社会主义市场经济的改革方向，以促进社会公平正义、增进人民福祉为出发点和落脚点。需要明确“坚持社会主义市场经济的改革方向”，就表示不应单强调市场化改革，而与社会主义制度相脱离。离开社会主义的市场化改革，必然导向资本主义市场经济。三中全会《决定》在提出“紧紧围绕使市场在资源配置中起决定性作用”的后面，紧接着讲“坚持和完善基本经济制度”，并要求加快完善宏观调控体系。而坚持和完善基本经济制度，首先要求坚持和完善国有经济为主导、公有制为主体。所有上述这些方面，都离不开党的领导和政府的推进。

但是，也要明确，既然经济体制改革对其他领域的改革起牵引作用，市场决定资源配置的作用，也就会影响到其他领域的改革与发展。例如，文化领域的演艺、影视等的发展会受市场的制约，名人书画、信札、古玩等交换完全由市场定价。政治体制和党的建设等改革，也要为发挥市场在配置资源中的决定性作用提供条件，要与深化经济体制改革相适应转变政府职能等。

明确这点，就会领会习近平同志 2014 年 1 月 1 日发表的《把思想统一到党的十八届三中全会精神上来》一文中所讲的一段话："使市场在资源配置中起决定性作用，主要涉及经济体制改革，但必然会影响到政治、文化、社会、生态文明和党的建设等各个领域。要使各方面的体制改革朝着建立完善的社会主义市场经济体制这一方向协同推进。"

本刊记者：也就是说，强调市场配置资源的决定性作用是合理的，但是泛化市场的决定性作用，是偏离《决定》精神的。

卫兴华：是的。十八届三中全会关于全面深化改革的新思想与新举措，其涉及范围之广，牵动格局之大是前所未有的。但是在解读与把握上应分清一些理论是非界限。有的学者质疑市场配置资源的决定性作用，认为这只适用于资本主义市场经济，而不适用于社会主义市场经济。其实，讲市场配置资源的决定性作用，与马克思主义经济学讲价值规律调节生产即自发地将生产资料和劳动力（资源）分配于不同的部门，是一样的道理。价值规律调节生产，也就是企业生产什么、生产多少，由反映供求关系和竞争关系的价格来决定，价值规律决定同市场决定是一回事。讲价值规律决定资源配置或市场决定资源配置，涉及三个方面的"决定"事项：一是价格的决定。在市场经济中，市场价格不再由政府决定，而是在价值基础上由竞争机制和供求机制决定。二是企业的生产经营活动包括其生产规模与结构的安排，不再由政府指令性计划决定，而是由反映市场供求关系的市场信号决定。三是消费需求的选择与决定。不再是"短缺经济"和"卖方市场"下的凭票供应，购买者没有选择权和决定权的状况，而是在市场经济中的供求规律与竞争规律作用下，消费者有权决定自己的需求选择。弄清价值规律决定和市场决定资源配置的本意，就不会对社会主义市场经济中由市场决定资源配置的理论与实践产生质疑。

有些读者和学者，由于没有分清不同领域政府和市场的不同作用，也没有弄清政府职能和宏观调控在不同层面的作用，误以为强调市场的决定性作用涵盖了我国整个经济社会的发展，从而产生疑虑。只要讲清问题所在，就会消除疑虑。

目前存在的一个问题是，有的主流媒体发表的由权威人士宣传十八届三中全会《决定》的解读文章中，对市场配置资源的作用，做了泛化的理解，这会误导读者。例如，某主流媒体 2013 年底发的一篇文章说："提出市场起决定性作用，就是改革的突破口和路线图，基本经济制度、市场体系、政府职能和宏观调控、财政金融、土地制度、生态文明等方面的改革，都要以此为标尺。"这里竟然将市场的决定性作用泛化到整个经济社会、生态文明等不同领域，甚至泛化到由市场决定基本经济制度。然而，国有经济为主导、公有制为基础的社会主义经济制度，或者公有制为主体，多种所有制经济共同发展的初级阶段基本经济制度，没有党和政府的引导与推进，能由市场决定其形成、存在和发展吗？竟然连政府职能和宏观调控也要由市场决定！这完全颠倒了关系！应是由政府职能监管市场，由宏观调控调节市场运行，而不是反过来由市场决定政府的监管和宏观调控作用。

另外，有的学者以新自由主义的理念或欧美市场经济模式的理念为依据，对市场决定资源配置的作用也作了泛化的解读。如有的在解读中淡化和否定市场决定资源配置中的宏观调控作用，说什么“是市场起决定性作用，不是宏观调控”。有的认为中央提出市场的决定性作用，就是弱化政府的职能，否定“强势政府”，否定政府对市场的“驾驭”和对市场及社会经济生活的监管，否定国有经济的作用。这种解读和宣传，完全不符合三中全会《决定》的本意和精神，也影响和加重一些读者和学者对市场决定资源配置新提法的疑虑。应正本清源，按照三中全会《决定》的精神，澄清理论是非。

本刊记者：通过您的解读，我们对这一重大问题有了清楚认识。最后请您谈谈全会为非公有制经济的进一步发展提供了哪些理论和制度保障？

卫兴华：为了肯定和提高非公有制经济在社会主义市场经济及经济社会发展中的地位和作用，《决定》强调提出两个“都是”：“公有制经济和非公有制经济都是社会主义市场经济的组成部分，都是我国经济社会发展的基础”，再次强调两个“必须毫不动摇”。过去的中央文件中，只讲非公有制经济是社会主义市场经济的重要组成部分，现在将公有制经济和非公有制经济并列而提，表示两者在资源配置中的平等地位。第二个“都是”，是新的提法，表示非公有制经济也是我国经济社会发展的基础，与公有制经济同样具有平等地位。并再次强调非公有制经济财产权和公有制财产权一样，不可侵犯。并提出保证非公有制经济同公有制经济一样，可依法平等使用生产要素，并公开公平公正参与市场竞争。

提出积极发展混合所有制经济，赋予非公有制经济与公有制经济平等的所有权地位。非公有资本可以与国有资本和集体资本交叉持股、相互融合，组成混合所有制经济。还鼓励建立非公有资本控股的混合所有制企业，允许非公有资本参股于国有资本投资项目。鼓励非公有制企业参与国有企业改革。允许混合所有制经济员工持股，即员工也成为私人股所有者，可获得资产性收入。

《决定》提出：支持非公有制经济健康发展。对非公有制经济与公有制经济平等对待，坚持权利平等、机会平等、规则平等。特别强调提出：废除对非公有经济各种形式的不合理规定，清除各种隐性壁垒，制定非公有制企业进入特许经营领域的具体办法。《决定》进一步提高了非公有制经济的地位和作用，提出了促进非公有制经济发展的更多的优惠政策。

社会主义市场经济要在法治轨道上运行[①]

备受瞩目的党的十八届四中全会通过了《中共中央关于全面推进依法治国若干重大问题的决定》（以下简称《决定》），明确提出要全面推进依法治国，总目标是建设中国特色社会主义法律体系，建设社会主义法治国家。社会主义市场经济本质是法治经济。在当前建设和完善社会主义市场经济的新形势下，用法治来为改革发展提供引导和保障，是保障社会主义市场经济健康发展的必要条件，必将为中国经济的改革和发展注入新动力。从社会主义市场经济的角度而言，为了有效处理好政府与市场的关系，推进经济转型，转变政府职能，更好发挥市场在资源配置中的决定性作用和更好发挥政府作用，需要加快建设法治的市场经济。只有法治的市场经济，才能有效适应和促进国家治理体系和治理能力的现代化。

一、社会主义市场经济是法治经济

十八届四中全会的决定中指出："社会主义市场经济本质上是法治经济。使市场在资源配置中起决定性作用和更好发挥政府作用，必须以保护产权、维护契约、统一市场、平等交换、公平竞争、有效监管为基本导向，完善社会主义市场经济法律制度。"

当代市场经济，无论资本主义市场经济还是社会主义市场经济，都不再是政府只做"守夜人"的自由市场经济，而是要受到两个方面的制约：一是政府的调控；二是法治的监管。固然，法治监管也可作为宏观调控的手段，但两者又可具有相对独立的作用。有些法规如劳动法、反垄断法等本身就是宏观调控的法律手段。但惩治官员和央企高管贪污腐败，惩治官商勾结、权钱交易、权色交易，损害市场经济健康运行和人民利益的行为，就需要独立的法规。社会主义市场经济在这两方面所受到的制约应大于资本主义市场经济。因为社会主义经济制度的基础，如宪法所规定：是"生产资料的社会主义公有制，即全民所有制和劳动群

① 本文原载《经济学动态》2015 年第 1 期，与黄林合写。

众集体所有制”，“国有经济即社会主义全民所有制经济，是国民经济中的主导力量，国家保障国有经济的巩固和发展”。社会主义公有制不会自发地建立、发展和巩固。没有政府的推动、投资与支持，社会主义国有经济不可能自发发展与巩固。已经建立和发展的国有经济和集体经济，离开了政府的监管与法治的制约，也容易被侵蚀、盗取，化公为私。社会主义市场经济如果没有两方面的制约，使公有制经济任人侵蚀、化公为私，搞全面私有化，社会主义经济制度将不复存在。

市场经济必然是法治经济。因为市场经济是竞争经济，而不是道德经济。作为市场经济主体的企业，追求利润最大化，就要进行竞争。在追求利润最大化的竞争中，有些唯利是图的市场主体会做一些损人利己、损公肥私的事情。如果没有政府调控和法治监管，社会主义市场经济是难以建立和完善的。

使市场在资源配置中起决定性作用和更好发挥政府作用，也需法治作为市场与政府关系的平衡器。政府调控市场也要依法实行，政府对市场的正常监管一定要到位，不正当干预一定要消除。权钱交易、寻租谋私，更要有法治的监管与处置。

2014 年巡视意见反馈说明，推进国企改制，建立和发展市场经济，一定要严格地在法治轨道上进行，不能以权代法，搞权钱交易、权色交易，损害国家和人民利益。中央巡视组查办和揭露官商勾结、贪腐事例，可起震慑作用。但同时表明，我们的法治还不健全，一些领域还存在无法可依、有法不依、执法不严的情况。正如十八届四中全会决定所指出的：有法不依、执法不严、违法不究现象比较严重，一些国家工作人员特别是领导干部依法办事的观念不强，能力不足，知法犯法、以言代法、以权压法、徇私枉法现象依然存在。这些问题，违背社会主义法治原则，损害人民群众利益，妨碍党和国家事业发展，必须下大气力加以解决。

用法治规范社会主义市场经济，还需要依法解决市场经济关系中必然会出现的利益纠纷与矛盾。在这方面，同样需要“科学立法，严格执法，公正司法，全民守法”。习近平同志在关于《中共中央关于全面推进依法治国若干重大问题的决定》说明中指出“随着社会主义市场经济深入发展和行政诉讼出现，跨行政区划乃至跨境案件越来越多，涉案金额越来越大”，更需要健全法制，维护法律公正实施，平等保护当事人合法权益。

实行市场经济，会产生收入分配的不公平和财富分配的不公平，所有资本主义市场经济国家，都存在分配不公平的现象。无论马克思主义政治经济学或西方经济学都指出了这一点。政治经济学说明：价值规律具有积极作用，它自发地分配生产资料和劳动力于不同的经济部门，促进生产力的发展。但价值规律又有消极作用，它会导致两极分化。西方经济学也讲，市场经济会产生分配不公平。萨缪尔森的《经济学》对此讲得很明确、很深刻。

2013年9月，法国出版了托马斯·皮凯蒂的《21世纪资本论》，用系统和详实的数据揭示了自18世纪以来欧洲和北美资本主义国家贫富差距扩大的总趋势，在世界范围引起广泛关注，引发人们对资本主义制度的反思。该书作者指出：2010年以来，在大多数欧洲国家，尤其是在法国、德国、英国和意大利，最富裕的10%的人群占有国民财富的60%，在所有这些社会里，半数人口几乎一无所有：最贫穷的50%的人群占有的国民财富一律低于10%，一般不到5%。在美国，最上层10%的人群占有全国财富的72%，而底层的半数人口仅占有2%。皮凯蒂认为，财富分配不公平的原因，是发达国家私人资本的回报率比经济增长率高。怎样解决这必然引发政治和社会冲突的财富分配不公？作者批评“一些国家的观念仍然是市场可以解决问题，特别是在富裕国家，这种思潮已经有些过度”[①] 作者提出的缩小财富分配不公的办法是用法治规范财富分配，即实行资本税。认为这是较温和且更为有效的解决方案。作者主张对私有财富征收累进税，以普遍利益的名义重新控制资本主义。这是法治政府对资本回报率高于经济增长率的资本所实行的民主方案。

我国实行多种所有制经济共同发展的社会主义市场经济，也出现了收入差距过大和财富分配不公的问题。据北京大学中国社会科学调查中心发布的《中国民生发展报告2014》提供的统计资料，“中国财产不平等程度迅速上升”，1995年我国财产的基尼系数为0.45，2002年为0.55，2012年我国家庭净财产的基尼系数达到0.73，顶端1%的家庭占有全国1/3以上的财产，底端25%的家庭拥有的财产总量仅为1%左右。中国的财产不平等程度明显高于收入不平等。社会主义的本质要求消除两极分化，实行共同富裕，更需要有消除分配不公的法治。十八届四中全会的决定中对此也有规定，“加快保障和改善民生”，包括依法加强和规范公共服务，完善教育、就业、收入分配、社会保障、医疗卫生、扶贫、慈善、社会救助等方面的法律法规。强调“维护社会公平正义、促进共同富裕”。同时也需要考虑通过加强和改善税收法制以缩小收入和财富的过大差距。

二、市场经济与法治具有内在契合性

市场和法治被称为是现代文明的两大基石。一般认为，市场经济具有平等性、竞争性、法治性和开放性等特征，是当前适应生产力要求，推动整个经济社会发展的有效机制。

---

① 《资本主义怎么了》，学习出版社2014年版，第74—95页。

（一）市场经济与法治的内在联系

法律作为维护国家和社会稳定的行为规则，虽然在自然经济、封建经济和计划经济等形态下也已存在，但大体上可以认同：在商品交换和市场经济条件下，才形成了具有了法治特征的法律制度体系。经济的市场化要求社会的法治化，也就是说，市场经济越发达，法治就应该越发展。马克思认为："先有交易，后来才由交易发展为法制。……这种通过交换和在交换中才产生的实际关系，后来获得了契约这样的法的形式。"① 这深刻地说明了法律产生于市场交换的实践，并随着市场交换实践的发展而不断发展和创新。恩格斯指出："在社会发展某个很早的阶段，产生了这样的一种需要：把每天重复着的生产、分配和交换产品的行为用一个共同规则概括起来，设法使个人服从生产和交换的一般条件。这个规则首先表现为习惯，后来便成了法律。"② 由此可以看出，生产、分配和交换的经济行为及其发展形态的市场经济，是法治经济得以产生和发展的基础。在自然经济条件下，对各种社会关系的调整主要依靠诸如血亲关系、宗法关系、宗教戒律、传统习惯和道德伦理来约束，法律是维护统治阶级权力和社会治安秩序的工具。在计划经济条件下，虽然社会化大生产程度很高，但没有独立的市场主体，政府利用行政权力来管理经济，配置资源。而在商品经济和市场经济条件下，随着商品生产、交换的规模越来越大，交换过程中产生的纠纷已经超出血亲、种族、道德伦理和行政权力等调整的范围，就需要有专门的权威的行为规则来约束和规范经济社会活动。可以说，市场经济的法律是以市场经济主体的权利与义务为核心的规律性法律体系。虽然在市场经济条件下，政府也要利用法律来实施控制和干预，但政府本身的权力也受到了法律的严格限定。

（二）法治是市场经济发展的内在要求

首先，市场主体地位的确立需要法治。在市场经济体制下，市场主体的资格要得到法律的确认，明确产权、充分尊重和平等保护各类市场主体的财产权。其中，企业应该是自主经营、自负盈亏的独立的市场主体，可以按照市场规律自主表达经济利益需求。法律保证市场主体对其合法拥有的物质财富享有支配、使用和处置的权利。市场主体的独立性又与平等性相联系、相统一。市场主体的平等地位是交换正常进行的前提，"参加交换的个人就已经默认彼此是平等的个人，是他们用来交换的财物的所有者"③，因此，法律应首先确认参与市场交换的所

---

① 《马克思恩格斯全集》第19卷，人民出版社1974年版，第423页。

② 《马克思恩格斯全集》第18卷，人民出版社1974年版，第347页。

③ 《马克思恩格斯全集》第19卷，人民出版社1974年版，第423页。

有人的平等地位。

其次，市场经济公平竞争规则的形成需要法治。市场经济是公平竞争的契约经济。竞争性是市场经济的特征之一，也是市场经济正常运行的推动力。马克思说："社会分工则使独立的商品生产者相互独立，他们不承认任何别的权威，只承认竞争的权威，只承认互相利益的压力加在他们身上的强制。"① 通过竞争形成优胜劣汰，达到合理配置资源的目的，是市场经济的特点，也是其优越性之所在。但是，各市场主体在竞争中为了追求和实现自身的经济利益，如前所述，会采取一些不规范的市场行为，如欺诈、虚假广告、违约、制假售假、不正当竞争等。这势必会妨碍市场竞争的正常进行，使市场活动陷入混乱无序的状态。只有通过法律形式构建法治经济，才能建立公平竞争的规则和秩序，市场交换中的合同和信用关系也只有得到法律上的确认，才能成为一种受法律保护的契约关系，才能防止权力对市场的不正当干预，保障市场经济活动的正常运行。

再次，法治是对市场经济进行宏观调控的重要手段。市场调节存在一定缺陷，存在市场失灵。市场机制有效作用的发挥离不开政府宏观调控的正确引导，但多年来的经济实践证明，对政府的宏观调控行为如果不加以规范，就会诱发其对市场主体的不当行为，政府就会为了特定时期、特定范围的利益，对市场经济活动进行不当干预，侵犯企业和个人的权利和利益。法律作为具有普遍、明确、稳定和强制特征的行为规范，把宏观调控纳入法治轨道，有利于提高国家宏观调控政策的科学性和客观性，保证市场经济的正常运行和健康发展。再者，社会主义法治既要确认市场经济的公平原则，又要确认社会主义消除两极分化逐步实现共同富裕的公平。需要将这两种公平既区别开来，又衔接起来。在市场经济条件下，确认每个市场主体的地位是平等的，而且主张机会公平、规则公平。但市场经济的公平，是等量资本取得等量利润的公平，是按生产要素所有权分配的公平。这实质上是资本所要求的公平，而不是劳动的公平，更不是社会主义所要求的消除两极分化、实现共同富裕的公平。市场经济是在价值规律自发作用下发展形成，不同市场主体占有多少不同的要素资源，必然形成资本强势、劳动力弱势的不平等，从而导致资本回报率高和劳动力回报率低的悬殊差别和分化。市场经济不仅承认这种差别，而且会自发地扩大这种差别。因此，这种分配差别是无法通过市场机制来调整的。这就需要国家依靠法治手段建立公平的社会主义收入分配机制和社会保障制度，自觉调节和缩小收入差距过大的趋势。否则，收入和财富分配的不公平必然会继续扩大，影响经济社会稳定和可持续发展，也影响社会主义制度的发展与完善。

---

① 《马克思恩格斯全集》第23卷，人民出版社1974年版，第394页。

三、在宪法规定的经济制度下发展社会主义市场经济

《决定》提出，要“完善以宪法为核心的中国特色社会主义法律体系，加强宪法实施”，“坚持宪法的最高法律地位和最高法律效力”，“坚持依法治国首先要坚持依宪治国，坚持依法执政首先要坚持依宪执政。……必须以宪法为根本的活动准则，并且负有维护宪法尊严保证宪法实施的职责。一切违反宪法的行为都必须予以追究和纠正”。可以说，在我国深化经济体制改革、发展和完善社会主义市场经济的过程中，宪法起着根本性的法律规范作用。也就是说，完善和发展社会主义市场经济，必须在宪法规定的社会经济制度下运行。

（一）弄清宪法对“社会主义经济制度”和“社会主义初级阶段基本经济制度”的不同规定

我国《宪法》规定：“中华人民共和国的社会主义经济制度的基础是生产资料的社会主义公有制，即全民所有制和劳动群众集体所有制。”又规定：“国家在社会主义初级阶段，坚持公有制为主体、多种所有制经济共同发展的基本经济制度。”这里，“社会主义经济制度”和“社会主义初级阶段的基本经济制度”是作为两个并立的规定提出的。但在理论界和实际部门中，不少人将两者相混同，把公有制和非公有制都作为“社会主义经济制度”的内容。其实，《宪法》明确规定，“社会主义经济制度”只以公有制为基础，包括国有经济即全民所有制经济与集体经济，不包括非公有制经济。社会主义经济制度存在于社会主义初级阶段、中级阶段和高级阶段，是不断发展与完善的过程。“初级阶段的基本经济制度”则既包括作为主体的社会主义公有制经济，也包括非社会主义性质的非公有制经济在内。社会主义社会制度以社会主义经济制度为基础。而社会主义经济制度以公有制为基础。《宪法》又规定：“国有经济，即全民所有制经济，是国民经济的主导力量，国家保障国有经济的巩固和发展。”

宪法规定，我国“实行社会主义市场经济”。也就是与社会主义经济制度相结合的市场经济，就是以国有经济为主导、公有制为基础或为主体的社会主义市场经济。实行和发展市场经济，应以坚持和发展社会主义经济制度和社会主义初级阶段的基本经济制度为条件。也就是应有利于“国家保障国有经济的巩固和发展”，而不是相反；应有利于巩固和促进公有制的基础和主体地位及其发展与完善，而不是相反。

（二）偏离宪法的一切私有化理论观点是错误的

多年来，总有人借口市场经济不存在“姓社”“姓资”的性质，反对在市场

经济前面冠以社会主义一词。然而，当今世界只有两种市场经济：一是与资本主义经济制度相结合的市场经济，即资本主义市场经济；二是与社会主义经济制度相结合的市场经济，即社会主义市场经济。反对提“社会主义”市场经济，必然走向资本主义市场经济。市场经济本身固然没有“姓资”“姓社”属性，但它只能与“资”或“社”的经济制度相结合，存在“资”与“社”的不同。有人主张市场经济的微观基础只能是私有制。然而，私有制的市场经济只能是资本主义市场经济。《宪法》明确规定我国实行的是“社会主义市场经济”。中国共产党党章也规定：“中国共产党领导人民发展社会主义市场经济”。主张去“社会主义”的市场经济或以私有制为基础的市场经济，显然是违背《宪法》与《党章》的。

更有甚者，有的学者断言：我国国有经济不是社会主义经济，而非公有制经济才是社会主义经济。他们将国有经济与希特勒的国家社会主义工人党相联系，称之为国家社会主义，而将私有制经济称作人民社会主义。主张去国家社会主义，搞人民社会主义。有的学者错解恩格斯在《反杜林论》中批判“冒牌社会主义”的论述，并以此为依据，否定我国国有经济的社会主义性质。恩格斯曾批判有人把俾斯麦的某些国有化措施称作社会主义，将其斥之为冒牌社会主义，当然是正确的。因为资本主义国家的某些国有经济是国家垄断资本主义。俾斯麦为了军事需要将铁路国有化，当然不是搞社会主义。而劳动人民掌握政权的社会主义国家的国有经济就是社会主义经济。这是从马列主义到毛泽东思想、到中国特色社会主义理论，到我国《宪法》和《党章》一以贯之的理论共识。

我国《宪法》将“社会主义经济制度”同“社会主义初级阶段的基本经济制度”两种规定并列提出、区别开来，就是要表明：以国有经济为主导的公有制经济是社会主义经济，而非公有制经济是非社会主义经济。因此，讲“社会主义经济制度”，只讲公有制经济；讲“基本经济制度”要强调公有制为主体。因为坚持公有制为主体才能保证社会主义经济制度和社会主义市场经济的存在。如果私有制经济也是社会主义性质的经济，就不需要强调公有制为主体了。有人把“非公有制经济是社会主义市场经济的重要组成部分”，理解为也是“社会主义经济的重要组成部分”，同样是误解和错解。“社会主义经济”是制度范畴；“社会主义市场经济”是体制范畴，不应混同。市场是统一的，不能按不同的经济成分分割为多种市场和市场经济。例如，外资企业是资本主义经济，而非社会主义经济，但也可成为我国社会主义市场经济的组成部分。这要以公有制经济即社会主义经济为主体的存在为条件。分清这些不同的概念和规定，有利于遵守宪法，在公有制为基础或为主体的经济制度下发展社会主义市场经济。

四、用法治引领和推动市场经济改革

随着我国传统比较优势弱化，经济发展进入一个新常态。重塑我国经济发展的新优势需要全面深化改革。在全面深化改革的过程中，就需要大力推进法治建设，构建法治的市场经济，就像习近平总书记多次强调的那样“以法治凝聚改革共识”，为市场经济的健康有序发展奠定基础，开辟道路。

（一）法治有利于完善现代市场体系，释放市场经济新活力

市场经济既是法治经济，也是规则经济、信用经济。法治是市场经济的基石。在实际经济运行中，还存在无序竞争、信用缺失、审批过多、权力寻租、市场混乱等现象，存在市场运行的安全风险，不利于各类市场要素活力的迸发。用法治来规范市场秩序，有助于构建统一开放、竞争有序的市场体系，打造规范有序、公平公正的市场环境。并可以通过减少经济生活中的不确定性，降低市场经济活动中的交易成本，促进商品和要素的自由流动。

依法推进改革，让改革在法治轨道上进行，是发展和完善社会主义市场经济的必要途径。党的十八届四中全会的《决定》提出要“实现立法和改革决策相衔接，做到重大改革于法有据、立法主动适应改革和经济社会发展需要。”这在一定程度上能有效避免以往改革中先实行后立法或不立法只实行所带来的法治轨道外的改革造成的损失。如20世纪最后十几年的国有企业改革，地方官员和企业高管可以随意处置国有资产，造成大量国有资产流失——如自买自卖、半买半卖、虚买实送，就是无法可依的改革的深刻教训。四中全会全面推进依法治国的决定，将根本扭转这种情况。法治的顶层设计将为全面深化改革提供引导和保障，为进入“三期叠加”阶段的中国经济治理和市场经济改革释放新的红利和动力。

（二）创新和完善产权保护制度

产权保护制度是关于产权界定、运营、保护的一系列制度安排，是社会主义市场经济存在和发展的重要条件，是坚持和完善基本经济制度的内在要求。在市场经济中，各个市场主体的资源禀赋不同。在市场竞争机制下，这种资源禀赋的差异可能导致弱势的市场主体（包括弱势群体）的利益或财富受到侵犯。因此，社会就需要制定一套公平的法律制度来给予保护和支持。虽然《民法通则》《合同法》《劳动法》《担保法》《物权法》等一系列法律的实施使对市场主体产权和利益的保护有了一定的法律依据，但伴随公有制实现形式的多样化和混合所有制经济的发展，对国家所有权、集体所有权、企业法人财产权、土地承包经营权等各类财产权的法律保护就显得明显滞后。

市场主体的财产权要依靠法治来得到充分的确认和维护。党的十八届三中全会决定指出：公有制经济财产权不可侵犯，非公有制经济财产权同样不可侵犯。

国家保护各种所有制经济产权和合法利益。投资主体多元化、多种所有制经济交叉持股的混合所有制经济已成为发展的必然趋势，各类财产权都要求有完善的产权保护制度作为保障。为此，十八届四中全会决定明确表示，要使市场在资源配置中起决定性作用和更好地发挥政府的作用，“必须以保护产权、维护契约为导向”。同时十八届四中全会决定还提出，要健全以公平为核心原则的产权保护制度，加强对各种所有制经济组织和自然人财产权的保护。这充分说明了平等保护不同所有制市场主体的产权的重要性。我国要“创新适应公有制多种实现形式的产权保护制度，加强对国有、集体资产所有权、经营权和各类企业法人财产权的保护”，在独立法人财产权下，“企业有权拒绝任何组织和个人无法律依据的要求”。

总之，创新和完善产权保护制度，有利于维护我国公有财产权，巩固公有制经济的主体地位。同时有利于保护私有财产权，促进非公有制经济发展。更有利于各类资本的流动和重组，推动混合所有制经济发展；有利于增强各类市场主体创新的动力，推动社会主义市场经济不断创新和持续发展。

（三）法治有利于厘清政府与市场关系的边界

法治是现代市场经济有效有序运行的基本条件。尽管经过多年的探索，我国的社会主义法律体系已经形成，但在当前经济社会发展过程中，有法不依、执法不严、权大于法、司法不公的现象依然存在，审批过多和监管不力并存，而且仍有部分地方政府运用行政权力对市场经济进行不合理干预等等。这些往往会导致资源错配和经济效率低下，制约市场配置资源作用的发挥。总之，我国经济改革中的诸多问题和矛盾的产生大都与法治缺失有关。

近年来，我国政府在持续推进政府职能转变，消除政府不当干预，各级政府大刀阔斧地进行简政放权、减少审批，让市场真正在资源配置中起决定性作用。我国将持续推进法治经济和法治政府建设，更清晰地界定公权力与私权力的边界，用法定责任整治权力缺位和滥用，以法治精神厘清政府、市场、企业之间的关系，明确政府在履行政府职能过程中的“权力清单”、“负面清单”和“责任清单”，让政府做好政府的事情，市场遵循经济规律做好市场的事情。十八届四中全会决定还明确指出，要依法全面履行政府职能，行政机关要坚持法定职责必须为、法无授权不可为，坚决纠正不作为、乱作为。推行政府权力清单制度，坚决消除权力设租寻租空间，绝不允许任何组织和个人有超越宪法和法律的特权，真正做到在法治轨道上开展工作。

（四）完善社会主义市场经济法治体系

我国社会主义市场经济发展已进入历史新阶段，改革进入攻坚期和深水区，依法推进市场化改革，提升国家治理能力显得更加突出。而我国目前的市场经济法律基础仍比较薄弱，法律规范仍不完善，与建设社会主义法治国家和法治市场经济的要求相比还有较大差距。法治建设与体制改革不同步等问题依然存在。例如，十八届三中全会提出发展国有资本、集体资本、非公有资本交叉持股相互融合的混合所有制经济，就需要有顶层设计与实施细则，将其纳入法治轨道，避免各行其是，造成新一轮的国有资产流失。因此，必须加快建设和完善我国社会主义市场经济法治体系。

要实现市场主体同权，就需要阻止和惩治官商勾结、权力与资本结合、权钱交易等损害人民利益的非法行为。“良法”才能“善治”。可以说，完善社会主义市场经济法治体系，是厘清政府与市场关系边界，保障市场经济持续健康运行的现实需要。要让宪法发挥出应有的威力。要加强党对完善社会主义市场经济法律法规制度的领导。《决定》指出“党的领导是中国特色社会主义最本质的特征，是社会主义法治的最根本保证”。在推进依法治国的过程中，坚持党的领导才能确保社会主义市场经济的改革方向，维护好和实现好最广大人民的根本利益。

澄清供给侧结构性改革的几个认识误区①

2015 年 11 月，习近平同志主持召开中央财经领导小组第十一次会议时强调，在适度扩大总需求的同时，着力加强供给侧结构性改革，着力提高供给体系质量和效率。2015 年年底召开的中央经济工作会议对于加强供给侧结构性改革提出了具体部署。几个月来，社会上出现了对供给侧结构性改革的种种解读，但有些解读并不准确，甚至存在较大偏差。只有澄清认识误区，从理论和实践的结合上完整准确地把握中央精神，供给侧结构性改革才能取得预期效果。

供给侧结构性改革与发挥“三驾马车”的经济拉动作用不是对立的

供给侧结构性改革是一个新的经济术语，是党中央提出的重大创新。不要简单从西方经济学如从萨伊的“生产给产品创造需求”的观点中找寻我国推进供给侧结构性改革的理论源泉，两者根本不搭界。萨伊是用供给创造需求、总供给会与总需求相一致，来否认资本主义会出现生产过剩的经济危机，为资本主义制度辩护。我国的供给侧结构性改革是在供给侧结构与需求侧结构失衡的现实形势下采取的新的举措。也不要用某国供给侧改革失败来说事。我国是从自己的经济运行的实际问题出发所采取的看得见摸得着的改革措施，会有利于经济的更好发展。

为了要正确认识和理解供给侧结构性改革，需要到中央的有关论述中寻找答案。2015 年年底的中央经济工作会议指出，“推进供给侧结构性改革，是适应和引领经济发展新常态的重大创新”，应当“在理论上作出创新性概括，在政策上作出前瞻性安排”，进一步“加大结构性改革力度，矫正要素配置扭曲，扩大有效供给，提高供给结构适应性和灵活性，提高全要素生产率”。由此可见，我国的经济政策重点转向供给侧结构性改革，是要“矫正要素配置扭曲，扩大有效供给”。这里强调“提高供给结构适应性和灵活性”，是讲要提高供给结构对需求

① 本文原载《人民日报》2016 年 4 月 20 日。

变化的适应性和灵活性。决不能将供给侧结构性改革与扩大需求分离甚至对立起来，决不能割裂供给与需求的内在关系。供给侧结构性改革是为了通过调整供给结构更好地发展经济以适应和满足国内外市场需求，是适应和引领我国经济发展新常态的重大举措。

有的观点认为，过去一直强调的发挥“三驾马车”（消费、投资和出口）对经济增长的拉动作用属于需求侧管理，需求侧管理与供给侧结构性改革是对立、矛盾的，因而推进供给侧结构性改革就要抛弃“三驾马车”。其实，供给侧结构性改革与需求侧管理不仅不矛盾，而且消费、投资和出口的“需求”是从发展经济要满足这三方面的需要来讲的，其中只有消费需求是相对于供给侧的需求，出口和投资则不能简单地看作是相对于供给侧的需求。

“三驾马车”中的消费，主要是指国内的消费需求，国内需求旺盛会有力地带动经济发展。2015 年，我国国内消费对社会经济增长的贡献率达到 66.4%。现在和将来依然要重视扩大国内消费需求，它与供给侧结构性改革不是分离的、而是统一的。关于投资，固然存在对投资品的需求，但投资作为生产行为，是为需求提供产品，属于供给侧范畴。至于出口，是用以满足国外的消费需求，对我国来讲，是向国外供给产品，也属于供给侧范畴。因此，不能将促进“三驾马车”拉动经济增长的政策简单地理解成需求政策，也不能误以为中央提出供给侧结构性改革是为了取代对于“三驾马车”的需求侧管理。当前我国仍然需要发挥消费、投资和出口对经济发展的拉动作用。从消费方面说，既要考虑贯彻“十三五”规划纲要、几千万贫困人口脱贫后对日用消费品需求的扩大，更要在供给结构方面适应国内消费需求结构发生变化的新形势，生产适销对路、质优价廉、安全方便的产品。特别是随着居民收入和生活水平的提高，使得社会对中高端消费品的需求增加，要求增加中高端商品的多样性供给。从投资方面说，经济发展离不开投资，我国每年仍然需要新增投资以满足经济发展需要。但应更加注重投资效率的提升和投资结构优化，做到有压有增，按照“矫正要素配置扭曲，扩大有效供给”的方针进行投资。从出口方面说，由于受国际需求疲软的影响，我国近年来出口贸易减少，应积极探索扩大出口贸易的新途径，包括优化出口结构，提供更加适应国际市场需要的优质中高端产品；提高出口产品附加值，推动我国产业向价值链高端攀升，等等。

可见，供给侧结构性改革不是针对促进“三驾马车”发挥作用的需求侧管理，反而恰恰是要求投资和出口作为提供产品的供给方进行适应需求变化的结构性改革，实现需求侧与供给侧更好契合、有机统一。因此，在供给侧结构性改革的实践中，事实上要包括投资结构性改革和出口结构性改革。

产能过剩、供给结构与需求结构失衡的原因和表现错综复杂，不能简单化理解

随着经济不断发展，我国需求结构发生变化，新的更高层次的需求不断涌现，而供给并未有效适应发展变化了的需求，导致供给与需求不匹配，这是发展中的结构性供求失衡。在实际工作中，应重点关注供给与需求失衡的两种情况。

情况一：供给大于需求与产能过剩。当某产品在一定时期内的供给严重超过需求时，就会出现产能过剩的情况。产品过剩可以分为生产资料产品过剩和消费资料产品过剩。我国目前突出存在的问题是由某些重要生产资料如钢铁、煤炭等过剩形成的产能过剩，产品积压、价格下跌，导致一些企业经营困难。

产能过剩的原因是什么？存在不同的看法。有观点认为，产能过剩是市场决定资源配置的作用发挥不够、国家干预过多的结果。另有观点认为，造成这个问题的根源在于市场秩序混乱，既没有形成有效的行业自律，又存在明显的地方保护和政府监管失效。后一种观点更符合理论与实际。西方发达国家是成熟的市场经济国家，但会周期性地出现生产过剩即产品与产能过剩。这正是市场经济规律发挥作用的表现，是市场自发性调整机制的表现。市场经济运行的客观规律是通过供求规律、竞争规律、价值规律调节市场供求。在经济趋热时，生产要素供给紧张，价格不断提高，促使钢铁、煤炭等企业增加产能，以扩大供给；但在经济紧缩、需求减少时，则会转为供过于求的情况，形成过剩产能。因此，我国实行社会主义市场经济，既要认识市场经济决定资源配置的灵活性、效率性、有效性，这是主要方面；又要看到其调节功能的滞后性、自发性所带来的短缺与过剩交替出现，这并不是政府干预过多的结果。应认识到，由于我国存在行业自律机制不健全、存在地方保护和监管失效等问题，产能过剩问题更为复杂。因此化解产能过剩，既不能回归计划经济老路，也不能完全放给市场，用得着"更好地发挥政府的作用"。应在充分发挥市场配置资源决定性作用的同时，加强和改善宏观调控。要把握市场运行规律，作出战略性、前瞻性安排，打破地方保护，提高宏观调控能力。

至于某些一般消费资料产品的过剩，其主要原因之一是低收入群体和贫困人口虽有实际需求，但缺少支付能力。这一问题并不是供给侧的问题，而是有效需求不足的问题。目前，我国存在5500多万贫困人口。随着这些人口逐步脱贫进入全面小康社会，随着居民收入不断提高，对一般消费品的需求量会显著扩大。因此着力扩大低收入群体的消费需求，是解决一般消费品供给过剩的一个关键。当然，一般消费品也需要不断提高质量、升级换代，以更好地适应市场需求。

要区别我国的产能过剩同资本主义国家产能过剩的不同。资本主义生产和产能过剩，会造成经济危机，大量工厂倒闭，广大工人失业，购买力萎缩，商品价格大幅下跌，……我国产能过剩是局部性的或结构性的，社会就业总量仍在增加，2015 年，我国城镇新增就业人数为 1312 万人。居民购买力和消费量在增加，2015 年，我国实现社会消费品零售额达到 30.1 万亿元，同比增长 10.7%。不存在西方那种经济危机。我国解决产能过剩问题，既要发挥市场调节作用，更要发挥政府解困作用，由政府对关停企业的工人作出统筹安排。

情况二：有效供给不足，不能适应和满足需求结构变化的市场需求。当前我国存在的供给结构性问题，一方面是某些产品供给过剩，引致产能过剩；另一方面是某些产品缺乏有效供给，难以满足生产和生活消费的需要。比如，我国的钢铁产能总量过剩，但一些特殊的高级钢材仍需要进口。前阵子媒体热议的圆珠笔芯的圆珠，就是国内无法生产而需要进口的。虽然通过进口也能满足国内生产和消费需求，但这表明我国在很多领域还有巨大的市场需求难以通过自主生产来满足，这些领域不是产能过剩，而是有效供给不足。出现这一情况的主要原因是技术水平落后，需要通过技术创新来解决。

又比如，随着我国居民生活水平的提高，高收入阶层增加了对高级消费品的需求，在海外购买奢侈品成为高端消费者的消费常态。有资料表明，2015 年全球奢侈品营业额中一半来自于中国消费者，中国消费者的花费达 1168 亿美元。其中，910 亿美元以上的奢侈品消费发生在海外，这意味着中国消费者 78% 的奢侈品是在国外购买的。同时，由于一些居民对假冒伪劣商品和食品安全问题心存顾忌，连许多一般消费品也在国外购买。还有一些日用消费品中国并不缺，可是国外产品加了点小技巧，使用更方便或是质量更高，国人也会大量购买。由于多种原因，我国相当大一部分购买力流向国外，不利于我国经济发展。

所以，供给结构出现问题的原因是它不能与需求结构变化相适应。推进供给侧结构性改革，需要对生产结构和消费结构进行具体分析，既强调供给又关注需求，提高供给体系的质量和效率，致力于使供给结构与需求结构变化相一致。

供给侧结构性改革不可能一蹴而就，需要统筹抓好近期任务和长期任务

推进供给侧结构性改革，中央提出要抓好去产能、去库存、去杠杆、降成本、补短板五大任务。有人认为，这五大任务是近期任务。不言而喻，这五大任务提出后就要抓紧实施，力求尽快见到成效，但并非都是近期任务，有些需要付出长期努力。其中，去产能、去库存是近期需要完成的任务，以帮助一些行业和企业尽快脱困，尽快改善经济运行质量、提高资源配置效率。而降成本、补短板则不是短期能完成的，需要远近结合、统筹谋划。降成本，固然在短期内可通过减税、企业挖潜、节约成本等见效，但从根本上看，我国一些产品的成本和价格远高于发达国家，是由于我国生产技术水平和劳动生产率比人家低很多。生产技

术水平高，产品的质量和档次就高。劳动生产率高，产品的成本就低，价格也低。我国的产品要提高质量和档次，需要科技创新、管理创新、制度创新，还需要不断提高职工的能力素质和操作水平。这样才能既提高产品的科技含量和质量，又降低成本和价格，提高产品的国际竞争力。补短板，包括两个方面：一是增加产品的品种数量。有资料表明，我国的产品种类至多有 30 多万种，而发达国家有 60 万至 70 万种。二是开发高端新产品。由于技术水平的问题，我国所需要的某些高端产品不能自产，需要通过进口满足需要。开发高端产品，扩大高端产品生产能力，是补短板的主要任务。这同样需要抓科技创新，需要政府、企业、科研机构相互配合、协同发力，是一个需要持续推进、久久为功的过程。

推进供给侧改革需要让市场功能和政府功能有效组合

实行供给侧改革，中央提出五大任务。从字面上看，容易认为这完全是一种政府行为，是政府加大了对市场干预。这种理解和认识并不科学。不错，完成这五种任务，首先是去产能、去库存，离不开政府的作为，在市场配置资源的运行中出现供求严重失衡的特殊形势下，需要有效发挥政府宏观调控的职能。但政府的这种作为，是在市场决定资源配置的基础上实行的，又与市场配置资源的方向是一致的。如果政府不出手，完全由市场自发调节供求关系，市场竞争，优胜劣汰，会有许多产能严重过剩的企业破产倒闭，大量工人失业。如果政府不作为，任由国内假冒伪劣和有毒商品泛滥，国人将会更大规模地涌向国外市场，国内市场会萎缩，也会有大量企业破产倒闭，更多职工失业。现在，在供求结构性失衡的情况下，需要发挥政府弥补和支持市场功能的作用。政府的作用完全是正面的，又是与市场调节作用相结合的。从实际情况来看，作为供给侧结构性改革的重要一环，即投资结构性改革，需要有关企业按照市场需求的变化组织有效投资，从而提供有效供给。同样，出口结构性改革也需要外贸企业根据国外市场需求变化组织货源，依然是市场决定资源配置。政府的作用是协调市场功能，稳定市场和社会秩序，有利于企业和社会的和谐发展。根据初步统计，为缓解钢铁和煤炭行业产能过剩，会有 180 万职工下岗。如果完全靠市场调节，这些职工必然面临完全失业的境地。我国政府不能坐视不管，中央财政要拿出一千亿元资金，用于下岗职工安置。这种政府作为是弥补市场功能的不足。如果把这视作政府干预，那是减少市场混乱、有利于企业发展、有利于对下岗职工统筹安排、减少和免除失业的正面效应。社会主义市场经济，既要发挥市场决定资源配置的作用，又要“更好发挥政府的作用”。政府的有效宏观调控对市场运行要起引导作用和弥补市场失灵的作用。

工人阶级是先进生产力和生产关系的代表[①]

习近平同志在2013年4月28日同全国劳动模范代表座谈时的讲话中指出："工人阶级是我国的领导阶级，是我国先进生产力和生产关系的代表，是我们党最坚实最可靠的阶级基础。"对这一重要的马克思主义基本理论观点，需要认真领会和把握其要义。

一、先进生产力的代表，必然也是先进生产关系的代表

生产力是人类社会发展的最终决定力量，是最活跃、最革命的因素。生产力在不断发展中，会不断有新的发现和发明，有新的创新，这种新的生产力因素积累到一定程度和阶段，就会形成整体上新的生产力，或称作先进生产力。生产力决定生产关系，新的、先进生产力会决定新的生产关系的形成，这又会产生新的阶级状况和构成。新的生产力需要有占主导地位的阶级来驾驭和发展。这一阶级就成为新的、先进生产力的代表。由于生产力和生产关系是社会生产不可分割的两个方面，生产力总是在一定的生产关系下发展的，而生产关系总是以一定生产力为基础的。新的、先进生产力要求新的生产关系与其相适应。因此，代表先进生产力的阶级必然同时代表先进生产关系。

代表先进生产力的阶级，就是要善于驾驭和利用并推进先进生产力来发展经济和社会事业，掌握先进生产力发展的方向，不断提高和创新先进生产力的水平。代表先进生产关系，就是要在生产力发展的基础上，致力于巩固、完善和发展先进生产关系，实现自己的阶级利益。

在不同的社会历史发展阶段，有不同的阶级来代表先进生产力和生产关系。在封建社会末期，资产阶级在反对封建主义，建立资本主义制度的历史进程中，曾是革命的阶级，它作为新的、先进生产力的代表，促进了资本主义社会生产力的快速发展。《共产党宣言》中讲："资产阶级在它的不到一百年的阶级统治中

---

① 本文原载《光明日报》2013年5月11日。

所创造的生产力，比过去一切时代创造的全部生产力还要多，还要大。自然力的征服，机器的采用，化学在工业和农业中的应用，轮船的行驶，铁路的通行，电报的使用，整个大陆的开垦，河川的通航，过去哪一个世纪料想到在社会里蕴藏有这样的生产力呢？”

资产阶级在新的、先进的生产力基础上建立和发展了资本主义新生产关系，取代了旧的封建主义的生产关系。资产阶级作为新的生产关系的代表，积极维护、巩固和不断发展与完善资本主义生产关系，维护、实现和发展本阶级的利益。尽管资本主义也是一种剥削制度，马克思和恩格斯对资本主义剥削制度进行了揭露和批判，但又指出：与封建剥削制度相比，工人具有了人身自由，可以“自由地”出卖自己的劳动力，选择雇主。资本主义用“经济强制”手段取代了封建主义“超经济强制”。马克思指出：资本主义剥削方式比起奴隶制和封建制的剥削方式来有其进步的一面。“资本主义文明面之一是，它榨取剩余劳动的方式和条件，同以前的奴隶制、农奴制等形式相比，都更有利于生产力的发展，有利于社会关系的发展，有利于更高级的新形态的各种要素的创造。”但是，历史的辩证法决定了资本主义必然要经历由产生、发展、成熟到走向衰落（周期性的经济、金融危机是其表现）的历史过程。资产阶级在发展了社会化的大生产的同时，造就了自己的掘墓人——无产阶级。无产阶级为反抗剥削、维护自己的权益，为建立新的社会经济制度，展开了经济和政治斗争。资本主义终将被社会主义所取代，这是社会历史发展的客观规律。

二、工人阶级取代资产阶级成为先进生产力和生产关系的代表

在资本主义走向衰落、社会主义运动兴起的历史过程中，资产阶级不能再代表先进生产力和生产关系了，取而代之的是工人阶级。《共产党宣言》中指出：无产阶级将利用自己的政治统治，把全部生产资料集中在自己手中，以公有制取代私有制，“并且尽可能快地增加生产力的总量”。也就是说，工人阶级在新社会制度下要创造出快于和总量大于资本主义制度下的生产力，但不是为发展生产力而发展生产力，而是为了建立新的生产关系，为广大劳动人民谋取利益。《共产党宣言》中讲：“在共产主义社会里，已经积累起来的劳动只是扩大和提高工人生活的一种手段。”工人阶级的社会主义运动“是为绝大多数人谋利益的独立的运动”，是要消灭“人对人的剥削”。工人阶级要“以统治阶级的资格消灭旧的生产关系”，“消灭阶级对立的存在条件”，要建立每个人“自由发展”的“联合体”，也就是要建立新的社会主义和共产主义的生产关系。马克思在《经济学手稿》中也讲：在未来的新社会制度中，“社会生产力的发展将如此迅速……生产将以所有的人富裕为目的”。这事实上告诉我们，什么是社会主义和怎样建设

社会主义的问题。搞社会主义，就是要建立快速发展生产力，实现共同富裕的社会。因此，建设社会主义必须抓两大环节，一是快速发展生产力，二是逐步实现共同富裕。其他社会主义的要求和特点，都是由此引出来的。为实现共同富裕，就要以消灭剥削和消除两极分化为前提，这就要求以公有制为基础。邓小平关于社会主义本质的论述，正是对马克思的观点的概括和发展。从马克思的理论阐述中，可以明确：在社会主义取代资本主义的历史进程中，工人阶级既要代表先进生产力，着力于快速发展新的生产力；又要代表新的社会生产关系，着力于建立、发展和完善社会主义生产关系，维护好、实现好、发展好工人阶级和全体劳动人民的利益，着力于实现社会主义的根本原则——共同富裕。

三、中国工人阶级通过共产党代表着先进生产力和生产关系

1949 年前的旧中国，是一个半殖民地半封建制度的国家，生产力极端落后，劳动人民遭受“三座大山”的剥削与压迫，民不聊生，极端贫困。统治阶级及其政府既不能代表先进生产力，也不可能代表先进生产关系，只是代表落后的生产力和生产关系，阻碍着生产力的发展和新生产关系的建立。广大个体农民也不能成为先进生产力和生产关系的代表。只有工人阶级和作为工人阶级先锋队的中国共产党，才是代表先进生产力和生产关系的力量。在取得政权以前，在解放区致力于发展生产力和新生产关系——新民主主义生产关系，但其理论和实践、战略谋划，是在致力于代表中国的先进生产力和生产关系的运动，为此而进行革命斗争。新中国成立后，工人阶级成为领导阶级，登上在全国大力发展生产力和社会主义生产关系的历史舞台。工人阶级成为代表先进生产力和生产关系的主体。这种使命是通过作为工人阶级先锋队的共产党的理论、路线和方针政策实现的。

需要明确：任何个人、任何企业和其他社团，都不能成为先进生产力和生产关系的代表。在中国特色社会主义制度下，个人、企业、社团，只能是在自己的工作范围内，践行工人阶级代表先进生产力和生产关系的历史使命。代表的主体，只能是工人阶级整体，是作为工人阶级先锋队的中国共产党。不能因为某个企业——不论私企或国企——采用了先进技术设备，或有所创新和发明，就认为它代表了先进生产力。即使某个人有重大科技创新，也不能说他代表了先进生产力。因为“代表”一词的含义，是从全国和全社会范围着眼的。个人、企业和社团的“践行”，不等于担负起“代表”的使命。

新中国成立以来，特别是改革开放 30 多年来，工人阶级和共产党代表先进生产力，着力于生产力特别是新生产力的快速发展。其成就超过了旧中国的几个百年。十八大报告提出实施创新驱动发展战略，坚持自主创新道路，提高原始创新、集成创新和引进消化再创新能力，更加注重协同创新。体现了新形势下代表

更高层次先进生产力的视野和谋划。在着力于先进生产力发展的同时，又着力于社会主义新生产关系的发展与完善，倡导以人为本的科学发展，强调民生为重，权为民所用、利为民所谋，强调社会主义公平正义，着力于分配关系和整个社会关系中效率与公平的统一。特别是党的十八大报告强调“必须坚持走共同富裕的道路。共同富裕是中国特色社会主义的根本原则”，着力解决收入分配差距过大问题，要把保障和改善民生放在更加突出的位置，加紧建设对保障社会公平正义具有重大作用的制度。为此，“要毫不动摇巩固和发展公有制经济，推行多种实现形式。不断增强国有经济的活力、控制力、影响力”，也要毫不动摇鼓励、支持、引导非公有制经济发展。所有这一切，表明了中国工人阶级及其先锋队——中国共产党，在代表先进生产力和生产关系的历史使命中的战略布署和重大举措。

工人阶级作为领导阶级，作为党的最坚实可靠的阶级基础，只有履行好代表先进生产力和生产关系的历史使命，中国特色社会主义制度才能不断巩固、发展和完善，才能在国内外复杂严峻的各种挑战中立于不败之地。

第三篇

关于中国特色社会主义经济理论的一些问题

深化对中国特色社会主义经济理论的认识[①]

党的十八大以来，以习近平为总书记的党中央与时俱进、开拓创新，逐渐形成了全面建成小康社会、全面深化改革、全面推进依法治国、全面从严治党的四个全面战略思想。四个全面战略思想在理论形态上是中国特色社会主义理论体系的新成果。中国特色社会主义经济理论体系是中国特色社会主义理论体系的基础和核心。为深化对中国特色社会主义经济理论的认识，本刊特邀著名经济学家、中国人民大学经济学院卫兴华教授对中国特色社会主义经济理论的坚持、创新与发展进行深入解读。

一、四个全面战略思想是中国特色社会主义理论体系的新发展

黄丽云：党的十八大以来，以习近平为总书记的党中央在治国理政的实践中着力理论创新，逐渐形成了四个全面战略思想。您作为经济学家，如何看待四个全面战略思想对中国特色社会主义理论的新发展？

卫兴华：四个全面战略思想是多层次的逻辑严密的系统理论。四个全面战略思想与中国特色社会主义理论体系一脉相承，都是中国共产党人以马克思主义为指导，在中国特色社会主义建设实践中的理论创新成果。四个全面都与中国特色社会主义经济理论与实践有着内在联系。全面建成小康社会，属于中国特色社会主义走共同富裕道路的内容；全面深化改革，首先要全面深化经济体制改革。发展与完善社会主义市场经济体制，属于中国特色社会主义经济理论与实践的内容；全面推进依法治国，包括依法改革与发展，依法坚持公有制为主体，多种所有制经济共同发展的基本经济制度。要依据宪法“保障国有经济的巩固和发展”。要保障我国市场经济在法治轨道上运行。全面从严治党，是坚持和发展中国特色社会主义的政治条件，只有中国共产党的正确领导，才能实现中国特色社会主义的顺利发展。中国特色社会主义是对马克思列宁主义、科学社会主义的坚

---

① 本文原载《东南学术》2015 年第 5 期。

持、发展与创新，是中国共产党经过新民主主义革命和社会主义革命的长期社会主义实践的结果，是总结了社会主义建设与发展中得失成败、正反两方面的经验与教训而提出和不断发展的新型社会主义。中国特色社会主义，是一种适合中国国情的新型社会主义制度，是从中国实际出发所走出的一条新的社会主义道路；又是在发展与改革的实践中形成的一套中国特色社会主义理论体系。中国特色社会主义，是以中国特色社会主义经济为基础的，中国特色社会主义理论体系以中国特色社会主义经济理论体系为支柱和核心。经过中国共产党人 90 多年来的不断探索，经过新中国 60 多年来的社会主义实践，特别是经过近 40 年来改革开放的实践与理论的发展和创新，我国已形成了适用于整个社会主义初级阶段的中国特色社会主义经济理论体系。就是说，它已不是个别的原理和原则，而是具有丰富内容的和相互联系的、包括生产力发展特点和生产关系体系特点的较为完整的理论体系。

二、中国特色社会主义经济理论的十大内容

黄丽云：您将中国特色社会主义经济理论体系概括为十大理论内容，请您跟我们介绍一下这十大理论的主要内容。

卫兴华：对这个问题，理论界有不同的概括和论述。见仁见智，角度和撷取有异。但从主要内容来看是基本一致的。我根据对这一理论体系的理解与把握将其概括为十大理论内容。一方面着重从正面阐述和评析这一理论体系的重要内涵和实践意义；另外又对偏离这一理论体系本意的有关解读和观点辩明理论是非，力求准确科学地予以把握。

1. 社会主义本质论。讲社会主义本质，在“社会主义”这一概念中已经包含了作为社会主义经济基础的公有制和作为社会主义分配原则的按劳分配。社会主义本质的实现，要以公有制和按劳分配的存在为前提。最能体现社会主义本质的是以下两个方面的规定：一是快速发展生产力；二是实现共同富裕。它涵盖了生产力和生产关系两方面。发展生产力，是实现共同富裕的物质条件；而消灭剥削，消除两极分化是实现共同富裕的社会制度条件。

2. 社会主义经济是公有制基础上的有计划的商品经济论。党的十二届三中全会通过的《中共中央关于经济体制改革的决定》提出“商品经济的充分发展是社会主义经济发展不可逾越的阶段”。并指出：传统经济体制的弊端之一，“就是忽视商品生产、价值规律和市场的作用”，要突破把计划经济与商品经济对立起来的传统观念。在后来的有关文件和论述中，将这个论断发展为“社会主义经济是公有制基础上的有计划的商品经济”。社会主义经济是制度性范畴，商品经济是存在于多个社会的非制度性范畴，它不能规定任何社会经济制度的本

质。但强调提出社会主义经济是有计划的商品经济，对社会主义经济体制改革具有重大理论意义。

3. 社会主义市场经济论。党的十四大报告指出："我们要建立的社会主义市场经济体制，就是要使市场在社会主义国家宏观调控下对资源配置起基础性作用。"对社会主义市场经济的内涵需要把握三点：其一，通过市场机制直接调节企业的经营活动，实现市场在资源配置中的基础性作用（现改称"决定性作用"）；其二，社会主义市场经济是将市场经济与社会主义基本制度结合起来；其三，社会主义国家要从宏观层次上对市场经济进行调控，以减少市场的盲目性和自发性，要用"看得见的手"引导"看不见的手"。

4. 社会主义初级阶段基本经济制度论。改革开放以后，党中央根据我国生产力水平低、多层次、不平衡的情况，提出社会主义处于初级阶段的理论。这一科学定位，可以避免不再盲目地去干一些超越阶段的错事。社会主义初级阶段理论的提出，为调整所有制结构和收入分配结构提供了理论支持。坚持现阶段基本经济制度，就是既不搞单一的公有制，又决不搞私有化。

5. 按劳分配为主体多种分配方式并存论。公有制为主体多种所有制经济共同发展的所有制结构，决定了我国社会主义初级阶段的分配方式必然是按劳分配为主体，多种分配方式并存。所谓多种分配方式，就是除社会主义公有制经济中实行按劳分配外，在私营和外资经济中实行按生产要素所有权分配，即现在所讲的按资本、劳动力、管理工作、科技工作等的"贡献"进行分配。

6. 社会主义公平与效率统一与并重论。党的十七大明确提出："初次分配和再分配都要处理好效率与公平的关系，再分配更加注重公平。"并且在总结我国改革开放以来所取得的十大"宝贵经验"中，将"把提高效率同促进社会公平结合起来"作为列入其中的一条。其实，"效率"是生产领域中的概念，如生产效率、劳动效率等。分配领域不存在分配效率高低的问题，只存在分配是否公平合理的问题，应是生产重效率、重质量，分配重公平。应是发展经济要把效率和公平统一起来，两者并重。

7. 三条"是否有利于"的判断标准论。邓小平在1992年的南方谈话中提出了三条判断标准：是否有利于发展社会主义社会的生产力，是否有利于增强社会主义国家的综合国力，是否有利于提高人民的生活水平。邓小平理论是把生产力标准与社会主义价值标准（主要是生产关系标准）统一了起来。如果只强调社会主义道路、社会主义公有制，而忽视生产力标准，只能搞贫穷的社会主义，社会主义价值标准也难以实现。如果反过来只强调生产力标准，而忽视社会主义的价值标准，特别是共同富裕原则，就会出现贫富分化、偏离社会主义生产关系和生产目的。

8. 转变经济发展方式与科学发展论。转变经济发展方式，主要是从发展生产力和调整社会经济关系的两方面途径着手。转变生产力发展方式包括诸多方面，如经济结构调整、产业结构优化升级、科技进步与创新、发展高新技术产业和新型战略产业，实现管理创新，提高劳动者素质，实现可持续发展等等。但只重视这些方面的内容是不够的，还应重视转变经济发展方式所包括的社会经济关系的发展和优化的内容。

9. 坚持独立自主同扩大开放、参与经济全球化相结合论。我国作为发展中的社会主义大国，发展经济与社会事业应放在独立自主、自力更生的基点上。既对发达国家开放，也对发展中国家开放。开放的内容，既有引进先进技术设备和人才；也有引进外资，发展外资经济；并坚持“走出去”的发展战略，鼓励到国外投资，发展对外贸易等。实行对外开放，实际上是参与了经济全球化进程。

10. 改革、发展、稳定三者关系统一论。改革是动力、发展是目的、稳定是前提。改革，是为了更好更快地发展。发展，是为了满足人民日益增长的物质文化需要，实现共同富裕。稳定，是为改革与发展提供一个和谐而宽松的环境。改革与发展同稳定是互相依存与促进的。改革的力度与发展的速度要考虑社会可承受的程度。

三、经济体制改革的理论是非辨析

黄丽云：党的十八届三中全会通过《中共中央关于全面深化改革若干重大问题的决定》，全面深化改革的重点是经济体制改革。我国经济体制改革经历了漫长的探索过程，也产生了一些理论是非。您长期进行科学社会主义和中国特色社会主义经济理论的研究，请您跟我们谈谈您的见解。

卫兴华：我国经济体制改革经历了由计划经济体制向社会主义市场经济体制转变的过程。由最初的计划经济为主，市场调节（市场经济）为辅，到有计划的商品经济体制；到计划和市场覆盖全社会，国家调节市场，市场引导企业；到计划经济与市场调节（市场经济）相结合；再到最后建立社会主义市场经济。

在经济体制转轨问题上，存在一些理论是非需要研究和澄清。

第一，应当用历史观点看待由计划经济转向市场经济的改革过程。不应全盘否定社会主义在一定时期内实行计划经济的必要性和作用。苏联实行计划经济，也曾起过着力推进生产力发展的作用，迅速缩小了落后的沙皇俄国时期与美国的经济差距，为战胜强大的法西斯德国奠定了物质技术基础。新中国成立后也曾实行计划经济，尽管有“左”的失误，但发展成就也超过了旧中国百年以上。而且，生产力落后的新中国，如果在发展的初期就搞市场经济，就难以集中力量在短时期内建立完整的工业体系，也难以大力发展以国有经济为核心的社会主义经济。但计划经济有其内在的弊端，在经济发展到一定阶段时其弊端显露得更明显，这时就需要转轨，最终确立了社会主义市场经济。

第二，有人把邓小平和陈云的理论观点对立起来，认为前者是市场经济派，后者是计划经济派。而且存在褒市场经济贬计划经济和褒计划经济贬市场经济的对立。这两种对立观都与未准确掌握邓小平与陈云的理论观点有关。不少学者没有准确解读邓小平于 1979 年 11 月 26 日与外宾谈话时所提出的社会主义市场经济的本意，认为邓小平那时就肯定提出了我国现在实行的社会主义市场经济。当时邓小平说："说市场经济只存在于资本主义社会，只有资本主义的市场经济这肯定是不正确的。社会主义为什么不可以搞市场经济，……我们是计划经济为主，也结合市场经济，但这是社会主义的市场经济。"① 如果断言邓小平远在 1979 年就提出现在实行的社会主义市场经济，就会产生一系列难以说明的理论与实践的矛盾。兹举几例：例一，1984 年 9 月 9 日，赵紫阳总理写给邓小平等中央领导同志的信中讲，我们所要建立的管理体制是"不同于资本主义那样的市场经济"，获得同意，并将全信内容公开发表。例二，1984 年，《中共中央关于经济体制改革的决定》中继续讲计划经济的优越性，并强调指出，"就整体说，我们国家实行的是计划经济，而不是那种完全由市场调节的市场经济"。邓小平对这一决定的内容给予高度评价，完全肯定。例三，直到 1989 年，江泽民在国庆 40 周年大会上还讲："如果一味削弱乃至全盘否定计划经济，企图完全实行市场经济，在中国是行不通的，必须导致经济生活和整个社会生活的混乱。"这一重大会议的讲话必然要经过邓小平的认同。例四，1989 年"六四风波"后，邓小平在 6 月 9 日的讲话中讲："我们要继续坚持计划经济与市场调节相结合，这个不能改。……以后还是计划经济与市场调节相结合。"②

实际上，邓小平 1979 年 11 月 26 日所讲的内容，是计划经济为主，市场调节（市场经济）为辅的观点的另一种表述。计划外的完全由市场调节的经济，就是市场经济。"为主为辅"的观点是陈云提出的。得到邓小平的赞同。在 1982 年 4 月 3 日的一次谈话中，邓小平讲："最重要的，还是陈云同志说的，公有制基础上的计划经济，市场调节为辅。"③ 并且，将这一体制模式写入 1981 年邓小平主持制定的《关于建国以来党的若干历史问题的决议》中。

弄清邓小平 1979 年关于社会主义的市场经济讲话的本意，就可以明了邓小平和陈云的观点是一致的，不存在计划派与市场派的对立。原国家计委的一位老局长写文章说，陈云在 1979 年 3 月刚讲计划经济为主，邓小平 1979 年 11 月就

① 《邓小平文选》第 2 卷，人民出版社 1993 年版，第 236 页。
② 《邓小平文选》第 3 卷，人民出版社 1993 年版，第 306 页。
③ 中共中央文献研究室：《陈云年谱》下册，中央文献出版社 2015 年版。

提出搞市场经济。他就此进行褒贬。既错解了邓小平的原意，也错解了陈云的观点。因为陈云讲市场调节为辅，就是市场经济为辅。其实，早在 1979 年 2 月，李先念就和陈云谈论过，两者主张计划经济和市场经济相结合，市场经济是补充，不是小补充，是大补充。①

第三，邓小平关于社会主义市场经济的理论观点，也有一个发展过程。他原来也是坚持计划经济的。后来同意陈云以计划经济为主，市场调节为辅的改革模式。往后又赞同公有制基础上有计划的商品经济模式，接着又提出计划经济与市场调节（市场经济）相结合，直到 20 世纪 90 年代初的南方谈话，才确定了社会主义市场经济的改革模式。有关我国社会主义经济中“市场调节”“市场经济”概念和理论观点的最先提出是陈云和李先念，获得邓小平的赞同。但后来邓小平超越了计划经济为主、市场调节（市场经济）为辅的板块结合的模式，改为计划经济与市场调节（市场经济）有机结合的模式。最后突破了社会主义不能全面实行市场经济的传统观点，建立了由市场配置资源的社会主义市场经济体制。

四、社会主义经济增长和经济发展的问题

黄丽云：近年来，中央和理论界一再强调加快转变经济发展方式。您刚才谈到，经济发展方式转变要从发展生产力和社会经济关系的途径两个方面的统一为着眼点。那么，究竟应该如何来理解这两者的统一呢？

卫兴华：中央文件中先提出转变经济增长方式，后提出转变发展方式。经济增长主要是发展生产力的问题；而经济发展是以经济增长为基础，包括经济、社会、环境、教育、经济关系等发展的多方面的内容。提出转变经济发展方式，并不是用以取代经济增长方式，两者是同时并存，前者包括后者并以后者为条件的关系。经济快速优化增长，有利于拉动社会各方面的有效发展。但也可能割裂经济增长与发展的关系，出现快增长而慢发展，或有增长而无发展。如经济增长了，但教育文化等事业没有相应发展，出现两极分化，劳动人民依然贫困等，这就需要统筹兼顾、全面协调可持续的科学发展。

经济增长分粗放型增长和集约型增长。又讲内涵型增长和外延型增长。在英语中集约和内涵是同一个词，外延与粗放也是一个词，因而学界不少人认为集约型增长与内涵型增长同义，粗放型增长与外延型增长同义。根据这种认识，当党的十四届五中全会提出，我国要实现经济增长方式的转变时，有的学者宣称是要由外延型增长转变为内涵型增长。这种认识失去准确性与科学性。

集约型和粗放型本是应用于农业生产中的两个概念，是农业中的两种经营方

---

① 中共中央文献研究室：《陈云年谱》下册，中央文献出版社 2015 年版。

式。扩大耕地面积发展生产称作粗放型，在同一土地上增加投入提高产量称作集约型。在李嘉图的著作中和马克思的《资本论》中也用这两个概念。马克思当时并没有把粗放型视作低效率。马克思认为扩大耕地面积增加产量，可以是投向肥沃程度不同的土地，也可以投向更肥沃的土地。而原始土地积淀着有利于农业生产的自然因素，所以并不一定是“广种薄收”，也可以是广种多收。因此，粗放型经营并不必然意味着效益低下。后来，粗放型集约型概念扩展到工业等其他经济部门，粗放型耕作变成“广种薄收”的同义词，工业等部门的粗放型经营也变成高投入、高消耗、低产出、低效益的解读。概念的内涵也经历了历史的变迁。

在理论认识上，不能把经济增长的集约型等同于内涵型，把粗放型等同于外延型。内涵型扩大生产与外延型扩大生产，是马克思在《资本论》中提出的。集约型或粗放型增长是两种经营方式；而内涵型或外延型发展是两种扩大再生产的方式。同一字或同一词可以有多种含义，中外一样。不应从一词多义引用混淆不同概念的内涵。如汉字“沽”字，既有买义，又有卖义。不能因此断言买与卖是一回事。就一个企业内部来说，增加新车间、扩大厂房面积，是外延型扩大生产，在原有工厂和车间内增加投入和产出，是内涵型扩大生产。就社会范围来看，建立新企业，是外延型扩大生产，同一企业增加投入产出，是内涵型扩大生产。我国倡导企业“挖潜改造”，通过管理创新、技术创新提高效益，这是内涵型扩大、集约型经营。不赞同低水平重复建设，乱铺摊子，也就是应减少低水平的外延型扩大，这是正确的。但是并不排除也不应贬抑外延型扩大。国家需要建设高新科技产业，增加基础设施建设。可以是外延型扩大、集约型经营。如宝钢的建设、高铁的发展等。另外，我国发展多种所有制经济，私营、个体和外资企业每年不断增加，这种外延型发展是需要的。因此，我国的经济增长与发展，应是重集约、轻粗放，由粗放型增长方式转变为集约型增长方式。至于内涵型扩大和外延型扩大，应是两者并重，不存在强调由外延型扩大转变为内涵型扩大的问题。

近些年来，我国强调转变经济增长和发展方式，强调调整拉动经济增长的“三驾马车”的增长结构，减少过重的出口依赖和投资依赖，扩大消费内需。不以 GDP 论英雄，这是正确的。但是，又不能忽视 GDP 的增幅。不搞唯 GDP，但又不要忽视 GDP。不过度依赖出口和投资，但又不能忽视出口和投资的重要作用。特别在当前需保持经济中高速增长的新形势下，更是如此。

我国的经济发展，是科学发展，是以人为本、统筹兼顾、全面协调的可持续发展，既要重视经济的发展，也要重视社会的发展、人的发展，还要重视经济社会发展的安全，重视社会主义经济制度的发展。我提出转变经济发展方式，需要注意处理好四个关系：一是处理好经济增长方式转变与经济发展方式转变的关系，两者既具有一致性，又存在差异性和矛盾性。靠高投入、高消耗、高污染、低产出、低效益、低质量、低工资的经济增长，也可以是快速的，但不利于经济社会的发展和发展方式的转变。二是处理好经济发展与人的发展相统一的关系。劳动者的生产知识、科技水平越高，越有利于经济发展和发展方式的转变。三是处理好经济发展中利用外资和经济安全的关系。引进外资有利于我国经济发展，但是要分清外资与内资对民族经济发展的作用的差异。前一个时期有学者甚至政府高官宣称，外资企业在中国发展就是中国民族经济。这种论断不能认同。它会导致忽视民族经济的安全。有些外资并购我国品牌企业，具有垄断生产和市场的目的，应当引起注意。四是处理好经济发展与社会主义经济制度发展的关系。经济发展了，财富增长了，但如果私有制经济占比不断扩大，以国有经济为核心的社会主义公有制经济不断消退，占比不断下降。收入分配差距不断扩大，广大工农群众成为弱势群体，与作为社会主义本质内容的消灭剥削、消除两极分化、逐步走向共同富裕的要求越来越远，经济发展和转变发展方式就会失去其社会主义应有的意义。应切记：我国的经济发展，是社会主义经济的发展！

五、贫富分化的根源问题

黄丽云：您刚才谈到，公有制经济是按劳分配，非公有制经济按要素所有权分配。这种分配制度有利于激发社会创造力，促进社会财富的极大增长和居民收入的提高。但在经济持续增长的背后也产生了贫富分化问题。要如何来看待和解决这个问题？

卫兴华：我国曾流行过多年“效率优先，兼顾公平”的提法，将此作为社会主义的分配原则。还进一步讲：“初次分配重视效率，再分配重视公平”，就是初次分配可以不重视公平。我始终不认同这种原则。在我的论著中，一贯讲在生产与分配关系中，应是公平与效率统一和并重。效率优先的对象不应是优先于分配公平。我主张生产重效率、分配重公平。在生产领域可以强调效率优先，优先于片面追求产值、追求 GDP。社会主义应当重视初次分配的公平。理由是：第一，收入差距过大和产生两极分化正是初次分配不公的结果。想靠再分配来取平，是不可能的。何况我国社会保障制度还不健全。第二，社会主义最本质的优越性是实现全体人民的共同富裕。这需要从初次分配做起。社会主义的分配与资本主义的分配是不同的。社会主义分配公平是消灭剥削，消除两极分化，最终实现共同富裕。如果初次分配不重视公平，就会产生偏离社会主义原则的贫富分化。第三，效率优先，不重视分配公平，有利于资本而不利于劳动。私营、外资企业可以接过来将效率优先等同于利润率优先，不顾劳动者的收入公平，并损害职工的权益。第四，有学者从生产决定分配，先生产后分配来论证效率优先，兼顾公平的正确性，并形象地比喻为先做“蛋糕”，后切分“蛋糕”。这种论证在逻辑上是不合理的。固然生产在先，分配在后；生产什么才能分配什么；生产多少才能分配多少；“蛋糕”做大才能分多“蛋糕”。但是不能由此就重生产、轻分配，认为初次分配可以不顾公平，任由收入分配差距过分扩大。先生产后分配，这是再生产过程的顺序。但生产是服从于消费需要的。要通过公平分配来满足需要。先做“蛋糕”是为了切分“蛋糕”。生产出“蛋糕”就要及时公平切分好“蛋糕”。生产决定分配，并没有决定社会主义经济中实行不公平分配。相反，社会主义生产决定了社会主义的公平分配是按劳分配。先生产后分配顺序与分配公平不公平是不同的两回事。第五，效率优先，兼顾公平，初次分配不顾公平是西方右翼经济学家如哈耶克、弗里德曼等的观点，并没有获得西方广大学界和社会的认同。西方政府也没有采纳这种原则。在我国收入分配出现差距过大的趋势下，不少学者首先是刘国光等提出应调整“优先、兼顾”的原则，应向公平倾斜。中央也逐渐调整并最后放弃了原有的提法。十七大报告改提“初次分配和再分配，都要处理好效率和公平的关系，再分配更加重视分配公平”。

改革开放以来，我国生产力快速发展了，但是没有同时相应地促进社会主义经济关系的发展与完善，没有有效实现社会主义本质所要求的消灭剥削、消除两极分化，逐步实现共同富裕，出现了收入差距严重扩大的趋势，产生了贫富分化。贫富分化的根源，学界认识不同。在这个问题上需要用马克思主义生产关系决定分配关系的原理来说明。贫富分化应区分非本质原因和本质原因。用城乡二元结构、地区发展不平衡、行业发展不平衡、垄断与腐败等作为其原因，固然有各自的道理，但都是非根本原因。讲根本原因是一个敏感的话题。但不能因此而回避问题。生产资料所有制是生产关系和分配关系的基础。资本主义所有制和资本与雇佣劳动相结合的生产方式，决定了资本主义的分配方式是按资本分配为核心的按要素（生产要素和流通要素）所有权分配。社会主义公有制和劳动者作为主人与公有的生产资料相结合，决定了社会主义的分配原则是按劳分配。在资本主义经济中，资本处于强势，劳动处于弱势，资本追求利润最大化，必然产生收入分配不公平。从世界范围来看，以私有资本为主体的市场经济，都存在贫富分化。萨缪尔森等的西方经济学论著早已说明了这一问题。近期法国的《21世纪资本论》又系统论证了这个道理。我国目前的GDP总量中，非公经济提供70%—80%。城镇劳动者80%以上在私有制经济中就业。按要素所有权分配比重远远大于按劳分配。无视这一现实对分配关系中贫富分化出现的作用是非科学的。这样讲会引起敏感话题：是否贬义和否定非公有制经济和市场经济的地位和作用？不！只是主张一分为二地分析问题。既肯定现阶段非公经济发展的必要及其积极作用，肯定实行社会主义市场经济的必要和作用，但也要看到它会产生分配不公、出现贫富分化的负面效应。我国不能搞新自由主义的私有化、自由化和完全市场化。要在国家宏观调控下，抑制其负面效应，引导其向正面效应发展。中央目前强调以人为本、民生为重，强调共同富裕是社会主义的根本原则，着手改进分配制度，提高低收入者收入水平，就是要力求缓解收入差距过大的趋势。

六、社会主义市场经济要在法治轨道上运行

黄丽云：党的十八届四中全会提出了“社会主义市场经济本质是法治经济”的重大命题。要如何看待社会主义市场经济与法治的关系？

卫兴华：过去学界研究和阐述社会主义市场经济，以及媒体宣传社会主义市场经济，一般着眼于市场经济与经济制度的关系，着力于论述市场经济与宏观调控的关系，即政府与市场的关系，很少有专门研究和论述市场经济与法治关系的论著。其实，市场经济是竞争经济，也是法治经济，竞争要受法治监管。市场在资源配制中的决定性作用，要在法治的轨道上得到体现；政府的宏观调控，也要在法治的框架内进行。党的十八届四中全会《决定》中指出：“社会主义市场经济本质上是法治经济。”要以法治“保护产权、维护契约、统一市场、平等交换、公平竞争、有效监管”。这实际上涉及社会主义市场经济的三层关系：政府、市场和企业。

先讲企业。在社会主义市场经济中，无论是国有企业还是私营企业，都是重要的市场主体，必须首先得到法律对其产权的保护。宪法和物权法已有保护公有和私有财产的规定。宪法规定：“社会主义的公共财产神圣不可侵犯”“禁止任何组织和个人用任何手段侵占或者破坏国家的和集体的财产。”对私有产权的保护也有明确规定：“公民的合法的私有财产不受侵犯。国家依照法律规定保护公民私有财产不受侵犯。”物权法更有明确规定。党的十八届四中全会还特别提出“健全以公平为核心原则的产权保护制度”。也就是对多种所有制产权保护要以“公平”为“核心原则”，即法律保护一律平等。只有作为市场主体的多种所有制企业的财产所有权得到法律的承认和保护，企业才有权利以法人的独立身份进入市场，才具有平等权利，进行公平交易，参与竞争，提出自己的合法诉求，求取自己的权益。在市场经济中，企业间会发生各种契约关系。契约的确立以产权的确立为前提，法律要“保护产权、维护契约”。

再讲市场。市场是商品交换的场合、渠道。市场是统一的，不能搞市场封锁、市场割据。市场经济是竞争经济，但应是平等竞争，不能搞不正当竞争、违法竞争，不能搞市场垄断。这个方面也有相应的法律规定，如反垄断法等。

再讲政府。党的十八届三中全会和四中全会的《决定》都强调指出：“使市场在资源配置中起决定性作用和更好发挥政府作用。”四中全会的《决定》中还强调提出“政府的有效监管”，也就是政府对市场和企业要进行有效的宏观调控。宏观调控包括两方面：一是对微观经济的有效监管；二是对宏观经济的政策引导与调控。政府的有效监管不能是主观随意的，更不能由官员借机寻租谋取个人利益，应是依法进行监管。政府对市场与企业的监管职能也要受到法治的监管。

黄丽云：非常感谢卫教授！通过您的解读，使我们对中国特色社会主义经济理论体系有了清楚的认识。

社会主义初级阶段基本经济制度形成的历史过程和成就[①]

1978 年，党的十一届三中全会吹响了改革开放的号角。为了更快地发展生产力和社会主义经济，需要打破公有制一统天下的局面。在“左”的一套盛行时期，不仅把个体经济作为资本主义经济加以消灭，连自留地、家庭副业、集市贸易也作为“资本主义尾巴”要将其割掉。十一届三中全会提出：“社员自留地、家庭副业和集市贸易是社会主义经济的必要的补充。”不少学者将此转述为十一届三中全会提出“非公有制经济是社会主义经济的必要补充”，值得斟酌。因为现在讲的非公有制经济，包括个体经济、私营经济、外资经济。1978 年三中全会时期，还远不到时机提出这些私有制经济的发展。自留地、家庭副业在当时还只是人民公社集体经济制度下的附属部分，还谈不上独立的个体经济，更不是私营经济。

发展非公有制经济，正确认识它在我国社会主义现阶段的地位和作用，是一个思想不断解放和认识不断发展的过程。1979 年 9 月 29 日，叶剑英在庆祝国庆三十周年大会上的讲话中提出：“目前在有限范围内继续存在的城乡劳动者的个体经济，是社会主义公有制经济的附属和补充。”

1978 年，城镇残留的个体劳动者只有 15 万人，1979 年增加到 31.6 万人。后来政策上不断放宽，1980 年下半年，提出“适当发展个体经济”的方针，1981 年 7 月颁布了《国务院关于城镇非农业个体经济若干政策性规定》的文件，城乡个体工商户迅速发展起来。但对私营经济的发展，还没有提出政策性规定。由于随着个体私有制经济的发展，到一定的规模时会出现人手不够的局面，就需要雇工。当时在政策上既要限制私有制经济的规模，又不能禁止雇工的出现，那样不利于经济的发展。于是在后来国务院颁布的政策性规定中，提出个体经营户

① 本文原载《中共福建省委党校学报》2009 年第 9 期。

“必要的，经过工商行政管理部门的批准，可以请一个至两个帮手，技术性较强的或有特殊技艺的，可以带两三个最多不超过五个学徒”。就是说最多不超过七人。只要有这个政策，雇工经济很快发展起来，而且难以掌握帮工和学徒的界限，也难以掌握和监督技术性的强弱和技艺高低。而且雇工经济的发展，必然会冲破限雇七个人的政策规定。雇八个人以上的日益增多，突破了中央的政策规定该怎样对待？中央采取了既谨慎又宽容的态度：既不宣传，也不取缔，看一看再说。既然不取缔，就事实上是默许了。雇工几十人、几百人的私人企业发展起来。实践证明，当时被称作“雇工大户”的私人企业的发展，有利于社会经济的发展和市场繁荣。1987 年 1 月，中央颁布了《把农村改革引向深入》的文件，肯定了私人企业的地位和作用。文件指出：为扩大经营规模，雇工超过了七个人限度的私人企业，“也应当允许存在，加强管理，兴利抑弊，逐步引导”。又说，“在一个较长时期内，个体经济和小量私人企业的存在是不可避免的”。同时指出：“私人企业同公有制经济有矛盾的一面，本身也存在一些固有弊端，主要是收入分配过分悬殊，对此，可以通过管理和立法，加以调节和限制。”这种论述，应从两个方面去把握：一方面，肯定了私人企业的合法性；另一方面，也指出私人企业同公有制经济是有矛盾的，它自身也存在弊端，要加以调节和限制。这后一方面的论述，值得我们重温与重视。这些年来，只大力宣传发展非公有制的重要作用，而不再提它与公有制经济矛盾的一面，以及它自身存在的弊端和应有的“调节和限制”等。然而，忽视这个方面，再加上后来重私轻公的理论与实践，会走向扬私抑公、公退私进的另一种局面。1987 年 10 月党的十三大报告明确提出了私人企业的性质和作用以及党的方针政策。肯定了私人企业的发展，称其为私营经济，并指出“私营经济是存在雇佣劳动关系的经济成分”，没有直接说它是资本主义性质的经济成分。但在马克思主义经济学中，凡存在资本与雇佣劳动关系的经济，就是资本主义经济。

改革以来，为了减少意识形态上的障碍，有些需要使用的经济概念，没有按其固有的内涵表述和运用。比如，非公有制经济就是私有制经济，但避而不用私有制经济概念，而选用了一个貌似平和的“非公有制经济”概念。因为曾长期宣传私有制是万恶之源，社会主义就是消灭私有制，甚至要“狠斗私字一闪念”。如果突然提出发展私有制经济，会有认识上的障碍。同样，雇佣几十、几百、几千个工人的私营企业，无疑是资本主义经济，也不便于直说，因为“复辟资本主义”的大批判流行了很多年。只好说它是“存在雇佣劳动关系的经济”。当然，我国现阶段的民族资本主义经济的地位和作用，与旧中国或中华人民共和国成立初期的资本主义是不同的，但这与其性质的规定是两回事情，不会因其地位和作用的不同而改变其资本主义的性质。

随着我国的改革开放的发展，个体经济、私营企业和外资企业发展起来。我国提出了社会主义初级阶段的理论，为发展非公有制经济提供了理论支持。认识我国处于社会主义初级阶段的现实国情，我国的生产力落后，多层次不平衡，人民日益增长的物质文化需要同落后的社会生产是主要矛盾，我国社会主义的根本任务是大力发展生产力，以此作为理论与实际的依据，说明发展非公有制经济的必要性和合理性就顺理成章了。

发展非公有制经济，需要从理论上正确认识和处理好它与公有制经济的关系。总的提法是“公有制为主体，多种所有制共同发展”。之所以要强调公有制为主体，是因为公有制是社会主义性质的经济，也是社会主义经济制度的基础。这是我国宪法规定了的，也是中央文件一再说明了的。有的学者宣称公有制不是社会主义的特点，资本主义也有国有企业，封建社会也有官办经济，以此否定国有经济或公有制经济是社会主义经济。这种观点是不对的。需要明确：首先，社会主义的公有制经济，是归劳动人民公共所有的经济。封建社会的官办经济，主要是为皇室服务的经济，并不归劳动人民所有和享用。资本主义国家的国有或国营经济，也不是归劳动人民公有，它是国家垄断资本主义经济。恩格斯指出：资本主义的“现代国家，不管它的形式如何，本质上都是资本主义的机器，资本家的国家，理想的总资本家。它越是把更多的生产力据为己有，就越是成为真正的总资本家，越是剥削更多的公民，工人仍然是雇佣劳动者，无产者”。[①] 而社会主义国家，是权为民所用、利为民所谋的人民的国家，不再是地主、资产阶级掌权的国家。因而国有经济或公有制经济就是归人民所有的社会主义经济。

其次，有必要认清，包括国有经济在内的公有制经济，既是社会主义经济运行层面的需要，更是社会主义的制度性内容，它是社会主义经济制度的基础，也是整个社会主义制度的经济基础。没有社会主义公有制，就没有社会主义制度。邓小平所讲的社会主义本质，包括消灭剥削、消除两极分化，逐步达到共同富裕，只有在社会主义公有制的基础上才能实现。我国社会主义公有制，消除了旧中国封建主义所有制、官僚资本所有制和帝国主义在华资源掠夺性的所有制对中国生产力发展的束缚，起到了解放生产力和发展生产力的作用。

旧中国的经济发展是很缓慢的，有时停滞不前乃至倒退，根据统计资料，新中国成立前的一千年中，经济发展较快的两个时期是1500—1820年和1870—1930年，前者年均经济增长为0.41%，后者年均增长为0.56%。1915—1949年是负增长。[②] 新中国成立后，即使在改革开放前的近30年，经济增长速度与旧中国也是有天壤之别的，表明旧中国的多种私有制没有把中国引向繁荣富强。

---

① 《马克思恩格斯选集》第3卷，人民出版社1995年版，第629页。

② 宋寒：《是什么改变了中国》，红旗出版社2009年版，第31页。

我国社会主义初级阶段的基本经济制度包括公有制为主体，国有经济为主导，也包括非公有制经济的共同发展。对于资本主义国家来说，国有经济只是其经济运行层面的需要，并不属于资本主义制度性内容。即使没有任何国有经济，都无损于资本主义制度的存在和发展。资本主义国家时而搞国有化，时而又私有化，都是服从于资产阶级及其国家整体利益的需要，都是从经济运行的角度选择的。而对于社会主义的我国来说，国有经济是社会主义的制度性内容，它具有社会主义性质。社会主义国家只有部分劳动群众集体所有制是不够的，必须发展代表全民所有的社会主义国有经济，才能保证全社会总体的、长远的利益。我国只能在公有制为主体、国有经济为主导的条件下发展非公有制经济。

对非公有制经济在我国现阶段的地位和作用的认识，也有个发展的过程。最初是讲它可以起“拾遗补阙”的作用。后来更多地讲“非公有制经济是公有制经济的补充”或“社会主义经济的补充”。例如，1987 年，党的十三大报告中讲：私营经济“是公有制经济必要的和有益的补充”，又讲“中外合资企业，合作经济和外商独资企业，也是我国社会主义经济必要的和有益的补充”。1992 年，党的十四大报告中讲：“以公有制包括全民所有制和集体所有制经济为主体，个体经济、私营经济、外资经济为补充，多种经济成分长期共同发展。1993 年党的十四届三中全会提出，必须坚持公有制为主体、多种所有制经济共同发展的方针。”1995 年 9 月 28 日，江泽民在十四届五中全会闭幕时的讲话中说：“坚持公有制为主体的地位，是社会主义的一条根本原则，也是我国社会主义市场经济的基本标志，……允许和鼓励个体、私营、外资等非公有制经济的发展，……使它们成为社会主义经济的必要补充。”

社会主义公有制经济为主体，非公有制经济是社会主义经济即公有制经济的补充，这是中国特色社会主义理论体系的重要构成部分。邓小平在 1984 年《一个国家、两种制度》的谈话中讲，“大陆开放一些城市，允许一些外资进入，这是作为社会主义经济的补充”。1985 年他在《改革是中国发展生产力的必由之路》中又讲：“公有制包括全民所有制和集体所有制，现在占整个经济的百分之九十以上。同时发展一点个体经济，吸收外国的资金和技术，欢迎中外合资合作，甚至欢迎外国独资到中国办工厂，这些都是对社会主义经济的补充。”直到 1992 年邓小平在南方谈话中还继续讲，“三资”企业是社会主义经济的有益补充。

对非公有制经济是公有制经济即社会主义经济的补充的涵义，人们有不同的理解，有的学者提出，讲非公有制经济是社会主义经济的补充，就表明非公有制经济也是社会主义经济，这种理解显然不对。中央文件中同时讲非公有制经济是公有制经济的补充，难道就表明非公有制也是公有制经济？“补充”不等于组成部分。非公有制经济是“补充”，具有两层含义：其一是指与作为主体的公有制相比，所占比重较小，公有制唱主角，非公有制唱配角；其次是发展非公有制经济用以补充公有制经济的不足。它们在发展生产、增加供给、繁荣经济、扩大就业、搞活市场等方面，都可以起补充公有制经济的作用。人们容易只从前一层含义上去理解“补充”，认为只让非公有制经济唱配角，不利于非公有制经济的发展。所以后来关于非公有制经济为“补充”的提法在理论与宣传中消失了。

1997 年的十五大报告提出：“公有制为主体，多种所有制共同发展，是我国社会主义初级阶段的一项基本经济制度”，“非公有制经济是我国社会主义市场经济的重要组成部分”。这是一种新的提法，是进一步提升非公有制经济地位的新的理论观点，使非公有制经济由体制外，进入体制内，又从制度外进入制度内。它进一步表明我国发展非公有制经济，不是短时期内的权宜之计和适应眼前需要的政策措施，而是长期的、构成社会主义市场经济和现阶段基本经济制度内容的战略性选择。这里没有再提“补充”一词，表示不再只当配角，所占比重可以提高。

我国实行公有制为主体，多种所有制经济共同发展的基本经济制度，有效地促进了社会经济的发展。我国改革开放 30 年的巨大成就，显然有非公有制经济的重大贡献。可以预计，我国经济社会的发展，到 21 世纪 20 年代，人均 GDP 就可以赶上或超过中等发达国家的水平，远远超过邓小平同志预计的到 21 世纪中叶人均 GDP 达到 4000 美元的水平。

我国实行社会主义初级阶段基本经济制度的理论和实际根据是什么？根据有两个方面：其一，我国是社会主义国家，必须以公有制作为社会主义经济制度的基础。我国《宪法》规定：“中华人民共和国的社会主义经济制度的基础是生产资料的社会主义公有制，即全民所有制和劳动群众集体所有制。”这里讲的是“社会主义经济制度”。《宪法》接下来又讲“社会主义初级阶段的基本经济制度”；“国家在社会主义初级阶段，坚持公有制为主体多种所有制经济共同发展的基本经济制度”。因此，要把“社会主义经济制度”同“社会主义初级阶段的基本经济制度”这两个概念区别开来。“社会主义经济制度”是“社会主义初级阶段的基本经济制度”的核心。前者不包括非公有制经济，只有公有制是其基础；而初级阶段的基本经济制度中，包括非公有制经济，但公有制必须占主体地位。“社会主义经济制度”存在于社会主义初级阶段、中级阶段和高级阶段，是不断成熟和发展的过程，而社会主义初级阶段的基本经济制度，反映初级阶段的特点。也可以设想，初级阶段结束，非公有制经济不会迅速被公有制所取代。进入中级阶段，将是公有制经济进一步发展壮大，所占比重不断提高。这是一个长久的过程。到社会主义高级阶段，社会主义经济趋于成熟，私有制经济将退出历史舞台。

上面阐述了提出社会主义初级阶段基本经济制度的理论与事实根据的一个方面。这个方面是说明了为什么要实行公有制为主体。

其二，社会主义初级阶段的基本经济制度中之所以包括多种所有制共同发展，提倡发展非公有制经济，正是由初级阶段的国情决定的。我国生产力发展水平还不高，人口众多，就业空间余地小，经济发展与发达国家的差距还很大。解放和发展生产力是我国社会主义的根本任务。因此，只要符合“三个有利于”标准的经济成分就允许和鼓励其发展。个体、私营和外资经济，符合“三个有利于”，因而成为社会主义初级阶段基本经济制度的构成部分和社会主义市场经济的重要组成部分。

改革开放30年来，非公有制经济在我国已获得了巨大发展。根据《人民日报》2008年10月30日发表的国家工商总局局长周伯华的谈话显示，截至2008年9月，全国实有私营企业643.28万户，注册资本实有11.26万亿元；实有外商投资企业法人28.78万户，投资总额2.27万亿美元；个体工商户2823.94万户。

正是在社会主义初级阶段的基本经济制度下，我国的经济社会获得了举世瞩目的发展成就，当然也应指出，改革开放30年来的成就，是在改革前近30年的发展基础上取得的。特别是新中国成立后发展起来的力量雄厚的国有企业，作为共和国的长子，为我国的改革开放事业付出了巨大的成本。但又必须肯定，改革开放以来的30年的发展，远远超过了前30年。改革30年的实践证明：我国现阶段的基本经济制度在快速发展生产力、增加社会财富、扩大就业、繁荣经济、搞活市场、提高人民物质文化生活水平方面，起到了积极的卓有成效的作用。从统计数据看，从1978年到2008年，我国国内生产总值由3645.2亿元增加到300670亿元，年均增长9.8%，是同期世界经济增长率的三倍多。农村温饱不足的贫困人口，按照当时的评定标准，由2.5亿人减少到1400万人左右，城乡居民储蓄存款由210.6亿元（人均20元）增加到221503亿元；外汇储备由1.7亿美元增加到近2万亿美元；我国经济总量在世界经济总量中由第10位上升到第3位，仅次于美国和日本。中国的强大发展和改革的成功，提高了中国在国际事务和国际关系中的地位。

应关注和扭转公有制为主体向私有制为主体演变的趋势

在研究和分析我国改革与发展的历程与成就时，也需要看到和关注所存在的问题。肯定成绩是首要和必要的，但如果回避问题和可能的后患，不认真总结经验教训，长此以往，已有的成绩可能转化为反面。改革以来，邓小平同志和中央其他主要领导以及中央有关文件，始终强调既不搞“一大二公”单一的公有制，又不搞私有化，而是坚持公有制为主体、多种所有制经济共同发展的社会主义初级阶段的基本经济制度。从过去公有制一统天下，到多种所有制经济共同发展，公有制经济所占比例出现下降的趋势是必然的。但是，公有制比例的下降不能没有底线。如果下降到50%以下、30%以下或还在继续下降，还能保持公有制为主体的地位吗？多年来，公有制为“主体”，始终是一个没有明确量化的界线，从而成为难以具体测定和操作的抽象概念。无论按产值比例计算，或是按资产占优势计算，或是按 GDP 比重计算，都没有一个大体上测算的量的界线。按道理来说，公有制为“主体”，不应是一个简单的多数，比如：公有制占51%，私有制占49%，这恐怕不是“主体”的本意。即使公有制占55%，也只能是一个比较弱的“主体”。邓小平提出公有制为主体，非公有制为补充时，非公有制所占比重还很小。比如，前引邓小平在1985年8月28日的谈话中关于“主体”和“补充”的关系是：“公有制为主体，……包括全民所有制和集体所有制，现在占整个经济的百分之九十以上。同时发展一点个体经济，……这些都是对社会主义经济的补充。”邓小平这里所讲的“主体”比例，显然是按公有制的产值所占比重计算的。公有制占90%以上，个体经济是“发展一点”。这样的“主体”和“补充”关系，显然是一目了然的。

顺便提一下，在我国进行“三大改造”向社会主义过渡时期，公有制和私有制多种经济成分的发展变化趋势，是有动态的适时的统计数字的，而这些年来，多种所有制经济在改革与发展中所占比例的变化，统计部门没有提供数据。不利于决策部门和研究部门对真实情况的掌握。这样会导致理论宣传与实际情况脱节；公有制已降到50%以下了，降的趋势还在继续，若继续肯定和宣传公有制为主体，这会引起人们的质疑。

从报刊媒体透露出来的一些统计数字看，在当前国民经济发展中，公有制已不占主体地位了。由中华全国工商联合会主持编写的《中国民营经济发展报告（2005—2006）》的蓝皮书中讲；2005年民营经济在GDP中的比重已经由2000年的55%增加到65%左右。这里所讲的民营经济，主要是指私营、个体和外资经济。单就私营企业讲，它“在轻工纺织、普通机械、建筑运输、商贸服务等产业领域占主体地位”①。《人民日报》2007年2月1日发表了《民营经济是构建和谐社会的重要力量》一文，其中讲到“民营经济已占到全国 GDP 的65%左右，占经济总量的70%—80%，成为经济发展的最大动力来源，现在已是解决中国社会就业问题的主体”。根据国家统计局一位高级统计师提供的资料，按资产所占比

① 《经济日报》2006年9月22日。

例计算，1985年，全社会资产中，公有制资产与非公有制资产所占比重分别为94.1%与5.9%。到2006年，公有制资产比重下降到44.3%（其中国有经济为32%，集体经济为12.3%），非公有制经济所占比重上升到55.4%（其中私营经济为33%，外资经济为19.1%，个体经济为3.3%）①。从以上三份统计数字可以看出，无论从GDP所占比重看，还是从所占资产的比重来看，公有制为主体的地位已经改变了。事实上已经不是主体了。问题还在于这种变化的趋势还在继续发展。同时还要看到，从有关统计资料看出，在城镇非公有制经济中就业的人员所占比例，从1978年的0.2%提高到2007年的75.7%。问题还在于，上述“主体”与非主体的所占比重的相反变化，是作为改革以来的发展成果在媒体上正面宣传的。例如，前引《人民日报》宣传“民营经济是构建和谐社会的重要力量”，就是从所占比重达65%以上来说明的，试问：国有经济难道不如私人经济在构建和谐社会中的作用吗？为什么不宣传国有经济或公有制经济的作用呢？上述现实情况，应引起决策部门和人们的严重关注。

在对待公有制经济特别是国有经济问题上，重新读一下江泽民的有关论述是有意义的。他在2000年6月20日的《巩固和加强社会主义的经济基础》一文中讲：“新中国成立以来不断发展壮大的国有经济，是我们社会主义国家政权的重要基础。我国国有经济的发展，不仅对保证国民经济稳定发展、增强综合国力、实现最广大人民的根本利益具有重大意义，而且对巩固和发展社会主义制度，加强各族人民的大团结，保证党和国家长治久安具有重要意义。没有国有经济为核心的公有制经济，就没有社会主义的经济基础，也就没有我们共产党执政以及整个社会主义上层建筑的经济基础和强大物质手段。这一点，各级领导干部特别是高级干部必须有清醒的深刻的认识。”

改革以来，邓小平以及其他中央领导人，或是中央有关文件，一以贯之地强调公有制为主体，强调发展和壮大国有经济，后来又先后提出两个“坚定不移”和两个“毫不动摇”，即坚定不移地或毫不动摇地发展公有制经济，坚定不移地或毫不动摇地发展非公有制经济。我国宪法也规定公有制是我国社会主义经济制度的基础，“国家保障国有经济的巩固和发展”。再往前推一些，从毛泽东、刘少奇等老一代中央领导人的著作，到新中国成立时的《共同纲领》，都强调国有经济是社会主义性质的经济，是国民经济的领导力量。1949年，在新中国成立前的中共七届二中全会上，毛泽东做的报告中，讲到新民主主义的经济成分时，强调指出：“国营经济是社会主义性质的。”“如果认为我们现在不要限制资本主义，认为可以抛弃‘节制资本’的口号，这是完全错误的，这就是右倾机会主

① 赵华基：“坚持公有制为主体的基本经济制度”，中国社会科学内部文稿，2008年最后一期。

义的观点，但是反过来，如果认为应当对私人资本限制太大太死，或者认为可以很快地消灭私人资本，这也是错误的，这就是‘左’倾机会主义或冒险主义的观点”。他还提到，“在发展工业的方向上，有些糊涂的同志认为主要的不是帮助国营企业的发展，而是帮助私营企业的发展；或者反过来，认为只要注意国营企业就够了，私营企业是无足轻重的了。我们必须批判这些糊涂思想”。这些话虽然是六十年前针对新民主主义经济讲的，但对当前社会主义初级阶段怎样对待公有制和私有制的关系，不是同样具有理论和现实意义么？

在改革开放前的近30年中，毛泽东和中央的指导思想是能够贯彻执行，得到落实的。因为一是没有理论认识上的干扰；二是采取有效措施，上呼下应，予以落实。而改革30年来，以国有经济为主导的公有制经济的主体地位，不断被削弱，以致向私有制为主体转化，这不是偶然的。公有制为主体和毫不动摇地发展公有制经济成为“纸上谈兵”。如果总结经验教训，可以提出以下几方面：

第一，存在理论认识上的干扰。改革以来，政治和学术环境逐渐宽松，理论认识和思想多元化。有些学者公开主张私有化或主张取消国有企业。有些有影响的学者以误解和错解马克思恩格斯著作和邓小平理论为依据，提出国有经济不是社会主义经济，并将其贬之为希特勒的国家社会主义；非公有制经济则是社会主义经济，是人民社会主义。本来恩格斯在《反杜林论》中，是批语一种冒牌的社会主义，“把俾斯麦的国有化，都说成社会主义的。显然，如果烟草国营是社会主义的，那么拿破仑和梅特涅也应该算入社会主义创始人行列了”。恩格斯讲的是资本主义国营企业不是社会主义，而有的学者竟以此为据，说包括社会主义国家的任何国有化都不是社会主义。邓小平提出三个“是否有利于”本是作为判断改革开放和一切工作是非得失的标准，而有些学者硬说它是判断姓“资”姓“社”的标准。非公有制经济符合三个“有利于”，所以都是社会主义经济。以此为私有化提供理论依据。前些年，“国退民进”的口号流行多年，即主张国有经济退出，私有制经济进入，并被人们误认为是中央的精神，起了不小的作用。有的学者宣称：改革就是不问姓“社”姓“资”，不问姓“公”姓“私”。然而，不问的结果，必然是由“社”转“资”，由“公”转“私”。有的学者提出“创新”见解，说将国有企业卖给私人，是将国有经济由实物形式转换成价值形式，国有性质没有变，这是指“私”为“公”用以忽悠人们认识的奇特理论。讲公有制私有制，是从生产资料所有制角度讲的，不是从政府财政收入角度讲的。这类拐弯抹角的私有化理论还有很多种。它对唱衰国有经济起了不小的作用。

第二，在理论宣传中存在一些易使人误解的模糊点，没有及时澄清理论是非。比如，提出“非公有制经济是社会主义市场经济的重要组成部分”，许多人将其理解为“非公有制经济是社会主义经济的重要组成部分”，私有制经济包括资本主义经济都成了社会主义性质的经济。媒体上还广泛宣传，非公有制经济由“补充”变为“重要组成部分”，把两个不同层次的问题搅在一起。原来讲“补充”是指非公有制经济是公有制经济的补充。现在讲“重要组成部分”，并不是指非公有制经济成为公有制即社会主义经济的重要组成部分，而是指成为“社会主义市场经济的重要组成部分”。“社会主义经济”是经济制度性概念，而“社会主义市场经济”是经济体制性概念，将两个不同概念混同起来，就会将私有制经济与社会主义经济混同起来。这类的混淆还有，如将“社会主义初级阶段的基本经济制度”同“社会主义经济制度”混同起来，将私有制经济也纳入社会主义经济制度之中。这种混同会使人们认为，发展私有制经济就是发展社会主义，不必再考虑所占比重大小的问题。从而公有制为主体也就失去了它原有的意义和地位。

第三，我国是由公有制一统天下转向多种所有制经济共同发展的。发展公有制经济不是新事物，而是老事物，而且对原国有经济体制的弊端多有揭示与批评。而发展非公有经济则是改革以来的新事情。因而媒体着眼于发展非公有制经济的报道和宣传较多。加上前述理论宣传和认识上的偏颇，地方政府和基层，将招商引资和发展非公有制经济作为政绩看待。相应地把公有制经济特别是国有经济比重的减少也与政绩连在一起。于是也就相对地不重视发展和搞好国有和公有制经济了。笔者看到有的地市级政府的发展战略规划，要求在几年内将非公有制所占比重达到95%。也看到新闻媒体宣传某省市发展非公有制经济的战略性口号：放手、放开、放心、放胆、放宽、放活。而对搞好搞活公有制特别是国有制经济的报道则少有所见。本来经济体制改革的中心环节是搞好搞活国有企业，而国有企业反而成为一些地方政府改革的包袱。因为搞好和发展国有企业不是政绩，便不重视和关注搞好国有企业，有的国企负责人通过搞坏企业然后自卖自买牟取暴利成为私营企业主。有的地方甚至通过损害国有企业的利益来发展非公有制经济，造成国有资产大量流失。

第四，私营企业和外资企业本来是资本主义性质的经济。它与作为社会主义经济的公有制经济既可以平等竞争，共同发展，又存在与社会主义经济矛盾的一面。私营经济作为民族资本主义，依然具有两面性。在发展我国经济社会中具有重要作用，这是它的积极作用方面，也是其两面性的主要方面。有的私营企业重视为社会和国家做贡献，重视职工的权益，其积极作用突出。但从总体上说，也应看到，私营经济具有消极作用的一面。然而多年来，许多人包括有些理论工作者，把非公有制经济看作社会主义经济，更不看和不讲它的消极作用。本来越来越多的亿万富翁、百亿元的富翁是大资本家，然而我国讳言“资本家”概念。

越是大款，越受重视。于是有些地方官员乐于去“傍大款”乃至官商勾结、官煤矿主勾结，损害国家与人民利益以自饱私囊，许多腐败官员与这种情况有关。他们自然不会去关心搞好搞活国有企业的事情。于是，重私轻公、扬私贬公、赞私损公、利私害公的理论与实践流行起来。

第五，“公有制为主体，国有经济为主导”，“毫不动摇地发展公有制经济”，对下面来说，只停留在文件和讲话中，没有采取具体措施和有效的具体政策，没有检查与监督，没有在评比与政绩中作为一项内容，这是不会落实的。要知道，毫不动摇地发展非公有制经济，只要有这个大政策，再加上地方的优惠条件，非公有制经济会很快发展起来。私有制经济的发展具有自发性。而搞好搞活和大力发展国有经济，则不会有自发性可资借助，需要政府有关部门费心费力。何况国有企业内部的困难与问题需要政府协助解决。所以，地方政府宁愿去大力发展非公有制经济，而无心和认为无必要去大力发展公有制经济特别是国有企业。

但是，公有制为主体、多种所有制经济共同发展的基本经济制度必须坚持，有必要扭转非公有制经济成为主体的发展趋势。否则，我国社会主义制度就会和平演变为资本主义制度。当然，扭转趋势不是也不能通过限制和压制非公有制经济的发展来提高公有制经济所占比重，而是通过大力发展公有制经济特别是国有经济来实现，要有效宣传坚持公有制为主体的意义和必要性，应出台一些发展公有制经济特别是发展壮大国有经济的政策措施，还要重在落实。应加强报道在改革与发展中搞得很好的国有企业和集体经济。要把搞好活国有经济作为地方政府和官员以及企业主管的政绩。当然，某些特殊地区例外。

有领导有谋划地自觉发展是社会主义的客观要求和重要特点①
——兼析社会主义初级阶段的理论与实践

一、社会主义理论与实践产生与发展的特点

任何社会形态都要经历一个产生与发展的过程。但社会主义社会形态的产生与发展与以往的社会形态不同。以往社会形态的产生与发展，既是一个客观、必然的历史过程，又是一个自发的、没有事先理论指导与谋划的过程。如资本主义，远在 14 世纪资本主义经济成分就在地中海沿岸产生，是在封建主义制度内部自发产生的。资本主义经济不断发展壮大，经历了四五百年，直到 19 世纪才出现经济制度意义上的资本主义概念。至于“市场经济”概念则出现得更晚，尽管资本主义经济一天也离不开商品市场关系，即两者是鱼水关系。但在几百年的发展时期中，存在和发展着资本主义和市场经济，却没有相应的概念与理论。

西方国家的某些学者对“资本主义”一词最先由何人何时提出，做了一些探索。我国也有学者在追溯“资本主义”和“市场经济”概念最先见于何人的论著。有关这一问题的考证和论述至今仍众说纷纭，莫衷一是。

《书与人》1999 年第 4 期发表的《对市场与资本主义关系的再认识》一文，开篇有这样一段话：“今天人们或许很少注意这样一段历史：‘资本主义’这个名词，其实不仅不是马克思的发明，而且马克思本人从来没有使用过它；到 20 世纪初，西方经济学家也一直拒绝在学术讨论上使用‘资本主义’，因为他们认为，这个名词带有强烈的意识形态色彩，不利于客观公正的学术讨论。但后来到 20 世纪二三十年代，社会主义与资本主义阵营进行了一场经济问题大论战，主张自由放任的西方经济学家们一时也找不出更好的名词来表达市场经济制度的合

---

① 本文原载《经济纵横》2017 年第 10 期。

法性基础，于是勉强使用了‘资本主义’这个词。”该文还认为，在西方经济学界，“资本主义”与“市场经济”是联系在一起的，两者实质上是一回事。也就是说，“市场经济”和“资本主义”都是在20世纪二三十年代开始使用的。

在马克思和恩格斯的著作中，没有商品经济和市场经济概念。他们的早期著作中也不存在资本主义概念。如马克思和恩格斯在19世纪40年代的《哲学的贫困》《共产党宣言》《雇佣劳动与资本》等重要著作中，较为普遍地使用“资本”“资本家”“资产阶级”“资产阶级社会”“资产阶级制度”“资产阶级生产关系”等词，但没有使用“资本主义”一词。直到19世纪50年代的《〈政治经济学批判〉导言》《政治经济学批判》等经济学著作，也未使用“资本主义”概念。在这些著作中，马克思使用的是“现代资产阶级社会”“现代资产阶级生产方式”“资产阶级的生产关系”“资产阶级社会制度”等。

关于“资本主义”一词何时在何人著作中最先使用，中外学者虽有考证，但说法不一，也不准确。有的学者断言：直到20世纪初，“资本主义”一词才作为社会主义的天然反义词出现。有的学者认为，直到20世纪二三十年代，西方经济学家们迫于与社会主义的大论战，才使用“资本主义”一词。的确，西方经济学论著中使用“资本主义”一词的时间很晚，但也早于20世纪。如庞巴维克作为竭力反对社会主义和马克思主义的西方学者，在其1884年的《资本与利息》一书中，就多处讲到“资本主义”，在该书目录中就有“资本主义生产”“资本主义生产制度”“资本主义工业”等提法；该书第七编第一章还有“在资本主义与社会主义之间”的论述，同样是从两种对立的学说和对立的社会制度角度着眼。

最早从社会经济制度含义上运用“资本主义”概念的正是马克思。虽然马克思在19世纪50年代的论著中还很少使用“资本主义”一词，但有的地方还是使用了。如在1857—1858年的《经济学手稿》中，马克思提到：“有一种幻想，以为资本家实际上是‘节欲’的，似乎正因为这样他们才成为资本家—这是一种在资本主义以前的时期才有意义的要求和想法。”[①] 这里的“资本主义”一词是与封建制度相对而言的资本主义制度。在19世纪60年代的著作中，马克思已普遍地使用“资本主义”概念。如1865年的《工资价格和利润》中，论述了“资本主义的生产或雇佣劳动制度，正是在资本和劳动之间的这种交换的基础上建立的”。[②] 在1867年出版的《资本论》第一卷中，则更为广泛地使用了“资本主义”一词，如“资本主义生产”“资本主义生产方式”“资本主义所有制”“资本主义制度”“资本主义占有规律”“资本主义积累”“资本主义积累的一般

① 《马克思恩格斯全集》第46卷（上），人民出版社1979年版，第244页。

② 《马克思恩格斯文集》第3卷，人民出版社2009年版，第58、第446页。

规律”“资本主义时代”，等等。《资本论》第一卷第一章第一页的第一句话是：“资本主义生产方式占统治地位的社会财富，表现为‘庞大的商品堆积’。”① 这句话在写于1858—1859年的《政治经济学批判》中开头的表述是：“资产阶级的财富表现为一个庞大的商品堆积。”也就是说，在《政治经济学批判》中尚未使用“资本主义”概念，而在《资本论》中则将“资产阶级”一词换成了“资本主义生产方式”。

有学者认为，在威纳尔·桑巴特于1902年出版的名著《论近代资本主义》一书中，“资本主义”一词才真正出笼，而“马克思实际上对该词的这种含义一无所知。”对于《资本论》中大量使用“资本主义”概念的事实，通过核对多种外文进行考证，得出结论认为：马克思在《资本论》等著作中使用的是“资本主义”的形容词，而非“资本主义”名词。但问题是，即使肯定马克思多用的是“资本主义的”形容词，试问：《资本论》中的“资本主义生产方式”“资本主义制度”等概念的内涵不是资本主义又是什么？难道讲“红色的”形容词，会对“红色”名词的内涵“一无所知”吗？总之，马克思在19世纪60年代以后的著作中广泛使用“资本主义”一词是千真万确不容置疑的，也绝不存在翻译上的问题。

至于“市场经济”概念出现的时间更晚。虽然资本主义天然是市场经济派，而且在19世纪60年代，“资本主义”已被马克思和恩格斯广泛使用，但在其著作中却根本没有提过“市场经济”一词。西方学者使用“市场经济”一词也远远晚于使用“资本主义”一词。我国有的学者认为，“市场经济这个范畴，在19世纪末，资产阶级新古典学派兴起以后才广为流行”。但没有也难以提供具体出处，因而同样不足为凭。事实上，从我所接触到的有关文献看，最先提出“市场经济”一词的是列宁。他在1906年的《土地问题和争取自由的斗争》一文中，在经济思想史上，第一次把市场经济与计划经济作为相对立的两种制度提了出来：“只要还存在着市场经济，……世界上任何法律都无法消灭不平等和剥削”，“只有建立起大规模的社会化的计划经济”，同时一切生产资料转归劳动者所有，“才能消灭一切剥削。”

西方学者和政治家后来宣传市场经济，在相当程度上是针对社会主义国家当时实行的计划经济。特别是在20世纪二三十年代的大论战中，他们确实把市场经济与资本主义联系在一起，宣扬资本主义实行市场经济的优点，评论社会主义实行计划经济的缺点。因此，西方学者较为广泛地使用“市场经济”一词和宣扬市场经济，是在20世纪二三十年代及以后的时期。尽管西方学者和政治家大

① 《马克思恩格斯文集》第5卷，人民出版社2009年版，第47页。

都把市场经济与资本主义联系为一体，并且事实上市场经济之于资本主义有如水之于鱼一样不可分离，但在西方的经济思想史上，市场经济概念的出现相比“资本主义”概念滞后数十年时间，这个历史事实也应弄清。

资本主义国家是先有资本主义经济和市场经济实践，后有相关概念。不言而喻，资本主义经济理论不会产生于资本主义制度出现之前。在16世纪，英国的资本主义工场手工业经济已有大规模发展，在经济上已进入资本主义时代。到1581年，匿名出版了《对我国同胞某些控诉的评价》，这是一部早期重商主义论著。晚期重商主义的代表作是英国托马斯·孟（Thomas Mun）于1664年出版的《英国得自对外贸易的财富》，这是为英国资本主义发展献计献策的具有划时代意义的资产阶级经济学著作。随后又产生了资产阶级古典政治经济学，其代表人物有英国的威廉·配第（William Petty）、亚当·斯密（Adam Smith）、大卫·李嘉图（David Ricardo）等。李嘉图作为英国工业革命时期的经济学家，作为英国古典政治经济学的完成者，时间已至19世纪。

从以上说明可以清楚看出：是先有资本主义经济制度的产生与发展，后有相关概念和经济理论的形成。而社会主义则不同。需要首先说明一下：“社会主义”是个广义的概念，包括社会主义思想和理论、社会主义运动、社会主义革命、社会主义制度等。“社会主义”概念的出现远早于“资本主义”。社会主义理论经历了从空想社会主义到科学社会主义的转变。是先有社会主义理论，后有社会主义实践，在社会主义实践中又发展和创新了理论。在马克思主义的科学社会主义形成后，在此理论指导下，进行了社会主义运动和社会主义革命，出现了社会主义制度。从社会主义理论到社会主义实践，都是一个有政党指导的自觉的推进过程。当然，这一过程的成功要以遵循社会经济发展规律为条件。

从近代空想社会主义的出现到现在已经历了整整500年。空想社会主义的早期代表人物有英国的托马斯·莫尔（Thomas More）和意大利的托马斯·康帕内拉（Thomas Campanella）。莫尔于1516年出版了《乌托邦》一书，康帕内拉于1623年出版了《太阳城》。莫尔反对英国资本原始积累过程中对农民土地的暴力剥夺。在《资本论》中，马克思引用了莫尔抨击英国剥夺农民土地变牧场以高价出卖羊毛的行为是“羊吃人”的警语。莫尔设想了一个乌托邦岛，那里废除了私有制，实行公有制，财富按需分配。康帕内拉的《太阳城》是一部幻想小说。它批评了当时的社会制度，描述了康帕内拉的理想社会制度；那里没有私有财产，人人劳动，每人一天只工作四小时，每个人从社会领取自己所必需的东西。之所以称之为空想社会主义，是因为他们自己也知道这只是一种不能实现的假想。“乌托邦”一词的本意就是不存在的地方。

随着资本主义的发展，其内在矛盾也在加深，空想社会主义也有新代表人物和新思想出现。著名的三大空想社会主义者分别为法国的圣西门和傅利叶、英国的欧文，他们是这一时期空想社会主义的伟大代表。他们批评了资本主义制度的弊端，揭露了其内在矛盾，阐述了资本主义不是永恒的制度，终将被社会主义所代替。他们的思想表达了被剥削的劳动人民改造社会的希望。三大空想社会主义者的进步观点，成为马克思主义科学社会主义思想的一个来源。恩格斯指出："德国的理论上的社会主义永远不会忘记，它是站在圣西门、傅立叶和欧文这三个人的肩上的。"[①] 不过，他们的理论存在重大缺陷：幻想用和平手段建立新社会制度。他们把新社会制度看作是人类理性的产物，只要统治阶级理解了新社会制度的优越性，就会接受社会主义理想。

马克思和恩格斯是在19世纪40年代资本主义已发展成熟的条件下，着手建立自己的科学社会主义理论。他们既汲取了三大空想社会主义者理论思想中的合理部分，又批判了其不切实际的空想性。恩格斯在《反杜林论》和《在马克思墓前的讲话》中一再强调指出：马克思在社会主义发展史上最重要的两大理论贡献是历史唯物主义和剩余价值理论。由此，社会主义由空想变为科学。

马克思的科学社会主义理论的提出，与他直接参与和领导当时蓬勃发展的工人运动—社会主义运动紧密相连。他从工人运动的历史经验中看到，无产阶级用和平手段取得政权，建立社会主义是不可能的。在资本主义剥削制度下，工人阶级起先进行自发斗争，只是为缩短劳动时间和提高工资进行经济斗争，随着认识的提高逐步开展政治斗争，但都被统治当局镇压。从历史事实看：1831年和1834年，法国里昂丝织工人爆发了两次武装起义；英国工人从1836年到1848年爆发了三次高涨的请愿示威游行，并在局部转变为武装起义；德国西里西亚纺织工人于1844年爆发了武装起义；这些最终都被资产阶级政权用暴力无情的打压了。这样，马克思的科学社会主义不得不接受经验教训，正视无产阶级和资产阶级的斗争，并提出武装夺取政权和实行无产阶级专政问题。

马克思主义政治经济学既揭示了资本主义经济关系的本质及其产生、发展，最终被社会主义取代的客观规律，也从与资本主义的对比和社会经济发展规律的必然趋势中，论述了未来社会主义的本质关系和经济特点。马克思和恩格斯原预计社会主义革命将首先在几个发达资本主义国家取得胜利，并提出了从资本主义转向共产主义的划分阶段：无产阶级取得政权后，要经历一个从资本主义社会到共产主义社会的过渡时期，共产主义社会又区分低级阶段和高级阶段。过渡时期应是过渡到共产主义低级阶段，即现在所讲的社会主义社会的时期。至于社会主义社会要不要再区分不同阶段，马克思主义经典作家没有提出过。但从以上分析

① 《马克思恩格斯全集》第2卷，人民出版社1995年版，第635页。

可以看出：社会主义是先有概念、理论、运动，而后通过社会主义革命建立起社会主义制度。

2013年1月，习近平总书记阐述了社会主义五百年所经历的六个时间段。总的来说，经历了从空想到科学、从理论到实践、从一国实践到多国实践的过程。

第一个时间段是空想社会主义的产生和发展。空想社会主义者揭露资本主义社会的罪恶，论证未来社会主义代替资本主义的必然性和合理性。但他们的共同局限是唯心史观，无法找到实现社会理想的正确道路和社会力量。

第二个时间段是马克思和恩格斯创立科学社会主义理论体系，创立了唯物史观和剩余价值学说，使社会主义实现了从空想到科学的伟大飞跃。科学社会主义深刻揭示了资本主义产生、发展、灭亡及共产主义取代资本主义的历史必然性，对未来社会主义的发展和一般特征作了科学预测和设想。对于如何付诸实践，则是后来人的使命。

第三个时间段是列宁领导十月革命的胜利并实践社会主义，创造性地提出社会主义可能在一国或数国首先取得胜利的理论；经过对1918—1921年实行的战时共产主义政策暴露出来的问题进行反思，提出了新经济政策。

第四个时间段是在斯大林领导下建立了单一的公有制和指令性计划经济体制，这种模式在特定历史条件下促进了苏联经济社会的快速发展，但随着时间的推移，其弊端日益暴露。

第五个时间段是新中国成立后对社会主义的探索和实践，建立起社会主义基本制度。最初只能学习苏联经验，但在实践中很快察觉到苏联模式的局限，开始独立探索适合中国国情的社会主义建设道路。在后来的实践中，由于党在指导思想上“左”的错误，很多关于社会主义建设的正确思想没有得到贯彻落实，使党在探索社会主义历程中遭到严重挫折。这为新的历史时期开创中国特色社会主义提供了宝贵经验、理论准备和物质基础。

第六个时间段是进行改革开放，开创和发展中国特色社会主义，彻底否定了“以阶级斗争为纲”的理论和实践。把马克思主义普遍真理与我国的具体实践结合起来走自己的路，建设有中国特色的社会主义，开拓了马克思主义新境界，确立了社会主义市场经济体制，确立了社会主义初级阶段基本经济制度和分配制度，成功将中国特色社会主义推向21世纪。

二、关于“过渡时期”的理论是非

马克思在《哥达纲领批判》中指出：“在资本主义社会和共产主义社会之间，有一个从前者变为后者的革命转变时期。同这个时期相适应的也有一个政治上的过渡时期。"[①] 这个过渡时期的时限是什么？在我国，曾有个起到重大社会影响的解读，是把过渡时期定断为过渡到共产主义高级阶段的时期。把整个社会主义阶段说成是过渡时期，但这背离了马克思的原意。

需要说明：马克思在这里把共产主义社会划分为两个成熟程度不同的阶段，即"第一阶段"（或称低级阶段）与"高级阶段"。其"第一阶段"就是我们所讲的社会主义社会，其高级阶段就是我们现在所讲的共产主义社会。从理论逻辑解读，从资本主义社会过渡到共产主义社会，应是过渡到共产主义社会的第一阶段即社会主义社会，不应把共产主义的第一阶段也作为过渡到共产主义社会的"过渡时期"。

列宁在《国家与革命》一书中对此讲得很清楚。他说："在共产主义社会的第一阶段（通常称为社会主义）……"又说，"社会主义同共产主义在科学上的差别是很明显的。通常所说的社会主义，马克思把它称作共产主义社会'第一'阶段或低级阶段，既然生产资料已成为公有财产，那么'共产主义'这个名词在这里也是可以用的，只要不要忘记这还不是完全的共产主义。"[②] 在《共产主义运动中的"左派"幼稚病》（以下简称《幼稚病》）一书中，列宁又讲：在俄国推翻资产阶级后的第三年，"还刚处在从资本主义向共产主义低级阶段过渡的最初阶段"。[③] 显然，"过渡时期"就是过渡到共产主义社会的"第一阶段"，即社会主义社会的历史时期。

毛泽东主席 1953 年提出党在过渡时期的总路线时，过渡的时限是"从中华人民共和国成立，到社会主义改造基本完成，这是一个过渡时期"，也就是过渡到社会主义社会。毛泽东于 1958 年 1 月提出的《工作方法六十条（草案）》中明确讲的也是"由资本主义到社会主义的过渡时期"。他还讲将来还有一个"由社会主义过渡到共产主义"的时期。毛泽东 1959 年 12 月 10 日到 1960 年 2 月 9 日读苏联《政治经济学教科书》下册"结束语"时，在批注中写道：马克思和恩格斯"他们创立了无产阶级革命的理论，论证了从资本主义到社会主义的过渡时期的经济必然性，指出这个时期是用革命手段把资本主义社会变为社会主义社会的特殊历史时代"。这显然是将马克思讲的"过渡时期"依然解读为过渡到社会主义社会建立的历史时期。

但在毛泽东读教科书的谈话中，又指出了对过渡时期存在不同理解的问题。他说："过渡时期包括一些什么阶段，现在也有各种各样的说法。一种说法是，过渡时期包括从资本主义到社会主义，也包括从社会主义到共产主义；另一种说

---

①③　《马克思恩格斯全集》第 3 卷，人民出版社 2009 年版，第 58、第 446 页。

②　《列宁选集》第 3 卷，人民出版社 1995 年版，第 196—200 页、第 154 页。

法是，过渡时期只包括从资本主义到社会主义，究竟怎样说法才对，要好好研究。”① 这里没有否定第一种说法，就为在后来一个时期内将“过渡时期”错解和宣传为过渡到共产主义高级阶段的“理论”埋下伏笔。

20 世纪 60 年代到 70 年代，在我国的理论宣传中，坚持说马克思和列宁认为过渡时期是过渡到共产主义社会“高级阶段”的历史时期，把整个社会主义社会定位为“过渡时期”，再把列宁所讲的过渡时期必然是阶级斗争空前残酷、空前尖锐的话加之于整个社会主义社会，并以此为搞阶级斗争为纲提供理论依据，提出整个社会主义社会的主要矛盾是两个阶级、两条道路和两条路线的矛盾和斗争，从而忽视或模糊了发展生产力、实现共同富裕的社会主义根本任务与目的，给我国的社会主义事业带来重大损害。

三、马克思主义经典作家并没有为社会主义再划分具体阶段

马克思虽然提出了过渡时期、共产主义低级阶级或第一阶级、共产主义高级阶段三阶段论，但对于过渡时期需经历多少时间、社会主义阶段要经历多少时期、社会主义阶段是否还划分为不同阶段，马克思和恩格斯不可能也不能要求他们提出具体意见。因为当时既没有社会主义实践的经验，又没有可以做出科学预见的必要条件。不过，马克思主义理论为我们留下了科学分析社会主义发展阶段的方法，这就是：对任何社会都应理解成一个不断发展的社会历史过程。他们明确指出：“‘社会主义社会’不是一种一成不变的东西，而应当和任何其他社会制度一样，把它看成是经常变化和改革的社会。”② 这表明：社会主义社会作为一种社会经济形态，本身有一个产生、发育和不断发展的过程。在这一过程中，社会主义社会不是自始至终保持不变，而是会经常变化和不断前进的。这就意味着社会主义社会在发展过程中有可能呈现若干不同的阶段。可是，不能要求马克思和恩格斯进一步具体阐明社会主义究竟需要经历哪几个发展阶段，这是不现实的。

列宁虽然亲自领导俄国人民取得了社会主义革命的胜利，建立了第一个社会主义国家，但列宁同样没有也难以对社会主义的发展进程做出具体分析，把它划分为不同阶段。有些同志认为，列宁在十月革命后，曾把社会主义划分为“初级形式的社会主义”和“发达的社会主义”两个阶段。实际上，这是一种误解。如果列宁真的早把社会主义社会划分为两个发展程度不同的阶段，为什么斯大林在 1936 年宣布苏联基本上已实现了社会主义以后不久，接着就提出从社会主义过渡到共产主义的任务？为什么苏联长期不研究列宁关于社会主义两个阶段的理

---

① 《毛泽东文集》第 7 卷，人民出版社 1999 年版，第 351—352 页。

② 《马克思恩格斯文集》第 10 卷，人民出版社 2009 年版，第 588 页。

论？其实，所谓列宁提出“初级形式的社会主义”，无非是根据他在 1919 年 12 月《关于星期六义务劳动》的报告中的一段话：“我们在剥夺了地主资本家以后，只获得了建设初级形式的社会主义的可能性，但是这里丝毫没有共产主义的东西。”[①] 仅从这句话中难以看出“初级形式的社会主义”概念的具体含义。只要联系下文看，就会发现这里的“初级形式的社会主义”不是指社会主义社会的初级阶段。列宁在这句话的后面指出：“如果要问苏维埃俄国现时的经济制度是什么，那就应当说，它是在大生产中为社会主义奠定基础，是在资本主义以千百万种形式进行最顽强的反抗的情况下改造资本主义旧经济……在我们经济制度中暂时还没有什么共产主义的东西。”[②]联系到列宁讲话的时间可知，列宁这里所说的没有共产主义东西的“初级形式的社会主义”，是针对过渡时期苏维埃政权初期的社会主义成分而言。在过渡时期，特别是在苏维埃政权初期，社会主义的幼芽还很嫩弱，旧的经济形式还占统治地位，因而社会主义只能是初级形式。这一含义在《列宁全集》中文第二版中得到反映，在那里把涉及“初级形式的社会主义”的一段话改译为：“我们在剥夺了地主和资本家以后，只获得了建立社会主义那些最初级形式的可能。”[③]

关于“发达的社会主义”概念，在列宁的著作中，从正面正式提出的共有两处。在 1918 年 3 月《苏维埃政权的当前任务》一文中提到，“从已经是发达的社会主义社会的角度来看，让资产阶级知识分子获得比工人阶级的优秀阶层高得多的劳动报酬，是根本不公平和不正确的。”[④] 这里的“发达的社会主义”不是指我们现在所说的社会主义社会发展的高级阶段。因为列宁认为，给资产阶级知识分子以很高的酬金，是无产阶级不得不采用的旧的资产阶级方式，是对资本主义的“一种妥协，是对巴黎公社和任何无产阶级政权的原则的背离”。[⑤]这就是说，列宁实际上认为，给资产阶级知识分子以很高的酬金，从比过渡时期的社会主义远为发达的社会主义这个角度看，是不公平和不正确的，它只是过渡时期所采取的一种暂时的退却措施。因此，这里所说的“发达的社会主义”，就是指作为共产主义第一阶段的社会主义阶段。之所以要称为“发达的”，这是相对于过渡时期还只是嫩芽的社会主义而言。

列宁在 1920 年 2 月《关于全俄中央执行委员会和人民委员会的工作》一文中也使用了“发达的社会主义”概念，但认真分析一下，这里也没有把社会主义划分为初级阶段和发达阶段的意思。列宁写道：“怎样想象出一个发达的社会

---

①② 《列宁选集》第 4 卷，人民出版社 1995 年版，第 1442、第 93、第 154 页。

③ 《列宁全集》（中文第二版）第 38 卷，人民出版社 1986 年版，第 37 页。

④⑤ 《列宁全集》（中文第二版）第 34 卷，人民出版社 1985 年版，第 129、第 161 页。

主义社会，这也不困难。这个任务也已经解决了。”[①] 这里所说的“想象出”的发达的社会主义社会，是指马克思主义经典作家依据社会经济运动规律，在理论上加以科学论述的社会主义社会。在列宁的著作及列宁以前的马克思主义著作中，没有从社会主义社会阶段划分的角度提出所谓想象的发达社会主义阶段问题。其实，列宁这里所说的“发达的社会主义”，还是指与过渡时期不发达的、正在生长中的社会主义相对而言的社会主义社会。关于社会主义社会的远景，马克思在《哥达纲领批判》、列宁在《国家与革命》中都从理论上进行了分析和论述，这就是列宁所说的“想象出”的社会主义。对它的描述的确已经解决了。当时苏维埃政权面临的任务是在实践上怎样具体地从资本主义顺利过渡到社会主义，这是一个艰难的任务。

在列宁的著作中，有时也使用“完全的社会主义”概念。这一概念的含义和“发达的社会主义”概念的含义实际上相同。如列宁 1921 年 3 月《在全俄运输工人代表大会上的演说》中谈到“工农统治永远存在”这个口号是不正确的时候指出：“如果工农统治真的永远存在，那么也就永远不会有社会主义了，因为社会主义就是消灭阶级，而既然存在着工人和农民，也就存在着不同的阶级，因而也就不能有完全的社会主义。”[②] 这里所说的“完全的社会主义”“社会主义”是同样的含义，都是指过渡时期结束以后发展了的社会主义。

有的同志认为，列宁在《幼稚病》一书中把社会主义社会划分为不同阶段。这也缺乏根据。的确，在这部著作中曾提过共产主义的“低级阶段”“中级阶段”和“最高阶段”。列宁指出：“从共产主义的观点看来，否认政党就意味着从资本主义崩溃的前夜（在德国）跳到共产主义的最高阶段而不是进到它的低级阶段和中级阶段。”[③] 列宁在《国家与革命》等著作中，遵循马克思的观点，把共产主义社会划分为低级阶段（社会主义）和高级阶段。《幼稚病》中所讲的“低级阶级”依然是指社会主义阶段，其中所谓“中级阶段”和“最高阶段”显然不与社会主义阶段相联系。就是说，中级阶段和最高阶段不包括在社会主义社会之中。其本意究竟是什么需另行研究。

列宁之所以没有把社会主义社会划分为不同阶段，是因为列宁也没有在社会主义社会中生活过，因而他不愿意也不可能对社会主义的具体情况和实际情况发表意见。他认为，对于社会主义，“我们只知道这条道路的方向，我们只知道在这条道路上前进的有哪些阶级的力量；至于具体情况，实际情况，那只有千百万

---

① 《列宁全集》，第 30 卷，人民出版社 1985 年版，第 299 页。

② 《列宁全集》第 32 卷，人民出版社 1958 年版，第 258 页。

③ 《列宁选集》第 4 卷，人民出版社 1958 年版，第 142、第 93、第 154 页。

人的实践经验才能表明。"①

四、社会主义初级阶段的基本国情"没有变"与"不断变"的辩证逻辑

社会主义初级阶段理论，是在总结我国改革开放前经历的 30 年社会主义建设事业的经验教训基础上提出的，也是遵循社会主义经济发展规律的创新理论。半殖民地半封建的旧中国留给新中国的遗产是极端落后的生产力。在经济、文化、教育、医疗、科技等方面与发达国家存在巨大差距的条件下，我国急于求成，干了许多超越发展阶段的错事，付出了损害人民利益和社会主义事业的巨大代价。

在解放思想，弄清什么是社会主义、怎样建设社会主义的理论变革中，中央提出了社会主义初级阶段理论。提出这一理论的现实根据是什么？1987 年党的十三大报告在以往中央有关论述基础上，进一步较为系统地阐述了提出社会主义初级阶段理论所依据的具体国情和这一理论的重要现实意义；既确认我国是社会主义国家，要致力于社会主义建设事业，排除右的认识，又确认我国的社会主义还处于初级阶段，改革与发展要依据这一最大国情，不能盲目冒进；排除了"左"的认识。党的十三大报告指出："也正因为我们的社会主义是脱胎于半殖民地半封建社会，生产力水平远远落后于发达的资本主义国家，这就决定了我们必须经历一个很长的初级阶段，去实现别的许多国家在资本主义条件下实现的工业化和生产的商品化、社会化、现代化。"同时说明尽管我国经过 30 年的发展，社会主义经济制度已经建立，经济、教育、文化有了相当的发展，但"另一方面，人口多，底子薄，人均国民生产总值仍居于世界后列。突出的景象是：十亿多人口，八亿在农村，基本上还是用手工工具搞饭吃"，还存在"大量落后于现代水平几十年甚至上百年的工业"。我国"少量具有世界先进水平的科学技术，同普遍的科技水平不高，文盲半文盲还占人口近四分之一的状况，同时存在"，自然经济和半自然经济还占很大比重。1987 年党的十三大报告距离 1956 年三大改造基本完成，已经历了 30 多年的发展，还处于这样的落后状况。可见，1958 年就提出通过人民公社通向共产主义的举措脱离了实际。有资料表明，改革开放初期，按旧标准计算，我国农村还有 2.5 亿贫困人口，温饱问题有待解决。到 1984 年，我国人均国民生产总值只达到 310 美元，而同年日本人均国民生产总值为 10630 美元，美国为 15390 美元。由此可见我国生产力落后的程度。生产力落后的程度决定了人民群众生活水平的低下程度。因此，提出社会主义初级阶段的主要矛盾是人民日益增长的物质文化需要同落后的社会生产之间的矛盾。为解决

① 《列宁全集》第 25 卷，人民出版社 1958 年版，第 273 页。

这一矛盾，“就必须大力发展商品经济，提高劳动生产率，逐步实现工业、农业、国防和科学技术的现代化，并且为此而改革生产关系和上层建筑中不适应生产力发展的部分。”

根据我国物质文化落后的具体国情，提出社会主义初级阶段理论，这一理论本身就成为我国改革与发展所依据的最大国情。习近平总书记也指出，“我们要从社会主义初级阶段这个最大国情出发”。① 在2017年7月26日省部级主要领导干部专题研讨班开班式上，习近平总书记同样强调：“全党要牢牢把握社会主义初级阶段这个最大国情，牢牢立足社会主义初级阶段这个最大实际。”

但是，应当明确，党的十三大提出社会主义初级阶段所依据的生产力和人民生活水平落后的具体状况，只是当时作为起点的具体国情。长达百年的社会主义初级阶段在不断发展中，现在再描述我国社会主义初级阶段的发展状况，就需要有新的论述、新的语境。

社会主义初级阶段理论所经历的时间，中央文件确认从1956年三大改造完成算起，要经历百年时间，就是直到21世纪中叶。应当明确两点：一是提出社会主义初级阶段理论所依据的物质文化落后状况，并不构成初级阶段的经济特点，而是作为初级阶段要消除落后贫困状态的任务论述的。概括地说，就是通过社会主义初级阶段一百年的发展，不断提高生产力水平和满足人民群众的物质文化需要，走向共同富裕。二是提出社会主义初级阶段所依据的具体国情状况，只是从1956年到1987年30多年的发展状况。

事实上，在初级阶段的长时期中，我国的生产力和人民的物质文化生活水平会不断提高。我初步考虑，可大体将长达一百年的社会主义初级阶段，根据实际发展状况，划分为三个30年左右的具体小阶段。1956年到1987年的30多年是前期小阶段，是总体上处于贫困落后的阶段。从1987年到2020年的30多年中，是中期小阶段，是实现第一个百年即中国共产党成立一百周年的任务，即实现全面小康水平。通过发展和扶贫，消灭全国尚存的几千万人口的贫困状态。改革开放以来，我国的经济社会发展无论从纵向还是横向比较都是最快的。从1978年开始改革开放到2015年，我国GDP总量由从3678亿元增加685505亿元，年均增长率为9.7%；人均GDP由385元增加到49992元，年均增长率为8.6%。2016年，我国人均GDP达8000美元，已进入世界中高级发展阶段。农村贫困发生率按2010年的标准计算，由1978年的97.5%下降到2015年的5.7%。再经过约30年的发展，到21世纪中叶，即新中国成立一百周年时，将实现第二个百年目标，建成富强、民主、文明、和谐的社会主义现代化国家，实现中华民族的伟

① 《习近平关于社会主义经济建设论述摘编》，中央文献出版社2017年版，第10、第39、第89、第25页。

大复兴。

从国际发展的横向比较看，我国目前的实际情况，如同习近平总书记所指出的："我国用几十年的时间走完了发达国家几百年走过的发展历程。"① "我国在世界经济和全球治理中的分量迅速上升，我国是世界第二经济大国、最大货物出口国、第二大货物进口国、第二大对外直接投资国、最大外汇储备国、最大旅游市场，成为影响世界政治经济版图变化的一个主要因素。"② 这与作为我国社会主义初级阶段的前期状况相比，真乃天壤之别。但我们绝不能以此自满。我国现在虽然摆脱了初期阶段的绝对落后状态，但还处于相对落后状态。习近平总书记多次用事实说明这一点。他于 2014 年 4 月 1 日访欧期间在比利时布鲁日欧洲学院演讲时指出："中国经济总量虽大，但除以十三多亿人口，人均国内生产总值还排在世界第八十位左右。中国的城乡低保人口有七千四百多万人……根据世界银行的标准，我国还有二亿多人口生活在贫困线以下。" 2015 年 9 月 22 日，他又在访美期间在华盛顿州当地政府和美国友好团体联合欢迎宴会的演讲中指出："中国依然是世界上最大的发展中国家，中国的人均国内生产总值仅相当于全球平均水平的三分之二，美国的七分之一……这两年，我去了中国很多贫困地区，看望了很多贫困家庭，他们渴望幸福生活的眼神深深印在我的脑海里。"③习近平总书记对社会主义初级阶段的理论与实践运用了"没有变"与"不断变"的辩证法，他多次强调我国处于社会主义初级阶段的最大国情没有变。继续强调我国仍处于并将长期处于社会主义初级阶段的基本国情没有变，我国是世界上最大发展中国家的国际地位没有变。这里讲的"没有变"与我国改革开放近 40 年来快速发展的大变化怎样相统一呢？在这个问题上，应注意到习近平总书记于 2017 年 7 月 26 日在省部级主要领导干部专题研讨班开班式上的重要讲话。他指出："全党要牢牢把握社会主义初级阶段这个最大国情，牢牢立足社会主义初级阶段这个最大实际，更准确地把握我国社会主义初级阶段不断变化的特点。" 并且指出：改革开放和党的十八大以来，"党和国家事业发生历史性变革，我国发展站到了新的历史起点上，中国特色社会主义进入了新的发展阶段。中国特色社会主义不断取得的重大成就，意味着近代以来久经磨难的中华民族实现了从站起来、富起来到强起来的历史性飞跃"。这段话概括地说明了我国社会主义初级阶段发展中的重大变化。新中国的前 30 多年，虽然还处于落后和贫穷状态，但国家和人民站起来了，洗雪了百年任由列强侵略宰割的耻辱，并建立了独立的工业体系，发展成就超过了旧中国的一两百年。党的十三大以后，改革开放不断推进，

① 《习近平总书记系列重要讲话读本（2016 年版）》，学习出版社、人民出版社 2016 年版，第 36—37 页。

②③ 《习近平关于社会主义经济建设论述摘编》，中央文献出版社 2017 年版，第 39 页。

逐步朝着富起来、强起来的目标前进。特别是党的十八大以来，在富起来和强起来方面的工作成就尤为显著。

强调我国社会主义初级阶段的最大国情没有变，这是从总体发展战略的大逻辑来讲。既要看到初级阶段发展目标实现的长期性和复杂性，又要看到改革开放以来我国日新月异的发展变化。具体变化表现在诸多方面，如改革开放初期，提倡一部分人一部分地区通过诚实劳动、合法经营先富起来，先富带动后富；当前"先富起来"的政策已经完成其历史任务，而且出现了当时没有预想到的贫富分化现象。现在强调以人民为中心的共享发展，将保障和改善民生问题提到一个很高的地位，强调缩小个人收入分配的过大差距，走共同富裕道路。

强调我国社会主义初级阶段没有变，并有例可证。根据媒体报道，中国游客蝉联境外消费冠军。2016 年中国游客境外消费达 2610 亿美元，比 2015 年增加了 12%；连续 15 年保持两位数增长，超过美、德、英、法等国。2015 年，中国人买走了全球 46% 的奢侈品。这表明，中国生产的消费品仍不能完全满足国人的需要。另外，我国有些重要生产资料如某些特殊的高级钢材还需要进口。但要用发展的眼光评析问题。改革开放以来，我国的供求关系已发生根本性变化。在前期阶段，连日用消费品也严重供不应求，凭票证和副食本供应。随着市场化改革的推进和所有制结构的调整，乡镇企业和私人工商业在卖方市场条件下迅速发展，逐渐改变了"短缺经济"状况，由卖方市场转为买方市场，而有些低端产品则积压滞销。现阶段，由于人们的收入和生活水平总体上显著提高，需求结构产生变化，对高端产品包括奢侈品的需求增加。2008 年国际金融危机以后，国外消费需求也有变化，我国出口贸易也需要适应这种变化，调整出口产品结构。由此，中央提出了供给侧结构性改革，而供给侧结构性改革又与近年来的发展新常态、经济增长转入中高速换挡期相联系，要求创新驱动发展，重在产品的质量和效益。

在前期阶段，讲 10 亿人口 8 亿在农村，现在也发生了重大变化。我国现在人口已达 13 多亿人。根据统计，2016 年底，我国常住人口城镇化率为 57. 35%，户籍人口城镇化率为 41. 3%。美国《福布斯》双周刊网站预测，到 2030 年，中国的城市居民人口将达到 10 亿人，占中国总人口的 70%。我国虽然走出了 10 亿人口 8 亿农业人口主要靠手工弄饭吃的局面，但还应看到，我国的农业劳动生产率远比发达国家落后。英美等国家的农业劳动力只占总数的 3% 左右。美国一个农民所生产的财富等于中国一个农民的数十倍。这是我国农民种庄稼收入低下的根本原因。出路在于实现农业现代化，提高农业劳动生产率，提高农产品的质量和效益。

社会主义初级阶段的重要经济特点是国有经济为主导，公有制为主体多种所有制经济共同发展，以及按劳分配为主体，多种分配方式并存。这一理论和政策同样长期坚持不变，但在具体提法上和实际发展中也在变化。原来的提法是公有制为主体，非公有制为补充。后来放弃“补充”一词，表示不当配角，改提“共同发展”。非公有制经济的最初发展与现在的发展状况也已不可比拟。“三大改造”是要消灭资本主义性质的私营经济，个体经济也基本消除。所以改革开放后，非公有制经济的发展是一个从无到有，从少到多的过程。邓小平于 1985 年 8 月 28 日的讲话中提出：“公有制为主体，……包括全民所有制和集体所有制，现在占整个经济的百分之九十以上。”这种比例关系确实意味着只占百分之几的非公经济只能起补充作用。然而，近些年的发展情况发生了根本性变化。《人民日报》于 2007 年 2 月 1 日发表了《民营经济是构建和谐社会的重要力量》一文。其中讲到“民营经济已占到全国 GDP 的 65% 左右，占经济总量的 70%—80%，成为经济发展中的最大动力来源”。这里所讲的民营经济主要是私营经济。即使包括外资和个体经济在内的全部私有经济，也占了较大比例。以上是借以说明从战略大逻辑看的“社会主义初级阶段的基本国情没有变”中的各种具体变化，主要强调正效应的变化，也不能排除某些负效应的变化。习近平总书记一再强调公有制的重要地位和作用；强调“两个毫不动摇”；强调做强做优做大国有经济。面对我国发展中的新问题，提出以人民为中心的发展思想，用新发展理念统领发展全局。他明确指出：“我国经济发展的‘蛋糕’不断做大，但分配不公问题比较突出，收入差距、城乡区域公共服务水平差距较大……为此，我们必须坚持发展为了人民、发展依靠人民、发展成果由人民共享，做出更有效的制度安排，使全体人民朝着共同富裕的方向稳步前进，绝不能出现‘富者累巨万，而贫者食糟糠’的现象。”①

---

① 《习近平关于社会主义经济建设论述摘编》，中央文献出版社 2017 年版，第 10、第 39、第 89、第 25 页。

着力于发展生产力和发展社会主义生产关系的统一①

一、社会主义产生和发展的新特点

任何社会形态都是生产力和生产关系的统一，构建中国特色社会主义政治经济学，需要自觉地着力于快速发展生产力，又着力于发展和完善中国特色社会主义生产关系。马克思主义指出：生产力决定生产关系，生产关系一定要适合生产力的发展状况。这一历史唯物主义规律，既贯穿于社会历史发展中各个社会形态的依次更替，也贯穿于同一社会形态内部不同阶段的发展。但是，现实社会主义制度产生和发展与以往社会制度的产生和发展有所不同。以往社会制度的更替、新社会制度的产生与发展都是一个自然的具有自发性的过程。以资本主义为例，并不是先有人在封建主义制度中提出资本主义概念和理论，然后建立和发展资本主义制度，而是先有资本主义实践和制度的产生，后有资本主义的概念和系统理论。从16世纪到19世纪初，西方还没有“资本主义”这一概念。在1848年出版的《共产党宣言》中也没有资本主义概念，只用资产阶级概念。而社会主义则不同。是先有“社会主义”概念与理论，再有社会主义运动和革命，然后建立起社会主义制度。因此，从马克思主义科学社会主义理论创立算起，到社会主义制度的建立与发展，以及改革开放与创新都是一个自觉的、有理论指导、有政党领导、有组织谋划的过程。社会主义制度建立后，既需要自觉地着力于快速发展生产力，也需要自觉地着力于发展和完善社会主义生产关系。忽视或放弃自觉性，失去马克思主义为指导的党的正确领导，社会主义不可能自发地发展与完善，反而会发生逆向演变与倒退，转向资本主义，这就是为什么要不断提出坚持社会主义道路、坚持社会主义市场经济改革方向的道理所在。在我国的社会主义

① 本文原载《福建日报》2016年10月11日。

实践表明，以前曾发生过两种偏误，有时会只强调发展社会主义生产关系，而忽视生产力的发展；有时又会片面重视生产力的发展而忽视社会主义生产关系的发展与完善。

鉴于以往的上述两种偏误，创建和发展中国特色社会主义政治经济学，需要总结我国近 70 年来在认识和处理发展生产力和社会主义生产关系方面得失成败的经验教训，以利于把快速发展生产力和发展与完善社会主义生产关系自觉地始终一贯地统一起来。

二、社会主义必须快速发展生产力

改革开放前的政治经济学教学与研究，讲社会主义制度的经济特点，一般只强调公有制、按劳分配、国民经济有计划按比例发展。一般不讲发展生产力的内容。出于两点考虑：其一是任何社会制度都在发展生产力，任何新社会制度都比旧制度更有利于生产力的发展；其二是我国是在生产力落后的基础上建立起社会主义制度的，发达资本主义国家的生产力水平远远高于我国，显然不能用生产力的发展状况来区分社会主义还是资本主义。这两点理由听起来也颇有道理。但这是执着于小道理，忽视了社会主义要快速发展生产力的大道理。

改革开放后，针对过去发展生产力和提高人民生活水平缓慢的情况，提出了“对什么是社会主义，怎样建设社会主义”这个认识不是很清楚的问题。而正确认识什么是社会主义，首先要弄清楚为什么要搞社会主义。马克思主义提出创建社会主义，一是要解放被旧制度束缚了的生产力，使生产力发展得更快更好，二是使劳动人民摆脱受剥削、受压迫的贫困境地，过上美好幸福、共同富裕的生活。发展生产力是手段，是服从于消灭剥削和消除两极分化，实现共同富裕的目的。《共产党宣言》中就提出，无产阶级获取政权后，“要尽可能快地增加生产力的总量”。而快速增加生产力总量是为了快速增加社会财富，这是“丰富和提高工人的生活的一种手段”。马克思在 1857 年到 1858 年的经济学手稿中写道，未来社会“生产力的发展将如此迅速，……生产将以所有的人富裕为目的”。列宁强调发展生产力重在不断提高劳动生产率。他指出，劳动生产率是新社会制度战胜旧社会制度的决定性的东西，社会主义一定能创造出高于资本主义的劳动生产率。另一方面，列宁又指出：社会主义就是让全体人民“过上最美好最幸福的生活”。

有必要指出，马克思、恩格斯强调社会主义要快速发展生产力，原是指在发达资本主义国家取得社会主义胜利后的事情。因为实现高水平的共同富裕的生活，需要有财富的巨大增长，要以生产力的高度发展为条件。我国的社会主义是在生产力落后的基础上建立的，与发达资本主义国家生产力的差距很大，更需要快速发展生产力，要在发展速度上实现超越，这才能显示社会主义的优越性，才能为消灭剥削、消除两极分化、实现共同富裕创造物质条件。

在改革开放前“左”的年代，曾忽视生产力的发展和人民生活福利的不断提高，还把重视生产力的发展诬之为“唯生产力论”，把关心人民生活福利批评为“经济主义”。但是，不应以偏概全，应实事求是地分析改革开放前的有关理论和实践。在新民主主义革命年代和新中国成立后的初期阶段，党中央和毛泽东主席是重视生产力的发展和人民生活水平的提高的。1945 年毛泽东在《论联合政府》中就提出了判断各个政党的政策与实践是否正确的生产力标准：“中国一切政党的政策及其实践在中国人民中所表现的作用的好坏大小，归根到底，看它对于中国人民的生产力的发展是否有帮助及其帮助之大小，看它是束缚生产力的还是解放生产力的。”解放后，经过 3 年时间，国民经济迅速恢复，第一个五年计划期间经济发展较快，人民生活水平也随之提高。在 1956 年召开的党的八大决议中提出，我国通过“三大改造”建立了社会主义后的基本矛盾是人民对经济文化迅速发展的需要同不能满足人民需要之间的矛盾。因而全国的主要任务是集中力量发展社会生产力。1957 年毛泽东在《关于正确处理人民内部矛盾的问题》中指出：社会主义生产关系“能够容许生产力以旧社会所没有的速度迅速发展，因而生产不断扩大，因而使人民不断增长的需要能够逐步得到满足”。由此可见，在“左”风盛行的以前时期中，中国的经济发展是遵循了马克思主义理论指导的。可惜的是，革命和建设的顺利推进，滋生了急于求成的主观唯意志论。1958 年违反生产力发展的规律，搞“大跃进”，宣传“人有多大胆，地有多大产”，“不怕做不到，只怕想不到”。大放亩产万斤的虚假“卫星”。又违反生产关系一定要适合生产力发展的状况的规律，搞“跑步进入共产主义”。所谓“共产主义是天堂，人民公社是桥梁”，本意是想更快地发展生产力，更快地发展新的生产关系，但主观唯意志论的违反自然规律和经济规律的举措，受到规律的惩罚。造成三年经济严重困难，引起社会对“左”祸的不满。决策层没有很好总结经验教训，反而进一步以“左”反右，转向搞阶级斗争为纲。不再着力于生产力的发展和人民福利的不断提高，所导致的是贫穷的社会主义。但“贫穷不是社会主义”，有两点经验教训：一是搞社会主义必须自觉遵循马克思主义政治经济学的原理，结合中国实际，致力于快速发展生产力，这样才能够不断改善人民生活，社会主义才能顺利发展；二是在社会主义制度下，决策层的主观能动性和自觉性提高了，可以提出正确的理论指导和施政方针，促进社会主义的繁荣与完善。但自觉的主观能动性也可能在超越预期的胜利条件下变异为唯意志论和主观随意性。正确的理论指导和实践被中断、被扭曲，转向阶级斗争为纲，把偏离马克思主义的失误当作创新和发展，给社会主义事业造成重大损害。改革开放以来，扭转了“左”的理论与实践，走向了社会主义经济快速发展的轨道。

三、自觉地着力发展社会主义生产关系

改革开放后，鉴于“左”风时期偏离快速发展生产力的本质要求，邓小平多次提出社会主义的根本任务是发展生产力，批评了“宁要社会主义的草，不要资本主义的苗”的荒谬论调。党的十三大报告中还特别提出了判断我国一切工作是非得失的生产力标准。为了快速发展生产力，我国实行改革开放，引进外资，调整所有制结构，允许和鼓励个体经济和私营经济的发展。提出公有制为主体，多种所有制经济共同发展的基本经济制度。强调发展社会主义商品经济，发挥市场的调节作用，改革逐步推进，由计划经济体制转向社会主义市场经济体制。通过改革开放促进了生产力的发展，我国的经济总量成为仅次于美国的第二大经济体。从总体来说，我国人民的生活水平也有了显著的提高。

但是，毋庸讳言，我国生产力的快速发展，并没有相应地显著促进社会主义生产关系的发展与完善。邓小平提出的社会主义本质论，本是发展生产力和发展社会主义生产关系的统一。但在实践中，天平向解放生产力和发展生产力倾斜，而消灭剥削、消除两极分化、逐步实行共同富裕的要求，则在一个时期中被淡漠了。在理论上，存在多种思潮的干扰。如宣传“国退民进是改革的方向”，私有化思潮长期盛行。有的学者公开宣称生产力决定论就是“唯生产力论”，并宣称“唯生产力论”是“历史唯物主义的基本原理”，又认为讲生产力标准就是坚持唯生产力标准。把马克思列宁主义和邓小平批评过的“唯生产力论”强加于马克思主义，以此反对再提出社会主义生产关系标准。这种理论只能导致削弱和损害社会主义生产关系的后果。

还存在多种模糊和错解社会主义生产关系的理论认识。例如，混淆社会主义经济制度和社会主义初级阶段基本经济制度两个不同概念的内涵。这两个概念在我国宪法中是分别并列提出的。“社会主义经济制度的基础是生产资料的社会主义公有制，即全民公有制与劳动群众集体所有制。”而社会主义初级阶段的基本经济制度是“公有制为主体、多种所有制经济共同发展”。前者只以公有制为基础，不包括非公经济，而后者则包括多种所有制经济。又如，将“社会主义经济”与“社会主义市场经济”相混同。中央文件提出，非公有制经济是社会主义市场经济的重要组成部分。非公有制经济在我国社会主义初级阶段有其重要的地位和作用。中央提出发展公有制和非公有制经济“两个毫不动摇”的指导思想，已经肯定其存在和发展的意义。问题是无论是从坚持和发展马克思主义政治经济学基本原理来说，或是从创建和发展中国特色社会主义政治经济学来说，应把不同经济成分的社会经济地位和作用，同其经济关系的性质区别开来。

创建和发展中国特色社会主义政治经济学，必须科学地研究和阐明科学社会主义生产关系和中国特色社会主义生产关系的内涵及其源与流的关系，需要澄清中国特色社会主义生产关系研究中的多种理论混乱和理论是非不清乃至颠倒的现象。有的学者公开否定我国国有经济是社会主义经济，鼓吹私有化。所有这一切，都会产生不利于中国特色社会主义生产关系的科学研究和有效发展。

以上是从理论研究和宣传角度提出问题。再从我国经济发展的实践过程来看。前一段时间在国有企业改革中曾出现企业高管内外勾结、化公为私，任意侵吞国有资产，造成大量国有资产流失的情况。有些中小国企一卖了之，这种情况亟待根本扭转，需要自觉地着力于发展和完善中国特色社会主义生产关系。中央也正在着力于强化这方面的理论与实践。近些年来，特别是党的十八大以来，既着力于根据新的发展理念转变发展方式，从供给侧结构性改革促进经济质量效益与效率的提高，推进中高端经济的发展，培育新动力，在更高层次上继续发展生产力。同时，又致力于以人民为中心思想的共享发展，强调改革发展的成果要惠及广大人民。将共同富裕作为社会主义的基本原则，强调效率与公平并重与统一。一切工作以人民的福祉为出发点和落脚点。提出 2020 年要全面脱贫，并践行实现“两个一百年”的目标。这都是发展和繁荣中国特色社会主义的重要指导思想。

发展和完善社会主义生产关系或中国特色社会主义生产关系，首先要致力于缩小和消除贫富分化，走共同富裕道路，这是一个复杂的系统工程。富人可以继续富，不能劫富济贫，也不能再搞“三大改造”时期的公私合营政策。但拥有几十亿、几百亿、几千亿资产的富人可以多为社会做点贡献，多为慈善事业、扶贫事业、科教事业等提供些有益的支持，这样才有利于共享发展的成果。从当前的关键环节着眼，需要抓好的第一环节是着力于发展和完善国有经济。因为以国有经济为核心的公有制经济是社会主义生产关系的基础。既要做大做优做强国有经济，又要体现国企中应具有的社会主义新生产关系。一方面，国企高管应以权谋公，而不是以权谋私，不应挣取天价工资、脱离群众，要尊重职工的权益和作用。另一方面，国企职工要真正具有社会和企业主人的地位，发挥主人翁的精神。运用公有生产资料为全民利益而从事生产，并随着生产的发展而不断提高其收入。职工作为主人，应对国企经营有知情权、话语权、管理权、监督权、选举权，这样才是社会主义性质的国有经济，否则就会失去其社会主义性质。国有经济要在两方面表现出超越于私有制经济的优越性：在发展生产力的方面，表现为更高的劳动生产率、更高的质量和效益；在生产关系方面，国企职工不是为资本打工的雇佣劳动者，而是真正以社会和企业的主人身份发挥作用。这样才能全面推进中国特色社会主义生产关系的发展与完善。

按照社会主义本质要求处理财富分配关系[①]

——访中国社会科学院马克思主义研究院特聘研究员卫兴华教授

▲（采访者简称▲，下同）：卫老师，您好！近年来我国高度强调并致力于保障和改善民生，对这一政策导向应如何客观分析？

●（被采访者简称●，下同）：目前我国已经认识到民生问题对国民经济健康可持续发展的重要影响，为此，我国提出了深化收入分配体制改革，努力提高居民收入在国民收入分配中的比重，提高劳动报酬在初次分配中的比重，提高低收入者的收入，扩大中等收入者比重，尽快扭转收入差距过分扩大的趋势。除改革和完善收入分配体制外，惠民生的一系列措施也配套出台，如就业扶持、扶贫政策、全民医保、社会保障、安居工程、兴农富农、国家助学，等等。另外，转变发展方式，调整经济结构，扩大消费需求方面的政策措施，也与保障和改善民生密切相关。如果进一步作深入分析，当前我国民生问题的背后是收入分配问题。目前这些惠民生的方针政策和具体措施，最终都体现为走共同富裕的道路。“十二五”规划纲要也指出：要加大收入分配调节力度，坚定不移地走共同富裕道路，使发展成果惠及全体人民。

怎样认识和看待当前保障和改善民生的问题？我觉得有必要从两个方面进行分析：从正面看，这既是科学发展观的理论与实践的体现，也是社会主义本质要求的体现，会获得广大人民群众的拥护与支持。但从问题的背面来看，新中国成立已 60 多年了，作为社会主义国家，为什么会积累了这么多的民生问题，甚至出现了与社会主义相悖的两极分化？为什么直到近些年来才认识和着手解决这类问题？

---

① 本文原载《马克思主义研究》2012 年 10 月。

▲当前一系列保障和改善民生的政策措施是必要的，具有积极的正面效应。但是，在您看来，这些政策措施能否真正消除两极分化，实现共同富裕，保证马克思主义的科学社会主义和中国特色社会主义的发展与完善?

●这涉及和回到一个老问题：什么是社会主义？怎样建设社会主义？还需要从理论与实践的结合上进行深层次的分析与研究。邓小平针对改革开放前的“左”的理论与实践，多次提出这个问题，事实上也回答了这个问题，那就是社会主义本质论和三个“是否有利于”的判断标准论。

不过我们还需要进一步思考：为什么要搞社会主义？目的是什么？弄清这个问题，才能弄清什么是社会主义。而为什么要搞社会主义、什么是社会主义以及怎样建设社会主义的问题，既可以从宏观层面的总的框架中回答，也可以从具体的实际层面来回答。列宁和邓小平从两个层面回答了这一问题。

从直观的具体层面来看，从广大老百姓最关心也最容易接受的切身利益来看，搞社会主义，就是要让广大人民群众摆脱在旧社会制度下遭受剥削、压迫与穷困的处境，过上美好幸福的、人人平等的、日益富裕的生活。列宁指出：“只有社会主义才可能广泛推行和真正支配根据科学原则进行的产品的社会生产和分配，以便使所有劳动者过最美好的、最幸福的生活。只有社会主义才能实现这一点。而且我们知道，社会主义一定会实现这一点，而马克思主义的全部困难和它的全部力量也就在于了解这个真理。”① 邓小平指出，贫穷不是社会主义，共同富裕是社会主义最本质的东西。我们知道，原始社会实行公有制，没有剥削和两极分化，但没有共同富裕，没有也不可能有“最美好的、最幸福的生活”，因为生产力极端落后。在奴隶制、封建制和资本主义制度中，存在着剥削、奴役和两极分化，没有也不可能有共同富裕。“最美好的、最幸福的生活”与广大劳动者无缘，只有少数富人——剥削者享受。需要深刻领会列宁的话：第一，要“使所有劳动者过最美好的、最幸福的生活”，是指“所有劳动者”，不是部分劳动者，更不是少数剥削者和富人；第二，“只有社会主义才能实现这一点”，这是社会主义区别于以往一切社会的最本质的特点，是搞社会主义的最根本的目的；第三，“社会主义一定会实现这一点”，实现全体劳动者的共同富裕，过“最美好的、最幸福的生活”，是一个逐步实现的过程，特别是生产力落后的社会主义国家，不可能一蹴而就，需要致力于这一目标的实现，而且抱有信心，“一定会实现”；第四，搞社会主义必须“了解这个真理”，这是马克思主义的“全部力量”所在和“全部困难”所在，也可以说，这是社会主义的灵魂，离开社会主义的“这个真理”，就失去了社会主义的“全部力量”所在，就离开了马克思主义和

---

① 《列宁选集》第3卷，人民出版社1995年版，第546页。

科学社会主义。而弄懂和实现“这个真理”，又是搞社会主义的“全部困难”所在。

▲的确，搞社会主义不仅需要经济快速发展，更需要明确这种发展的目的。

●如果离开“这个真理”，即离开搞社会主义的根本目的是实现共同富裕，是使全体劳动者“过最美好的、最幸福的生活”，转而去讲社会主义的其他方面，即使强调得再多，也会失去本质意义。比如，只强调公有制、按劳分配等，虽然也消灭了剥削和两极分化，但只能是贫穷的公有制，贫穷的按劳分配，贫穷的社会主义。在“左”风盛行时期，不但将致力于发展生产力批之为修正主义的“唯生产力论”，还把致力于改善人民生活，提高人民物质文化水平，也批之为“经济主义”“福利主义”。生产的目的被模糊了，只能讲为革命而生产，工人为革命而做工，农民为革命而种田。也不能言富，宣传“穷则变，富则修（修正主义）”。粉碎“四人帮”以后，还需要理论界进行社会主义生产目的的讨论，以明确是为满足人民需要而生产。

▲社会主义要以共同富裕为目标，但在现实中怎样才能保证这一目标的实现呢？

●在这个问题上，首先要通过发展生产力作为其物质基础。社会主义能够也应当比旧社会制度更好更快地发展生产力。特别是像我国这样在生产力落后的基础上建立社会主义的国家，快速发展生产力更是一个紧迫的任务。如果忽视生产力的发展，必然忽视共同富裕的目标。但我们在实践中也要防止对发展生产力作片面的理解。如果发展生产力不是落脚于劳动人民的共同富裕，忽视劳动群众的利益诉求，而是片面追求GDP，就会重资本，轻劳动；重外资，轻内资；不问姓公姓私，不问姓社姓资。就会导致两极分化，工农群众沦为弱势群体，几十亿、几百亿资产的富翁会日益增多。

必须明确，光强调和致力于发展生产力并不能保证实现共同富裕。西方资本主义生产力高度发展，但造成的结果是财富占有的严重的两极分化。私有制是不可能实现共同富裕的。共同富裕的实现，要以宏观层面的社会主义总体框架的存在与完善为条件。共同富裕要有制度安排作为其必要基础，在私有制的基础上必然产生两极分化。实现共同富裕意味着消灭剥削和两极分化，这就要求应有的制度安排即所有制基础只能是生产资料公有制。发展和完善社会主义公有制，是不会产生两极分化的。邓小平也明确指出这一点。他说：“只要我国经济中公有制占主体地位，就可以避免两极分化。”[①] 公有制经济实行按劳分配，劳动贡献有差别，收入分配也应有差别，但差别不会很大，公有制排除了凭借个人占有生产

---

① 《邓小平文选》第3卷，人民出版社1993年版，第149页。

资料获取高额收入的可能，特别是排除了资本剥削雇佣劳动的可能，为共同富裕提供了社会条件。可见，快速发展生产力、消灭剥削和两极分化、实行社会主义公有制、按劳分配等，都是由让全体人民“过最美好的、最幸福的生活”，即共同富裕引申出来的，是共同富裕的必然要求。

▲邓小平提出社会主义本质论，是否解决了“什么是社会主义”这一问题？

●是的。邓小平提出社会主义本质的出发点是解放和发展生产力，落脚点是实现共同富裕。判断社会主义事业的得失成败，是三条“是否有利于”的标准。即是否有利于发展社会主义社会的生产力，是否有利于社会主义综合国力的提高，是否有利于提高人民的生活水平。他强调的还主要是发展生产力和走共同富裕的道路。这与马克思主义经典作家的理论观点是一致的。马克思指出：在未来新社会制度中，社会生产力的发展将如此迅速，……生产将以所有的人富裕为目的。他也是强调两条：一是迅速发展生产力；二是以所有人的富裕为目的，是手段和目的的统一。

因此，只要弄清楚了为什么要搞社会主义，搞社会主义的根本目的是什么，那么，什么是社会主义的问题也就明确了。从本质规定上回答什么是社会主义，可以讲是快速发展生产力，逐步实现共同富裕。怎样建设社会主义？就是紧抓发展生产力，以经济建设为中心，走逐步实现共同富裕道路，防止两极分化。快速发展生产力和共同富裕，是我们建设和搞好社会主义的两大抓手。判断社会主义搞得好不好，首先和主要看这两手抓得如何。我国 1957 年以前，两手都在抓，生产力发展得快，人民生活水平提高也快。改革开放以来的一个时期中，抓生产力一手硬，抓共同富裕一手软，结果出现了收入差距过分扩大的趋势。

▲那么我们应怎样理解共同富裕呢？

●需要弄清几点：首先，共同富裕是个动态概念。没有也不应有一个固定不变的标准。就我国的实际情况来说，全面小康水平实现，到本世纪中叶建立起国强民富的现代化社会主义社会，就可以说初步走进了共同富裕。党的十六大报告指出：“我们要在本世纪头二十年，集中力量，全面建设惠及十几亿人口的更高水平的小康社会，……人民生活更加殷实。”至 2020 年，我国人均 GDP 可达一万美元左右，等于现在的两倍。但不能停留在这个水平上。随着生产力的发展和财富的涌流，共同富裕水平会不断提高。

其次，我国是在生产力落后的基础上建设社会主义的，尽管目前我国的经济总量已占世界第二位，但人均 GDP 却只有 5000 多美元，远远低于发达国家和一些高收入国家。根据美国《全球金融杂志》2010 年公布的全球 182 个国家和地区的收入排名，卡塔尔人均 90149 美元，卢森堡为 79411 美元，挪威 52964 美元，新加坡 52840 美元，美国 47702 美元，瑞士 43903 美元。我国大陆处于世界后列。但由于我国经济发展速度快于各国，人均 GDP 的增速也处于世界前列；共同富裕应当也能够作为目标逐步实现。就是说，我国目前还没有和不能实现共同富裕，但必须将共同富裕作为前进的道路，缓解和消除已出现的两极分化。通过走共同富裕的道路，达到实现共同富裕的目的。

再次，我国实现较高水平的共同富裕，不需要等到赶上和超过发达国家人均 GDP 的水平。发达国家和其他高收入国家都存在两极分化，没有共同富裕。人均 GDP 的高值，掩盖了 1% 和 99% 财富占有上的对立。我国只要坚持公有制为主体的经济制度，消除两极分化，走共同富裕道路，人均 GDP 达到 2 万—3 万美元（等于目前的 4—6 倍），就可以基本实现共同富裕了。

▲在改革开放之初，我国就开始强调通过快速发展生产力逐步实现共同富裕，但从实践看，我们对实现共同富裕的难度似乎低估了。

●在这一问题上我们必须保持清醒认识。实际上，仅仅讲快速发展生产力和共同富裕是不够的，关键是需要有制度安排作保证。以国有经济为核心的社会主义公有制经济，就是必要的制度安排。社会主义公有制经济既是消除两极分化、实现共同富裕的必要条件和基础，也是快速发展生产力的制度保证。在生产高度社会化条件下，资本主义私有制已不能适应生产力发展的要求。目前西方发达资本主义国家在金融危机的漩涡中挣扎不出就是明证。社会主义公有制经济消除了资本主义基本矛盾，有利于促进生产力的发展。我国为了有效地快速发展生产力和实现共同富裕，就需要遵从科学发展的主题，使劳动者成为生产和社会的主人，以人为本，全面协调可持续发展；就要进行改革，搞好搞活国有经济和集体经济；就要实行公有制为主体，多种所有制共同发展，按劳分配为主体，多种分配方式并存的经济制度。这就从宏观层次的总体框架上回答了当前阶段怎样建设社会主义的问题。

▲劳动者主人地位、公有制为主体等等，都是我国在理论和政策上一直坚持的东西，难道没有起到什么作用么？

●这就要进一步分清理论和实践之间脱节的原因了。正确的理论指导和方针政策，不能停留在文字上、口头上，重在落实。当前，广大人民群众强烈不满的两个事实：一是贫富两极分化；二是腐败蔓延（腐败的蔓延也与两极分化、中外富商腐蚀某些官员和国企高管有关）。贫富分化的根本原因是什么？如果不去追根溯源或回避根本原因，采取一些治标措施，固然也必要，但不能治本。

▲谈到收入差距和贫富分化现象，目前理论界也有不同的看法。您是怎样看待这一问题的？

●我觉得贫富差距现在已经是一个不争的事实。由国家发改委、国家统计局和中国社科院等编写的《中国居民收入分配年度报告（2004）》披露：我国最高收入10%的富裕家庭所占有的财产总额占全部居民财产的45%，而最低收入的10%的家庭的相应比例为1.4%。贫富收入差距为32倍。这只是8年前的统计数据，现在这个差距更是扩大了。

从基尼系数看，有关资料显示，我国1984年基尼系数为0.24，以后不断扩大，1994年为0.434，2000年为0.458，2004年为0.469，2006年为0.49，目前估计已达0.5或以上。

财富分配的不公造就了我国日益增多的富豪。瑞信研究院2011年10月发布的《全球财富报告》表明，中国百万美元以上的富翁已达百万人以上。个人净资产超过5000万美元的，达5400名，仅次于美国，德国为4135名，日本为3400名，俄罗斯为1970名。《福布斯》2011年中国富豪榜显示，中国个人或家族资产超过10亿美元的富豪达到146人。胡润富豪报告的创始人霍格韦在2012年的新闻发布会上说：中国拥有10亿美元财富的人数其实可以翻倍，达260人。有大批富豪隐藏在人们视线之外。作为社会主义国家的中国的富豪数量，居然超过了除美国之外的一切发达资本主义国家！这类统计数字未必准确，且互有差异，但依然可作为有用的参考供我们思考问题。

▲大家关注的一个问题是，这些不断增多的富豪是怎样产生的？

●从富豪排行榜来看，大富豪都是私营企业主，因而主要是靠发展私有制经济起家的。此外中国还有一批富人，如影星、歌星、体育明星、金融证券业界的高管等。《深圳特区报》2011年4月6日刊登一篇报道，指名道姓地讲，海派清口相声演员周立波，一年收入8000万。据周自己讲："我两年票房一亿五千万，我一个人顶得上几个中型企业！"他除演出赚钱外，还有不少其他吸金活动。自曝活动出场费分三档："剪彩一次66万元；上海剪彩一次88万元；商业演出一次100万—150万元"。所以一年收入总数会不止8000万。

电视剧的片酬几年来暴涨，某些明星的片酬一集涨到20万—30万元，有的喊出一集50万元的高价。大陆的片酬高过台湾地区和香港。出演一部30集的电视剧，两三个月时间，可赚到600万—900万元。许多歌星一年收入千万元以上。越是富人，越有机会赚钱。《深圳特区报》2009年10月23日按实名制报道了一批明星所住高级别墅的情况。所住豪宅都在亿元以上。某明星10年前买一个1000平方米的豪宅，1平方米1万元；到2009年该豪宅涨到8500万元，净赚7500万元。从现在的价格看，可净赚亿元。

另一方面，我国还有不少需要救助的贫困人口。贫富差距不断扩大。有些富人大量在国内外购买高级奢侈品，高盛公司将中国列为超过美国，仅次于日本的第二大奢侈品市场。

▲我国贫富差距拉大主要起始于何时?

●可以说，贫富差距扩大从20世纪90年代就开始了。但直到21世纪初的前些年中，媒体一般讲我国出现收入差距扩大的趋势。但是，对是否出现两极分化，学界还有不同的认识。这与怎样认识“两极分化”有关。

▲也有学者否认我国出现了两极分化，他们说所谓分化，就是富者越富、贫者越贫，但我国现在并没有出现贫者越贫。

●的确，我们应全面地辩证地认识和看待我国收入差距扩大的趋势。我国虽出现不断增多的富者越富的富翁阶层，但不存在日益增多的贫者越贫的穷人阶层。应该肯定，随着改革开放以来我国生产力的快速发展，从总体上来看，全国人民的生活水平普遍提高了，正在向全面小康阶段迈进。应当看到，改革起步的1978年，还存在2.5亿温饱问题没有解决的农村贫困人口，现在已绝大部分脱贫。虽然还存在一部分需要解决温饱问题的城乡困难群体，国家已作为扶贫对象进行救助，且扶贫标准也逐渐提高。应肯定改革开放以来我国获得的巨大成就。这是问题的一方面。

但另一方面，也应肯定我国出现了贫富两极分化的事实。从存量财富的占有来看，一方面是拥有几亿、几十亿、几百亿的富翁阶层，另一方面存在着所占财富只能维持其最低生活水平甚至是“家徒四壁”的困难群体。从增量收入来看，大款大腕们一年收入数百万数千万甚至亿元以上，而广大弱势群体年收入只有2万元左右，甚至更低，相差百倍、千倍、万倍。

▲从相对量来看，贫富之间的差距拉大了?

●对。考察贫富差距和两极分化，不能只从绝对意义上着眼，还应从相对意义上着眼。马克思给我们提供了一个分析这一问题的方法。他在《雇佣劳动与资本》一书中分析资本主义关系时说：“工资的显著增加是以生产资本的迅速增长为前提的。生产资本的迅速增长，会引起财富、奢侈、社会需要和社会享受同样迅速的增长。所以，即使工人得到的享受增加了，但是与资本家的那些为工人所得不到的大为增加的享受相比，工人所得到的社会满足程度反而降低了。……我们在衡量需要和享受时是以社会为尺度，而不是以满足它们的物品为尺度的。因为我们的需要和享受具有社会性质，所以它们具有相对而言的性质。”① 以这种分析方法来判断我国的贫富分化，应当肯定是相对性质的而不是绝对性质的分化。下面可以用我国存在的具体事例形象地说明这一点。《参考消息》2009年10月14日报道：一名中国年轻女子用400万元买了一只藏獒，用飞机运回来时候，派30辆奔驰车去机场迎接。让狗住在恒温的空调房间，每天吃鸡肉和牛骨汤，

① 《马克思恩格斯文集》第1卷，人民出版社2009年版，第729页。

喝矿泉水，一月花费约3000元。而一个普通清洁工的月收入只有1000多元。报道说，这个国家变成了世界上贫富差距最大的国家之一。可以看出，即使清洁工的月收入增加一倍，也比不上那只藏獒的消费水平。与这位富姐的财富相比，更是天上地下。

▲那么，是否可以将财富分配均等化看作是公平的标志？

●不是的。社会主义要实现财富分配的公平。但公平不是平均，要反对平均主义。改革，就要改变传统体制下职工吃企业的大锅饭、企业吃国家的大锅饭的不利于生产力发展的状况。要根据对社会贡献的大小，拉开收入差距。对贡献大的科学家、科技人员、管理人员和其他脑力劳动和体力劳动者，给予较高的报酬是公平合理的。水稻专家袁隆平为水稻高产作出重大贡献，即使他收入再高，人民也不会有意见。体育明星姚明曾年收入亿元，也不会引来不满。讲财富分配不公平、收入差距过大，不应也不会包括上述情况。事实上人们的不满与批评指向不在这里，而是指向贡献与收入脱节，或是低贡献、无贡献而高收入，或是依靠压低职工收入进行剥削致富，或是靠投机钻营致富，或是通过损害国家和人民利益致富，等等。

造成我国贫富分化的原因，学界众说纷纭，有多种不同的看法，都有各自的道理。但应分清浅层次的枝节性的原因和深层次的根本性原因。

▲有人认为，腐败才是造成贫富分化的根本原因。您对这个观点怎么看？

●这种观点难以说明问题，是片面的。腐败，是指为人民所痛恨的公职人员以权谋私的非法行为。如果把腐败只理解为贪污受贿，那就难以说明它是贫富分化的根本原因。这是因为，当贪官的行为暴露前，他一般作隐蔽状，其所贪财富不会计入基尼系数。而当贪官败露后，其所贪财富一律交公。再者，贪官毕竟是少数，占人口比重很小。即使将贪官纳入暴富阶层，他们至多是增加点富人数量，影响点基尼系数，而不会是造成两极分化的根本原因。因为他们不是造成弱势困难群体收入低下的根本原因。不过有一点应注意到：贪官接受开发商的贿赂后，会以损害国家和人民利益为代价，让开发商获得暴利，增加了非法致富者的数量。

分析造成贫富分化的根本原因，要考察两个方面：一是弄清为什么会出现一个占有财富很大比重的富人阶层；二是弄清为什么会出现一个所占财富比重很小但所占人口比重很大的低收入群体。贪官即使与前者有联系，但与后者无因果关系。

▲那么，腐败现象与我国出现的贫富分化趋势之间有无联系？

●这就需要联系所有制问题来认识和判断了。如果讲腐败，应看到腐败的另一个层面。那就是在国企改制中导致国有资产大量流失的腐败事实。我国国有资产大量流失与企业主管和政府官员们的腐败（包括经济腐败与政治腐败）行为有关。大量事实已为人们所知。这样，既造就了一批损公肥私、一夜暴富的私营企业主，迅速成为百万、千万、亿万富翁，又制造了大量失去生活保障的工人群体。这里只想引用“反腐作家”张平亲眼目睹的材料作为事例。由张平小说改编的《生死抉择》电影，曾在国内产生过重大影响。张平 2008 年被选为山西省副省长。张平讲过这样一段话：我原以为天下只有农民苦。后来发现完全不是那么回事，工人一旦下岗失业，没有土地，没有粮食，比农民还苦。他曾采访过数十个国有大中型企业，发现一个个工厂迅速倒闭，全都与领导者大肆侵吞国有资产有关。而工人们很可怜，他们也知道腐败在发生，但他们没办法。我没想到工人这么苦，原来的三线工厂 X 厂，工人大批下岗没人管，40 多人集体自杀，他们要用自己的死引起上面的重视，以期待拯救更多的兄弟姐妹、亲人家属。在 2008 年 2 月 20 日的《报刊文摘》一文中，张平还具体讲述了企业蛀虫们侵吞国有财产以自肥的千奇百怪的惊人事例。有关资料表明，1982—1992 年，国有资产年均流失 500 亿元，而在 20 世纪 90 年代，年均流失 5000 亿元，全部流入私人腰包，造就了多少个千万、亿万富翁。根据宗寒同志的《两只眼看中国资产层》一书提供的统计资料，1998—2002 年的私营企业中，有 25.7% 的企业是由国有企业和集体企业改制而来。根据 2005 年的调查，私营企业中的 35.2% 原是国有企业。2007 年的资料表明，私营企业的 7 万亿元的资本中，有至少 1/3 或 40% 是由国企和集体经济转移来的。这种转移，除大量国有资产流失化公为私外，更多的是由大量国有中小型企业和集体企业改制为私营企业而来。而原公有制经济中的职工则成为由私人资本支配的低收入的雇佣劳动者，还有大量下岗的国企工人，成为生活困难群体。

可以看出，国有企业大量资产流向私人，又有大量工人下岗，是造成贫富分化的一个途径。但需要将其与私有制经济的大量发展和公私经济主体地位逆向发展联系起来统一考察，才能说明问题。

▲还有人认为，垄断是造成贫富分化的根源。您同意这种观点吗？

●我认为这种观点也难成立。第一，国有企业并不都是垄断企业，垄断企业居少数。即使是垄断企业，利润额高，但上缴税收额一般高于利润额，也高于私企外企税收与利润之比。国企利润的主要部分用于积累，扩大生产，仍归国家和人民所有，不像私营外资企业，利润全归私人占有。第二，有些国企高管的收入偏高，为世人所诟病，需要调整，但改革开放以来，国企在数量、产值和所占 GDP 的比重上日益降低，私营和外资企业占 GDP 的比重达到了 70%—80%。根据《人民日报》2011 年 8 月 10 日的报道，国家工商总局提供的统计资料显示，私营企业达 903.49 万户，外商投资企业 44.59 万户，个体工商户 3601.13 万户。

而国有企业则不断减少，根据国家统计局的资料，1998 年，全国国有企业虽已减少很多，还仍有 238000 个。2007 年下降到 112000 个，减少了一半多。现在更少了。2009 年，规模以上的国有工业企业只剩 9105 家。中央国企 2003 年有 196 户，2011 年减少为 117 户。年收入几十万、百万元或以上的国企高管人数未见到统计，但亿万富翁统计中未见国企高管，即使假定有几千个或上万个国企高管拿了高薪，也构不成全国贫富分化的根本原因。第三，更为重要的一点是，国有企业内部，无论属于竞争性或垄断性行业，都不会造成低收入的困难群体。有人指责国企职工的工资偏高，但国企职工的平均工资高于私企和外企，是好事而不是坏事。这正是社会主义企业优越于资本主义企业之所在。正好说明认为垄断是产生两极分化原因的观点不能成立。还应看到一点：私营外资企业从银行贷款还本付息后，其增值的部分除缴税后全部归业主私有。而国有企业贷款还本付息后的税后利润，用于积累仍归公有。而且还需要上交一部分利润。由此看，国企普通职工收入高一点，相当于私企职工的近两倍也并非不合理。当然，有的企业连抄表人员也年薪 10 万元，是会引起非议的。

有人靠炒股致富，有人靠炒房获得暴利，影星、歌星、体育明星、金融证券行业从业人员、国企高管、画家以及科技教育界的某些人士获得高收入，可以增添扩大收入差距的因素，扩大了高收入群体，会增大基尼系数，将其算入贫富分化的富方也可以。演艺界、金融证券界和国企高管的过高收入与低收入困难群体相比，存在分配的不公平不合理，过高收入应予以调节。但这不是造成两极分化的根本原因。因为他们并没有造成大量低收入困难群体。

▲还有学者认为，贫富差距扩大，是因为我国市场经济发展不到位，不规范。他们认为，只要市场经济发展好了，贫富差距就会缩小。

●这种看法，既不符合市场经济理论，也不符合历史事实。西方学者认为，私有制的市场经济承认分配不公平。马克思主义政治经济学的常识也告诉人们，在私有制商品经济中，价值规律的作用，除自发配置资源和促进生产力发展外，还会促进两极分化。从发达资本主义市场经济国家的历史事实来看，贫富差距呈扩大趋势。2011 年 12 月 21 日，《光明日报》转载了德国学者舒尔茨的《美国贫富差距史无前例》一文。文章指出，“近 100 年来，美国的贫富差距从来未像现在这样严重，一边是占总人口 1% 的幸福的超级富翁，另一边是占总人口 99% 的那些人。目前，400 个最富美国人占有的财富超过 1.5 亿底层美国人占有的财富总和。”我们看到，占领华尔街运动的口号就是 99% 对抗 1%。文章又说，连美国中央情报局公布的报告中也说：“美国的贫富分化比突尼斯或埃及更为严重。”“从本世纪初开始，问题就不单单是社会出现两极分化了，问题还在于分化在加速。2002 年到 2007 年间，65% 的收入落入了最上层的纳税者的腰包里。虽然美国的生产率自新千年以来得到巨大提高，但大多数美国人没有从中受益，民众平均年收入减少了10%以上。”可见，将造成全社会两极分化的根本原因归因于市场经济不到位是不行的。

▲这么说，现在我们应该重新加深对贫富差距和两极分化概念的理解。

●顾名思义，所谓两极分化，就必须是既造成了一批财富日益增大、人数日益增多的富人群体，同时又造成了人数众多的低收入群体。腐败、地区差距、城乡差距、少数行业高薪等因素，固然都是导致贫富差距的因素。但是，公务员中有违法暴富者，但也有清贫者；城市中有贫富对立，农村中也有贫富对立；同一个地区和行业中有高薪者，同时也有低薪者。更不用说在较长时期内持续扩大差距了。可见，前述因素都不是根本性的原因。因此，分析贫富差距，绕不开所有制问题。应当注意到，马克思在《哥达纲领批判》中批评离开生产资料所有制抽象地谈论“平等权利”“公平分配”的错误。他指出：消费资料的任何一种分配，都不过是生产条件本身分配的结果；而生产条件的分配则表现生产方式本身的性质。这里所讲的生产条件的分配就是指生产资料的条件，分配在谁手中的问题。资本主义生产资料所有制，决定着资本主义分配方式；社会主义公有制，决定着社会主义分配方式。马克思尖锐批评“庸俗的社会主义仿效资产阶级经济学家（一部分民主派又仿效庸俗社会主义）把分配看成并解释成一种不依赖于生产方式的东西，从而把社会主义描写为主要是在分配问题上兜圈子。既然真实的关系早已弄清楚了，为什么又要开倒车呢?”[①] 所谓“真实的关系”，就是分配关系取决于所有制关系，生产方式决定分配方式。离开这种真实关系，不考虑所有制关系去围绕着分配兜圈子，空谈“公平分配”，是在“开倒车”，解决不了问题。根据马克思的理论观点和我国的实际情况，造成两极分化的根本原因，只能是中外资本主义经济即私营和外资企业的大量发展。私有制的小商品生产就会产生分化，我国有些私营企业就是从小商品生产起家的。而资本主义经济则会扩大两极分化的范围和趋势。

▲过去我们讲，私营经济的发展具有积极和消极的两面性，后者是否主要就是指它易导致贫富分化。

●对。私营经济作为资本主义经济存在两方面的分化，一方面是企业间的竞争，优胜劣汰，会发生分化；另一方面是资方与劳方的贫富分化。资本利润与劳动工资是天然矛盾的。资本处于强势，追求利润最大化；劳动处于劣势，工资被尽量压低。特别是我国改革开放以来的前20多年中，私企外企利用我国廉价劳动力，有的还严重侵犯工人权益，迅速发展，扩大资本积累。而工资有的低于劳

---

① 《马克思恩格斯全集》第19卷，人民出版社1963年版，第23页。

动力价值。加之地方官员重引进，重维护外商利益；重内外资本，轻劳动；忽视维护工人权益，劳资利益分化就更加明显。亿万富豪群由此产生，低收入的雇佣劳动者群体也由此形成。20 世纪 90 年代中期，贫富分化的趋势已较明显，基尼系数已超过警戒线，2000 年已超过 0.45。但过去多年中，还宣传收入分配的原则是“效率优先，兼顾公平”，“初次分配重视效率，再分配重视公平”，表明初次分配可以不重视公平。然而，收入差距严重扩大，正是初次分配不公的结果，靠再分配是不能有效缩小差距的，何况我国的社会保障制度还很不健全。这是重抓发展生产力轻抓共同富裕的表现。

▲相比较而言，我国私营企业主的数量增长很快，但企业职工工资水平整体上并不高。

●是的。有关资料表明，我国城镇职工在私企和外企就业的比重已达 80% 以上。据《中国的人力资源状况》白皮书显示，2009 年国有单位（包括非企业单位）就业人数占城镇就业人数的比例下降到 20.6%。另据《京华时报》2012 年 3 月 27 日的文章显示，我国国有企业员工与就业总人口之比已不到 8%。集体企业的数量和就业人口也已很少。这表明我国绝大部分城镇职工成为受中外私人资本支配的廉价劳动力，他们的工资收入和劳动处境远远不如国有企业。国家统计局从 2009 年起，开始公布私营单位工资调查的主要数据。数据表明，2008 年“我国城镇私营单位从业人员数量大，但平均工资较低，约为 17071 元”。这个平均数中包括收入较高的工程技术人员和管理人员收入，纯工人的年收入比这个平均数会更低。有统计资料表明，国有企业职工的平均工资多年来将近私企的 2 倍。国家统计局 2010 年发布的调查报告显示，2009 年，全国国企在岗职工年均工资为 35053 元，而城镇私营单位就业人员的年均工资仅 18199 元，只相当于国企的 52%。

▲外资企业员工的处境是否比私营企业好得多？

●同样并不乐观。为苹果公司生产产品的在华三家富士康公司，经国外维护劳工权益协会进行广泛抽查，发现了很多问题。它违反中国法律以及行规，要求员工每周工作 60 小时以上，有时还要求员工连续上班 11 天以上。每天工作 14 小时也是常事。该维护劳工权益协会说：它发现富士康公司的三家中国工厂存在“重大用工问题”，“有相当多的工人对自身健康和安全没有把握”。经过对 3.5 万名以上的员工进行调查，“发现了多处违反《劳动法》的现象”。富士康拥有 120 万中国员工，靠剥削大陆的廉价劳动力而获得高利润。据美国《纽约时报》2012 年 3 月 31 日的报道说，“在拥有数十万富士康员工的深圳市，最低工资标准已经从 2005 年的每月 635 元提高到现在的 1500 元”，“以美元计算的工资由于人民币升值，增长更快。在 2005 年，按当时的汇率计算，最低工资为 80 美元，而现在已经达到240美元左右”。这个增加了的工资水平也远远低于我国国企的平均工资水平。

在维护劳工权益协会调查和富士康员工抗议的压力下，在“西方消费者对工人工作条件的种种担忧”下，富士康宣布要减少加班时间和大幅提高员工薪酬。决定加薪25%，达到月薪约400美元（合人民币2600元）。大幅加薪后依然低于中国国有企业的平均工资。

▲这样看来，要实现共同富裕，我们不能忽视所有制问题。

●当然是这样。无论是私营企业还是外资企业，作为资本主义经济，是不可能实现共同富裕的。目前，我国强调以人为本、公平正义、民生为重、共同富裕，强调改革与发展的成果要惠及广大人民群众，以扭转抓发展生产力一手硬、抓共同富裕一手软的局面。但是，中央的正确决策也遇到种种杂音的干扰。有人反对讲分配公平，说什么公平不能用秤称，没有衡量标准；有人仍主张效率优先，认为经济发展了，“蛋糕”做大了，自然会趋向分配公平；有人提倡市场原教旨主义，认为目前的分配不公，种种矛盾，是市场经济发展不够和被扭曲的结果；有人主张私有化，认为国有企业垄断，妨害了效率和公平。有人继续宣扬“国退民进”，并谎称这是中央确定的“改革方向”。其实，中央是一直不赞同这一提法的。这些主张和观点都是不正确和不符合实际的。我国要实现公平正义、共同富裕，必须坚持和完善以国有经济为主导、公有制为基础或为主体的基本制度。只有公有制才能消除两极分化，实现共同富裕。当然，国有经济需要深化改革，完善其管理和运行体制与机制。但是，如果把已为数不多的国有企业也进行资本主义私有化，让资本主义经济占统治地位，则绝不可能实现公平正义，让人民群众“过最美好的、最幸福的生活”。

▲有人说，发展私有制经济和搞私有化开始会拉大贫富差距，但发展到一定阶段这种差距就会缩小。

●这是一种天真的看法。看看发达资本主义国家和发达的市场经济状况，贫富差距不是缩小而是扩大。前面讲过，100年来，美国的贫富差距不是随着“蛋糕”的做大而趋于缩小，而是扩大了。另据统计，1%最富裕美国人的税后收入自1979年以来增加了两倍，而处于金字塔底部的80%的美国人同期收入只增长了1/3，美国企业主管的收入与普通工人收入的差距，由以前的30倍增加到现在的300倍。目前，资本主义国家的金融和经济危机以及债务危机，宣布了新自由主义在全世界的破产。西方人民和学者在纷纷议论，“自由市场资本主义行不通”“欧美资本主义制度陷入全面危机”“应为资本主义看病”“欧洲资本主义面临最大考验”“资本主义体系行将瓦解”“资本主义制度不再适合世界”“美国新自由主义经济理论的终结”，等等。从这些媒体的报道标题可以看出：主张私有化和自由市场经济的新自由主义已日暮途穷，私人资本主义制度正处于危机，需要变革。而有人却主张将新自由主义的一套搬到中国来实施，主张我国放弃国有企业，全盘私有化。如果这种主张在我国实现，还会有什么以人为本、民生为上、共同富裕？社会主义将不复存在！

▲现在有一种担心，就是将贫富差距拉大与发展私有制经济联系起来，会影响到私营企业的正常健康发展，您怎么看？

●我觉得这种担心是多余的。将我国贫富分化的根本原因，归结为中外私有制经济所占比重远远高于公有制经济的结果，并不意味着否定或轻视私营外资企业的重要作用，更不意味着主张“国进民退”压减私有制经济，也不意味着主张限制富人人数的增加和财产的扩大。只是主张应按邓小平理论、我国宪法以及中央指导思想和社会主义经济制度的规定，坚持和发展以国有经济为核心的公有制经济，坚持和完善公有制为主体、多种所有制共同发展的基本经济制度，不搞全面私有化。富人可以继续富，但穷人不要继续穷。富人应回报社会，尽些社会责任。除多交点税收外，还应有点善举，关心和扶助困难群体，缓解社会矛盾和仇富情绪。私有制经济可以继续发展，但不应妖魔化国有经济，搞“国退民进”，排斥国有经济的发展。要把国有经济搞好搞活，做大做强，有效发挥主导作用，控制国民经济命脉，为全国人民创造更多的财富和增加全民的利益，以永葆社会主义的江山不会变色。

我国现阶段收入分配制度若干问题辨析[①]

一、我国现阶段收入分配制度的提法辨析

随着改革和发展的不断深入，我国个人收入分配制度也在理论与实践上不断发展和具体化。中央有关文件对于分配制度的论述与规定，既反映这种变化，又从理论指导和政策层面上不断推进分配制度的改革与完善。

在党的十三大报告中，在肯定个体经济和私营经济及外资企业积极作用的基础上，提出“社会主义初级阶段的分配方式不可能是单一的。我们必须坚持的原则是，以按劳分配为主体，其他分配方式为补充”。党的十四大报告的提法与此相一致：“在分配制度上，以按劳分配为主体，其他分配方式为补充。”党的十五大报告中不再提“补充”，提法较具体了：“坚持按劳分配为主体，多种分配方式并存的分配制度。把按劳分配与按生产要素分配结合起来。”十五届三中全会关于“十五”计划的建议中，又补充了“鼓励资本、技术等生产要素参与分配”的内容，因而提法更为具体。党的十六大报告中增添了生产要素中劳动与管理的内容，即“确立劳动、资本、技术和管理等生产要素按贡献参与分配的原则，完善按劳分配为主体，多种分配方式并存的分配制度”。十六届三中全会通过的《中共中央关于完善社会主义市场经济体制若干问题的决定》，既概括说明我国现阶段的收入分配制度是按劳分配为主体、多种分配方式并存的分配制度，各种生产要素按贡献参与分配，又进一步提出“推进收入分配制度的改革”，并阐述了完善收入分配制度的途径和政策措施：一是整顿和规范分配秩序，加大收入分配调节力度，重视解决部分社会成员收入差距过分扩大问题；二是以共同富裕为目标，扩大中等收入者比重，提高低收入者水平，调节过高收入，取缔非法收入；三是加强对垄断行业收入分配的监管；四是健全个人收入监测办法，强化个人所得税征管；五是完善和规范国家公务员工资制度，推进事业单位分配制度

① 本文原载《宏观经济研究》2003年第12期。

改革；六是规范职务消费，加快福利待遇货币化。这些论述表明，我国社会主义现阶段的收入分配制度，概括地说就是按劳分配为主体、多种分配方式并存。也就是作为主体的按劳分配方式与非按劳分配方式并存。非按劳分配方式主要是指按生产要素所有权分配的方式。所谓“按生产要素分配”，或“确立劳动、资本、技术和管理等生产要素按贡献参与分配的原则”（科学提法应是“按要素所有权分配”），都是对非按劳分配方式的具体说明，并不是提出新的，取代按劳分配方式的独立的分配方式。“按生产要素分配”或“生产要素按贡献分配”，只是多种分配方式中的一种，并不能取代按劳分配为主体的分配方式。

应当明确，按劳分配同劳动作为生产要素参与分配不是一回事。按劳分配是社会主义的分配原则，要以社会主义公有制的存在为前提。它意味着劳动者是以主人身份而不是仅仅作为劳动要素提供者的身份参与公有制经济中的生产与分配的。而按生产要素（包括劳动要素）分配，在资本主义社会就普遍实行，也存在于我国外资企业和私营企业中，它意味着劳动者只是受雇于企业主，他们只能作为劳动要素的提供者参与生产和分配。这种按劳动要素分配的收入不同于按劳分配收入。两种收入所体现的生产关系和分配关系是不同的。

我国现阶段收入分配制度的确立以现阶段的所有制结构为基础。公有制为主体、多种所有制经济共同发展的基本经济制度，决定了按劳分配为主体、多种分配方式并存的分配制度。广义地讲，分配制度也属于基本“经济制度”范畴。所有制只是经济制度的基础，而不是其全部。党的十五大报告讲：“公有制为主体、多种所有制经济共同发展，是我国社会主义初级阶段的一项基本经济制度。”而且特意说明，我国之所以实行公有制为主体，是因为“我国是社会主义国家，必须坚持公有制作为社会主义经济制度的基础”。我国宪法也规定：“中华人民共和国的社会主义经济制度的基础是生产资料的社会主义公有制。”这里存在两个不同层面的“经济制度”范畴：一个是“社会主义初级阶段的基本经济制度”，另一个是“社会主义经济制度”。以公有制为基础的社会主义经济制度，包括按劳分配制度和消灭剥削、共同富裕等。我国“社会主义初级阶段基本经济制度”的基础是公有制为主体，多种所有制经济共同发展。在这种所有制结构基础上必然和只能实行按劳分配为主体、多种分配方式并存的分配制度。1999 年经修改的宪法中也规定：“国家在社会主义初级阶段，坚持公有制为主体、多种所有制经济共同发展的基本经济制度，坚持按劳分配为主体、多种分配方式并存的分配制度。”党的十六大报告所通过的经修改后的党章中也明确规定：“坚持和完善按劳分配为主体、多种分配方式并存的分配制度。”综合中央有关文件的论述，可以清楚地看出，不应像某些学者那样将我国现阶段的收入分配制度概括为“按生产要素分配”或“按生产要素贡献分配”。

有必要说明，我国现阶段的收入分配制度是涵盖全社会的各个部门和行业的。不仅包括生产领域，也包括流通领域。在商业、金融等非生产性部门同样是多种分配方式并存。这些领域的公有制经济实行按劳分配，而私营和外资企业也要凭借资本等非劳动要素获得收入。但这里的资本不是生产资本，而是流通资本，不是按生产要素分配，而是按流通要素分配。如果把"生产要素"概念的内涵衍展、不拘守于"生产"领域，那么，"按生产要素分配"则可涵盖各个领域和行业的私营外资企业，包括私立院校等部门。在混合经济中，如果由公有资本绝对控股，按劳分配便处于主体地位；如果由私人资本控股，则基本上实行按生产要素所有权分配。

在党政部门和国家事业单位，如学校、医院、科研、文化等单位，也拥有公有资产。但这里的分配方式只应是按劳分配，不存在按要素分配问题。这些部门和其中的个人虽然可以投资于其他公司，如购买债券、股票等，从而获得资本收入，但这只是一种外部的收入分配关系，而非内部关系。

二、生产要素按贡献参与分配辨析

党的十六大报告和十六届三中全会《决定》都提出生产要素按贡献参与分配。对此，理论界有不同的理解，我以为需要弄清几个理论是非问题：

其一，生产要素中的劳动要素与非劳动要素界限。将劳动、资本、技术、管理等要素并列，容易理解为：技术、管理与资本都是非劳动要素。其实，作为生产要素的技术，分两个层次：一是指技术工作，如工程师、设计师、科技人员的研究与操作，这是一种科技劳动，且属于复杂劳动；另一个是指技术成果和技术本身在生产中的应用，这是过去劳动的成果而非现实的劳动。而管理，是指管理工作。厂长、经理、车间主任等的管理工作也是一种劳动，而且是一种高级的指挥劳动。既然科技工作和管理工作也是劳动，为什么还要将其与劳动并列作为独立的生产要素呢？第一，这是依存于经济学中关于生产要素内容的发展而并提的。经济学最初提出生产三要素是：劳动、资本与土地，后来又依次加入管理与技术。其中的劳动是指一般职工的劳动。第二，在现代生产中，技术与管理工作的地位和作用日益重要，因此，将其单独列出有一定现实意义。至于资本，则是非劳动要素。表现为生产资料的资本，也只是物化劳动而非现实的活劳动。生产要素中还有重要一项即土地，虽然中央文件中没有提这一要素，但土地在生产特别在农业生产中的"贡献"是不能忽视的。中央有关文件中之所以不提土地要素，显然是因为无论原来高级社或公社中的生产队，土地是公有资产，私人不参与分配。而土地与资本一样，也是非劳动要素。

其二，生产要素按贡献参与分配，是以要素所有权的存在为前提。如果某种生产要素不被一定的主体所占有，该要素即使“贡献”再大，也不会参与分配。如阳光、雨水，对农作物的生长具有重要作用，风力、水力、太阳等都可在生产中发挥作用，这是生产的自然要素。由于这类自然要素不被一定的主体所占有，因而并不会按其“贡献”参与分配。还有必要说明的是，作为生产要素的土地，并非仅指农业生产中所耕种的土地，而是泛指自然资源。用于耕种的土地也是自然存在，而广义的土地还包括矿藏、森林以及风力、阳光、水资源等。马克思指出：“经济学上所说的土地是指未经人的协作而自然存在的一切劳动对象。”其实，也包括自然存在的劳动资料。自然力在生产中的作用是指在生产财富即使用价值中的作用。只有凭借对自然力的所有权才能参与分配。可见，离开生产要素所有权是难以说明生产要素按贡献参与分配问题的。只要承认非劳动生产要素所有权的合法性，它就必然要求在经济上获得实现，就要参与收入分配。

其三，生产要素参与分配的量的规定问题。生产要素凭借所有权参与分配，但无法说明分配的量的规定。关于这个问题，西方经济学和马克思的经济学都有说明。西方经济学是用“边际生产力”“边际产品”“边际收益产品”之类的概念和理论去说明。例如，萨缪尔森等的《经济学》（第14版）中专门有一节讲《收入分配和边际生产率理论》。“在公司的边际生产理论中发现了市场经济中收入分配的答案。”然而，无论萨缪尔森的《经济学》，还是其他西方经济学，尽管编制了一些生产函数的曲线、图式，但那只是停留在概念上的假设，难以在实际分配关系中应用。而且“边际生产理论”也难以证明其科学性。马克思的经济学对工资率、利润率、利息率、地租率等的量的界限做过说明，比如，阐述了资本主义工资是劳动力价值或价格的转化形式，劳动力商品的价值决定因素有哪些方面等；资本的差别利润率怎样转化为平均利润率，决定利润率的因素和超额利润率的形成等；利息只能是平均利润的一部分，“中等利息率的界限不能从一般规律得出来”，社会习惯和法律传统以及竞争对中等利息率起决定作用，而市场利息率则是由借贷资本的供求关系直接决定的；也阐述了地租是由超额利润转化而来的。这种说明虽然是科学的，但也难以做出具体的量的规定。因为这种量的界限难以具体化，可以有多种变动的幅度。不同国度、不同时期、不同部门、不同企业，资本利润率会有差别；利息率变动的幅度更大，不同国家、不同时期，利率会有很大差别；地租率也不是固定不变的量；工资水平在不同国家、地区和行业，在不同时期也有很大差别。

在市场经济条件下，生产要素以所有权为前提参与收入分配，其收入量的具体规定，主要由市场供求机制、竞争机制和价格机制确定。利息率虽受央行调控，但也要受到市场状况的制约，不能随意提高和降低。

其四，生产要素按贡献参与分配，要以不同生产要素掌握在不同主体手中为前提。如果各种生产要素为同一主体所有，无论是私有制还是公有制，都不会存在按生产要素分配的问题。在社会主义国有企业中，非劳动生产要素归国家（代表全民）所有，企业职工也是所有者，他们以主人身份参与生产，又以主人身份通过按劳分配方式获得劳动收入。企业上缴国家的税收是一种再分配，不属于按要素所有权分配。固有企业上缴国家一部分利润，形式上是国家所有权的收入，但它实质上是马克思在《哥达纲领批判》中所说的“社会扣除”。它依然属于全民所有，用于全民的利益。至于现实生活中的腐败现象、职工权益受损情况的存在，则是另外的问题。

其五，生产要素按贡献参与分配的“贡献”的内涵。不能因为党的十六大报告和十六届三中全会《决定》提出各种生产要素按贡献参与分配，就退回到萨伊、克拉克等的“生产要素价值论”中去。所谓生产要素的“贡献”，分两类情况：一类是一般职工的劳动、科技人员和管理工作者的劳动，这类生产要素的贡献，是通过生产劳动既创造作为使用价值的财富，也创造出凝结于产品中的价值。而另一类是作为非劳动生产要素的资本等。资本无论以货币资本形式存在，还是以生产资本即生产资料的形式存在，都是劳动创造财富和价值的必要条件。如果没有劳动对象和劳动资料，劳动者两手空空，便无法进行劳动，创造不出一个使用价值原子和价值原子。讲劳动创造财富，劳动创造价值，都是以劳动与生产资料相结合为条件的。所谓非劳动生产要素的“贡献”，就是指它们在劳动创造财富和价值中的作用，是劳动运用非劳动要素创造了财富和价值。但应分清两个问题：马克思认为，非劳动要素不是价值的源泉，只有劳动才是价值的源泉；而劳动则不是财富即使用价值的唯一源泉。马克思和恩格斯一再强调，劳动和自然界（或自然物质）一起构成财富的源泉。资本或生产资料在使用价值生产与价值生产中的作用是有所不同的。这主要表现为，劳动生产率的高低与产出的使用价值的多少成正比，而与单位商品的价值成反比。利用先进工具和技术设备，提高劳动生产率，产品可以几倍、几十倍地增加。但价值则不会同比增加，社会劳动生产率越高，单位商品价值越低。根据统计资料可知，英国产业革命中，由于新的科学技术应用于生产，劳动生产率迅速提高，工业生产量随之迅猛增加，而产品的价值和价格则随之大幅下降。从我国近几年来家用电器及汽车等产品的产量和价格的关系来看，由于生产的工艺和技术设备不断改进，劳动生产率不断提高，产量随之大幅度增加，产品质量和技术含量也在提高，但其价格则不断降低。这表明，资本或生产资料，在促进产量即使用价值量增加中的作用，同在新价值创造中的作用是不同的。

再者，要把非劳动生产要素在生产财富即使用价值中的作用，同非劳动要素是否是财富的源泉区别开来。生产资料，无论劳动对象或劳动资料，对于财富的生产都起重要作用。劳动运用劳动资料加工于劳动对象——原材料，才能生产出财富来。但资本或劳动资料并不构成财富的源泉。在这个问题上存在着误解，即认为非劳动生产要素虽不是价值源泉，但它是财富的源泉。并认为这是马克思的观点。其实，马克思从来没有讲过资本或生产资料是财富的源泉。他讲构成财富源泉的因素，就是说构成财富实体的因素。光有劳动构不成财富实体。马克思说："上衣、麻布等等使用价值，简言之，种种商品体，是自然物质和劳动这两种要素的结合，如果把上衣麻布等等包含的各种不同的有用劳动的总和除外，总还剩有一种不借人力而天然存在的物质量基础。……因此，劳动不是它所生产的使用价值的唯一源泉。正像威廉·配第所说，劳动是财富之父，土地是财富之母。"马克思在《哥达纲领批判》中说："劳动不是一切财富的源泉，自然界同劳动一样也是使用价值（而物质财富就是由使用价值构成的）的源泉。"恩格斯也说："政治经济学家说：劳动是一切财富的源泉。其实，劳动和自然界在一起它才是一切财富的源泉，自然界为劳动提供材料，劳动把材料转变为财富。"显然，马克思和恩格斯所说的构成财富最终源泉或实体的是劳动和自然界，直接构成财富实体的非劳动要素是原材料（可最后分解为劳动和自然界），财富的源泉或实体并不包括厂房、设备、机器、工具等劳动资料。可见，不能笼统地说，资本或生产资料与劳动一起是财富的源泉。

通过以上分析，可以清楚地看出资本等非劳动生产要素按贡献参与分配的"贡献"：第一，生产资料被劳动运用于生产，可促进产品即使用价值量的增加，它在劳动创造财富中起着重要作用；第二，作为非劳动要素的原材料，与劳动一起直接形成财富的实体，归根到底，自然界与劳动是财富的源泉。第三，资本或生产资料，虽不是构成价值实体的部分，不是价值的源泉，但它是劳动创造价值的必要条件。从这个意义上讲，它在生产价值的过程中也起了作用。

三、改革和完善分配制度问题

十六届三中全会的《决定》提出，要推进收入分配制度的改革，"整顿和规范分配秩序，加大收入分配调节力度，重视解决部分社会成员收入差距过分扩大问题"。

改革开放以来，发展多种所有制经济，非劳动生产要素参与收入分配，由传统计划经济体制转轨为社会主义市场经济体制，必然会产生收入差距扩大的现象。针对过去实际存在的平均主义甚至体脑收入倒挂的不合理现象，适当拉开收入差距，让每个人的收入与其业绩和贡献相适应，充分体现奖勤罚懒、奖优罚劣，充分体现多劳多得、少劳少得，体现脑力劳动和体力劳动、熟练劳动与非熟练劳动、简单劳动与复杂劳动、繁重劳动与非繁重劳动之间的差别，充分调动和利用各种资源包括非劳动生产要素在社会生产中的作用，有利于提高生产效率和经济效益，促进社会生产力的发展。特别在现代生产中，科技工作者和管理工作者的地位和作用日益重要，要提高他们的劳动和业绩收入，需要建立和健全收入分配的激励机制和约束机制，以有效调动各种要素投入的积极性和创造性。

但是也要看到，我国目前出现了部分社会成员收入差距过分扩大的情况，需要加强政府对收入分配的调节职能，以缩小和缓解之。收入分配差距过分扩大会带来很大消极后果，它会影响劳动者的劳动积极性，引起群众的不满，不利于安定团结和社会稳定，也不利于改革与发展大业的顺利推进。鉴于此，党的十六大报告提出：既要反对平均主义，又要防止收入悬殊。要加强政府对收入分配的调节职能，调整差距过大的收入，取缔非法收入。十六届三中全会再次强调提出要加大收入分配的调节力度，重视解决收入差距过大问题。

推进收入分配制度改革，首先应在公有制经济中认真贯彻按劳分配原则，消除平均主义。有些国有企业的高级管理层收入很高，有些则收入偏低，影响其积极性的发挥。不应在公有制内部产生收入差距过大问题。要重视处理和解决国有企业、事业单位和党政部门中的灰色收入和黑色收入及其他一切不正当的收入问题。

共同富裕，是社会主义的本质内容和根本目标。但不能通过“劫富济贫”的途径实现。百亿、千亿富翁，只要是合法收入，都会受到国家的保护。改革与完善分配制度的根本途径，是扩大中等收入者比重，提高低收入者的收入水平，先形成一种“橄榄”形的收入分配格局，即中间大、两头小的分配模式，而不是金字塔型，即穷困人口作为塔底的地盘大，而少数富豪处于塔尖，但“橄榄”形收入分配制度并不是社会主义共同富裕的形式，它只是一种走向共同富裕的过渡形式。

论建立我国个人收入分配的新体制[①]

一、我国个人收入分配新体制的内涵

建立具有中国特色的个人收入分配新体制，就是指实行以按劳分配为主体、其他分配形式为补充的多种分配形式并存的分配体制。正确理解这一分配体制，必须把握住以下三点：（1）必须把社会主义初级阶段的分配体制与社会主义分配体制严格区别开来，后者是指按劳分配，而前者则显然包括非社会主义分配形式，我们所说的中国特色的个人分配体制是指前者。如果把以按劳分配为主体的多种分配形式并存称作社会主义分配体制，就会把那些非社会主义分配形式如按资分配、个体劳动收入等，都说成是社会主义分配形式，这样就会混淆它们同社会主义分配形式即按劳分配的本质区别。（2）实行以按劳分配为主体、其他分配形式为补充的分配体制，是就我国现阶段或初级阶段而言的，并不包括其高级阶段在内的整个社会主义阶段。从社会主义发展总的趋热来看，随着社会生产力的提高和社会主义经济的高度发展，非社会主义分配方式的作用范围将会缩小乃至最后退出历史舞台，在成熟的社会主义高级阶段，体现剥削关系的分配方式将会完全被按劳分配方式所代替。（3）实行按劳分配为主体、其他分配形式为补充的分配体制之所以被称作具有中国特色的个人收入分配体制，是因为这种分配体制是根据我国具体国情创造性地运用马克思主义的基本原理形成的。按劳分配是社会主义的分配方式。作为补充的分配形式，是非社会主义性质的分配方式。如果没有按劳分配为主体，也就谈不上社会主义分配制度。如果只有按劳分配而没有作为补充的其他分配形式，也就谈不上有中国特色的分配制度。只有把“主体”和“补充”结合起来，从作为主体的按劳分配着眼，才是有中国特色的社会主义分配制度。

有中国特色社会主义社会的分配体制所要达到的目的是：既要克服平均主

---

① 本文原载《经济纵横》1992 年第 2 期，与黄泰岩合写。

义，又要防止两极分化，以允许和鼓励一部分人、一部分地区通过诚实劳动和合法经营先富起来的方式，最终实现全体人民的共同富裕。但是，实现共同富裕不是所有社会成员在同一时间内以同等速度富裕起来。实践表明，那样不但不能达到共同富裕，反而会造成平均主义。在共同富裕的目标下允许和鼓励一部分人、一部分地区通过诚实劳动和合法经营先富起来，会对大多数人产生强烈的吸引力和鼓舞作用，从而带动越来越多的人走向富裕，最终实现共同富裕。同时，允许和鼓励一部分人先富起来，从而适当拉开收入差距，打破平均主义“大锅饭”，也有利于刺激人们的劳动积极性，提高效率，为社会创造更多的财富。另外，也要提倡先富帮后富，以利于实现共同富裕。

允许和鼓励一部分人先富起来，是指通过以下两条渠道实现的富裕：一条渠道是通过贯彻按劳分配原则使一部分对社会贡献大的人先富起来。

另外一条渠道是社会上一部分能人通过自己的诚实劳动和合法经营获得较多的收入而先富起来。

在允许和鼓励一部分人先富起来的同时，要防止出现两极分化，贫富悬殊，坚持共同富裕的方向，在促进效率提高的前提下努力实现社会公平。邓小平同志曾指出：我们在制定和执行政策时，“决不能导致贫富两极分化。如果导致两极分化，改革就算失败了”。[①] 因此，我国的分配体制应同时兼有提高生产效率和实现公平的双重功能。

二、我国个人收入分配体制存在的问题与解决途径

我国目前个人收入分配体制存在的主要问题是平均主义和收入差距悬殊并存，从而违背了按劳分配原则和收入差距合理拉开的原则，影响了劳动者的积极性、主动性和创造性。

平均主义是我国传统体别的弊端。改革开放以来，我国为打破平均主义“大锅饭”，对个人收入分配体制进行了一系列的改革尝试，在一些方面取得了一定成效，如农村分配体制的改革就有力地促进了农村经济的发展。但总的说来，没有取得预期的效果，在国家机关的企事业单位内部，平均主义仍然存在着，而且在某些方面还有所发展、扩大和强化。这具体表现在：（1）工资级差缩小。据国家统计局对48个城市的抽样调查，1985年到1988年，科研单位实习研究员与研究员的工资比由1:3缩小到1:2；国家机关办事员与地级干部的工资比由1:3缩小到1:1.6；大学助教与教授的工资比由1:4缩小到1:2.1；企业新老技工工资比由1:3缩小到1:1.8。（2）在工资收入中，体现差距的职务工资大都停留在各

---

① 邓小平：《建设有中国特色的社会主义》增订本，人民出版社1987年版，第118页。

自职务系列的最低档。据山西调查统计，1987 年全省处级以上干部中，工资在本职务最低档的处级干部占 50.3%，厅级干部占 60%，副教授占 71.5%，中级技术职称占 77%。(3) 在工资收入中，体现差别的标准工资所占的比重不断降低，而奖金、津贴等所占比重大幅度上升。据统计，在“七五”期间，标准工资在工资总额中所占比重由 1985 年的 66% 下降为 1990 年和 58%；奖金及超额工资所占比重由 1985 年的 15% 上升为 18%；津贴所占比重由 1985 年的 17% 上升为 21%。而在 1978 年，标准工资在工资总额中所占的比重是 85.8%，奖金、津贴的比重只有 8.8%。可见，体现人们劳动能力、技术水平高低的标准工资在工资总额中的比重不断下降，工资收入已偏离他们的劳动贡献。而奖金、津贴一般又都是平均发放的，这表明在工资收入中有将近一半是按平均主义原则获得的。

收入差距的悬殊，是在改革旧的分配体制而新的分配体制又尚未建立和健全的情况下产生的，是改革进程中出现的新问题。具体表现在：(1) 随着改革开放的深入，我们在鼓励和允许多种经济成分发展的同时，由于相应的宏观管理和调节措施没有跟上，在价格、税收、流通领域等方面存在着一些漏洞，出现了非公有制经济中的某些人暴富，各种非劳动收入以至非法收入急剧增大，与国家机关、全民所有制经济的职工收入差距较大，特别一个原因是在扩大企业自主权和在单位外部经济利益机制的转换过程中，由于缺乏宏观调控，以及改革措施的不配套、不协调，有自主权的单位追求个人收入最大化，而且各个单位在获取收入的机会、权利和条件等方面不同，从而带来了个人收入差距的悬殊。

因此，我国个人收入分配体制改革面临着两大任务：一是加速单位内部经济利益机制的转换，克服平均主义。二是对单位外部经济利益机制的转换进行配套和完善，解决个人收入分配差距悬殊问题。在这两大任务中，应首先解决前者。这是因为，单位内部收入分配机制的转换严重滞后于整个分配体制的改革，而且更为重要的是，我国经济体制改革的主要目的是调动广大职工的积极性，迅速发展社会生产力，这就决定了我国个人收入分配体制改革应坚持的基本指导思想是：兼顾效率与公平。为了提高劳动效率和实现公平，就必须打破单位内部严重存在的平均主义“大锅饭”，因为平均主义既无效率，也无公平。根据劳动者的贡献和承担的责任与风险，适当拉开他们的收入差距，有利于提高劳动者的积极性，从而提高效率，尤其是在目前不同单位之间因价格、体制、政策等因素制约的分配差距不合理在短期内难以迅速改变的情况下，使单位内部的个人收入分配合理化，克服平均主义，同时力求解决全民所有制内部体脑收入倒挂（例如，教授收入不如宾馆服务员的收入高），就显得更为迫切。

打破平均主义“大锅饭”，实现单位内部经济利益机制的转换，可以采取以下措施：（1）逐步实行和完善计件工资制、定额工资制、责任工资制等，做到多劳多得、少劳少得、不劳不得。要按每个劳动者所提供的产品数量和质量以及对生产资料的节约程度，来衡量和评价他们各自所耗费的劳动数量和质量，并给予相应的劳动报酬。从而消除劳动纪律松弛、员工不出力、有效劳动时间降低等现象。（2）把由国家作为工资分配主体的集权分配体制，转变为国家、企业和劳动者三者为主体的新的分配体制。国家作为工资分配的主体，主要是从宏观上控制积累和消费的比例关系，控制社会工资总额，使其增长与社会劳动生产率的提高相适应，并控制收入差距的不合理拉大。企业作为工资分配主体，有权规定内部的工资奖金制度和升级制度，要改变过去那种由国家统一规定升级时间和升级面的状况，使企业能够根据职工的劳动贡献大小确定职工的报酬。但要建立企业自我约束机制，否则会出现乱提工资、滥发奖金的现象。职工个人作为工资分配主体，有权按照劳动平等和报酬平等的原则获取自己应得的工资和奖金，这就需要发挥市场机制的作用，允许劳动力流动。特别是那些有技术、有专长、劳动素质高，但在原单位不能充分发挥其才干和不能获得公平报酬的职工，可通过人才流动的双向选择另谋高就。（3）调整工资结构。主要是提高标准工资的比重，使工资的高低能够真正体现劳动能力、技术水平、所承担的责任及实际劳动贡献。如将各种补贴转入标准工资，改变奖金平均发放的办法，使其与劳动贡献相联系，适当拉大工资级差等。（4）建立正常的工资升级别度，避免“几代同堂”“大平台”的平均主义现象。

对于我国目前出现的收入差距悬殊问题，应针对不同情况采取不同的调节政策：（1）对于个体户、私营企业主等的高收入，一般来说，由于多种经济形式决定的多种分配方式的存在，不同所有制之间的收入水平拉开一定差距，应该认为是正常的、允许的。与脑力劳动者的相对较低的收入水平形成了巨大的差距。据调查，城镇个体户年收入大多在4000—6000元之间，有10%的个体户年收入达万元以上。（2）某些企业的承包者、租赁者、各种“例爷”等的收入水平也大大高于社会平均水平。据沈阳市调查，某些企业租赁人年收入高达几万、几十万元。某些“官倒”获取了大量非法收入。（3）我国在全民所有制企业中实行了企业工资总额与经济效益挂钩的方法，这一措施与过去由国家直接确定职工工资的办法相比，无疑是一个进步。但在实践中，由于各种历史和现实的原因，企业的客观生产经营条件相差悬殊，在占有国家提供的固定资产多少、技术装备水平方面和原材料、能源供给等方面差别很大，加上市场机制不完善，体格体系不合理，就使得许多企业的经济效益和收入水平在相当程度上并不取决于自身的主观努力，而是取决于许多客观因素，这就在很大程度上造成了企业之间和不同企业职工工资差距的不合理。（4）脑体劳动收入严重倒挂。国家机关和事业单位，特别是文教、卫生和科研部门的干部、知识分子的收入水平低于企业职工的收入水平，而且近些年来差距还在不断扩大。据上海市调查，从1980年到1990年，工人的人均月收入提高了2.31倍，知识分子只提高了1.88倍，商业服务业却提高了2.59倍。体力劳动者收入的提高速度快于脑力劳动者，致使具有大专以上学历的人每月的实际收入要比同龄的普通工人低18—35元，而在1980年知识分子的平均收入却高于体力劳动者。如果把时间再拉长一点，脑体倒挂的严重性就更明显了。在20世纪50年代，大学讲师的工资比一般工人高1倍，副教授高2倍，教授平均约高3—4倍。（5）近几年来，城镇居民的收入结构发生了显著变化，工资性收入占居民货币收入的比重越来越小。据国家统计局的抽样调查，1978年工资性收入占职工全部收入的92.6%，到1990年下降为67.6%。工资外收入12年来增长了18.5倍，工资外收入在居民收入总额中的比重份额大幅度提高，就会拉大行业之间的收入差距。因为有些单位和个人能够获得大量的工资外收入，如改革以来享有个人收入分配权的企业，以各种名目发给职工货币和实物；一些人通过兼职和从事第二职业获取工资外收入等。而那些主要依靠国家财政拨款的单位则只能获得较少的工资外收入，其收入水平必然大大低于前者。

我国的收入分配之所以在改革进程中出现了严重的平均主义和收入分配悬殊两个截然相反的问题，分别产生于以下方面的原因：一是我国在近几年的经济体制改革中，侧重于单位外部经济利益机制的转换，而对于单位内部经济利益机制的转换没有给予同等的重视，就使得传统体制中平均主义“大锅饭”的弊端仍然存在，甚至在工资改革中扩大和强化平均主义。如1985年在企业中实行的工资套改和在教、科、文、卫系统实行的工资改革，不但没有克服或弱化原有工资制度中的弊端，反而增添和强化了许多缺点。另少数个体户、私营企业主通过自己的勤奋劳动，在政策允许的范围内先富起来，成为万元户或几十万元户也无可非议，因为他们的收入中包括相当比重的资产收入和风险收入等。但问题是，我们允许多种分配方式存在，并不意味着不同经济形式之间的个人收入的不平等可以任其扩大，需要对他们的过高收入通过收入调节税、消费税、遗产税、赠与税等手段加以调节，以防止收入差距过分悬殊。对于某些个体户、私营企业主通过非法倒卖紧俏物资、偷税漏税、坑骗消费者等途径牟取暴利，国家有关部门必须严加处置，违反法律的要追究刑事责任。对于脑体收入倒挂必须采取有效措施尽快扭转。近几年来的脑体收入倒挂，已经引起了新的“读书无用论”思潮泛滥，不利于国民素质、管理水平和技术水平的提高，而且也是高级人才外流的原因之一。因此，解决脑体收入倒挂，不仅是解决知识分子待遇的问题，而且是关系到我国能否尽快实现现代化，赶上发达国家的大问题。为解决脑体收入倒挂，前几年开始放宽政策，允许和鼓励主要从事脑力劳动的部门和单位以及知识分子个人搞创收，进行自我改善。这确实使一部分知识分子的收入得到增加，但也引发了一系列问题，如由于学科、专业不同，创收条件不同，就产生了各单位收入之间的不平等；在教育方面出现了乱办班，乱发文凭，忽视教学质量等弊端，产生了分配关系中的新的混乱，缺乏规范性。我们认为，对于一些应用科学，搞一些创收，还是可以的，也是可行的。对于基础科学，搞创收，结果往往是收入得不了多少，反而不利于科学的发展。因此，解决脑体收入倒挂，虽然我国目前财政有困难，但国家也不能把困难全部下交，由各单位搞创收不是好办法。事实上，我国财政拨款在这方面占的比重并不高。例如，我国的教育经费占国民生产总值的比重就过低。联合国教科文组织提出在人均国民生产总值 300—500 美元时，教育投资的最佳值应占国民生产总值的 4.2%，我国远远低于这一标准，也没有达到发展中国家的平均水平。我国应尽快扭转这种状况，至少使其达到或接近发展中国家的平均水平。对于全民所有制企业之间的收入不公平，要逐步完善职工工资与企业经济效益挂钩的具体措施和办法。同时要解决因采取这一措施而出现的一些问题，如加强宏观控制，规定合理的挂钩比例和挂钩指标，并保证挂钩比例得到严格执行，扭转目前工资总额增长超过企业利税增长的状况，尽量减少扭曲的价格及其他非主观努力因素对个人收入分配的影响等。对于各种非法收入，国家应采取措施尽快消除，这主要应靠法制，对各种违法乱纪牟取暴利的人给予严厉的制裁。二是加快经济体制改革，减少经济体制转轨过程中可能出现的非法牟取暴利的机会。三是积极推进政治体制改革，加强廉政建设，提高群众的参政意识和为群众参政创造条件，以加强群众对政务活动的监督作用。

论我国贫富分化下的挥霍性消费问题[①]

一、我国挥霍性消费成为贫富分化的主要表象

改革开放三十多年来，我国经济社会的快速发展是历史上前所未有的。人民的生活水平总体上获得了显著提高。但是，自20世纪90年代中期以来，居民收入差距不断扩大，出现了贫富分化现象。国家统计局公布的数据显示，反映我国居民收入差距的基尼系数，2003—2008年的6年间，依次为0.479、0.473、0.485、0.487、0.484、0.491，2009—2013年的5年间，由于采取了一系列的保障和改善民生措施，基尼系数有所回落，分别为0.490、0.481、0.477、0.474、0.473，但依然远超过国际公认的0.4的警戒线。有统计资料表明，一般发达国家的基尼系数在0.24到0.36之间。

基尼系数反映的收入差别是抽象的，具体的、感性的贫富分化状况可从现金收入差别和财富占有差别表现出来。从近几年的统计资料看，总人口中20%的最低收入群只占收入份额的4.7%，而占总人口20%的最高收入群，却占总收入份额的50%。从个人现金收入的绝对差距看，不少大企业主年收入几亿元。2013年胡润中国富豪排行榜上的上榜企业家共1000位，平均财富64亿元，相比2012年上涨了18.5%，前5名的平均财富比2012年翻了一番。如果加上隐形富豪，全国大约有3000位富豪可达到上榜门槛。2014年胡润全球富豪榜标明，在全球排名前十位的地产富豪中，中国人占据7席，超过美国。而国家统计局2014年1月公布数据显示，2013年全国居民人均可支配收入18311元，比上年增长10.9%，扣除价格因素，实际增长8.1%。其中，城镇居民人均可支配收入为26955元，农村居民人均纯收入8896元。普通居民与富豪的收入差距分别为几万倍和10多万倍，而城乡居民平均收入还掩盖了最低收入层。联合国发布《2013年人类发展报告》指出，虽然中国在经济增长和减贫方面成绩斐然，极端贫困人

① 本文原载《消费经济》2014年第4期。

口（日平均生活费用低于 1.25 美元的人口）比例从 1990 年的 60.2% 降低到 2008 年的 13.1%，在 18 年间下降了 47.1%，但存在收入差距扩大和发展不平衡的问题，不平等现象也在扩大。2012 年，中国的人类发展指数名列全球第 101 位，低于人均国民收入 11 位。如果剔除人均收入因素，则中国的人类发展指数下滑至第 106 位。两者间的差距说明中国的教育、医疗、平等水平明显滞后于经济发展，还处于全球中等偏下水平。

收入差距扩大、贫富分化日益明显，必然导致不同阶层在消费水平上的差距过大和某些消费现象严重不合理或严重不公平。挥霍性消费不断滋生蔓延，成为权贵富豪们炫耀其势力、地位的一种重要方式。据世界奢侈品协会统计，2011 年中国奢侈品市场年消费总额达 126 亿美元（不包括私人飞机、游艇与豪华车），占全球份额的 28%，已成为全球占有率最大的奢侈品消费国。国务院发展研究中心报告显示，2013 年我国通过旅游购物和代购形式流向海外的中高端消费额约有 6000 亿元，占国人总消费的 20%。而中国奢侈品市场研究机构财富品质研究院发布的《中国奢侈品报告》更是显示，2013 年中国奢侈品市场本土消费 280 亿美元，境外消费达到 740 亿美元，即中国人奢侈品消费总额为 1020 亿美元，相当于中国人买走全球 47% 的奢侈品，成为最大客户。中国奢侈消费额一般是欧美本土消费者的 5—10 倍，是日本、中东等国家消费者的 3—5 倍。但另一方面，根据 2300 元的贫困标准，截至 2011 年底我国还有扶贫对象 1.28 亿人。可以说，挥霍性奢侈浪费已成为贫富差距加大的重大表象，吃喝浪费、工程浪费、资源浪费、生活浪费比比皆是、司空见惯，令人触目惊心。未富先奢、贫富悬殊已是我国这个仍处在发展中的大国当前面临的严峻问题。党和政府也高度重视这一问题，在党的十八届三中全会报告中明确指出，“城乡区域发展差距和居民收入分配差距依然较大；社会矛盾明显增多”，“奢侈浪费现象严重”。这里讲的奢侈性消费中包括挥霍性消费部分。

二、挥霍性消费的特征与负面影响

人们在研究消费方式、消费水平、消费行为时，根据不同的划分标准，将其划分为不同的消费类型，如合理消费与不合理消费、节俭型消费与奢侈型消费、适度消费与超前消费、常规消费与畸型消费等等。我们所指的挥霍型消费类型，其基本特征是：第一，消费主体具备超常规的支付能力。这是其能够任意花费的客观物质前提。第二，此类消费者的消费动机不是为了满足当时常规的物质需要和正常的精神需要，而是为了满足一种畸型的特殊的心理需要。例如，现实生活中出现的吃出个“天方夜谭”、穿它个“惊世骇俗”、住出个“史无前例”、玩它个“心惊肉跳”、用它个“旷世奇珍”……诸如此类的消费“壮举”，无不折射出挥霍型消费者不同于常规的心态和特殊的消费动机。第三，挥霍型消费导致惊人的浪费。

根据挥霍型消费的基本特点，挥霍型消费与一般消费经济学中的“超前消费”“炫耀性消费”“畸型消费”，以及“奢侈消费”有相同的一面，也有不同的地方：第一，挥霍型消费具有“超前消费”的一面，但超前消费并不一定是浪费性或挥霍性的消费，在动机上也有差别。第二，挥霍型消费在很大程度上具有炫耀性，但是“炫耀性消费”的界定范围很宽，可以有不同的层次。在实际生活中，高消费者一般都存在程度不等的炫耀性。也就是说，或多或少地带有不同层次的炫耀性的消费支出，例如，不少人在穿着打扮等方面就存在这种现象。而挥霍型消费的炫耀性则表现得颇为强烈，这种消费必须具备有相当高的支付能力。也就是说，一般是发生在特殊阶层。第三，挥霍性消费在很大程度上是为了满足一种特殊的畸型的消费心理和动机，但是，畸型消费在不同的支付能力阶层也存在，不一定是要具备超出一般支付能力的条件。第四，挥霍性消费具有极强的奢侈性，但又不简单等同于奢侈性消费，个人的奢侈性消费并不都会达到挥霍的程度。在奢侈性消费中有两种情况：一种是个人有支付能力；另一种是个人的消费支出超出了其收入水平或财力状况。而挥霍型消费，一般具备高支付能力，超出了一般奢侈程度。总之，挥霍型消费是社会上超过一般阶层所拥有潜在的或直接的巨大支付能力的特别阶层，出于其特殊的、畸型的消费动机而发生的一种巨大浪费性的消费行为或消费方式。

挥霍型消费所产生的负面影响，并不局限于伦理、社会风气、文化、环境等方面，而且与整个国民经济的资源配置及其运行直接相关，其负面影响的后果很大程度上是经济意义上的。

第一，这种消费方式导致社会经济资源的巨大浪费。如我国每年在餐桌上浪费的粮食数量巨大，“舌尖上的浪费”触目惊心，令人担忧。中国农业大学专家课题组对大、中、小三类城市，共2700桌不同规模的餐桌中剩余饭菜的蛋白质、脂肪等进行系统分析，保守推算，我国2007年至2008年仅餐饮浪费的食物蛋白质达800万吨，相当于2.6亿人一年的所需；浪费脂肪300万吨，相当于1.3亿人一年所需，浪费惊人。有人测算，中国大陆目前仅是酒席桌上的浪费，一年达2000亿元人民币。这种浪费固然包括不同层次的消费，但挥霍性占有突出地位。

第二，挥霍型消费方式刺激的不是一般的正常的生产供给，直接刺激的是“洋消费”，是高档的外国奢移品涌入。因而，在一定程度上，产生了扭曲我国进出口结构的作用。

第三，更加扭曲了我国的经济结构。各种类型的星级宾馆和豪华别墅，近年来像雨后春笋般地拔地而起，节节升高，在很大程度上是由于这种挥霍型的消费方式刺激出来的。一方面是交通、能源等基础产业及教育因投资不足而形成发展瓶颈；另一方面是满足挥霍型消费需求的超生产性基本建设热火朝天。每一次的紧缩，真正受害的是生产性基本建设和基础产业建设，而超生产性基本建设却照样进行。

三、挥霍性消费形成的分析

仔细考察，有能力进行挥霍型消费的无外乎是两类人：一类是改革开放中产生和肥壮起来的部分“暴发户”，有的说法是“部分先富起来阶层”中的部分人，这是前面所讲过的情况。还有二类情况是“公款消费者”。是有权有地位而由公家出钱花费，即“公家出钱，私人出咀”或“国库付费，个人享乐”①。在经济理论中，人们一般用消费函数模型来描述个人或整个社会的消费行为和消费水平。在各种消费函数模型中，收入状况以及消费倾向既是决定消费行为和消费规模的主要变量，又是消费函数关系中的重要约束条件。而对于挥霍型消费，纯粹用消费函数模型来解释，似乎难以得到令人信服的阐释，因为在已有的各种消费函数模型中，抽象出的各个主要变量基本上是纯经济性的变量，体制因素和文化因素基本被舍弃掉了。然而，在我们看来，挥霍型消费的形成却主要是体制因素和文化因素作用的结果。

首先来看体制因素。在社会转型期，由于旧的体制（包括经济体制、政治体制）没有完全打破，新的体制尚未完全建立起来，加上人为的放松监管或监管不力，消费领域出现混乱现象就势在必然。以“公款个人消费”的情况为例。为什么用公款挥霍性的消费之风曾有禁不止？主要还是出在体制漏洞方面。没有一套行之有效的制度作保证，就很难根治这种公款挥霍消费的毒瘤。“靠山吃山、靠水吃水”，本来是因地制宜，合理配置经济资源的一条通俗性的经济发展原则和常识，而现在则成了政府及其职能部门部分人参与挥霍性消费的潜规则，主管经济的党政官员，“上级吃下级，一级吃一级，一直吃到最基层的企业；吃了‘国有’再吃‘集体’；才吃了‘集体’又吃‘个体’；不吃白不吃，吃了也白吃”。“吃请”“请吃”形成了一套恶性的循环链。送礼，则形成反向的循环链：“下级送上级，一级送一级”。如此等等的消费怪圈，不仅造成社会财富的极大浪费，而且“吃”坏整个党风，遗害国家政权。从收入分配的角度来说，也存在着体制问题。有些公有制企业的领导者，显性的工资收入和奖金收入尽管远高于一般职工，但还觉得自己未得到完全补偿，他们对这种收入“欠失”的补偿，往往采取所谓的“堤内损失堤外补”的方法进行。例如“客串”式地以“公事”

---

① 这种情况由于中央八项规定已受到遏制。

名义相互间送礼、宴请。因为“吃”是不犯禁的，并总能找到各种各样的理由使之吃得舒心，也吃得放心。国家有关规定的企业应酬费只能按销售总额的0.3%—1%的比率提取，实际上在现实生活中已经远远超过了这个比例。因而，“公款个人消费”很难用消费函数来描述，消费支出与他个人的正当收入不相关，消费倾向亦与其正当工资收入不相关。即个人的公开收入不构成其这部分消费行为和消费规模的预算约束线。这种约束界线，只能是用行之有效的制度来强化，不存在其他可能的选择方案。

再来看文化因素。乍看起来，中华传统文化一向以颂扬节俭、节欲为美德。然而，从挥霍消费者看来，传统文化的底蕴仍然显得不足或没有约束力。严格说来，传统的节俭、节欲的伦理准则是建立在低生产力水平、消费物资缺乏基础之上的。与此同时，节俭、节欲在中国传统文化中，作为一种伦理规范，一般是对“民”而不对“官”、对“穷”而不对“富”的。千百年的封建社会，一方是贫困百姓的食不果腹，衣不蔽体，另一方是士大夫、皇亲国戚以及各类富豪的穷欲极奢。这种反差，孕育出了一种心态不平衡和攀比的消费心理。基于这样经济基础之上的节俭、节欲伦理传统，当经济条件得到完全改善的时候，作为一种伦理规范就暴露出它的脆弱性。也许是由于中国贫穷了几千年，贫困长时间地压抑了人的欲望，扭曲了人的心理，因而，当有些人富起来的时候，首先考虑的不是怎样积累和再投资，而是先享受，再考虑其他。于是就有了提着钱袋住进总统套房的人们，吃上数十万元一桌饭菜来满足特殊的虚荣心的人们，当不了总统也要用钱实现一份总统的享受和心理满足。除了这种文化氛围外，另外一个因素是部分暴发户本身的文化和道德素养低下。在社会转型的这个特殊阶段，利益分配和机会的调整将部分人几乎在一夜间推到了暴富的位置上，他们既不具备一夜间成为百万、千万富翁后如何正确用钱的心理准备，更无从事再投资的知识素养和雄才大略，再加上怕政策变的心理恐惧，于是，当他们通过一般社会消费渠道和现有的高消费渠道得到满足之后，过度剩余的钱财将他们推向了追求刺激、虚荣的挥霍型消费方式上来。这种生活方式，与其说是资本主义享乐主义思想侵蚀的结果，倒不如说是中世纪贵族式的穷奢极欲生活的反照，甚至是更为低层次的享乐主义的施放。即使是当代发达国家的资本家，他们在访问中国时，也无不对这类挥霍型的消费行为感到惊叹。马克斯·韦伯在21世纪初出版的名著《新教伦理与资本主义精神》中指出：任何无节制的人生享乐，无节制的虚荣心、粗野本能的发泄或非理性的赌博本能的施放，都是反资本主义精神的。而节俭、节欲才是资本主义伦理的本意。他要说明的一个简单道理是：节俭才有财富的积累，有积累才能发展。正如马克思在《资本论》第1卷论述资本积累时所描述的那样：“积累啊，积累啊！这就是摩西和先知们！……节俭啊，节俭啊，也就是把尽可能多的剩余价值或剩余产品重新转化为资本！为积累而积累，为生产而生产——古典经济学用这个公式表达了资产阶级时期的历史使命”。① 从上面可以看出，当前少数富豪的挥霍型消费方式，连资本主义生活方式都不是，贴切地说，其消费的欲望和动机是落后的、封建的甚至是原始的，而消费的物质条件则是现代化的。

四、应重视消费公平与消费合理，坚决遏制挥霍性消费蔓延

近些年来，我国政府一直强调应重视社会公平，并指出：社会公平的内涵包括权利公平、机会公平、规则公平、分配公平。收入分配问题与消费问题密切相连。一般说来消费是分配的结果。收入分配差距过大，分配严重不公平，其必然结果是消费水平差异相应过大和不公平，消费结构不合理。旧社会的“朱门酒肉臭，路有冻死骨”，正是社会不公、分配不公，从而消费不公的写照。总体上说，人们的生活水平提高了，收入分配的增加必然使消费水平提高。在多种所有制经济共同发展和实行市场经济条件下，凭借诚实劳动和合法经营参与收入分配，打破平均主义，拉开收入差距，形成不同的消费层次，是必然的和合理的，有利于促进经济社会的发展。高收入层的高消费本无可厚非，也难以干预。但是，从理论和政策指导的角度来讲，应提倡合理消费，不主张奢靡。否则，挥霍型奢侈浪费这一恶习痼疾，会吞噬公共资源，败坏社会风气，腐蚀民众心灵。在消费供给方面，应从我国实际出发，不搞过份脱离广大群众消费水平的张扬性的消费供给，如曾经出现过的天价月饼之类。特别是政府不能推动、鼓励这类消费供给。当前，中央出台“八项规定”“六项禁令”，反对铺张浪费，厉行勤俭节约，就是为了保证消费公平，促进消费合理。

提倡和引导科学消费、合理消费，有利于推动经济社会的发展与和谐社会的建设。提高低收入群体的收入和消费水平，是当前经济工作需要重视和解决的重要环节。党的十六届三中全会决议强调扩大内需的重要意义“要进一步扩大国内需求，调整投资和消费的关系，增强消费对经济增长的拉动作用”。2011 年中央在“十二五”规划的建议中明确提出要建立扩大消费需求的长效机制；2012 年 11 月党的十八大报告再次强调：经济发展更多依靠内需特别是消费需求拉动。我们知道，在贫富分化、收入和消费水平差距过大的情况下，难以扩大消费需求。因为，对富裕阶层说，衣食住行问题早已解决，高档消费品亦应有尽有，低档消费品并不需要；而对广大低收入阶层特别是贫困的城市居民和农民来说，温饱问题有待解决，但无支付能力，实际需求难以转化为有支付能力的需求，因而

---

① 马克思：《资本论》第 1 卷，人民出版社 1975 年版，第 652—653 页。

有效需求无法扩大。提高低收入群体的收入，会很快转化为市场需求，这是扩大内需的重要途径，也是缩小收入差距，实现消费公平，促进经济平稳较快增长，建设和谐社会的重要途径。

中国还是一个发展中的国家，现代化建设还任重道远，资源不足、国民经济结构不合理等等情况，决定我们必须采取得力措施，坚决抑制这种挥霍型消费的蔓延。为此，仅仅进行思想教育，呼唤文化复归是不够的，主要要从体制上找原因，通过深化改革，建立起行之有效的体制措施：第一，完善管理制度和管理体制，花大力气填住公款消费的漏洞、严格财会制度、加重惩治腐败的力度。第二，建立超标准消费税制。对于那些挥霍性消费行为，按税率征收高消费税，并采取累进税制，对消费者直接征收，例如，对于豪华的私人别墅、豪门宴席等，就可如此征税。第三，加强新闻媒体和社会舆论对挥霍性消费的曝光，同时注重宣传表彰勤俭节约、艰苦奋斗的典型事例，倡导文明、科学、合理消费。第四，鼓励引导企业、商家创新服务方式，提供多种环保节约的服务。

当然，如前所述，不能将挥霍性消费与高消费等同，挥霍性消费是一种恶俗，是铺张浪费，是对珍贵资源的过度占用，不利于社会进步和经济发展。而适当合理的高消费对经济增长有一定的推动作用，且对一些用智慧和知识创造出的、技术含量高的名贵产品的消费是一种新式高消费，它能刺激技术革新、创造就业机会，使得“今天的奢侈品就是明天的必需品”，推动着社会的持续发展。因此，为满足国内外奢侈消费者的需要，有必要大力培植民族工业的名贵品牌；并且应积极引导新的消费时尚，推动技术创新。

参考文献

[1] 卫兴华：“重视分配公平与消费合理——贺《消费经济》创刊20周年”，《消费经济》2005年第6期，第3—4页。

[2] 卫兴华、黄桂田：“社会转型期挥霍性消费问题浅析”，《消费经济》1995年第6期，第7—10页。

[3] 卫兴华：“我国贫富分化的现实与成因评析”，《江苏师范大学学报》（哲学社会科学版），2013年第5期，第1—9页。

[4] 马克思：《资本论》第1卷，人民出版社1975年版，第652—653页。

近年来关于效率与公平关系的不同解读和观点评析①

关于效率与公平的关系问题，是中外学者长期关注和议论的理论与实际问题。中共中央有关文件中的提法也变更几次。在我国改革开放获得巨大成就，经济总量快速增长的情况下，出现了收入差距过分扩大的趋势。党和政府将保障和改善民生提到一个更高的地位，强调社会主义公平正义，关注弱势群体利益，致力于走共同富裕的道路，让改革与发展的成果惠及广大人民群众。在此社会历史背景下，中共中央调整了宣传多年的“效率优先，兼顾公平”的原则性提法。在中共十七大报告中提出：合理的收入分配制度是社会公平的重要体现。“初次分配和再分配都要处理好效率和公平的关系，再分配更加注重公平。”中共十七大报告的这一新的原则性提法，总的来说，统一了思想认识：要重视作为社会公平重要内容的分配公平，要缩小和消除贫富分化的现象，要逐步实现作为社会主义本质要求的共同富裕。

但是，从新闻媒体报道和学界发表的论著来看，在怎样处理好效率与公平的关系问题上，在怎样准确理解和把握中共中央文件的有关提法上，在怎样评析中共中央有关提法的演变上，依然存在理论认识上的差异。

一、怎样准确把握中央有关提法的演变与内涵问题

最近看到一篇专门讲公平与效率的文章，其中这样论述：“众所周知，改革开放之初，基于中国落后的经济发展现实，我们提出了‘效率优先原则’，强调发展才是硬道理。要把‘蛋糕’做大，因为落后就要挨打。在改革进入中期，党中央提出了‘效率优先，兼顾公平’的发展新思路，力求实现效率与公平的优化结合。”② 作者的认识逻辑是：改革开放之初，只强调“效率优先”，不讲公

① 本文原载《教学与研究》2013 年第 7 期。

② 邹广文：“不妨‘公平优先，兼顾效率’”，《人民论坛》2013 年第 1 期。

平，后来改提“效率优先，兼顾公平”。加入“兼顾公平”，因而是两者“优化结合”的新思路。接着又说：在中共十八大报告中，提及公平达20多处，又提出了三个公平即权利公平、机会公平、规则公平。为“把公平正义放在首要的突出的位置”，“不妨倡导公平优先，兼顾效率”（以下简称《不妨》一文）。

首先，上述论述没有准确理解和把握中共中央文件中关于效率与公平提法的演变史实。

讨论效率与公平问题，应区分两个不同的层次：其一是分配领域中的效率与公平关系；其二是经济社会整体领域中的效率与公平的关系。改革开放以来的一个长时期中，中共中央文件中的有关论述和理论界的讨论，主要是从第一个层次即分配领域层次上着眼的。后来拓宽了领域，特别是中共十八大报告更为明确地拓宽了效率与公平关系的范围，既着眼于从分配领域的层次上处理好效率与公平的关系，也着眼于从整个经济社会的发展上处理好两者的关系。

中共十七大以前关于效率与公平的提法和讨论，主要是从分配领域来讲的。前面引述的《不妨》一文中讲：“改革开放之初……提出了‘效率优先’原则”，并不符合历史事实，作者也没有提供出处。“改革开放之初”的源头是1978年12月中共十一届三中全会，全会提出党的工作着重点转移到社会主义现代化建设上来，对经济管理体制进行改革，认真执行按劳分配原则，克服平均主义，“城乡人民生活必须在生产发展的基础上逐步改善”。这里没有提出效率与公平概念及其关系，但可以认知，实行按劳分配、克服平均主义，是体现社会主义劳动效率与分配公平关系统一的。在生产发展的基础上改善人民生活，就是把做大蛋糕和分好蛋糕统一起来。

最先明确提出分配关系中的效率和公平关系原则的中共中央文件是1987年中共十三大报告：“我们的分配政策，既要合理拉开收入差距，又要防止贫富悬殊，坚持共同富裕的方向，在促进效率提高的前提下体现社会公平”。这一分配原则是将重视效率与重视公平统一起来。“合理拉开收入差距”，多劳多得，奖优罚劣，反对平均主义，有利于提高效率，把“蛋糕”做大。“防止贫富悬殊，坚持共同富裕的方向”，就是防止两极分化，坚持走社会主义共同富裕的道路，体现了作为社会公平重要内容的分配公平。

1992年中共十四大报告提出：在分配制度上，“兼顾效率与公平”。这一提法与十三大的提法无实质性的区别。兼顾两者，就是两者统一与并重，不存在孰轻孰重的问题。如果说，中共十三大关于“在促进效率提高的前提下”一词容易被误解为“效率优先”的话，十四大报告的提法就把这一可能的误解也消除了。

由此可见，断言“改革开放之初”“提出了效率优先原则”而不提公平是没有根据的。1993 年以前，中共中央文件中没有提出效率优先的分配原则，而且，既然讲的是分配领域中效率与公平的关系，不可能只提“效率优先”，不提“公平”概念！

其次，《不妨》一文对有关提法的解读不准确，它说：“在进入改革中期，党中央提出了‘效率优先，兼顾公平’的新思路，力求实现效率与公平的优化结合。”我们知道，1993 年 11 月，中共十四届三中全会提出个人收入分配要“体现效率优先，兼顾公平的原则”，改变了此前效率与公平统一和结合的提法。《不妨》一文把“优先”与“兼顾”理解为“效率与公平的优化结合”是不准确的。所谓“效率优先”，就是效率优先于公平，重于公平。“兼顾公平”就是附带地兼顾一下而已，是重效率，不重公平，把分配公平放在一个次要地位。这一思路在中共十六大报告中做了更明确的说明：“坚持效率优先，兼顾公平”，“初次分配注重效率，发挥市场的作用……再分配注重公平，加强政府对收入分配的调节职能，调节差距过大的收入”。就是说，政府在初次分配中只注重效率，不注重或不管公平。要通过市场发挥提高效率和调节初次分配收入的作用。由于市场调节初次分配收入会形成收入“差距过大”的情况，可由政府通过再分配发挥调节职能。实践证明，收入“差距过大”的发展，必然导致贫富分化，想通过再分配来消除是不可能的事情。

从上述“效率优先，兼顾公平”的具体说明来看，这并不是《不妨》一文所解读的“力求实现效率与公平的优化结合”。该文没有注意到，在出现收入分配差距过大、贫富分化的趋势日益显著、社会矛盾随之凸显的情况下，不少学者提出应调整或放弃收入分配关系中“效率优先，兼顾公平”的原则性提法。2004 年 9 月，中共十六届四中全会的决定中，放弃了此前宣传多年“优先、兼顾”的这一提法，强调指出：要“注重社会公平，合理调整国民收入分配格局，切实采取有力措施解决地区之间和部分社会成员收入差距过大的问题，逐步实现全体人民共同富裕”。

2005 年 2 月 19 日，胡锦涛同志在中共中央举办的省部级主要领导干部提高构建社会主义和谐社会能力专题研讨班的讲话中指出：“在促进发展的同时，把维护社会公平放在更加突出的位置，逐步建立起以权利公平、机会公平、规则公平、分配公平为主要内容的社会公平保障体系。”2005 年 10 月，中共十六届五中全会再次强调“注重社会公平，特别要关注就业机会和分配过程的公平”。

不再提“效率优先”，强调关注社会公平，还没有解决效率与公平究竟是怎样的关系问题。应当明确两点：第一，中共中央文件中只是放弃了分配关系中效率优先于公平的原则。如果是生产和经济领域，强调重视效率，让效率优先于产值，优先于 GDP 是完全正确的。第二，放弃分配关系中的“效率优先”，不是说可以不讲效率，不重视效率，而是放弃重效率，轻公平，初次分配只注重效率，不注重或不管公平的原有思路。

处理社会主义分配关系中效率与公平关系的“新思路”是什么？胡锦涛同志在2006年6月22日在美国耶鲁大学的演讲中提出“公平和效率的有机统一”。

中共十七大报告指出：“合理的收入分配制度是社会公平的重要体现。”“初次分配和再分配都要处理好效率和公平的关系，再分配更加注重公平。”怎样处理好效率与公平的关系呢？有的学者沿用“效率优先，兼顾公平”的思路来解读中共十七大提出的处理好两者的关系，是一种误解。中共十七大的新提法的本意是，无论初次分配还是再分配，都要既重视效率，又重视公平，而再分配则“更加重视公平”。中共十七大报告中总结我国改革与发展的十大经验中，“把提高效率同促进公平结合起来”作为其中的一条。这表明：效率与公平的关系，不再是“优先”与“兼顾”的关系，而是提高效率与促进公平相结合的关系。

《不妨》一文论述效率与公平关系理论的演变，不符合历史过程，对“优先”与“兼顾”的解读也不准确，而且对中共中央文件指导思想的调整和改变史实，特别是中共十七大报告中的新提法只字未提。竟将中央文件放弃的“优先、兼顾”原则，当做“效率与公平优化结合的新思路”。似乎现在还未改变“效率优先，兼顾公平”的提法，于是，根据中共十八大报告中强调公平正义，提及“公平”20多处，并强调三个“公平”，就推断说：社会公平“不仅仅是一个‘兼顾’的位置”。竟然不知“优先，兼顾”之说早已放弃，继而提出：“不妨‘公平优先，兼顾效率’”。其实，中共中央文件强调公平，并未忽视效率，并不是转向重公平，轻效率，主张公平优先于效率。目前，公平与效率关系的指导思想是两者的结合与统一，是两者的并重。由于前一个时期，重效率，轻公平，经济快速增长了，我国的经济总量已占世界第二位，“蛋糕”确实做大了，但由于没有同时致力于分配公平，出现了居民收入差距过大、贫富分化的趋势，表明没有分好“蛋糕”。正因为如此，近些年来，强调社会公平和分配公平。按理说，社会主义制度下，生产重效率，分配重公平，天经地义。分配公平，有利于促进劳动效率、生产效率和管理效率、科技效率的提高，把“蛋糕”做大。而效率的提高，“蛋糕”做大做好，可以分得更多更好。而增大分配的份额，有利于实现更高层次的公平。在效率与公平关系的讨论中，有的强调生产决定分配，所以重在做大“蛋糕”；有的强调分配公平，否则，“蛋糕”做大了，产生贫富两极分化，为了消除两极分化，实现共同富裕，应重在分好“蛋糕”。其实，应全面认识这个问题。从经济运行过程来看，先生产，后分配与消费；生产什么，生产多少，才能分配和消费什么，分配和消费多少。但从生产与分配和消费的内在关系来看，生产是服从于消费需要的，不是为生产而生产。生产的成果是要通过分配满足人民物质文化生活的需要，而分配与消费就有个公平与不公平的问题。不能用先生产，后分配的过程得出重生产效率，轻分配公平的认识。而且，先生产，后分配的顺序，不能决定和回答分配公平或不公平的问题。反过来，也不能因为生产服从于消费需要，服从于社会主义共同富裕的目的，就重公平，轻效率，改提“公平优先，兼顾效率”。要知道，普遍贫穷的公平不是社会主义。有的学者提出，鉴于目前收入差距过分扩大，出现贫富分化，公平与效率关系的天平，应向公平倾斜。这个意见是合理的，也是目前大力强调和推进惠民生政策的根据之一。但是，这只能是阶段性的政策倾斜。从社会主义经济社会发展的整体过程考察，效率和公平并重与统一，“蛋糕”做大和分好，应是社会主义本质所要求的长期的根本原则。

因此，提出“公平优先，兼顾效率”的主张是不正确的。同样，个别学者目前还坚守“效率优先，兼顾公平”的观点也是有悖于科学理论和实际情况的。

二、分配公平能靠市场化改革实现吗？

缩小和消除目前收入差距过分扩大，已出现的贫富分化现象需要进行什么样的改革，采取什么样的政策措施？有人主张“以市场化改革推进分配公平”（以下简称《市场化》），[①] 这值得商榷。首先，它与中共中央提出的进行分配制度改革的思路相背离，也不符合经济实际。中共十七大报告中提出：要“整顿分配秩序，逐步扭转收入分配差距扩大的趋势”。为此，需要“深化收入分配制度改革，增加城乡居民收入”。而改革分配制度，实现社会公平的路径是什么？中共十七大报告中指出：初次分配和再分配都要处理好效率和公平的关系，再分配更加注重公平。逐步提高居民收入在国民收入分配中的比重，提高劳动报酬在初次分配中的比重，着力提高低收入者的收入，逐步提高扶贫标准和最低工资标准，建立企业职工工资正常增长机制和支付保障机制。同时，要扩大转移支付，强化税收调节，打破经营垄断，创造机会公平。可以看出，上述一系列的改革措施，并不是“市场化”的行为，也不可能由“市场化”来实现。中共十八大报告提出：“共同富裕是中国特色社会主义的根本原则，要坚持社会主义基本经济制度和分配制度，调整国民收入分配格局，加大再分配调节力度，着力解决收入分配差距较大问题，使发展成果更多更公平惠及全体人民。”并指出：要通过改革与发展，“推动经济更有效率、更加公平”。这表明，解决收入分配不公、收入差距扩大问题，首先要坚持社会主义的根本原则和社会主义经济制度。坚持社会主义共同富裕的根本原则，可以防止和消除两极分化。反过来说，贫富分化是偏离

---

① 周人杰：“以市场改革推进分配公平”，《人民日报》2013 年 1 月 21 日。

共同富裕的社会主义根本原则的。怎样坚持和实现共同富裕的原则？从根本上说，要靠中共十八大指出的“坚持社会主义基本经济制度和分配制度”。我国宪法对“社会主义经济制度”和“社会主义初级阶段的基本经济制度”分别做了规定：“中华人民共和国社会主义经济制度的基础是生产资料的社会主义公有制，即全民所有制和劳动群众集体所有制。社会主义公有制消灭了人剥削人的制度，实行各尽所能、按劳分配的原则。”实行社会主义公有制和按劳分配，是不会产生全社会的两极分化的。邓小平指出：“社会主义原则，第一是发展生产，第二是共同致富。……正因为如此，所以我们的政策是不使社会导致两极分化。”①宪法又做了社会主义初级阶段基本经济制度的规定：“公有制为主体，多种所有制经济共同发展。”公有制为主体，就是既不搞单一的公有制，又不搞私有化。如果离开社会主义经济制度和根本原则，包括公有制、按劳分配和共同富裕，依靠“市场化改革”推进分配公平是不现实的。

其次，中共十八大报告指出，全面建成小康社会，进一步改革与发展，要“推动经济更有效率，更加公平”。这又涉及效率与公平的关系。同样是效率与公平并重，而且加了“更”字，是两者更重。

《市场化》一文提出：“提低、限高、扩中”的收入分配改革，“要从‘更加公平的市场’上着力，只有培育市场公平，才能更好地鼓励各类企业平等竞争，为‘收入倍增’打下坚实的基础。”又说：“推进收入分配体制改革中，杠杆的支点选取至关重要。这个支点在很大程度上，是公平的市场……只有大力推进市场化改革，让自由竞争激发效率，重塑公平，改革方能牵一发而动全身，收入差距才能逐步缩小。”显然，在《市场化》一文作者看来，推进收入分配体制改革，重塑公平，只有靠市场化的自由竞争，市场化才能激发效率与公平，实现“收入倍增计划”，缩小收入差距。

我国实行社会主义市场经济，要让市场在资源配置中起基础性作用（后改为起决定性作用）。企业之间要展开竞争，竞争可以促进效率的提高，优化资源配置，激发企业活力，打破垄断。但是，市场不同情弱者，不怜悯眼泪。市场竞争，优胜劣汰，会产生分化，不会自发地形成社会公平，更不会自发地形成居民收入分配的公平，消除贫富分化。西方发达资本主义国家，是充分发展的市场经济制度，但没有实现分配公平和社会公平，随着经济的发展和财富的增加，贫富分化反而更加扩大了。美国总统奥巴马在 2012 年的“国情咨文”中也提出，经济不平等现象正在危及中产阶级与“美国的价值”。根据当时美国的统计，1%的美国富人占有国民收入的 1/5 和社会财富的 1/3。根据《纽约时报》2011 年底

---

① 《邓小平文选》第 3 卷，人民出版社 1993 年版，第 172 页。

的调查，认为美国的经济不平等现象严重，1%最富的美国人的税后收入自1979年以来增加了两倍，而80%的美国人同期收入只增长1/3。美国企业主管的收入与普通工人的收入差距，由以前的30倍增加到300倍。“占领华尔街”运动，就是99%与1%的对抗。

2012年，德国联邦劳工和社会事务部提交了德国第四次贫富报告《德国生活状况》表明，2007年至2012年，“德国私人净资产总额增加1.4万亿欧元，但财富更趋不均，2008年，德国最富有的10%的人口拥有德国净资产的53%，这一比例比10年前增加了8%，最不富裕的50%的家庭财产总和占德国私人资产的比例仅为1%，比1998年下降了4%。

西方学者认为，市场经济承认分配的不公平。在市场配置资源的运行中，既会促进效率的提高，又会产生分配的不公平。诺贝尔经济学奖获得者萨缪尔逊也讲：“市场并不一定产生一种被认为是社会公正或平等的收入分配。一个完全自由放任的市场经济可能产生不可接受的、极大的、在收入与消费上的不平等。”① 又说：即使具备有效率的完全市场竞争的理想条件，“我们没有理由认为……收入能被公平地加以分配。结果将是，收入和财富上存在着巨大的不平等，而这种不平等会长期在一代代人中存在下去”。② 马克思主义政治经济学的常识也告诉我们：在私有制商品经济、市场经济中，价值规律的自发作用，既可促进生产力的发展，实现资源配置，还会造成贫富两极分化。传统的观点认为，社会主义社会中的商品经济不会产生两极分化，那是以单一的公有制和计划经济为前提的。我国的实践证明，在多种所有制并存和实行市场经济的条件下，即使公有制单位也会出现收入差距过分扩大的情况。可见，无论从马克思主义经济学或西方经济学来看，还是从市场经济国家的经济运行和发展的实际过程来看，靠市场化实现分配公平是不现实的，是没有理论和实际根据的。

缩小收入分配过大差距，实现分配公平，需要根据中共十八大精神，制定相应的制度和政策措施，提出收入分配的具体方案。中共十八大报告指出：“必须维护社会公平正义。公平正义是中国特色社会主义的内在要求。……加紧建设对保障社会公平正义具有重大作用的制度。”要建立“社会公平保障体系”。这里讲的是全社会的公平正义，当然也包括分配领域的公平正义。这要通过加紧建立“具有重大作用的制度”和“保障体系”来实现。至于缩小收入分配差距的制度和政策措施，前面根据中共十七大和十八大的报告已做了说明，总之，要采取具体措施，“把保障和改善民生放在更加突出的地位”。要使“中等收入群体持续扩大，扶贫对象大幅减少。社会保障全民覆盖”，“全面建成小康社会”。所有这

① 萨缪尔逊：《经济学》第14版，北京经济学院出版社1996年版，第77页。

② 同上，第544页。

一切，都不是市场化行为，而是政府与社会行为。

三、怎样评价“效率优先，兼顾公平”的理论和实践

从1993年中共十四届三中全会起，到十五大、十六大报告，再到十六届三中全会，“效率优先，兼顾公平”的原则宣传了十多年。直到2004年9月中共十六届四中全会才放弃这一原则，转而强调注重社会公平，解决收入差距过大的问题，实现共同富裕。现在的问题是，怎样评价“优先，兼顾”的分配关系原则，学界存在不同的看法。目前依然有个别学者主张这一原则，但已不为学界认同，因为它有悖于当前的理论与实践。本文最后会回过来议论这一问题。个别学者将“优先，兼顾”原则理解为两者的优化结合与统一，是一种误解，前面已做过评析。值得讨论的是另外三种不同的见解和评价：一种见解是：当时提出“优先，兼顾”的原则，是针对平均主义的，是必要的，后来出现了收入差距过分扩大的趋势，因此，中共中央对此提法进行了调整。另一种见解是，我国作为社会主义国家，应重视分配公平。社会主义要防止贫富分化，实现共同富裕，这需要通过分配公平来实现。“效率优先，兼顾公平”，初次分配重效率不重公平，不符合社会主义本质要求，因此，提出和宣传这一原则，是对社会主义根本原则的偏离。还有一种观点是，认为自改革开放以来，中共中央一直科学地把握公平与效率的关系，努力实现公平与效率的统一。它把改革开放以来有关效率与公平关系的不同提法及其演变，都纳入“公平与效率统一”的框架中，认为各种提法都有利于效率和公平的提高，促进了经济的发展。

先讨论第一种见解。“效率优先，兼顾公平”，究竟是在什么背景下提出的？是针对什么的？不少学者认为是针对计划经济时期形成的平均主义的。这未必符合实际，需要从历史背景、理论观点和经济实践进行评析。

首先，从理论指导和经济历程的发展过程来看，1978年中共十一届三中全会就明确提出了“克服平均主义”的改革任务。当时，克服平均主义的主要途径是“认真执行按劳分配原则”。1987年，改革开放已走过近10年的时光，当时的分配状况已与完全的计划经济时期不同了。市场调节发挥着日益增大的作用。分配关系呈现出两种不公平现象：一是在工资收入由国家直接调控的部门，平均主义的不公平现象依然存在；二是新出现了一种分配不公现象，即收入分配“体脑倒挂”，教育、科技卫生部门的脑力劳动者的收入低于生产和服务部门一般体力劳动者的收入；国有经济内部不同行业之间的个人收入出现差距不合理拉大的分配不公平；国有经济职工收入低于个体、私营经济收入。根据当时北京市统计局对各个行业的调查，建筑业、饮食业和服务业职工的人均月收入为217元，而国家机关、大中小学教师人均月收入为133元。某些行业单项比较，收入

差距也很突出。如当时出租汽车司机的收入高于公共汽车司机的两倍左右。

平均主义和收入差距畸形扩大、“体脑倒挂”，都是分配不公，既无效率，又无公平。可以判断，1987 年中共十三大报告提出“在促进效率提高的前提下体现社会公平”，是既针对平均主义，又针对分配不公平的。报告中提出的“我们的分配政策，既要有利于善于经营的企业和诚实劳动的人先富起来，合理拉开收入差距”，显然是针对平均主义分配的；而“又要防止贫富悬殊，坚持共同富裕的方向”，显然是针对新出现的分配不公平的。1992 年中共十四大报告关于“兼顾效率与公平”的提法也是既针对平均主义，又针对收入差距畸形扩大的分配不公平的。重视效率，就是要通过各种调节手段，“鼓励先进、促进效率”。而分配公平也是鼓励先进，促进效率的重要手段。重视公平，就是要“合理拉开收入差距，又防止两极分化，逐步实现共同富裕”。可以说，合理拉开收入差距，是效率与公平的联结点。

其次，从理论逻辑来看，1993 年 11 月在中共十四届三中全会上提出“效率优先，兼顾公平”，固然也会打破平均主义，但很难说是主要针对平均主义的。第一，此前中央文件中的有关提法已经一再否定了平均主义，不需要换个提法来否定。难道是因为用“兼顾效率与公平”否定平均主义的力度不够，需要新出台“优先，兼顾”的新原则么？第二，不能用重效率、轻公平，初次分配只重效率不注重或不管公平来否定平均主义！难道平均主义是分配公平么？恰恰相反。第三，如果认为平均主义是不公平分配也不能用贫富分化的更大的不公平来否定平均主义的不公平。第四，强调效率和公平并重，就可以完全否定平均主义，因为效率与公平并重，是与既无公平又无效率的平均主义相对立的。

复次，从经济发展的实际情况看，随着改革开放以来我国多种所有制经济发展和分配关系的变化，“体脑倒挂”的分配不公平，扭转为新的收入分配不公平。20 世纪 90 年代初期，我国已呈现出收入分配差距扩大的趋势。根据中国社会科学院经济研究所收入分配课题组的调查，1995 年的基尼系数已达 0. 45。可以推断，1993 年已达 0. 4 以上，进入显示分配不公平的警戒线。显然，提出“效率优先，兼顾公平”的背景和取向，已经不再是主要指向平均主义。

提出“优先，兼顾”这一原则的中央文件，是中共十四届三中全会通过的《中共中央关于建立社会主义市场经济体制若干问题的决定》。其中提出：个人收入分配制度，“体现效率优先，兼顾公平的原则。劳动者的劳动报酬要引入竞争机制”。这里没有再接着强调“防止贫富悬殊”“防止两极分化”。提倡个人劳动报酬引入竞争机制，就是指劳动报酬要由市场供求机制、竞争机制调节。按照市场经济的运行机制，市场起资源配置的作用，市场配置资源的效率高于计划配置。按照西方的市场经济理论与实践，劳动力资源与其他要素资源，都要由与供求机制、竞争机制相结合的价格机制来配置。就是说，个人劳动报酬要由市场形成的劳动力价格来调节，而市场调节劳动报酬的结果是会产生分配不公平的。这种不公平可通过政府主导的再分配来调节。有的学者将其称作“市场管效率，政府管公平”。西方有一派经济学者强调机会公平，不赞同政府干预的分配公平。认为实行市场经济，就是效率优先于分配公平。而且认为，通过市场自由配置资源和机会公平形成的资本—利润、土地—地租、劳动—工资，是合理的、公平的。我国也有学者持此观点。所以，可以认为，中共十四届三中全会提出“效率优先，兼顾公平”的原则，主要是在“建立社会主义市场经济体制”的背景下提出的，是参照了西方市场经济理论和国内外某些学派的观点提出的。作者认为，我们是建立社会主义市场经济体制，不能照搬西方市场经济的理论与实践。按劳分配为主体，不可能主要通过由市场调节劳动报酬来实现。私营外资企业按要素所有权分配，要通过市场调节实现，劳动报酬不能脱离市场调节作用，但也应受到政府的宏观调控，如规定最低工资线，治理拖欠和克扣工资，要求遵守劳动法，保障职工的合法权益，缩小贫富分化。至于整个社会要消除两极分化、实现共同富裕，更不能依靠市场自由竞争和市场调节来实现。

再讨论第三种见解。有的学者发表文章认为，我国30多年来，一切改革的实践与理论，都是一直坚持公平与效率的统一。他说：改革开放以来，我们党一直“科学地把握公平与效率的关系，努力使两者相互促进。30多年来，我国经济社会政策发展变化的历史和人民生活水平普遍提高的事实充分证明了这一点”。[①] 该文历数农村联产承包责任制、扩大企业自主权、发展个体经营等，都是“既提高了效率，也增进了公平”。对于中共中央文件中关于效率与公平关系的提法演变，认为都是“公平与效率的统一”的不同提法和适时调整。他认为，1993年提出“效率优先，兼顾公平”，“有力推动了经济社会发展”。随着经济社会的发展和收入差距的扩大，中共十六大报告“针对这种情况”，又提出“初次分配注重效率，发挥市场的作用……再分配注重公平”。认为中共十六大的这一提法是“针对收入差距扩大”提出的新的效率与公平的统一论。这里存在理解上的偏差。中共十六大的这一提法，实际上是对“优先、兼顾”的进一步阐述。其本意是初次分配只注重效率，可不注重或不管分配公平。分配公平由再分配去调整。重效率、不重公平的思路更突出了。这一原则不是针对收入差距扩大，也无助于缩小收入差距。要知道，我国收入差距过大并导致贫富分化，正是由初次分配不公平形成的。我国的再分配机制——主要是社会保障制度和转移支付制度

① 赵周贤：“坚持公平与效率的统一”，《光明日报》2012年9月14日。

还不健全和完善，不可能通过再分配实现分配公平。该文把中央后来强调的“更加注重公平”，中共十七大报告提出的“初次分配和再分配都要处理好效率和公平的关系，再分配更加注重公平”（该文引文错为“初次分配和再分配都要注意公平”），看做是“优先、兼顾”“初次分配注重效率，再分配注重公平”的连接与延伸，是原有效率与公平相统一的提法的新发展。其实，讲公平与效率的统一和结合，是指两者并重，并无“优先”“兼顾”之分。中共十七大讲初次分配和再分配都要处理好效率和公平的关系，是指“把提高效率同促进社会公平结合起来”，既重视效率，又重视公平。讲“再分配更加注重公平”，表明初次分配也要重视公平，再分配则要“更加注重”。中共十八大讲“推动经济更有效率，更加公平”，两者都加一“更”字，更表明是对“优先，兼顾”即重效率、不重公平的放弃，并无连接和延续的关系。

最后，讨论第二种见解。这种见解认为“优先、兼顾”的提法本身存在着理论上的偏误。但不同学者在具体阐述上又存在非本质性的差异。有的学者出于某种考虑或理解，认为整体上说“优先，兼顾”的原则是错误的，但在一定的历史时期有其积极意义。而有的则认为，从总体上说，这一原则是偏离社会主义本质要求的。前者如有的学者从其论文的标题看，是认为“优先，兼顾”的提法是错误的，是要说明“错在哪里”？但其内容是先讲：在特定的“时代背景下，‘效率优先，兼顾公平’的提法具有一定的历史合理性和积极的现实意义”，并阐述了其历史意义和现实意义是什么，接着提出：这一提法自身包含着一些明显的局限和负面效应，并用主要的篇幅论述了这种局限性和负面效应的表现。诸如：同以人为本的基本理论相抵触；与和谐社会建设格格不入；政府重要职能错位；不利于经济社会制度的建设；不利于公正合理的社会结构的形成等等。总之，提出一系列不赞同和否定“效率优先，兼顾公平”提法的理由。①

有的学者直接质疑“优先，兼顾”提法的科学性。作者持这种见解。理由是：

（1）分配方式由生产方式决定，作为生产方式基础的所有制关系决定分配关系，社会主义生产资料公有制是与一切私有制相比最公平的所有制，它所决定的分配关系，应是比一切剥削制度下的分配关系更公平的，社会主义要消灭剥削、消除两极分化，就体现着和要求分配公平，而且，社会主义要求通过按劳分配或按劳分配为主体的分配公平实现共同富裕。如果重效率、轻公平，使效率优先于公平，公平处于次要地位，乃至初次分配只注重效率，不注重或不管公平，就会出现收入差距过分扩大，形成两极分化现象，偏离共同富裕的根

---

① 吴忠民：“‘效率优先、兼顾公平’究竟错在哪里”，《北京工业大学学报（社科版）》2007 年第 1 期。

本目的。

(2) 重效率、轻公平，初次分配只重效率，不讲公平会导致效率与公平双缺失。因为分配不公，不利于调动劳动和生产的积极性，不利于劳动效率、生产效率和管理效率的提高。效率的高低，与产量和 GDP 的多少不能画等号。可以是高投入、高污染、低质量、低效益的产量和 GDP 的粗放型经济增长，也可以是相反的高效益、高质量的节约型增长。这就反映了效率的差别。离开分配公平，单强调效率，效率未必会提高，但忽视公平和初次分配不讲公平，必然会助长收入差距扩大，助长贫富分化的不公平。

(3) 强调“效率优先，兼顾公平”，宣传初次分配只注重效率，忽视公平，会有利于资本，而不利于劳动。对私营、外资企业来说，效率高低，表现为利润率高低，重效率，变成重利润率。轻视和不讲分配公平，会转变成压低、拖欠、克扣工人工资和侵犯工人权益的实际行为，助长资本利润和劳动工资的对立。地方官员为引进外资，同样重资本利益，轻劳动利益。发达资本主义国家所不允许的某些严重侵犯职工权益的行为，在我国私营、外资企业大量存在。

(4) 社会主义的公平、正义，是社会主义的本质属性。讲以人为本，讲保障和改善民生，讲一切以人民的利益为出发点和落脚点，讲发展与改革的成果惠及广大人民，讲共同富裕是社会主义的根本原则，就必须重视包括分配公平在内的社会公平，并需要通过分配公平和社会公平来实现。如果把分配公平放在一个次要的不注重的地位，上述一切都会成为空谈。

(5) 社会主义市场经济与资本主义市场经济不能画等号。两者既有市场经济一般性和共同点，又有产生于社会制度不同的根本性的差异点。劳动者的收入不能完全由市场自发调节。资本主义市场经济与两极分化是相伴随的。社会主义市场经济要以公有制为主体和按劳分配为主体，消除两极分化，效率与公平并重，走向共同富裕。

(6) 效率与公平的关系，西方国家的学者，存在三种不同的见解：强调效率优先于公平，如新自由主义学派哈耶克、弗里德曼等就持这种观点；另一派学者反对片面强调效率优先，主张将公平作为优先考虑的目标，如罗尔斯、勒纳、罗宾逊夫人等。他们认为，分配不公会损害工作热情，损害效率，导致两极分化。还有一派主张兼顾效率与公平，如萨缪尔逊、凯恩斯、奥肯等。萨缪尔逊认为，没有政府干预，市场经济自发形成的收入分配可能过分不平等，既要效率又要公平的途径，是通过政府干预来修补市场机制这只“看不见的手”。这讲的是资本主义国家。我国作为社会主义国家，更应重视这一问题。

哈耶克等的效率优先于公平的观点，不仅遭到西方其他学派学者的反对，连西方政府也没有采纳他们的主张。我国是社会主义国家，不能将西方新自由主义的效率优先于公平的主张，作为处理社会主义分配关系的原则。因此，在作者自己的论著和所编教材中，始终没有认同和宣传这种观点，而是一直讲效率与公平并重，讲两者的结合与统一。中央后来强调更加注重公平，中共十七大将效率与公平的结合作为改革开放历程中的宝贵经验之一，就表明已经否定了“优先，兼顾”和初次分配只重效率的历史有效性。

关于社会主义经济与有中国特色社会主义的经济问题[①]

——评《再论认真学习有中国特色社会主义经济理论》的观点与逻辑

一、争论的焦点和实质是什么

最近拜读了《中共福建省委党校学报》1999 年第 6 期发表的《再论认真学习有中国特色社会主义经济理论》一文（以下简称《理论》），深感作者没有紧紧围绕我们所争论的焦点即三个重要理论分歧点，对自己所持的观点正面进行分析与论证，提出有理论与事实根据的说明。三个主要理论分歧点是：（1）中共十五大提出“非公有制经济是社会主义市场经济的重要组成部分”，是否也就是“非公有制经济是社会主义经济的重要组成部分”。如果认为两个论断是相同的，那么“社会主义市场经济”与“社会主义经济”两个概念的内涵岂不相等了，即两者都由公有制经济和私有制经济共同构成。私有制经济究竟是社会主义经济，还是非社会主义经济？（2）“社会主义初级阶段的基本经济制度”，与“社会主义基本经济制度”（或“社会主义经济制度”）是否同一概念？私有制经济是否与公有制经济一起构起“社会主义经济制度”的内容？（3）中共十五大的报告和我国宪法中讲，我国社会主义经济制度的基础，是生产资料公有制。能否从这里引出非公有制经济也是社会主义经济制度的基础？或社会主义经济的基础？在这三个问题上，《理论》作者持肯定观点，我则持否定见解。

就拿第一个问题来说，“社会主义经济”是指具有社会主义性质的经济，即体现社会主义经济关系和社会主义本质的特定所有制经济，正如讲“资本主义经济”是指具有资本主义性质即体现资本主义本质关系的特定的所有制经济一样。

---

① 本文原载《中共福建省委党校报》1999 年第 9 期。

尽管在资本主义经济产生与发展的早期阶段，封建主义经济还占主体地位，但既不能把资本主义经济纳入封建主义经济概念之中，也不能反过来认为资本主义经济中包括封建主义经济。

如果讲的是我国现实社会主义社会的经济，或社会主义初级阶段的经济，或我国社会主义的国民经济，或社会主义市场经济，那么，以公有制为主体的多种所有制经济都是它们的构成部分，至于“社会主义经济”，是不包括非公有制经济即种种私有制经济的。

《理论》的作者继续强调非公有制经济也是社会主义经济的组成部分。但其社会主义性质究竟表现在哪里呢？并没有说明。再者，不同私有制的社会经济性质，究竟是首先由其内部的经济关系决定呢？还是由其存在和发展的必要性决定呢？或是由决策者的某种方针政策决定呢？或是由某种理论上的提法决定呢？我认为主要是由其内部经济关系决定的。包括所有制关系、劳动者与生产资料相结合的方式、分配方式、生产的实质或目的、生产者和管理者的地位和关系等。至于外部关系或因素，只是外因，虽然可以在不同程度上对其发生影响或使其产生某种程度的变异，但最终从根本上决定其社会性质的，还是其内因，即其内部关系和因素。

令人遗憾的是，《理论》作者始终完全避开非公有制经济的内部关系，只从某些概念的联系上和表面的逻辑推理上断定非公有制经济也是社会主义经济。他对我紧紧从非公有制经济的内部关系分析和判断非公有制经济的社会性质，也没有提出任何辩驳。《理论》一文也没有提出什么新的见解和新的论证。充斥于论文中的内容，一是用不少笔墨简单复述他过去讲过的旧话；二是用不少篇幅讲了许多绕大圈子与争论焦点无关或无直接关系的众所周知的东西，如什么“传统的社会主义所有制理论，追求所有制结构‘一大二公三纯’”“继续调整和完善所有制结构，进一步解放和发展生产力”；发展非公有制经济“符合‘三个有利于’的标准，中国不会变为资本主义”等等。三是不作具体分析与论证，反复从概念的联系和表面逻辑推理上进行争论。如社会主义经济即社会主义市场经济；社会主义经济即有中国特色社会主义经济（我们在后面将专门讨论）；等等。四是提出一些大话、套话、搞上纲上线，营造政治气势。如专门用一小节文字大讲“要警惕右，但主要是防止‘左”’；把私有制经济排除在社会主义经济之外，“就是倒退到传统的社会主义经济理论上去”；是“追求所有制结构‘一大二公三纯’”；“忽略了公有制改革的实践”；《理论》作者还抛出了一个“撒手锏”，即把我们争论的实质（他说成争论的焦点），概括为“是应该坚持有中国特色的社会主义呢，还是应该坚持传统社会主义经济”。“必须坚持有中国特色的社会主义经济，摒弃传统的社会主义经济”。批评认为非公有制经济是非社会主义经济“正是体现了传统的社会主义经济理论”应予摒弃。显然，作者是以“有中国特色的社会主义经济理论”的代表的面孔出现，摆出一副坚持和捍卫“有中国特色的社会主义”、“摒弃传统社会主义经济理论”和反“左”的姿态，想通过这种营造政治气势的方法，以势压人和吓人。然而，俗话说，“有理不在言高”。不同学术思想和理论观点的争论只能靠以理服人。吓人战术是起不了任何作用的。

我曾在政治上和理论上遭受过20多年“左”祸之害，在每次“左”的运动中都受到冲击，被一贯看作是右字号人物。极左气势没有压服过我。在粉碎“四人帮”后，我发表了一系列批判“左”的理论观点的论文。在近些年的理论讨论或争论中，我是尽量避免用“左”呀、“右”呀的政治性概念评论别人的。现在，我不得不说一句：正确的理论与实践，从“左”边看，是右了；从右边看，是“左”了。历史证明，搞上纲上线，喊高调批判别人，裁决学术和理论是非的人，未必证明是真理在握者。既然对方把我们争论的实质，概括为是坚持有中国特色的社会主义理论，还是坚持应摒弃的传统的社会主义理论，我就不得不讲一下本来未曾去想或原本不愿讲的有关争论实质的话。其实，我们争论的实质，是坚持和发展马克思主义的科学社会主义理论，正确把握邓小平理论和中共十五大精神呢？还是把马克思主义的科学社会主义理论贬斥为过时的、应当“摒弃”的“传统社会主义理论”，并把自己的观点强加于邓小平理论和中共十五大精神中。

为了回答《理论》作者的责难，我需要讲点有关学术和理论观点的历史事实，《理论》作者一再不惜笔墨地讲社会主义初级阶段发展非公有制经济的必要性，他是要从这种必要性中直接得出非公有制经济也是社会主义经济的论断来。他的弦外之音是：否定非公有制经济也是社会主义经济，实际上是要否定发展非公有制经济的必要性。他还画龙点睛地讲：“迄今为止有的人在谈到公有制经济的时候，脑子里所想到的，仍然是传统经济体制下那种单一所有制形式的集体经济和国有经济……”。我愿说明，关于论述社会主义初级阶段理论和发展多种所有制经济的必要性及其作用问题，我发表过系列论著，已讲得很多。单就时间说，1980年，我发表在《新湘评论》第8期中的论文，就专门论述了“允许多种经济成分同时存在的客观依据”，提出“走社会主义道路，是否就必须不顾现有的经济条件，把除国营经济和集体经济以外的其他一切经济成分很快地统统消灭光？”并同时批评了在所有制问题上追求“大与公”的“左”的一套，指出把非公有制经济如“个体经济看作是同社会主义经济绝对对立的成分，务求斩尽杀绝，表面上看来，这很‘革命’，走社会主义道路似乎很坚决，但实际上是拉社会主义的后腿，破坏社会主义事业”。然而，强调非公有制经济存在和发展的必要性及其作用是一回事，它们是否具有社会主义性质的经济，则是另一回事。我讲非公有制经济是非社会主义经济，是以非公有制经济已经存在与发展的事实和必要为既定前提的，而《理论》作者竟离开这点，拿我远在20年前就讲清楚了的发展非公有制经济的必要性，同我争论，用以论证非公有制经济是社会主义经济，岂不有点不中腠理?!

《理论》一文中还没有必要地大讲公有制的多种实现形式问题，论述了混合所有制经济、股份制、股份合作制等，想用此引出非公有制经济也是社会主义经济的道理来。其实这也是无补的。而它的潜台词是，讲非公有制经济是非社会主义性质的经济，就是无视公有制实现形式的多样化。

其实，关于公有制的多种实现形式问题，我早在1986年发表于《江西社会科学》的论文中就明确地提了出来。其中讲到，改革还应“包括公有制的运行和实现形式”。发表于1994年10月的《经济改革与发展》杂志上的论文中，我进一步强调“公有制可以采取不同的实现形式，只有采取公有制的有效的实现形式，才能把公有制搞好搞活”。论文中提及了股份制、股份合作制等，还强调“要探求其他更好的实现形式”。我在1998年的《理论前沿》和《高校理论战线》上还专门刊发了《股份制的性质和作用》问题。现在，《理论》一文搬出“实现形式”和股份制等问题同我争论，并用以论证非公有制经济是社会主义经济，使人有牛头不对马嘴之感，而且，他对股份制的观点也有问题，但我不愿随他节外生枝地争论这个问题。

二、评所谓“坚持有中国特色的社会主义经济理论，摒弃传统社会主义经济理论”

《理论》一文作者，在多篇文章中，一再批评和坚决摒弃“传统理论”“传统社会主义经济”“传统社会主义经济理论”“传统社会主义”。如果确实是过时的、不利于社会主义改革和发展大业的传统的东西，当然应该摒弃。然而，《理论》作者所批判和要摒弃的“传统社会主义经济理论”是什么呢？不是别的，正是马克思主义的科学社会主义基本理论，他坚持的“有中国特色的社会主义经济理论”，也不是邓小平和党中央所阐发的有中国特色的社会主义理论，而是经他变异了的一套理论。顺便提一下，他甚至把“四人帮”的反马克思主义科学社会主义的一套极左货色，如“割资本主义尾巴”之类，与马克思主义的科学社会主义理论归在一起，统称做“传统社会主义经济理论”。这显然是不妥当的。

无论邓小平同志还是党中央，从来没有把马克思主义的科学社会主义理论作为过时的“传统理论”予以“摒弃”，而是始终强调要坚持马克思列宁主义。甚至在邓小平著作和党中央文件中，也从来没有使用过“传统社会主义理论”或

“传统社会主义”一类概念。因为邓小平理论或有中国特色的社会主义理论是马克思列宁主义在中国当代的新发展，中共十五大报告中指出：“党从诞生之日起，就把马克思列宁主义确立为自己的指导思想。”邓小平理论是“马克思列宁主义同中国实际相结合”的“第二次飞跃的理论成果”。邓小平理论既发展了马克思列宁主义，又与马克思列宁主义是一脉相承的统一的科学体系。中共十五大后的党章中明确规定：中国共产党以马克思列宁主义、毛泽东思想、邓小平理论作为自己的行动指南。邓小平同志自己一贯要求我们坚持和学习马列主义。他强调老祖宗不能丢。在1978年12月的讲话《解放思想，实事求是，团结一致向前看》中，他特别指出：“学习什么？根本的是要学习马列主义、毛泽东思想，要努力把马克思主义的普遍原则同我国实现四个现代化的具体实践结合起来。”特别需要说明的是，邓小平把有中国特色的社会主义同马克思主义基本理论紧密地统一起来。他在1985年召开的《在中国共产党全国代表会议上的讲话》中说：“我们现在要建设有中国特色的社会主义，时代和任务不同了。要学习的新知识确实很多，这就要求我们努力针对新的实际，掌握马克思主义基本理论。”“熟悉马克思主义的基本理论从而加强我们工作中的原则性、系统性、预见性和创造性。只有这样，我们才能坚持社会主义道路，建设和发展有中国特色的社会主义”。可以清楚地看出，邓小平同志自己是把掌握和熟悉马克思主义基本理论，作为建设和发展有中国特色的社会主义的必要前提。然而，令人遗憾和惊讶的是，《理论》的作者，竟把马克思主义的科学社会主义理论，贬之为应“摒弃”的“传统社会主义经济理论”，将其同邓小平理论或有中国特色的社会主义理论对立起来。

《理论》的作者会争辩说，他所说的应摒弃的“传统社会主义经济理论”只是指其中不适应今天中国实际情况的部分。然而，第一，我们现在所争论的，他硬要摒弃的部分，恰恰是属于马克思主义科学社会主义最基本的理论部分之一；第二，如果把某些不适应今天实际的部分称做“传统社会主义经济理论”，试问，其他部分该称做什么呢？是否该称之为“非传统”理论呢？科学社会主义理论能这样区分么？第三，试问，《理论》所理解的“有中国特色的社会主义经济理论”中，还是否保留或保留有哪些马克思主义的科学社会主义经济理论呢？

《理论》作者忽视了马克思主义创始人的一个重要原理，即恩格斯在《共产主义原理》中所讲的不能一下子就把私有制废除，“正像不能一下子就把现有的生产力扩大到为实行财产公有所必要的程度一样。……只有创造了所必需的大量生产资料之后，才能废除私有制”。他们还认为，社会阶级的消灭是以生产高度发展的阶段为前提的。这正是过去“左”的一套所摒弃了的重要原理，也是现在《理论》作者所置之不顾的且要“摒弃”的所谓“传统社会主义理论”。

不仅如此，马克思主义创始人所预想的成熟的社会主义社会中，不存在私有制经济，是否就是应摒弃的传统理论呢？是我们过去不顾我国的实际条件，照搬外国经验与模式，去追求纯粹的社会主义经济呢？还是应归罪于马克思、恩格斯的科学社会主义理论呢？马克思、恩格斯并没有设想过在半殖民地半封建主义的中国取得革命胜利后，怎样搞社会主义的问题。我们应当坚持的是实事求是，一切从中国实际出发，把马列主义与中国具体实践相结合，不照搬别国的模式，走自己的路。这才是有中国特色社会主义的精髓。我们应摒弃的是教条主义、本本主义，而不是摒弃马克思主义的科学社会主义理论。

《理论》作者认为，一切私有制经济与公有制经济一样，都是社会主义经济，都是社会主义经济制度的基础。认为这才是有中国特色的社会主义理论。而我不赞同这种观点。我认为，在我国现实社会主义社会中，存在多种所有制经济，作为主体的公有制经济是社会主义经济，也是社会主义经济制度的基础。也可说是社会主义的经济基础或社会主义经济的基础。“社会主义经济”是个整体概念，不只包括公有制。《理论》作者再三讲，我是“把社会主义经济完全等同于公有制经济”，不对！我没有这样讲过。我已论述过，社会主义经济内部包括多层次的关系，公有制是基础，当然属于社会主义经济。还包括劳动者和生产资料相结合的社会主义方式，包括按劳分配，包括劳动者在生产中的地位，包括消灭剥削和消除两极分化，包括实现共同富裕等。因此，社会主义经济不完全等于公有制经济，但公有制经济是社会主义经济，是社会主义经济制度的基础。正因为如此，坚持和发展公有制或公有制为主体，就是社会主义的一条根本原则，让私有制经济共同发展是必要的，是长期的，但它们不具有社会主义性质。非公有制经济是非社会主义经济，外资企业和私营企业的私人占有关系，资本与雇佣劳动相结合的关系，按资分配或按要素所有权的分配关系，甚至有的严重侵犯职工权益的关系，都是非社会主义性质的关系。它根本不能体现邓小平所讲的：“消灭剥削、消除两极分化，最终达到共同富裕”的社会主义本质。

我讲的公有制经济是社会主义经济，非公有制经济是非社会主义经济的上述理由，是很明确的。《理论》作者应当对此拿出他的反驳理由，并正面提出他的具体论证。给别人简单扣上一顶应当摒弃的“传统社会主义经济理论”的帽子，不能解决任何问题，因为它是没有任何理论说服力的。

《理论》按照自己的思维逻辑，向我提出了一个本来不存在的、令人有点莫名其妙的问题进行质问：“他所反对的把非公有制经济看作是社会主义经济的观点，是传统的社会主义经济理论呢，还是有中国特色的社会主义经济理论。如果，既不是传统的社会主义经济理论，又不是有中国特色的社会主义经济理论，那么，作者讲的社会主义经济究竟是什么呢？难道是一件既不是有中国特色的社会主义经济，也不是传统社会主义经济的另一种社会主义经济吗?”这种像绕口令似的文字，表述上的拖沓与累赘且不去管它。我的回答是：我讲的社会主义理论，既属于马克思主义科学社会主义的基本理论，又属于邓小平和党中央所讲的有中国特色的社会主义理论，两者是统一的，即亦此亦彼。既不是非此即彼，更不是非此非彼。但如果对《理论》一文所讲的所谓应摒弃“传统社会主义经济”和被变异了的“有中国特色社会主义经济”来说，我讲的社会主义经济理论，的确既非此，亦非彼。

三、有中国特色的社会主义经济范围内的一切事物，是否都具有社会主义性质

《理论》一文一再强调，社会主义经济即有中国特色的社会主义经济。它根据有中国特色的社会主义经济包括公有制为主体、多种所有制经济共同发展，来论证非公有制经济是社会主义经济的内容或组成部分。该文把这一条作为自己最有力的理论根据，反复论述。成为它的理论观点的主要支撑点。该文引证1997年第10期《市场经济导报》记者对我的访谈录，说我讲过“公有制为主体，多种所有制经济共同发展，是有中国特色的社会主义经济的重要内容”。我虽未见到该刊，但这确实是我的观点。我在《北京日报》等报刊上也讲过这类话，在《理论》作者看来，我既肯定多种所有制经济共同发展是有中国特色的社会主义经济的内容，又否定非公有制经济是社会主义性质的经济或社会主义经济的重要组成部分，这不是自相矛盾？他认为“这种现象是很少见的，而且可笑”。要求我“澄清”。

那就让我澄清一下这个被看作是“可笑”的“矛盾”吧。

需要从有中国特色的社会主义这个大概念谈起。这个大概念包括的内容或范围是很广的。比如，我们实行“一国两制”，也属于有中国特色的社会主义的范围。邓小平明确指出：“我们的社会主义制度是有中国特色的社会主义制度，这个特色，很重要的一个内容就是对香港、澳门、台湾问题的处理，就是‘一国两制’。”把港、澳、台也纳入有中国特色的社会主义内容或范围之内，是否意味着港、澳、台也要搞社会主义制度、是社会主义性质的城市和地区呢？如果按照《理论》作者的逻辑，既然港、澳、台也属于有中国特色的社会主义的“内容”(邓小平同志用了“内容”二字)，它们就该是社会主义性质的了，但按这样的逻辑理解问题是错误的。因为“一国两制”的含义，就是大陆搞社会主义制度，港、澳、台搞资本主义制度。邓小平讲：“‘一国两制’有两个方面：一方面，社会主义国家允许一些特殊地区搞资本主义，不是搞一段时间，而是搞几十年，或成百年。另一方面，也要确定整个国家的主体是社会主义，否则怎么能说是

‘两制’呢?”显然，按照邓小平的理论逻辑，“有中国特色的社会主义”的内容，包括“一国两制”，既包括大陆的社会主义制度，也包括港、澳、台的资本主义制度。可见，“有中国特色的社会主义”的内容，与“社会主义制度”或“社会主义性质”的含义是不完全相同的，“有中国特色的社会主义”所包摄的内容和涉及的范围，并不都必然是社会主义的。

按照邓小平的理论逻辑来理解问题，那么，“有中国特色的社会主义的经济”所包摄的内容或范围，与“社会主义经济”的含义也并不必然是完全相同的。讲“有中国特色的社会主义经济”，自然首先要讲公有制为主体。从中国的国情出发，在我国社会主义初级阶段，我们不应搞覆盖全社会、囊括各部门的公有制经济。公有制只能是主体，但又必须是主体。否则，没有为主体的公有制经济，也就没有社会主义，自然也就谈不上有中国特色的社会主义经济了。另一方面，讲公有制为“主体”，自然就意味着还存在着非主体的非公有制经济。“主体”和非主体并存，共同发展，这正是我们的“特色”。因此，非公有制经济的存在与发展，是表明我国所走的社会主义道路的“特色”的，并不表明它们是具有社会主义性质的经济。并不是“有中国特色的社会主义经济”所涉及的一切经济成分都具有社会主义性质。“特色”，不是特在把私有制经济说成社会主义经济，而是特在允许和鼓励私有制经济作为非社会主义经济共同发展。显然，《理论》作者对“有中国特色的社会主义”“有中国特色的社会主义经济”的理解，是非辩证的，不完全的。他如果按照邓小平的理论逻辑来理解和把握问题就会明白，我的前后论点并不存在什么“可笑”的“矛盾”，而是顺理成章的事情。

本来，邓小平提出建设有中国特色的社会主义，是从所走的社会主义道路的角度来讲的。他说:“照抄照搬别国的经验，别国的模式，从来不能得到成功。把马克思主义的普遍真理同我国具体实际结合起来，走自己的道路，建设有中国特色的社会主义。”可见邓小平讲的有中国特色的社会主义，不是用以与什么“传统社会主义理论”对立的，而是既肯定和坚持马克思主义的普遍真理，又要将其与我国具体实践相结合，不照搬别的经验与模式，走出一条自己的具有中国特色的社会主义道路来。以公有制为主体，多种所有制经济共同发展，之所以作为有中国特色的社会主义的重要内容，正是要说明，这种所有制结构不是从别国搬来的，而是走自己的有中国特色的社会主义道路的一种表现。

《理论》作者在多篇文章中一再引述中共十五大报告中关于“建设有中国特色的社会主义的经济”。他要从这里引出非公有制经济也是社会主义经济的结论，然而中共十五大报告中只讲过的“非公有制经济是社会主义市场经济的重要组成部分”，并没有讲过“非公有制经济是社会主义经济的重要组成部分”。硬说根据中共十五大报告讲过非公有制经济也是社会主义经济的组成部分，是毫无根据的。中共十五大的报告中提出“建设有中国特色的社会主义的经济”的内容，其中讲了“在社会主义条件下发展市场经济，不断解放和发展生产力”，并讲了四个坚持。有人认为这个内容中所包括的一切，四个坚持的各个方面都属于社会主义经济。《理论》作者也是从这个角度反复讲自己的观点的。在他看来，既然社会主义经济就是有中国特色的社会主义经济，因而，有中国特色的社会主义的经济的一切内容，都是社会主义经济的组成部分，即都是社会主义性质的经济。这种理解值得商榷。

中共十五大报告中讲的“建设有中国特色的社会主义的经济”，在“社会主义”与“经济”之间加了一个“的”字。也许有人认为加不加“的”字是一样的。但我觉得联系它所表述的内容来看，这里的“社会主义的经济”，不是特指社会主义性质的经济，而是指我国社会主义的国民经济。发展市场经济，发展生产力，并不是从社会主义经济关系而是从发展国民经济的角度讲的。其中的四个“坚持”，既有属于社会主义性质的内容，也有属于非社会主义性质的内容。如“坚持和完善社会主义公有制为主体”、“坚持和完善按劳分配为主体”，这是社会主义性质的内容。而发展非公有制经济，实行按劳分配以外的分配方式（如外资企业和私营经济中的按资分配方式），就不具有社会主义性质。至于“使市场在国家宏观调控下对资源配置起基础性作用”，也不存在特定的社会主义性质，资本主义国家早就有了。坚持和完善对外开放，积极参与国际经济合作和竞争，保证国民经济持续快速健康发展等，更主要是着眼于国民经济的发展。

所以，《理论》作者从社会主义经济就是有中国特色的社会主义经济这一命题出发，把中共十五大所提出的建设有中国特色的社会主义的经济的内容，都当作社会主义经济的内容，就不符合事实了。正如同我们可以说，马是生物，但生物所包括的范围很广泛，不能把生物所包括的范围诸如人、树、花等都当作马的内涵。

四、在马克思列宁主义、毛泽东思想、邓小平理论和中央有关重要文献中，关于社会主义经济的认识是一致的和一脉相承的

马克思和恩格斯十分重视社会主义运动中的所有制问题。在《共产党宣言》中指出，在所有运动中他们特别强调所有制问题，把它看作是社会主义运动的基本问题。并且指出，私有制是“资产阶级赖以生产和占有产品的基础”，马克思在《土地国有化》一文和恩格斯在 1890 年 8 月 21 日的一封信中表述了一个基本原理：社会主义制度与资本主义制度最根本的有决定意义的差别，在于社会主义以公有制为基础，资本主义以私有制为基础。他们指出，社会主义最终要消灭私

有制。因此他们不会把私有制作为社会主义经济的组成部分，也不会把私有制作为社会主义经济制度的内容或基础。在我国社会主义革命将取得全国性胜利的前夕，毛泽东在七届二中全会的报告中，讲了新民主主义经济的五种形式。“国营经济是社会主义性质的，合作社经济是半社会主义性质的”。私营企业是“私人资本主义”，国家和私人合作的经济是“国家资本主义经济”，另外是个体经济。在1949年颁布的中国人民政协共同纲领的《经济政策》中，确定“国营经济为社会主义性质的经济”，是“整个社会经济的领导力量”，另外还存在“合作社经济、农民和手工业者的个体经济、私人资本主义经济和国家资本主义经济”。并没有因为共产党的领导和国营经济的领导而使个体经济和私营经济成为社会主义性质的经济。

1953年，国民经济已经恢复。周恩来在1953年2月的全国政协会议上的政治报告中宣布：社会主义性质的国营经济在工业和批发商业方面，已处于领导的优势地位。国营工业在除手工业外的全国工业总产值中占60%以上，在批发商业方面，有关国计民生的主要商品已基本由国家掌握。即使国营工商业已占到这样大的比重，私营经济和个体经济依然被称做资本主义工商业和小商品经济，不会改变其原有的性质，我国还需要对这些非社会主义经济进行改造，使其成为社会主义性质的公有制经济。当然，过早地超越了新民主主义社会，过早地消灭一切私有制经济即非社会主义经济，带来了消极后果，那是另外的问题。改造私有制使其成为公有制，就是改造非社会主义经济成为社会主义经济。因此，周恩来在1953年9月11日的一个发言中讲：“向社会主义的过渡时期，也就是社会主义经济成分在国民经济比重中逐步增长的时期”。[①] 显然，周恩来同样视公有制经济为社会主义经济成分。他还指出对资本主义工商业改造过程中，“凡是和国家经济联系合作的私营企业，就带有国家资本主义的性质”，“国家资本主义并没有取消资本主义所有制，它只是有限制的资本主义”。即使是国家资本和私人资本合营的企业，也没有使私人资本变成社会主义经济，而只是过渡到社会主义经济的国家资本主义的高级形式。在已实行过渡时期总路线的1954年，制定了新中国的第一个宪法，刘少奇在《宪法草案报告》中按照毛泽东对宪法草案的修改，特别说明：我国过渡时期还有多种经济成分。国家所有制和劳动群众集体所有制是“社会主义的经济成分”，而个体劳动者所有制和资本家所有制是“非社会主义的经济成分”。毛泽东把私营企业一贯看作是资本主义经济，无论主张消灭还是主张发展，都不会改变其性质。1956年，三大改造基本完成，宣布进入社会主义，但过早地消灭私营企业的消极后果逐渐暴露了出来。毛泽东在1956

---

① 《周恩来经济文选》，中央文献出版社1993年版，第153页。

年12月7日与民主建国会和工商联合会负责人的谈话中，曾设想采取点补救措施。他主张地下工厂可以成为地上，合法化。“可以开私营大厂，订条约，20年不没收，华侨投资20年、100年不要没收。”但这是资本主义经济。“可以消灭资本主义，又搞资本主义”。[①] 后来由于“左”的一套日益膨胀，毛泽东的设想没有实现。直到十一届三中全会后，才逐步打破发展非公有制经济包括中外资本主义经济的禁区。当然，打开禁区的主要动力来自于邓小平。邓小平主张改革开放、引进外资、发展非公有制经济，但他始终认为非公有制经济是非社会主义经济。1979年11月26日，他关于社会主义也可以搞市场经济的谈话中，就明确指出：“外资是资本主义经济”。“一部分华侨的投资，这部分也可能是资本主义的经济形式”。顺便提醒一下《理论》作者：你反复讲，把非公有制经济看作是非社会主义经济，是计划经济的产物。搞社会主义市场经济，非公有制经济就不能不成为社会主义经济的组成部分。然而，邓小平恰恰正是在提出社会主义为什么不能搞市场经济时，把外资企业定性为“资本主义经济”的。“资本主义经济”总不能说就是“社会主义经济”吧！可见，你的观点同邓小平的理论是满拧的，怎么能把自己的观点加之于邓小平理论和有中国特色的社会主义经济理论呢？

1984年6月，邓小平在论述“一个国家，两种制度”的谈话中又说：“中国的主体必须是社会主义。”“大陆开放一些城市，允许一些外资进入（在1984年人民出版社出版的邓小平《建设有中国特色的社会主义》一书中，此处原是“允许一些资本主义进入”——引者)，这是作为社会主义经济的补充……，比如外资到上海去，当然不是整个上海都实行资本主义制度。”这里有两点值得注意：一点是，外资不是社会主义经济，但可“作为社会主义经济的补充”。另一点是，作为资本主义经济的外资到上海去，并不是整个上海实行资本主义制度，因为上海还是社会主义为主体即公有制为主体。紧接着在6月30日同日本人士谈“建设有中国特色的社会主义”时，进一步论述：“我们欢迎外资，……这些会不会冲击我们的社会主义呢？我看不会的。因为我国是以社会主义经济为主体的。社会主义的经济基础很大，吸引几百亿，上千亿外资，冲击不了这个基础。”这段话也明显地表明，外资不属于作为主体的“社会主义经济”，也不属于“社会主义的经济基础”。如果外资也是社会主义性质的经济，还提什么外资“会不会冲击我们的社会主义”问题呢？如果外资也是“社会主义的经济基础”，还存在什么它是否会冲击这个基础的问题呢？正因为我们以社会主义经济即公有制经济为主体，所以，资本主义性质的外资才不会“冲击我们的社会主义”，也才不会冲击“社会主义的经济基础”即“很大”的公有制这个经济基础。再顺便提

---

① 《毛泽东经济年谱》，中共中央党校出版社1993年版，第387页。

醒一下《理论》作者：你认为坚持有中国特色的社会主义经济，就应把一切非公有制经济作为社会主义经济的组成部分。可是，邓小平正是在讲“建设有中国特色的社会主义”这一理论与实践问题时，专门提出外资是作为主体的社会主义经济的补充。即认为外资是非社会主义经济，不是社会主义的经济基础。在这里，你的观点同邓小平理论不是又处于对立的地步了吗？

1985 年 8 月 28 日在与外宾的谈话中，邓小平又讲：“社会主义有两个非常重要的方面：一是以公有制为主体；二是不搞两极分化。”他强调公有制为主体是社会主义，而且是其重要方面，没有说私有制也是社会主义的重要方面。但个体经济、外资企业等也有必要发展。他说，“发展一点个体经济……欢迎中外合资合作，甚至欢迎外国独资到中国办工厂，这些都是对社会主义经济的补充”。这里在外资以外加了一个“个体经济”。就是说，无论外资企业还是个体经济，都不是社会主义经济，但可以补充社会主义经济的不足。

直到在 1992 年的南方谈话中，邓小平依然说，“‘三资’企业受到我国整个政治、经济条件的制约，是社会主义经济有益的补充”。就是说依然没有把外资断定为社会主义经济。社会主义经济为主体，也就是公有制为主体。邓小平有时也讲“公有制经济为主体”或“社会主义经济为主体”，并且强调这是“我们必须坚持的社会主义的根本原则”。显然“公有制经济为主体”同“社会主义经济为主体”，具有同样的内涵。就是说，邓小平认为，公有制经济是社会主义经济，而非公有制经济是非社会主义经济，但后者可作为公有制经济即“社会主义经济的有益的补充”。

其实，“以社会主义经济为主体”这一规定本身就排除了私有制经济也是社会主义经济的判断。既然是“社会主义经济为主体”，就必然还存在非主体的非社会主义经济。这个非社会主义经济，只能是非公有制经济。讲非公有制经济“是公有制经济的补充”或“社会主义经济的补充”，同样表明了这一点。这里讨论的是邓小平理论中关于社会主义经济的本义。至于现在要不要还讲“补充”或是改称“辅体”或“非主体”，那是另外的问题，无需在这里讨论。

邓小平还明确讲过，公有制是社会主义制度的经济基础，或社会主义的经济基础。他在 1979 年关于《坚持四项基本原则》的讲话中指出：“社会主义的经济是以公有制为基础的。”在 1987 年 4 月 16 日的讲话中，又说：“我们的社会主义制度是以公有制为基础的。”“理论”作者认为，非公有制经济也是社会主义经济制度的基础。但是在邓小平的著作中，在中央有关文件中从来没有讲过这样的话，找不出任何根据。那是他自己的观点，不能加之于邓小平理论和中共十五大报告。

下面，再看一下中央有关文献和江总书记的有关论述：

在党的十三大报告中，提出了在邓小平著作中没有提到过的“私营经济”。指出“私营经济是存在雇佣劳动关系的经济成分”，“是公有制经济必要的有益的补充”。也讲到外资“是我国社会主义经济必要的和有益的补充。”这里有两点值得注意：一是公开提出了私营经济的发展问题，并给私营经济的性质作了一定的说明，说它是“存在雇佣劳动关系的经济成分”，在过去长期大搞“兴无灭资”、大批资本主义的影响下，如果在党的代表大会的报告中，一下子提出允许发展资本主义性质的私营经济，会引起不必要的震动，于是使用了比较含蓄的说明。然而，在马克思、恩格斯的著作中，“雇佣劳动制度”是资本主义制度的同义语。存在雇佣劳动关系，就是存在资本主义关系。二是既讲非公有制经济“是公有制经济必要的有益补充”，又讲“是我国社会主义经济必要的和有益的补充”，同样是把“公有制经济”与“社会主义经济”作为含义相同的概念使用。

江泽民同志在国庆40周年的讲话中提出：“在我国现阶段，发展从属于社会主义经济的个体经济、私营经济。”从属于社会主义经济，不等于社会主义经济。它们与外资企业一样，都是“对社会主义经济的有益的、必要的补充”。

在1989年《中共中央关于加强党的建设的通知》中，既重申“私营经济是社会主义公有制经济的补充”，更明确指出，“私营企业主同工人之间实际上存在着剥削与被剥削的关系”。

在1993年党的十四届三中全会闭幕时的讲话中，江泽民强调说明：“坚持公有制的主体地位，是社会主义的一条根本原则，也是我国社会主义市场经济的基本标志。”同时指出，允许和鼓励个体、私营、外资等非公有制经济发展，“使它们成为社会主义经济的必要补充”。同样没有把非公有制经济纳入“社会主义经济”范畴之中。

关于我国社会主义经济制度的基础问题，在我国宪法和中共十五大报告中都讲得很清楚。1982年的宪法中规定：“中华人民共和国的社会主义经济制度的基础是生产资料的社会主义公有制。”这一规定，在包括1999年的历次宪法修正案中，都保留未动。在党的十五大报告中，也明确肯定：“我们是社会主义国家，必须坚持公有制作为社会主义经济制度的基础。”

从以上论述可以看出，从马克思主义、毛泽东思想到邓小平理论，到江泽民的论述，到包括中共十五大文献在内的有关的党中央文献，在什么是社会主义经济和什么是社会主义制度的基础这类基本问题上，认识是一致的和一以贯之的。并不存在什么“传统社会主义经济理论与有中国特色的社会主义经济理论”的对立。从邓小平理论或有中国特色的社会主义理论或中共十五大报告及宪法等中，既找不出一句非公有制经济是社会主义性质的经济或社会主义经济的组成部分的话，也找不出一句非公有制经济是社会主义经济制度的基础的话。《理论》

作者没有也不可能提供出这方面的引证，但他硬要把这类是他自己所偏好的观点强加于邓小平理论和中共十五大精神，强加于有中国特色的社会主义理论，并要求全党全国人民的认识统一到他的这种认识上来！

五、评关于“社会主义经济”认识问题上的奇特观点和奇特逻辑

1.《理论》一文引证了中央文献和邓小平著作中关于以公有制为主体、多种经济成分共同发展的论述后，提出自己的独特“理解”：“第一，这里讲的‘主体’应该是公有制经济在社会主义经济中所处的地位，即主体地位；同样，个体、私营、合资、合作企业，也应该是指这些非公有制企业……在社会主义经济中所处的地位，即非主体地位……所以，这里所讲的都是社会主义经济内部而不是外部的事。如果把非公有制经济理解为是社会主义经济以外的一些经济成分。那么，社会主义经济中与作为主体的公有制经济相对应的非主体是什么呢？显然不能把非公有制经济排除在社会主义经济之外”。我可以断然地说，这一大段话的理论逻辑是完全悖理的，错误的。

且不说合资、合作经济中也存在公有制部分，而《理论》作者则将其一概纳入“非公有制”范围的纰漏。更为奇特的是，作者先前没有任何根据地先把公有制经济和私有制经济都规定为社会主义经济。然后把两者的“主体”与非主体地位，说成是“在社会主义经济中所处的地位”。于是，“主体”是公有制经济在社会主义经济中为主体；非主体，是非公有制经济在社会主义经济中为非主体。然后反过来以此为根据，煞有介事地质问别人：既然公有制是在社会主义经济中为主体，那么社会主义经济中的非主体是什么呢？不就是非公有制经济吗？这种理论逻辑倒真使人感到可笑。也未免太离谱了。

多年来，讲以公有制为主体，是指公有制在国民经济中的地位或所占的比重。怎样衡量？过去是从公有制的产值在社会总产值中所占比重的优势来衡量的。江泽民同志在党的十四届五中全会闭幕时的讲话中，改从公有制资产在社会总资产中占优势来衡量。在中共十五大报告中又讲：“公有制的主体地位主要体现在：公有资产在社会总资产中占优势；国有经济控制国民经济（请注意：讲的是‘国民经济’——引者）命脉，对经济起主导作用。”可见公有制为主体，本意是指公有制经济在我国国民经济中处于优势地位，而且讲“公有制为主体”，与讲“社会主义经济为主体”是同义的。就是说，公有制这种社会主义经济在国民经济中处于主体地位，而私有制经济这种非社会主义经济在国民经济中处于非主体地位。《理论》作者把公有制、私有制的“主体”和非主体地位，竟理解为“在社会主义经济中”的不同地位。请问：邓小平、江泽民和中央文献中一再讲的“社会主义经济为主体”该怎样理解呢？难道能说社会主义经济是在社

会主义经济中为主体么?“社会主义经济为主体”就表明还有非社会主义经济为非主体。如果公有私有都是社会主义经济，还能讲“社会主义经济为主体”吗?可见，“公有制为主体”这个本来是常识性的问题，也被《理论》作者搅混乱了。

2. 本来在邓小平著作和中央有关文献中，既讲“公有制经济为主体”，又讲“社会主义经济为主体”，就表明两者的内涵是相同的，也就是把公有制经济作为社会主义经济，这种逻辑关系的道理是很清晰的。然而，《理论》作者竟提出了这样的反驳:“我觉得，这样的结论违反了逻辑上的推理规定，是不能成立的。打个比方，张三是人，李四是人，所以张三等于李四;又比如，70 分是及格，90 分也是及格，所以 70 分等于 90 分……这种推理显然不妥。如果把这种逻辑上不能成立的推理作为立论的根据那更是不妥”。把邓小平理论和党中央文献中的严肃的理论问题，竟做了这样不伦不类的比喻。张三、李四都是人，但张三本来就不等于李四。70 分、90 分都及格，但 70 分本来就不等于 90 分。这个连一年级小学生也知道的道理，竟用来解释“公有制经济为主体”和“社会主义经济为主体”的关系，借以论证“公有制经济为主体”同“社会主义经济为主体”是不同的两回事。然而，请问《理论》作者，两者犹如张三李四的重大不同究竟表现在何处呢?难道除公有制为主体外，还有另一个与公有制不同的“主体”吗?难道会有两个不同的“主体”并存吗?为什么不做出理论上的说明而只打了两个不合理的比喻就了事呢?其实，“社会主义经济为主体”这一论断，就排除了私有制经济是社会主义经济的论断，如果不排除，“社会主义经济为主体”的论断就不能成立了。因此，讲“社会主义经济为主体”也就是讲“公有制经济为主体”。用张三、李四和 70 分、90 分的不同来论证“公有制经济为主体”和“社会主义经济为主体”的不同，是悖理的。因为张三与李四本来就是两个人，70 分和 90 分本来就是不同的分。而公有制经济与社会主义经济，却本来就不是不同的两种经济，而是指的同一种经济，所以，两者都可以讲是主体。主体的内涵是一样的。我们也可以换个比喻:张三要用一双筷子吃饭，李四要用两只筷子吃饭，“一双”同“两只”是一回事。又如龚定庵是人，龚自珍是人，其实两者是同一个人。明明是《理论》作者自己逻辑推理不当，反而来指责别人“违反了逻辑学上推理的规定”，是“逻辑上不能成立的推理”。这些批评应当针对他自己才合适。

3. 由于“社会主义经济为主体”的论断，同《理论》作者的非公有制经济也是社会主义经济的论断，是不能统一的，前者对后者是否定的。因此，他要设法淡化和否定“社会主义经济为主体”的提法。他说，我(卫某人)在论文中讲，邓小平和党中央一直强调“以社会主义经济为主体”。“这个说法也不准确。

前面引用的邓小平的讲话，说的就不是‘以社会主义经济为主体’，而是‘以社会主义公有制经济为主体’。至于中共十五大报告，可以说是体现了党中央的最新声音。我们学习报告全文，凡讲到‘主体’的地方，用的都是‘社会主义公有制为主体’或‘公有制为主体’，从不用‘社会主义经济为主体’。如果把社会主义经济与公有制经济作为可以通用的同一概念，并把它运用到中共十五大报告中来的话，那就必然会造成严重的思想混乱”。

这段话有几个论断“不准确”：第一，邓小平和中央有关文献多次强调“以社会主义经济为主体”，这难道不是事实？我前面引证了不少。白纸黑字，能够否认？第二，说邓小平讲过“以社会主义公有制经济为主体”，认为讲这句话“就不是以社会主义经济为主体”。这简直不是严肃的理论争鸣，而是讲歪理了。本来讨论的问题是邓小平和中央有关文献，既讲“以公有制经济为主体”，又讲“以社会主义经济为主体”，我认为两个论断是相同的。而《理论》作者认为两个论断是不同的。而他现在突然又冒出邓小平还进过“以社会主义公有制为主体”，用来否定邓小平讲的“以社会主义经济为主体”。这不是奇怪的和混乱的思维逻辑吗？第三，说中共十五大报告只讲公有制为主体，从不用“社会主义经济为主体”。认为中共十五大报告否定了“社会主义经济为主体”。这只是《理论》作者个人的主观愿望和偏好，没有任何根据。中共十五大报告并没有放弃或改变公有制是“社会主义经济”或“社会主义经济制度的基础”的基本原理。也没有说过私有制是“社会主义经济”或“社会主义经济制度的基础”一类话。讲“公有制为主体”同讲“社会主义经济为主体”本来就是一回事。说讲“社会主义经济为主体”就“必然会造成严重的思想混乱”，又对又不对！对正确理解和把握中共十五大精神的人来说，根本不存在造成什么严重思想混乱的问题。只是对于坚持非公有制经济是社会主义经济，是社会主义制度基础的论点的《理论》作者来说，确实会造成并且已经造成严重的思想混乱！

4.《理论》一文在第三题的标题讲“我为什么同意把非公有制经济看作是社会主义经济的组成部分？”说实话，在这个题目下所做的文章，主要是重复他过去文章中讲过的东西，而且我已经反驳过，他并没有提出证明非公有制经济也是社会主义经济的任何新的论证与论据来。

《理论》作者所提出的非公有制经济是社会主义经济的理由是什么呢？他首先从“传统理论”认为发达资本主义社会的私有制与生产社会化矛盾讲起。“传统理论”认为革命胜利后要以公有制代替私有制，所以社会主义经济等同于公有制经济。下面用大段文字讲我国社会主义处于初级阶段，讲生产力发展状况，然后说：“在这种情况下，客观上不可能只有一种公有制经济，而必然存在包括公有制经济和私有制经济在内的多种所有制经济”。这类话是人所共知的普通常识性道理。但令人不解的是，作者紧接着从这类话中引出结论："就是说，在社会主义初级阶段，社会主义经济不完全等同于公有制经济。"那就是，私有制经济也是社会主义经济。然而，社会主义初级阶段发展公有制为主体的多种所有制经济是一回事，非公有制经济是否等于社会主义经济又是另一回事。前者是讲发展非公有制经济的必要性及其作用问题，后者是讲非公有制经济的社会性质问题。《理论》作者一再坚持他的一个不合理的逻辑，即从发展非公有制经济的必要性直接得出"非公有制经济是社会主义经济的组成部分"的论断来，并以此来批判不同于他的理解的观点是什么应该摒弃的"传统社会主义经济理论"。这种理论观点和逻辑显然是站不住脚的。

其次，《理论》一文再次重复地讲：传统理论认为，社会主义经济是计划经济，在计划经济条件下，社会主义经济必然等于公有制经济。而"承认社会主义经济是市场经济，就不能把社会主义经济完全等于公有制经济，而把非公有制经济排除在外。相反，应把非公有制经济看作是社会主义经济的必要组成部分"。这段话的理由也不能成立。第一，在 1953 年至 1956 年已实行计划经济的条件下。我国依然存在城乡个体经济和资本主义工商业以及国家资本主义经济。改革开放以来直至 1992 年提出社会主义市场经济体制模式以前，我国依然强调实行计划经济。1989 年邓小平还讲"要坚持计划经济与市场调节相结合"。而 20 世纪 80 年代的我国，非公有制经济已经有了很大发展，不能说计划经济一定排斥非公有制经济。因为以往的计划经济也主要是在公有制经济特别是在国有经济中实行的。个体经济、私营经济、外资企业并不需要也难以纳入指令性计划经济之中。认为计划经济一定排斥非公有制经济，这没有根据。第二，说承认社会主义经济是市场经济，"就得把非公有制经济看作是社会主义经济的必要组成部分"。这是毫无内在逻辑关系的武断之言。难道各种私有制经济没有自己的客观社会性质，在实行市场经济以前，是非社会主义经济，而一实行市场经济就成为社会主义经济了吗？它的社会主义性质从何处来呢？是由谁赋予的？某种所有制具有什么社会性质，难道能由作为经济体制的市场经济来决定吗？《理论》一文一再重复的一个理由是：如果只有一种公有制经济，就没有真正意义上的商品交换和竞争，那也就不称其为市场经济。这个论断也有问题，一是它比斯大林的观点还后退，因为斯大林还承认社会主义公有制经济中的消费品是真正意义上的商品。二是用这个论断来说明非公有制经济是社会主义经济的必要组成部分，真是牛头不对马嘴，根本扯不到一起。因此，我依然认为，《理论》作者对自己所坚持的观点，并没有从理论上做出任何真正的说明。

5.《理论》一文的第（七）题是"把非公有制经济看作是社会主义经济的重要组成部分，是否意味着这些非公有制经济就会统统改变了它们原来的性质？"

这是想回答我对他提出的一个质疑，即：他曾发表过一篇有影响的论文，专门讲我国利用资本主义问题。现在他把有中国特色的社会主义下的一切事物，把一切私有制经济都断定为社会主义性质的，那还有什么利用资本主义的问题呢？他的前后的观点怎么统一起来呢？最近，看到香港出版的由王琮写的一本书，对《理论》的作者从褒义上讲了以下的话：《人民日报》于 1992 年 2 月 23 日刊出了他的《对外开放和利用资本主义》一文，“海内外传媒争相摄道”，作者的“名字也不翼而飞，出尽风头”。“使历来一直默默无闻”的他“一夜成名”、“老来走运”。的确，作者正是靠这篇《利用资本主义》的大作出名的，现在根据他的新观点，需要正面回答我提出的质疑：在我国建设有中国特色的社会主义条件下，还是否存在利用资本主义的问题？如果利用，有哪些资本主义？邓小平说“外资是资本主义”，你是否还同意？《理论》一文并没有正面面对我的质疑，并作出明确的回答，而是使人有含糊其辞，欲言又止之感。

如果作者的意思是说，他讲非公有制经济是社会主义经济的组成部分，并没有改变外资企业和私营经济的资本主义性质，那就又出现一个悖理的逻辑：资本主义经济是社会主义经济的组成部分，即资本主义也是社会主义。显然于理不通。他要坚持现在的观点，就得放弃使他成名的那篇“利用资本主义”一文中的观点。否则，他就得放弃现在的观点。看来，《理论》作者为了使自己的成名之作的观点与现在的观点相统一，不得不进一步创建一个新的理论观点和逻辑：资本主义经济是社会主义经济的重要组成部分。他可能会这样走下去，因为已经露出端倪。让我们拭目以待。

《理论》一文，在同一题中还讲了一些语义不清、逻辑混乱的话。它说我（卫某人）“认为，把非公有制经济看作是社会主义经济的组成部分，就是看作是社会主义经济，即社会主义公有制经济。这样，非公有制经济不也变成了社会主义公有制经济了吗？甚至连资本主义也变成了社会主义公有制经济！如从传统观点看，确实如此，但如果把社会主义经济看作是有中国特色的社会主义经济，那它本身应包含‘主体’和‘非主体’两部分”。这段话的逻辑非常混乱，也歪曲了我的观点。我以为，把非公有制经济看作社会主义经济的组成部分，当然也就是把非公有制经济看作是具有社会主义性质的经济，不能赞同。但我没有也不会说，认为非公有制经济是社会主义经济，也就认为是社会主义公有制经济。任何有正常思维的人，不会混乱到把私有经济说成是社会主义公有制经济。然而，《理论》一文竟说：“如从传统理论看，确是如此。”这也无事实根据，试问哪个“传统理论”这样看过呢？令人惊异的是，《理论》作者竟认为，从“有中国特色的社会主义经济”看，非公有制经济“连资本主义也变成了社会主义公有制经济”，私有制不但成了社会主义经济，而且成了“社会主义公有制经济”，这真是奇特的理论与逻辑！这样一来，坚持公有制为主体，私有制也成为主体部分了。显然，这与邓小平和党中央提出的有中国特色的社会主义经济理论是背道而驰的。

《理论》作者还说："正如我们过去讲新民主主义经济，包括国有经济、私人经济和合作者经济等几个组成部分，但不能认为，这些经济成分成为新民主主义经济的组成部分之后，就改变了它们原来的性质。"然而，不能用"新民主主义经济"概念来类比"社会主义经济"概念。"新民主主义经济"不是某种特定社会性质的经济。而是包括社会主义经济、资本主义经济、国家资本主义经济、个体经济等多种不同性质的经济成分的概念。或者说新民主主义经济，包括社会主义经济，又包括非社会主义经济。而社会主义经济，就是社会主义性质的经济，不会包括资本主义经济等非社会主义经济成分。因此，这个论据同样不能成立。

6.《理论》一文讲："判断有中国特色的社会主义经济与传统社会主义经济的标准，只能是人们所熟知的'三个有利于'的标准，而这也正是马克思主义的生产力标准。"总算在这一点上把邓小平理论与马克思主义统一起来了。然而，"三个有利于"标准也好，生产力标准也好，只是说明各种非公有制经济包括资本主义性质的经济，只要符合"三个有利于"的标准，就应允许和鼓励其发展，而并不能由此论证，只要符台"三个有利于"标准，各种私有制经济都变成社会主义经济。"三个是否有利于"标准，不是判断姓"资"姓"社"的标准，而是判断改革开放乃至一切工作是非得失的标准。

7.《理论》一文的第（六）题是"社会主义公有制为主体，多种所有制经济共同发展的基本经济制度，是不是社会主义的基本经济制度?"中共十五大报告中明明讲这是"社会主义初级阶段的一项基本经济制度"，而《理论》作者硬说这就是"社会主义的基本经济制度"。我在以前文章中已反驳过这种混同，并讲了两者的联系和区别，《理论》一文没有拿出任何正面的说明和论据，也未对我的分析和论证提出反驳，而只是讲了一些无关的、逻辑混乱的话，批评什么我"没有把社会主义初级阶段的这一项基本经济制度，同社会主义初级阶段的有中国特色的社会主义经济联系起来"。我从未否定过两者的联系。讲这种话毫无意义。《理论》作者又说，他与我的"分歧"是：他"认为，社会主义初级阶段的基本经济制度，就是十五大报告讲的那个既包括公有制经济这个主体，又包括非公有制经济这个非主体的基本经济制度，而不可能是把非公有制经济排除在外的'社会主义经济制度'"。而我则不同意他的观点。本来中共十五大报告提出的"社会主义初级阶段的一项基本经济制度"，就是"公有制为主体，多种所有制经济共同发展"。《理论》作者竟说这是他的认识，而且说是否因这样认识，成为我和他的分歧所在。我怀疑作者是否认真读过我在《究竟怎样正确全面认识社会主义经济》一文。我在该文的第八题的标题就是“究竟怎样正确理解十五大报告提出的公有制经济为主体、多种所有制经济共同发展，是社会主义初级阶段的一项基本经济制度”，我还用了一个公式加以说明，即：“社会主义初级阶段的基本经济制度=占主体地位的社会主义经济制度+私有制经济制度。”试问，我在什么地方将非公有制经济排除在“社会主义初级阶段的基本经济制度”之外呢？我们分歧根本不在这里，分歧在于：“社会主义初级阶段的基本经济制度”是否等于“社会主义基本经济制度”（或“社会主义经济制度”）。我说不等于，他认为等于。我认为，非公有制经济即私有制经济是“社会主义初级阶段的基本经济制度”的构成部分，但不是“社会主义经济制度”的构成部分。他认为，非公有制经济既然是社会主义初级阶段基本经济制度的构成部分，也就是社会主义经济制度的构成部分。我认为，从中央有关文献看，社会主义初级阶段的基本经济制度适用于社会主义初级阶段，而不适用于社会主义高级阶段，因此具有阶段性特点；而社会主义经济制度的基本规定性，无论在初级阶段、中级阶段和高级阶段应是共同的，即适用于社会主义各个阶段，而《理论》一文却讲：“‘排除非公有制经济的社会主义经济制度’则不适用于社会主义的初级阶段。”我明确讲，在初级阶段既然存在作为主体的社会主义经济，也就存在作为主体的社会主义经济制度，怎么能说是不适用于社会主义初级阶段呢？原来，由于《理论》作者把“社会主义经济制度”混同于“社会主义初级阶段的基本经济制度”，认为我讲“社会主义经济制度”不包括私有制经济，就是把非公有制经济排除在“社会主义初级阶段的基本经济制度”之外，自然这种排除不适用于初级阶段。《理论》一文论述上的这种混乱，来源于他把两个概念的混同。本来，我讲的是与这种“社会主义初级阶段的基本经济制度”有别的“社会主义经济制度”，不包括非公有制经济。而《理论》作者却一再说我是“否认社会主义初级阶段基本经济制度的社会主义性质”，是在“否定社会主义方向”。作者不是摆事实、讲道理，而是在乱扣帽子了。怎么和为什么是“否定社会主义方向”了呢？本来，我的论文中并没有专门讲“社会主义初级阶段的基本经济制度”是否具有社会主义性质问题，他却说我是否定其“社会主义性质”。根据我提出的公式，我认为构成社会主义初级阶段基本经济制度主体的“社会主义经济制度”，当然是社会主义性质的，怎么能凭空说我“否定”；但构成初级阶段基本经济制度的非主体的私有制经济制度，便不具有社会主义性质。显然，《理论》作者是认为，私有制经济制度也具有社会主义性质，也是社会主义经济制度的内容和基础。令人不解的是，根据《理论》作者的逻辑，只有如作者那样，认为私有制经济也具有“社会主义性质”，也是社会主义经济制度的基础，才是坚持

“社会主义方向”，而否认其社会主义性质，认为外资企业和私营经济具有资本主义性质，就是“否定社会主义方向”。这究竟是哪一家的高超理论？这与邓小平理论或有中国特色的社会主义理论难道有任何共同之处吗？

8.《理论》一文的第（八）题是：“社会主义初级阶段的基本经济制度究竟是不是社会主义初级阶段的经济基础?”其实我根本没有同他争论过这个问题，他在这里转换了概念。我们所争论的是：非公有制经济是否也是社会主义经济制度的基础或社会主义经济的基础。他说是，我说不是。《理论》一文依然没有就自己的观念提出正面具体论证。它继续重复已被我反驳过的离开十五大在报告和《宪法》本意的说明。中共十五大报告明明是讲：“必须坚持公有制作为社会主义经济制度的基础”，《宪法》也讲“社会主义经济制度的基础是生产资料的社会主义公有制”。这种规定本身就排除了私有制也是“基础”的观点。因为如果公有、私有都是其基础，就没有必要和意义专门强调公有制是其基础了。作者为了让中共十五大报告和《宪法》的说明符合自己的论点，竟一再改变其原意，硬说中共十五大报告和《宪法》所讲的“基础”，可以理解为“主体”。这样就便于他把私有制经济作为基础塞进社会主义经济制度之中。他说：“把非主体的非公有制经济排除在社会主义经济制度即社会主义经济基础之外，就不是十五大报告讲的有中国特色的社会主义经济。”然而，第一，有中国特色的社会主义的经济是一回事，社会主义经济制度的基础是另一回事，两者虽有联系，但不能混为一谈。第二，如果把“基础”解释为“主体”，那么《理论》作者把公有制和私有制经济都看作是“基础”，也就是都看作是“主体”了，那非主体是什么呢？第三，我反驳把“基础”说成是“主体”的理由，作者完全避开了。其实，“基础”讲的是根基。讲公有制是社会主义经济制度或社会主义经济的基础，就是说，没有公有制这个基础，就没有社会主义经济制度或社会主义经济，有了社会主义制度，如果公有制这个基础被动摇了，垮掉了，那么，社会主义经济制度或社会主义经济也就动摇了，垮掉了。因此，“基础”讲的是社会主义经济或经济制度内部不同层次之间的关系，即公有制是实现按劳分配，劳动者当家作主，消灭剥削和两极分化，达到共同富裕等的基础。而“主体”讲的是另外的事情，是讲国民经济中公有制经济所占的比重和所起的作用。或者说是从公有和非公有或社会主义经济与非社会主义经济之间的关系和不同地位着眼的，因此，不能把“基础”的含义同“主体”的含义任意混同起来或相互取代。

社会主义经济制度只能建立在公有制基础之上，而不是建立在公有制和私有制两个基础之上。如果私有制也是社会主义制度的基础，那就等于说，没有私有制也就没有社会主义制度。这样一来，社会主义高级阶段也必须发展私有制作为自己的基础，这难道有任何根据吗？中央有关文献和邓小平理论讲多种所有制共同发展，是从社会主义初级阶段的国情出发的。《理论》作者也是从社会主义初级阶段的生产力水平低、多层次、不平衡，大讲发展非公有制经济的必要性的。这与他的二元“基础”论是相矛盾的。再从历史事实来看，中国改革开放前的20多年中，苏联约60年中，没有多种私有制与公有制共同发展，难道不存在社会主义经济和社会主义制度吗？如果讲社会主义经济或社会主义经济制度，只能是一元“基础”论，不能是二元“基础”论，如果讲的是“社会主义初级阶段的基本经济制度”，那么，主体的公有制与非主体的私有制都是其基础。作为主体的社会主义公有制，既是社会主义经济或经济制度的重要内容，也是社会主义经济或经济制度的基础。前者是从社会主义经济的整体即其全部内容来看的。后者是从社会主义公有制度在社会主义经济的各项制度中的地位来看。因此，既可以讲公有制是社会主义经济，又可以讲公有制是社会主义经济的基础，两者是统一的。然而，《理论》一文竟将这两种提法对立起来，它说，“十五大报告并没有把社会主义经济或社会主义经济制度等同于公有制经济，只是说，后者是前者的基础”。在它看来，讲“基础”就要排斥社会主义经济是公有制经济的论断。把两者视作相互否定的关系。上述种种逻辑上的不合理乃至混乱，来源于作者的一个固定观点：私有制经济包括外资企业和私营经济等也都是社会主义经济，都是社会主义经济或经济制度的基础。

六、不要离开争论的焦点搞无意义的纠缠

两刃相割利钝乃知，二论相盯是非乃见。理论和学术争论，应紧紧围绕所争论的焦点，摆事实、讲道理，以科学的理论、严谨的逻辑、深刻的分析和严密的论证说服人，不要离开争论的焦点绕大圈子、搞云山雾罩；更不要营造虚假的政治气势，既自我标榜，又以势吓人；也不要横生枝节，搞无意义的纠缠。

无意义的纠缠的事例之一：本来我与《理论》作者争论的主要焦点之一是：非公有制经济即私有制经济是不是社会主义性质的经济？“非公有制经济是社会主义市场经济的重要组成部分”，是否等于“非公有制经济是社会主义经济的重要组成部分”？对方持肯定的认识，我则持否定的观点。

然而《理论》一文却在能否说“社会主义市场经济”与“社会主义经济”是“两个完全不同的概念”的“完全不同”上大作文章。本来我在回答对方的论文《究竟怎样正确全面认识社会主义经济》的第二题中，专门讲了“‘社会主义经济’与‘社会主义市场经济’是两个虽有联系但不等同的概念”。既讲了两者的联系，又讲了两者四方面的不同，并用公式形式表明了两者的关系和区别，即：社会主义市场经济 = 社会主义经济（公有制经济）+（结合）市场经济 + 非公有制经济（非社会主义经济）。《理论》一文没有紧紧针对我这里的论述，

进行争辩。而是纠缠我曾经在另外的文章中讲过“社会主义市场经济同社会主义经济是两个完全不同的概念”，而我现在不再讲“完全不同了”，他的用意是：在他发表了与我争论的文章后，我改变了提法，但他问我时，我没有承认应放弃原来“完全不同”的说法。他说：“从这里开始，引发了一场他与我的争论”，这是“争论的缘起”。这是不真实的，我们争论焦点也不在是“完全不同”还是非“完全不同”上。

其实，《理论》作者在1998年发表与我争论的文章前，我已就非公有制经济是否是“社会主义经济的重要组成部分”的问题，从不同角度写了多篇文章。除发表在《理论前沿》的外，还在其他地方如中共中央组织部的《党建研究》和《湘潭大学学报》等报刊上发表了几篇。针对不同的情况，我用过不同的提法。1998年《湘潭大学学报》“建校四十周年特刊”上，我的论文中所用的提法是：“‘社会主义市场经济’同‘社会主义经济’是两个虽有联系但又有很大区别的不同概念”。在发表于《党建研究》1998年8月号上的论文中，我同样讲：“不能把‘社会主义市场经济’同‘社会主义经济’两个虽有联系但又有很大区别的不同概念混淆和等同起来。”这些提法与我在《当代经济研究》1999年第4期发表的文章中的提法是一样的。并不是看了《理论》作者的争论文章后做了修改，更不是修改了还不认输。而《理论》作者正是做这样的设想的。所以他的文章一开头就想抓住不放，以为得了理。说实话，我觉得这种纠缠有点无聊。下面我还得讲点道理：

我在《理论前沿》1998年的文章中，之所以使用“完全不同”的提法，是针对完全等同的观点的。例如，1998年的第九届全国人大一次会议上，以某著名私营企业的总裁为首的数十位人大代表提出了《关于将“非公有制是我国社会主义经济的重要组成部分”补充进宪法》的议案。《科技日报》记者就此作过报道。“议案”的根据是：中共十五大报告说“非公有制经济是我国社会主义经济的重要组成部分”。1999年3月的宪法修正案中写进了“非公有制经济是社会主义市场经济的重要组成部分”。1999年3月11日的《科技日报》再次报道了某私营企业家作为人大代表，1998年怎样在“全面领会党的十五大报告精神的基础上提出”了将“非公有制经济是社会主义经济的重要组成部分”写入宪法的议案。终于在1999年的宪法修正案中得到了落实。1999年3月16日，该报又以更大的篇幅并以突出该总裁的形式，配发大幅照片，采访报道了这件事。采访报道说：参加全国第九届二次会议的该总裁代表，“曾在去年全国人大会上提出了将中共十五大报告关于非公有制经济是我国社会主义经济的重要组成部分精神，补充进宪法的议案，并得到了全国人大的高度重视，这一议案在宪法修正案中得到落实”。显然，无论是提议案的代表，还是进行报道的记者和编辑，都把中共十五大报告和宪法修正案中所讲的“非公有制经济是社会主义市场经济的重要组成部分”，同“是社会主义经济的重要组成部分”看作是完全等同的论断。也就是把“社会主义市场经济”与“社会主义经济”两个概念完全等同起来。明明中共十五大报告和宪法修正案中讲的是“非公有制经济是社会主义市场经济的重要组成部分”，而在他们手中，“市场”两字没有了，变成了“是社会主义经济的重要组成部分”了。针对完全等同，我提出两者是“完全不同的概念”，并没有什么输理的地方，要知道，这里讲的“社会主义市场经济”，侧重点是“市场经济”。谁也不会认为社会主义与社会主义有什么完全不同，而是说“社会主义经济”与“市场经济”固然可以有相互联系的一面，甚至也可以说，社会主义经济是市场经济，但从各自的内涵来说，可以认为是完全不同的两个概念，我曾向《理论》作者解释说，如你我两人可以说是两个完全不同的人，不能混同为一人。但不是说我们两人没有联系。我现在还可补充说，我们两人还有不少共同点：都是男人，同年生，同班研究生毕业，都是共产党员，等等，但如果有人把我们两人混同为一个人，依然应强调指出，这是完全不同的两个人。试问，这有什么错误，值得大加批驳呢？

无意义纠缠的第二例：《理论》作者认为，社会主义经济制度的基础不仅包括公有制这个主体，也包括一切非公有制经济。我据此讲，他认为“各种私有制经济都是社会主义经济制度的基础”，不能赞同。这样讲，丝毫不意味着曲解他的观点，认为他把公有制排除在社会主义经济制度之外。而且我在同段文字中先讲：“如果公有私有都是社会主义经济制度的基础。……”已把公有制包括进去。而且我在同一篇论文的第一题中就引用了《理论》作者的原话：“在社会主义初级阶段，社会主义经济不会完全等同于公有制经济……，还包括处于非主体地位的非公有制经济。”然而《理论》作者竟不顾这一事实，硬要在鸡蛋里挑骨头。说我的讲法是说他“认为社会主义经济制度的基础，不包括社会主义公有制这个主体”。并由此做了一大篇文章。然后，疾言厉色地展开批判“白纸黑字，不应曲解。‘随意改变’对方的原意，不利于讨论的继续进行”，是他用曲解我原意的论述，来推论我对他原意的曲解。这哪是正常的学术讨论呢！

《理论》一文中存在的问题还不少，但如果一条条辩驳，文字也太长了。只好搁笔了。

第四篇

关于社会主义市场经济理论与实践的发展问题

坚持社会主义市场经济的改革方向[①]

我国的经济体制改革，已经历了30多年的岁月。改革的宗旨，“是社会主义制度的自我完善与发展”；改革的取向，总体上说是“市场取向”，最终确立了社会主义市场经济体制模式。然而，在建立和发展社会主义市场经济这一问题上，学界存在不同的见解。

有的学者借口市场经济不存在“姓资”“姓社”问题，不赞同在市场经济前加“社会主义”一词，主张只提坚持市场经济的改革方向或市场化改革方向。这已经不是概念之争，而是涉及到要不要走中国特色社会主义道路的问题。不赞同讲“社会主义”市场经济，必然是不赞同市场经济与社会主义基本制度相结合，事实上也不赞同加强和完善社会主义国家的宏观调控。然而，不与社会主义制度相结合，就只能与资本主义制度相结合，不管说者的主观主张如何，逻辑的推理必然是走向资本主义市场经济。可是，现代资本主义市场经济也有政府干预和调控。因此，不要政府调控和不要与社会主义公有制相结合的市场经济，实质上是新自由主义的私有化、自由化、彻底市场化的主张。

还有学者将我国在宏观调控下的社会主义市场经济，批评为“半市场、半统制”的经济，这不符合事实，说者也难以论证其真实性。我国的市场经济已经建立起来，不是什么“半市场、半统制”的经济。如果只要市场经济或市场化改革，不要政府宏观调控，去搞自由放任的市场经济，就只能是“管得最少的政府是最好的政府”的早期资本主义自由市场经济，连现代资本主义市场经济都算不上了。

有些学者虽然讲社会主义市场经济，却认为国有经济不是社会主义经济，不是共产党的执政基础。当然，国有经济还存在这样那样的问题，需要通过深化改革和完善体制机制来解决，但不能由此否定国有经济是社会主义经济，认为非公有制经济才是社会主义经济，把前者称作国家社会主义或冒牌社会主义，把后者

---

① 本文原载《光明日报》2013年11月7日。

称作人民社会主义，将两者相对立。中国特色社会主义的理论和制度以及社会主义市场经济体制要求坚持：公有制为主体，国有经济为主导，多种所有制经济共同发展，一视同仁，平等竞争，毫不动摇地发展公有制经济，也毫不动摇地发展非公有制经济，国家要掌握国民经济发展命脉。离开这一理论和制度的主张都是不正确的。

有人反对国家控制国民经济命脉。然而，如果社会主义国家不掌握国民经济命脉，必然落入私人资本和外国资本之手，社会主义制度将不复存在。新中国成立前夕的政协共同纲领中就规定："凡属有关国家经济命脉和足以操纵国民生计的事业，均由国家统一经营。"党的十八大报告中也指出："推动国有资本更多投向关系国家安全和国民经济命脉的主要产业和关键领域，不断增强国有经济的活力、控制力、影响力。"这是从新民主主义到社会主义制度的重大原则，不能动摇与否定。

三十多年来，正是通过坚持与完善社会主义市场经济体制，我们取得了令世人瞩目的成就：生产力快速发展，经济总量跃居世界第二，人民生活水平显著提高，正在向建成全面小康社会迈进。

一、改革的方向：建立和完善社会主义市场经济体制

有两种关于改革方向的正面提法，需要正确理解与把握。

其一，"坚持改革的方向，倒退是没有出路的"。对这一提法，应按其本意正确理解。那就是要改革僵化保守的、不利于生产力发展的旧体制，建立有活力有效率的新体制。改革与不改革是两种方向，应取前者而舍后者。但是，有人高调讲"坚持改革的方向"另有其取向。例如，一再宣称"国退民进"是改革的方向，主张国有企业退出经济领域，由私人经济取而代之，近几年又高调批评与事实不符的所谓"国进民退"。诚然，改革开放以来，实施公有制为主体、多种所有制经济共同发展的基本经济制度，国有经济一统天下的局面被打破，国有经济的绝对量和比重减少，非公有制经济的绝对量和比重增加，是自然的必然趋势。但我国是社会主义国家，我国的《宪法》规定："国有经济，即社会主义全民所有制经济，是国民经济中的主导力量。国家保障国有经济的巩固和发展。"《宪法》的这一规定必须坚持。目前，国有经济的绝对量和相对量已缩小很多，如果继续宣传"国退民进""国有经济从竞争性领域退出"的主张，甚至简单宣称改革的方向是彻底市场化，搞市场原教旨主义，就会离开社会主义自我完善与发展的改革方向。

其二，"坚持社会主义市场经济的改革方向"。这是党的十八大报告中强调的，这一提法比前一提法更明确、更完整，前一提法只强调要坚持改革。讲改

革，必须弄清楚改什么、怎样改，举什么旗、走什么路，存在一个改革的大方向问题。我们的改革，不走封闭僵化的老路，也不走改旗易帜的邪路，是要改革不利于社会主义经济发展的传统体制，创立有利于社会主义经济发展的新经济体制，即社会主义市场经济体制。

什么是市场经济？市场经济是与计划经济相对应的一种资源配置方式。长期以来，无论西方论著还是马克思主义论著，都存在一个共同的认识：市场经济是资本主义，计划经济是社会主义。这也是当时客观事实的反映。因为所有资本主义国家，始终实行市场经济制度；而苏联建立社会主义后的很长时期，所有社会主义国家都实行计划经济。我国在改革开放过程中，认识到传统计划经济体制日益显露出的弊端，进行了市场取向的改革探索，先后由计划经济为主、市场调节（市场经济）为辅，到公有制基础上的有计划的商品经济体制（划出了完全由市场调节的市场经济部分），到计划经济与市场调节（市场经济）相结合，到全面实行社会主义市场经济。市场取向的改革逐步深入和扩大，最终，突破了市场经济姓“资”、计划经济姓“社”的理论框架，找寻到了完全创新的改革模式——社会主义市场经济体制。

二、从社会主义商品经济到社会主义市场经济

不要将市场经济与商品经济划等号。我国在传统计划经济体制下也存在商品经济，是社会主义商品经济。有商品经济就有市场，但在传统计划经济体制下，市场不起调节经济的作用，在经济发展中起资源配置作用的是指令性计划。西方有些国家的词典中没有商品经济的概念，只有市场经济的概念，因而不存在市场经济与商品经济的异同问题。我国的特殊历史发展条件，造成了商品经济与市场经济两个概念既相联系又有区别的情况。只有当市场机制能起调节生产的作用，从而成为资源配置的手段时，这种商品经济才是市场经济。

市场经济作为一种经济体制和资源配置方式，它自身不存在“姓资”“姓社”的问题，但它又不能脱离开一定的社会经济制度而独立存在。它可以与资本主义制度相结合，形成资本主义市场经济，也可以与社会主义制度相结合，形成社会主义市场经济。

我国对社会主义市场经济提出科学界定的是在党的第十四次全国代表大会。党的十四大报告中指出：“我们要建立的社会主义经济体制，就是要使市场在社会主义国家宏观调控下对资源配置起基础性作用。”也就是马克思主义经济学所讲的通过价值规律的作用调节生产与流通，将生产资料和劳动力分配到各个经济部门。

社会主义市场经济包括三层含义：其一，市场经济是由市场机制（供求机

制、竞争机制、价格机制等）调节资源配置的经济体制；其二，社会主义市场经济是市场经济与社会主义基本制度相结合的经济，是以公有制为基础或为主体、以共同富裕为根本目的的；其三，社会主义市场经济不是完全自发的自由市场经济，而是在社会主义国家宏观调控下运行的市场经济。国家要运用经济政策、经济法规、计划指导和必要的行政管理和法律手段，引导市场健康发展。

社会主义市场经济的根本特点，在于将社会主义基本制度的优越性同市场经济的灵活性、效率性结合了起来。市场经济是竞争经济，市场鼓励强者而不怜悯弱者，市场规律会形成一种激励机制和创新机制，促进经济的发展。同时也要看到，市场调节经济具有自发性、盲目性和滞后性，因此，当代资本主义的市场经济已不是政府只起"守夜人"作用的自由市场经济，也要实行政府干预。比如，第二次世界大战后，许多资本主义国家如日本、法国、韩国等实行的经济计划，包括短期计划和长期计划，都是在用"看得见的手"引导"看不见的手"。我国是社会主义国家，公有制的主体地位和国家的宏观调控制约着市场经济的负面效应，可以避免和削弱资本主义市场经济必然产生的经济震荡和经济危机。

目前，我国已经基本建立了社会主义市场经济体制，取消了指令计划，放开了市场。有资料表明：2008 年，我国的生产要素市场化程度已达 87.5%，商品市场化程度已达 95.7%。

社会主义市场经济体制还需要进一步完善和发展，党的十八大报告指出："要加快完善社会主义市场经济体制。为此，就需要完善'公有制为主体、多种所有制经济共同发展的基本经济制度，完善按劳分配为主体、多种分配方式并存的分配制度，更大程度更广泛范围发挥市场在资源配置中的基础性作用，完善宏观调控体系，……推动经济更有效率、更加公平、更可持续发展。'"这一论述依然是从社会主义市场经济的三个层次上着力完善的。首先，我国社会主义市场经济是以社会主义初级阶段的基本经济制度为基础的，因此需要完善公有制为主体多种所有制共同发展、按劳分配为主体多种分配方式并存的基本制度。其次，市场配置资源的作用要更好地发挥，发挥的程度要提高，范围要扩大，要着力激活各类市场主体发展新活力。市场能解决了和解决好的事情，就放给市场去做，充分发挥市场调节的正面效应。最后，市场并不能解决一切问题，市场经济还存在负面效应，需要加强和完善宏观调控，不能搞新自由主义推行的彻底市场化、自由化。新自由主义在许多国家和地区推行的恶果，应引以为戒。

三、发挥社会主义市场经济的优越性，削弱和扭转市场经济的负效应

在社会主义制度下，发挥市场配置资源的作用，给我国带来了经济发展的活力与效率。市场经济的这种正面效应是主要的、肯定的。我国社会主义市场经济

在应对各种自然的和社会的突发事件上，也表现出远胜于资本主义市场经济的优越性。例如，在2008年以来的金融、经济危机中，我国有效应对，最先摆脱了危机的冲击，经济增长领先于世界。另一方面，也不能忽视市场经济的负面效应。诺贝尔奖金的获得者，美国经济学家萨缪尔森在其风行世界的《经济学》一书中就指出："讨论市场失灵，是为了将我们对市场的热情稍稍降温，对看不见的手有所了解之后，我们一定不要过分迷恋于市场机制的美妙——以为它本身完美无缺。""价格机制的辩护者和批评者们应当认识到，有效率的市场制度可能产生极大的不平等。"[①] 又讲："市场并不一定产生一种被认为是社会公正或平等的收入分配。一个完全自由放任的市场经济可能产生不可接受的极大的在收入与消费上的不平等。"日本也有学者指出，市场经济承认分配的不公平，一夜之间可以成为亿万富翁，一夜之间也可以成为穷光蛋。

市场配置资源的正效应和负效应，以及完善宏观调控体系的必要性，在我国都已显露出来。首先，分配领域的不公平和差距过大的趋势，需要政府采取有效措施予以缓解。对此，党的十八大报告强调，要以人为本、发展成果由人民共享，实现居民收入增长和经济发展同步，提高居民收入在国民收入分配中的比重，提高劳动报酬在初次分配中的比重，将保障和改善民生提到一个更高的地位。再者，市场调节的自发性和滞后性，在一定程度上导致我国多个部门的产能过剩。某些产品如钢材、煤炭等时而需求扩大，价格猛涨，利润滚滚；时而需求下降，产品滞销，价格跌落。近期有媒体报道，我国目前一吨钢材的利润不如一根冰棍。这表明，宏观调控在相关方面还没有做到位。实行宏观调控不应是头痛医头、脚痛医脚，而是应有前瞻性、预见性、计划性和科学性。

综上所述，我国虽已建立了社会主义市场经济体制，但还需要完善和发展，还需进一步深化经济体制改革。改革的核心是处理好政府和市场的关系。既要更加重视市场规律，又要更好地发挥政府的作用。政府的调控既不能越位，也不能缺位。市场的作用既要放开，又要加以驾驭和调控。

① 《经济学》中译本第12版上，第78、第83页。

关于建立社会主义市场经济体制问题①

一

现在提出建立社会主义市场经济体制，是否像有的经济学家所讲的那样，社会主义商品经济就要被社会主义市场经济取代了呢？我认为，不存在取代关系，也取代不了。

第一，商品经济是市场经济的基础与条件。构成商品经济的商品生产和商品流通是客观存在的经济形式，是社会分工条件下人们进行劳动联系和劳动交换的一种社会方式。不会因为提出实行市场经济它就会消失或被取代。在社会主义经济中，作为劳动过程和价值形成过程的统一的商品生产始终会存在，作为不同生产者联系形式的交换或商品流通也始终会存在。这种客观存在与是否提出实行市场经济无关。

第二，进行经济体制改革，就要使企业成为独立的商品生产和商品经营单位。只有这样，企业才可能成为市场主体，才能真正进入市场，也才谈得上建立社会主义市场经济体制。我们讲发展商品经济包括两方面的含义：一是指发展商品的数量、品种及质量；二是指发展生产者之间以及生产者与消费者之间的商品价值关系和市场关系，使商品经济规律更有效地发挥其作用。这样两个方面，都不会因为提出建立社会主义市场经济体制而消失或被取代。

第三，中共中央《关于经济体制改革的决定》中强调指出："商品经济的充分发展，是社会经济发展不可逾越的阶段。"党的十三大报告中重申了这一点。目前，我国商品经济的发展程度离"充分发展"的距离还很远。特别是在广大农村还存在一定比例的自然经济或半自然经济，还需要进一步大力发展商品生产与商品交换，包括提高农产品的商品率。

第四，商品经济与市场经济是不是等同的关系？从而社会主义商品经济与社

① 本文原载《阵地》1993 年第 6 期。

会主义市场经济是不是等同的关系？不少学者持肯定的观点。我认为，就私有制商品经济来讲，它与市场经济是同义的。私有制商品经济一开始就完全进入市场，在市场中求生存，求发展，完全由市场调节。我国的个体经济、私营企业、外资企业的商品经济也就是市场经济。但就社会主义公有制经济来讲，商品经济与市场经济不应是等同的关系。如果认为两者是同义的同一事物，那么，在我国改革以前的传统计划经济体制下，也存在商品经济和市场——虽然是不发展和不健全的，就等于已经实行市场经济或社会主义市场经济了，社会主义市场经济问题也就不成其为新的理论与实践了。然而，在指令性计划经济体制下，是不可能实行市场经济的，指令性计划经济与市场经济是互不相容的。

二

有的学者把市场经济规定为高度发展的商品经济或生产高度社会化的商品经济，这种观点值得商榷。我国目前还没有实现社会生产的高度社会化，商品经济还没有获得高度发展，如党的十三大报告所指出："我国整个社会主义初级阶段是实现生产的社会化、商品化和现代化的历史时期"。既然这样，按照上述对市场经济的界定，我国目前乃至社会主义初级阶段的长时期内就没有条件和不可能建立社会主义市场经济体制了。这是一种自我否定的逻辑。

有的学者认为，市场经济等于商品经济，有商品经济，就有市场，就有市场经济。有的学者进一步说明，商品经济与市场经济的内涵是一样的，只是侧重面不同。商品经济是相对于自然经济的，而市场经济是相对于计划经济的。商品经济是侧重于从商品等价交换过程看的，而市场经济则是侧重于从市场配置资源的角度看的。有的学者据此认为，社会主义商品经济就是社会主义市场经济。我不赞同这种看法。主要根据是：在改革以前的传统经济体制下，我国依然存在商品生产和商品交换，存在市场，因而存在商品经济，但不能说存在市场经济。改革前遍布城乡的百货商店和副食店及供销社，广大群众用货币购买消费品，难道不是市场？不是商品经济？只是这种商品经济是不发达和不完全的，是受限制的，市场也是不健全和不发育的。但存在商品经济和市场则是肯定的。存在市场，价值规律作为客观规律起着作用。但是，能否认为，改革前存在商品经济和市场，就是存在市场经济呢？显然不能这样看。因为在市场经济中，市场要起配置资源的作用。党的十四大报告中提出建立社会主义市场经济体制，也是从资源配置的角度讲的，"我们要建立的社会主义市场经济体制，就是要使市场在社会主义国家宏观调控下对资源配置起基础性作用"。而市场要起配置资源的作用，首先要求市场机制能发挥调节作用。市场调节经济活动，主要包括三个方面：一是市场机制调节市场价格，即市场价格是在供求机制、竞争机制、利率机制、汇率机制等市场机制的作用下形成的，而不是由国家政府人为地统一规定的。二是市场机制调节企业的经营活动，这是市场调节的最主要的内容。它意味着市场价格调节企业的生产方向、生产结构与生产规模，或者如西方经济学所说的，调节企业生产什么，怎样生产，为谁生产。三是调节市场需求，包括需求结构与需求规模。即在正常情况下，某种商品的价格上涨，市场需求就会缩小；反之，某种商品的价格下落，市场需求就会扩大。市场在经济生活中起调节作用的这三方面的功能，在改革前的指令性计划体制中是不存在的。首先，在商品交换中的价格，是由国家统一规定的计划价格即固定价格，这种价格不反映供求关系的变化，不少商品的销售价格多年不变。许多商品严重短缺，便实行按票证配售。就是说，市场机制对价格的形成根本不起调节作用。其次，企业的经营活动不是由市场价格的变动来调节，而是由国家的指令性计划来规定，企业生产什么，生产多少，产品销售或调拨到何处，完全听命于国家的指令，企业没有任何自主权。就是说，市场机制对企业的经营活动起不了调节作用。最后，不反映市场供求关系的计划价格，也调节不了市场需求。某些价格偏低的紧缺商品，不利于缩小需求和增大供给。

由此可见，在我国改革前的传统体制下，虽然有商品经济和市场，但整个国民经济运行不受市场调节。传统经济体制是排斥市场机制的作用、排斥市场调节的。直到我们进行经济体制改革，才真正提出要发挥市场调节的作用。既然在改革前的传统体制下，不存在市场调节，也就不存在市场配置资源的问题，从而也就谈不上市场经济。有的学者主张市场经济与商品经济的内涵相同，又认为市场经济是相对于计划经济的。这里存在一个矛盾，按照前者，在改革前的计划经济体制下，有商品经济就有市场经济；按照后者，实行传统计划经济，就不存在市场经济。摆脱这个矛盾的唯一出路，是否定改革前存在商品经济，但这又违反历史事实。要理顺理论逻辑关系，还得把市场经济与商品经济区别开来。

根据以上道理，我认为，社会主义商品经济与社会主义市场经济的内涵，也是既有联系又有区别的。在改革前的传统体制下，存在以公有制为基础的商品经济即社会主义商品经济，但不存在社会主义市场经济。因为可以存在没有市场调节的社会主义商品经济，而不可能存在没有市场调节的社会主义市场经济。或者说，在指令性计划体制下，可以存在不完全、不发展的商品经济，但不能存在不完全、不发展的市场经济。另外，社会主义商品经济与社会主义市场经济在外延上也有区别。社会主义商品经济是指公有制基础上的商品经济，私有制基础上的商品经济是非社会主义商品经济，个体经济的商品经济是小商品经济，私营经济与外资企业的商品经济是资本主义性质的商品经济。应把“社会主义商品经济”同“现实社会主义社会的商品经济”两个概念区别开来，后者包括以公有制为主体的多种经济成分的商品经济，而前者只包括公有制的商品经济。

社会主义市场经济的外延要更广一些。根据党的十四大的界定：“我们要建立的社会主义市场经济体制，就是要使市场在社会主义国家宏观调控下对资源配置起基础性作用，使经济活动遵循价值规律的要求，适应供求关系的变化；通过价格杠杆和竞争机制的功能，把资源配置到效益较好的环节中去，并给企业以压力和动力，实现优胜劣汰；运用市场对各种经济信号反应比较灵敏的优点，促进生产和需要的及时协调。”社会主义市场经济既然是从通过市场调节实现资源配置的角度讲的，那么，这种市场，不管是哪种经济成分参与的，都一样起资源配置的作用。市场机制与市场体系是统一的，不能区分小商品经济市场机制还是资本主义商品经济市场机制或是社会主义商品经济市场机制。由于以公有制经济为主体，因而作为资源配置者的市场，主要是公有制经济参与的市场，这种市场同样调节私有制经济。反过来，私有制经济参与的市场，也调节公有制经济。从这个意义来讲，社会主义市场经济体制，是由以公有制为主体的多种经济成分共同构成的。当然，从市场经济主体来看，依然有公有制经济与私有制经济或社会主义经济与非社会主义经济的差别。

对什么叫市场对资源配置起基础性作用，存在不同的理解。我认为，可以从两层意义上来把握：第一，市场直接配置资源，是从微观经济角度讲的，并不包括宏观经济领域。相对于宏观经济来讲，微观经济是处于基础层次的经济，因而市场是在经济运行的基础层次上起资源配置的作用；第二，在社会主义市场经济中，市场配置资源是在国家宏观调控和计划指导下实现的。这里，既存在国家（计划）—市场—企业间的关系，也存在企业—市场—国家（计划）间的关系。在这种关系中，市场调节是基础，它直接调节的对象主要是企业的经营活动；国家宏观调控或计划调节，都是以此为基础发挥其作用的。事实上，社会主义市场经济体制的具体运行机制，离不开“国家调节市场，市场引导企业”的模式。国家主要通过经济手段并辅之以其他手段为市场导向，引导市场；而市场则为企业导向，引导企业。这是一种双重导向或双重调节的关系。而其中市场导向或市场调节起基础性作用。

党的十四大报告提出的社会主义市场经济，是一种总的经济体制，其具体运行机制是什么？在这种运行机制中计划与市场的关系是什么？我看只能是“国家调节市场，市场引导企业”。在这个具体模式中，由于市场直接调节企业的经营活动，因而它是基础性的调节机制。另一方面，国家宏观调控的重要手段之一，就是国家计划，而国家计划作为宏观调控手段，具有导向或指导作用。我过去讲过市场调节是基础，计划调节是主导。“主导”不是“为主”，而是导向、指导之意。计划与市场两种手段的具体结合方式，可以有多种多样。正如党的十四大报告中所说:“在建立社会主义市场经济体制的过程中,计划与市场两种手段相结合的范围、程度和形式,在不同时期、不同领域和不同地区可以有所不同。要大胆探索,敢于试验。”因此,计划与市场究竟如何具体结合,还需要进行探索。但总的结合方式是明确的。计划作为宏观调控的重要手段,一是调控宏观经济,重点是确定国民经济和社会发展的战略目标,搞好经济发展预测,搞好总供给与总需求平衡、重大经济结构与生产力布局的规划等,保证基础设施和基础产业的建设,保证重点建设。二是调节市场机制,并通过调节市场来间接调控企业的活动。

“国家调节市场,市场引导企业。”就是说,国家在宏观层次上调节市场,而市场在微观层次上调节企业。作为国家调节重要内容的计划调节,要以市场调节为基础,遵循价值规律。市场直接调节企业经营活动,企业活动反作用于市场。总的说,是国家(计划)为市场导向,市场为企业导向,这是二层次的纵向的调节和导向关系。市场是运行机制的轴心。

准确把握邓小平市场经济思想发展的曲折历程[①]

一、问题的提出

我国由计划经济转向社会主义市场经济，是社会主义发展史上重大的理论和实践创举。这一转变是经历了曲折和复杂的理论认识和改革过程的。对这一过程的历史发展，应有实事求是的、符合原意的总结性评析。中央决策层是怎样开始提出在社会主义计划经济中引入市场经济的？又是怎样经过曲折的理论认识和政策改变，到最后放弃计划经济、全面实行社会主义市场经济的？邓小平关于社会主义市场经济的理论认识是怎样曲折发展的？对这些问题，一直缺少系统的、全面的、准确的理论总结与评析，也未形成理论共识。直到现在，还有不少学者把由计划经济转向社会主义市场经济的理论起点，归之于邓小平 1979 年 11 月 26 日与外宾谈话中的相关论述。即“社会主义为什么不可以搞市场经济，这个不能说是资本主义。”“社会主义也可以搞市场经济”。这种引证有断章取义之嫌。邓小平的原话是，“社会主义为什么不可以搞市场经济，这个不能说是资本主义。我们是计划经济为主，也结合市场经济。但这是社会主义的市场经济”。[②] 原话中“我们是计划经济为主，也结合市场经济”被删节了。只要实事求是地解读和把握邓小平的这段长期没有公开发表的内部谈话，就不能据此断言：早在 1979 年邓小平就提出现在所实行的社会主义市场经济。邓小平讲：“我们是计划经济为主。”试想，在当时指令性计划经济为主的情况下，怎样能实行现在所实行的完全由市场决定资源配置的社会主义市场经济呢？还有一个重要的问题：如果断言邓小平早在 1979 年就提出我国现在实行的社会主义市场经济，就会产生前后理论论述的逻辑矛盾。在邓小平主持制定的中央文件和他完全肯定的中央决定中，曾长期主张计划经济为主、市场调节（市场经济）为辅的经济体制。直到

① 本文原载《马克思主义理论学科研究》2016 年第 4 期，与田超伟合写。

② 《邓小平文选》第 2 卷，人民出版社 1994 年版，第 236 页。

1989 年，邓小平还强调“计划经济与市场调节相结合”。邓小平的社会主义市场经济思想是有一个发展过程的。这一过程也正是我国由计划经济转向社会主义市场经济的曲折历史过程。

二、邓小平市场经济思想发展的历史过程

传统经济理论曾长期普遍认为，计划经济是社会主义的经济制度属性，市场经济是资本主义的经济制度属性。在这个问题上，马克思主义学者与西方政要和学者形成了一致的看法。因此，从 1978 年改革开放一直到 1992 年邓小平南方谈话前，在公开报道中央有关文件和领导人的讲话时，一般避免使用“市场经济”一词，改用“市场调节”这一概念。从 1979 年开始，我国进行经济体制改革的模式是计划经济为主、市场调节为辅。讲市场调节为辅，就是市场经济为辅。由市场调节的经济，就是由市场配置资源的经济。市场调节与市场经济的内涵事实上是一致的。但是由于当时将社会主义与市场经济相联系的敏感性，邓小平和陈云等中央领导人内部关于市场经济的论述，都未公开发表，对外只讲“市场调节”一词。直到 1992 年邓小平南方谈话后，人们才把 1979 年以后各次提出市场经济的讲话公开出来。有些学者据此认为，邓小平早就多次提出现在所实行的社会主义市场经济体制，其关于社会主义市场经济的理论认识是一贯的。但这种认识并不符合历史事实。本文根据其历次讲话的原意，力求准确把握邓小平市场经济思想的历史演变过程，将其划分为三个发展阶段：

第一阶段：计划经济为主，市场经济为辅。实际上，在我国中央决策层是陈云同志最早突破传统计划经济体制，提出在社会主义经济中引入市场调节（市场经济）的。如果讲远一点，陈云在 1956 年党的八大会议提出了“三个主体、三个补充”的经济思想，主张：在工商业经营方面，国家、集体经营是主体，个体经营是补充；在生产计划方面，“计划生产”是主体，“自由生产”是补充；在市场方面，“国家市场”是主体，“自由市场”是补充。[①] 但是，很遗憾，没有得到应有的重视，在随后的“左”的形势下，就更难以实行了。在改革开放新的历史时期，陈云首先突破传统计划经济体制，提出了计划经济为主、市场经济为辅的改革思想，得到了邓小平、李先念等中央决策层同志的普遍赞同与支持，这一思想也成为了党中央早期经济改革的指导思想。

1979 年 2 月，李先念根据陈云的意见在一次内部会议中提出：“在计划经济前提下，搞点市场经济作为补充。计划经济和市场经济相结合，以计划经济为主；市场经济是个补充，不是小补充，是大补充。”[②] 1979 年 3 月 8 日陈云同志

---

① 《陈云年谱（修订本）》中，中央文献出版社 2015 年版，第 484 页。

② 《陈云年谱（修订本）》下，中央文献出版社 2015 年版，第 265 页。

在《计划与市场问题》一文中指出："……没有根据已经建立社会主义经济制度的经验和本国生产力发展的实际状况对马克思主义原理加以发展，即只有'有计划按比例'这一条，没有在社会主义制度下还必须有市场调节这一条。"① 陈云的《计划与市场问题》一文既使用了"市场调节"一词，也用了"市场经济"一词，把两者作为内涵相同的概念，并将"市场调节"（市场经济）界定为"就是按价值规律调节"，② "不作计划，只根据市场供求的变化进行生产"。陈云当时讲的市场经济或市场调节的范围是公有制内部从属的部分。这突破了把市场调节和市场经济与资本主义相联系的传统观念。当时非公有制经济特别是私营经济还没有大规模发展起来，而非公有制经济本身就是私有制为基础的市场经济，其发展起来后，市场经济的范围自然就扩大了。

1979 年 4 月 5 日，李先念《在中央工作会议上的讲话》，代表中央正式提出："在我们的整个国民经济中，以计划经济为主，同时充分重视发挥市场调节的辅助作用。"这是第一次以中央文件的形式公开发表的经济体制改革的指导思想，并在随后的改革理论与实践中得到贯彻。这显然得到了邓小平的赞同，正如我们在文章前面提到的，11 月 26 日邓小平会见外宾时讲："社会主义为什么不可以搞市场经济，这个不能说是资本主义。我们是计划经济为主，也结合市场经济。"其实，邓小平的这个谈话也是在计划经济为主、市场经济为辅的总框架下阐述市场经济问题的。正因为这一经济体制改革思想得到邓小平的认同与支持，所以被写入一系列中央文件中。1981 年由邓小平主持制定的《关于建国以来党的若干历史问题的决议》中讲，必须在公有制基础上实行计划经济，同时发挥市场调节的辅助作用。1982 年 4 月 3 日邓小平在一次讲话中说："最重要的，还是陈云同志说的，公有制基础上的计划经济，市场调节为辅。"③ 党的十二大把经济体制改革的指导思想明确概括为"计划经济为主、市场调节为辅"，"为主为辅"的改革思想还被写入 1982 年《宪法》中。邓小平当时完全赞同"为主为辅"的改革思想，这还可以从他有关提法的反复改动中看出来。1980 年 1 月邓小平在《目前形势和任务》的讲话中，提出改革的模式是"计划调节和市场调节相结合"。这在 1983 年出版的《邓小平文选》（1975—1982 年）中被修改为"在计划经济指导下，发挥市场调节的辅助作用"，以与"为主为辅"的提法相一致。但在 1994 年出版的《邓小平文选》第二卷时，又改回原来的提法，即"计划调节和市场调节相结合"。因为那时已不再提"为主为辅"的经济体制了。

1984 年 10 月，党的十二届三中全会通过的《中共中央关于经济体制改革的

---

① 《陈云年谱（修订本）》下，中央文献出版社 2015 年版，第 267 页。

② 《陈云文选》第 3 卷，人民出版社 1995 年版，第 245 页。

③ 《陈云年谱（修订本）》下，中央文献出版社 2015 年版，第 293 页。

决定》（以下简称《决定》），作为城市经济体制改革的纲领性文件，明确指出："社会主义计划经济必须自觉依据和运用价值规律，是在公有制基础上的有计划的商品经济。"《决定》进一步作出如下的概括："第一，就总体说，我国实行的是计划经济，即有计划的商品经济，不是那种完全由市场调节的市场经济；第二，完全由市场调节的生产和交换，主要是部分农副产品、日用小商品和服务修理行业的劳务活动，它们在国民经济中起辅助的但不可缺少的作用。"准确把握《决定》中的市场经济思想，需要明确三点：其一，这并不是简单地肯定全面实行计划经济，而是"就总体"上说的。《决定》区分了指令性计划和指导性计划。计划经济包括指导性计划。就整体而言不完全实行市场经济，但局部可以实行。其二，这里所讲的市场经济，同样与私有制和资本主义无关。并且，把实行市场经济的具体范围规定出来了。其三，提出社会主义商品经济论，实质上是要求重视市场在经济运行中的地位和作用，要更多地发挥市场机制的作用。《决定》指出，计划经济是公有制基础上有计划的商品经济。这突破了商品经济与计划经济相对立的传统观点。后来的中央文件改提：社会主义经济是公有制基础上有计划的商品经济。有计划的商品经济理论成为改革的模式，作为理论创新进行了热烈讨论与宣传。《决定》的内容表明，社会主义经济要全面实行和发展商品经济，局部范围实行完全由市场调节的市场经济。对于1984年的《关于经济体制改革的决定》，邓小平给予了高度评价，称赞其"写出了一个政治经济学初稿，是马克思主义基本原理和中国社会主义实践相结合的政治经济学"。

第二阶段：放弃"为主为辅"论，主张计划与市场内在统一。计划与市场不分主次，两者有机结合，这是邓小平市场经济思想发展的第二阶段。1987年2月6日邓小平与中央几位领导人谈话中提出："我们以前是学苏联的，搞计划经济。后来又讲计划经济为主，现在不要再讲这个了。"① 其本意是：第一，不要再搞苏联式的高度集中的计划经济，压制市场经济；第二，要扩大市场经济的范围，不再强调计划经济为主。突破了改革前期的"计划经济为主，市场经济为辅"的经济运行模式，推行计划与市场有机结合、内在统一的新结构。这次谈话为党的十三大召开做了理论准备。根据邓小平的这一经济思想，1987年10月党的十三大没有再提计划经济为主，甚至连"计划经济"一词也没有提。被邓小平称作"一个字都不能改"的十三大报告指出，"社会主义有计划商品经济的体制，应该是计划与市场内在统一的体制"，"必须把计划工作建立在商品交换和价值规律的基础上"，"计划和市场的作用范围都是覆盖全社会的"。并且，明确提出了新的经济运行机制，即"国家调节市场，市场引导企业"。这里没有使用

---

① 《邓小平文选》第3卷，人民出版社1993年版，第203页。

“市场经济”和“计划经济”的概念，只讲计划与市场的统一。这段话可以有不同的解读。邓小平是否完全否定计划经济，主张全面实行市场经济呢？从后来的中央文件和邓小平的讲话看，不能这样解读。但是提出“市场引导企业”，就是由市场机制直接调节企业的经营活动，国家不再直接管理企业的经营活动；“国家调节市场”就是市场由国家宏观调控。这既可以是指导性计划经济的运行机制，也可与现在的社会主义市场经济的运行机制相接轨。

1989年政治风波后，“左”的观点有所回潮，有人把扩大市场调节范围也看作是资产阶级自由化，并认为“国家调节市场，市场引导企业”的提法是错误的。这影响到了中央决策层。邓小平在一次内部讲话中说：党的“十三大报告中那两句话‘国家调节市场，市场引导企业’，我就没有看出有问题，当时可能有人看出有问题，但没有人明确提出来。那两句话究竟怎么样，我也没有研究。如果错了就不讲了”。从那以后，中央文件再没有提这两句话。其实，邓小平并没有肯定这两句话有错，只是说“如果错了就不讲了”。也可以理解为，如果没错就可以继续讲。我们认为，这段话没有错。事实上，后来实行的社会主义市场经济的运行机制，就是在国家宏观调控下由市场引导和调节企业，即市场决定资源配置。如果不让市场引导企业，就没有市场调节企业的事情，也就没有由市场决定资源配置的市场经济。如果不让国家调节市场，市场秩序就会乱，导致市场割据、恶性竞争、假冒伪劣商品盛行，同样不会形成有序的市场经济。

关于计划经济与市场调节（市场经济）的关系，在一个较长时期中央领导人讲话的含义是：我国不能完全实行市场经济，也不能完全实行计划经济，而是将两者相结合。1989年6月9日邓小平在接见首都戒严部队军以上干部讲话时说：“实际工作中，在调整时期，我们可以加强或者多一点计划性，而在另一个时候多一点市场调节，搞得更灵活一些。以后还是计划经济与市场调节相结合。”[①] 可见，邓小平这时并没有完全否定计划经济，但这里讲的计划经济，不会是指令性计划经济，也不是计划经济为主，而是指“计划性”。有时计划性多一点，有时市场调节多一点，是两者的灵活结合，而不是“为主为辅”的板块结合。

第三阶段：全面实行社会主义市场经济。1990年至1992年，邓小平突破传统认识，提出计划经济与市场经济“都是手段”。特别是在1992年南方谈话中，邓小平提出了举世瞩目的新论断：“计划经济不等于社会主义”“市场经济不等于资本主义”“计划和市场都是经济手段”。[②] 从而，不再把计划经济作为社会主义经济制度的本质特征，把市场经济作为资本主义经济制度的本质特征。这超

---

① 《邓小平文选》第3卷，人民出版社1993年版，第306页。

② 《邓小平文选》第3卷，人民出版社1993年版，第373页。

越了把计划经济和市场经济视为两种对立的社会经济制度范畴的传统观念，解放了思想，为扩大市场经济的范围、实行社会主义市场经济体制提供了思想理论基础。

为了落实邓小平市场经济思想，1992 年 6 月 9 日江泽民在中央党校的讲话中，提出了“关于在我国建立社会主义市场经济体制”的建议。他从资源配置的角度将市场经济界定为“配置资源和提高激励的有效方式”，“通过竞争和价格杠杆把稀缺物资配置到能创造最好效益的环节中去”。同时指出，市场不是万能的，它有“自身的明显弱点和局限性”。1992 年党的十四大报告，确立了社会主义市场经济体制的目标模式，并将其概括为“就是要使市场在国家宏观调控下对资源配置起基础性作用。”并强调说明，社会主义市场经济就是市场经济与社会主义基本制度相结合。社会主义市场经济理论的提出，完全突破了将市场经济与私有制和资本主义绑定的传统观念，为社会主义经济体制改革和经济发展开辟了新的道路。2013 年 11 月党的十八届三中全会通过了《中共中央关于全面深化改革若干重大问题的决定》，提出：“经济体制改革核心问题是处理好政府和市场的关系，使市场在资源配置中起决定性作用和更好发挥政府作用”，进一步发展了社会主义市场经济思想。

三、社会主义市场经济思想发展历经曲折的原因

过去人们曾有一个根深蒂固的观念：资本主义经济是市场经济，而社会主义经济是计划经济。由于人们普遍受传统观念的束缚，社会主义市场经济思想的发展经历了曲折的历史过程，甚至偶有反复。深究其缘由主要有三个方面的原因：

第一，理论认识的局限。马克思主义创始人在对未来社会主义制度的预见中指出，私有制被废除，商品生产和商品交换将消失，从而社会劳动按比例分配规律不再通过交换价值或市场调节来实现，而是通过反映社会需求的计划即通过计划调节来实现，即社会主义国民经济有计划按比例地发展。1906 年列宁在《土地问题和争取自由的斗争》一文中明确提出：“只要还存在着市场经济……世界上任何法律都无法消灭不平等和剥削。”“只有建立起大规模的社会化的计划经济”，将生产资料转归劳动者阶级所有，“才可能消灭一切剥削”。马克思主义经典作家长期认为，资本主义经济完全由市场机制或价值规律自发调节，导致了生产的无政府状态和周期性经济危机的爆发，这也是事实。社会主义经济是以社会需求为根据进行计划调节配置资源，以实现国民经济按比例协调发展。这在社会主义国家同样长期实行过。受制于已有的历史事实和时代条件，马克思主义者一致将市场经济和计划经济分别视为资本主义和社会主义的经济制度属性，并将两者截然对立起来。这种理论认识被奉为马克思主义原理，后来变成“经济常

识"，被人所熟知。虽然后来的社会主义实践突破了社会主义非商品经济论的传统认识，主张社会主义要发展商品经济，但是，在中外社会主义国家实行改革以前甚至改革初期，关于市场经济问题，从概念到理论都没有提出和展开讨论过。

西方主流经济思想也普遍认为，市场经济与私有制和资本主义内在相连，与公有制、社会主义无法结合。在20世纪二三十年代关于社会主义经济的论战中，西方经济学家普遍把市场经济与社会主义对立起来。其中，维也纳大学教授米塞斯在《社会主义国家的经济计算》一文中，声称市场是资本主义社会制度的核心，市场和价格机制同生产资料私有制密不可分；市场经济只有在资本主义条件下才是可行的，在社会主义公有制下不可能被人为地制造出来。他把市场经济与社会主义看作对立的社会经济制度，认为"两者必居其一，要么是社会主义，要么是市场经济"。[①] 这一点可谓是西方经济学乃至媒体舆论的普遍共识。例如，西方具有权威性的《简明不列颠百科全书》在"资本主义"词条下开宗明义地讲，资本主义"亦即自由市场经济"。在我国出版的《现代日本经济事典》中，日本学者提出了市场经济制度的三个基本原则，其中第一条就是"私有财产制度"，并强调"私有财产制度是市场经济制度中最具有代表性的制度"。[②] 此外，世界银行的有关发展报告曾长期把社会主义国家称作计划经济国家，把资本主义国家称作市场经济国家。

无论是马克思主义经济学还是西方主流经济学，长期普遍认为，市场经济是资本主义经济的固有属性，与私有制紧密相连，与社会主义公有制无法兼容；而计划经济则是社会主义经济的题中应有之意。并且，市场经济理念在社会主义国家通常被视为资本主义意识形态。受此传统理论认识和观念的束缚，社会主义社会若提出搞市场经济，必然一时难以得到认同，还会遭受各种质疑与责难。

第二，历史背景的迷雾。资本主义的产生与发展同市场调节机制相伴而生。资本主义天然就是市场经济。在20世纪30年代之前的几百年中，资本主义国家实行自由放任的市场经济，排斥国家计划干预。第二次世界大战后，许多资本主义国家虽然加强对经济的干预，制定一些经济计划，以弥补"市场失灵"，但是，总体上始终坚持市场经济运行机制不变，反对计划经济。苏联、东欧国家以及中国等在走上社会主义道路后纷纷实行公有制基础上的计划经济，而计划经济也曾经显示过其优越性。苏联建国后，前几个"五年计划"取得了举世瞩目的成就，基本实现了社会主义的工业化。特别是在1929—1933年资本主义世界发生经济大危机期间，苏联经济蓬勃发展，在鲜明的对比下，社会主义计划经济的优越性清晰地显示出来了。在第二次世界大战后苏联在计划经济下迅速医治了战

---

① 《现代外国经济学论文选》第9辑，商务印书馆出版社1986年版，第63—67页。

② 《现代日本经济事典》，中国社会科学出版社1982年版，第61页。

争创伤，恢复发展了国民经济，并成为可与美国抗衡的超级大国。新中国成立后，社会主义建设的前期阶段，计划经济都发挥了重大积极作用。只是随着社会主义经济的发展，计划经济的弊端日益显露出来，需要进行市场取向的改革。

历史进程显示，在资本主义发展的几百年中，实行的都是以私有制为基础的市场经济；而十月革命以后世界上所有社会主义国家，都长期实行以公有制为基础的计划经济。因此，把市场经济视为资本主义的制度属性，把计划经济视为社会主义的制度属性，符合当时的实际情况。长期的历史进程也会形成一种路径依赖，社会主义国家难以自行跳出计划经济的轨迹，转向市场经济。党中央和邓小平的社会主义市场经济思想只能在改革实践的逐步深化中形成。

第三，对西方和平演变的警惕。自从社会主义国家进行经济体制改革以来，西方发达资本主义国家试图通过鼓励和支持其实行市场经济以达到和平演变的目的。例如，1988 年 8 月 11 日《华尔街日报》发表了《战略转变：美国重新确定安全政策》一文，提出“共产主义作为一种意识形态正在衰败”，在此形势下，美国“新的安全政策……的目的是促进积极的变化，诸如在第三世界甚至在东方集团内扩展民主概念和市场经济”。据国外媒体报道，1990 年 6 月 27 日美国总统在回答记者提问时讲，只有在莫斯科作出转向市场经济的“彻底的改革努力之后”，才能向苏联提供数十亿美元的援助。西方国家之所以援助原社会主义国家实行市场经济，是因为它们把市场经济与私有化联系在一起，只要社会主义国家实行私有化市场经济，就可以实现其和平演变的图谋。

正因为我们党认识到西方国家鼓励社会主义国家放弃计划经济，完全实行市场经济的图谋所在，所以，当 1987 年 3 月美国国务卿舒尔茨来华向我们党提出建议，废除计划经济，完全实行市场经济时，被断然拒绝了。外国媒体公开报道了这一事实，并引证了李先念主席的讲话。1987 年 3 月 4 日的《人民日报》报道了李先念的讲话，“外国有人希望我们完全放弃计划经济，只搞市场经济，搞资本主义，全盘西化，这种想法是要落空的”。西方资本主义国家图谋通过向社会主义国家兜售私有制基础上的市场经济理念，以达到和平演变的目的，引起了我们党的高度警惕，这在一定程度上影响了我国社会主义市场经济理论的提出。

我国虽然最终全面实行了市场经济，但是，没有按照西方和平演变的图谋，实行他们所主张的私有化的市场经济。我们实行的是与社会主义基本经济制度相结合的市场经济，不是私有制基础上的市场经济，而是公有制为主体的市场经济。

四、准确把握邓小平市场经济思想的本意

前面的理论分析已经基本上说明了邓小平关于市场经济思想发展各个阶段的

理论观点。这里再补充说明几点：自邓小平1992年南方谈话以来，始终有些学者根据1979年11月26日邓小平会见外宾时的讲话，认为邓小平在1979年便提出了现在所实行的社会主义市场经济的思想。他们没有正确理解邓小平讲话的本意。邓小平这里讲“社会主义为什么不可以搞市场经济”，实际上是指不作计划，由市场自发调节的那部分经济，就是起“辅助”作用的市场经济。这是计划经济为主、市场经济为辅的另一种表述。这与当时中央其他领导同志和有关文件的认识是一致的。

认为邓小平在1979年已经提出了现在实行的社会主义市场经济，这会产生一系列历史性的理论矛盾。因为在1979年11月以后的近十多年间，包括邓小平在内的中央主要领导人是从总体上否定完全实行市场经济的。在1992年邓小平南方谈话以前，中央领导人讲话始终坚持一个观点：既不搞完全的计划经济，也不搞完全的市场经济。在我国改革过程中，虽然曾一贯讲计划经济与市场调节（市场经济）相结合。但前期是一种两者“为主为辅”的板块式结合，后期是不分主次的计划与市场的内在统一。

有的学者既误认为邓小平1979年就提出实行社会主义市场经济，又感到这与以后中央的改革理论有矛盾。针对这一问题有两种说明。有的学者讲：邓小平为伟大的政治家，有宽广的胸怀，当别人的思想认识还跟不上来的时候，他可以等待。这种解释显然没有说服力。如果邓小平真的在1979年就主张全面实行市场经济，为什么只向外宾讲而不向中央领导人讲呢？他提出的改革主张能允许有人跟不上就长期搁置吗？另有学者声称，邓小平1979年关于市场经济的讲话没有引起应有的注意。试想，邓小平为我们党的第二代中央领导核心，他的重要讲话怎么可能会得不到应有的注意和重视呢？显然，这种牵强的解释难以成立。

其实，邓小平1979年11月关于市场经济的讲话，如前所述，与陈云最初提出的计划经济为主、市场调节（市场经济）为辅的观点是一脉相承的。有人把陈云的经济思想和邓小平的经济思想对立起来，认为邓小平是“市场经济派”，陈云是“计划经济派”，这并不符合事实。根据邓小平市场经济思想发展的历史过程来看，邓小平在改革前期是完全赞同陈云的经济思想的。而邓小平的市场经济思想发展以后，也获得了陈云的赞同和支持。还有学者引证邓小平1985年的一段讲话，将其与我国现在所实行的社会主义市场经济相等同。这也不准确。邓小平1985年讲，“社会主义和市场经济之间不存在根本矛盾”，“把计划经济和市场经济结合起来，就更能解放生产力，加速经济发展”。[①] 这段话继续强调把计划经济与市场经济相结合，怎么能与现在实行的放弃计划经济的社会主义市场

---

① 《邓小平文选》第3卷，人民出版社1993年版，第148—149页。

经济相等同呢？我们现在实行的社会主义市场经济是对市场经济作了新的界定的，既突破了其与私有制和资本主义制度是相联系的认识，也超越了完全由价值规律自发调节、“无政府”“盲目性”生产的理解。

还需要正确理解邓小平南方谈话的本意。他说：“计划经济不等于社会主义，资本主义也有计划；市场经济不等于资本主义，社会主义也有市场。”我们认为，理论工作者在理解、引用邓小平这段谈话的内容时，应当着重于把握其精神实质，即市场经济不等于资本主义，计划经济不等于社会主义，否定了其社会经济制度的属性。这就表示我国可以由计划经济转向市场经济。但并不排斥我国发展的计划性。既然资本主义也有计划，社会主义怎么能没有计划呢？此外，我们认为，没有必要在教科书和教学中原样地重复引证，“计划经济不等于社会主义，资本主义也有计划；市场经济不等于资本主义，社会主义也有市场。”因为，在理论概念上，“计划”与“计划经济”“市场”与“市场经济”是不能完全划等号的。第二次世界大战后，日法等资本主义国家在经济发展中虽然实行一定的计划，但不等于计划经济。日本学者曾明确提出，他们实行的经济计划不同于社会主义国家计划经济。他们是指导性计划不是指令性计划经济。市场也不等于市场经济。我国在实行指令性计划经济时期也有市场，但不是市场经济。我们要从精神实质上把握邓小平讲话的原本含义。

“国家调节市场，市场引导企业”辨析[①]

我国的经济体制改革，是改变传统计划经济体制的市场取向改革。所谓市场取向，就是逐步缩小乃至最后取消原有的高度集权的指令性计划经济体制，引入并逐步扩大和加强市场调节的作用。市场取向改革的目标模式，经历了不断探索的曲折的前进过程。由“计划经济为主，市场调节为辅”，到有计划的商品经济体制；到计划与市场都是覆盖全社会的，“国家调节市场，市场引导企业”；到“计划经济与市场调节相结合”；到社会主义市场经济体制。无论选择何种新经济体制模式，都离不开计划与市场的关系，也就是说，市场取向的改革不是排斥计划和计划调节的作用，而是要探求计划与市场的最优结合模式。党的十四大报告提出建立社会主义市场经济体制的同时，强调指出：“我国经济体制改革确定什么样的目标模式，……这个问题的核心，是正确认识和处理计划与市场的关系。”

怎样正确认识和处理计划与市场的关系，到现在也还是需要在理论和实践上继续探求和逐步解决的问题。尽管党的十四大将其作为核心问题提了出来，但5年多来，理论界和实际部门似乎没有循此对其下功夫认真进行研究。在全盘批判计划经济的同时，连计划调节都避讳不讲了。计划与市场的关系，很少提或不再提了。应该说，这并不符合邓小平理论的有关思想。

近些年来，强调加强“宏观调控”。宏观调控实际上是政府调控。宏观调控或政府调控，并不是盲目地随意进行的，而是有目标、有计划地进行的，因此离不开计划调节。或者说，政府调控是体现计划性与自觉性的，是以反映客观实际有科学根据的计划为基础的。

在考察和评析市场取向改革的理论进展时，党的十三大提出的“国家调节市场，市场引导企业”的新的经济运行机制应当受到应有的重视。它用两句话概括说明了国家、市场、企业三者之间的关系，也是说明了计划与市场有机结合的新

① 本文原载《首都经济》1998年第4期。

体制模式的运行机制。它突破了“计划经济为主，市场调节为辅”的模式，又把计划与市场相结合的关系具体化和规范化了。即使在今天实行社会主义市场经济体制的模式下，“国家调节市场，市场引导企业”的运行机制依然是适用的。关于这个问题，党的十三大报告是这样讲的：“新的经济运行机制，总体上来说应是‘国家调节市场，市场引导企业’的机制。国家运用经济手段、法律手段和必要的行政手段，调节市场供求关系，创造适宜的经济和社会环境，以此引导企业正确地进行经营决策。实行这个目标是一个渐进过程，必须为此积极创造条件。”

然而，1989 年 6 月政治风波以后，“国家调节市场，市场引导企业”的运行机制模式不再提了，甚至成了理论禁区。有人传说邓小平同志认为这两句话是错的。其实，这是存在着误解。邓小平同志在 1989 年的一次讲话中涉及这两句话时是这样讲的：“十三大报告中那两句话‘国家调节市场，市场引导企业’我就没有看出有问题。当时可能有人看出问题，但也没有人明确提出来。那两句话究竟怎么样，我也没有研究。如果错了，就不讲了。”显然，是有人提出那两句话错了时，邓小平有针对性地讲到这一问题的。但他始终没有讲那两句话有错。他的意思很清楚：第一，党的十三大报告提出这一新的运行模式时，他并没有认为有问题；第二，这两句话究竟是对是错，他“没有研究”；第三，“如果错了，就不讲了”。他用的是假定语气“如果”。并没有直接说以后不要再讲了。“如果”不错呢？当然还可以讲。

我始终认为，党的十三大提出的新的经济运行机制模式并没有错。从市场取向改革的要求来看，应肯定其正确性。第一，经济体制改革要求把国有企业推向市场，充分发挥市场调节的积极作用。国家对企业的管理要由原来的直接管理为主转向间接管理为主。而国家对企业的间接管理，就只能是国家主要通过经济手段并辅之以其他手段，将经济发展战略和计划目标传递给市场，并规范和调节市场机制，然后再由市场机制直接调节企业的经营活动。就是说国家是通过市场中介去间接管理企业的。如果离开了“国家调节市场，市场引导企业”的运行机制，国家转向对企业的间接管理也就会成为一句空话。第二，要发挥市场调节的作用，就要让市场去直接调节和引导企业。市场调节的对象主要是企业。否定“市场引导企业”，就等于否定市场调节。这是问题的一方面。另一方面，如前所述，我国越是充分发挥市场调节的作用，就越需要建立和完善国家的宏观调控体系。离开了宏观调控，市场会乱，企业也会乱。即使就资本主义国家来说，它们实行了几百年的自由市场经济，1929—1933 年的经济大危机以后，也不得不实行国家干预。第二次世界大战后，不少国家又实行经济计划化，把国家干预与计划化统一起来，搞政府调控，我们是社会主义国家，更需要搞好宏观调控。宏观调控、搞活企业、搞活市场是统一的，缺一不可。而实行宏观调控，就要求由国家调节市场机制。否则，市场就会是完全自发的、盲目的。过去曾把市场调节理解为完全由市场自发调节，或完全由价值规律自发调节，因而只允许市场调节起辅助作用。其实，在我国社会主义条件下，由于存在以公有制为主体的多种经济成分，市场调节不是采用单一的形式。非公有制经济成分是由市场自发调节的。而公有制经济中，市场调节有两种形式：一种是市场自发调节，即主要由“看不见的手”去调节；另一种是由计划为市场导向的市场调节，即用看得见的手去引导“看不见的手”，用自觉性和计划性去引导自发性和盲目性。后一种应是主要形式。不管是哪一种市场——是自发的，还是计划导向的，都需要宏观调控，需要“国家调节市场”。

在报刊上宣传社会主义市场经济的论著中，有的把市场经济体制同“国家调节市场，市场引导企业”的运行机制完全对立起来。有的论文中讲：“现在，用‘社会主义市场经济’来取代‘计划调控市场，市场引导企业’……是改革目标的重大进展。”就是说，把后者看作是应被抛弃的东西。其实，党的十四大报告提出的社会主义市场经济是一种总的经济体制。其运行机制是什么？在这种运行机制中计划与市场的关系是什么？并没有具体说明，而是提出“要大胆探索”。我认为，实行社会主义市场经济体制，其运行机制也只能是“国家调节市场，市场引导企业”，也可以说是“计划调节市场，市场调节企业”。在这种运行机制中，由于市场直接调节企业的经营活动，因而它是基础性的调节机制。或如党的十四大报告中所说：“要使市场在社会主义国家宏观调控下对资源配置起基础性作用。”另一方面，国家调节市场，是国家对经济运行进行宏观调控的重要内容。党的十四大报告中说，“国家计划是宏观调控的重要手段之一”。而计划作为宏观调控手段，具有导向或指导作用。我过去讲过市场调节是基础，计划调节是主导。并且说明“主导”不是“为主”，而是导向、指导之意。至于计划与市场两种手段的具体结合方式，可以有多种多样。党的十四大报告中说：“在建立社会主义市场经济体制的过程中，计划与市场两种手段相结合的范围、程度和形式，在不同时期、不同领域和不同地区可以有所不同。要大胆探索，敢于试验。”因此，计划与市场究竟如何具体结合的问题，还需要理论工作者和实际工作者进行探索。但总的结合方式应是明确的。计划作为宏观调控的重要手段：一是调控宏观经济，重点是确定国民经济和社会发展的战略目标；搞好经济发展预测；搞好总供给与总需求的平衡；搞好重大经济结构与生产力布局的规划与调整；集中财力物力，部署和进行重点建设；促进和实现国民经济更好更快地发展等。二是调节市场机制，并通过调节市场来间接调控企业的活动。

新经济体制下的计划和计划调节，不是传统计划经济体制下的指令性计划与计划调节。新体制下的计划，主要是指导性计划。

“国家调节市场，市场引导企业”，是一种二层次的调节机制。国家从宏观层次上调节市场；市场在基础层次上调节企业。“市场调节企业”，是通过市场信号即由市场供求机制、竞争机制、利率机制等形成的商品价格机制，去调节企业的生产和经营活动。就是说，企业生产什么，生产多少，为谁生产，要按市场需求和反映供求关系的市场价格的高低来安排。而不再像指令性计划体制下那样，由国家下达的指令性计划指标来决定。“国家调节市场”，主要是通过经济手段，并辅之以行政、法律手段去调节市场机制。国家放开了价格，除极少数重要商品的价格由国家定价外，绝大部分商品价格由市场调节。1993 年，我国社会商品零售价由市场调节的比重已达93.8%。因此，国家调节市场，不是国家直接调节市场价格，而主要是通过经济杠杆去间接调节。国家掌握的经济杠杆分属两大系统：一是属于财政系统的，如税收、财政分配等；二是属于中央银行系统的，如中央银行基准利率、法定存款准备金率、货币发行等。在政府调节市场机制的过程中，市场机制的输入值是货币发行量、税收结构、中央银行利率等，它的输出值则是市场价格和利率。而市场价格和利率又是调节企业经营活动的市场信号。

国家调节市场，总体上说主要是通过经济杠杆调节市场，但也不排除在特定情况下，在某些方面直接运用经济和行政手段进行调节。比如，我国从 1988 年起，开始了“菜篮子”工程建设。中央财政拿出几个亿的资金扶持畜禽生产和安排市场建设。1994 年后，又专门设立了中央副食品风险基金，用以支持“菜篮子”工程。各省市地方财政也拿出资金建立了副食品风险基金，建立大型蔬菜批发市场，以带动蔬菜生产的发展。十年来取得了明显成效。在“菜篮子”工程建设上，国家不仅直接调节市场，也直接调节了生产。国家直接调节生产，不是搞指令性计划，不搞统购包销，而是价格随行就市，充分发挥市场机制的作用。就农业来说，他们依然是按照市场信号经营蔬菜和其他副食品生产的。又如，1997 年，在粮食丰收后粮价下跌幅度较大。为避免谷贱伤农，国家用高于市场调节价的保护价格，敞开收购粮食，以利于农业生产的继续发展。这里，粮食收购价是国家直接规定的，即国家直接调节价格，而不是间接调节。

在社会主义市场经济体制下，市场直接调节企业的生产和经营活动。也不排除在特定情况下，政府对某一行业或某种产品，运用经济和行政手段进行直接调节。如我国目前已决定要淘汰一千万锭落后的棉纺锭，同时政府给予财政补偿。如果政府不采取直接调控手段，光靠市场去调节，一千万锭棉纺锭是很难被淘汰得了的。那样，纺织行业存在的技术设备落后，产品供过于求，全行业亏损等问题，也难以解决得了。

最后，我们讲一下经济市场化和经济计划化的问题。经济体制的市场取向改革，也就是经济市场化的改革。在生产和流通中，充分发挥市场调节的作用，通过市场调节使市场在资源配置中起基础性作用，这就是市场化，就是实行市场经济。因此，“市场引导企业”或市场调节企业，同经济市场化是分不开的。过去实行传统计划经济时，大讲经济计划化。现在实行社会主义市场经济体制，还要不要和能不能讲经济计划化？西方资本主义国家实行市场经济，但第二次世界大战后许多国家实行经济计划，日本的经济学著作乃至其官方文献中，把实行经济计划就称作经济计划化。我国是社会主义国家，实行社会主义市场经济体制，经济计划化就再不能讲了。只讲市场化而讳言计划化。如果认同我们还需要把市场调节与计划调节结合起来，需要处理好计划与市场的关系，那么，可不可以说，应把市场化与计划化结合起来呢？政府实行宏观调控，是否与计划化相联系呢？

讲“化”，人们就会想到关于“化”的一个权威定义：“‘化’者，彻头彻尾彻里彻外之谓也”。于是，有人著文反对社会主义搞经济市场化，也反对“市场化”的提法。而更多的人则避讳或否定再提计划化。似乎尚可以讲计划而绝不可以讲计划化。其实，那个“化”的权威定义值得斟酌。比如，实行工业化，难道能把商业、文教等一切行业都“化”到工业中去？讲干部年轻化，怎么能年轻到“彻头彻尾彻里彻外”呢？“化”，其实指的是一种达到目标的趋势和过程。市场调节也好，计划调节也好，都是要实现一定目标的，这种实现目标的趋势和过程，就是“化”的过程。因此，正确认识和处理计划与市场的关系，也可以说是正确认识和处理好计划化与市场化的关系。这都离不开“国家调节市场，市场引导企业”的经济运行机制。

市场经济与社会主义市场经济问题[①]

党的十四大报告中提出：我国经济体制改革的目标是建立社会主义市场经济体制。但是，怎样认识和把握市场经济和社会主义市场经济，理论界见仁见智，存在不同的理解。我谈点自己的看法：

一、对市场经济的传统界定与党的十四大的新的界定

以往社会主义国家，在理论和实践上都不赞同全面实行市场经济。这与对市场经济的传统界定有关。早在 1906 年，列宁就把市场经济与计划经济作为两种对立的制度进行评述："只要还存在着市场经济，……世界上任何法律都无法消灭不平等和剥削。只有建立起大规模的社会化的计划经济，……才可能消灭一切剥削。"[②] 社会主义国家产生以后，西方经济学家和政治家，一般把西方市场经济与社会主义计划经济作为对立的制度看待，甚至更直截了当地将社会主义与市场经济对立起来，提出两种抉择：或是要社会主义，或是要市场经济。在我国，占主导地位的关于市场经济的传统界定包括三种观点：私有制及完全由市场自发调节的经济；公有制经济中完全由市场自发调节的辅助部分；资本主义市场经济。根据这种界定，自然会得出我国不能完全实行市场经济的认识。所谓不能完全实行就是可以部分或局部地实行。

党的十四大对市场经济作了新的界定。即将市场经济既与资本主义分离开来，也与私有制及完全由市场自发调节分离开来。只从资源配置的角度进行界定。

根据党的十四大提出的论述，可以对市场经济进行这样的界定：市场经济是通过市场调节作用实现资源配置的经济。市场经济以商品经济的存在和发展为基础。但商品经济与市场经济不能划等号，两者既相联系又相区别。如果有商品经

---

① 本文原载《太原日报》1994 年 4 月 11 日。

② 《列宁全集》第 2 版第 13 卷，人民出版社 1988 年版，第 124 页。

济但市场不能发挥直接调节经济活动的作用，就不会有市场配置资源的事实存在，也就谈不上市场经济。

二、商品经济、市场调节与市场经济的关系

有商品经济就有市场，两者是同生共灭的。但有商品经济有市场，并不一定就有市场调节和市场经济。所谓市场调节，就是市场机制（诸如供求机制、利率机制、汇率机制、竞争机制、价格机制等）调节经济活动。主要的调节对象和领域是：（1）调节市场价格。即市场价格在市场机制的联动作用中形成，随市场机制诸因素的变化而涨落。（2）调节企业的经营活动，即主要通过市场价格的变动，传递市场信号，调节企业的生产方向、生产规模与生产结构，也就是调节企业生产什么、生产多少、怎样生产等。当然，也调节商业企业的经营方向、经营规模及经营结构等。（3）调节市场需求，包括需求结构与需求规模等。在正常情况下，某种商品的市场价格上涨，对该商品的需求会相应减少；反之，市场价格下跌，需求则会增加。

在我国实行改革以前的传统体制下，虽然也存在商品经济与市场，但由于实行高度集中的指令性计划经济体制，企业不是独立的商品生产与经营单位，市场机制与市场体系不健全，市场的功能弱化，起不了调节作用。首先，市场价格不是由市场机制形成，而是由国家物价部门统一规定，这种价格不反映市场供求关系和其他市场关系，因而起不了传递市场信号的作用。其次，企业的经营活动直接由国家指令性计划调节，市场起不了调节作用，企业的生产行为与市场没有直接联系，企业的利益与市场机制脱钩。最后，由于传统体制下的计划价格，是不反映商品价值和供求关系的固定价格，它不能起调节需求的作用。

上述情况，说明了传统体制排斥市场机制和市场调节作用的事实。

既然在传统体制下存在商品经济和市场，但不存在市场调节，也就不存在市场配置资源的问题，因而也就没有市场经济存在。因此，把市场经济等同于商品经济的观点是难以成立的。

进行社会主义经济体制改革，就是要大力发展商品经济，发挥市场调节的作用，因而经济学界称之为市场取向的改革。我国改革的推进过程，就是市场调节的范围逐步扩大，市场调节的力度逐步增强的过程。

为了发挥市场调节的作用，就需创造条件。市场调节发挥作用的基本条件是：（1）企业具有独立的商品生产者和经营者所必要的各项自主权，还要有自主钱；（2）放开绝大部分商品的价格，让价格随价值和市场关系的变化而变化；（3）企业的经济利益与其市场行为直接联系起来，即企业经济收入的多少，主要取决于其产品在市场上的实现状况；（4）总供给与总需求大体平衡，这样市

场才能正常地调节需求。在总量严重失衡的情况下，或是出现高率通货膨胀，物价越涨越抢购；或是出现市场疲软，产品严重积压，物价越降越不买。即出现所谓“买贵不买贱”的市场调节失灵状况。

进行改革，就是要为发挥市场调节作用创造上述条件和环境。但这些只是最基本的条件。市场调节要充分发挥作用，还需要有发育的市场，健全的市场机制与市场体系，包括消费品市场、生产资料市场、金融市场、劳动力市场、房地产市场、技术市场和信息市场等。要打破地区封锁和地方保护主义及市场割据，建立起统一的、有序的、平等竞争的市场体制。

在市场能够充分发挥其调节作用的条件下，市场才能有效地实现其配置资源的作用，从而才能有效地建立起市场经济体制。

三、局部的市场经济与全面的市场经济

只要商品经济有一定发展，而且市场对商品生产和经营者的经济活动能起直接调节的作用，从而在这种商品经济范围内起资源配置的作用，这种商品经济就是市场经济。并不是说，只有市场在全社会范围内进行资源配置时，才是市场经济。可以有全面的即全社会范围的市场经济，也可以有局部范围的市场经济。局部的市场经济有两种状况：一种是在社会主义经济改革的初期阶段，在传统体制中引入市场调节机制，比如，在实行“计划经济为主、市场调节为辅”时，公有制经济中不作计划完全由市场自发调节的部分，就是局部的市场经济。邓小平同志 1979 年 11 月 26 日与外宾谈话中讲：“说市场经济只限于资本主义社会、资本主义的市场经济，这肯定是不正确的。社会主义为什么不可以搞市场经济，这个不能说是资本主义。”下面接着讲：“我们是计划经济为主，也结合市场经济。”计划经济为主下的市场经济，就是指“市场调节为辅”范围内的、局部的市场经济。陈云同志也曾在 1979 年 2 月同李先念同志讲：“在计划经济前提下，搞点市场经济作补充。”“计划经济和市场经济相结合，以计划经济为主。市场经济是补充，不是小补充，而是大补充。”① 后来陈云同志把“市场经济作补充”，称作“市场调节为辅”。另一种情况是，私有制商品经济在社会经济中不占统治地位的情况下，由于它受市场直接调节，市场对它起资源配置作用，因而它也会成为局部的市场经济。例如，我国在改革过程中发展起来的个体经济、私营企业及外资企业这些私有制商品经济，在我国全面实行市场经济前，它们曾作为局部的市场经济而存在。再如，当资本主义经济在封建主义社会内部产生和最初发展时，由于封建主义经济和自然经济还占统治地位，它与小商品经济一起，

---

① 引自苏星：《理论动态》1993 年 1 月 10 日。

成为对封建主义经济和自然经济起瓦解作用的局部市场经济。但是也不能把一切私有制商品经济都看作是市场经济。比如，1949 年以前我国农村中的许多个体贫苦农民，为了买点农具或工业消费品，不得不节省点粮食拿到市场上去出卖。从市场关系看，这也是商品经济行为。然而，这些农民的生产与经营不是受市场调节的，而一般是根据家庭需要和传统习惯安排的。市场对这些贫苦农民的经济不起资源配置的作用。因而这里不存在市场经济。

根据改革实践的发展，中央放弃了“计划经济为主”的提法。特别是邓小斗同志 1987 年 2 月 6 日的谈话中明确指出：“我们以前是学苏联的，搞计划经济。后来又讲计划经济为主，现在不要再讲这个了。”[①] 这样，市场调节或市场经济也就突破了以往“为辅”的地位，在全社会范围中发挥其作用了。党的十四大提出建立社会主义市场经济体制，就是要在我国全社会范围内实行全面的市场经济。也就是要在全社会范围的微观经济层次，让市场起配置资源的基础性作用。我国是由局部市场经济发展为全面市场经济的。

四、关于社会主义市场经济的规定性

社会主义市场经济是在社会主义条件下实行的市场经济，是与社会主义基本制度相结合的市场经济。市场经济就其作为资源配置的手段来说，不分姓“资”姓“社”，但市场经济又不能离开一定的社会经济制度而独立存在。特别是全社会范围的市场经济，总是与特定的社会基本制度相结合的。资本主义前只有局部的市场经济，从资本主义社会开始才有全面的市场经济。因此，在人类历史上，全面的市场经济只有两类：一类是与资本主义基本制度相结合的资本主义市场经济，另一类是与社会主义基本制度相结合的社会主义市场经济。市场经济与社会主义基本制度相结合，从经济方面说，就是它与以公有制和按劳分配为主体的社会主义经济相结合，以实现快速发展生产力满足人民需要为目标。资本主义市场经济已有几百年的历史，而社会主义市场经济在开始探索与实践中。

就社会主义市场经济所包括的范围来看，可以有狭义与广义两种理解。狭义的社会主义市场经济是特指以公有制为基础（包括全民所有制与集体所有制等多种形式）的市场经济，也就是在社会主义经济关系下发展与运行的市场经济。广义的社会主义市场经济是指以公有制为主体的多种经济成分共同发展的市场经济。就是说，非公有制经济成分的市场行为，也纳入了社会主义市场经济的范畴之中。虽然从市场主体来看，非公有制经济是非社会主义性质的经济，但从市场机制与资源配置的角度看，多种经济成分的商品经济会形成统一的市场。市场机

---

① 《邓小平文选》第 3 卷，人民出版社 1993 年版，第 203 页。

制没有“社”“资”的区分。市场对不同的经济成分都一样起资源配置的作用。根本不存在社会主义市场机制配置社会主义经济资源，而非社会主义市场机制配置非社会主义经济资源问题。但为什么又统称作社会主义市场经济？这是因为社会主义公有制经济是主体，私有制成分的经济运行是从属于社会主义公有制经济运行的。

非公有制经济在建立社会主义市场经济体制中具有积极作用。主要表现在：(1) 私有制经济一开始就是市场经济，因而是建立社会主义市场经济体制的先导；(2) 私有制商品经济的发展，有利于市场的发育，市场机制及市场体系的发展与健全；(3) 有利于市场竞争的展开和统一的市场的形成，迫使公有制经济转换经营机制，在市场竞争中求生存与发展。

但是，应该看到，建立社会主义市场经济体制的难点和着眼点，是怎样将公有制经济特别是国有企业同市场经济有效地结合起来。而建立社会主义市场经济体制的中心环节，是转换国有企业特别是大中型企业的经营机制，把它们推向市场，使国有企业成为社会主义市场经济中的重要主体。如果离开上述着眼点和中心环节，而把建立社会主义市场经济体制依托于发展私有制经济，否定公有制在社会主义市场经济中的主体地位，使私有制变为主体，那么，这样的市场经济便离开了社会主义基本制度，不再是社会主义市场经济了。因此，坚持公有制为主体，是建立社会主义市场经济体制的前提条件。

经济学的学派不是宗派[①]

我国经济学界对计划与市场问题进行了长期的讨论，也经历了曲折的过程。目前，从表面上看来，在大的问题上已没有什么公开争论了，但认识上的分歧并未消除。在一些具体理论和实践问题上，也还存在不同意见的公开讨论。

我认为，本着百家争鸣、学术自由的精神，在经济理论和学术是非问题上应允许各抒己见，可以形成不同的学派。但学派不是宗派，不要以宗派的态度对待、评介和处理学术见解上的是非，更不要把学术观点政治化，随便给别人扣上“右”呀“左”呀的帽子。

在这里，没有必要系统地阐述自己的有关看法和想法，只想就学术资料评述的客观性、真实性、准确性和公正性讲一点意见。

在计划与市场、计划经济与市场经济问题上，从中央指导思想到理论界的观点，都经历了较为曲折的、复杂的过程。按照传统的观点，无论马克思主义还是西方的观点都长期认为，计划经济是社会主义的特点，市场经济是资本主义的特点。远的不讲，仅就改革开放以来直到1992年以前的情况来说，公开发表的中央文献和主要领导人讲话，都是坚持计划经济和否定实行市场经济的。1981年的《政府工作报告》就提出，我们所要建立的管理体制“不同于资本主义那样的市场经济”。1984年9月9日，国务院总理写给“耀邦、小平、先念、陈云同志”的《关于经济体制改革中的三个问题的意见》（获得同意并公开发表）中，强调指出“（一）中国实行计划经济，不是市场经济”。“可以把中国的经济体制既同资本主义市场经济模式相区别，又不与旧的模式雷同”。1987年3—6月，李先念在《改革、开放政策符合中国国情》的几次谈话中也特别指出：“改革、开放，决不是全盘西化，当然不是取消计划经济，去搞市场经济。”他也同时强调要发展商品经济，特别是要“发展有计划的商品经济”、把商品经济与市场经济区别开来。江泽民同志在直到1989年国庆大会上的讲话还强调提出：“如果一

① 本文原载李向阳编《百位经济学家论国富》，福建人民出版社2001年版。

味削弱乃至全盘否定计划经济，企图完全实行市场经济，在中国是行不通的，必将导致经济生活和整个社会生活的混乱。”

在关于计划经济和市场经济认识上的上述大背景下，更扩大点说：从列宁远在 1906 年就首先提出计划经济与市场经济概念并将两者作为对立的社会经济制度范畴，主张要消灭市场经济，建立计划经济，到 20 世纪 90 年代的马克思主义和科学社会主义；从东方社会主义国家的指导思想，到西方资本主义国家的主流思想，一直把计划经济与社会主义相联系，把市场经济与资本主义相联系。在这种历史背景和现实背景下，我国经济学界的不少论著中讲一些相同的和类似的观点，这也是很自然的事情。

但是，1992 年以后，晓亮先生在一些报刊和书籍中，比如在《经济研究资料》）以及转载于于光远著的《社会主义市场经济的理论与实践》一书中的《国内学者关于社会主义市场经济的论点和争论》一文（以下简称《争论》）。一再发表不真实、不准确、不公正的资料性述评，宗派性地选择我国一些经济学家进行排队，谁曾肯定市场经济，谁曾否定市场经济，以此分派，进行褒扬和贬抑。然而，第一，他完全不顾上述关于市场经济认识上的历史背景和现实背景，特别不顾我国 1992 年以前的一贯的指导思想，孤立地贬抑与中央相一致的理论认识。第二，有些学者后来积极主张我国实行市场经济，但他们在 20 世纪 80 年代初有的甚至在 1991 年还是市场经济的积极批判者和否定者。我讲这点，绝不包含任何褒贬之意。社会主义本身是一种全新的事业，社会主义实行市场经济更是全新的事情，需要经历理论探索阶段。因此，有的学者在探索中改变了自己的观点，包括根本性的改变，这也是可以理解的（1992 年以后，中央关于市场经济的指导思想不是也有了根本性转变么）。从学术资料应求真、求实的角度出发，不应隐讳这种情况。然而在晓亮的资料性述评中，在其第一部分“（一）1979 年前后”（包括 1984 年前），则故意隐讳了 20 世纪 80 年代初关于计划经济与市场经济的一次争论（实际上被批判者没有机会“争”）。当时，有位大学教师发表文章，认为我国目前还不具备实行计划经济的物质基础和条件，主张实行和扩大市场经济。我们所尊敬的老前辈薛暮桥和很有思想见地和理论勇气的吴敬琏，对此观点进行了严厉的批判。薛老在 1982 年 5 月 4 日一个报告中说：“我们看到也确实有个别同志提出了一些错误观点。例如，有一个大学经济系的一位学者，写了一篇文章说：我国目前还不具备实行国家集中统一计划经济的任何物质条件；出路是逐步地全面地有节奏地扩大市场经济。像这样的观点，绝大多数同志都会反对的。持这种观点的只是个别人，起不了多大作用，但这也表明，在理论界确实存在有混乱现象，我们应当保持清醒的头脑。”显然，薛暮桥和其他“绝大多数同志”是反对否定计划经济，全面实行市场经济的。1983 年第 9 期的《工业经济管理丛刊》，刊载了吴敬琏和周叔莲合写的《论社会主义经济的计划经济属性和商品经济属性》的论文，批判了我国经济学界“个别人”主张“从计划经济改变为市场经济”的观点。文章说：“反对计划经济属性的是极其个别的。然而，由于他们所持的观点对马克思主义政治经济学早已确立的原则提出了异议，可能在一部分缺少理论修养和实际经验的人中产生影响，仍有加以评论的必要。”“有一位作者……否认国家集中统一领导下的计划经济有任何优越性，……出路何在呢？文章认为唯一的出路是实行资本主义的经济措施，实现‘从计划经济改变为市场经济’的‘较深刻的社会经济变革’”。论文对此观点展开了批驳，说它同20世纪二三十年代社会主义论战中以米塞斯和海耶克为代表的“反社会主义派”的观点相似。显然，作者认为，主张“从计划经济改变为市场经济”，就是要“实行资本主义的经济措施”。这与传统的观点是一致的。

然而，在晓亮的《争论》一文中，在“1979年前后”（至1984年以前）一节，所引述某些学者的都是主张实行市场经济的语录。对上述几位学者最早起来批判市场经济的观点，只字不提。连那位最早否定计划经济，主张转为市场经济的大学教师也避而不提了，好像根本没有发生过这次争论。而《争论》一文对敬琏同志后来转为主张实行市场经济的观点则收录了很多，从而失去了历史的真实性。

在此期间的另一些有影响的经济学家的有关论点，他同样避而不提。例如，在《马洪选集》中收入作者1984年的一个研究报告，其中讲：“有必要把商品经济和市场经济区分开来，……所谓市场经济，是一种不论宏观决策还是微观决策都完全由市场机制和市场原则支配的经济。市场经济一般在私有制的商品经济发展到高度成熟的阶段即资本主义阶段时形成的，因此人们往往把它看做资本主义经济的同义语。……我们不能用市场经济模式来改革经济体制。”又如，在刘国光主编的《经济大辞典·计划卷》中，将计划经济与市场经济都作为经济制度予以说明。它对市场经济的解释，同西方著作和辞典中的解释是相吻合的：“‘市场经济’通过自发的市场调节实现国民经济各部门、各地区和社会再生产各环节之间经济联系的经济制度。”“西方资本主义即是建立在生产资料私有制基础上的市场经济。”此外，直至1991年，《沿海经济》第10期和其他报刊上发表的刘国光的文章《改革的市场导向问题》还这样讲：市场取向“不是取向到无政府主义的盲目的市场经济中去，而是取向到有计划指导和宏观调控的市场体系中去。”“所谓完全的、纯粹的市场经济，根本不是我们市场取向的改革方向……提出完全市场化的改革主张，撇开意识形态方面不说，至少也是一种幼稚的想法。”并强调地说：“我们要坚持计划经济。”

《争论》隐晦了马洪、刘国光上述20世纪80年代和90年代的观点，却引用刘国光1979年发表于《经济研究参考资料》第32期的一篇文章的几句话："南斯拉夫经济不像是资本主义制度下那样分散的、盲目的、无政府的市场经济，而是在以社会所有制为基础的社会主义自治制度下的一种特殊的市场经济。"以此将作者归入市场经济派。

上述两位学者，都是我所尊敬的严肃的经济学家。我之所以这样引证，是为了说明《争论》一文对我国"争论"历史的评述，多么不真实、不客观！

第三，在有关市场经济问题的讨论中，肯定市场经济的不同学者，其具体观点并不相同。有的是从资源配置方式转换的角度提出的；有的则是从商品经济就是市场经济的角度提出的；有的把"计划经济为主"下的商品经济或"市场调节为辅"看做是市场经济，有的则从缩小指令性计划扩大市场调节范围的体制变革方面提出市场经济。而在《争论》一文中，眉毛胡子一把抓，只要谁提"市场经济"一词，不管它与十四大以来所确立的社会主义市场经济体制是否吻合甚至是否挨边，都归在一堆，搞鱼目混珠。

比如，晓亮自己主张商品经济就是市场经济，所提理由很简单："因为商品经济是离不开市场的。"商品经济离不开市场，这是连小学生都知道的事情。用这种低层次的常识为依据，主张我国既然有社会主义商品经济，也就有社会主义市场经济。他在自己的《争论》一文中以此进行自我标榜，标榜他早在1986年就提出社会主义市场经济了。我一贯不赞同他的这种论点和逻辑。因为在改革以前的传统体制下，也存在商品经济和市场，但传统指令性计划经济是排斥市场调节的，指令性计划是资源配置者，市场的功能微弱，不起资源配置的作用，因而谈不上市场经济。因此，在评论十四大以前有关市场经济的"争论"时，应分清两种情况：一种是从资源配置的角度主张实行市场经济的，如吴敬琏在1988年以后的论点就是这样。这是较高层次的思路。另一种是从"商品经济离不开市场"的角度肯定市场经济的，如晓亮自己。这是低层次的思路。我过去认为商品经济不等于市场经济，现在依然认为不能将两者划等号。只有市场能发挥调节价格、调节企业经营活动、调节需求，从而起资源配置作用的商品经济才是市场经济。晓亮的商品经济等于市场经济论，有如土豆等于山药蛋一样没有任何理论与实际意义。同一内涵的事物，有的人只称商品经济不称市场经济，有的则既称商品经济又称市场经济，这样，只要肯定了商品经济就等于肯定了市场经济。这除了概念称谓上区别外，究竟有什么实质上的不同？而且，晓亮的商品经济等于市场经济论，对于建立社会主义市场经济体制，同样没有任何意义。因为按此论点和逻辑，在传统计划体制下也有商品经济和市场，就已经在实行市场经济了，特别在1984年就明确提出和宣传社会主义商品经济，不就等于在搞社会主义市场经济了？为什么在1992年还要再把社会主义市场经济确立为改革的目标呢？人们只要把商品经济称做市场经济不就一切都有了，还需要什么改革措施呢？晓亮把主张“商品经济就是市场经济”的学者划入市场经济派，点名褒扬，而把不赞成商品经济就是市场经济的学者归入非市场经济派，点名或不点名地进行贬抑。似乎后者连“商品经济离不开市场”的道理也不懂！其实，只要晓亮告诉他们这个简单道理，让他们把商品经济称做市场经济，问题和分歧不就全解决了，还有什么可争论的？

第四，在当时的历史背景和现实背景下，特别在当时中央的指导思想下，按统一口径，主张坚持计划经济、否定完全实行市场经济的论著大量存在。而晓亮不顾这点，只选择少数学者服从他的排队需要，改变了主流与非主流的真实情况。而且，被《争论》一文划入非市场经济派的学者又分为两类：一类是不点名的；一类是点名的，这视与晓亮的远近亲疏和作者的学术地位而定。谁批评过晓亮的观点特别是其学风，他就狠点谁的名，借以泄恨。然而，他引用别人的观点充满了断章取义、歪曲原意之处。我在别的报刊上多次对此做过评论，这里就不再展开论述了。

第五篇

关于国有企业改革过程的历史回顾与对策

改革：完善社会主义公有制经济和按劳分配的运行机制与实现形式①

一、经济体制改革是实现社会主义根本任务和目的的需要

我们进行革命斗争建立社会主义制度的目的，就是为了解放和发展生产力，使国家繁荣富强，人民富裕幸福。社会主义要充分发挥出自己的优越性，就必须使生产力的发展速度与人民物质文化生活水平提高的速度快于资本主义。社会主义制度区别于以往一切制度的一个根本特点，就是要实现共同富裕。而共同富裕要以生产力的高度发展为前提。因此，社会主义的根本任务，就是发展社会生产力。特别是像我国这样一个原来经济落后、社会主义建立起点低的国家，大力发展社会生产力更是一个迫切的任务。

根据生产关系一定要适合生产力状况的原理，为了大大发展社会生产力，就需要及时调整社会主义经济关系和上层建筑，改革同生产力发展要求不相适应的旧的经济体制。经济体制和经济制度是不同的范畴，不应将其混同。社会主义经济制度是社会主义生产关系的总和。它作为一种新的社会经济制度，从根本上说是适合生产力发展的，不存在根本变革的要求，需要的是不断完善和发展。改革，并不是要根本改变社会主义经济制度。无论经济体制改革的幅度有多大，都是以坚持和发展社会主义经济制度的根本原则为既定前提的，如社会主义公有制、为满足人民需要而生产、按劳分配、共同富裕等。如果放弃和改掉了这些方面，就是背离了社会主义道路，改革就会走向邪路。至于经济体制，是指经济管理和经济运行的方式和形式。它虽然包括上层建筑的某些方面，但主要是属于经济关系的具体形式。同一社会主义经济制度，可以有不同的经济体制模式。也就是说，在社会主义的根本经济关系不变的条件下，其具体形式可以在不同方面和

---

①　本文摘自《江西社会科学》1986 年第 4 期《有关我国经济体制改革的理论问题》。在国内较早提出经济体制改革不应限于管理体制改革，应首先探索公有制和按劳分配的实现形式。

不同程度上存在着差异。社会主义国家可以根据自己的国情和经验，选择最有利于生产力发展同时也有利于社会主义经济关系完善和发展的经济体制模式。

在过去的一个很长时期中，我们没有很好地把社会主义经济制度同社会主义经济体制区别开来，把斯大林领导建立的第一个社会主义国家即苏联已经形成的高度集中、统得过死的经济体制模式，看作神圣不可侵犯的社会主义经济制度的典型模式。因而一看到哪个社会主义国家改革这种模式，就认为是要改变社会主义经济制度，搞修正主义。同样在我国进行经济体制改革的过程中，如果不明确经济体制同经济制度的区别和关系，也会在思想上产生疑虑，从而不能适应我国蓬勃发展的经济体制改革的形势。因此，在理论上弄清这个问题，对于正确认识经济体制的改革很有必要。

对经济体制着手进行全面改革，是与把党和国家的工作重点转移到大力发展社会生产上来同步进行的。在我国社会主义改造基本完成以后，主要矛盾已转变为人民日益增长的物质文化需要同落后的社会生产之间的矛盾，工作重点本应及时转移到社会主义现代化建设上来，但是由于“左”的错误的干扰，未能实现这个转变。在以“阶级斗争为纲”、生产力的发展受到人为障碍的年代，不会真正认识到改革经济体制的必要，从而不可能把全面改革的任务提到议事日程上来。直到党的十一届三中全会，才制定并随着实现了工作重点转移的战略决策。与此相适应也就同时提出了为促进生产力的发展应当着手对经济管理体制认真进行改革的要求。

进行改革不是随意的和盲目的，而是有根据和有目的的。改革，首先是要针对原有经济体制的弊端。这种弊端，不利于社会主义经济制度的完善和发展，不利于其优越性的发挥，不利于社会生产力的发展。

社会主义消灭了剥削和压迫制度，劳动群众成为社会和企业的主人。这样的经济制度理应能够激发广大职工的持久的社会主义建设热情，能充分发挥他们的积极性、主动性和创造性。社会主义经济理应是生机勃勃、充满活力的机体，但由于某些原因，其中重要的一个方面就是由于僵化的经济体制的弊端，使这种“理应”的东西被压抑、被扭曲了。

原有经济体制的弊端究竟是什么？按照现在通行的说法是：政企职责不分、条块分割、国家对企业统得过多过死，企业缺乏自主权，忽视商品经济发展的作用，忽视和排斥市场机制和价值规律的作用，企业吃国家的“大锅饭”，职工吃企业的“大锅饭”。结果使社会主义经济失去了应有的活力。而改革经济体制的目的和任务，就是要消除旧经济体制中的上述弊端，建立起充满生机和活力的新的社会主义经济体制。

如果仅仅从经济“管理”体制的角度来考虑问题的话，上面的论述是符合实际的。但是，经济体制问题，似乎不应仅仅归结为一个管理体制问题。社会主义经济体制，应首先包括社会主义经济制度运行和实现的具体形式，如公有制的运行和实现形式、按劳分配的运行和实现形式，以及其他社会主义生产关系的运行和实现形式等。社会主义经济制度建立的时间还不长，因而它自身还不成熟、不完善，这也表现在它还缺乏有效的、完善的运行和实现的机制。比如，社会主义公有制，是社会主义经济制度的根本内容之一。但这种公有制的含义是什么，其运行形式和实现机制是什么，在理论和实践上并不是把握得很清楚。马克思把消灭资本主义私有制以后建立的公有制，称作在“生产资料的共同占有的基础上，重新建立个人所有制”[①]，或是称为“联合起来的个人对全部生产力总和的占有”[②]。还讲过：把“生产资料、土地和资本变成自由集体劳动的工具，以实现个人所有权”[③]。显然，从马克思的思想来看，消灭私有制以后建立的社会主义公有制，是同“个人所有制”或“个人所有权”分不开的。公有制，不是抽象的、空洞的、没有实际承担者因而也无人负责的所有制。但是，怎样实现公有制同“个人所有制”的统一，怎样使每个劳动者对公有的生产资料和产品既具有所有权又负有责任，直到现在也还是一个没有被很好认识更没有得到很好解决的问题。如果公有制的具体形式不完善，缺乏实现的机制，那么，越是扩大企业的自主权，企业越是作为相对独立的商品生产者和经营者，社会主义公有制首先是全民所有制的利益就越容易受到损害。诸如滥发奖金、消费基金失控等现象，正是在这种情况下产生的。再如，社会主义要实行按劳分配原则，但是按劳分配的实现机制和所应采取的最适当的具体形式是什么，也是一直认识不清和没有很好解决的问题。而在改革中如果不重视解决这一问题，那就容易造成按劳分配关系受到冲击的情况，职工吃国家“大锅饭”的弊端便难以解决。目前，究竟是“多劳多得”，还是“多捞多得”、多劳少得、少劳多得，人们是有不少议论的。1985 年进行的工资改革是否进一步贯彻了按劳分配原则，是否实现了中共中央《关于经济体制改革的决定》中所提出的要求，恐怕难以做出肯定的回答。在经济体制改革中，应当找寻出目前条件下实现按劳分配的最佳形式和按劳分配经济关系的运行机制。这个问题如果解决不好，工资改革只能是头痛医头、脚痛医脚，顾了这头、顾不了那头，甚至该多得的少得了、不应该多得的多得了。不但不能奖勤罚懒、调动劳动者的积极性，促进生产力的发展，反而会挫伤职工的积极性，产生消极作用。

在社会主义经济制度的运行机制和实现形式还很不完善的条件下，这种不完善的方面容易同经济管理体制改革的措施发生矛盾。这时人们又容易把这种“机

---

① 《马克思恩格斯全集》第 23 卷，人民出版社 1974 年版，第 832 页。

② 《马克思恩格斯全集》第 1 卷，人民出版社 1974 年版，第 75 页。

③ 《马克思恩格斯全集》第 2 卷，人民出版社 1974 年版，第 378 页。

制”和“实现形式”的不完善，当作公有制（首先是全民所有制）、按劳分配等社会主义经济制度自身的弊端。因而可能试图通过削弱（甚至在某种程度上否定）和改变社会主义经济制度的途径，来实现改革的目标。然而，我们的改革是社会主义经济体制的改革，是以坚持和发展社会主义经济制度为前提的。改革是社会主义制度的自我完善和发展，如果在改革中完全否定全民所有制（不是指其概念，而是指其根本内容），挤压公有制，否定计划调节的主导作用，削弱和挤压按劳分配，非劳动收入和分配的不平等不断扩大，试问，社会主义制度的自我完善和发展还表现在哪里呢？应当明确，适应生产力发展的需要进行改革，是在坚持和发展社会主义制度的条件下进行的。否则，从孤立的、暂时的效果来看，某些私人资本主义企业的效率可能比我国目前的某些国营企业的效率高，私有制商品经济可能比某些公有制商品经济更“活”。那我们是否为了发展生产力就要不断缩小社会主义经济而大力发展私人企业和私有制商品经济呢？显然不能那样做。我们的任务是要通过经济体制改革，完善社会主义经济制度的实现形式，完善社会主义经济运行机制，改进管理体制，使社会主义经济制度的优越性充分发挥出来，使社会主义的经济效率和效益超过资本主义所达到的水平；使社会主义社会的生产力发展速度，超过资本主义国家。这样，充分满足人民物质文化需要的社会主义生产目的，才能够有效地实现。

二、有必要弄清的两个具体经济问题

（一）关于“商品经济（或商品经济的发展）是社会经济发展的不可逾越的阶段”的提法问题

这种提法经常出现在某些文章和书籍中。它本来是想复述《中共中央关于经济体制改革的决定》中的一句话：“商品经济的充分发展，是社会经济发展的不可逾越的阶段”，然而把其中的“充分发展”去掉了，含义就大不相同了。因为商品经济（或商品经济的发展），可以是很低水平或较低水平的发展，也可以是一般水平或较高水平的发展。这样的几种发展水平，分别在奴隶社会、封建社会和资本主义社会的初期就有了，并依次不断发展着。它是客观存在和历史必然，根本不存在也不会发生能否逾越的问题。我国的商品经济发展水平虽还不高，但无论中华人民共和国成立前或成立都不能说没有发展。因此，“商品经济（或商品经济的发展）是社会经济发展的不可逾越的阶段”的提法，就变成了一句没有针对性和毫无意义的空话。而商品经济的“充分发展”，则意味着生产力的高度发展，商品经济发展到很高程度，商品市场体系获得完全发展，自然经济和半自然经济完全被排除了，在一般情况下，商品供给量能够充分满足有支付能力的市场需要，商品丰富多彩、花色品种齐全、质量精益求精，而且交换渠道多、服务质量高、买卖方便省时。商品经济的这种“充分发展”，在一些发达的资本主义国家已经达到了。我国是在生产力和商品经济落后的基础上建立社会主义经济制度的，而且在粉碎“四人帮”前的一个时期中，由于在认识上和政策上的“左”的错误，忽视和阻碍了商品经济的发展，事实上是想要逾越商品经济“充分发展”的阶段。针对这种事实，提出它是不可逾越的阶段，就有了很大的理论和现实意义。

（二）关于批评“自然经济观”的问题

在许多经济学著作中，把社会主义国家在旧经济体制下不重视商品经济的发展、排斥市场机制，批评为“自然经济观”。认为斯大林关于苏联社会主义经济中的生产资料不是实质上的商品的观点也是“自然经济观”。有的著作甚至说：马克思、恩格斯关于未来社会主义中不存在商品经济的预见，是把社会主义经济看作“高度社会化的自然经济”。我认为这种对“自然经济观”的批评和评论是不适当的。

什么是自然经济？即是在没有社会分工或分工不发达的条件下，生产者（个人或经济单位）生产出的产品直接供自己消费，自给自足。也就是在生产和消费之间不必经过交换关系，既无商品交换，也无产品交换。这种自然经济在生产力和社会分工已有较高发展的情况下不可能存在。认为不存在商品经济就只能是自然经济，似乎可以由商品经济倒退到自然经济的见解，是站不住脚的。那样的话，在社会经济高度发展的共产主义高级阶段，也该是完全的自然经济了，因为那时商品经济将会消亡。

有没有既非自然经济又非商品经济的经济呢？有。那就是商品经济消亡后的由计划调节的经济。在这样的经济中也有交换关系，只不过那是产品交换而非商品交换罢了。马克思预计在社会主义和共产主义社会中不存在商品经济，就是认为将实行排斥商品价值关系的计划调节经济，决非要恢复实行自然经济。即使在排斥商品经济的旧经济体制下，钢铁厂生产的钢铁和纺织厂生产的布匹，也不是分别供钢铁厂和纺织厂的职工自己消费的，而是要对各种产品进行调拨和调剂，互通有无，这怎么是自然经济？

按照马克思和恩格斯的设想，商品经济否定了自然经济，由计划调节的经济将否定商品经济。就是自然经济—商品经济—计划调节的经济。由自然经济发展到商品经济不是直线式的代替关系，而是由完全的自然经济发展到存在商品经济（并逐渐发展）但自然经济仍占统治地位的经济，再发展到商品经济完全占统治地位的资本主义商品经济。实践证明，进一步要发展到有社会主义计划的商品经济，将来再发展到共产主义的既非自然经济也非商品经济的产品交换经济。

论把企业推向市场[①]

实行改革开放以来，随着企业自主权的扩大和市场作用的增强，企业从原来的单纯依赖国家转变为双重依赖：即依赖国家和市场。在双重依赖的情况下，企业更主要的是依赖国家，因为寻求国家的保护以求生存要比在市场竞争中求生存容易得多，而且软预算约束也大大减弱了企业参与市场竞争的内在动力和外在压力。这样，传统体制下造成企业缺乏活力的种种弊端仍然在不同程度上存在着。

把企业推向市场，实际上就是要进一步深化企业管理体制改革，促使企业转变经营机制，改变目前企业的双重依赖，把企业从国家的“怀抱”推向市场的“海洋”，由市场直接调节企业的生产经营活动，以达到增强企业活力的目的。

把企业推向市场，由市场直接调节企业的经营活动，这是我国建立有计划商品经济新体制的根本要求，也是有计划商品经济新体制的重要组成部分。首先，从微观基础来看，有计划商品经济的微观基础，是企业必须成为自主经营、自负盈亏、自我发展、自我约束的商品生产者和经营者。企业要做到几个“自”，一个根本的前提条件就是要由市场机制调节企业活动。因为只有市场替代国家直接调节和组织企业的生产经营活动，企业才有可能真正获得应有的经营自主权，否则，就不可能消除行政对企业活动的直接干预。市场替代国家直接调节企业，也有助于企业实行自负盈亏。因为企业做到了自主经营，就为它自负盈亏创造了前提，即权利与责任的对称。如果国家直接干预企业活动，也就没有理由让企业自负盈亏，因为造成亏损的决策并不完全是企业做出的。实际上，即使是企业自我决策造成的损失，国家直接干预的存在也会成为企业推卸责任的借口。其次，从宏观调控来看，有计划商品经济新体制的宏观管理体制是以间接调控为主。所谓间接调控，就是国家通过市场这一中间环节，运用各种经济手段调节企业的经济活动。可见，间接调控的实现，也是以市场直接调节企业的活动为前提的。

因此，把企业推向市场，由市场调节，并不是一种权宜之计，而是我国转变

---

① 本文原载《人民日报》1992年7月10日，与黄泰岩合写。

企业经营机制的改革目标，是我国经济运行机制从高度集中的计划经济运行机制转向有计划商品经济运行机制的根本标志之一。

在这里，有必要指出以下两点：（1）把企业推向市场，由市场直接调节企业活动，并不意味着让企业完全受自发的市场调节。在社会主义有计划商品经济中，市场调节有两种形式：一种是主要由市场自发调节；另一种是由计划导向的市场调节。后一种是主要的形式。在这里，市场是由计划规范和导向的，即国家计划的目标和意图通过对市场的规范和导向贯彻到市场机制的运行过程中，因而这样的市场调节机制已经体现了计划的要求，并通过调节企业活动使计划目标得到最终实现。这里的基本关系实际上是：计划规范和调节市场机制，市场机制引导和调节企业活动。（2）把企业推向市场，由市场直接调节，是就企业经营机制的总体而言的，它并不排除对某些特殊企业和部门主要由国家直接调控。如某些社会公共部门。

要真正把企业推向市场，必须具备以下基本条件：（1）要有较发育的市场，否则，把企业推向市场也就无从谈起。（2）具有较完善的市场机制。如果市场机制发生扭曲和变形，市场功能就不可能得到有效的发挥，从而也就难以替代国家成为企业经济活动的调节者。（3）企业必须对市场信号作出及时、灵敏的反应。如果企业对市场信号反应迟钝甚至没有反应，那么，再完善的市场机制也难以发挥其应有的功能。

从我国目前的情况来看，这些基本条件还没有完全具备。首先，我国健全的市场体系还没有建立起来，尤其是要素市场还只是刚刚开始建立。其次，市场机制还很不完善，这表现在：一是价格体系仍然严重不合理；二是市场竞争秩序混乱；三是存在着地区封锁和市场割据、市场垄断。再次，企业还远未成为自主经营、自负盈亏的商品生产者和经营者，尤其是企业软预算约束的严重存在，大大降低了企业对市场信号的反应程度和依赖程度。

因此，在我国目前把企业推向市场所应满足的基本条件还不具备的情况下，把企业推向市场的战略就只能作出如下选择：（1）在市场体系不健全和市场机制不完善的条件下，不能贸然将企业全部推向市场。否则，就可能使企业活动处于既无政府调节又无市场调节的“调节真空”状态，使社会经济陷入混乱。尤其是在价格体系严重不合理的情况下，如果企业完全由市场调节，市场发出的错误信号，会造成资源配置的极大浪费。所以，现在强调把企业推向市场应是指在目前的有利环境下，加快改革的步伐和加大改革的分量，努力实现把企业推向市场这一最终目标，而并非也不可能是立即做到把企业完全推向市场，由市场调节。（2）积极创造条件，尽快将企业推向市场。由于真正把企业推向市场，依赖于各种制约条件的具备，因而各种条件成熟的快慢，直接制约着把企业推向市场的速度，这就需要我们采取有力措施加快各种条件的形成。由于把企业推向市场是新经济体制和经济运行机制的有机组成部分，因而加快把企业推向市场所要采取的各种措施，实际上也就是我国经济改革旧体制，建立新体制所要采取的各种措施，即推进企业改革，使之成为自主经营、自负盈亏的商品生产者和经营者，成为积极参与市场竞争的市场活动主体；加速市场发育，包括建立和健全市场体系、完善市场机制，积极推进价格改革；宏观经济管理体制要从直接调控为主转向间接调控为主，主要运用各种经济政策和经济杠杆，通过调节市场机制，引导企业经济活动符合宏观讨划目标。把企业推向市场，决不是一次行动，而是一个过程，是一个随着各种条件逐步成熟而逐步实现的过程。（3）应看到，经过10多年的经济体制改革，市场机制在我国经济运行中已经开始发挥重要的作用，这就决定了我国现阶段已具备一定条件强化企业对商品市场的依赖：将企业的经济利益同市场紧密联系起来，促使企业根据市场需求安排生产，达到调整产品结构的目的；逐步取消统购包销体制，让市场检验企业生产的产品，并且由此决定企业和职工的收入，决定企业的生存和发展，使企业和职工从自身利益的关心上对市场信号作出及时反应；我国的资金市场虽然还不发育，但目前证券市场兴旺，因而允许一些发展比较好的企业发行一定量的股票和债券，就可以减轻企业发展对政府资金的依赖，而且还有利于硬化企业的预算约束，强化企业的盈利目标，从而使之更加依赖于市场。另外，对目前产品价格已经完全放开、市场环境较好的那些企业，可以将其先行推向市场，由市场引导它们的生产经营活动，国家主要运用经济杠杆间接地对它们进行引导和调节。

关于深化国有企业改革的几个问题[①]

——访著名经济学家、中国人民大学经济学院卫兴华教授

本刊记者：中共中央、国务院近日印发了《关于深化国有企业改革的指导意见》（以下简称《指导意见》），全面提出了新时期国有企业改革的目标任务和重大举措，在国内外产生了较大反响。关于我国国有企业改革问题，一直存在着多种不同的认识和见解。首先请您谈谈深化我国国有企业改革的重大意义。

卫兴华：关于我国国有企业的性质、地位和作用以及怎样改革国企问题，确实存在着多种不同的认识和见解。其实，怎样认识和对待这一问题，是与怎样认识和对待马克思主义的科学社会主义和中国特色社会主义紧密联系的。如果肯定和支持我国实行和发展科学社会主义和中国特色社会主义，就必然肯定和赞同作为我国社会主义经济制度基础的国有经济的重要地位和作用。这种肯定是从历届党中央领导和文件到十八大以来一以贯之的，也是我国宪法明确规定的。宪法是国家的根本大法，人人都应遵守。依法治国，首先是依宪治国。宪法规定：中华人民共和国的社会主义经济制度的基础是生产资料的社会主义公有制。国有经济是全民所有制经济，是国民经济中的主导力量。国家保障国有经济的巩固和发展。从本质上来看问题，可以说作为社会主义公有制核心的国有经济的兴衰成败，关系着共产党革命和建设事业的兴衰成败，关系到社会主义事业的兴衰成败。所以，这一问题必须引起高度重视。习近平同志一贯关心国有企业的改革和发展问题，特别重视搞好中央管理企业的问题。2014 年 8 月 18 日，他在主持召开中央全面深化改革领导小组第四次会议时强调："国有企业特别是中央管理企业，在关系国家安全和国民经济命脉的主要行业和关键领域占支配地位，是国民经济的重要支柱，在我们党执政和我国社会主义国家政权的经济基础中，也是起

① 本文原载《思想理论教育导刊》2015 年第 12 期。

支柱作用的，必须搞好。”这表明，国有企业不仅是社会主义国民经济发展的支柱，而且是我们党执政和政权的经济基础，而且是基础的支柱。这指明了我国国有企业的重要地位和作用。2014 年 12 月，习近平在中央经济工作会议上又强调提出：“推进国企改革要奔着问题去，以增强企业的活力、提高效率为中心，提高国企核心竞争力，建立产权清晰、权责明确、政企分开、管理科学的现代企业制度。”这里讲的是国企改革的目的和改革方法，应建设和发展什么样的国有企业，怎样建设和发展。所谓“奔着问题去”，就是要对准国企存在的问题进行改革，而不能乱改，特别不能借改革搞私有化。

从习近平关于我国国企的定位中，可以明确：共产党事业的兴旺发达，社会主义事业的兴旺发达，同国有企业兴旺发达，是密切相连的。因此，国有企业“必须搞好”！当前，混合所有制趋向的改革，应遵循而不应悖离这一宗旨。

不言而喻，国有企业实现其重要地位和作用，要以搞好和搞活国有企业为前提。国有企业作为社会主义全民所有制经济的重要特点是：其发展的成果要惠及广大人民，显示其社会主义性质。但应注意：并不是某些企业只要归国家所有，就必然具有全民的社会主义性质。如果国企高管贪污腐败，又拿天价高薪，国有企业的发展成果不能惠及广大人民，国有企业的职工没有当家做主的权利，这样的国企名为归全民所有的社会主义经济，实际上流于空谈，失去了社会主义性质。在国企转轨过程中，要警惕国企社会主义性质的蜕变。在我国，国有企业已由计划经济转向市场经济，实行了所有权和经营权两权分离，改变了僵化的管理体制，焕发了企业的生机，企业主管的经营权扩大了。但是，也为企业相关人员，特别是高管独断专行、以权谋私、贪污腐败留下了空间。前不久国家派出巡视组进驻多家中央企业，正是要解决这一问题。

本刊记者：您认为搞好我国国有企业改革，要在哪些方面下功夫？

卫兴华：搞好国有企业，使其成为名实相符的全民所有的社会主义企业，应做到以下几点：

第一，国企管理人员特别是国家委派的高管，应以权谋公，而不是以权谋私。廉洁奉公不能只靠个人品德和政治觉悟来实现，国企高管的个人品德和社会主义理念固然重要，但“人各有志”参差不齐，需要有制度来保证。为此，有必要建立一套有效的激励机制和监督机制相统一的管理体制。没有监督的权力越大，越会有独断专行和贪腐的空间。国有企业的监督机制应由两方面形成，一是来自企业职工的内部监督，建立企业内部监督制度；二是来自国家的定期巡视和政府部门的经营监督。内外监督的结合，使企业有关人员不敢贪腐、不能贪腐。

第二，国有企业作为全民所有制的社会主义企业，要在国民经济发展中起主导作用，就需要通过深化改革，除弊兴利，在创新力、竞争力、质量、效率、效益和在国计民生事业中，发挥出优越于私营经济的作用。目前，贬损、否定、妖魔化国企的舆论甚为时髦和强健，更多的是说它效率低、不如私企，实际亏损，阻碍经济发展。但也有更多学者用实证分析，证明国企的社会效益和经济效益，都高于私企。我只用一个事实说明问题：目前，大国间的经济竞争，首先表现为大企业间的竞争。占世界500强的企业数，是衡量一国经济实力的指数，中国进入世界500强的国企，1990年只有1家，2014年上升83家。如国企无效率，明盈实亏，会发展为世界500强大企业么？当然，也还有些国企经营不善，存在多种亟待解决的问题，需要通过深化改革搞好、搞活、做大做强。要首先表现出其优越于私营企业的反映质量与效率的更高的劳动生产率。

第三，国有企业，属全民所有，其发展成果就应惠及全民。首先，由国家委派国企高管不应拿天价薪金。其次，国企一般职工的收入高于私企外企，是社会主义企业应有之义，不应非议。社会主义企业没有劳资对立，职工收入应随着企业效率和效益的提高而提高。但是，某些行业的国企职工收入，过高于一般国企职工收入，并不公平合理。复次，国企的收入，除缴纳税负外，其利润主要用于积累，依然归全民所有，另有一部分上缴国家，而且占比在提高，今后应随企业效益的提高而提高，由国家统筹用于民生。国企利润还有一部分用于救助社会事业和提高与改善职工福利。

第四，国有企业应有的一个重要特点是，广大职工真正成为企业的主人，职工应具有知情权、管理参与权、监督权、重大决策和选举与罢免的投票决定权等。国有企业的社会主义性质怎样体现？主要体现在生产资料和劳动者相结合的特定方式上。光讲所有制，不能完全决定经济形式的性质。我们一般讲，生产资料所有制是经济制度的基础，这没有错。但封建社会、资本主义社会也有国有经济，并不是社会主义经济。再者，都是非劳动者占有生产资料，劳动者不占有生产资料，为什么有的是奴隶制，有的是封建制，有的是资本主义制度呢？光从所有制不能说明其究竟。所有制是前提性意义上的基础，而不是全部决定意义上的基础。马克思指出："不论生产的社会形式如何，劳动者和生产资料始终是生产的因素。凡要进行生产，它们就必须结合起来。实行这种结合的特殊方式和方法，使社会结构区分为各个不同的经济时期。"① 马克思的这一理论观点，对我们搞好国有企业，真正成为惠及劳动人民的社会主义经济，具有指导意义。国有经济和社会经济制度的不同性质，还取决于生产资料和劳动力相结合的特殊方式。如果非劳动者占有生产资料，劳动者作为"会说话的工具"，在主人的皮鞭棍棒下与生产资料结合进行生产，就是奴隶制度。如果生产资料作为资本，劳动

① 马克思：《资本论》第2卷，人民出版社2004年版。

者以雇佣劳动方式与资本相结合，资本所有者作为主人进行获取剩余价值的生产，就是资本主义制度。资本主义国家的国有经济，依然是资本与雇佣劳动相结合，劳动者不是所有者和主人，其性质是国家垄断资本主义。社会主义国有经济，应是作为企业主人的劳动者与归全民所有的生产资料相结合，才体现社会主义经济制度的性质。国有企业的改革，应关注劳动者作为主人与全民所有的生产资料相结合的社会主义生产方式的确立。

本刊记者：现在有些人宣扬国有企业“与民争利”，极力贬公扬私、妖魔化国企，主张继续“国退民进”。您如何看待这一论调？

卫兴华：这种论调是极其错误的，也是非常有害的。我可以明确地说，国有经济不是“与民争利”而是为民谋利。新中国成立以来，不管在经济社会发展中有过多少次失误和错误，国有企业作为经济社会发展的骨干，在社会主义事业的建设与发展中始终起着主导性和决定性的作用。断言国有企业的效率和效益必然低于私企，据以主张私有化，是不符合事实的以偏概全和主观武断。从国际上看，苏联十月革命后实行国有化的社会主义，迅速改变了沙俄时期落后的面貌，缩小了与美国原有的巨大差距，成为可与美国抗衡争霸的超级大国。而当社会主义公有制度蜕变为私有化制度后，其国际地位和经济社会发展一落千丈。其经济规模原本远远大于我国，1989 年，俄罗斯的经济规模是中国的两倍。现在只及中国的 1/5 多一点。2014 年，中国的 GDP 总量为 10.4 万亿美元，仅次于美国，居世界第二位。而俄罗斯 GDP 总量仅 2.06 万亿美元，居世界第九位，与居第十位印度的 2.05 万亿美元差不多。[①] 私有化不但没有加快俄罗斯的发展，反而损害和延缓了发展的步伐。再从我国的发展来看，如果从 1952 年算起，到 1978 年，改革开放前的 27 年中，经济增长也有 6% 以上，经济建设的成就，超过了旧中国的百年以上。完整工业体系的建立和发展，主要依靠国有经济的效率和效益。1956 年，毛泽东在《论十大关系》中讲：“从现有材料看来，轻工业工厂的建设和积累一般都很快，全部投产以后，四年之内，除了收回本厂的投资以外，还可以赚回三个厂，两个厂，一个厂，至少半个厂。”[②] 这里讲的是“三大改造”后的国有企业的经济效益。根据有关统计资料，国有经济的利税率也较高，1957 年达 34.7%，1965 年也还达 29.8%。如果没有“左”的失误，经济发展的成绩会更大。

改革开放以来，鉴于传统计划经济的弊端和我国生产力落后的国情，采取两大改革措施：一是所有制结构的改革，由单一的公有制变为公有制为主体，多种

---

① 资料来源：2014 年世界各国 GDP 排名公布，南方财富网，http：//www.southmoney.com/hkstock/ggxinwen/201501/265283.html。

② 《毛泽东文集》第 7 卷，人民出版社 1999 年版。

所有制经济共同发展；二是经济体制转型，由计划经济转向社会主义市场经济。这催生了经济的活力，造就了30多年年均9.8%的经济高速增长。这既有非公经济的贡献，更有国有企业改革成本的先期付出和后期发展与付出的贡献。有人断言，我国改革开放30多年来的经济快速发展，主要是依靠私有制经济的发展，国有经济只起负面效用。这与事实相悖。就国内来讲，旧中国存在多种私有制经济，但发展缓慢，长期积贫积弱。因为落后才遭受列强的侵略。从国际上来看，许多经济落后的原殖民地国家走上独立后，选择了资本主义道路，而中国由半殖民地半封建主义的落后国家，走上社会主义道路。中国以公有制为基础或为主体的经济发展，远远超过了前一类国家，也超过了一切实行私有制的发展中国家。特别是改革开放以来，我国连续30年的经济高速发展是世界历史上空前的。超过了从古至今一切实行私有制的国家和社会。总之，无论从纵向或横向对比，一切私有制经济的发展速度，都比不上我国以公有制为基础或为主体的经济发展。通过以上的事实说明，还能断言社会主义新中国的经济成就或是改革开放30多年来中国特色社会主义经济的成就，都应归功于非公有制经济么？还能主张实行全面私有化、重蹈苏联解体中的私有化覆辙及其后果么？

就国内的经济发展来看，非公有制经济发展得很快，呈“国退民进”之势。从纵向和横向看，我国改革开放30多年来，私有制经济的发展，是最有势头和成果的，超过了当今一切私有制国家。靠得是什么？这就涉及一个有争议的问题：国有经济的主导作用，究竟是制约了私企的发展，还是起了促进、支持作用？事实证明是后者，而非前者。首先，国有经济为非公有制经济的发展提供了基础设施，节省了非公有制经济创业和发展的基础成本。其次，改革开放前一阶段，对外企私企实行减免优惠政策，国有企业承担了不公平的高税率负担。相对来讲，非公经济的一部分税负转嫁给国有企业。复次，在改革过程中，大量国有企业，通过贪腐性手段转为私营企业，导致大量国有资产流失，强盛的国有资源化公为私，成为扩大私企发展的重要一环。还有，国有企业科技水平一般高于私企，国企的科技创新有溢出效应，私企也可利用，特别是有些国企培养的科技和管理人员转向私企，都促进了私企的发展。最后，改革以来，国企不断减少，为私企外企的发展腾出了市场空间和资源空间。目前，地方和中央国企总数只有10多万户，而私企户数至2013年达1253万多户，从业人员达1.25亿人。国企从业人员为6365万人，只占城镇就业人员的16.6%。

非公有制经济的快速发展，还得益于国家政府的鼓励与支持，政府不断出台利好于私企的政策，不断扩大私企发展的平台。

国有企业支持了非公有制经济的发展，特别在支持国家和社会的发展方面，承担了多种职责，如应对国内外各种突发事件，赞助社会事业等。如果进一步比较国企和私企的长短，还需着眼于四个方面：一是国企职工的工资高于私企。从有关统计数字看，私企职工的工资只及国企的一半多。二是国企的税负高，尽管国企就业人员只占城镇就业人员的16.6%，国有工业企业GDP只占全部工业企业GDP的20%以下，但税负占比却依然高于非公有制经济。就规模以上国有及国有控股工业企业主营业务税金及附加所占比重来看，1998—2002年，占80%或以上；以后随着国企不断退出，税负占比也下降，但与就业人员比重和GDP比重相比，依然是高税负。2011—2013年，税金及附加占比高达33%—36%。三是国企的利润除上缴国家一部分用于社会事业外，主要用于积累仍归全民所有。私营企业贷款付息还贷后，增值的利润归私资所有。而国企付息还贷后，利润积累，依然是国有。这正是国企数量不断减少，但国资总量扩展较快的原因。四是国企的产品一般可信度高。假冒伪劣商品，假酒、假烟、假药、地沟油、有毒食品，多来自个体私企。国企在保障民生方面负有责任，做出了重要贡献。

从上述我国国有企业在社会主义制度中的地位和作用看，从国企对国家和社会多方面的贡献看，贬公扬私、妖魔化国企，主张继续"国退民进"，消除国企、全盘私有化的主张既背离科学社会主义和中国特色社会主义，也背离经济社会发展的实际。

本刊记者：搞好搞活国有企业的关键环节是什么？

卫兴华：关键环节应该是切实落实国企经营自主权。毋庸讳言，国有企业还存在这样那样的问题和矛盾，需要通过深化改革来解决。我们的改革是社会主义的自我发展与完善。中央文件一再讲，国企改革是改革的中心环节，要使其成为生机盎然、高质量、高效率的社会主义企业。我国已从传统计划经济体制转轨为社会主义市场经济体制，这是根本性的全面的改革。国企改革的一个重要环节是所有权与经营权两权分离。企业应具有经营自主权。现在的问题是，对国企的经营自主权，存在两个方面的问题需要处理和解决好。一个方面是企业有了独立的经营自主权，但缺乏对企业主管的有效的监管，企业的经营自主权，不是企业主管的独断专行权。其权力没有装进笼子里。国企主管的权力应有制度约束，有法治遵循，这样才能制约国企主管的贪腐行为。另一方面是将国有企业搞好、搞活的经营自主权应真正落实到位，目前依然存在政府有关部门不必要的干预。特别是多年来，在改革运作中，经常出现"一股风""一刀切"的现象。国企在大的方面的总体改革，如进行转轨实行社会主义市场经济，那是统一的，不可能有哪个企业根据经营自主仍选择计划经济。但在具体改革路径上，应允许国企有选择权，即选择最有效的经营权。可以八仙过海，各显神通。多年来先后搞承包制，搞股份制，搞公私资本交叉的混合所有制，往往将指导思想变成了不是命令的命令，往往"一股风""一刀切"。有些人和企业往往不管实际情况紧跟政策。

定指标、倒计时、争前列。如一讲“抓大放小”，对中小企业便“一卖了之”。国企改革，可鼓励企业有自己的改革创新。对于来自上面的改革的指导思想，从决策者说，既要有顶层设计，又要有实施细则，要有具体的规范化的准则。不要提抽象的、概念式、口号式的会造成不同领悟与解读空间的模糊政策语言，要接受20世纪90年代国企改革中自卖自买、名卖实送、“一卖了之”、贪腐自肥、大量国有资产流失的教训。当前提出实行公私资本交叉参股的混合所有制经济，其本意是既有利于国企发展，也有利于非公经济发展。但出现了不同的解读。认识不同，改革的进行就会有别。要警惕新自由主义借机搞侵蚀国企、搞全盘私有化的行径。要让国有企业有一定选择的权利。如果某些国企现有体制搞得有效，质量、效率、效益有保证，不愿引入私人资本，应允许其继续在现有体制中运行，这也应是落实国企经营自主权的必要环节。

当前，在理论宣传和改革实践中，出现了借实行混合所有制的改革之机，搞“国退民进”，销蚀国企的现象。一份在北京创办的有影响的官方刊物，在今年的第2期发表文章说：“混合所有制改革的一个要点是大幅降低国有股比重”“混合所有制改革成功的一个必要条件是，在绝大多数行业，国家应放弃对企业的绝对控股权”，在竞争行业“应尽可能降低国有股权比重，甚至考虑完全退出”，主张“国退民进”。有的市政府提出混改方案，主张不再强调国企控股。国有存量资本可以减少，转让给私企、外企，减少国有股比例。据《企业观察报》1月19日报道：国安集团混改中，五家民企以56.6亿元现金，就获得净资产高达155亿元国安集团80%的股权。[①] 这种理论和改革方案，是背离宪法和中央的改革精神和指导思想的，会给中国特色社会主义事业带来损害。国有企业有权不按此办理，而是按照中央和习近平同志的改革指导思想去践行。这是落实国企经营自主权，不受政府不当指挥的必要环节。

社会舆论多为非公经济鸣不平，多方面批评国有经济。其实，国企经营者也有自己的委屈和不平。2015年1月12日，《人民日报》刊发了记者白天亮撰写的《让国企成为真正的企业》一文，其中讲到国企的困惑：在企业微观经营层面，民企的“紧箍咒”已越来越少，反而是国企的法人治理结构问题解决得不好。近年来甚至存在着越来越被捆住手脚的倾向。“规定企业只能干这个，不能干那个，企业还谈什么经营自主权。”多位国企负责人表示地方政府还不断强加于企业种种社会负担。由此可见，搞好搞活国有企业，必须真正落实其经营自主权。应消除地方政府对国企的不当干预，让企业有选择或不选择某种改革方案的经营自主权。

---

① “‘混改’不是大家分蛋糕”，《报刊文摘》2015年1月26日，第3期。

本刊记者：自十八届三中全会提出积极发展混合所有制经济后，社会各界对中央的这一决策的理解与反应是不同的，有多种不同的声音。这次的《指导意见》也明确将发展混合所有制经济作为国企改革的一项重大任务。您怎么看待这一问题？

卫兴华：我认为首先要弄清“混合所有制经济”与“混合经济”概念的差异。有的学者提出，混合所有制经济有宏观微观之别。从宏观经济来看，我国实行多种所有制经济共同发展。公有制经济与非公有制经济并存，就是宏观经济领域的混合所有制经济。从微观经济来看，实行公有资本和私人资本交叉持股的股份制，就是当前倡导的混合所有制经济。另有学者，把混合所有制经济，简称为混合经济。我认为，上述这种理解，值得商榷。

首先我国改革开放以来，实行公有制为主体、多种所有制共同发展，中央文件和学界一贯称之为社会主义初级阶段的基本经济制度。现在提出混合所有制经济，是专指公私资本交叉持股的股份制度。没有必要分散理论与实践焦点另将现阶段基本经济制度改称混合所有制经济。

混合所有制经济是否可以简称为混合经济呢？我认为，“混合经济”一词，在西方经济学中已有其公认的内涵，与我国所讲的混合所有制经济不是一回事。西方经济学概念，我国学界多有应用。没有必要在“混合经济”一词上另起炉灶。

西方经济学中的“混合经济”有两种内涵：一是指政府工业和私人工业的混合，也就是私有制经济和少数国有经济共存，把共存称作“混合”。二是指市场经济与政府调节的结合，也就是看得见的手和看不见的手的结合。在西方的经济词典和教材中，对“混合经济”一词都有明确的解读。兹举几例。美国格林沃尔主编的《现代经济词典》（商务印书馆出版）中这样解释：“在混合经济制度中，国家机构和私人机构都实行一定的经济控制。在大多数自由世界的工业国家的经济中，都存在着不同程度的政府工业和私营工业的混合。”在萨缪尔森和诺德豪斯所著的《经济学》中也讲：“美国经济的现实是私人组织和政府机构都实施经济控制的‘混合经济’：私有制度通过市场机制的无形指令发生作用，政府机构的作用则通过调节性的命令和财政刺激得以实现。”在胡代光和高鸿业主编的《现代西方经济辞典》中，介绍了“混合经济”的思想。凯恩斯在《通论》中提出的“混合经济”的内容是“让国家之权威与私人之策动力量互相合作”。汉森发展了凯恩斯的这一思想，提出资本主义已不是纯粹的私人资本主义经济，而是私人经济与公共经济共处的双重经济。“双重经济”就是“混合经济”。

中国的经济学词典中，对“混合经济”和“混合经济论”也有说明。如刘树成主编，凤凰出版社和江苏人民出版社共同出版的《现代经济词典》中，就收入了这两个词条。在“混合经济论”一词中这样讲：“西方经济学中有关私人经济与公共经济共存，市场机制与国家干预结合的一种理论。”

西方经济学中之所以要提出“混合经济”一词，是为了区别亚当·斯密所阐述的自由市场经济时期政府只起“守夜人”作用的资本主义经济。我国实行混合所有制经济，与西方讲的“混合经济”不是一回事，不要将两者等同。我国实行公有制为主体、多种所有制经济共同发展，也不必称之为混合经济。因为我国的社会主义基本经济制度与资本主义国家以私有制为基础的混合经济是不同的。

本刊记者：在弄清“混合所有制经济”与“混合经济”概念的差异后，我们才能理解中央为什么要主张发展公私资本交叉持股的混合所有制经济。

卫兴华：是的。在改革过程中，先是提出股份制是公有制的实现形式，后又进一步提出股份制是“公有制的主要实现形式”，十八届三中全会又提出作为混合所有制经济的股份制是“基本经济制度的重要实现形式”。

探寻公有制的有效实现形式，搞股份制和混合所有制，其目的是为了更有效地发展公有制经济，把公有制经济特别是国有经济搞好搞活。十六大报告以来的中央文件中多有如此论述。十八届三中全会的决定中讲：“积极发展混合所有制经济。国有资本、集体资本、非公有资本等交叉持股、相互融合的混合所有制经济，是基本经济制度的重要实现形式。”就是说，混合所有制经济既是公有制的重要实现形式，也是非公有制经济的重要实现形式。这段话是在“坚持和完善基本经济制度”的标题下讲的。这表明，实行混合所有制经济，是服从于坚持和完善公有制为主体、多种所有制经济共同发展的基本经济制度的。接下来进一步指出：“必须毫不动摇地巩固和发展公有制经济，坚持公有制主体地位，发挥国有经济主导作用，不断增强国有经济活力、控制力、影响力。”这是首要的目的。其次，实行混合所有制经济，也是为了“激发非公有制经济的活力和创造力”，有利于公私经济共同发展。但首先是着眼于放大国有资本的功能与增强国有资本的作用。十八届三中全会决定指出搞混合所有制改革，“有利于国有资本放大功能、保值增值、提高竞争力”。同时，“有利于各种所有制资本取长补短、相互促进、共同发展”。习近平同志在十八届三中全会的《说明》中也讲，之所以实行混合所有制经济，因为“这是新形势下坚持公有制主体地位，增强国有经济活力、控制力、影响力的一个有效途径和必然选择”。

从中央有关文件的说明，可以清楚地看出，搞混合所有制经济，绝不是为了削弱公有经济特别是国有经济，搞什么“国退民进”。相反，是为了更好地发展国有经济。

本刊记者：当前在怎样搞好混合所有制经济方面，学界也是议论纷纷，见解不一。您认为应该如何发展混合所有制经济？

卫兴华： 弄清为什么要实行混合所有制经济，才能明确该怎样实行混合所有制经济。有些学者、官员和私企主，主张搞混合所有制就是要“国退民进”，让国企让出控股权，将中小国企“私营化”，称之为“产权结构优化”。实际上是借搞混合所有制搞私有化的一套。不知道这些学者和官员是否认真读过习近平同志的有关讲话和中央有关文件的有关论述，为什么要与中央的改革精神背道而行。中央文件要求国企改革要“保值增值”。“保值”就是指存量资本和资产不能减少；“增值”就是指资本和资产总量要不断扩大。当然，这是从国企总量或大多数国企来讲的。个别经营不善的国企可另作处理。目前，国有企业还存在这样那样的问题，需要通过深化改革来解决。但实行混改，决不是搞新一轮增私降公、消蚀国企。而是如中央文件所说：要通过改革“发展壮大国有经济”“增强国有经济活力、控制力、影响力”，是为了“坚持和完善基本经济制度”。如果搞去国有化，搞全面私有化，社会主义经济制度还存在么？还需要共产党执政么？如果以国有经济为核心的公有制，全盘被私营经济和外资企业所取代，必然是转变为资本主义经济制度。经济基础决定上层建筑，共产党最终会退出历史舞台。苏联东欧剧变的结果就是明证。因此，必须按照中央指导思想搞好国有企业，而且是“必须搞好”。为搞好国有经济就必须搞好混合所有制经济。

实行混合所有制经济，应是双向混合，即既有私人资本参股国企，也有国有资本参股私企。国资参股私企，私企可具有绝对控股权或相对控股权，可扩大私资的影响力和竞争力。私资参股国企，不是把国企已做好的大蛋糕进行分割，切一大块分给私资。就是说，不是简单地把原有国有股转让给私资，搞“国退民进”，而是由私资投资国企进行参股，做大蛋糕，共享新增利润。混改中最有意见分歧的是控股权问题，私资参股国企，由谁控股？有的学者和地方官员以及私企老板主张国企在混改中由私资控股，包括绝对控股权或相对控股权。需要认知：如果在混合所有制中由私资控股，国有经济就变为私营经济了。我们一般把私营经济看作私有制经济，将“私营”与“私有”等同。其实，私营经济既可以是私有私营，也可以是公私资本共同持股由私人资本经营的私营经济。在股份制中，如果国有资本总量多于私人资本，但国资分散在多家手中，私资相对占比高，由私资控股经营，就是私营企业，可以掌握相对控股权。在混改中，国有企业的存量资本，一般不应出让控股权。因特殊情况需要转让的，也只是个别的。在混合所有制经济中，私资在四种情况下可掌握控股权。一是私企引入公有资本，多为绝对控股，少为相对控股；二是国资新投资领域，按项目的性质和国资私资参股的多少，可分别由国资控股或私资控股；三是原有国企在扩建或新建中引入私资参股，扩大增量资本，在这方面，可根据具体情况由国资或私资掌握控股权；四是某些经营不善的中小国企，在双赢的协商条件下，可转归私资控股经营。

实行混合所有制经济，私资参股国企，即使不占有控股权，也可具有话语权和监督权，可提高效率，做大蛋糕，分享利润。事实上，我国实行混合所有制的股份制企业，已有不少先例，表现出有利于提高经营管理水平，获得国资、私资两利的成果。如中国建材集团吸引上千家私企参股，混合搞得很成功。既增强了国企活力，实现了国企的保值增值，又带动了千家私企的发展。

实行混合所有制经济，有些地方容易“闻风而动”，搞一股风、一刀切。有的地方政府，定任务、下指标，限时间，争“先进”。规定国企让出多少“控股权”。这偏离中央混改精神，应引起重视。搞混合所有制改革，既要有顶层设计，又要有细则。要按程序进行，规范运作，加强监督，避免新一轮国资大量流失。

夯实中国特色社会主义的经济基础[①]

胡锦涛总书记在“七一”重要讲话中指出，中国共产党“开辟了中国特色社会主义道路，形成了中国特色社会主义理论体系，确立了中国特色社会主义制度”。经济是基础，中国特色社会主义制度是以中国特色社会主义经济制度为基础的。

坚持和完善中国特色社会主义经济制度

生产资料所有制是社会经济制度的基础，社会主义公有制是社会主义经济制度的基础。无论中国特色社会主义经济理论体系或中国特色社会主义经济制度，都会涉及社会主义所有制这一基础性问题。我国处于社会主义初级阶段，所有制结构即基本经济制度是公有制为主体、多种所有制共同发展。这一基本经济制度构成中国特色社会主义经济制度。公有制为主体，包括发挥主导作用的国有经济和作为公有制重要组成部分的集体经济，也包括混合所有制经济中的国有经济和集体经济成分。

我国的国有经济是由国家代表全社会掌握生产资料和产品的公有制形式，是全民所有制经济。它代表国家和全民的利益，掌握有关国计民生的重要部门，致力于发展基础设施和支柱产业，掌握国民经济命脉。我国宪法规定：国有经济“是国民经济的主导力量，国家保障国有经济的巩固和发展。”

在社会主义初级阶段，实行公有制为主体，不搞单一的公有制，同时发展私营、个体、外资等非公有制经济。发展私有制经济不是搞私有化、搞不搞私有化的标志，要看是不是坚持国有经济为主导、公有制经济为主体。“主导”是指国有经济在国民经济发展中起引导、导向、带领的作用，它在所有制结构中的数量比重并不一定要占多数。“主体”则不同，既要有量的优势，又要有质的优势。量的优势是指从资产占有量、GDP 贡献、产值、新增加值等方面看，公有制经济

① 本文原载《光明日报》2014 年 6 月 6 日。

在比重上应占优势。质的优势应表现在两方面：一方面，要把公有制经济搞好搞活，使国有经济有效发挥主导作用，提高其在经济发展中的控制力、影响力和带动力；另一方面，公有制经济特别是国有经济应在发展生产力、应对国际竞争与危机、保障国家安全、保证社会进步与稳定、消除两极分化、实现共同富裕的根本任务与目的中，表现出其优越性。

在我国现阶段，根据我国国情和“三个有利于”的标准，既要重视公有制经济的发展，又要重视非公有经济的发展。党的十七大报告指出：“毫不动摇地巩固发展公有制经济，毫不动摇地鼓励、支持、引导非公有制经济发展。”党的十七届四中全会又提出划清公有制为主体、多种所有制共同发展的基本经济制度同私有化和单一的公有制的界限。改革开放 30 多年来，正是在这一基本经济制度下，我国经济与社会获得了快速发展，取得了巨大成就。

当前，对唱衰和否定公有制为主体、国有经济为主导的私有化思潮的消极影响应高度重视。有必要从理论与实践的结合上弄清公有制经济特别是国有经济在中国特色社会主义制度中的地位和作用，澄清一些理论认识上的是非。

我国为什么要实行公有制为主体

人们一般讲：由于我国是社会主义国家，所以必须以公有制为主体。这样讲也不错，但没有解决问题。还需要进一步回答，为什么社会主义国家一定要实行公有制或以公有制为主体？这个问题并非人人都很清楚。如果对这个问题不是很清楚，就会产生邓小平提出的对什么是社会主义、怎样建设社会主义认识不清的问题。

科学社会主义强调公有制为基础，中国特色社会主义强调公有制为主体，是服从于社会主义的根本任务和目的的。共产党人为什么要搞社会主义？实行公有制与搞社会主义有什么内在的必然联系？邓小平提出的社会主义本质论科学地回答了这一问题。从本质上说，搞社会主义，搞公有制或公有制为主体，其目的和任务就是解放和发展生产力，消灭剥削、消除两极分化，最终达到共同富裕。而公有制正是实现社会主义本质的制度安排和必要条件。由此出发，搞社会主义，搞公有制，必须抓两头，一头是快速发展生产力，一头是共同富裕。这一思想，从马、恩、列到邓小平是一以贯之的。

从历史事实来看，沙皇俄国原是一个在经济上落后于美国的国家。苏联社会主义公有制建立以后，迅速缩小了与美国的差距。美国在 1901—1929 年，工业产值年均增长不过 4%，1955 年的国民收入只为 1917 年的 2.66 倍。而苏联 1957 年的工业增加值与 1913 年相比，增加了 32 倍，国民收入增加了 18 倍左右。第二次世界大战后，尽管苏联在战争中受到重创，但迅速恢复和发展了经济，成为可与美国抗衡的超级大国。而苏联解体，转向私有化后，经历了十几年的经济停滞和衰退，昔日雄风不再，由远胜于中国的世界强国倒退为经济落后于中国的“发展中”国家。

1949 年前的旧中国是一个落后的贫穷的衰弱国家。成人文盲率高达 80%，人均寿命只有 35 岁左右。新中国成立前的一百多年中，多种私有制经济的存在没有导致中国走向繁荣富强，反而是内忧外患，民不聊生，经济社会趋于停滞与衰退。1949 年后，建立了实行公有制的社会主义制度，生产力获得解放与发展。改革开放前，尽管受到“左”的损害，公有制的优越性没有充分发挥，但由于摆脱了帝国主义、封建主义与官僚资本主义的掠夺、压迫与剥削，经济增长还是比较显著的，处于世界前列，在较短时期内建立了完整的工业体系，其成就超过了过去几百年，这种成就主要依靠国有经济的作用。改革开放以来社会主义建设的成就，又远远超过中国任何历史时期。

国有经济在社会主义制度中的真实地位与作用

有人将资本主义国家搞国有经济的状况作为我国国有经济的参照系，这混淆了社会主义制度与资本主义制度的区别。资本主义以私有制为基础，即使不搞国有企业也不会损害资本主义一根毫毛。资本主义国家建立国有企业并不是属于构成资本主义制度的内在要素，而是出于调控资本主义经济运行的需要，是为了弥补市场这只“看不见的手”的缺陷，便于实行政府调控。这类国有企业一般是私人资本不愿或无力经营的部门。而对社会主义国家来说，第一，国有经济作为社会主义全民所有的经济，是社会主义经济制度的内在构成要素。它从长远利益和全局利益方面支撑社会主义经济的发展。只有坚持和完善以国有经济为核心的公有制经济，才能实现社会主义的本质要求，才能消除两极分化，走向共同富裕。第二，国有经济是社会主义国家对经济运行更为有效地实行宏观调控的经济手段。兹举一例：日本这次强震引发福岛核电站危机，使关东地区产生电荒。日本不能从全国调剂电力，因为国家不掌握电力，关西的大阪电力和关东的东京电力两大电网无法并网。而我国的大电网可全国调配。第三，国有经济是我国先进生产力的代表，是国民经济的支柱。发展社会主义社会的生产力，实现国家的工业化和现代化，始终要依靠和发展国有经济的重要作用。第四，国有经济是保证我国经济独立自主和国家安全、应对国际竞争和突发事件、保障国家安全的重要支柱。在这次国际金融危机中，我国能够首先摆脱危机的冲击，经济继续快速增长，国有经济功不可没。第五，以国有经济为核心的公有制经济是共产党执政的经济基础和物质手段。有些人认为私有制经济是党和政府的执政基础，有人咒骂国有企业，断言国有企业“造成民营经济发展的困难、法治的破坏、民生的困难、腐败的蔓延、道德的沉沦”，因而国有企业“不是政权的基础”，这实在是无理强加于国有企业的罪责。国有企业固然还存在这样那样的问题，需要通过深化改革、完善机制解决，但这不是国有企业的制度性问题，而是需要实行科学管理的问题。

之所以强调包括国有经济的公有制经济是党和政府执政的经济基础，是因为，公有制是社会主义制度的经济基础。在公有制的基础上才能建立起按劳分配、消除两极分化、实现共同富裕的社会主义生产关系体系。共产党是搞社会主义和共产主义的，如果是搞私有化，搞资本主义，就不需要共产党。非公有制经济是非社会主义经济，它们是社会主义市场经济的组成部分，而不是社会主义经济的组成部分。按照“三个有利于”的标准，即使是资本主义性质的外资经济和私营企业，也要毫不动摇地鼓励和支持其发展。但如果公有制为主体的经济基础丧失了，上层建筑迟早会随之变化。

国有经济的效率及其与非公有制经济的关系问题

国有企业的效率问题，经常受到不实事求是的指责。如果国有资产增长快了，利润率大幅提高了，会被指责“国进民退”，挤压了非公经济，甚至说是明盈实亏。如果利润率低了，又被说成是低效率，国有不如私有，主张“国退民进”。最近看到有人用统计数字批评国企“近几年国进民退，国有资产从 1999 年的 9 万亿元增加到 2009 年的 43 万亿元，是十年前的五倍”，说“国有及国有控股企业整体上处于亏损状态”，这不是实事求是的论断。

对于国有经济在社会主义经济发展中的地位和作用，以及它与私有制经济的关系问题，只有从坚持和完善中国特色社会主义制度的总体理念和要求去考虑与研究，才会得出科学的认识。只根据国有资产十年增加五倍，就认为是“国进民退”，这是一种片面的武断之词。国有资产的绝对量增加并不是靠挤压私有制经济取得的，与私人资本更快的增长相比，国有资产的相对量是降低的。从国家统计局提供的数字看，2004—2008 年，国有资产在全国资产所占比重中下降了 8.1 个百分点，而私营企业增加了 3.3 个百分点。多年来，国有工业资产在全国工业经济中的比重是持续下降的，从 2002 年的近 70% 下降到 2008 年的 43.7%。

断言国有企业整体处于亏损状态也是违反事实的。国有企业承担着社会责任，不是只以盈利为目的。即使如此，通过改革，近些年来国有企业的利税率还是很高的。2002—2008 年，国有工业企业实现的利润从 2633 亿元增加到 9063 亿元。2009 年，中央企业利润总额达 8151.2 亿元，同比增长 17.1%。从上缴税金来看，全国国企上缴的税金由 2005 年的 1.2 万亿元增加到 2009 年的 2.3 万亿元，年均增长 12.7%。根据有关单位从综合统计数字的分析看出，2003—2008 年间，国企税费大大高于其他类型企业，是私营企业税负综合平均值的 5 倍以上。截至 2009 年年底，已有 1561 多亿元的国有股权转让收入，划归社保基金，使国企收益供全民共享。

总之，我们应坚持和完善现阶段的基本经济制度，真正做到公有制和非公有经济平等竞争、共同发展。不应依靠贬损国有经济来否定公有制为主体，搞私有化，而应不断夯实中国特色社会主义的经济基础，以保障中国特色社会主义经济制度的长治久安。

理直气壮做强做优做大国有企业[①]

中国特色社会主义政治经济学是马克思主义政治经济学的中国化和时代化。发展和创新马克思主义政治经济学，首先应弄清和准确把握其基本原理和方法，把握其中最主要的两条：快速发展社会生产力：不断发展和完善社会主义生产关系，实现共同富裕。这些基本原理既要继承，又要发展和创新。根据当前中国经济发展的实际情况来看，我国的生产力快速发展了，但怎样坚持、发展和完善中国特色社会主义生产关系，消除贫富分化，走向共同富裕，是需要特别重视和抓好的重要环节。它的核心问题是怎样真正搞好搞活国有经济。

马克思主义经典作家强调社会主义国家要建立和发展国有经济，是服从于社会主义必须快速发展生产力和实现共同富裕之本质要求的。改革开放以来，中央一再强调指出，经济体制改革的中心环节是搞好搞活国有企业；习近平总书记多次强调必须理直气壮地做强做优做大国有企业，这也是与社会主义本质要求相联系的。

多年来，国企与私企之间效率与作用的对比争论一直不停。有的学者把我国改革开放以来的经济快速发展完全归功于非公有制经济，夸大私有制经济的效率和作用，这不符合实际。应从宏观和微观两个角度分析这一问题。

从宏观角度来看，历史和现实都不能证明私有制必然优越于社会主义公有制。其一，旧中国存在多种私有制，不但没有把国家引向繁荣富强，反而是发展缓慢，积贫积弱，民不聊生。其二，新中国成立后的“前三十年”经济发展的成就已超过旧中国一两百年，而且主要依靠国有经济的支柱作用。应当对新中国成立以来各个时期国有企业的利润率和利税率做系统的全面统计，以便于分析和比较。其三，俄国十月革命前，沙俄是一个生产力远远落后于美国的国家。实行社会主义公有制后的苏联，迅速缩短了与美国的差距。20 世纪 30 年代资本主义世界经济大危机时期，苏联经济蓬勃发展，后来成为可与美国抗衡的超级大国。

---

① 本文原载《中国社会科学报》2016 年 11 月 15 日。

其四，苏联解体后，俄罗斯倒退为私有制经济的国家，经济多年停滞不前。现在也发展缓慢，远远落后于中国的发展。

中国改革开放以来，经济快速发展，如果将此完全归功于发展私有制经济，认为国有经济拉了后腿，那么对此有必要提出反问：全世界实行私有制的国家包括发达国家和发展中国家，它们的经济发展为什么30多年来比不上中国呢？难道能断言，国外的一切私有制经济都没有中国的私有制经济更有效率吗？对于改革开放以来中国经济奇迹发生的原因，强调应归功于国有经济为主导，归功于公有制为主体、多种所有制经济共同发展的基本经济制度，归功于中国特色社会主义的发展。不是更符合实际吗？

有人无视从宏观角度考察的大逻辑、大道理，而只从微观角度看问题，就主张以私企取代国企。问题的实质在于，国有经济出现的问题究竟是其制度本身注定的，还是非制度性因素造成的？过去计划经济下的国企，利润全部上缴，连折旧费都上缴。搞市场经济改革时，国企没有留下自我积累和发展的资金，背负着企业办社会的沉重负担，税负率一直高于私企、外企，而且许多国企一直担负着为全社会提供公共产品或服务的保障任务。在这种情况下，一些国企面临这样那样的困难，但不能以此断言国有经济注定搞不好。

研究国企改革的得失，我提出以下几点看法。改革开放以来，国有经济扩大了企业自主权。但是存在两方面问题。一方面，国企负责人的自主权缺乏监督与制约机制；另一方面，国有企业实行所有权与经营权分离的改革，但企业缺少选择因企制宜的改革方式的自主权。

马克思主义政治经济学原理对于我国的国企改革具有指导意义。马克思在《资本论》中指出，生产资料和劳动者相结合的特殊方式决定着社会经济制度的特定历史性质，包括生产资料所有制的性质。如果非劳动者占有的生产资料与丧失生产资料的劳动者的结合方式，采取资本与雇佣劳动相结合的方式，就是资本主义经济制度。社会主义生产资料与劳动者的结合方式，应是劳动者作为社会和企业的主人与公有的生产资料相结合。国企高管不能独断专行，要尊重职工的各项权益。职工应有知情权、话语权、监督权、选举权、管理权，这样才能体现国企的社会主义性质，调动职工的创造性、主动性、积极性，把国有企业搞好。

统一认识 卸下包袱 加强管理[①]

一、科学地看待国有企业是搞好国有企业的前提

我国的经济体制改革已经过了17个年头，以搞活搞好国有企业为中心的城市经济体制改革，从1984年算起也经过了十多年的历程。但国有企业的改革从总体上看，成效很不理想，明显地滞后于其他经济体制改革的进程。这首先是由于国有企业本身存在问题的复杂性和改革所具有的难度决定的。也与理论认识和实际工作中的政策选择有关。

毋庸讳言，在国有企业的性质、地位和作用问题上，在我国要不要国有企业和要多少国有企业、国有企业能不能搞好搞活等问题上，存在理论认识和实际思考上的分歧。有必要首先弄清这方面的是非问题。

1. 国有企业的性质、地位和作用。社会主义以前也存在国有企业（或称国营企业），但不同社会制度下的国有企业的社会性质是不同的。封建社会的国有企业或称官办企业，是为封建皇室服务的，具有封建主义性质。资本主义国家的国有企业是服从于资产阶级利益的，当代资本主义的国有经济是国家垄断资本主义，这是马克思主义经济学的常识。我国社会主义制度下的国有企业是全民所有的社会主义企业，这是我党从新民主义革命时期到现在党的许多文献中一再阐明了的，也是载入我国宪法的，随意否定我国国有企业的社会主义性质是不适当的。

公有制经济为主体，国有经济为主导的社会主义初级阶段基本经济制度是社会主义制度的经济基础，必须坚持。而要坚持，就必须切实搞好公有制特别是国有经济，就要有效和充分发挥国有经济的主导作用。有些论著中，常把“主体”与“主导”相混淆：或是讲“以公有制为主导”，或是讲“以国有经济为主体”。两种讲法都不对。公有制为主体，有个数量界限，即国有经济和集体经济的资产

---

① 本文原载宋涛、卫兴华主编《40位经济学家 关于推进国有企业改革的多角度思考》。

要在社会总资产中占优势，新增加值也占优势。而国有经济为主导，并不一定需要国有经济的资产或产值在量上占优势。“主导”是指领导、导向作用，是从其在多种经济成分中的功能讲的。

国有经济的主导作用表现为：（1）在由多种经济成分构成的国民经济发展中，国有经济是走社会主义道路的排头兵。社会主义经济的优势，应首先体现在国有大中型企业的优势上。社会主义发展中的成败得失，首先与社会主义国有经济的成败得失密切联系。正如江总书记在十四大报告中所说：搞活国有企业“是巩固社会主义制度和发挥社会主义优越性的关键所在”。失去了“主体”和“主导”就不可能建设有中国特色的社会主义。（2）国有经济发展的状况对经济稳定、社会稳定、政治稳定起着至关重要的作用。国有经济的持续、快速、健康发展，是我国经济、社会、政治稳定的保证。（3）国有经济是实现社会主义的国家利益、社会利益、整体利益、长远利益的物质基础，是国家进行宏观调控和计划调节的经济力量。（4）国有经济是我国经济发展成本和经济体制改革成本的主要承担者。改革前，国有经济的纯收入甚至折旧费全部上缴国家，改革以来，国有经济的税负和各种负担又重于其他经济成分。它削弱和牺牲了自己的利益，支持了非公有经济的发展，也支持了全国的经济体制改革。发挥了共和国的“长子”的作用。（5）国有经济是我国先进生产力和生产关系的代表，在发展社会主义社会生产力、提高综合国力、提高人民生活水平、实现效率与公平、实现共同富裕等方面，起着领导作用。（6）国有企业是保证我国经济独立的重要支柱。

正因为国有经济在社会主义经济中居于重要地位，起着主导作用，我国进行经济体制改革，建立社会主义市场经济体制，一直以搞好搞活国有企业为中心环节。但由于企业内部和外部的原因，由于历史和现实的原因，也由于理论与实践的某种失误，国有企业的改革与发展，遇到诸多困难。这些困难能够解决，国有企业必须也能够搞活。

2. 关于要不要国有企业和要多少国有企业的问题。如果明确和接受了“改革的目标是建立社会主义市场经济体制”，改革的中心环节是搞活搞好国有企业，把这作为基本的前提条件，那么，进行改革要不要国有企业或要不要坚持国有经济为主导，就不应该成为一个有争议的问题。国有经济是公有制经济的重要组成部分。邓小平同志说：“在改革中，我们始终坚持两条根本原则，一是以社会主义公有制经济为主体，一是共同富裕。”江泽民同志进一步强调：“国有大中型企业是国民经济的支柱。”“搞好国有企业特别是大中型企业，既是关系到整个国民经济发展的重大经济问题，也是关系到社会主义制度命运的重大政治问题”。

有一种看法认为，国有企业低效率是一个世界现象，正是国有企业的低效率，所以西方资本主义市场经济中的国有企业大体占国民经济成分的 8%—

10%，因而，中国搞市场经济，国有企业的比重也应该照此大幅度下降。针对这一观点应该怎么看？对于西方国有企业的性质与社会主义国有企业的性质有何区别暂且不论，不妨专就西方国有企业效率问题和比重问题作些冷静的客观的考察。西方发达的市场经济国家中，国有企业一般是分布在国民经济的基础部门、公共服务行业，因而，大多是非竞争性的企业，部分是属于投资大、风险高、投资周期长而回报低私人资本不愿涉入的行业，这种特定的行业地位和企业的服务属性，本身就决定了它的效率与竞争性私人资本企业效率的潜在差距。并且，国有企业在资本主义国家中，是推行政府经济政策和实现国家经济战略目标的重要工具，本身就带有非盈利的性质，也就是说，利润最大化并不是西方国有企业追求的唯一目标，并没有也不可能与私人资本企业站在同一起跑线上，因而，如果说西方市场经济国家国有企业从总体上看其效率低于私人企业，那是因为特殊的行业条件和制约因素造成的。另外应该看到，并不是所有的资本主义国有企业的效率都是低的，北欧部分国家、亚洲的部分国家特别是新加坡，其相当多的国有企业效率是高的。而且有些资本主义国家的国有企业所占比重并不限于8%—10%，有的国家占20%以上或更多，退一步说，即使所占比例低，甚至在20世纪70年代末出现了私有化浪潮，应该说原因是多种多样的，从根本上看，与其说是效率低下的原因，还倒不如说是制度的性质决定的。不需深究就能够认识到，在一个颂扬私人资本市场经济高效率的国度里，即便国有企业具有与私人资本主义企业同等的效率，其国有经济也不可能上升到占主体地位的比重，何况其国有企业的性质本身就是属于资本主义属性并为私人资本服务的。资本主义是以私有制为基础的，有无和有多少国有企业无关于资本主义制度的性质。

基于以上分析，那种对西方国有企业效率的片面认识并将其在西方经济中所占比重作为我国搞非国有化的尺度来决定我国国有企业命运的思维方法，是难以站得住脚的。

第二种更为简单的思维来源于对国有企业的困难和改革面对的阻力的认识。认为国有企业亏损面大，负债率高，改革的难度大，不仅给整个改革进程造成了阻碍，而且是构成经济运行剧烈波动的主要因素，可供选择的方案是舍掉多数（包括大中型企业）只留下少数非竞争性企业就可以了。这种认识值得推敲。从总体来看，国有企业确实存在相当一部分企业特别是小型企业无法也无力救活的情况，设备差、技术水平低、产品无市场且无法更新换代、难以进行产业调整、资不抵债无发展前途。对于这类企业，在社会承受条件许可的情况下，确实应该“死掉”。即便这样，也很难推断出仅让少数国有企业存活的结论。单纯从数字上讲，若按现行的统计说法，近些年来，我国国有企业一直是1/3潜亏，1/3明亏，只有1/3盈利，且不说这2/3占绝对比重的亏损企业里面有多少是能够通过深化改革和强化管理扭亏为盈的，单就这1/3盈利的部分而言，也推不出只留极少数国有企业的结论来。问题在于弄清部分国有企业陷入困境的原因，并对症下药，找出解困搞活的办法。

3. 关于国有企业能不能搞好搞活的问题。从根本上来说，这是对国有企业改革前途最为重要的判断，它是与要不要国有企业或者要多少国有企业的命题直接相关的。若得出的判断是不能搞好搞活，那么其答案则不言自明。

自1984年将改革的重心从农村转移到城市以来，国有企业改革已经历10多年了，国有企业从整体上看没有搞好搞活，那么，总体上没有搞好是否就等于部分也未搞好呢？没有搞好是否就意味着不能搞好呢？回答诸如此类的问题，科学的态度就是从事实和实践的结果去寻找答案。

通过十几年的改革，国有企业在许多方面发生了较大的变化，特别是已经涌现出了一批搞得好的企业，其中有新建的国有企业，也有在旧体制基础上通过改革而取得辉煌成就的企业。有些城市的整个国有企业搞得很好，如德阳市、柳州市等。相当多的企业通过改革，由亏损变为盈利，例如，浙江绍兴省市属工业企业共25家，有部分企业前几年亏损，通过改革现在全属盈利大户，辽宁省朝阳市国有企业4年前亏损8000万元，1994年即实现利润4.15亿元。还有一批国有大中型企业和国有企业所占比重较大的部分城市，通过深化改革、加强管理、注重企业的效益和产品质量、面向社会需求调整经营策略和方向等措施，取得了显著的成果。事实说明，只要企业领导层以及各级政府特别是地方政府坚定信心和决心，充满责任感，针对各地特别是企业自身的特点和具体情况勇于面对困难，扎扎实实地落实各项改革措施，加强管理，就能够搞好搞活国有企业。在这些企业的成功经验中，都具备这样一条关键的经验，即领导层和广大职工对搞好搞活国有企业充满着信心和坚定的决心，且同心协力，为搞好国有企业努力。在建立社会主义市场经济体制的改革进程中，国有企业改革的榜样应该是这些已经搞好和搞活了的一批国有企业，而不应倾向否定国有企业与颂扬非国有企业特别是私营经济、“三资”企业等。从改革的现实条件来看，尽管国有企业在过去以及当前存在这样或那样的复杂问题，但是，国有企业特别是大中型国有企业，相当部分具有较好或先进的设备和技术条件，有较好的职工队伍，搞好和搞活国有企业应该说是具备基本条件的。

二、卸下包袱，在市场海洋中拼搏

我国不少国有企业困难重重，原因是多方面的。背负的包袱沉重，是一个重要原因，越是老企业，包袱越重。多年来，一再宣传和强调要把企业推向市场或要求企业走向市场，企业应在市场竞争中求生存、求发展，但是，如果国有企业过重的负担不减轻，它怎么可能背负着沉重的包袱去到市场经济的海洋中击浪前进、自由竞争？

1. 国有企业负担沉重形成的原因。企业的包袱，主要是在传统指令性计划经济体制下形成的。

一是富余人员多，过去实行“低工资，高就业”“三个人的饭五个人吃”的劳动就业政策，职工统一调配，企业安排了过多的人员。富余人员在 20% 到 30%。包括生产性富余、结构性富余、生理性富余、季节性富余。企业冗员究竟有多少，没有准确的统计。劳动部的统计是 1000 多万人，有的统计是 1700 万人或 2000 万人，冗员多，必然成本高，劳动生产率低，经济效益差。

二是老企业退休职工多，养老与医疗保险负担重。早在 1989 年，国有企业退休人员已达 1100 多万人。目前，有些老企业中在职职工与退休职工之比为 2:1 或 1:1。辽宁省国有大中型企业的这个比例是 1:0.7 左右。在传统体制下，职工创造的纯收入全部上缴国家，没有给职工留下养老保险基金。养老保险支出理应由国家统一负担，可是却长时期加在企业身上。目前，虽在改革社会保障制度，向社会统筹养老保险过渡，但转机中也存在一些问题和困难。

三是企业办社会。广义地说，企业负担富余人员、负担职工养老保险，也属企业办社会之列。但企业办社会还有其他的内容。住房、医疗、子女入托和上学、独生子女费、各种福利事业，都由企业管，包袱越背越重。

四是国有企业税负重。在传统体制下，企业盈利全部上交，连折旧费都要上交，企业吃国家的“大锅饭”。改革以来，为鼓励多种经济成分发展，国家对私营经济、“三资”企业和乡镇企业实行优惠政策，而国有企业税负最重。国有企业的纯收入大部分交给国家和社会。1978 年上交部分占 97%。改革以来的多数年份上交部分也在 80% 以上，企业净留利很少。企业没有自主权不行，没有“自主钱”也不行。没有“自主钱”，自主权也会落空。国家拿国有企业上交的税利，用于发展和改革，可以说，作为国家财政收入主要来源的国有企业，承担了发展与改革的主要成本，做了贡献和牺牲，而自己却陷入困境。

五是债务负担重。实行“拨改贷”后，许多企业靠负债经营，我国国有企业的负债率已达 75%，自有流动资金不到 10%。而新加坡、马来西亚等国上市公司的负债率仅 40%。债务负担重的一个根源是企业税负过重。传统体制下的企业“竭泽而渔”，没有留给企业积累基金乃至补偿基金。改革以来，企业税、费、摊派等负担依然过重，缺乏自我积累能力。在此条件下，搞“拨改贷”改革，只能造成企业负债经营的格局。企业留利少，没有还本能力，甚至付息都困难。有的企业领导人称之谓“子孙债”。有些企业债务越滚越大，使生产经营陷入恶性循环。

六是老企业的技术设备老化，无力更新改造。从一个省来看：湖北省国有大中型企业固定资产主要装备水平，20 世纪 80 年代的占 28% 多，70 年代的占近

56%，60 年代的占 9% 多。从全国来看，前两年有的调查资料表明，国有大中型企业技术装备达到 80 年代末国际先进水平的只有 10% 左右；70 年代水平的约占 20%；50 年代和 60 年代水平的约占 2/3。老企业技术装备落后，也是传统体制造成的，是税负重、债务重后果的表现。

七是机构臃肿，科室和附属公司庞杂。企业工作效率不高，"扯皮"现象不少，增加了企业的负担。

上述企业的负担或包袱，需要通过改革与发展来逐步解决。如果不解决，国有企业建立市场经济体制是难以实现的。但解决这些问题，单靠企业自己的力量是不行的。

企业的包袱大都是历史上形成的，也有的是现实形成的；是体制性的，而非国有制度性的；大都是政府行为造成的，并非企业内生的。企业的包袱越来越大，困难越来越多，与企业改革滞后有关，与城市改革 10 多年来各级政府没有下功夫和集中注意力狠抓国有企业有关。怎样解除和减轻企业的包袱？企业自己要积极"减肥""消肿"，加强企业内部的改革与管理。但单靠企业行为而没有政府行为配合是难以奏效的。有的包袱如"拨改贷"改革形成的债务负担，"解铃还须系铃人"，就需要通过政府统筹规划，予以解决。

2. 减轻国企负担的具体措施。减少企业冗员，是国有大中型企业的共同需要。大量富余人员的存在，是传统体制的产物。既然要搞市场经济，企业应当有权辞退任何多余的人员。私营企业和外资企业，不会去招聘任何一个多余的人员。但国有企业正因为"国有"，就难以像私有制企业那样可随时解雇不需要的人员。一是传统体制铸成的国有企业职工的"身份"、思维定势和行为方式，与私有制企业的职工不同，连辞退一个不称职的职工也很困难。二是国有企业还得从国家安定、社会稳定的大局出发，为国分忧。在社会保障制度和其他配套改革措施还未健全和到位的情况下，企业还不得不代国家承受冗员的压力去搞"内部消化"。这是国有企业与市场经济接轨中的一个矛盾。在目前条件下，应力求减缓这一矛盾。需要国家和企业协同动作。一方面，要通过积极建立和健全社会保障体系，建立富余和失业职工培训机构，培育和发展劳动力市场等，为企业创造一个有利于内部改革与发展的外部环境；另一方面，企业自己要积极采取改革措施，分流富余人员和过多的辅助人员。在这方面，武钢的"减肥"经验值得重视。武钢由 12 万职工"同吃一锅钢铁饭"，改为分灶吃饭。通过精干主体，"剥离"辅助，开辟新的经济增长点，重组生产要素，分离出 7 万人，使其另起炉灶，形成多个独立的商品经营实体。主体厂与公司机关也分流富余人员 5543 人。其结果，是人均产钢的劳动生产率提高 1 倍多。广州市国有企业多渠道安置富余人员。对自谋出路的，一次性买断工龄；对行业内调剂的，实行"带嫁妆"安置；有的企业采用提前退养、离岗退养、自愿离职、解除合同等多种办法减少冗员。北京市一轻总公司为作好富余人员的分流，建立了劳动力资源重新开发与配置的经济实体——北京京轻劳务开发公司，负责职工转岗培训和重新就业安置，它已为一些企业分流了冗员。它的目标是：使市一轻系统的所有国有企业都甩下冗员包袱，轻装上阵。

总之，应探索多渠道分流企业富余人员的途径，然后找寻出较为普遍适用的有效的途径与办法。

精简机构，调整科室，也是减轻企业负担的一个方面。精简和解决冗员问题，不能只对工人而不对干部，为了减少分流冗员中的矛盾，最好先精简机构。如上海灯芯厂为解决人员过多的矛盾，以产定员，实行“先干部后工人，先科室后车间，先二、三线后一线”的“三先三后”方针。为安置富余人员，办了22个三产公司，企业与三产公司都取得了较好的经济效益。又如济南大易造纸有限公司通过精简合并机构，把原有的47个处室，340多人，精简为13个处室，182人。通过强化管理，提高工作效率和经济效益，实现了扭亏为盈。

老企业退休人员负担重问题，需要社会统筹解决。现在养老保险制度改革，由企业保障转向社会保障，也碰到一些新的问题。有些效益好而退休人员少的企业，不愿向社会提交职工养老保险费；也有效益好的企业既向社会提交了保险费，自己又继续负担本企业退休职工的养老金，负担不合理。对于在岗职工未来的养老保险问题，可通过企业和职工个人交纳养老保险费由社会统筹负责。问题和难点在于已退休的老职工，无论由原企业负担还是由多个企业共同负担，都不大合理，应由他们在岗几十年中所提供给国家的纯收入中返还一部分予以解决。如果国家财政困难拿不出这部分资金，也可通过别的渠道来解决。比如，可将出售部分国有小企业或其他不利于国有的企业的收入的一部分，作为已退休老职工的养老保险基金。

债务负担重和技术设备落后老化，是同一原因的不同表现。如前所述，在旧体制下，国有企业被“竭泽而渔”。有的企业上缴国家的税利总额，达到建厂投资的好多倍，但没有给企业留下自我积累、自我发展的基金，甚至连补偿基金也被“拿走”。进行改革后，要求企业自负盈亏、自我发展，而且实行“拨改贷”，企业只好负债经营。加之税负依然重，经济效益又低，企业既无力还贷，也无力更新技术设备。应该说，“拨改贷”的改革，并未收到预期的效果。它既未能促使企业节约资金，也未能使企业形成自负盈亏、自我发展和自我约束的机制。

解决企业债务重和技术设备老化问题的途径，首先是减轻企业税负。如果把企业纯收入的50%留给企业，用于更新技术设备和扩大生产，变“竭泽而渔”为“蓄水养鱼”，企业就会形成自我积累、滚动发展的能力，就会减少贷款或无需贷款。这里有个理论和实践问题需要探讨：传统观点认为，社会主义国家以行政管理者的职能收取税赋，以资产所有者的职能向国有企业提取利润。然而，第一，"国有资产"属全民所有，国家只是代表全民掌握资产，国家作为代理人为什么要向作为所有者的全民收取绝大部分利润？要知道，即使借贷资本家凭所有权获取的利息也只能是利润的一部分。第二，马克思主义创始人并不认为劳动人民掌握政权的国家，应以所有者的身份收取利润。马克思认为，在社会主义制度下，无论国家或社会只能从社会总产品中进行"社会扣除"。"社会扣除"与所有权收入是不同的两回事情。"社会扣除"的一部分首先要作为补偿基金和积累基金用于发展企业，社会扣除的其他部分才用于国家和社会的其他方面。社会扣除要以保证企业的发展为前提。现在税利负担重，损害了企业的发展。

解决债务和设备老化负担，就需要改变"拨改贷"政策。如果企业扩大生产或上新项目要靠贷款，那么，企业使用贷款增加的纯收入，国家除收税和取利息外，不应再收利润。企业还本付息后的新增资产就不应属国家所有，而应归企业所有。长此下去，将逐渐变为企业所有制，失去其国有制性质，这不是改革的初衷。还有，经济效益差的企业，无力还贷，甚至无力付息。对于这类企业中扭亏无望又无发展前途的，可以实行兼并或破产。对于有困难但有发展前途的企业，以及经济效益好的企业，贷款应改为投资。这样既会保证企业不改变全民所有性质，又可解除其债务负担，有利于企业更新技术设备，滚动发展。

要改变追求上新项目、铺新摊子、搞外延扩大再生产的发展老路。应力求搞好现有的企业，走内涵扩大再生产、着力提高经济增长的质量和效益的新路。这有利于减少投入，增加产出，并缓解财政压力。从而也有利于对企业"蓄水养鱼"（减少税负）和"放水养鱼"（增加对现有企业的投入）。

企业办社会的问题，要进行具体分析，区别对待。职工住房问题，要改变全部由企业包下来的福利性体制。住房制度的改革问题，企业与全国的情况基本相同，需要统筹解决。有些福利性措施，如食堂、托儿所、洗理设施等，是必要的，问题在于怎样把福利型与市场型结合起来，节省开支，减轻企业负担。企业的医疗保险制度需要改革。在有些效益差的国有企业中，全体职工全年的福利费常被一两位大病号花光，其他职工的医疗费拖欠一两年报不了。有些地方如九江市为改革企业医疗保险制度提供了经验。主要是运用"社会统筹与个人账户相结合"的办法，收到了良好的效果，可资借鉴。

三、把深化改革与加强企业管理结合起来

江泽民总书记在上海、长春召开的企业座谈会上的讲话，既要求"全面准确地理解现代企业制度的基本特征"，不能只强调一方面而忽视其他方面，又要求

“把深化企业改革同加强企业管理结合起来”，提出在深化改革过程中必须强化企业管理，为深化改革创造条件，保证改革成果的巩固与发展。

关于加强企业管理与深化企业改革的关系，社会上存在这样那样的不同看法。江泽民同志在上述讲话中专门论述了改革与管理的辩证统一关系。应当以此统一大家的认识。我认为应弄清这样几个问题：一是企业管理与整个经济体制改革的一般关系是什么？二是企业管理与企业内部改革的关系是什么？三是目前强调加强企业管理的现实意义是什么？四是怎样在理论上和实践中把深化改革与加强管理有机结合起来。而为了弄清这些问题，还需要对企业管理的属性、地位和作用，企业管理的内容与方式的发展变化，进行一些分析和说明。

企业管理的必要性，产生自生产过程中的协作劳动。马克思指出：一切规模较大的社会劳动或共同劳动，都需要指挥，以协调各个人的活动，并执行生产总体运动所形成的各种职能。有如乐队需要指挥一样。随着社会生产和商品经济及市场关系的发展，企业管理的职能也在相应扩大和加强。现代企业需要实现管理的科学化和现代化。

只要存在企业，就需要有企业管理。而且，企业管理质量的完善和水平的提高，是一个连续不断的过程，不会中止。没有改革，也有管理；进行改革，也不能忽视或削弱管理，应是两者并重，将其统一和结合起来。

企业管理具有生产力的属性，是现代生产力的要素之一。从这个方面讲，管理的作用和重要性，不因社会制度的不同而改变。无论资本主义还是社会主义，都重视和强调企业管理。我国在“文革”以前的20世纪50年代至60年代，也重视企业管理的加强和创新。大庆的“三老四严”，许多企业曾推行的“两参一改三结合”，都起过积极作用，现在也值得借鉴。邓小平同志一贯重视企业管理的改进。他在1961年主持制定的“工业七十条”，对严格企业管理的各个方面都提出了具体要求和规定。1975年，经济秩序因“文革”而被破坏的境遇下，邓小平同志在《关于发展工业的几点意见》中旗帜鲜明地提出要“整顿企业管理秩序”，“普遍性的问题是企业管理秩序不好……企业里浪费惊人”，强调要“抓好产品质量”。“文革”结束后不久的1978年，他在《用先进技术和管理方法改造企业》中又强调指出：“引进先进的技术设备后一定要按照国际先进的管理方法、先进的经营方法、先进的定额来管理。”

在深化国有企业改革的今天，又强调提出加强企业管理问题，应引起经济理论工作者和实际经济工作者的重视，取得共识。我认为，需要在理论认识上和经济实践中处理好改革与管理的关系：

1. 改革与管理是各有其特定内涵的两类事物，两者不是等同的关系。管理是永恒的主题，不管有无改革和改革得如何，都需要加强和改进管理。而改革具有时间性与阶段性，它与管理不存在同生共存的关系。正因为这样，管理不会也不可能代替改革，同样，改革也不能代替管理。不但不能相互代替，也不能因强调改革而放松管理，或因强调管理而放松改革。

2. 改革与管理不是各自孤立和相互对立的关系，而是如江泽民同志所说，是“相互促进、相辅相成、互为保证的关系”。我们的改革，有企业外部改革和企业内部改革两方面。从企业管理与企业外部改革的关系来看，可以认为，管理是改革的基础和前提。我们知道，城市经济体制改革的中心环节是搞活国有企业，这就意味着城市改革的各方面都是服从于搞活国有企业的。如果企业自身的管理混乱、纪律松弛、质量低下、亏损严重，那么，企业外部的改革措施（如改革企业与国家的责权利关系；发挥市场在资源配置中的基础性作用；建立和改革社会保障体系；改革财税、金融、价格、外贸、外汇、投资体制等）出台再多，成效再大，也难以把企业搞活。而且在企业陷入困境的情况下，如银行体制等的改革，也难以有效推进，整个经济体制改革会受到不利的影响。可以说，没有有效的企业管理，就不会有有效的体制改革。另外，经济体制改革的成果，需要有先进的、科学的企业管理来巩固。当然，改革也会促进企业管理的改进和完善。传统计划经济体制下的管理方式，随着改革新目标的确立，要转变为社会主义市场经济体制下的管理方式。管理方式是随着生产社会化的发展和经济体制改革的推进而相应地转变和改进的。实现企业管理的现代化和科学化，是社会化生产发展的要求，也是新经济体制建立和发展的要求。

3. 加强和改进企业管理，同企业内部的体制改革是统一的过程。这种统一，根源于企业管理具有二重性：既有生产力的属性，又有生产关系的属性。指挥社会化生产，协调分工协作关系，利用先进技术，降低成本、提高质量、增进效益，这是生产力发展的要求，单纯这方面的管理，是企业管理的生产力属性。但是，怎样实现生产力发展的要求，在不同生产关系下，就会有不同的管理关系。这是企业管理的生产关系属性。

资本主义企业管理，既要促进生产力的发展，又要促进资本主义经济关系的巩固与发展。为了缓和与调节资本主义的内在矛盾，适应生产力发展的需要，西方国家既在全社会也在企业内部不断调整生产关系。发达资本主义国家的现代企业管理方式，事实上也反映了管理体制的变革。

我国作为社会主义国家，国有企业内部的管理与改革，既要促进生产力的发展，又要促进社会主义生产关系的发展与完善。在深化改革的过程中，企业管理的加强与完善，必须与企业内部的改革推进结合在一起。远在 1984 年通过的《中共中央关于经济体制改革的决定》（以下简称《决定》）中，就把企业管理与企业改革统一起来做出多方面的规定。例如，提出要提高广大职工的责任心，发挥其主动性、积极性、创造性，在企业内部明确对每个岗位、每个职工的工作要求，建立责、权、利相结合的多种形式的经济责任制，要建立高效率的生产指挥和经营管理系统，要健全职工代表大会制度和各项民主管理制度，要体现工人阶级的主人翁地位。还指出："这是社会主义企业的性质所决定的，绝对不允许有任何的忽视和削弱。"《决定》还对企业的分配制度管理与改革，提出具体要求。上述这些方面，都体现了企业管理与企业改革的统一性。

企业管理与企业改革的统一性，还表现在企业管理方式随经济体制的改革而相应变革。在传统计划经济体制下，有适应传统体制的企业管理方式。如职工能进不能出，干部能上不能下，工资能高不能低。而进行体制改革，就要进行三项制度即劳动制度、人事制度和分配制度的改革，打破端"铁饭碗"吃"大锅饭"的体制。这是深化企业改革的内容，也是加强企业管理的内容。十四大提出建立社会主义市场经济体制，企业管理方式就需要适应新的经济体制而进行改革。企业管理就需要树立市场意识、竞争意识、开拓意识；就要善于适时捕捉市场信息、了解供求变化、围绕市场需求而组织生产、建立自己的营销战略；就要提高对市场变化和宏观调控的应变能力。《中共中央关于建立社会主义市场经济体制若干问题的决定》中，在提出建立现代企业制度的同时，也强调提出"改革和完善企业领导体制和组织管理制度"。指出："企业要按照市场经济的要求，完善和严格内部经营管理，严肃劳动纪律，加强技术开发、质量管理以及营销、财务和信息工作，提高决策水平、企业素质和经济效益。"企业管理既有适应新体制而需要改革的方面，又有能够适应不同体制的基础管理方面，总之，改革与管理不是对立的，而是统一的。

当前提出加强管理，还有其现实针对性。近年来，企业管理严重滑坡。不少企业连原来行之有效的基础管理也不坚持了。生产管理、经营管理、质量管理、成本管理、技术管理、财务管理、设备管理、资金管理、营销管理、队伍管理、工资管理等，各方面都存在不少问题。这集中反映在产品质量合格率下降、经济效益低下和亏损扩大上。

质量问题，对我国经济发展具有战略性意义。但近几年从国家监督抽查的情况看，产品质量在滑坡。1991 年抽样合格率为 80%，1992—1994 年分别下降为 70.1%、70.4% 和 69.9%。而国家监督抽查的产品，是从工厂仓库里已经检验合格的成品中抽出来的。就是说，企业的合格产品，仍有 30% 左右质量不合格！全国每年因生产不合格产品形成的经济损失约达 3800 亿元。这是管理不善所造成的严重损失！

部分国有企业亏损问题，是大家所关注和议论的事情，但造成亏损的原因，并不在国有制度本身。为什么同样的外部环境，相同的行业，有的企业有很高效益，而有的却亏损呢？当然，这里有体制的原因，但主要是管理不善的原因。据国家计委技术经济研究所1993年对北京、上海等8省市2586家企业亏损原因的调查，形成企业亏损的因素，宏观管理因素占9.2%，政策性因素占9%，而企业经营管理因素占81%以上。有些企业因长期管理不善而陷入困境，有的企业则因一时管理与决策严重失误而一蹶不振。如有30多年历史、曾生产“百灵”牌电子计算机而辉煌于世的福建电子计算机公司，因花费1600万元从国外引进过时设备技术的决策失误和没有抓住开拓市场的新机遇而造成资不抵债，宣告破产。

目前，国有企业改革是我国经济体制改革的重点。而企业改革是以不断完善企业管理为既定前提的。因此，深化改革与强化管理不能偏废。同时要看到，深化改革有一个过程，是需要多方面综合配套推进的系统工程，特别是一些深层次问题如产权关系的调整或理顺，需要逐步推进，而加强企业管理，相对而言，是显现的、现实的、容易操作的、最有自主权的选择与行为，且具有成本小见效快的特点。“管理出质量、管理出效益”是真切的概括。凡是效益高、搞得好的国有企业，都与挖潜力、练内功、提高经营管理水平相联系。这样的事例可以举出很多。无锡小天鹅公司是有1000多人的国有企业，5年来利润增加了200倍，小天鹅全自动洗衣机连续6年保持全国销量第一。该公司高速发展的秘密就在于既注重企业内部的管理，又注重企业外部营销业务的管理。他们以最有信誉的人，制造最有信誉的产品；以最有信誉的产品开拓最有信誉的市场。好的管理，出好的产品，有好的销路，好的效益。

郑州啤酒厂是有1000多工人的国有企业，由于管理不善，“跑、冒、滴、漏”严重，连工资也发不下来。1994年年底，更换了厂领导班子，着手扭转管理混乱的局面，靠加强管理找出路、抓经济责任制、抓销售“拳头”。抓质量把关，很快出现重大转机。只用了4个月，便实现税利220万元。

辽宁省朝阳市国有企业4年前亏损额大，1994年实现利润4亿多元。扭亏为盈的诀窍是什么？朝阳市的回答是：“主要是加强管理”“我们在管理方面抓的还是最基础的工作：严格实行各项管理制度。”

当前强调加强管理，除针对企业管理滑坡的现实外，还有出于建立现代企业制度的需要。关于现代企业制度的四句话即“产权清晰、权责明确、政企分开、管理科学”是统一的。理顺产权关系是重要的，其他三方面也同样是重要的。管理科学是现代企业制度的重要内容，不能忽视。没有企业管理的科学化和现代化，就谈不上现代企业制度。

现在为搞好国有企业提出“三改一加强”的思路，就是要把改革、改组、改造与加强管理结合起来。搞好搞活国有企业，不深化改革不行，不加强管理也不行。因此，把改革与管理割裂开来和对立起来，认为强调加强企业管理，就是“以管理代替改革”的观点是不正确的。

从理论和实践的结合上弄清和搞好混合所有制经济[①]

党的十八届三中全会通过的《中共中央关于全面深化改革若干重大问题的决定》（以下简称《决定》）提出："积极发展混合所有制经济。""国有资本、集体资本、非公有资本等交叉持股、相互融合的混合所有制经济，是基本经济制度的重要实现形式，有利于国有资本放大功能、保值增值、提高竞争力，有利于各种所有制资本取长补短、相互促进、共同发展。允许更多国有经济和其他所有制经济发展成为混合所有制经济。"[②]

发展混合所有制经济，既是老问题，又是新问题。说它是老问题，因为建立和发展作为混合所有制经济主要形式的股份制经济，在我国已经实行多年了。股份制的性质及其与所有制的关系，在学界也曾进行过广泛的讨论与争鸣。现在也存在不同的见解。说它是新问题，因为十八届三中全会的《决定》再次提出"积极发展混合所有制经济"，不仅是在力度上提高了，着力于"更多"地发展，而且提出的角度与过去并不完全相同。过去讲实行股份制或混合所有制经济，是从公有制主要是国有制经济的实现形式着眼的。而十八届三中全会再次提出这一问题，则是从"基本经济制度的重要实现形式"着眼的。"基本经济制度"是指公有制为主体、多种所有制经济共同发展的基本经济制度。要使股份制成为既是公有制的主要实现形式，也是非公有制的重要实现形式，也就是成为公有制和非公有制相结合的重要实现形式。由于非公有制经济很多是中小型企业，而且小型企业占更大比重。据统计，截至 2013 年年底，我国私营企业达到 1253.86 万户，从业人员 1.25 亿人。众多小型非公有制经济，不能以股份制作为其"主要实现形式"。因此，股份制作为基本经济制度的混合所有制经济，只能成为"重要实现形式"，而不提"主要实现形式"。所以，十八届三中全会从新的角度提出混

① 本文原载《经济理论与经济管理》2015 年第 1 期。与何召鹏合写。

② 《中共中央关于全面深化改革若干重大问题的决定》，人民出版社 2013 年版。

合所有制经济，首先既是为了更好地发展公有制经济，同时也是为了更好地发展非公有制经济。

一、首先需要从理论上明确混合所有制的经济性质

所有制和所有制的实现形式是不同的问题。这里所讲的“形式”，是指其存在形式，而非实现形式。私有制和公有制又各有多种具体存在形式。就私有制来说，有个体经济、奴隶制经济、封建制经济、资本主义经济，它们是私有制的存在形式。私有制也可以有不同的实现形式。如封建主义所有制，都是地主占有土地，其经营形式也就是实现形式可以有多种：或是雇佣多位“长工”来耕种，或是采取劳役地租、实物地租或货币地租的形式来经营，还可以采取实物收入分成形式。资本主义所有制的实现形式，经历了自有自营的业主制形式、合伙制形式、股份制形式等。

公有制经济也有多种存在形式。如原始社会公有制、社会主义公有制等。社会主义公有制又可以有多种具体存在形式，如社会主义公有制，可以有国家所有制、集体所有制或其他合作制经济。社会主义公有制的实现形式也有多种，可以是国有国营的形式，也可以是所有权与经营权两权分离的形式。两权分离的形式又可以分为国家所有、企业自主经营，以及承包制、租赁制、股份制等。分清所有制的存在形式和所有制的实现形式，才能更好地认识和把握股份制或混合所有制的性质及作用。

我国对股份制和混合所有制的认识，对所有制和所有制的实现形式关系的认识，经历了不断探索的曲折过程。先是对股份制的认识有个思想解放的过程。新中国成立后，消除了股份制经济。改革开放前和初期，认为股份制是资本主义的东西。在改革开放推进中要不要和可不可以实行股份制，产生过意见的对立和争论。笔者 20 世纪 80 年代初发表过认同股份制的讲话和文章。

改革开放以来，党中央的有关文件中提出要探寻公有制的有效实现形式。党的十四届三中全会通过的《中共中央关于建立社会主义市场经济体制若干问题的决定》提出：“国有企业实行公司制，是建立现代企业制度的有益探索。规范的公司，能够有效地实现出资者所有权与企业法人财产权的分离，有利于政企分开、转换经营机制，企业摆脱对行政关系的依赖，国家解除对企业承担的无限责任；也有利于筹集资金、分散风险。”① 同时提出，公司可以有不同的类型，如独资公司、有限责任公司或股份有限公司。上市的股份有限公司只能是少数。十四届三中全会的决定还提出“混合所有的经济”概念。“随着产权的流动和重

---

① 中共中央文献研究室：《中共十三届四中全会以来历次全国代表大会中央全会重要文献选编》，中央文献出版社 2002 年版。

组，财产混合所有的经济单位越来越多，将会形成新的财产所有结构。”① 1997年，党的十五大报告明确提出股份制是公有制的一种实现形式。“公有制实现形式可以而且应当多样化……要努力寻找能够极大促进生产力发展的公有制实现形式。股份制是现代企业的一种资本组织形式……资本主义可以用，社会主义也可以用。”②1999年，党的十五届四中全会提出要发展股份制这种混合所有制经济。“国有大中型企业尤其是优势企业，宜于实行股份制的，要通过规范上市、中外合资和企业相互参股等形式，改为股份制企业，发展混合所有制经济……”③以后的中央文件中，进一步提高了股份制、混合所有制经济在公有制主要是国有企业改革中的地位和作用。2002年，党的十六大报告提出：“除极少数必须由国家独资经营的企业外，积极推行股份制，发展混合所有制经济。”④ 2003年，党的十六届三中全会提出：要“大力发展国有资本、集体资本和非公有资本等参股的混合所有制经济……使股份制成为公有制的主要实现形式”。⑤

从以上中央文件的说明中可以看出两点：其一是对于股份制和混合所有制改革思路的提出、认识和实行，是经历了一个不断深化和提高的过程，股份制大门越开越大；其二是以上一系列关于股份制和混合所有制的理论认识和推行，主要是从改革和搞活公有制经济主要是国有经济的角度着眼的。

中央决定实行股份制后，反对搞股份制的声音逐渐退出了论坛，但股份制的性质问题又从另一个方面出现认识分歧了。有的学者认为，在我国一切股份制都是公有制。私有资本和公有资本参股的股份制是社会主义公有制性质，完全由私人资本建立的股份公司也是社会主义公有制性质。有的学者甚至提出资本主义国家股份制也是社会主义公有制。这种观点显然是不对的，笔者写过多篇论文进行辨析。另外，有的学者认为，国有企业实行股份制是走向私有化的途径。如果将国有股转让给私人资本，国有制则变为私有制了。有的学者辩驳说：将国有股和企业卖掉，即使卖给私人，也只是资本形式的转换，是将国有经济的实物形式转换为货币形式了，还是国家所有！这种辩驳是没有说服力的。区分公有制还是私有制，是从企业或经济单位的所有制来看的，不能从国家的财政收入来判断公有制。任何国家都有财政收入，美国的财政收入很大，并不意味着其公有制规模很大。

肯定地说，我国实行股份制，并不是为了便于通过出卖国有股实行私有化。

关于我国股份制的性质问题，曾有过姓“公”、姓“私”的争论。其实，股份制作为现代企业的一种资本组织形式，本身并不具有特定的社会经济性质。它

---

①②③⑤　中共中央文献研究室：《中共十三届四中全会以来历次全国代表大会中央全会重要文献选编》，中央文献出版社2002年版。

④　新华月报：《十六大以来党和国家重要文献选编（上）》，人民出版社2005年版。

的性质取决于股份资本是私有还是公有。党的十五大报告正确地回答了这个问题:“不能笼统地说股份制是公有还是私有,关键看控股权掌握在谁手中。国家和集体控股,具有明显的公有性,有利于扩大公有资本的支配范围,增强公有制的主体作用。”① 这里只讲“具有明显的公有性”,没有讲就是公有制。因为入股的私人资本,仍属私有,不能充公。反过来,如果由私人资本控股,就具有明显的私有性,不能说就是私有制,因为公有资本依然姓“公”,不能变私。

2003 年 10 月 14 日,党的十六届三中全会提出“使股份制成为公有制的主要形式”。② 不少学者、官员和媒体对这一新提法的解读与宣传,出现了偏误。

《光明日报》的记者在该报的 2003 年 10 月 27 日的“公有制经济发展的新动力”一文中讲:“党的十六届三中全会突破了把公有制主要实现形式定位于国有经济和集体经济的传统观点,强调‘股份制成为公有制的主要实现形式’,这意味着……已经完全摆脱了计划经济条件下对公有制的理解,为公有制经济的实现形式开辟了新的道路。”③ 这是把国有经济和集体经济看作计划经济时代公有制的实现形式,现在要予以突破,让股份制取代国有经济和集体经济,成为公有制的主要实现形式。这种宣传是将公有制自身的存在形式混同于公有制的实现形式了。《深圳特区报》2003 年 11 月 10 日发表了深圳市原市委书记的“公有制主体地位越走越宽”一文,认为提出使股份制成为公有制的主要实现形式,就是由以往的“全民所有制(或称国家所有制)和集体所有制的实现形式,发展到股份制为主的实现形式”。④

另一家大报 2003 年 10 月 13 日,在十六届三中全会开幕前夕发表了中央党校邓小平理论研究中心的“混合经济究竟姓什么”一文。文中讲:“传统的国有制经济、集体(合作)所有制经济……肯定是公有制的实现形式。”“我们认为以股份制、股份合作制等为载体的混合所有制经济理所当然应该姓‘公’……并成为公有制的主要实现形式。”⑤ 还有其他地方报刊同样宣传这种观点。他们都把公有制的存在形式混同于公有制的实现形式,错认为过去将国有经济和集体经济作为公有制的实现形式,现在要转变理论认识,要将股份制作为公有制的主要实现形式。这完全错解了中央文件的精神实质。

必须明确,股份制从来就不是一种独立的所有制形式,而是一种企业组织方式。它既不改变入股资本的原有性质,也不改变所有制的存在形式。

---

① 中共中央文献研究室:《中共十三届四中全会以来历次全国代表大会中央全会重要文献选编》,中央文献出版社 2002 年版。

② 新华月报:《十六大以来党和国家重要文献选编(上)》,人民出版社 2005 年版。

③ 张玉玲:“公有制经济发展的新动力”,《光明日报》2003 年 10 月 27 日。

④ 厉有为:“公有制主体地位越走越宽”,《深圳特区报》2003 年 11 月 10 日。

⑤ 中央党校邓小平理论研究中心:“混合经济究竟姓什么”,《经济日报》2003 年 10 月 13 日。

二、弄清发展混合所有制的目的

有的论著中将混合所有制经济简称混合经济。应当将这两个概念区分开来。因为在西方经济学中已有区别于混合所有制经济的混合经济的概念。萨缪尔森和诺德豪斯所著的《经济学（第14版）》中，专门阐述了混合经济的含义：“现代社会的经济制度，没有一个是其中的一种纯粹形式。相反，所有的社会都带有市场和命令的混合经济。从来没有一个百分之百的市场经济（尽管19世纪的英国很接近于此）。在今天的美国，大多数经济决策是在市场上作出的。但是，政府在修正市场的功能方面起到了重要作用；政府制定管制经济生活的法律和规则，提供教育和安全服务，管制污染和企业。”①

西方经济学中，还有一种更广义的混合经济概念。既指社会经济由“国家机构和私人机构都实行一定程度的经济控制”，又指资本主义国家政府工业与私营工业并存的情况。“即便是在自由经营统治着经济制度的美国，也能找到政府经营和直接控制的多种不同形式。”② 我国实行公有制为主体、多种所有制经济共同发展的经济制度，不同于西方的这种混合经济。我国提出的混合所有制经济，专指不同所有制经济特别是公有制与私有制在生产与流通等经营过程内部的混合。

我们还需要弄清混合所有制经济“是公有制的主要实现形式”同“是基本经济制度的重要实现形式”的关系与区别。十八届三中全会《决定》中是讲“基本经济制度的重要实现形式”，这里所讲的“基本经济制度”，是“社会主义初级阶段基本经济制度”的简称。既包括作为主体的公有制经济，也包括非主体的多种非公有制经济。有的论著中对这个问题理解和阐述得不准确。如有的论文中讲：“混合所有制是社会主义市场经济的主要实现形式。”又讲“混合所有制是社会主义基本经济制度的重要实现形式”。③ 市场经济讲不讲实现形式问题，好像没有人提出过。中央文件中历来所讲的是“公有制的实现形式”或“基本经济制度的实现形式”。这是社会制度性范畴，而市场经济是经济体制性范畴，不能将两者混同。

另外，不能把“社会主义初级阶段的基本经济制度”混同于“社会主义基本经济制度”。社会主义基本经济制度只以公有制为基础，不包括私有制经济；而社会主义初级阶段的基本经济制度则除公有制为主体外，还包括多种私有制经济。中央文件中讲“基本经济制度”，就是专讲社会主义初级阶段的基本经济制

① 保罗·萨缪尔森、威廉·诺德豪斯：《经济学（第14版）》，北京经济学院出版社1996年版。

② 格林沃尔德：《现代经济词典》，商务印书馆1981年版。

③ 高明华等：“关于发展混合所有制经济的若干问题”，《政治经济学评论》，2014年第4期。

度。在我国宪法中，社会主义经济制度和社会主义初级阶段的基本经济制度，是作为两个独立的概念论述的。如果把十八届三中全会《决定》中讲的“混合所有制经济是基本经济制度的重要实现形式”解读为社会主义基本经济制度的重要实现形式，将“社会主义初级阶段的基本经济制度”与“社会主义基本经济制度”相等同。就等于说混合所有制经济是公有制的重要实现形式，这退回到以前的提法了，即由原来的“主要实现形式”退为“重要实现形式”了。

发展多种所有制经济和混合所有制经济，要遵循既定的目的。既有直接的具体目的，又有总的战略性目的。更为重要的是不能偏离作为指导思想的战略性目的。由于提出要使混合所有制成为初级阶段基本经济制度的实现形式，即既是公有制的“主要实现形式”，又是非公有制的“重要实现形式”。而且提出“鼓励非公有制企业参与国有企业改革，鼓励发展非公有资本控股的混合所有制企业”，要“废除对非公有制经济各种形式的不合理规定，消除各种隐性壁垒”，显示出强调“更多”发展混合所有制经济向非公有制经济倾斜的政策，容易使一些学者和实际工作者忽视或忘记发展多种所有制经济和混合所有制经济的根本目的，甚至将其错解为“国退民进”、削弱和销蚀国有制经济的改革部署，从而引起人们担忧，是不是会发生新一轮国有经济大量流失、化公为私的流弊。

发展混合所有制经济同发展多种所有制经济的根本目的是相同的。需要首先弄清发展多种所有制经济同发展混合所有制的关系与区别。

公有制为主体，多种所有制经济共同发展，是不同所有制经济各自作为市场经济主体独立发展，是不同所有制经济在各自不同体制中的发展。而实行混合所有制，是不同所有制主要是公有制与非公有制在同一体制内的共同发展。

多种所有制经济在不同体制中的共同发展和在体制内的共同发展，都服从于共同的目的。这与我国的国情是相联系的。我国是在生产力落后的半殖民地、半封建制度的基础上建立社会主义制度的。这一国情决定了我国不能实行单一的公有制度。在旧中国“三座大山”的压迫下，我国的民族资本主义和个体工商业并没有获得充分发展，它们仍有较广阔的发展余地。因此，我国建立的社会主义只能是初级阶段的社会主义，需要在公有制为主体的条件下，让多种所有制经济共同发展。

多种所有制经济在同一体制内共同发展的直接目的，是为了充分利用各种资源更好更快地发展我国的生产力，消除“短缺经济”，满足人民的生活需要，解决我国面临的主要矛盾：人民日益增长的物质文化需要与落后的社会生产的矛盾。

发展股份制经济，使其成为公有制的实现形式或主要实现形式，是为了搞活国有经济，增强国有经济的影响力、控制力。如果国有资本控股，无论绝对控股还是相对控股，吸收私人资本参股，都会增大资本总量，放大国有资本的功能，有利于生产力的发展。

使混合所有制经济成为“基本经济制度的重要实现形式”。除“有利于国有资本放大功能，保值增值、提高竞争力”外，还“有利于各种所有制资本取长补短、相互促进、共同发展”。可见，使混合所有制成为基本经济制度的重要实现形式，其具体目的，既是为了更好地发展公有制经济，也是为了更好地发展非公有制经济。

不应忽视和忘记：多种所有制经济共同发展和混合所有制经济更多发展的具体和直接目的，是服从于发展社会主义的总的战略目的的。中国特色社会主义，不能背离科学社会主义，中国社会主义要由初级阶段走向中级阶段和高级阶段。中央明确指出，既不搞单一的公有制，也不搞私有化；既不走封闭僵化的老路，也不走改旗易帜的邪路。发展非公有制经济，不能以私害公，走全盘私有化的邪路。发展混合所有制经济，不能是提供一个让私有制侵蚀和排斥公有制、取代公有制的平台，要警惕主张全盘私有化的人借机会这样做，也防范某些国企和地方管理人员由于理解和认识上的偏误走上歧途。

我国的改革与发展，要坚持和发展马克思主义和中国特色社会主义。一切改革包括发展混合所有制经济，只能有利于和服从这一总的目标。国有经济为主导、公有制为主体，多种所有制经济共同发展的基本经济制度，是中国特色社会主义制度的经济基础，也是走中国特色社会主义道路的主要标志。我国《宪法》是全民应遵守的根本大法，它明确规定：“中华人民共和国的社会主义经济制度的基础是生产资料的社会主义公有制，即全民所有制和劳动群众集体所有制。”又规定“国有经济，即社会主义全民所有制经济，是国民经济中的主导力量。国家保障国有经济的巩固和发展”。[①] 党的十八大报告中指出：“必须坚定不移走中国特色社会主义道路，道路关乎党的命脉，关乎国家前途、民族命运、人民幸福。”“中国特色社会主义道路，中国特色社会主义理论体系，中国特色社会主义制度……必须倍加珍惜、始终坚持、不断发展”。[②] 党的十八届三中全会的《决定》，同样强调这方面的内容。这些方面的规定和总的指导方针，是一切改革与发展必须遵从的原则，也是发展多种所有制经济和发展混合所有制经济所应遵从的总的战略性目的。也就是说，当我们进行混合所有制的改革时，在思想和理论认识上要事先明确和遵从这一原则和根本目的，才不至于在认识和实践中发生偏离，出现扭曲。

---

① 国务院法制办公室：《中华人民共和国宪法》，中国法制出版社 2010 年版。

② 胡锦涛：“坚定不移沿着中国特色社会主义道路前进　为全面建成小康社会而奋斗——中国共产党第十八次全国代表大会上的报告”，《求是》2012 年第 22 期。

三、怎样发展混合所有制经济

十八届三中全会提出积极发展混合所有制经济，是将其作为公有制和非公有制多种所有制的重要实现形式。“允许更多国有经济和其他所有制经济发展成为混合所有制经济”，也就是要形成国有资本、集体资本、非公有资本交叉持股、相互融资的混合所有制经济。①

目前，人们讨论发展混合所有制经济，重在国有经济放开门户，让非公有资本进入。国有企业引入私人资本，相互混合，这是一种单向混合。其实，从公有制经济和非公有制经济共同发展的思路来考虑，在理论上和实践上应是双向混合。即私人资本可以进入国有企业持股；同样，国有资本和集体资本也可以进入私营企业持股，这才真正成为“交叉持股”。但从目前一般的认知来看，国有资本进入私营企业是个敏感区，容易被渲染为“国进民退”，或是与“三大改造”时期的公私合营相比拟。其实，私营企业吸收国有资本入股的事例早已存在。多年前笔者到南方参观一家私营制药企业，企业主管是一位博士，经营得很好，重视保障职工权益，利润率很高。经过了解，这家企业的国有资本占大头，为什么是私营企业呢？因为国有资本是分散的，私人资本相对控股，私人经营，故称私营企业。我国现有私营企业 1 200 多万家，有些企业资金短缺，贷款难，有的求助于高利贷，如果吸收一些国有或集体资本入股，私人资本掌握控股权，绝对控股或相对控股，可以放大私人资本的功能，是私人资本管控公有资本，有利于非公有制经济的发展。这与“三大改造”时的公私合营企业不同。当时的公私合营企业称作国家资本主义，是国有资本管控私人资本，最后要吃掉私人资本。现在私营企业吸收国有资本入股，是发展壮大自己的途径，是“国进民进”，“国小进、民大进”。请注意：十八届三中全会的《决定》中提出：“鼓励发展非公有资本控股的混合所有制经济。”②私人资本怎样取得控股权，主要途径不是进入国有企业取得控股权，主要途径应是私营企业引进公有资本，掌握控股权。

积极发展混合所有制经济，重点依然在国有经济。国有企业怎样吸收私人资本参股？是减少国有存量资本，增加和增大私人资本，搞“国退民进”，还是在国有资本保值增值的前提下，在增量资本中增添私人资本。十八届三中全会的《决定》中明确指出：发展混合所有制经济，“有利于国有资本放大功能、保值增值”。③也就是说，不是国有经济将自己做好的大“蛋糕”切一块让给私人资本，而是引进私人资本将“蛋糕”做得更大，将增大的这块蛋糕公私分成。

国有经济发展混合所有制经济，涉及两方面的情况：一方面是新投资项目的

---

①②③ 《中共中央关于全面深化改革若干重大问题的决定》，人民出版社 2013 年版。

资本安排；另一方面是原有国企引入私资的安排。国家的某些新投资项目可由国有资本和私人资本共同参与。十八届三中全会的《决定》中讲："国有资本投资项目允许非国有资本参股。"[①] 这种新投资项目一般是新兴高科技产业和战略性产业，或与国计民生相关的产业，一般要由国有资本控股，某些项目也可由私人资本控股。

需要着重研究的是原有国企怎样改革为混合所有制经济。根据国务院国资委副主任黄淑和的说明和国务院国资研究中心副主任彭建国的解答，他们提出了中央国企实现混合所有制经济的四种路径：一是涉及国家安全的少数国有企业和国有资本投资公司、国有资本运营公司，可以采用国有独资形式；二是涉及国民经济命脉的重要行业和关键领域的国有企业，可保持国有企业的绝对控股；三是涉及支柱产业和高新技术产业等行业的重要国有企业，可保持国有相对控股；四是国有资本不需要控股并可以由社会资本控股的国有企业，可采取国有参股形式或者可以全部退出。[②] 彭建国提出："混合所有制企业逐步降低国有股权比重"，"在增量产权多元化的新设混合所有制经济中，国有资本是否控股、参股或不参与，可以参照存量产权多元化的做法。"他还提出，实行混合所有制经济，"要打破所有制界限"，即打破"公有制与非公有制的界限"。[③]

在混合所有制经济中，控股问题，是个关键问题。如果是私营企业吸收公有资本参股，肯定是由私人资本控股，而且大都为绝对控股。如果把控股权让给国有资本，那就真是"国进民退"了。私人资本不会允许，除非是某些经营困难，经营不下去的私营企业，愿交给国有资本控股。至于国有企业引入私人资本参股，控股权应归国有资本，原有国企的国有资本要保值增值，国有资本在混合所有制经济中应占较大比例，因此，应是绝对控股。新建企业，实行混合所有制，视公私资本各自参股量的比重大小，确定由国资控股还是私资控股，是绝对控股还是相对控股。

在混合所有制的改制中，不要忘记改制的总的目的。改革是社会主义制度的自我发展与完善，要坚持和发展中国特色社会主义，就必须坚持和发展国有经济为主导、公有制经济为主体。如果国企改制中放弃了国有资本的控股权，转由私资控股，那就成了私营经济了，国企还能发挥主导作用吗？我国的国有经济比重，改革以来已大幅度降低。在改革开放初期，国有工业在工业总产值中的比重占80%以上。根据国家统计局的资料，1997年国有工业在工业总产值中的比重降为25.5%。现在没有官方统计数字，国有工业比重大约不到20%了，低于

① 《中共中央关于全面深化改革若干重大问题的决定》，人民出版社2013年版。

② 白天亮："国企四种路径实现混合所有制"，《人民日报》2013年12月20日。

③ 彭建国："积极发展混合所有制经济"，《人民日报》2014年9月15日。

1949 年新中国成立时的 26.2%。不要再通过混合所有制改革削减国有经济了。因此，轻易提出“在国家不需要控股的企业，实行国有参股或全部退出”，不知是根据什么？哪些国企不需要控股或应全部退出？如果是好端端的国有企业，在改制中要求转归私资控股，变成私营企业，或者“全部退出”会是什么结果？“全部退出”就是要关闭和出售给私人，化公为私，这有悖于改革的总目的。如果是一些经营不善、濒临倒闭的国企，私人资本会来参股取得控股权吗？更值得考虑的是，笼统地提出国家不需要控股的国有企业，可由私资控股或全部退出，没有明确界限，容易被利用来搞新一轮国有资产流失。

事实上，我国混合所有制经济的改革已经多年了。股份制公司数量也已很多。2012 年，我国已有 2494 家境内上市公司，股票市值达 23 万亿元，占当年国内生产总值的 43%。其中既有国有资本，也有私人资本参股或控股，是先行的混合所有制经济。现在是要进一步打开国企大门，更多地积极发展混合所有制经济。2013 年 9 月 6 日，国务院常务会议提出：尽快在金融、石油、电力、铁路、电信、资源开发、公用事业等领域向民营资本推出一批符合产业导向、有利于转型升级的项目，形成示范效应，并在推进结构改革中发展混合所有制经济。也就是过去私人资本不准进入的某些产业，现在可以进入了。

现在需要注意的是，搞混合所有制改革，不要又来刮风，既要积极，又要稳妥。目前，有些地方把实行混合所有制企业的比例作为改革考核的目标。有的省国资委要求两年到三年内完成 70% 以上二级企业的股权多元化改革任务；有的要求 2017 年混合所有制的企业户数比重超过 60%。下指标，定任务，急于求成向上邀功，是我国地方政府历来惯用的手段，但往往会产生一些不好的后果。需要有科学有效的顶层设计，需要有规范的实施细则。习近平同志反复强调，关键是细则，成败也在细则，数量和指标不是重点。要进行试点，制定规则和程序，在改革的总目标和法律框架下进行运作。

面对积极发展混合所有制的改革，不同的社会成员会从不同的角度发出自己的声音。现在有五种声音：党和政府文件中的声音；国有企业主管的声音；私营企业主的声音；坚持新自由主义学者的声音；马克思主义和中国特色社会主义理论工作者的声音。党和政府的有关文件是从自己认知的改革需要制定指导思想和政策的。国企主管和私营企业主是从各自的利益领会和考虑中央改革精神的。新自由主义学者是主张通过混合所有制让私有制销蚀公有制，全盘私有化。马克思主义和中国特色社会主义理论工作者是从坚持和发展社会主义事业大局和改革总目的提出意见的。因此，难以形成统一的共识，声音杂乱，势所必然。马克思主义理论工作者要对各种不同的声音进行辨别与评析，澄清是非，减少摩擦。

我国的国有企业情况不同。有的国有企业，目前经营得很好，效率高、利润高，社会效益也高，如果不愿意私人资本进入，切去一块蛋糕，就没有必要搞“一刀切”，强制其实行混合所有制。国资委高管的改革设计未必完全科学和符合根本目的，也可对其提出不同意见。私营企业家，有的心中无数或心存疑虑，等待观望，有的提出自己的见解和要求。有些问题是可以讲清楚的。比如，有人认为，积极搞混合所有制，是不是与“三大改造”时的公私合营一样，要用国有资本吞并掉私人资本？其实这完全是两回事，目的不同，进程不同。公私合营虽然也可以算作一种混合所有制经济，但那是以消灭私人资本为目的的一种经营形式，是要通过公私合营变私人资本主义经济为社会主义国营经济。现在发展作为基本经济制度重要实现形式的混合所有制经济，其目的是既要搞活国企，又要发展私企，让国资和私资联合，取长补短，相互促进，共同发展。

有的私营企业要求私人资本参股国企，取得控股权。如果是国家某些新建项目，国有资本吸收私人资本共建，根据项目的性质，有的应由国资控股，有的可由私资控股。但原有的国企实行混合所有制，私人资本要求控股是不现实的。正如国有资本参股私人公司时，不能要求国资控股一样。私营企业家被称为社会主义事业建设者，不能一切都从一己私利出发行事，还应考虑为社会主义事业发展做贡献。参股国有公司，献计献策，提高效率，做大“蛋糕”，双方共赢，增加收益，是三利的事情：有利于国资，有利于私资，有利于国家。

我国已经存在国企改革引进私企资本发展混合所有制的成功经验。中国建材集团与上千家民营企业融合，将国企与民企的混合优势发挥得淋漓尽致，使其从一个营业额只有 20 亿元的企业，发展为营业额超过 2500 亿元全球第二大建材企业。既确保国有资本保值增值，又带动了私企资本的发展。它的成功经验是一个公式和十六字原则。一个公式是：“央企的实力 + 民企的活力 = 企业的竞争力。”十六字原则是：“规范运作，互利共赢，相互尊重，长期合作。”这具有发展混合所有制的示范效应。了解这一发展混合所有制成功的典型，可以对人们起到释疑解惑的作用。

关于所有制与股份制的联系与区别[①]
——走出对股份制认识上的误区

在党的十五大前，我国理论界围绕股份制的性质问题——姓“公”还是姓“私”，或是有公有私，进行了讨论和争鸣。十五大报告对此作出了可形成共识的回答。然而，随着十六届三中全会提出“使股份制成为公有制的主要实现形式”的改革决策，理论界又返回来重新讨论股份制的性质问题了。有人认为，中央提出使股份制成为公有制的主要实现形式，超越了十五大报告的有关论断。认为我国实行的一切股份制，都是公有制。不少学者不赞同这种观点。笔者认为，应从基本理论与实践的结合上，实事求是地对这个问题进行研究和探讨，作出符合实际的回答。

股份制经济是随着资本主义生产社会化的发展而产生和逐渐发展起来的。英国1600年成立的东印度公司，已初步具有股份制的基础特征。马克思将早期的公司称之为“现代股份公司的前驱”[②]。19世纪后半期，股份公司在主要资本主义国家获得了较为广泛的发展。因此，马克思已看到了股份公司的日益推广及其在经济生活中的作用，并从理论上对其进行了分析和评论。

股份制是一种资本组织形式或资产经营方式，它同所有制是两个不同层面的问题，二者存在性质和地位的不同。一定的生产资料所有制是一定的社会生产关系的基础，属于经济制度的范畴，具有特定的社会经济性质，如封建主义所有制、资本主义所有制、社会主义所有制等。在资本主义私有制的基础上，建立了资本主义生产关系体系即资本主义经济制度；在社会主义公有制的基础上，建立起社会主义生产关系体系即社会主义经济制度。马克思和恩格斯指出：资本主义私有制以及资本与雇佣劳动，是“资产阶级赖以生产和占有产品的基础”[③]；而

① 本文发表于《当代财经》2004年第2期。

② 《马克思恩格斯全集》第23卷，人民出版社1972年版，第343页。

③ 《马克思恩格斯选集》第1卷，人民出版社1995年版，第284页。

在社会主义制度中，“生产资料的全国性的集中将成为自由平等的生产者的各联合体所构成的社会的全国性的基础”[①]。恩格斯在一封信中指出：社会主义制度与资本主义制度的。“有决定意义的差别”，就在于前者是在实行“生产资料公有制……的基础上组织生产”[②]，而后者则是建立在生产资料私有制基础之上。

正因为生产资料所有制是社会经济制度的基础，社会主义制度要以公有制为基础，无论马克思主义创始人还是社会主义的创建与改革者，都一贯重视社会主义运动和发展中的公有制问题。邓小平指出：“社会主义的经济是以公有制为基础的。”我国社会主义初级阶段，实行多种所有制经济共同发展，“但是始终以社会主义公有制为主体”。[③] 邓小平一再强调这一原则：“一个公有制占主体，一个共同富裕，这是我们所必须坚持的社会主义的根本原则。”[④] 我国《宪法》也规定：“中华人民共和国的社会主义经济制度的基础，是生产资料的社会主义公有制。”我国把公有制为主体、多种所有制经济共同发展，确立为我国社会主义初级阶段的“一项基本经济制度”。

股份制与所有制不同。虽然股份制是在资本主义所有制基础上产生和发展起来的，但它并不固定地属于特定所有制或经济制度范畴。在资本主义所有制基础上，先是建立起所有权与经营权相统一的独资企业，继而产生了合伙企业。适应社会化大生产的需要，又产生了股份公司。这是资本组织形式或资产经营方式的发展与变化，是资本主义私有制实现形式的变化，而不是资本主义私有制本身的根本改变，不是由私有制变成公有制。

股份公司是资本主义生产方式中出现的新事物。它有利于资本主义经济的发展，有利于生产要素的配置，有利于资本主义经济关系的调整与扩展，也有利于为转向社会主义创造条件。马克思就此做过积极的评论。

首先，有些全社会的大规模的项目建设，靠单个私人资本的积累是不够的。正如马克思所说：“假如必须等待积累去使某些单个资本增长到能够修建铁路的程度，那么恐怕直到今天世界上还没有铁路。但是，集中通过股份公司转瞬之间就把这件事完成了。”[⑤]

其次，股份制使私人资本发展为社会资本。马克思说：股份制“在这里直接取得了社会资本（即那些直接联合起来的个人的资本）的形式，而与私人资本相对立。……这是作为私人财产的资本在资本主义生产方式本身范围内的扬

---

① 《马克思恩格斯全集》第3卷，人民出版社1995年版，第130页。

② 《马克思恩格斯全集》第4卷，人民出版社1995年版，第693页。

③ 《邓小平文选》第3卷，人民出版社1993年版，第110页。

④ 同上书，第111页。

⑤ 《马克思恩格斯全集》第23卷，人民出版社1972年版，第688页。

弃”。[1] 这表明，股份制这种新的资本组织形式促进了资本主义经济关系的新发展。它又包含两层意思：一是由“私人资本”转为“社会资本”。不要将这一论断误解为由私人所有转为社会所有。所谓“私人资本”，是指原来单个资本家自己所有并自己经营的资本；而“社会资本”是指将多个资本家的个人资本联合起来统一经营的资本。联合的资本，还是归各个资本家所私有的，并未改变资本主义私有制的根本性质。需要弄清：资本联合不等于资本公有。资本所有者依然要凭借私人资本所有权获得收入。二是股份制是私人财产的一种扬弃。这并不是指私有制的消灭。这里讲的“私人财产”，是指原由单个资本家所经营的私人企业。股份制是一种社会化企业，表现为“社会企业”。股份制使私人企业转为社会企业，因而是“私人财产”的扬弃。扬弃也不等于消灭，是既有否定又有保留之意。否定的是私人资本的单个经营，保留的是私人资本的所有权和收益权的继续存在。而且，这种扬弃，如马克思所指出的，是一种消极的扬弃，而非积极的扬弃，因为它不能触动资本主义生产方式的存在。

最后，资本主义社会的股份制，有利于未来向社会主义过渡。马克思指出：“资本主义的股份企业，也和合作工厂一样，应当被看作由资本主义生产方式转化为联合生产方式的过渡形式。”[2]“联合生产方式”是指公有制基础上的劳动者联合的生产方式。股份制企业作为一种社会化的资本组织形式，比起分散存在的大量小私人企业来更有利于向公有制的社会主义过渡。不过，需要明确：这里所讲的“过渡形式”，不是指在资本主义生产方式内的事情，而是指未来由资本主义生产方式向社会主义生产方式转变中的一种“过渡形式”。

股份制并没有也不可能改变企业的资本主义性质。它虽然在一定程度上缓解了生产社会化和资本主义私人占有的矛盾，但它不能克服社会资本（或社会财富）与私人占有（或私人财富）之间的矛盾。马克思强调指出：“这种向股份形式的转化本身，还是局限在资本主义界限之内；因此，这种转化并没有克服财富作为社会财富的性质和作为私人财富的性质之间的对立，而只是在新的形态上发展了这种对立。”[3]

不应误解和错解马克思有关股份制的论述。认为资本主义社会的股份制已是公有制。曾喧嚣一时的牟其中的南德集团所发行的《南德视界》报，曾雇用一些“理论家”使劲地鼓吹这种观点，受到严肃的学者的批评。

马克思在指出资本主义股份制的积极作用的同时，也指出其消极的一面：“一小撮董事不需要特别巧妙的办法，只要用巨额的红利安慰公司的股东，用骗

① 《马克思恩格斯全集》第25卷，人民出版社1975年版，第493页。

② 同上书，第498页。

③ 同上书，第497页。

人的报告书引诱存户和新股东，就能把公司的资本侵吞。”[①] 又指出，资本主义股份公司“再生产出了一种新的金融贵族，一种新的寄生虫，……并在创立公司、发行股票和进行股票交易方面再生产出了一整套投机和欺诈活动。”“因为财产在这里是以股票的形式存在的，所以它的运动和转移就纯粹变成了交易所赌博的结果；在这种赌博中，小鱼为鲨鱼所吞掉，羊为交易所的狼所吞掉。”[②]

由于股份制是在资本主义制度下产生和发展起来的，在长时期中，人们容易将股份制理解为资本主义的东西，认为社会主义社会不能搞。此外，西方国家和俄罗斯等独联体国家，认为社会主义国家将国有大中型企业实行股份制，就是搞私有化。何况苏联、东欧等原社会主义国家发生剧变，走向私有化和资本主义化，也是与实行股份化交织在一起的。

其实，股份制仅仅作为资本的组织形式或资产的经营方式，不存在姓“资”姓“社”问题。资本主义可以用，社会主义也可以用。既可以是资本主义私有制的实现形式，也可以是社会主义公有制的实现形式。社会主义国有企业搞股份制，并不等于私有化。断言是搞私有化的推理，是以这样的发展结果为预计和依据的：国有大中型企业在转轨中如果一开始出卖给私人，私人吞不下，买不起；而且公开搞私有化，阻力大。应是先搞股份制，然后再把国有股一部分一部分地切块出卖给私人，最后国有企业就不存在了，实现了私有化。然而，我国国有企业实行股份制，并不是必然沿着这条途径往下走，我国不能这样走。我国既要保持和发展一部分国有企业，还可以在一些实行股份制的原国有企业中保持绝对控股或相对的控股权，而且可以参股于许多股份制企业，以扩大公有制的支配与作用范围。

我国改革开放以来，在国有制经济中产生和发展起股份制，对于搞活国有经济起了积极作用。党的十六届三中全会提出：要“大力发展国有资本、集体资本和非公有资本等参股的混合所有制经济，实现投资主体多元化，使股份制成为公有制的主要实现形式”。我们需要准确地理解和把握这一新的指导思想。

首先，不要把“公有制的实现形式”同“公有制形式”即其存在形式等同起来。社会主义公有制的形式有国有经济，集体经济和国有、集体经济相互联合等形式。而公有制的实现形式则是指公有制经济所采取的资本组织形式或经营方式。诸如承包制、租赁制等也曾作为公有制的实现形式。现在把股份制这种混合所有制经济作为公有制的主要实现形式，并不是否定国有经济与集体经济这两种公有制形式的存在及其社会主义公有制的性质。

其次，不要把公有制的实现形式同公有制性质等同起来。不能从股份制是公

---

① 《马克思恩格斯全集》第 12 卷，人民出版社 1975 年版，第 55 页。

② 《马克思恩格斯全集》第 25 卷，人民出版社 1975 年版，第 496—497 页。

有制的主要实现形式，推论出股份制就是完全公有制性质。党的十六届三中全会《中共中央关于完善社会主义市场经济体制若干问题的决定》（以下简称《决定》）所讲的作为公有制主要实现形式的股份制，是国有资本、集体资本和非公有资本（即私有资本）参股的混合所有制经济。显然，国有资本、集体资本属于公有制性质，而私有资本属于私有制性质。所谓混合所有制经济，就是公有制经济与私有制经济相混合存在的一种经济。如果是外资企业或私营企业组建的股份制，没有公有制经济参与，它就是私有制经济的实现形式，并不是混合所有制经济，更不具有公有制性质。

关于股份制的性质问题，前几年已经过姓“公”、姓“私”的争论。其实，股份制作为一种资本组织形式，其本身并不固定具有“公”或“私”、“社”或“资”的属性。是“公”是“私”，取决于入股资本的所有制性质，特别取决于控段资本的所有制性质。十五大报告已经在理论上澄清了这个问题：“股份制是现代企业的一种资本组织形式，……资本主义可以用，社会主义也可以用。不能笼统地说股份制是公有还是私有，关键看控股权掌握在谁手中。国家和集体控股，具有明显的公有性，有利于扩大公有资本的支配范围，增强公有制的主体作用。”这一论断是科学的。十六届三中全会的《决定》，并没有改变这一论断，没有重新界定股份制的社会性质问题。新的提法所改变的是：过去讲股份制是公有制的一种实现形式，而《决定》将“实现形式”发展为“主要实现形式”，也就是今后的企业改革，主要改制为股份制，主要是发展混合所有制经济。而混合所有制经济中的私人资本依然属于私有，公有资本依然属于公有。把私人资本或私有股说成是公有制，并无理论和实际根据，私人资本是不愿被充“公”的。

对股份制性质的认识问题，并不单纯是一个学术问题或理论问题，而是会涉及社会制度变迁方向的重大现实问题。有个“前车之鉴”值得我们注意。原苏共领导人戈尔巴乔夫为了推行国有企业私有化，把一切股份制包括资本主义国家的段份制，都称之为集体所有制即公有制的一种形式。1989 年初美苏两国总统在马耳他会谈时，戈尔巴乔夫提出，“在西方，许多财产归集体所有，股份公司即是明显的例子”。这使当时美国总统老布什惊异。美国驻苏联大使马托洛克在《苏联解体亲历记》一书中说，布什为戈尔巴乔夫对市场经济知识的贫乏而感到吃惊。书中还说，“戈尔巴乔夫对资本主义经济的认识非常模糊”。因为西方政要和学界并不把西方国家广泛存在的股份制经济看作是集体所有制经济或公有制经济。但马托洛克以其外交家的敏感意识到：“戈尔巴乔夫在试图对‘社会主义产权’重下定义。……准备把持股人拥有的公司看作一种可以接受的‘集体所有制’形式。如果他能够使这一定义站住脚，必将为国有大中型企业私有化开辟一条道路。”戈尔巴乔夫指鹿为马，硬说私有制的股份公司也是集体所有制，以混淆视听，便于他“暗渡陈仓”，把社会主义国有制引向私有化和资本主义化。原美国驻苏联大使对此观察得如此透彻、入微。这一“前车之鉴”的教训，应当记取。

我国实行股份制的目的和途径与苏联解体前的情况不同，中央对股份制性质的说明，比如十五大报告的说明，是明确和科学的，没有简单地将任何股份制包括私有制的股份制，都判断为集体所有制或公有制。把股份制作为公有制的实现形式而且是主要实现形式，并没有用股份制取代国有制和集体所有制。我国有人在报刊上发表论述，将公有制的主要实现形式与公有制形式两种不同概念相混淆。认为过去把国有经济和集体经济作为公有制的实现形式，现在改变了，十六届三中全会提出使股份制成为公有制的主要实现形式，就是要取代国有制和集体所有制两种公有制形式。这种理解并不准确，不符合十六届三中全会《决定》的本意。

发展股份制是改革和搞活国有企业的重要途径。但要注意规范化，防止一些人借使股份制成为公有制的重要实现形式的改制之机以权谋私，侵吞国有资产，造成国有资产新的一轮大量和加速流失。

国有企业改革和职工下岗再就业问题[①]

我国经济体制改革，获得了有目共睹的成就：经济发展了，市场繁荣了，人民生活水平总体上提高了。国有企业改革也有一定成效，但依然步履维艰，困难重重。国有企业的亏损面在扩大，亏损额在增加，经济效益下降，增长速度缓慢。需要下大决心，费大力气，用大功夫，把国有企业搞好搞活。搞活国有企业，一直是作为经济体制改革的中心环节。中心环节改好了，才能实现改革的成功。

目前实行下岗分流、减员增效。下岗职工已经有1000多万人，是我国目前改革与发展中面临的需要认真对待与缓解的一个重大问题，它既是经济问题，也是社会问题和政治问题。中共中央与国务院专门召开了国有企业下岗职工基本生活保障和再就业工作会议。从中央到地方正在有计划有组织地将其作为头等大事来抓。

关于职工下岗和再就业问题，我讲四点意见：

一、从职工下岗的原因看，其主要方面具有必要性和必然性，但也有不少方面是人为的，是由一批“败家子儿”把企业糟蹋坏的结果

对两种不同情况应区别对待。不能笼统地说，职工下岗都是必要的、必然的。

必要的和必然的下岗，根源于四种情况。

一是国有企业普遍存在过多的富余人员。传统体制下，实行低工资多就业、三个人的饭五个人吃的政策，自然伴之而来的就是三个人的活五个人干。国有企业有1亿多职工，据统计，富余职工占20%到30%。搞市场经济，讲效率优先，不养活富余人员。外资企业、私营经济一个富余人员也不会要。但国有企业还得为社会稳定承担成本，不能够把二三千万富余职工一股脑儿推向社会。因为社会

---

① 本文原载《理论前沿》1998年第18期。

不能够一下子承受这么多富余职工下岗。目前1000多万人的下岗职工已经构成一个较严峻的社会问题。但搞活企业，就有必要减轻和卸下企业沉重的历史包袱；搞市场经济，就应按市场原则配置劳动力资源；搞体制改革，就得给企业消肿减肥，实行减员增效。

二是多年来我国搞重复引进、重复建设，盲目铺摊子、上项目，国有企业增加了过多的职工。结果造成产品积压滞销，企业亏损停产，部分职工不得不下岗分流，另谋出路。

三是随着社会经济的发展，科技在发展生产力中的作用日益突出，企业要不断进行技术更新改造，因而资本有机构成会不断提高。这必然导致对劳动力的需要相对减少。

四是经济结构需要调整，产业结构需要高度化。这是社会经济发展的一般趋势，是一个动态过程，不是靠一两次调整就能一劳永逸地完成的。但就我国目前情况来看，经济结构不合理、产业结构低度化，是一个亟待解决的突出问题。而调整结构，就需要相应调整职工就业结构，就必然会有一部分职工下岗转业。

为了通过改革搞好搞活企业，提高经济效益，为了促进我国国民经济持续、快速、健康发展，基于上述四方面的原因，部分职工下岗分流，是大势所趋，是必然的，也是必要的。

但是，下岗职工中，有一部分人与上述原因无关。有一部分国有企业，领导人素质不高，或不团结、搞内耗；或决策失误、遗害企业；或管理不善，亏损严重；甚至贪污受贿、以权谋私、腐败盛行、富了“方丈”穷了庙，企业被搞垮，职工不得不下岗失业。

前一种原因的职工下岗分流，从整体和长远利益来看，有积极意义。后一种原因的职工下岗，是某些国有企业被搞坏的结果，意味着国家和人民利益的绝对损失。企业改革与发展，应首先改好领导班子，这是关键。没有一个好的领导班子，想搞好改革与发展，是很难的。

二、下岗分流、减员增效，需要加强和完善宏观管理

除了某些企业因破产倒闭职工不得不一下子被抛向社会外，企业富余职工下岗待业，应是有领导有步骤地进行。企业不应随意和随时让职工下岗，更不能借下岗分流之名，行排斥异己之实，如果减员而不能增效，反而会增大社会成本、减损社会效益。不同地区、不同企业富余人员多少不同，再就业的条件不同，下岗职工的比例和人员多少，也可以有所差别。比如河北省就提出：今后五年全省国有企业下岗率控制在5％以内，最高年份不超过9％。企业能否停产、职工能否下岗，既要考虑财政、企业、职工和社会保障的承受能力，又要考虑社会吸纳

就业的能力。企业停产、职工下岗，要向当地政府申报，不能随心所欲，放任自流。而且安排职工下岗，要通过民主程序，增加透明度，要经职代会讨论，工会要发挥监督作用。这种做法，可资借鉴。

三、下岗职工再就业问题

这是涉及改革、发展与稳定的重要关系的重大问题。江总书记指出：“任何一个企业都不能把下岗职工向政府和社会一推了之。”他要求有下岗职工的国有企业，都要建立再就业服务中心，负责把下岗职工组织起来，保障他们的基本生活，抓紧进行培训，提供就业指导，帮助他们实现再就业。

我们城镇和农村，都有相当多的待业人员。过去只认为资本主义社会有相对过剩人口，社会主义不会有这种过剩。但现在搞市场经济，劳动力资源也要主要由市场配置。表现为失业和待业的相对过剩人口，也会产生和存在。但社会主义国家要自觉地、从中央到地方将再就业问题作为大事来抓。无论社会主义国家还是资本主义国家，劳动力总量在逐渐增加，就业职工的总量也在增加。就业岗位的增加，一是靠原有部门和行业的扩大，二是靠新兴部门和行业的增加。而我国目前下岗职工的大量出现，是经济体制转轨和经济增长方式转轨过程中产生的新矛盾和新情况。具有集中性和突现性，而且绝大部分是被迫下岗或失业的。这就增加了再就业的难度，也就需要国家和社会的更大的关切度。

有些城市的国企下岗职工的再就业工作做得比较好。如大同市再就业率达87%。大同市委通过政策优惠引导，将下岗职工分流到急需发展的短线产业，如农业、高新技术产业和服务业，并带动全市经济结构向优化方向转变。大同市的工作做得较细，市就业领导小组组织300多名干部对下岗职工挨家挨户调查，摸清每户的具体情况。根据不同的技术水平将下岗职工分解给有关部门，由有关部门开辟就业门路。这就保证了国企下岗职工绝大部分获得了再就业岗位。

根据目前再就业门路来看，首先，有的到农村从事种植业、养殖业、加工业，政府在信贷、税收、土地承包租赁等方面给予优惠政策。这固然可以吸纳一部分下岗职工，但不可能成为再就业的主要和重要渠道。因为农村事实上已经存在着大量富余劳动力，也可看作潜在的过剩人口。城镇下岗职工如果有特殊技能，到农村可以施展，自然是一条门路。但一般下岗职工，难以也不必要大量地去农村挤饭吃。其次，某些有技术的下岗职工，可以去从事高新技术开发工作。如大同市组织1000多名下岗技术人员投身于电子、医药等高新技术开发，生产出了100多种新产品。但下岗职工中，有技术的人员毕竟占少数，大部分是身无特殊技能的一般职工。这类职工再就业的门路，主要是服务行业。我国的服务行业，还大有发展的余地。除老的服务行业可以扩大规模外，还可以开发一些新兴的服务行业。据统计部门典型调查测算，仅家政服务和社区服务，如果发展起来，就可以安排1100万人就业。另外，许多居民需要的服务项目，目前没有人做。如家庭上门修理（修理家电、家具等）、擦皮鞋、为老弱病残看病访友服务的电动三轮车等项目，在北京等一些城市就缺少。

下岗职工从事个体、私营经济，或到私营经济中就业，也是一条再就业渠道。

四、有关理论宣传要科学和贴近生活

国有企业广大职工几十年来为我国的社会主义经济建设事业，为改革开放做出了重大贡献。国企下岗职工同样为国家和社会贡献了力量。从主要方面来看，下岗分流、减员增效，是深化改革的需要，是结构调整的需要，是体制转变和增长方式转变的需要。从整体和长远来看，有利于社会主义市场经济体制的建立和国民经济的发展。当然，对于下岗职工来说，会带来收入的减少和生活水平的下降。可以说，他们为我国的改革与发展付出了新的成本，承担了目前个人利益的不同程度的牺牲。这也是局部利益同整体利益、目前利益同长远利益的矛盾。正因为如此，国家和社会应十分关心国企下岗职工的生活保障和再就业工作。中央为此专门召开了会议，要求全党动员全社会力量共同做好这一工作。

理论宣传应实事求是、符合社会实际。少讲大话、空话、套话，多讲真话、实话。有些暂时还讲不清楚的理论问题，宁可不讲，不必拧麻花式地去做宣传。有的报刊上讲：职工下岗符合工人阶级的整体利益和长远利益，“是真正维护职工的主人翁地位”。这样的逻辑和宣传有点简单，对下岗职工很难有说服力。他们会觉得自己的“饭碗”都没有了，你还说这是真正维护了下岗职工的主人翁地位，似乎你是在讲风凉话、讥讽的话。起不了正面作用，反会使他反感。

改革与管理是辩证统一的关系[①]
——兼评晓亮的《管理不能代替改革》

一、加强和完善企业管理是深化改革的基础

企业管理的必要性，产生自生产过程中的协作劳动。马克思指出：一切规模较大的社会劳动或共同劳动，都需要指挥，以协调各个人的活动，并执行生产总体运动所形成的各种职能，有如乐队需要指挥一样。随着社会生产和商品经济及市场关系的发展，企业管理的职能也在相应扩大和加强。现代企业需要实现管理的科学化和现代化。

只要存在企业，就需要有企业管理。而且，企业管理质量的完善和水平的提高，是一个连续不断的过程，不会中止。没有改革，也有管理；进行改革，也不能忽视或削弱管理，而是要两者并重，将其统一和结合起来。

企业管理具有生产力的属性，是现代生产力的要素之一。从这个方面讲，管理的作用和重要性，不会因社会制度的不同而改变。无论资本主义还是社会主义，都重视和强调企业管理。我国在20世纪五六十年代，很重视企业管理的加强和创新。大庆的“三老四严”，企业曾推行的“两参一改三结合”，都起过积极作用，现在也值得借鉴。邓小平同志一贯重视企业管理的改进。他在1961年主持制定的“工业七十条”，对严格企业管理的各个方面都提出了具体要求和规定。1975年经济秩序因“文革”而被破坏的情况下，邓小平同志在《关于发展工业的几点意见》中旗帜鲜明地提出要“整顿企业管理秩序”，“普遍性的问题是企业管理秩序不好……企业里浪费惊人”，强调要“抓好产品质量”。“文革”结束后不久的1978年，他在《用先进技术和管理方法改造企业》中指出：“引进先进技术设备后，一定要按照国际先进的管理方法、先进的经营方法、先进的

① 本文原载《真理的追求》1996年第11期。

定额来管理。”①

在深化国有企业改革的今天，党和国家又强调提出加强企业管理问题，这应引起经济理论工作者和实际经济工作者的重视，取得共识。我认为主要的问题是需要在理论认识上和经济实践中处理好改革与管理的关系：

1. 改革与管理是各有其特定内涵的两类事物，两者不是等同的关系。管理是永恒的主题，不管有无改革和改革得如何，都需要加强和改进管理。而改革具有时间性与阶段性，它与管理不存在同生共存的关系。正因为这样，管理不会也不可能代替改革，同样，改革也不能代替管理。两者不但不能相互代替，也不能因强调改革而放松管理，或因强调管理而放松改革。

2. 改革与管理不是割裂和对立的关系，而是相互促进、相辅相成、互为保证的关系。我们的改革，有企业外部改革和企业内部改革两个方面。从企业管理与企业外部改革的关系来看，可以认为，管理是改革的基础和前提。我们知道，经济体制改革的中心环节是搞活国有企业，这就意味着改革的各个方面都是服从于搞活国有企业的。如果企业自身的管理混乱、纪律松弛、质量低下、亏损严重，那么，企业外部的改革措施（如改革企业与国家的责权利关系；发挥市场在资源配置中的基础作用；建立和改革社会保障体系；改革财税、金融、价格、外贸、外汇、投资体制等）出台再多，成效再大，也难以把企业搞活。而且在企业陷入困境的情况下，如银行体制等改革，也难以有效推进，整个经济体制改革会受到不利的影响。可以说，没有有效的企业管理，就不会有有效的体制改革。另外，经济体制改革的成果，需要有先进的、科学的企业管理来巩固。当然，改革也会促进企业管理的改进和完善。传统计划经济体制下的管理方式，随着改革新目标的确立，要转变为社会主义市场经济体制下的管理方式。管理方式是随着生产社会化的发展和经济体制改革的推进而相应地转变和改进的。实现企业管理的现代化和科学化，是社会化生产发展的要求，也是新经济体制建立和发展的要求。

3. 加强和改进企业管理，同企业内部的体制改革是统一的过程。这种统一，根源于企业管理具有二重性：既有生产力的属性，又有生产关系的属性。指挥社会化生产，协调分工协作关系，利用先进技术，降低成本、提高质量、增进效益，这是生产力发展的要求。单纯这方面的管理，是企业管理的生产力属性。但是，怎样实现生产力发展的要求，在不同生产关系下，就会有不同的管理关系。这是企业管理的生产关系属性。

资本主义企业管理，既要促进生产力的发展，又要促进资本主义经济关系的

① 《邓小平文选》第2卷，人民出版社1993年版，第30页和第129页。

巩固与发展。为了缓和与调节资本主义的内在矛盾，适应生产力发展的需要，西方国家既在全社会也在企业内部不断调整生产关系。发达资本主义国家的现代企业管理方式，事实上也反映了管理体制的变革。

我国作为社会主义国家，国有企业内部的管理与改革，既要促进生产力的发展，又要促进社会主义生产关系的发展与完善。在深化改革的大潮中，企业管理的加强与完善，必然与企业内部的改革结合在一起。1984 年通过的《中共中央关于经济体制改革的决定》（以下简称《决定》）中，就把企业管理与企业改革统一作了多方面的规定。如提出要提高广大职工的责任心，发挥其主动性、积极性、创造性，在企业内部明确对每个岗位、每个职工的工作要求，建立责、权、利相结合的多种形式的经济责任制，要建立高效率的生产指挥和经营管理系统，要健全职工代表大会制度和各项民主管理制度，要体现工人阶级的主人翁地位。还指出："这是社会主义企业的性质所决定的，绝对不允许有任何的忽视和削弱。"《决定》还对企业的分配制度管理与改革提出了具体要求。这些都体现了企业管理与企业改革的统一性。

企业管理与企业改革的统一性，还表现在企业管理方式随经济体制的改革而相应变革。在传统计划经济体制下，有适应传统体制的企业管理方式。如职工能进不能出，干部能上不能下，工资能高不能低。而进行体制改革，就要进行三项制度即劳动制度、人事制度和分配制度的改革，打破端"铁饭碗"吃"大锅饭"的体制，这是深化企业改革的内容，也是加强企业管理的内容。党的十四大提出建立社会主义市场经济体制，企业管理方式就需要适应新的经济体制而进行改革。企业管理就需要树立市场意识、竞争意识、开拓意识；就要善于适时捕捉市场信息，了解供求变化，围绕市场需求而组织生产，建立自己的营销战略；就要提高对市场变化和宏观调控的应变能力。《中共中央关于建立社会主义市场经济体制若干问题的决定》中，在提出建立现代企业制度的同时，也强调提出改革和完善企业领导体制和组织管理制度。指出："企业要按照市场经济的要求，完善和严格内部经营管理，严肃劳动纪律，加强技术开发、质量管理以及营销、财务和信息工作，提高决策水平、企业素质和经济效益。"企业管理既有适应新体制需要改革的方面，又有能够适应不同体制的基础管理方面。总之，改革与管理不是割裂和对立的，而是辩证统一的。

当前提出加强企业管理，是有现实针对性的。近几年来，企业管理严重滑坡。不少企业连原来行之有效的基础管理也不坚持了。生产管理、经营管理、质量管理、成本管理、技术管理、设备管理、资金管理、财务管理、营销管理、队伍管理、工资管理等，各方面都存在不少问题。这集中反映在产品质量合格率下降、经济效益低下和亏损扩大上。

质量问题，对我国经济发展具有战略性意义。但近几年从国家监督抽查的情况看，产品质量在滑坡。1991 年抽样合格率为 80%，1992—1994 年分别下降为 70.1%、70.4%和 69.8%。而国家监督抽查的产品，是从工厂仓库里已经检验合格的成品中抽出来的。就是说，企业的合格产品，仍有 30%左右质量不合格！全国每年因生产不合格产品形成的经济损失约达 3800 亿元。这是管理不善所造成的。

部分国有企业亏损问题，是大家所关注和议论的事情。但造成亏损的原因，并不在国有制度本身。为什么同样的外部环境，相同的行业，有的企业有很高效益，而有的却亏损呢？当然，这里有体制的原因，但主要是管理不善的原因。据国家计委技术经济研究所 1993 年对北京、上海等 8 省市 2586 家企业亏损原因的调查，形成企业亏损的因素，宏观管理因素占 9.2%，政策性因素占 9%，而企业经营管理因素占 81%以上。有些企业因长期管理不善而陷入困境，有的企业则因一时管理与决策严重失误而一撅不振。如有 30 多年历史、曾以生产“百灵”牌电子计算机而辉煌于世的福建电子计算机公司，因花费 1600 万元从国外引进过时设备技术的决策失误和没有抓住开拓市场的新机遇而造成资不抵债，宣告破产。

目前，国有企业改革是我国经济体制改革的重点。而企业改革是以不断完善企业管理为既定前提的。因此，深化改革与强化管理不能偏废。同时要看到，深化改革有一个过程，是需要多方面综合配套推进的系统工程，特别是一些深层次问题，如产权关系的调整与理顺，需要逐步推进。而加强企业管理，相对而言，是显明的、现实的、容易操作的、最有自主权的选择与行为，且具有成本小见效快的特点。“管理出质量、管理出效益”，是真切的概括。凡是效益高、搞得好的国有企业，都与挖潜力、练内功、提高经营管理水平相联系。这样的事例很多。如无锡小天鹅公司是有 1000 多人的国有企业，5 年来利润增加了 200 倍，小天鹅全自动洗衣机连续 6 年保持全国销量第一。其高速发展的秘密就在于既注重企业内部的管理，又注重企业外部营销业务的管理。他们以最有信誉的人制造最有信誉的产品；以最有信誉的产品开拓最有信誉的市场。好的管理出好的产品、好的销路、好的效益。

郑州啤酒厂也是有 1000 多名工人的国有企业，由于管理不善，“跑、冒、滴、漏”严重，连工资也发不下来。1994 年年底，更换了厂领导班子，着手扭转管理混乱的局面，靠加强管理找出路，抓经济责任制，抓销售“拳头”，抓质量把关，很快出现重大转机。只用了 4 个月时间，便实现税利 220 万元。

辽宁省朝阳市国有企业 4 年前亏损额大，但 1994 年实现利润 4 亿多元。扭亏为盈的诀窍是什么？朝阳市的回答是：“主要是加强管理”“我们在管理方面抓的还是最基础的工作：严格实行各项管理制度”。

当前强调加强管理，除针对企业管理滑坡的现实外，还有出于建立现代企业制度的需要。现代企业制度的四句话即“产权清晰、权责明确、政企分开、管理科学”是统一的。理顺产权关系是重要的，其他三方面也同样是重要的。没有企业管理的科学化和现代化，就谈不上现代企业制度。

二、加强企业管理就是不要改革吗

现在竟有人把改革与管理截然割裂和对立起来，认为强调加强管理就是用管理代替改革，就是不要改革。晓亮先生发表在《山西发展导报》1995 年 7 月 12 日头版头条的“专家访谈——管理不能代替改革”，就持这种论调。让我们摘录晓亮先生的一段高论：“现在谁也不敢说不要改革，但一进入实质性问题观点就不一致了。焦点集中在：产权要不要动？企业制度要不要创新？十四届三中全会《决定》吸收了大家的研究成果，明确提出：建立现代企业制度，进行制度创新；接着又公布了《公司法》，应当说国有企业改革到了动真格的时候了。但现在似乎又出现反复，有人一闹腾，上面又回避这些说法了，而提出：加强管理，政企分开，建立社会保障体系。想用强化企业管理来代替企业改革，回避产权关系的重组，回避企业制度创新。……管理代替不了改革：社会保障体系是改革，但不是企业改革。”“去年又出现了一股潮流。其中一些还是研究西方经济学的老经济学家，说什么股份制是后退，西方也没有现代企业制度概念，国有企业的问题是管理问题，言外之意就是不需要改革。”

这里有几个是非问题需要澄清：第一，晓亮指责“想用强化企业管理来代替企业改革”有什么根据？为什么强化企业管理就是不要改革？晓亮把管理与改革完全割裂和对立起来。他的评论逻辑所表明的观点是：不需要加强企业管理，只动产权、搞企业制度创新就够了。请问晓亮先生：近几年来企业管理严重滑坡，那企业要不要加强管理？国有企业的困难与亏损，与管理不善有无关系？在管理混乱的基础上怎样搞产权改革、制度创新？第二，无论在理论上还是在实践上，有什么根据说“以管理代替改革”？以往“左”的一套就是会给人扣“不改革”甚至“反改革”的政治帽子。现在晓亮用同样的手法，动不动就给人扣“不改革”或“反改革”的政治帽子。他说：“现在谁也不敢说不要改革。”这里的潜台词是：实际上有人不要改革或反对改革，怎样反对呢？就是搞加强企业管理。历史证明，理论是非、学术是非，用歪曲事实、扣帽子、打棍子的办法是解决不了问题的。第三，晓亮批评“上面”提出“加强管理，政企分开，建立社会保障体系”，就是想用管理代替改革。这个“上面”是指谁呢？我们知道，江总书记在党的十四届四中全会上就深化企业改革强调了三个问题：一是政企分开，二是加强企业内部经营管理，三是完善社会保障体系。1994 年 12 月，江总书记在天津又强调说“加强科学管理是企业固本治本的大计”“再困难的企业，只要改革管理也可以挖出很多潜力来，向管理要效益”。请问晓亮先生，这些是不是就是用管理代替改革呢？“政企分开”是不是改革的重要内容呢？科学管理是不是现代企业制度的特征之一呢？完善社会保障体系是不是改革的要求呢？晓亮说，“社会保障体系是改革，但不是企业改革”。晓亮是否懂得，没有社会保障体系，企业改革就难以顺利推进。辞退不称职的和多余的职工，搞企业破产，改革养老、医疗保险制度，解决企业办社会的负担等，如果没有社会保障体系，行吗？怎么能把完善社会保障体系与企业改革割裂开来和对立起来呢？

晓亮的傲慢与狂妄背后是无知。在晓亮看来，没有提产权和企业制度创新，就是不要改革或代替改革。这不仅表明晓亮只知道改革的产权方面，而不管改革的其他方面；而且表明，他不懂得改革的战略目标和战术目标应区别开来。建立现代企业制度是企业改革的方向或战略目标，由于缺乏经验，还需要探索，需要试点，需要解决一些深层次的矛盾和难点。但部分企业的试点和多数企业面上的改革应同时进行。而进行面上的企业改革，就不能不抓政企分开、加强企业内部管理、完善社会保障体系。江泽民同志在上海、长春召开的企业座谈会上的讲话，把有关的问题讲得很透彻。他既讲“要全面准确地理解现代企业制度的基本特征”，反对“只强调某一方面而忽略其他方面”；又全面论述了“把深化企业改革同加强企业管理结合起来”的问题。关于改革的点面关系，他指出：“我们在组织好现代企业制度试点的同时，还要搞好面上的企业改革工作，加强企业内部管理，转换企业经营机制，切实做到政企分开，强化国有资产的管理和监督，健全社会保障制度，为建立现代企业制度做好各项基础性工作”。点上的改革试点取得经验后要在面上推广，而目前面上的企业改革工作包括加强企业管理，是为建立现代企业制度做基础性工作。晓亮既不懂得也不了解改革的点面关系，就指责说“有人一闹腾”，就不要改革了，就“以管理代替改革”了。这不是批评错误，而是错误批评。它只能起干扰改革的消极作用。

最后还想指出一点：目前阻碍改革推进的一环，就是政企不分，行政干预企业的问题依然严重存在。政企不分，企业就不能真正具有自主权，难以实现“权责明确”，也难以理顺产权。实现政企分开的前提是实现政府职能的转变，而政府职能的转变，又有赖于政治体制改革。

怎样认识混合所有制经济
——兼评“国退民进”论[①]

一、十八届三中全会提出“积极发展混合所有制经济”的新视角

提出积极发展混合所有制经济，既是老问题，也是新问题。说它是老问题，是因为这一问题在中央文件中提出得很早，且多年反复提出。远在20多年前的1993年，党的十四届三中全会《关于建立社会主义市场经济体制若干问题的决定》就提出了“混合所有的经济”概念：“随着产权的流动和重组，财产混合所有的经济单位越来越多，将会形成新的财产所有结构。”这里讲的“混合所有的经济”，与“混合所有制经济”是同义的。请注意：这里提出“将会形成新的财产所有结构”，并不表示混合所有制经济是一种新的独立的所有制经济，而只是一种新的所有制“结构”，即新的所有制组合。其中所包括的私人资本，依然是私有制经济；公有资本，依然是公有制经济。1999年，党的十五届四中全会《关于国有企业改革和发展若干重大问题的决定》中又提出：“发展混合所有制经济。”2002年，党的十六大报告提出：“积极推行股份制，发展混合所有制经济。”2003年，党的十六届三中全会《关于完善社会主义市场经济体制若干问题的决定》中进一步提出：要“大力发展国有资本、集体资本和非公有资本等参股的混合所有制经济，……使股份制成为公有制的主要实现形式”。由此可见，提出和实行以股份制为实现形式的混合所有制经济，是一个已经历20多年的老问题。但是多年来人们侧重于关注和讨论的是股份制问题，而不是侧重于关注混合所有制经济问题。因此，没有引起对混合所有制经济的不同见解的争论。

党的十八届三中全会《关于全面深化改革若干重大问题的决定》中，专设一节“（6）积极发展混合所有制经济”。提出：“国有资本、集体资本、非公有资本等交叉持股、相互融合的混合所有制经济，是基本经济制度的重要实现形

---

① 本文原载《人民论坛》2015年第27期。

式。……允许更多国有经济和其他所有制经济发展成为混合所有制经济。”这段关于混合所有制经济的论述与以前的有关论述相比较，有两处新意：其一是以前讲混合所有制是以股份制为主题，是从股份制引出混合所有制经济。而十八届三中全会的论述，是把混合所有制作为独立的主体，突出地提了出来。其二是以前讲混合所有制经济，是单从或重在从公有制经济的改革着眼的。是将股份制这种混合所有制经济作为公有制经济的一种实现形式，后又强调为“公有制的主要实现形式”。十八届三中全会的论述是既从搞好国有经济也从搞好非公有制经济作为着眼点的。有个区别于过去的新提法，没有引起应有注意：“混合所有制经济是基本经济制度的重要实现形式。”有的学者将这一提法转述为混合所有制经济“是社会主义基本经济制度的重要实现形式”，不符合原意，淹没了对搞好非公有制经济的内容。因为这里所讲的“基本经济制度”，并不是社会主义基本经济制度，而是社会主义初级阶段的基本经济制度。前者只以公有制为基础，后者包括非公有制经济，是公有制为主体、多种所有制经济共同发展的制度。所谓混合所有制经济是基本经济制度的“重要实现形式”，就是说，既是公有制的重要实现形式，又是非公有制经济的重要实现形式。三中全会的决定又明确指出：这既“有利于国有资本放大功能，保值增值，提高竞争力”，也“有利于各种所有制取长补短、相互促进、共同发展”。可见，十八届三中全会决定提出“积极发展混合所有制经济”，是为了更好地发展公有制经济和非公有制经济。既不是“国退民进”，也不是“国进民退”，而是着力于国有资本和私人资本“相互促进、共同发展”。

由于以前讲混合所有制经济，主要是着眼于股份制经济与国有经济的关系，学界曾讨论和争论过股份制的性质和作用问题，而没有专门或侧重于讨论与争论混合所有制经济问题。十八届三中全会将混合所有制经济作为深化改革的独立的议题突出地提了出来，引起学界和社会热烈的讨论和争论。有多种不同的观点和声音。有中央作为指导思想的声音；有国有企业高管的声音；有地方政府的声音；有私企高管的声音；有主张“国退民进”搞私有化的声音；有坚持按宪法和中央指导思想办事、反对借机销蚀国有经济的声音。

二、不能用私有化观点错解混合所有制经济

对十八届三中全会提出积极发展混合所有制经济的改革思路，有人做出与中央指导思想完全相悖的解读和宣传。他们认为，发展混合所有制经济就是要销蚀国有资本、“去国有化”“国企民营化”“国退民进”“国有资本退出控股状态”，等等。

在经济学界用新自由主义观点解读十八届三中全会关于积极发展混合所有制

经济的代表作之一，是发表于国内有影响的刊物《国家治理》周刊的一篇论文。该刊 2015 年 2 月 27 日发表了一位著名大学的教授“混合所有制改革助推产权结构优化”一文，其核心思想就是“国退民进”，国企放弃控股权。该文提出：“混合所有制改革的一个要点是大幅降低国有股比重”“混合所有制改革成功的一个必要条件是，在绝大多数行业，国家应放弃对企业的绝对控股权”。在竞争性领域可“考虑全面退出”。“混合所有制改革涉及国有资产转让，一个不可回避的问题是‘国有资产流失’，定价过高，民间资本不会有兴趣”。“现阶段的‘国退民进’是社会主义初级阶段的选择”。之所以主张“国退民进”，是因为“国有企业中存在人浮于事、官僚作风等不良现象”，“国退民进”“有利于提高企业效率”。

这位教授所理解的混合所有制经济，就是通过混改，实现“国退民进”，即国有资本私资化。竞争性领域的国资可完全退出，让位给私资。他肯定和赞同会出现新一轮“国有资产流失”，主张国资低价转让给私资。

这种对混合所有制经济的解读和宣传，是完全背离中央关于发展混合所有制的本意和精神的，也是背离我国宪法和中国特色社会主义理论和制度的。

我国实行以股份制为载体的混合所有制经济，其目的是为了更好地搞好搞活国有经济，而不是相反。历届中央文件关于发展股份制和混合所有制经济的论述，讲得很明确。我国处于社会主义初级阶段，实行中国特色社会主义，既不搞单一的公有制，又不搞私有化，而是实行公有制为主体、多种所有制共同发展的基本经济制度。搞股份制和混合所有制经济改革，必须以此为中心，服从于这一中心环节。最早提出混合所有制经济的十四届三中全会的决定，是以“坚持公有制为主体”为其前提的。并且阐明了公有制为主体的含义是：“公有制的主体地位主要体现在国家和集体所有的资产在社会总资产中占优势，国有经济控制国民经济命脉及其对经济发展的主导作用等方面。”就是说，实行混合所有制经济，不能销蚀国有资产，要坚持公有资产占优势、控制国民经济命脉的方针。

十五届四中全会提出“发展混合所有制经济”，同样是为了搞好和发展国有经济的。“国有资本通过股份制可以吸引和组织更多的社会资本，放大国有资本的功能，提高国有经济的控制力、影响力和带动力。……发展混合所有制经济，重要的企业由国家控股。”显然，搞股份制和混合所有制经济，是为了增强国有经济的主导地位，扩大国有资本的作用。而且重要的企业，必须由国家控股。

十六大报告在提出积极推行股份制，发展混合所有制经济的同时，强调了国有经济的重要地位和作用：“必须毫不动摇地巩固和发展公有制经济。发展壮大国有经济，国有经济控制国民经济命脉，对于发展社会主义制度的优越性，增强我国的经济实力、国防实力和民族凝聚力，具有关键性作用。”这是对否定国有经济重要地位和作用的辩驳。搞混改，决不是搞什么“国退民进”，化公为私，而是要巩固和发展并做大做强为主导的国有经济和为主体的公有制经济。

十六届三中全会提出由公私资本参股作为混合所有制经济的股份制，成为“公有制的主要实现形式”。首先提出：要“坚持公有制的主体地位，发挥国有经济的主导作用，……进一步增强公有制经济的活力”。并提出：需要由国有资本控股的企业，应区别不同情况实行绝对控股或相对控股。

十八届三中全会强调积极发展混合所有制经济，是在“坚持和完善基本经济制度”的主题下提出来的。首先阐述的是“公有制为主体、多种所有制经济共同发展的基本经济制度，是中国特色社会主义制度的重要支柱，也是社会主义市场经济体制的根基”。“必须毫不动摇地巩固和发展公有制经济，坚持公有制经济的主体地位，发挥国有经济主导作用，不断增强国有经济活力、控制力、影响力”。从上述历届中央文件有关混合所有制的论述中，可以清楚地看出，丝毫没有为“国退民进”、销蚀国企留下任何空间。

三、为什么要发展和怎样发展混合所有制经济

讨论发展混合所有制经济问题，首先要明确两个问题：其一是为什么要发展混合所有制经济？其二是怎样发展混合所有制经济？从上面引证历届中央文件中关于发展股份制形式的混合所有制经济的论述，对第一个问题已做了全面回答。对第二个问题也大体做了简要回答。系列引证中央文件，虽有罗列中央文件之嫌，但正是要从系列引证中明确说明上面提出的两个问题。同时又可认识到那种错解混合所有制经济、借搞混合所有制改革之名，行“国退民进”、全盘私有化之实的理论与实践，与中央的改革指导思想是何其相悖，完全对立。引证历届中央文件的有关论述，有回归中央混改本意、“立此存照”之意。说明在经济体制改革的历史进程中，始终存在着两种对立的改革观：是坚持还是否定改革的社会主义方向。只要认同科学社会主义和中国特色社会主义，就会认同坚持和发展我国的基本经济制度，认同国有经济在我国社会主义事业中的重要地位和作用。诚然，我国的国有经济，还存在这样那样的诸多问题，需要通过深化改革使其逐步健全和完善，而不是“因噎废食”，全盘否定。难道私有制经济就没有问题？劳资利益对立、侵犯职工权益、拖欠职工工资、违反劳动法、搞假冒伪劣和有毒商品、非法集资、搞黄赌毒等等，是需要加强引导与管理、依法治理的问题，但不能因此否定非公有制经济在现阶段的地位和作用。

为什么要实行混合所有制经济？简单地说，是要将其作为公有制的有效实现形式，以增强和扩大国有经济的控制力、影响力，搞好搞活国有经济。十八届三中全会的决定，扩大了发展混合所有制经济的作用和目的：既是为了放大国有资

本的功能，提高竞争力，更好地发展国有经济，也是为了扩大私人资本发展的领域，让私资更多进军国有经济，更好地发展非公有制经济。

怎样发展混合所有制经济？需要再做点探讨。笔者提出以下几点：第一，要以坚持和发展社会主义初级阶段基本经济制度为前提。习近平同志在2014年8月18日的讲话中强调指出："国有企业特别是中央管理企业，在关系国家安全和国民经济命脉的主要行业和关键领域要占支配地位，是国民经济的重要支柱，在我们党执政和我国社会主义国家政权的经济基础中，也是起支柱作用的，必须搞好。"① 发展混合所有制经济，必须以此为指导。这个讲话明确地提出：国有企业不仅是国民经济的重要支柱，更是我们党执政和国家政权的经济基础，是基础中的支柱。因此，国有企业"必须搞好"。反过来讲，只有"必须搞好"国有企业，才能坚持其重要地位，发挥其"基础"和"支柱"作用。同时，实行混改，要以有利于各种所有制资本取长补短、相互促进、共同发展为目的。第二，国有资本、集体资本、非公有资本等交叉持股、互相融合。应是双向混合，而非单向混合。现在一讲混改，就只是单向混改，即私人资本参股国有经济，而不讲国有资本和集体资本参股私资经济。似乎一讲公资参股私资，就敏感为"国进民退"，侵蚀私企。其实，多年前我在南方参观一家经营很好的私营医药企业，就是国资参股、私资控股的企业，而且国资占大头，但分散在多家国企。私资占比高，因而私资控股称私营企业。一般把私营经济与私有经济划等号，其实国有资本、集体资本参股的私营经济，无论由私资绝对控股或相对控股，都会放大私资的控制力和影响力，是利用公有资本发展和壮大私资自己。不言而喻，十八届三中全会提出积极发展混合所有制经济，是允许和鼓励更多的私人资本参股国有经济。其实，以股份制为载体的混合所有制经济，已在我国实行多年了。2012年，我国已有2494家境内上市公司，股票市值达23万亿元。其中既有国有资本，也有私人资本参股或控股。现在是要进一步打开国有经济大门，让私资进入。2013年9月6日，国务院常务会议提出：尽快在金融、石油、电力、铁路、电信、资源开发、公用事业等领域向民营资本推出一批符合产业导向、有利于转型升级的项目，形成示范效应。这表明，过去私人资本没有进入的某些产业包括被称作垄断行业的产业也可以进入了。第三，发展混合所有制经济的关键问题是由谁掌握和怎样掌握控股权。有的学者和私企高管要求私人资本参股国有经济时，取得控股权。这种要求是否合理？前面已经说明，发展混合所有制经济，是为了更好地发展国有经济和非公经济，既不是让私资侵蚀国资，也不是让国资侵蚀私资。是要"国进民进"，共同发展。如果私资进入国企，让国资放弃控股权，转由私资

---

① 《人民日报》2014年8月19日。

控股，那就蜕变为私营经济了。作为混合所有制经济载体的股份制的性质，学界曾争鸣很久。党的十五大报告从经济理论上澄清了这个问题：“不能笼统地说股份制是公有还是私有，关键看控股权掌握在谁手中。国家和集体控股，具有明显的公有性，有利于扩大公有资本的支配范围，增强公有制经济主体作用。”同理，如果私人资本控股，就是扩大私资的支配范围，增强私营经济主体作用，就具有明显的私有性。由此可见，要求私资参股国有经济、一律取得控股权，实际上是要让私资销蚀国资，搞“国退民进”。这背离中央的指导精神，也背离中国特色社会主义理论和制度，是不可取的。第四，发展混合所有制经济，私人资本应有其取得控股权的范围。如果公有资本参股私企，私人资本自然要取得绝对或相对控股权。如果私资参股国企，整体上，国企要“保值增值”。所谓“保值”，就是对存量资本要保持其原价值，不能流失。不是也不应把国企已做好的大蛋糕切一块送给私资。除非有的国企既无关国计民生，又经营不善，需要引进私资，会同意由私资控股。另外，国有经济既要“保值”，又要“增值”。“增值”，就是要扩大资本、做大“蛋糕”。在扩大投资或进行新投资中，可按照投资项目的性质和国资私资投入的大小，由国资控股或由私资控股。私资参股国资，即使没有控股权，也扩大了经营范围。有利于缓解贷款和资源利用方面的某些困难，可获得增大蛋糕中的一块，有利于私资的发展。

发展混合所有制经济，不要又刮风，不要急于定任务、赶时间、显“政绩”。要先吃透中央文件指导思想和改革精神。要重视顶层设计和实施细则、规范操作。防止新一轮的国有资产流失。今年6月5日，习近平同志在主持召开中央全面深化改革领导小组会上指出：试点是改革的重要任务，更是改革的重要方法，试点能否迈开步子，趟开路子，直接关系改革成效，要树立改革全局观，顶层设计要立足全面，基层探索要观照全局。这一指导思想，应在混改中遵从，特别在私资参股垄断行业国企过程中，要去除随意性与盲目性，要按习近平同志的讲话办事。这次会议还继续和进一步指出“把国有企业做强做优做大，不断增强国有经济活力、控制力、影响力、抗风险能力”，要坚持党的建设与国有企业改革同步谋划。要防止国有资产流失，要坚持问题导向，立足机制制度创新。这方面的新论述，同样完全杜绝了新自由主义思潮对我国改革的干扰。

改革攻坚，必须发展与完善国有经济[①]

——对一种否定国有经济理论的评析

今年以来，一位学者发表了很多文章，其某些理论观点确有可取之处，但是，其有关深化改革的理论观点，尤其是关于国有企业改革的言论，却须与新自由主义划清界限。

一、必须强调我国国有经济的社会主义性质，否则既违背宪法和党章。违背中国特色社会主义理论与制度，又违背中国的历史事实

马恩列毛的理论和中国特色社会主义理论，对劳动人民掌握政权条件下的国有经济早有明确的定位：即国有经济是归全民所有的社会主义经济，是社会主义经济制度的基础。而该学者竟然否定这一定位。他说："不能简单地把国有化和社会主义等同起来""国有经济如何定位，目前争议较大。有些人认为，国有经济是我们党的执政基础……从历史的实践来看，这种'基础论'也是站不住脚的。"他的这一说法显然是与宪法和党章以及中央文件的规定相左的。

我国《宪法》规定："中华人民共和国的社会主义经济制度的基础是生产资料的社会主义公有制，即全民所有制和劳动群众集体所有制。""国有经济，即社会主义全民所有制经济，是国民经济中的主导力量，国家保障国有经济的巩固和发展。"党的十六大通过的《党章》"总纲"也明确规定："坚持和完善公有制为主体、多种所有制经济共同发展的基本经济制度。"历届中央有关文件都指出了国有经济的社会主义性质。

习近平同志在2014年8月18日的讲话中明确指出：国有企业特别是中央国有企业，"是国民经济的重要支柱，在我们党执政和我国社会主义国家政权的经济基础中也是起支柱作用的，必须搞好"。这指明了国有经济是共产党执政和社会主义国家政权的基础，而且是基础中的支柱。

---

① 本文原载《红旗文稿》2015年第11期。

中国的改革道路和指导思想，是社会主义制度的自我完善与发展，是在完善国家宏观调控下与社会主义经济制度相结合的社会主义市场经济，改革的中心环节是搞好搞活国有企业，改革与发展要坚持宪法规定的国有经济为主导、公有制为基础的社会主义经济制度。这也是坚持中国特色社会主义理论、制度和道路的重要基础。正是由于实行了这样的中国特色社会主义，我国才实现了改革开放30多年来年均9.8%的经济增长率，取得了举世瞩目的成就。

当前，我国国有经济中还存在这样那样的问题和矛盾，需要通过深化改革来解决，而不是因噎废食、简单否定。

二、用恩格斯批判俾斯麦的话来否定我国国有经济的社会主义性质，是错解了恩格斯的原意，这样不利于科学社会主义和中国特色社会主义理论的发展

长期以来，该学者在多篇文章中引证恩格斯在《反杜林论》中的一段话，作为否定我国国有经济是社会主义经济的根据。他提出："我过去的文章里多次引用恩格斯曾经讲过的一句话，'自俾斯麦致力于国有化以来，出现了一种冒牌社会主义'，我认为中国共产党执政的基础不是国有经济比重的高低，而是三个'民'（民生、民心、民营），得民心者得天下。所以三个'民'就是中国共产党执政的基础。"

该学者的上述言论，涉及重要理论是非和事实真相，需要进行一些评析。

第一，用恩格斯批评俾斯麦的"冒牌社会主义"的国有化来否定我国国有经济的社会主义性质，这是张冠李戴、文不对题之论。为什么恩格斯要将俾斯麦的国有化斥之为"冒牌的社会主义"呢？恩格斯明确指出普鲁士的"铁血宰相"俾斯麦搞某些国有化措施，"并非考虑经济上的必要性"，并不是要将生产资料私有制变为社会所有制，他把铁路国有化，是为了"适用于战时"的需要，是为了获得"不依赖于议会决定的收入来源"，这与社会主义无关。

第二，更为重要的是，在资产阶级掌握政权，以生产资料资本主义私有制为基础的社会制度下，实行某些国有化措施，是从资产阶级的整体利益考虑的。恩格斯在《反杜林论》中已经明确地回答了为什么要批评"冒牌的社会主义"的道理。他指出：在资本主义国家，"无论转化为股份公司，还是转化为国家财产，都没有消除生产力的资本属性。……现代国家，不管它的形式如何，本质上都是资本主义的机器，资本家的国家，理想的总资本家。……工人仍然是雇佣劳动者，无产者。资本关系没有被消灭，反而被推到了顶点"。[①]

第三，马克思恩格斯反复说明，建立社会主义，必须首先把生产资料掌握在

---

① 《马克思恩格斯选集》第3卷，人民出版社1995年版，第666页。

代表劳动人民的国家手中，在劳动人民掌权并成为社会和企业的主义的条件下，国有经济就是社会主义。他们在《共产党宣言》中明确提出：无产阶级将把全部资本，把一切生产工具掌握在国家手中。恩格斯在《反杜林论》中同样指出："无产阶级将取得国家政权，并且首先把生产资料变为国家财产。"① 这两句话原文都是用黑体字标明的。

马恩这些明确的论述，驳斥了有的学者称国有经济是来源于希特勒的国家社会主义的谬论。其实，科学社会主义运动，始终把实行生产资料公有制首先是国有化作为运动的中心任务。该学者竟然对这一观点提出了完全相左的解释，这显然不是坚持科学社会主义和中国特色社会主义理论和制度的态度。下面的说法即印证了这一点。他说，共产党执政的基础是民生、民心、民营。这里的"民营"是指私营经济，把私营经济作为共产党的执政基础，显然是与我国社会主义基本经济制度相悖的。他讲民生、民心，从来没有具体说是指全国劳动人民，他一再强调的"三民"，实际上就是民营经济即私营经济的"民"，即"人民社会主义"的"民"。

三、用四个所谓"实践"来证明社会主义与国有经济无关是伪命题

该学者在多家报刊发表文章，提出了国有经济不是社会主义制度和党的执政基础的四点"实践"根据，这些所谓"实践"根据都是站不住脚的。

他说："第一，苏联垮台的时候，一统天下的国有经济为什么没有支持苏联共产党继续执政。"这个"实践"论据违背事实。首先，苏联解体、国破党亡，正是在实行新自由主义的改革方案，搞全面私有化的进程中同步出现的；其次，肯定以国有经济为核心的公有制经济是社会主义经济制度和共产党的执政基础，并不等于说社会主义制度和党的执政地位单由国有经济保证就行了。如果党犯了自我毁灭的颠覆性错误，自然会失去其执政权力，社会制度就会改旗易帜。

他说："第二，上世纪 70 年代初，一些发达资本主义国家国有经济比重都是比较高的，英国为 29%，法国为 33%……但，那个时代，没有哪一个人说它们是搞社会主义。"应当了解，资本主义国家搞国有经济，是服从于资产阶级整体利益的需要，无论国有化还是私有化，都不会改变其资本主义性质。不能用资本主义国家的国有经济不是社会主义，来证明我国的国有经济也不是社会主义。关键在于要看是资产阶级手中的国有经济，还是劳动人民手中的国有经济。

他说："第三，从我们浙江的现象看，浙江地处沿海，国家投资少，当然国有经济比重低了。……但经济发展很快，与国有经济相比，老百姓富裕程度很

① 《马克思恩格斯选集》第 3 卷，人民出版社 1995 年版，第 668 页。

高。”以此想要证明，私有制经济与国有经济相比，“发展更快，老百姓富裕程度很高”。这样的论断未免太简单了。事实是改革开放前的近30年中，沿海经济发展快于内地，国有经济的发展程度也高。1956年毛泽东发表的《论十大关系》中，专设一节讲“沿海工业和内地工业的关系”。当时，如毛泽东所述，“我国全部轻工业和重工业都有约百分之七十在沿海”。轻工业中的国有企业，“全部投产后，四年之内，除了收回本厂的投资以外，还可以赚回三个厂、两个厂、一个厂，至少半个厂”。“三大改造”完成后，浙江省企业都为国有经济。改革开放前浙江省的工业比内地发达，国有经济比内地要强。改革开放以来，浙江省的国有经济在“国退民进”的改制中付出了有利于非公经济发展的巨大成本，国有经济所剩无多，非公有经济发展很快，占更大比重。但若离开国家政策的大力扶持和国有经济付出的巨大改革成本，是难以说明其究竟的。

他又说：“第四，越南的国有经济比重比我们低得多，但没有人说它不是社会主义国家。”这个论据不真实，论者没有提供越南国有经济比重究竟是多少。我国商务部网站2012年曾根据汇丰银行宣布的有关越南的资料，说越南国有经济占全国GDP的40%，远高于我国。另外，越南也没有说它已经是建成了的社会主义国家，而称作社会主义走向的社会。或向社会主义过渡的社会。2001年，越共九大提出“社会主义走向的市场经济”。

总之，该学者提出四条历史“实践”理由，用以否定国有经济的重要地位和性质，都是没有根据的。

四、用“人民社会主义”五个特征来阐述科学社会主义和中国特色社会主义是不准确的，很难与西方意识形态划清界限

该学者2006年11月13日发表文章，提出了中国特色社会主义的另外模式和特点，认为“中国特色社会主义，简而言之也可以说是人民社会主义。判断社会主义的标准是‘三个有利于’，而不是国有经济在国民经济中的比重。中国特色社会主义即人民社会主义有五个特征，即以民为本、市场经济、共同富裕、民主政治和中华文化。……人民社会主义区别于国家社会主义，人民社会主义是以民为本、以社会为太”。

分析一下他的“中国特色社会主义”即“人民社会主义”的五个特征，其中排除了我国宪法规定的国有经济为主导，公有制为基础或为主体的社会主义经济制度或初级阶段的基本经济制度。其第一个特征是“以民为本”。这里所讲的“民”不是“全民所有制”的“民”，而主要是指“民营经济”，即私营经济，或泛指私有制经济。其第二个特征是“市场经济”，显然，发达资本主义国家的市场经济发展比我国更久远，更成熟。市场经济并不是社会主义区别于资本主义

的特点。其第三个特征是“共同富裕”。问题在于私有制的市场经济必然产生两极分化，不可能真正实现共同富裕，发达资本主义市场经济国家的现实已证明这一点。美国“占领华尔街”运动的99%与1%的对抗是明显事例。其第四个特征是“民主政治”。众所周知，西方国家大讲“民主政治”，“民主政治”是资本主义政治优越于封建制度的特点，社会主义也应有“民主政治”，但抽象的“民主政治”不是社会主义区别于资本主义的特征。其第五个特征是“中华文化”。中华民族具有五千年的灿烂文化，历经多种社会经济制度，社会主义要继承和发扬中华文化，但它构不成社会主义的本质特征。

总之，该学者另起“炉灶”，所提出的中国特色社会主义，是与党中央所论述的中国特色社会主义根本不同的。排除以国有经济为主导的公有制经济，实行民营经济一统天下的“民本经济”即“人民社会主义”，这究竟是社会主义还是别的什么“主义”，读者自会辨别清楚！

五、否定我国国有经济的地位和作用搞全面私有化，是西方敌对势力瓦解我国社会主义制度的图谋

该学者极力反对我国学者对新自由主义的批判。他在一篇文章中指出，批判新自由主义“是对改革的干扰”，“是借所谓的批判新自由主义来否定改革，……否定了中国改革的设计师邓小平同志”。这是怪论。近些年来，国内外都在批判新自由主义。怎么能说反对新自由主义就是反对社会主义改革呢？这种观点显然是与新自由主义搅在一起了。

新自由主义在全世界推行，造成了巨大的恶果。在拉美国家，新自由主义导致企业大量破产、资本外逃、债务深重、贫富分化、经济增长缓慢。苏联实行新自由主义主导的改革，导致国破党亡。在资本主义国家也导致一场严重的国际金融和经济危机，至今还没有完全走出危机。我国改革开放以来，国内新自由主义的思潮一直干扰着我国的改革开放大业，彻底私有化、全面市场化、经济政治自由化的声音经久不衰，甚至在个别领域有愈演愈烈之势。这样只能削弱社会主义制度和共产党的执政基础。

《共产党宣言》和“共产党”的名称就表明，共产党是致力于共产主义事业的，是要求“共”生产资料之“产”的。搞公有制的本意，是为了更好地发展生产力，消除两极分化，走共同富裕道路。搞私有制必然产生两极分化。社会主义国有经济和整个公有制经济的兴衰成败，标志着社会主义事业的兴衰成败，共产党执政事业的兴衰成败。如果搞全面私有化，用不着共产党，也与共产党的名称和职责相悖。以国有经济为主导的公有制经济，是社会主义经济制度的基础，如果这个基础垮了，已建立的社会主义国家也会随之垮掉，苏联就是前车之鉴。

经济基础决定上层建筑，共产党执政的经济基础是和共产党的命运紧密相关的。西方敌对势力公开支持我国搞私有化，就是为了销蚀我国的国有经济。因为他们知道国有经济在我国社会主义制度中的重要地位和作用，搞和平演变首先要搞垮国企。对此，我们一定要提高警惕。

当前，我国改革已进入深水区和攻坚期。但无论怎样改革，中央的指导思想是明确的。改革是社会主义制度的自我完善和发展，是要搞好搞活国有企业，是要发展和完善、做大做强做优国有企业。党的十八届三中全会提出："公有制为主体、多种所有制经济共同发展的基本经济制度，是中国特色社会主义制度的重要支柱，也是社会主义市场经济体制的根基。……必须毫不动摇巩固和发展公有制经济，坚持公有制主体地位，发挥国有经济主导作用，不断增强国有经济活力、控制力、影响力。"当然，也必须毫不动摇鼓励、支持、引导非公有制经济发展。这一指导思想贯穿于改革开放以来有关的历届中央文件中。

因此，我国的改革一定要摒弃新自由主义的干扰，把以国有经济为主导的公有制经济搞好，这是坚持、发展和完善中国特色社会主义的必由之路。

第六篇

经济增长与发展方式转变的历史回顾

经济增长更加重视质量和效益[①]

胡锦涛同志在十八大报告中强调，科学发展观是党必须长期坚持的指导思想，必须把科学发展观贯彻到我国现代化建设全过程、体现到党的建设各方面。

党的十六大以来，我国的改革与发展事业，在中国特色社会主义道路上大步前进，取得了举世瞩目的成绩。从根本上说，正是在中国特色社会主义理论指导下，重视一手抓发展生产力，一手抓以人为本、民生为重的成果。十七大以来，更加强调共同富裕。为了解放和发展生产力，就要在理论和实践中致力于推进改革和开放；建设和完善社会主义市场经济体制；强调两个毫不动摇，即毫不动摇地实行公有制为主体，毫不动摇地鼓励、支持和引导非公有制经济的发展；强调又好又快地发展；提出和贯彻科学发展观；由转变经济增长方式到转变经济发展方式；以加快转变发展方式为主线，实行全面协调可持续发展；重视创新，发展创新型经济。

近 10 年来的经济发展是历史上最快的时期。2002 年，中国 GDP 总量占世界份额的 4.4%，世界排名第六位，2009 年成为第三位，2010 年超过日本成为第二位，仅次于美国。人均国内生产总值也快速增加。

建设社会主义新农村，重视解决“三农”问题，中央财政增加了“三农”支出，我国粮食产量连续 9 年增产。

还需要看到，我国经济发展的辉煌成就，是在经历了多种严重的自然灾害和国际金融危机的情况下取得的。

随着生产力的快速发展，党和政府增大了惠民政策与措施，并从理论和实践上力求缓解收入差距扩大的趋势。中央一再提出和强调：“坚持发展为了人民，发展依靠人民，发展成果由人民共享”，“把不断改善人民生活作为处理改革发展稳定关系的重要结合点”，强调走“共同富裕”的道路。10 年来，城镇居民人

① 本文原载《光明日报》2012 年 11 月 13 日，为庆祝党的十八大召开的采访稿。由该报记者张雁整理。

均可支配收入年均增长 9.2%，农村居民人均纯收入年均增长 8.1%，是历史上增长最快的时期。我国城乡还有一部分生活困难人口，国家增大了扶贫救助措施，提高了扶贫标准。2006 年，全面取消了农业税，结束了 2600 年来“哪个朝廷不纳粮”的历史。此外，种田还有补贴。义务教育的“两免一补”让 1.5 亿多个农村家庭受益。政府还出台了解决农民工问题的政策措施，形成了惠农、强农、富农的政策体系。

我国既面临着发展的战略机遇期，又面临着社会矛盾的凸显期和多发期。缓解和消除收入差距扩大的趋势，改革分配制度，迈向共同富裕，是当务之急。实现共同富裕，不仅需要以快速发展生产力为物质条件，还需要以公有制为主体的制度安排，需要坚持和完善中国特色社会主义经济制度，既不搞单一的公有制，又不搞私有化。私有化是不可能实现共同富裕的。

党的十八大正在召开，展望今后 10 年，经济社会将进一步显著发展，将全面建成更高水平的小康社会。经济增长会更加重视质量和效益，将进入次高速增长期。由于经济总量增大，即使年均增长放慢一些，GDP 的绝对量也会显著超过以往。

十八大之后，我们将继续高举中国特色社会主义旗帜，走中国特色社会主义道路，完善中国特色社会主义制度。将进一步推进改革开放。

十八大之后，转变发展方式依然是主题，科学发展会进一步推进，会更加关注、保障和改善民生，在共同富裕的道路上迈出新的步伐。

我国发展到了依靠创新驱动的阶段[①]

改革开放前，在我国长期处于短缺经济的条件下，经济发展的创新动力不足。许多产品几十年一贯制，不求改进创新。这是因为，在严重供不应求的条件下，“皇帝的女儿不愁嫁”，商品销售不需要经历马克思所讲的“惊险的一跳”。同时，由于西方的敌视与封锁，我国也难以引进先进技术。

改革开放以来，我国由传统计划经济转向社会主义市场经济，由单一的公有制经济转向公有制为主体、多种所有制经济共同发展。这促进了我国经济的快速发展，使供不应求的卖方市场转变为买方市场，货币追求商品转变为商品追求货币。商品供应充足了、花色品种丰富了，社会主义经济是短缺经济的传统看法被打破了。这是好事，但又出现了新的问题。买方市场的出现意味着市场需求饱和，某些商品甚至积压滞销。同时，长期高速增长积累了一些不平衡、不协调、不可持续的问题，诸如科技创新能力不强、产业结构不合理、农业基础薄弱、资源环境约束加剧等，对我国经济持续健康发展形成了瓶颈制约。

解决经济发展中的瓶颈问题，靠什么？关键靠创新，靠实施创新驱动发展战略。随着买方市场的形成，卖方的竞争加剧，竞争的压力促使企业通过科技创新，采用先进技术设备提高劳动生产力；同时，对外开放也使我们可以引进国外的先进技术。科技创新可以带动或有利于许多问题的解决。比如，“农业基础薄弱”与我国农业生产力落后、科技水平低有关，“资源环境约束加剧”也要靠技术进步、科技创新来缓解。

通过科技创新发展生产力可分为几种情况：一是由于自己的科技水平低，主要依靠引进国外先进技术设备。二是引进后消化、吸收、改进。三是由于国内不同地区、不同行业、不同企业间的科技水平有差异，可通过技术扩散提高落后地区、行业和企业的科技水平。四是加强自主创新、原始创新。随着我国发展水平的提高和国际竞争的加剧，我们要坚持走中国特色自主创新道路，着力提高原始

① 本文原载《人民日报》2013 年 5 月 22 日。

创新、集成创新和引进消化吸收再创新的能力。

目前，我国加强自主创新，实施创新驱动发展战略，存在两方面的紧迫性：

一方面，改革开放30多年来，经济快速发展在很大程度上是依靠廉价劳动力和资源投入，发展方式粗放。目前，不仅资源环境约束加剧，也开始出现劳动力特别是技能劳动力短缺约束。这次国际金融危机爆发以来，世界经济低迷，出口拉动经济增长的作用明显减弱，提高出口产品科技含量和附加值显得更加紧迫。这就要求推动经济增长由粗放型向集约型转变。怎样实现集约型增长？农业生产靠科技进步和集约经营，增加单位面积产量；工业生产靠科技创新、改进管理、降低成本、提高劳动生产率，原有的集约增长方式依然需要，但已经不够了。集约型增长，越来越要靠科技创新驱动。

另一方面，我们正面临新的科技革命和产业革命浪潮。在大的国际经济危机之后，一般会出现新的科技革命和产业革命。种种迹象表明，新一轮科技革命和产业革命正在酝酿突破。历史经验表明，抓住科技革命和产业革命的机遇，就能实现赶超跨越，成为世界强国；如果错失机遇，拉开科技差距，就会拉开经济社会发展差距，就会落后。我国错失了前几次科技革命的机遇，面对新的科技革命和产业革命，不能再错失良机。讲重要战略机遇期，不能忽视这一重大战略机遇。

对我国经济增长方式转变的新思考[①]

长期和稳定的经济增长是国家经济政策的重要目标之一。我国改革开放以来经济呈阶梯式增长，引起国际范围的高度关注。与高速经济增长相对应的，是随之而来的增长过程中出现的种种问题。“十一五”规划强调走自主创新之路，把转变经济增长方式，作为实现“十一五”规划发展目标的战略重点，是针对当前我国经济发展的现实做出的重要战略部署。解决当前我国经济增长中存在的问题，必须认真分析经济增长的方式和实现条件，根据国情选择切合实际的经济增长道路。

一、转变经济增长方式的内涵及其理论渊源

理解经济增长的内涵应从增长的机制和路径两个方面进行把握。从增长机制的层面看，经济增长有粗放型经济增长和集约型经济增长之分。从增长路径的层面看，经济增长有外延型和内涵型增长的区别。当前，我国转变经济增长方式，主要是针对经济增长的机制，但也涉及经济增长的路径，两者是有机结合的。

从经济增长机制看，相对于资源的使用，存在着“粗放”型增长和“集约”型增长。“粗放”或“集约”概念，起初应用于资本主义农业生产中，后来才扩大到工业生产和国民经济增长中。马克思在《资本论》中分析资本主义农业中的级差地租时，就阐述了“粗放耕作”和“集约化耕作”两种农业生产方式，以此将“粗放经营”和“集约经营”区别开来。历史地看，可耕地扩展的有限性，是促成农业部门从“粗放经营”向“集约经营”转变的重要经济条件。从这个意义上说，关注经济增长的质量和内容，大都是与资源有限性直接相关的。

当代意义上的“粗放型”和“集约型”概念，是扩展了整个国民经济意义上的不同增长方式。“粗放型”增长由于具有低质低效的增长特性，依赖于生产要素的扩张，而生产要素的扩张主要是在规模、数量、产值、速度和投入等方

---

① 本文原载《经济理论与经济管理》2007 年第 3 期，与孙咏梅合写。

面，较少重视质量、效益和效率。“集约型”增长由于具有高质高效的增长特性，依赖于现有生产要素效率的提高。提高生产要素效率主要是依托于科技进步、节约能源投入、提高劳动者的素质和管理水平，并在生产要素效率提高的前提下，提高经济效益，增强产品竞争力，同时减少资源消耗和环境污染程度。

从经济增长的路径看，经济增长总是表现为生产成果数量上的增长，生产成果的数量增长取决于生产规模的扩大，而生产规模扩大的原因和表现形式又是不同的，因而经济增长有“外延式”和“内涵式”之分。马克思在分析社会资本的扩大再生产时，针对固定资本折旧费用于扩大再生产的使用问题指出，折旧费既可以用来扩大企业规模，也可以用来改良机器，提高生产效率，“如果生产场所扩大了，就是在外延上扩大；如果生产资料效率提高了，就是在内涵上扩大。”[①] 可见，经济增长所依赖的生产能力提高可以通过两种方式达到，一是更多地利用资源以扩大生产能力；二是提高生产效率以提高生产能力。

除了通过将固定资本折旧基金用于“外延式”或“内涵式”扩大生产这一路径外，还可以通过新增投资用于建立新企业或扩大与改造旧企业，前者为“外延式”，后者为“内涵式”，这是另一条路径，两条路径不应混同。马克思指出：“剩余价值转化为资本……就是规模扩大的再生产过程，而不论这种扩大是从外延方面表现为在旧工厂之外添设新工厂，还是从内含方面表现为扩充原有的生产规模。”[②] 在第二条路径下，“外延式”增长可以通过或不通过提高生产效率实现，“内含（涵）式”增长也可能是生产效率变与不变下的生产规模扩大。就是说，可以有“外延式”的“粗放型”或“集约型”增长，也可以有“内涵式”的“粗放型”或“集约型”增长，例如建设宝钢就是“外延式”的“集约型”增长方式。经济增长的路径，不仅取决于社会的物质资源状况、经济技术水平，也与生产的社会组织和合理安排相关。

从经济增长的动力或源泉看，马克思将生产力归结为促进经济增长最基本的、最直接的和决定性的因素，而生产力的内涵又是丰富的，包括劳动力及其实际劳动数量质量、科学技术、生产对象即自然资源和物质条件，以及生产的社会组织等。经济增长不仅依赖于投入的增加，也依赖于要素投入的效率提高，提高要素效率必须靠技术进步，而且技术进步在经济增长中做出的贡献越来越大。马克思指出：“随着大工业的发展，现实财富的创造较少地取决于劳动时间和已消耗的劳动量……相反地却取决于一般的科学水平和技术进步，或者说取决于科学在生产上的应用。”[③] 技术进步不能脱离特定的社会生产形式对经济增长产生作

① 《马克思恩格斯选集》第 2 卷，人民出版社 1995 年版，第 322 页。

② 《马克思恩格斯选集》第 24 卷，人民出版社 1972 年版，第 356 页。

③ 《马克思恩格斯选集》第 46 卷，人民出版社 1980 年版，第 217 页。

用，强调技术进步的作用，也要重视生产的组织形式和社会形式对经济增长的制约作用。

我国长期以来，经济增长主要依靠的是“粗放型”增长方式。在当前倡导和实践“科学发展观”的背景下，经济增长方式应增添新的含义。转变经济增长方式，意味着要素投入方式由资本投入为主，向资本、劳动、科技投入为主转变；需求拉动方式由原来的投资—出口—消费向消费—投资—出口拉动转变；投入产出方式由“粗放型”向“集约型”转变，即由高投入、高消耗、高污染，低产出、低质量、低效益，转向低投入、低消耗、低污染、高产出、高质量、高效益。

经济增长方式必须适应生产的目的和生产力的发展要求，转变经济增长方式的现实成效已经受到世界各国经济发展正反两方面的验证。一个显而易见的事实是，当今世界，科技创新和技术进步已逐渐成为推动经济增长的决定性力量。在“集约型”增长条件下，生产效率的提高可以不断缓解和克服经济增长的瓶颈。据萨缪尔森分析：“美国产量增长的大约 1/3 可以归之于劳动和资本的增长。其余 2/3 可以归之于教育、创新、规模效益、科学进步以及其他要素所导致的余留额。”① 他看到了经济增长的内涵所在。

二、转变经济增长方式是我国经济发展的现实选择

转变经济增长方式是当前我国经济增长面临的迫切任务。应当看到，经历 20 多年的高速增长，我国的“粗放型”经济增长方式目前已难以为继。国际经验表明，用大量投资支撑的增长，很容易造成产能过剩。从微观角度看，高端需求不足、产能过剩，会造成相关产品的价格下跌、库存上升，使企业经营陷入困境。而企业经营状况的恶化，又会加大潜在的金融风险和社会就业压力；从宏观角度看，“粗放型”的高增长方式由于对能源的大量需求，往往产生对生态环境的破坏和对不可再生资源耗费过度的现象。一方面，“粗放型”增长造成资金要素投入大，我国全社会固定资产投资占 GDP 的份额不断提高，投资效益下降，积累了大量风险。另一方面，“粗放型”增长能源消耗高，我国近年来能源消费弹性系数呈增长态势，单位产出的能耗和资源消耗明显高于国际先进水平。我国国内人均资源少，人均耕地、人均淡水资源和 45 种主要矿产资源的占有量都低于世界人均水平，而国际上许多重要资源被少数发达国家和跨国公司所垄断，资源产品的进口要受到运输能力等多方面制约，“粗放型”增长面临极大的资源压力和不确定性。发达国家在上百年工业化过程中分阶段出现的环境问题，我国目

① 萨缪尔森：《经济学（中文版）》，中国发展出版社 1992 年版，第 338 页。

前已在一些地方开始出现甚至集中出现。由于不合理的开发建设活动，一些地方生态系统的整体功能下降，生态环境趋于恶化。解决现实经济生活中存在的深层次矛盾，必须立足于转变经济增长方式。

实现经济增长方式的转变，可以更好地解决经济发展面临的矛盾和问题。一是可以提高经济运行质量。近几年来，我国经济的发展速度虽然很快，但实际效益较差，国有企业亏损面大，不改变这种状态，经济发展就很难良性和持久。二是可以改善工业化道路的路径依赖。长期以来，我国在工业发展上过度热衷于上项目、铺摊子，搞了大量的低水平重复建设，是“外延式”的“粗放型”增长，忽视现有企业的改革、改组、改造和内部管理，造成不少企业技术进步缓慢，生产能力闲置等问题。据统计，目前我国彩电生产能力闲置比例为1/2，家用冰箱为2/3，汽车为3/4。这种现状迫切要求转变工业化发展道路。三是可以加强农业的基础地位，有助于解决“三农”问题。农业发展与工业发展有着密切关系，目前国家对农业基建投资在总投资中的比重已下降到3%—4%，远远低于20世纪80年代以前10%以上的水平。这说明工业的粗放增长实质上已挤压了农业，成为农业投入不足的原因之一。转变经济增长方式，不仅应当改变长期以来农业未受应有重视、农业向工业提供积累的做法，而且工业应当通过多种形式反哺和支持农业，从而加强农业在国民经济中的基础地位。

此外，转变经济增长方式，还将改善环境污染的现状和提高我国产品的国际竞争能力。传统的经济增长要靠大量的能源消耗来维持。据统计，每增加1美元的生产总值，我国的能耗是日本的5—6倍，是美国的2—3倍。资源的过量消耗，也会加剧环境污染，破坏生态平衡。以“集约型”方式增长，资源消耗将会减少，环境污染状况将会得到改善。从产品的国际竞争力看，我国长期以来生产技术进步缓慢，产品的质量不尽如人意，在国际市场上主要靠低价竞争。通过转变增长方式，提高产品质量，增加产品附加值，可以大大提高我国产品在国际市场上的竞争力和占有率。

更重要的是，只有转变经济增长方式，才能实现科学发展，更好地满足人们日益增长的物质文化需求，构建社会主义和谐社会。“集约型”增长方式有利于人们实现与经济增长相适应的收入增长，为生活质量的提高创造物质条件，实现人与人的和谐、人与社会的和谐、人与自然的和谐。我国人口众多，人均资源拥有量少，生态环境整体上比较脆弱。只有转变经济增长方式，坚持节约发展、循环发展、清洁发展、安全发展，才能不断改善生态状况，实现可持续发展，从而为人们提供适宜居住的生活环境，促进人的全面发展。因此，构建社会主义和谐社会，迫切要求更加重视转变经济增长方式，切实把经济增长方式由“粗放型”转向“集约型”的轨道。

三、客观认识当前我国经济增长方式中存在的问题

长期以来，我国在经济增长中走的是一条“粗放型”增长的路子，带来的直接后果是经济效益低、资源浪费严重、生态环境问题突出、产业结构不合理、技术进步缓慢、产品质量低等一系列问题。转变经济增长方式，必须客观地看到我国在经济增长问题上的不足与差距。

一是我国目前经济增长过度依赖投入的增加，仍具有较强的“粗放型”增长的特征。很多产业仍以粗放式经营为主，制约了我国经济的有效增长。据统计，2003 年我国消耗的能源、原材料占世界总产量的比例分别为：煤炭占 31%，发电量占 13%，钢材占 27%，铜占 19.7%，水泥占 45%，棉花占 32.7%。而我国 GDP 只占世界总量的 4%，2001 年我国从事制造业的劳动力总数为 8083 万人，分别是美国、日本和德国的 5.48 倍、9.45 倍和 13.4 倍，但制造业的增加值分别是上述 3 国的 31.6%、50.6% 和 98.1%；我国钢铁工业的吨钢能耗比世界平均先进水平高出 30%，除上海宝钢外，钢铁工业生产每吨钢的平均耗水量为 15 吨，相当于世界先进水平的 2.7 倍。与此相对应，我国的投入产出比远远低于发达国家。尽管由于人口规模不同，产业结构不同，我国与发达国家的经济发展阶段也不同，相互之间存在不可比的因素，但从很多技术经济指标的统计数字看，我国经济增长方式还没有摆脱粗放运行的局面。

二是我国生产技术水平偏低，劳动者素质结构改善缓慢，导致劳动生产率低下。如在技术进步上，我国在 1952—1990 年的综合要素生产率增长率仅为 0.02%，远远低于发达国家的水平。根据内生增长理论，要提高综合要素生产率的增长率，就要利用财政政策追加人力资本、基础设施以及研究与开发等三个领域的公共投资。从公共教育支出与人力资本投资的参照比较看，东亚国家和地区 1960 年公共教育支出占 GNP 的百分比平均为 2.5%，1989 年上升到 3.7%，而根据我国国家统计局的数据，我国的公共教育支出占 GNP 的百分比在 1980 年、1985 年、1990 年、1994 年和 1995 年分别为 2.53%、2.52%、2.48%、2.18% 和 2.08%，呈下降趋势。我国目前的公共教育支出比率还不及东亚国家和地区 20 世纪 60 年代的水平。我国研究与开发支出比率也呈下降趋势。如 1990 年的研究与开发经费支出占 GNP 的比例是 0.71%，而到 1994 年和 1995 年该比例下降到 0.50%。尽管我国经济近年来增长迅速，但这种增长的背后是效率低下，浪费严重，不利于真正实现可持续发展。

三是我国经济比例关系没有理顺，产业结构不合理现象仍然突出。尽管近几年我国经济增长速度很快，但国民经济的主要比例关系不顺。一方面，我国积累与消费的关系不合理，2000—2003 年我国的投资率分别为 36.4%、38%、

39.2%和42.3%，逐年上升；消费率却分别为61.1%、59.8%、58.2%和55.5%，呈逐年下降趋势。另一方面，我国部分产业如房地产、钢铁、加工等行业发展过快，拉动了上游能源和原材料价格的快速上涨，使能源、交通和原料等瓶颈部门更加紧张，而下游的消费类产品供大于求，生产能力显著过剩。在西方发达国家，政府往往注重调整积累与消费的比例关系，适当降低积累率，提高消费率，把两者的比例调整到35:65的水平上，这一点是值得我们借鉴的。与发达国家不同，我国投资主体的资金主要来自于银行贷款，大量投资失误和投资项目的失败，造成了我国国有商业银行呆坏账。投资审查不严，担保和约束机制不完善，又助长盲目和恶意向银行贷款的行为，这些问题成为经济增长的隐患。从产业结构看，基础产业特别是农业长期低迷不振，制造业等行业效益下滑，失业、待业人口大量增加。有些行业的发展受到区域性因素的激励，如短期内能够扩大就业、增加地方财政收入等，其新建项目的规模和生产技术水平，有的甚至低于现有先进企业的情况，加剧了供大于求的矛盾，并出现污染环境、浪费资源等外部不经济性。同时，这还会促使企业之间进行恶性竞争，降低了生产要素的综合配置效率。

马克思的社会资本再生产理论所揭示的经济增长内在规律告诉我们，稳定持续的经济增长，不仅要重视价值补偿，更要重视实物补偿。在价值补偿上不仅要重视不变资本的补偿，还要重视可变资本的补偿。目前我国部分地区的劳动者收入被极度压低，出现了“民工荒”现象，说明了“可变资本”的补偿已难以完全实现，这是值得我们深思的。在实物补偿上，要重视对自然环境、土地矿产、重要原料等不可再生资源的保护利用。目前农田等重要自然资源的大量占用和被低价转让，已直接影响到经济长期增长的前景。因此，在理论上和指导思想上，必须坚持用系统论、整体论的观点看待经济增长，正确地处理好生产与消费、储蓄与投资、“人力资本”与物质资本、短期投资与长期投资的关系，强化技术进步在经济增长中的作用，以集约化生产提高生产率，以“内涵式”增长扩大规模。在政策和措施上，政府必须采取有效的财政政策，增加对“人力资本”、基础设施以及研究与开发等方面的投资，真正实现和保持我国经济的长期、全面、稳定、协调地可持续发展。

四、转变经济增长方式重在科技创新和结构调整

实现“集约型”增长，关键在于提高劳动生产率、经济效益和经济质量，基础在于产业结构的合理和优化。无论在理论上还是实践中，转变经济增长方式都需要增强国内自主创新能力，调整和优化产业结构。以科技进步推动经济增长由低质低效向高质高效的转化，以产业结构的调整和优化保障增长目标的实现。

推进科技创新，必须从体制入手，加大国家对教育的投入，逐步提高教育支出占国民收入和国家财政收入的比例，大力提高劳动者的整体素质，加强科普能力建设，实施全民科学素质行动计划。推进科技创新还必须改革科技管理体制和加大科研投入。在经济运行中，科研投入应向前沿技术研究和社会公益性技术研究倾斜，集中优势生产要素，启动一批适应国家重大战略需求的科技项目，实现核心技术的突破。在体制上，要建设科技支撑体系，特别是国家重大科技基础设施，实施知识创新工程，构筑高水平科学研究和人才培养基地。

在科技创新的主体上，要加快建立以企业为主体、市场为导向、产学研相结合的技术创新体系，建立企业自主创新的基础支撑平台。市场经济中的企业是以盈利为目的的经济组织，既具有通过科技创新实现利润最大化的内在动力，也具有重视技术创新、提高自身竞争力的外在压力。企业直接面对市场需求和竞争，能够更敏锐地觉察科技创新的方向和目标，同时具有把科技成果转化为产品的生产设备、工程技术能力以及社会化的配套能力，可以解决科学技术创新与生产脱节的问题，从而加快科技成果的转化。我国科技人员的分布仍然主要集中在科研院所和大学。目前我国科研机构、高校和企业拥有的科技研究开发人员分别为52%、28%和15%。只有改变科技研发人力资源与企业生产能力及经营能力相分离的状况，充实企业科技人员和加强企业技术研发中心建设，企业才能作为技术创新主体，实现科技要素、经营管理要素和其他生产要素的直接结合。国家对于企业研究开发费用的提取应给予税收等政策上的支持和优惠，鼓励企业加强研究开发工作。

科技创新必须与管理创新相结合，没有有效的管理，管理混乱、浪费严重，甚至企业管理层搞腐败经营，科技创新的成果就难以体现，转变经济增长方式也会最终落空。加强和提高管理水平，又是提高职工劳动素质的必要条件。目前，我国技术工人匮乏的现象十分严重，产业工人中的高级技工只占3.5%，与发达国家40%的比例相比，相去甚远。提高职工整体素质和技术工人的比例，需要有相应的制度作保证。要有能够激励职工学技术、提高自己科技和文化水平的晋级晋升制度。

调整和优化经济结构是转变经济增长方式的重要内容。产业结构是生产要素在不同部门、不同区域、不同企业配置的比例关系。从产业结构来看，工业化国家的产业结构演变路径一般都经历了从劳动密集到资本和资源密集，再到技术与知识密集的发展阶段。虽然我国处于工业化中期阶段，但我国人口多、就业压力大、地区发展不平衡，在利润最大化的驱动下，如果没有政府的约束机制，微观经济主体的投资行为通常并不考虑外部的经济性问题。政府应通过必要的市场准入制度，对产业结构进行宏观的调控和规划，不能一哄而上。为了减少和避免低水平的重复建设，政府可以通过行业协会，经常发布现有企业生产能力利用率、主要产品产销率、企业景气或破产的比例、同类企业主要产品的国际竞争力状况，以作为投资主体投资决策时的依据或参考，解决信息不对称的问题。

调整产业结构，应按照消除结构性短缺或结构性过剩、促进生产要素向效率更高的部门转移、提高资源配置效率和国际竞争力的原则进行。既要有宏观规划的引导，也要发挥市场竞争机制作用，优化产业的空间布局，避免地区之间的结构趋同。生产集中化趋势是市场经济的一般现象，即生产要素不仅向优势企业集中，而且向优势地区集中。优势地区实行高度的专业化分工，工业配套能力强，社会化服务体系完善，物流成本相应要低，能较大地提高资源配置效率和产业竞争力。要因势利导，不同地区应发展各具特色的产业集群，避开劣势，培育优势产业。经济结构的调整既包括增量调整，也包括对资产存量的调整。增量调整应着重加强基础产业建设，缓解和消除增长的瓶颈；着重发展技术密集型的高新技术产业，以推进产业升级。资产存量调整的重点，是用先进的技术装备和信息技术改造传统产业，提高传统产业的资源利用效率，推进产品的升级换代。

转变经济增长方式，应转变观念，树立科学的发展观。加快科技创新、调整产业结构，要考虑到市场的有效需求和就业问题，还应考虑到加快建设国家创新体系，为转变经济增长方式提供强有力的科学技术支撑。对于技术创新领域的市场失灵，政府应发挥职能进行弥补。政府还要加快推进经济结构的战略性调整，继续发挥劳动密集型产业的竞争优势，调整优化产品结构、企业组织结构和产业布局，特别是要大力发展先进制造业和现代服务业。胡锦涛同志指出：目前，国际经济正处在产业结构朝着技术、知识、服务密集的方向发展的新的调整时期。为此，我国也需要通过结构调整，提高产业的整体技术水平，发展先进制造业和现代服务业，通过产业的发展带动就业的扩大，拉动市场需求，推动整个经济的增长。

把握增长速度　转变增长方式[①]

一、经济增长要有较快的速度，但过高也不行

党的十四届五中全会的文件中提出：我国国民经济发展，“要把握好速度问题，速度低了不行，速度过高也不行”。首先是速度低了不行，这是因为：

第一，要尽快缩短我国与发达国家的经济发展差距，使我国尽快跻身于世界现代化强国之林，就必须加快经济增长速度。

第二，我国作为社会主义大国，要实现社会主义本质，显示社会主义制度的优越性，巩固和发展社会主义制度，需要快速发展经济。

第三，我国的经济发展，要与周边一些国家和地区的经济快速增长相适应，不应落后于或长期落后于它们的经济增长速度。

第四，根据我国经济发展战略目标，到21世纪中叶，要基本实现现代化，人均国民生产总值达到中等发达国家水平，也需要经济快速增长。

所谓速度过低或过高，是一种相对概念，只能根据不同国家不同时期的具体条件加以把握。我国的经济增长速度，从现有条件和制约因素考察，6%以下就是低速度，6%到8%是中速度（8%是中高速），9%到11%是高速度，12%以上是超高速度。如果多年以后，经济发展的有利条件和制约因素变化了，经济速度高低的标准也会变化。所谓“速度低了不行”，具体化为目前条件下量的指标，可以认为，若长期低于8%，不行。所谓“速度过高也不行”，可以认为，在现有条件下超越国力，达12%以上，不行。根据我国的现有条件和历史经验与教训，不宜追求超高速的发展。从1953年到1995年的43年中，我国经济增长中的多次大起大落，都与脱离国情、超越国力、追求高速度有关。

经济发展中片面追求高速度，必然产生多方面的弊端：一是导致高投入、高消耗、高速度、低产出、低质量、低效益的恶性循环。二是造成普遍的资金、原

---

① 本文原载《经济日报》1996年5月27日。

材料、能源浪费和紧张。三是导致大起大落。四是劣化产业结构和产品结构，“大起”时期的投资需求膨胀和消费需求膨胀，会打乱产业结构、企业组织结构和产品结构的优化过程，优化转为劣化。五是给企业首先是国有企业造成困难。经济发展中的时热对冷、大起大落，财政、货币政策的大松大紧，会恶化企业的经营环境，使一些企业运转不灵，陷入困境。经济过热时期膨胀起来的低水平的粗放型数量扩张，一进入调整、整顿时期，许多企业的产品就会积压、滞销。过热时期的高投入、高消耗，变成企业的高成本、高负担。于是资金短缺，负债率加重。六是会出现高通货膨胀率。应当说明，不超越国力的、条件允许的、正常的高经济增长率，并不一定会伴之以高通胀率，高经济增长率伴之以低通货膨胀率的事实，国内外都不乏例。但是，脱离国情、超越国力、不顾经济质量与效益的超高速度，必然会伴之以高通胀率。

我国应当认真接受追求过高经济增长速度而延缓经济发展的经验教训。1989年《中共中央关于进一步治理整顿和深化改革的决定》中曾尖锐指出：“我国经济发展过程中，脱离国情，超越国力，急于求成，大起大落，是40年来最重要的教训，这种指导上的失误，严重挫伤群众积极性，往往造成巨大损失，是经济工作中的要害问题。……必须深刻记取这个教训。”

二、速度与效益的关系和两种经济增长方式

在速度和效益的关系上，可以是高效益的高速度，也可以是低效益的高速度，还可以是无效益和负效益的高速度。无效益和负效益的高速度，还不如有效益的低速度好。因为它不是成绩，而是祸害。

过去，我们偏重于速度，又偏重于工农业产值速度。因此，在论证社会主义制度的优越性，进行经济增长的横向对比时，往往用工农业产值与外国比较。比如，1950—1978年，我国工业年均增长13.4%，而美国仅为4.5%，发达国家增长最快的日本也低于我国，为11.9%；1951—1978年，我国农业年均增长4%，而美国仅为1.9%，日本为2.1%。以此证明我国经济发展超越发达国家。有必要指出：这样比较，固然有可比的一面，但又有不全面、不准确的一面。如果对比国民生产总值或国民收入，那么，改革前我国国民生产总值的年均增长速度，要比日本1950—1973年的年均增长速度（9%以上）低得多，比亚洲“四小龙”也低。国民经济不只是工农业两个部门，只比较两个部门特别是只比较其产值增长速度是不够的。而且，侧重于比较产值增长速度，必然是投入和消耗越高，成本越高，产值便越大，但效益越低。我们固然应重视比较国民经济增长速度的高低，但更应重视比较经济增长的质量和效益，以认清我们落后的差距，以便心中有数，知己知彼，更好地发展我国的经济。

总结我国经济发展的经验教训，在新中国成立以来的 40 多年中，第一，我国的经济发展偏重于铺新摊子、上新项目，走数量扩张型增长的道路。在新中国成立以后的一定阶段，这是必要的。问题是，长期以来一直延续走数量扩张型和粗放式增长道路，不重视和没有向集约型增长方式转变，因而在长时期中我国经济增长的质量和效益不高。第二，脱离我国国情国力，片面追求经济高速增长，这必然损害国民经济持续、协调、健康发展。新中国成立以来经济发展中的周期波动乃至大起大落，很大程度上是人为因素造成的。粗放经营，加上人为地追求高速度的消极后果，必然会扩大对经济质量与效益的损害。如果人为追求高速度是在领导偏好和唯意志论下的政治鼓动和政治压力中推进的，则往往会给经济发展带来严重的破坏性后果，如我国 20 世纪 50 年代后期至 70 年代 20 多年“左”的错误所造成的情况那样。改革开放以来，经济发展中的“左”的一套受到抑制，但粗放型增长和片面追求高速度的经济增长方式并未根本改变。如果限于客观条件，单是粗放型增长也还会形成一种质量和效益虽不高但能保持正常的经济秩序和均衡关系的运行状态，如果人为地追求粗放型增长高速度，则连正常的经济秩序和均衡关系也会被扭曲和破坏。

为顺利实现我国经济发展的战略目标，为尽快缩短我国与经济发达国家的差距，需要实行经济增长方式的转变，而转变增长方式，首先要转变传统的、习惯性的、片面追求高速度而时起时落的增长方式，然后才能由单纯数量扩张型即粗放型经济增长方式转变为质量效益型即集约型增长方式。我国经济增长的粗放型特征，表面上表现为偏重于铺新摊子、上新项目，追求数量扩张，其背后则是投资规模膨胀，投资结构不合理，投资效率与效益低下，经济增长严重依赖投资支撑等。

党的十四届五中全会提出，要实现经济增长方式的转变，即从粗放型向集约型转变，也就是要从单纯数量扩张型向质量效益型转变。也可以说，是从高投入、高消耗、高速度、低产出、低质量、低效益的增长方式，转向低投入、低消耗、高产出、高质量、高效益的增长方式。

不要把粗放型增长同外延型增长简单等同起来。外延型增长是指数量扩张，即上新的项目。但外延型增长可以是简单的数量扩张，没有质量效益的提高，即属于粗放型增长；也可以是采用先进技术和提高质量与效益的数量扩张，这种外延型增长便属于集约型增长。

三、积极推动经济增长方式的转变

推动经济增长的因素很多，如人力资源、自然资源、资本积累量、分工协作、科学技术、生产资料的效能和利用、劳动者的素质（包括教育、技能、熟练程度等)、经济结构、经营管理水平，等等。根据诸因素自身的特点，会从两个方面推动经济增长：一是单纯的数量增长，即多投入、多产出。比如，人力资源投入增加一倍，产出也增加一倍，这虽然可以增加经济总量，但由于劳动生产率不变，人均产量和人均国民生产总值没有提高；二是主要依靠提高劳动生产率来增加经济总量。提高劳动生产率的因素也很多，在现代社会经济发展中，对提高劳动生产率会发生长远的、持续的、起决定性作用的因素，是科技进步和劳动者(包括管理人员)素质的提高。

社会主义社会需要大力发展生产力，需要国民经济快速增长。但以往更多的是重视生产力发展和经济增长中的速度，而不强调或不很重视发展生产力和经济快速增长的核心是提高劳动生产率、提高质量和效益。发展经济应首先着力于提高各方面。我国劳动生产率的绝对水平，落后于发达国家的差距很大。我国200万名煤炭职工年产煤炭11亿吨，而美国仅1.5万名职工年产煤炭10亿吨。每个农业劳动力生产的谷物量，我国只相当于美国的0.8%、加拿大的0.6%、日本的25%。应当认识到我国尽快提高劳动生产率的紧迫性。

在其他条件既定的情况下，劳动生产率越高，经济效益也越高。因此，经济增长方式的转变，转向以经济效益为中心，要以提高劳动生产率为前提。有的发达国家的经济增长主要靠提高劳动生产率。而我国经济增长中的劳动生产率增长相对较低，即经济增长主要靠生产要素的扩张。

提高劳动生产率和经济效益，首先要重视科技进步。目前，发达国家科技进步在经济增长中的贡献率达60%—80%，而我国只接近30%。国家与其将有限的资金主要用于铺新摊子、上新项目，不如将更多点资金用子已有企业的技术改造。企业自已也应少铺摊子、多搞技改。我国有些国有企业效益降低，困难增加，原因固然是多方面的，但技改投资不足甚至比重下降显然是重要原因之一。

转变经济增长方式，提高经济质量与效益，需要提高职工的整体素质，而目前的素质偏低。据统计，全国1.2亿名城镇企业职工中，初中及初中以下文化程度的占70%。全国近7000万名技术工人中，初级工约占80%，高级工仅为3%左右。重视科技与教育，认真实施科教兴国战略，实现科技进步与经济的紧密结合，是转变经济增长方式的关键所在。

转变经济增长方式，提高经济效益，还需要优化经济结构，包括产业结构、企业结构与产品结构。优化结构中的一个重要问题是形成规模经济效益。我国不少行业，生产极度分散。如汽车生产，整车厂有1120多家，超过美国、西欧、日本厂家的总和，但年汽车生产能力1995年只达150万辆，年产超过1万辆的仅十几家，多数年产只几千辆或几百辆。

实现科学管理，提高企业经营管理水平，是提高经济效益、转变经济增长方式的重要环节。离开有效的经营管理，前述各项提高经济效益的成果便难以落实。加强和改善企业管理，进行管理方式的改革，挖掘企业内部的潜力，是提高经济效益的重要途径。目前不少国有企业管理滑坡，导致企业亏损面扩大。亏损企业中的80%左右源于管理不善。

经济增长方式转变，需要有经济体制与政治体制的转变相配合。我国自20世纪80年代初以来，中央文件中一再强调经济发展要以经济效益为中心，但就是难以实现。原因固然是多方面的，但与传统体制的障碍有关。首先，需要有投资体制改革。要从行政驱动推进型机制转向经济约束机制包括市场约束机制。不但应杜绝“首长条子”工程、“人情”工程，也要改变行政驱动的盲目扩张性投资方式，要从上到下把投资的权力和责任统一起来，决策人要对投资的后果负责任。其次，还需要改变对各级领导干部政绩的考核标准，摒弃“官出数字，数字出官”的做法。

提高劳动生产率是发展生产力的核心[①]
——写在《列宁全集》中译本第二版60卷出版之际

值此《列宁全集》中译本第二版60卷出版之际，重温和进一步学习列宁关于社会主义建设与发展的一系列重要论述，特别是关于发展生产力、提高劳动生产率的论述，对于我国顺利地进行社会主义经济建设和经济改革具有重要的现实意义。

发展生产力是社会主义的根本任务

把发展社会生产力作为社会主义阶段的根本任务，是马克思主义的基本观点，列宁对此也作了许多精辟的阐述。列宁明确指出，无产阶级取得国家政权以后，它的最主要最根本的需要就是增加产品数量，大大提高社会生产力。这主要是考虑了以下几个方面：

（1）任何社会制度，都是建立在一定的物质技术基础之上的，并且只有一定物质技术基础的发展和完善，才会有该社会制度的发展和完善。同样，社会主义必须大力发展生产力，才能完全获得自身应有的物质技术基础。列宁指出，只有为工业、农业和运输业打下了现代大工业的技术基础，我们才能得到最后的胜利。

（2）列宁认为，社会主义生产的最终目的是直接满足社会的需要。要实现这一点，就必须大力发展社会生产力，提供更多更好的能够满足人民需要的物质产品。所以，大力发展生产力也就成为人民的根本利益和根本需要。

（3）大力发展社会生产力，是社会主义制度巩固和发展的必要条件和基础。这是因为，首先，如果社会主义不能大幅度地发展社会生产力，逐步提高人民的

① 本文原载《光明日报》1991年4月26日，与黄泰岩合写。

物质和文化生活水平，社会主义制度的优越性就不能发挥出来，社会主义缺少应有的经济实力，那就对外难以抵御帝国主义的侵略，对内会丧失社会主义对群众的吸引力，社会主义就难以巩固和胜利。其次，在比较落后的国家建立的社会主义制度，在相当长的时期内，还不可能达到完善和成熟的程度。列宁认为，完善的社会主义制度，不仅要废除任何形式的生产资料私有制，而且要消灭城乡之间、体力劳动者和脑力劳动者之间的根本差别。要完成这一事业，必须大大发展生产力。

发展生产力的核心内容

发展社会生产力，通常有两种基本途径：一是通过单纯追加新的生产要素扩张生产力，即外延的扩大再生产；二是通过采用新技术和改善生产要素的性能扩张生产力，即内涵的扩大再生产。前一种发展方式主要是增加生产力的总量，而难以同时增加人均产量和人均收入，它的不断继续，要以各种生产要素的充裕存在为条件；后一种发展方式则会同时增加生产力的总量和人均产量及人均收入，它是以技术的不断进步、组织管理水平和职工素质的提高为基础。

缺乏积累资金，严重制约着社会主义国家采用外延发展方式迅速扩张生产力。尽管社会主义国家在革命胜利后，为了迅速建立起自己的工业基础，以巩固政权和迅速提高生产力的总量，而必须采取外延的发展方式，但不能作为长期的、主要的发展方式。因为它不仅受现有资源的制约，而且不是提高经济效益、使人民得到更多实惠的有效途径，不是发展生产力的最有效方式。

走内涵的发展道路，就是要大大提高劳动生产率。因此，列宁把提高劳动生产率放在了十分突出的地位。这主要体现在以下两个方面。

（1）把提高劳动生产率看作发展生产力的核心，从而看作社会主义的根本任务。列宁指出，随着剥夺剥夺者及镇压他们反抗的任务大体上和基本上解决，必然要把创造高于资本主义的社会结构的根本任务提到首要地位。这个根本任务就是：提高劳动生产率。

（2）把提高劳动生产率看作使新社会制度取得胜利的最重要的东西。社会主义应比资本主义创造高得多的劳动生产率，应该包括两层含义：一是从劳动生产率的绝对高度来看，社会主义创造出比资本主义更高的劳动生产率，需要长期的艰苦奋斗；二是从劳动生产率提高的速度来看，社会主义应尽快创造出高于资本主义劳动生产率的增长速度。前者要以后者为前提。如果不能首先创造出比资本主义高的劳动生产率增长速度，那么，社会主义也就不可能最终在绝对高度上，创造出比资本主义更高的劳动生产率，社会主义制度也就不可能取得最终的胜利。

提高劳动生产率的基本途径

列宁认为，提高劳动生产率，需要综合地采用以下一些基本手段。

（1）把国民经济的一切部门转到最新的技术基础上。列宁十分强调采用先进技术对提高劳动生产率的促进作用。社会主义为要创造出比资本主义更高的劳动生产率，重要的一环是靠采用先进技术。这就要求用由最新技术武装起来的大工业改造国民经济各部门，尤其是发展大工业的基础，如能源、原材料、交通等。列宁认为，建立新技术基础上的现代大工业，一是应直接采用先进资本主义国家所创造的科学技术成就，二是要发挥知识分子和各种技术专家的作用，只有通过他们，才能合乎实际需要地引进资本主义国家的先进技术，才能实际地运用和传授技术，才能创造和发明新的技术。

（2）发展群众的文化教育事业，提高他们的科学文化素质。在社会生产活动中，要提高劳动生产率，单有先进技术是不够的，还必须有能够使用先进技术的人。在存在现成先进技术的情况下，国民素质的高低，就成为制约劳动生产率提高快慢的关键因素。因此，列宁强调，要建设社会主义，就必须掌握技术，掌握科学，并为广大群众所运用。

（3）加强经济的组织和管理。这包括微观经济的组织与管理和宏观经济的组织与管理。加强微观经济的组织与管理，就是提高劳动者的纪律、工作技能、效率以及改善企业的劳动组织形式。列宁还一贯重视工资奖励制度在加强劳动纪律和提高劳动生产率中的作用。主张对于在发展经济中做出成绩的人，应当更加经常地授予劳动红旗勋章并发给奖金。这表明，列宁既重视精神奖励，又重视物质奖励。加强宏观经济的组织与管理，也就是要加强宏观的计划管理和调节，保证国民经济的计划性，以及组织计算，监督大企业等。列宁认为，这是落在我们肩上的巨大组织任务。列宁所讲的经济的组织与管理，实际上就是我们现在所讲的经济管理体制。如果没有良好的经济管理体制，社会主义也不可能创造出比资本主义更高的劳动生产率。

有益的启示

列宁关于提高劳动生产率是社会主义胜利根本保证的理论，对于我国社会主义经济建设与经济体制改革具有重要的指导意义。

党的十一届三中全会以前的一个长时期内，由于我国没有把大力发展生产力作为社会主义的根本任务，而是大搞以“阶级斗争为纲”，结果严重阻碍了生产力的发展。十一届三中全会以后，我们党坚定不移地把党和国家工作的重点，转移到以经济建设为中心的社会主义现代化建设上来，大力发展生产力，从而使改革以来的10多年成为我国历史上生产力发展最快、人民得到实惠最多的时期。我国正反两方面的经验充分证明，我们必须始终把大力发展生产力作为我们的根本任务，须臾不能偏离。

在发展生产力的道路选择上，在新中国成立以后的一段时间内，我国为了建立起自己的工业基础，主要采取外延发展方式是必要的，问题是我国没有及时地根据客观经济条件的变化，从外延发展为主转向内涵发展为主，从产值速度型转向效益型，没有把提高经济效益为中心的正确认识变成实践，缺乏足够的措施和手段促使其实现。根据列宁的教导，提高劳动生产率，走内涵的发展道路，主要受技术、教育和经济管理体制三方面的制约，而这三方面正是我国的薄弱环节。因此，我国要使国民经济真正转向以提高劳动生产率为目标的内涵的发展道路，必须在这三方面下大力气，花真功夫。

从技术进步来看，我国还有相当大的发展潜力。据统计，发达国家的科技进步在国民财富增长中的比重一般高达60%—70%，而我国却只有19%。这表明，由于我国的技术水平低，造成了资源的巨大浪费。只要我国采取有力措施推进技术进步，就可以大大提高劳动生产率，提高经济效益。

从教育来看，虽然改革开放以来我国的教育事业得到了迅速发展，但国民素质还远不能适应现代化建设的需要。第四次人口普查资料表明，我国人口平均受教育年限还比较低，因此，我们必须从社会主义现代化建设的高度上重视发展教育，提高教育经费占国民生产总值中的比重；切实改善那些尽心竭力为祖国的社会主义现代化建设做出贡献的知识分子的工作条件和生活待遇。

从管理体制来看，需要进一步深化改革与扩大开放，利用当前的有利时机，加大改革的力度，以便尽快建立起由计划商品经济的新体制和计划调节与市场调节相结合的运行机制。根据列宁的教导，为提高劳动生产率，在微观方面，主要应提高企业和职工的劳动积极性，建立起企业和职工的自我激励机制和自我约束机制。这一方面需要调整收入分配关系，切实打破平均主义“大锅饭”，使奖金真正起到奖勤罚懒的作用；另一方面需要在思想、政治等方面采取有力措施，振奋精神。在宏观方面，主要是改革计划体制，完善计划机制，增强计划的预见性、科学性，从而保证国民经济持续、稳定、协调发展。

我国经济走势及国企解困①

第一个问题：关于我国经济走势

1992年以来的经济过热引起严重通货膨胀，经济生活出现混乱。经过两年多的治理，1996年实现了软着陆，经济继续高位运行，经济增长速度并没有像过去那样大起大落，而通货膨胀逐步降下来了，这是新中国历史上第一次实现了软着陆。但也碰到了没有预料到和以前没有遇到过的新问题。近年来我国经济形势出现了三个特点。

第一个特点：走出了“短缺”，由卖方市场转向买方市场

现在，由过去的积极控制需求转向积极拉动需求，过去是长期供不应求，改革开放以来很快地扭转了形势。但是，目前出现了另外的问题和困难。据统计，我们有605种商品大部分是供过于求的。工业品供过于求占87%左右，供求平衡的占13%左右。而且，商品供给过剩也反映了我们生产能力的过剩，而生产能力的过剩，又超过了产品的过剩。我们的生产能力还没全部发挥，已经造成了产品大量过剩，当前是在生产能力大量闲置的情况下的过剩。根据统计，我国900多种主要工业产品的生产能力的利用率，在60%以下的占了一半左右，利用率最低的只有10.2%，90%的生产能力在那儿闲置、浪费。

这个现象背后涉及三个理论与实践问题。

第一，在社会主义制度下能否避免生产过剩？买方市场的概念是否合适？有的经济学家认为：买方市场概念不科学。因为买方市场意味着供过于求了，社会主义国家不应该搞供过于求，应该是供求平衡。过去我们供不应求是卖方市场，“皇帝女儿不愁嫁”。卖方市场对于发展生产力最不利，因为卖方市场使生产者、出卖者没有竞争压力，各种产品可以几十年一贯制，缺乏提高商品质量、增加新的晶种、不断创新的动力，这不利于满足人民的消费需要。反过来，买方市场有

① 本文原载王继军主编《启蒙与开放》一书，2001年4月。

利于生产力发展，有利于消费者。买方市场迫使生产者、出卖者必须竞争，不断提高产品质量，精益求精，降低价格，促进生产力发展。我们对比一下：改革开放以来，同改革开放以前相比我们的市场面貌完全不一样，改革开放以前走进商店一看，都是低档商品，几十年不变，还得凭票证购买。改革开放以后市场面貌大变，商品琳琅满目，花色品种不断推陈出新，不断高档化，这就是市场机制和竞争压力带来的，所谓“供求平衡”不可能是绝对的，讲供求平衡也只是大体的供求平衡。但生产过剩有两种情况：一种是社会再生产必要的正常的生产过剩；一种是非正常的过多的生产过剩。资本主义引起经济危机的那种生产过剩，社会主义要尽量避免。社会主义要搞市场经济，就很难绝对把握住供给仅仅略大于需求，难以保证正好符合社会再生产正常运行的需求。完全保证这点不太可能，搞市场经济也有可能产生超过正常需要的生产过剩。但社会主义国家应当尽可能做好工作，避免出现这种过剩。现在我们市场疲软，消费不旺，商品积压，这个生产过剩就已经超过再生产的正常需要了，成为一定程度上超常的生产过剩了，总之，我们的生产过剩应是供给略大于需求。

第二，我们目前的生产过剩，总体上说不是绝对过剩。因为我国人民生活水平和生产水平还很低，还有不少人连温饱都没有解决。也存在部分产品一定意义上和一定范围内的绝对过剩。比如羊绒加工业，1952 年只有几十家，而到 1998 年，猛增至 2600 多家，羊绒总加工能力是羊绒产量的五六倍。已生产出来的羊绒产品也大大过剩，羊绒衫数百万件积压在仓库中，削价出售依然滞销（高质量的名牌羊绒衫不在此列）。是不是生产超过了有支付能力的需要，是不是一种相对生产过剩？我们现在城乡居民储蓄存款已经突破 6 万亿元了，好像不是生产超过了有支付能力的需要。但是，有人估算，我国储蓄存款中，有 20% 的富户占有 80% 的存款，而另有 80% 的居民占有 20% 的存款。对富户“大款”们说，他们什么都有了，大量余钱不需要买消费品。而穷困户、下岗和失业职工则没有支付能力购买所需商品。所以，也存在某种意义上的相对生产过剩。我们的生产过剩在很大程度上是阶段性、结构性过剩，即在特定阶段上的生产结构、产品结构不适应需求结构的变化。一是超过了经济增长的需要。二是产品结构不符合需求结构。我们人民生活水平提高了，消费结构在不断变化，但生产结构、产品结构还是原来的模样，当然就过剩积压了。

第三，又涉及理论和实际问题——我们讲公有制为主体，过去的衡量标准是产值所占比重。公有制的产值在总产值中占比例大一些，占优势，这就叫公有制为主体。后来衡量的标准变了，怎么衡量呢？就是公有制的资产在社会总资产中占优势。现在看来这个衡量标准不准确了。如果公有制经济特别是国有企业的大部分资产在闲置，百分之四十以上乃至百分之八九十的资产在闲置浪费，尽管国有资产所占比率很大，但不起作用，能起主体和主导作用吗？这样，比用产值来衡量更差。国有资产占的比例大，但产值占的比例小，特别新增加值占的比例更小。这种情况下，国有或公有的资产所占比例大有什么好？还不如占得少点好，与其浪费还不如没有。所以衡量公有制为主体，国有经济为主导，要考虑公有制、国有企业的新增加值在整个社会的新增加值中占多大比例。

第二个特点：由过去防止和治理经济过热转向努力促进经济增长

过去多年来我们一再受经济过热造成经济生活无序运行之苦，现在有点经济偏冷，要促进经济增长了。过去多年来批评片面地、盲目地追求高速度、高指标，认为一松口很容易把经济速度搞上去，现在觉得经济增长慢了。究竟经济增长是快还是慢，什么是高速，什么是低速，不同的国家和不同的历史时期，没有一个统一的标准。比如美国，这一最发达的资本主义国家，连续多年来经济高速增长，它高在哪儿，也不过3%多，不到4%，这已经很好了。正因为美国经济好，人民满意，尽管克林顿因为绯闻搞得焦头烂额，他的总统职位仍然能连任下去。美国经济增长如超过4%，它就怕经济过热，怕通货膨胀了。而对于我国来说，4%的经济增长率太低了，所以没有一个统一的标准，要根据具体情况和现实条件加以判断。

为什么我国现在要强调速度呢？

第一，我们有就业的压力。有的说经济每提高一个百分点，可以增加就业200万—300万人，有的说500万人，没有准确数字。但增长一个百分点增加200万的就业人口的估计是不高的。反过来增长率降低两三个百分点，下岗失业人口就会增加五六百万人。

第二，我们要实现经济发展战略目标。根据我们分三步走的战略目标，21世纪中叶我们要达到中等发达国家水平。什么叫达到中等发达国家水平？原来认为按人均GNP来算，到21世纪中叶达到4000美元，就达到中等发达国家水平。但21世纪中叶我们若达到人均GNP4000美元是个什么概念呢？是20世纪90年代初中等发达国家的概念。根据世界银行1992年的统计资料来看，人均3000美元至7000美元的国家，平均4020美元，都叫中上等收入国家，也就是中等发达国家。这些人均4000美元的国家，到21世纪中叶的60年中，它不会停下来不再发展，哪怕它低速增长，年均增长2%多，那么经过60年，人家到21世纪中叶起码也达到人均14000美元至15000美元了。现在发达国家人均GNP最高达到了40000美元了。日本是30000多美元，中国香港地区20000多美元，我国内地1998年还不到800美元，我们还很落后，我们更有加快生产力发展的迫切性。如果21世纪中叶我们也要达到15000美元，算一下我们速度需要多少？需要年均8%左右。如果是年均7%以下甚至6%以下，那到21世纪中叶也赶不上中等发达国家。

第三，我们是社会主义国家，要表现出其优越性来，所谓优越性，一个是要更快更好地发展生产力，一个是要更快地提高人民生活水平，要不然我们就站不住脚，没吸引力。我们必须有一个较高的经济发展速度。速度问题对我们而言，不仅是一个简单的经济问题，同时也是个政治问题。对于经济发展中央提出六字方针："持续、快速、健康"地发展。我们过去的速度很容易提高到13%、14%，这样不行，经济过热了。如果我们经济条件允许，再快一点也可以，但目前条件下，不要追求超高速度，但又不能是低速度的，8%左右，如果能达到9%更好，再增长20年、30年，我们的日子就好过了。

但是，经济增长碰到了新的问题。拉动经济增长的三个因素都碰到了问题。一个是消费需求，消费不旺，根据前几年经验，消费需求拉动经济增长的作用占百分之五十几。这些年消费需求不旺的原因是目前我国居民面临新的情况，教育体制改革，子女上学要钱，子女结婚要花钱……人们的预期收入很不稳定，预期支出扩大，当然他们口袋中的钱就不随便花了。而且越是价格下落他越不买。如果现在有通货膨胀的苗头了，要通货膨胀了，他马上就买了。这个拉动因素减弱了，当然最近稍有好转。最近我们采取了一些措施，如增加工资，特别是对中低收入的职工增加工资，很快形成现实购买力，对拉动需求见效快。我们消费不旺还有一个因素：贫富差距较大。高收入的"大款"们什么都有了，房子、汽车、手机、高级家具、家电……所需要的都有了，你让他买什么呢？而有些穷人收入低，买不起，造成了反差。现在，收入较高的增加200元，对扩大内需，效果不会显著。但那些下岗的、领救济金的、原来一两百元甚至没有工资的，给他增加一两百元，那就见效快，他马上就拿到市场上买东西去。原来还怕新增工资发下去他又存起来怎么办？是不是发个购物券，让他只能去市场上买东西？其实对低收入的人来说，发下去就变成消费力了，这就叫拉动经济增长。当然，我们还采取了其他许多措施，如开展买房、购买耐用消费品贷款、降低利率等。

出口也碰到了问题。出口对拉动经济增长起很大作用。1997年我们出口大幅度增长，但由于亚洲金融危机，1998年第三季度变成了负增长了，第四季度下滑为-7%；1999年第一季度下滑为-7.9%，第二季度稍有好转，出口下降幅度变小了，为-1.3%，第三季度好转，出口大幅增长，8月份增长17.8%，9月份出口增长22.2%。

另一个问题是投资。我国1998年增发了1000亿元的国债，对拉动经济增长起了作用，拉动了1.5个百分点。1999年投资增幅降低，前三季度累计，国有及其他经济类型固定资产投资同比增长8.1%，比上年同期回落近12个百分点，1999年经济增长速度，由第一季度的8.3%下降为第二季度的7.1%。下半年，针对这种趋势，采取了一系列政策措施，其中包括增发国债，又增发600亿元的国债，可带动配套投入2000亿元，对经济增长一样可以起拉动作用。基础设施的投资对拉动经济增长可以起重要作用。1998年1000亿元的国债投资主要用于基础设施、基础产业的部门了，如交通、农林、水利、环保、粮库、电网改造等。1999年新增国债除继续用于基础设施外，还增加了对国有企业技术改造的贴息投入。

第三个特点：由通货膨胀转向通货紧缩

多年来，我们受通货膨胀的困扰，现在又面临通货紧缩的趋势，现在碰到了物价连续下滑，长期负增长，需想办法抑制物价的负增长。物价负增长有利于消费者，便宜嘛，但物价过多的下降不利于经济增长。因为物价过低，甚至在成本以下竞销，不利于企业发展，各类企业投资会减少，国家的财政税收也减少了。我国的生产资料价格已连续三年持续下降，消费资料价格两年下降。最近几个月来，下降幅度在缩小。虽然同比价格仍有所下降，但环比价格呈上升趋势。

对于通货紧缩，有不同的看法，高层领导也各有说法。1999年3月11日，戴相龙行长在记者招待会上说："中国的经济现象不能简单地概括为通货紧缩，因为出现通货紧缩要有两个重要条件，第一是物价连续下降和货币供应连续下降，与此相适应的是经济萧条，表现为连续两个季度经济出现负增长，这样的情况在中国来讲不完全存在。"他举例说，M2这两年都比上年增长15.3%，连续两年经济增长为8.8%和7.8%。1999年9月9日，国家计委副主任王正春说：我们实行积极的财政政策和稳健的货币政策，就是预见到中国出现了通货紧缩现象，这么长时间的物价连续下降，不能不说是通货紧缩。同年4月3日。朱镕基同志答《华尔街日报》记者问时说：1993年我们面临的困难是通货膨胀，而我们现在面临的困难是通货紧缩，是物价不断地下跌。从朱总理后来的说明来看，他讲的是通货紧缩趋势。对有无通货紧缩的不同看法，与对通货紧缩这一概念的不同理解有关。英国《经济学家》1999年2月20日的文章说：通货紧缩的正确定义是商品和劳务的总体价格水平持续下降。美国格林沃尔德主编的《现代经济词典》中对通货紧缩的解释是："与货币和信贷供应紧缩同时发生的一般物价水平的下降。物价的下跌（通常伴之以产量的不断下降和失业人数的日益增加），是同经济周期的下降阶段联系在一起的。"

肯定中国出现通货紧缩趋势，是符合实际情况并有利于我们积极采取措施的，我国物价总水平长期持续下降。虽没有出现经济负增长，但增幅是连年逐步下降的。同时，下岗和失业人口在增加。另外，货币供应的绝对量虽仍有增长，但增幅在回落。通货紧缩，有严重型的，有较轻型的。我国出现的是较轻型的通货紧缩趋势。国家采取积极的财政政策和稳健的货币政策，出台一系列的宏观政策措施，1999 年后半年已看到明显的效果。

多年来国有企业经济效益不断下滑，1999 年情况有所好转。我们几个重要的国有企业行业扭亏为盈，经济效益提高，从总体来说，国有企业的经济效益在好转。如果按目前回升的势头继续下去，我们工作做得好，就可以走出低谷了，特别是国有企业，许多行业从亏损走向盈利，那我们的日子就好过了，国企改革也就比过去容易多了。但是，我们说有回升迹象，并不等于我国经济生活中深层次的矛盾已经解决了。我们所说的回升是带有恢复性的回升。现在国有企业利润比去年同比增加了很多，但是现在国有工业企业的利润总额比改革开放初期的利润总额还不如呀，还不如 20 世纪七八十年代国有工业企业的 500 多亿元利润呢，那时的物价还没有现在这么高。所以现在利润增长是恢复性的，不要过早地乐观。怎样把这个好势头保持下去和扩大，要有近期的措施、中期的措施、长远的措施。例如怎么调整结构，怎么不搞重复建设，怎么解决已有的低水平的重复建设。长远地看怎样实现产业结构升级、优化，使我们的产品结构、生产结构符合消费需求结构的变化。这就需要有一系列的工作去做，这样才能把我国国民经济运行的好势头保持下去。

在近代史上，中国的社会经济发展有两次游离于世界经济快速发展的总的趋势之外，失去了本来可以随势迅速发展的有利机遇。这主要与指导思想和政策上的失误有关。

中国人民曾创造过灿烂的古代文明和辉煌的科技成就，也有过在世界经济总量中遥遥领先的份额。美国学者保罗·肯尼也肯定：“在近代以前所有文明中，没有一个国家的文明比中国文明更发达、更先进。”19 世纪初，中国制造业的产量约占世界产量的 1/3，但由于清朝政府的闭关锁国政策和腐败统治，以及与此相关的后来的列强入侵和掠夺，中国的制造业产量比重跌落到了 1990 年的 6.2%。而美国在同期则由 0.8% 上升到 23.6%，欧洲由 28% 上升到 62%。19 世纪发达资本主义国家随着产业革命的完成，社会经济快速发展。而中国清政府则在一系列发展政策上作茧自缚，脱离了世界经济发展的总的轨道，变成列强的宰割对象。结果导致中国自 19 世纪三四十年代至 20 世纪前半世纪的一百多年中日益沦为一个落后、贫穷的国家，失去了一次发展的大好机遇。

中国共产党领导的民主革命和社会主义革命以及社会主义建设事业，就是要解放被旧制度束缚了的生产力，改变中国落后、贫穷的面貌，使中国跻身于先进国家之列。

新中国成立后，百废待兴，在继续完成民主革命的同时，大力开展了经济建设。经过三年恢复时期，又顺利完成了第一个五年计划。“一五”期间国民收入年均增长 8.9%，人民生活水平提高得也较快。改革开放以前的 30 年中，中国的经济增长速度从世界范围看还是较高的，经济建设也取得巨大成就。但是，从当时的世界发展形势和我国可能也应当达到的成就来看，由于20多年“左”的指导思想与政策造成的失误，使我国错过和失去了一次迅速发展的有利机遇。

在第二次世界大战后的20世纪50年代到60年代的20年中，世界许多国家的经济空前增长。英国1950—1967年间，每10年的增长率为34.9%，超过了自1885—1950年间每10年增长16.3%至23.8%的速度。法国在1950—1966年间，每10年的增长率为60%，远远超过了1831年以来11.5%至26.9%的速度。联邦德国同期每10年增长83.2%，远远超过德国1850年以来的任何时期。美国1950—1967年间每10年的增长率为42.1%，超过了1890—1950年间的发展速度。加拿大同期的增长速度是1870年以来最高的，为52.7%。特别是日本，在1952—1967年间，每10年的经济增长率为152.8%。在20世纪50年代前期，日本的国民生产总值低于中国，但它经过20年的高速发展，一跃而为资本主义世界仅次于美国的经济大国。

新中国在20世纪50年代后期至70年代20多年中，在发展生产力和生产关系方面，都出现了违反客观经济规律的“左”的错误，在发展生产力方面搞大跃进，盲目追求高速度、高指标；在发展生产关系方面，搞“不断革命”和不断升级。其实“左”的势头，1955年在农业合作化问题上批评“小脚女人”时就已露头了。“左”的错误给我国的经济、文化、政治生活及其发展造成了严重的损失，大跃进变成了“大跃退”。“二五”计划时期国民收入年均增长率倒退为-3%。加上“文革”的破坏，1959—1968年近10年中，经济没有增长，反而倒退（以1952年的国民收入指数为100，1959年为202.1，1968年反降为200.4），耽误了10年的发展机会。否则，中国目前的经济总量至少可以增加一倍。在50年代到70年代的20多年中，在世界各国经济快速发展的大趋势中，中国反而相对落后于世界发展大潮，又错过了一次机遇。造成失误的根源在于政治体制和经济体制方面，缺乏决策的科学化、民主化、程序化是其直接诱因。而这些又是与理论认识上的偏差和主观唯意志论相联系的。

上面讲我国发展中的失误，是从总结经验教训以利于今后发展的角度着眼的，并不能由此否定党领导的新中国前30年的巨大成就。新中国从根本上改变了半殖民地半封建的旧社会制度，推翻了压在中国人民头上的三座大山，在经济、科技、教育、文化、医药等各个领域都取得了超过旧中国一百多年的成就。

党的十一届三中全会以来，通过拨乱反正，摒弃了“左”的一套理论与政策，实行改革开放。在发展社会经济的理论、方针和政策上都进行了有益的调整，20多年来取得了举世瞩目的成就。经济增长速度达到年均9.8%左右。市场繁荣，商品丰富，人民生活水平显著提高，基本达到小康水平。农村贫困人口由

1978 年的 2.2 亿人，降到 3000 万人。由此实现了三步发展战略前两步的目标。

21 世纪进入第三步发展战略阶段，21 世纪中叶要达到中等发达国家水平。原设计我国人均国民生产总值达到 4000 美元就算达到中等发达国家水平，然而从世界银行提供的资料和标准来看，人均 4000 美元只是 20 世纪 90 年代初的中等发达国家的标准。世界银行将人均 GNP 从 3000 美元到 7000 多美元、平均 4020 美元的国家，都归类为“中上等收入国家”。其中包括阿根廷的人均 6050 美元，葡萄牙的人均 7510 美元。这些中等发达国家会继续发展。到 21 世纪中叶，如果这类国家按年均 3% 左右的速度增长，人均 GNP 也会平均达到 20000 多美元。我国要达到这个水平，考虑到人口的增加，如果 2050 年人口增长到 15 亿元，GNP 需要达到 32 万亿美元。50 年内需要有年均经济增长 7.3% 的速度。有的年份可以增长 7% 左右，有的年份可以增长 8%—9%。如果能以 8% 左右的速度发展，则可以提前实现第三步发展战略。然而，50 年内保持这样的年均增长速度，不是一件容易的事情，需要有正确的发展战略与政策。

第一，我国的经济增长与发展，一定要克服片面追求高速、超高速的历史性倾向。改革开放后虽然接受经验教训，没有再发生 20 世纪五六十年代那种大起大落的经济增长状况，但依然出现过几次因片面追求高速度，造成经济过热，不得不进行治理整顿，采取调整措施的情况。经济成就的大小，不能只看增长速度，低效益的高速或经济过热的高速度，是不健康的和不能带来实惠甚至会造成经济混乱与巨大损失的高速度。拿“八五”时期（1991—1995 年）的年均 12% 的高速增长来讲，我们在肯定其成就的同时，不能忽视 1992 年经济过热造成的经济混乱和严重通货膨胀及其消极后果。本来，1988 年实行治理整顿后，1991 年国内生产总值已经升到 9.2% 的增长率，若顺其自然发展，1992 年也会达到 10% 的高度。但 1992 年又刮起了一次大干快上的旋风，当年出现了 14.2% 超高速度，这是一种不正常的、具有很大负面效应的增长速度。其后不得不以加强宏观调控的手段实行紧缩措施，但又导致了通货紧缩趋势的出现。对经济增长中的盲目扩大和紧迫收缩，是要付出重大代价的。在目前条件下，决不要再追求超高速度。实行第三步发展战略，只需年均增长 7.5% 左右就可以了。个别年份可以达到 8%—9%。11% 的高速度可视作走向过热的警戒线。

第二，中共中央“十五”计划建议提出：发展是主题，结构调整是主线。结构调整包括多方面的内容。从当前国内外的形势特别是中国即将加入世贸组织的形势来看，优化产业结构、发展高新科技产业，应放在重要地位。“十五”建议还把科技进步与改革开放并列作为发展的动力。当前的国际经济竞争，核心是高新科技竞争，归根结底是高新科技人才的竞争，怎样更好地培养和发展科技人才，用好科技人才，是我国当前和今后发展社会经济中的一个突出的问题。党中央“十五”计划建议指出：“随着生产力的发展，科学技术工作和经营管理作为劳动的重要形式，在社会生产中起着越来越重要的作用。在新的历史条件下，要深化对劳动和劳动价值论的认识。建立和健全收入分配的激励机制和约束机制。”在这个问题上，我认为，不仅应肯定科技工作和经营管理作为高级的复杂劳动，会创造更多的价值，而且还应重视它们在提高劳动生产率，增进和实现财富中的重要作用。要把价值论和财富论既相统一又区别开来。一项重大的科技发明，可以提高劳动生产率几倍、几十倍、上百倍，从而相应地增加社会财富多少倍，但不等于增加价值多少倍。英国产业革命后，棉纺织业的劳动生产率和产量大幅度提高，而机制棉纱与棉布的价值与价格却大幅度下降。如百支棉纱每磅的单价，1786 年是 38 先令，1831 年下降为 2 先令 11 便士。棉布的价格，1820—1830 年的 10 年中下降了近一半。这是劳动生产率与单位商品价值成反比规律作用的表现。我国对科技工作和经营管理劳动的报酬，既要考虑其作为复杂劳动创造了更多的价值，也要考虑其提高劳动生产率增加社会财富的贡献。

第三，既要重视经济的增长，更要重视经济社会的可持续发展。而实现可持续发展，涉及经济、科技、环保、生态、文化各个领域的相互协调与配合。为此，我认为，应重视物质生产力和精神生产力的协调与配合。过去讲生产力，只是或主要是讲物质生产力；讲生产劳动也侧重于讲物质生产劳动，讲生产劳动又一定与创造价值联系在一起。随着社会经济的发展和科技的日益进步，非物质生产劳动如精神生产劳动包括科技、教育、文化、艺术、环保等领域的劳动所占比重也不断增加。精神生产力在社会进步中所起的作用也越来越大。物质生产劳动可以是只创造财富不创造价值的劳动，如生产供自己消费的产品的劳动和不存在商品经济的社会的劳动；也可以是既创造物质财富又创造价值的劳动，生产商品的劳动就是这样。精神生产劳动可创造精神财富，有的也创造价值，如“生产”书籍、绘画、影视等作为商品的产品，就具有价值；有的不生产物质产品，但可提精神产品，如教授讲课、舞蹈家表演，是精神生产劳动。我认为，在理论认识上应跳出一个误区：似乎生产价值的劳动比不生产价值的劳动其地位和作用更高一筹，似乎只有生产价值的劳动才是生产劳动。其实不是这样。马克思曾设想在社会主义和共产主义社会，商品生产不再存在，劳动不再形成价值。但他决不认为，社会主义和共产主义社会不创造价值的劳动，不如资本主义社会创造价值的劳动更高贵。恰恰相反，他们认为，新社会中不再受剥削和奴役的“自由人联合体”成员的劳动，要比资本主义雇佣劳动的地位高得多。一位数学大师或哲学大师的精神生产劳动，不管它是否创造价值，其地位和贡献，要大于一位从事物质生产劳动、创造价值的普通职工。科技发明，起先是作为精神财富存在，用于生产便转化为物质财富。知识创新与技术创新的重要性日益突出，应重在它们在经济社会发展中的作用，而不必争议它们是否创造和创造多大的价值。

发展中国的经济学，需要从国际对比中总结我国经济发展的经验与教训以及经济理论指导上的得失，多做一点铺垫工作，少讲点空话大话。

第二个问题：关于国企解困

目前，我国国企中有一部分质量高、效益好，但引人关注和担忧的是有相当一部分企业仍处于困境。国企的亏损面和亏损额在扩大，经济效益持续下滑。

造成国企困难的原因是多方面的：有历史的、现实的、外部的、内部的原因，想要在短期内消除多种制约因素，毕其功于一役地全盘解决问题，是不现实的。

当务之急，是需要解决困扰企业的一些内外部的制约因素和症结。

（一）消除企业外部非体制性制约因素

首先需要解决三方面的问题：一是严厉打击走私：保护民族工业。近几年来，走私活动猖獗、范围广泛，严重冲击国内市场和国企，甚至可以冲垮某些行业。石油石化工业，本来是我国盈利性大的新兴行业，但在成品油大量走私的情况下遭受严重打击。1998 年第 1 季度仅石化集团公司就亏损 25 亿元，全国 3700 多口油井被迫关闭。由于大量化纤产品走私进来，使我国 2/3 的化纤厂被迫停产。据统计，我国在某一时期批准进口的纸烟只有 5 万件，而走私进来的竟达 500 万件，极大地冲击了国内纸烟市场。轿车也走私严重，冲击了我国本来还较稚嫩的轿车工业。根据去年几个月的时段计算，我国从韩国走私进来的轿车为正常进口的 16 倍。去年后半年展开严打走私后，石油石化工业的困境显著缓解。这表明，严打走私，是保护民族工业特别是解困国企的必要条件之一。

二是制止重复建设，进行结构调整。重复建设这是几十年来积淀的老问题，近些年来又有新发展。由于重复建设，造成企业生产能力大量闲置、浪费、产品积压、效益低下。例如，彩电生产行业，现在市场需求只有 1000 万—1600 万台，但生产能力差不多达到 4000 万台，有一半以上至 3/4 的彩电生产能力是过剩的。除少数技术水平先进的彩电企业外，其他彩电企业必然效益低下，诸多困难。又如羊绒行业，近五六年来，羊绒加工企业由几十家猛增至 2600 多家，数百万件羊绒衫积压在仓库里，使羊绒行业陷入困境。石化行业也存在重复建设问题。固然去年全行业是盈利的，但为了提高效益，到年底需要关闭 1200 家小炼油厂。再如煤炭行业，出现了全行业亏损现象。这也是生产盲目扩张，造成严重供过于求的结果。特别是多年来，私人小煤矿盲目发展，乱采乱开，既浪费和破坏了国有煤矿资源，又造成煤炭大量积压。近年来，在生产的 13 亿吨煤炭中，私人煤矿、小煤矿生产的就有7.5亿吨。最近不得不采取措施，限制私人小煤矿的盲目开采。重复建设不能再继续下去。不仅对国企搞重复建设要亮红灯，对非国有经济的重复建设也要有控制、有引导。对以往重复建设积淀成的不合理经济结构，要进行调整。要像纺织行业限产压锭那样，采取一些坚决的有效措施。

三是惩办假冒伪劣，开展正当竞争。商战中的假李逵——李鬼，可以打伤、打倒李逵。假冒货不仅争夺国企市场，还用不正当竞争手段损害国企，甚至在打击假冒商品中祸及名优企业。如打击山西假酒（毒酒）祸及优质名酒——汾酒。这与打假中缺乏同时保护名优产品的自觉意识和相应措施有关。假冒伪劣商品禁而不止，打而不败，甚而愈演愈烈，泛滥成灾，与地方保护主义的庇护和打击力度不够有关。这种损害国企、损害消费者利益、破坏市场秩序、损害整个社会经济的毒瘤，如不割掉，会严重侵蚀社会主义市场经济肌体。应增大打假力度，提高制假贩假的成本，直到使其倾家荡产。只有在雷霆万钧的威慑力量下，假冒伪劣气焰才会收敛。

（二）消除企业内部制约因素和症结

需要首先解决三方面的症结问题：一是抓好领导班子建设，重视造就企业家人才；二是惩治企业腐败，形成有效约束机制；三是加强和完善管理，挖掘内部潜力。

关于领导班子整顿和建设问题，在指令性计划经济体制下，企业是政府主管部门的附属物，连原本不懂企业管理、缺乏企业知识的干部，也可以被政府委派到企业去当厂长经理。因此，那时没有企业家，也不需要企业家。现在搞社会主义市场经济体制，国企的经营管理体制也需要随之有根本性转变。但后者的转变滞后于前者。因为传统计划经济体制不可能培养出适应社会主义市场经济需要的企业管理人才。要有一个适应和转变的过程，包括观念和认识的转变，业务知识的转变，管理体制和方法的转变等。有的转变得快，有的转变得慢，有的转变迟滞或难以转变，随不同企业的厂长经理的素质不同而有异。在新的经济体制下，需要有适应社会主义市场经济体制的企业领导班子，特别是第一把手。新体制下的领导，应具备三方面的素质：一是业务素质，即善于经营管理，善于科学决策，善于市场竞争，善于驾驭商海变化，善于配置企业内部的资源；二是品德素质，即能廉洁奉公，有奉献精神，办事公平、公正，能团结职工，“以人为本，以德治厂”，能发挥出人格的力量和感召精神；三是思想理论素质，国企的领导人，应是有思想、有抱负、有远见、有卓识、善于分析和把握国内外经济形势变化，善于理解和把握国家的指导思想及其理论、方针政策，具有理论修养的社会主义企业家。

惩治企业腐败，包括企业领导人以权谋私、贪污受贿、化公为私，包括企业各层人物蛀蚀企业、损公肥私，应作为解困国企的重点来抓。从实际情况来看，凡是亏损严重的国企，多数与企业腐败有关。有的企业一查，大小硕鼠不是几个、十几个，而是上百个。企业管理层特别是主要领导的无能加腐败，必然会把企业搞垮。在传统体制下，企业没有自主权，厂长经理搞腐败的空隙小，机会少，在实行市场经济条件下，企业有了自主权，又实行厂长经理负责制，厂长经理大权在握。然而，在改革过程中，相应的监督约束机制没有跟上来，没有建立和形成对企业领导层特别是第一把手权力的有效监督约束机制。权力没有约束，就会滥用权力，就会走向腐败。权力越大，越需要有相应和对称的监督约束机制。我们要求企业领导人思想品德素质高，廉洁奉公，但不能把搞好企业的天平简单压在这一边。离开监督约束机制，可能产生“异化”或蜕化现象，由好变坏。企业的约束机制，首先是对财务权力的约束。富了方丈，苦了和尚，穷了庙的现象，都与对企业领导人财务权力缺乏约束机制有关。既要有企业外部的审计、稽查等的监督和约束，也要有企业内部的有效监督与约束。

加强和完善企业管理，已成为紧迫的任务。近些年来，忽视管理和管理滑坡的倾向比较普遍。有些亏损企业，管理工作一塌糊涂。管理不善，带来“跑冒滴漏”、带来资产流失、带来纪律松弛、带来质量下降、带来产品积压、带来秩序混乱、带来效益低下、带来蛀虫侵蚀、带来亏损扩大。加强和完善管理，是企业的基础工作。在搞好管理的基础上，才能搞好其他方面。纵观所有名优企业，如双星、吉化、邯钢、海尔等，都有一套有效的管理体制。

企业管理的加强和完善，与企业管理体制的改革与创新是分不开的。传统计划体制下，是一套管理办法；搞市场经济，是另一套办法。固然原有的管理制度与方法中，也有继续适用的方面，但需要适应新的经济体制，改革和加强管理，把原来盯着上级指令的眼睛转向市场，所谓“眼睛盯在市场上，功夫下在管理上”。向管理要效益、要质量、要发展。加强和完善管理，才能不断挖掘企业潜力，使企业的质量和效益持续提高。管理，分大管理和小管理，我们着眼于大管理。搞好管理，包括企业内部的机制转变和增长方式转变，包括提高产品的科技含量，产品更新换代，能适应市场和开拓市场，能在把握市场信息中适时做出科学决策，敢于和善于在市场经济的浪涛中拼搏。

只有解决好企业内部症结问题，才能团结广大职工，调动他们的积极性。没有广大职工积极性的发挥，是难以搞好企业的。改革是解放生产力，首先是解放被旧体制束缚和压抑了的劳动者的积极性和创造性，国企改革成效不高，正是与广大职工积极性和创造性发挥不够有关。

对中国经济发展的历史与现实的经济学思考[①]

在中国共产党建党80周年之际，《经济研究》组织笔谈。我认为探讨中国的经济学的发展问题，既要立足于中国经济发展的历史与现实，又要为社会主义经济的发展服务，为其提供理论思想。为此，笔者结合我国经济增长与发展的历史与现实，并通过国际比较，谈一点对经济学的思考。

在近代史上，中国的社会经济发展有两次游离于世界经济快速发展的总的趋势之外，失去了本来可以随势迅速发展的有利机遇。这主要与指导思想和政策上的失误有关。

中国人民曾创造过灿烂的古代文明和辉煌的科技成就，也有过在世界经济总量中遥遥领先的份额。美国学者保罗·肯尼也肯定："在近代以前的所有文明中，没有一个国家的文明比中国文明更发达，更先进。"19世纪初，中国制造业的产量约占世界产量的1/3。但由于清朝政府的闭关锁国政策和腐败统治，以及与此相关的后来的列强入侵和掠夺，中国的制造业产量比重跌落到了1900年的6.2%。而美国在同期则由0.8%上升到23.6%，欧洲由28%上升到62%。19世纪发达资本主义国家随着产业革命的完成，社会经济快速发展。而中国清政府则在一系列发展政策上作茧自缚，脱离了世界经济发展的总的轨道，变成列强发展的宰割对象。结果是导致中国自19世纪三四十年代至20世纪前半世纪的100多年中日益沦为一个落后、贫穷的国家，失去了一次发展的大好机遇。

中国共产党领导的民主革命和社会主义革命以及社会主义建设事业，就是要解放被旧制度束缚了的生产力，改变中国落后、贫穷的面貌，使中国跻身于先进国家之列。

新中国成立后，百废待兴，在继续完成民主革命的同时，大力开展了经济建设。经过三年恢复时期，又顺利完成了第一个五年计划。"一五"期间国民收入年均增长8.9%，人民生活水平提高得也较快。改革开放以前的30年中，中国的

---

① 本文原载《经济研究》2001年第7期。

经济增长速度从世界范围看还是较高的，经济建设也取得巨大成就。但是，从当时的世界发展形势和我国可能也应当达到的成就来看，由于 20 多年“左”的指导思想与政策造成的失误，使我国错过和失去了一次迅速发展的有利机遇。

在第二次世界大战后的 20 世纪 50 年代到 60 年代的 20 多年中，世界许多国家的经济空前增长。英国 1950—1967 年间，每 10 年的增长率为 34.9%，超过了自 1885—1950 年间每 10 年增长 16.3% 至 23.8% 的速度。法国在 1950—1966 年间，每 10 年的增长率为 60%，远远超过了 1831 年以来 11.5% 至 26.9% 的速度。联邦德国同期每 10 年增长 83.2%，远远超过德国 1850 年以来的任何时期。美国 1950—1967 年间每 10 年的增长率为 42.1%，超过了 1900—1950 年间的发展速度。加拿大同期的增长速度，是 1870 年以来最高的，为 52.7%。特别是日本，在 1952—1967 年间，每 10 年的经济增长率为 152.8%。在 20 世纪 50 年代前期，日本的国民生产总值低于中国，但它经过 20 年的高速发展，一跃而为资本主义世界仅次于美国的经济大国。

新中国在 20 世纪 50 年代后期至 70 年代 20 多年中，在发展生产力和生产关系方面，都出现了违反客观经济规律的“左”的错误。在发展生产力方面搞大跃进，盲目追求高速度、高指标；在发展生产关系方面，搞“不断革命”和不断升级。其实，“左”的势头，1955 年在农业合作化问题上批评“小脚女人”时就已露头了。“左”的错误给我国的经济、文化、政治生活及其发展造成了严重的损失，大跃进变成了大跃退。“二五”计划时期国民收入年均增长率倒退为 -3%。加上“文革”的破坏，1959—1968 年近 10 年中，经济没有增长，反而倒退（以 1952 年的国民收入指数为 100，1959 年为 202.1，1968 年反降为 200.4），耽误了 10 年的发展机会。否则，中国目前的经济总量至少可以增加一倍。在 50 年代到 70 年代的 20 多年中，在世界各国经济快速发展的大趋势中，中国反而相对落后于世界发展大潮，又错过了一次机遇。造成失误的根源在于政治体制和经济体制方面，缺乏决策的科学化、民主化、程序化是其直接诱因。而这些又是与理论认识上的偏差和主观唯意志论相联系的。

上面讲我国发展中的失误，是从总结经验教训以利于今后发展的角度着眼的，并不能由此否定党领导的新中国前 30 年的巨大成就。新中国从根本上改变了半殖民地半封建的旧社会制度，推翻了压在中国人民头上的“三座大山”，在经济、科技、教育、文化、医药等各个领域都取得了超过旧中国 100 多年的成就。

党的十一届三中全会以来，通过拨乱反正，摒弃了“左”的一套理论与政策，实行改革开放。在发展社会经济的理论、方针和政策上都进行了有益的调整，20 多年来取得了举世瞩目的成就。经济增长速度达到年均 9.8% 左右。市场繁荣，商品丰富，人民生活水平显著提高，初步达到小康水平。农村贫困人口按当时标准计算，由 1978 年的 2.2 亿人，降到 3000 万人。由此实现了三步发展战略前两步的目标。

21 世纪进入了第三步发展战略阶段，中叶要达到中等发达国家水平。原设计我国人均国民生产总值达到 4000 美元就算达到中等发达国家水平，然而从世界银行提供的资料和标准来看，人均 4000 美元只是 20 世纪 90 年代初的中等发达国家的标准。世界银行将人均 GNP 从 3000 美元到 7000 多美元、平均 4020 美元的国家，都归类为“中上等收入国家”。其中包括的阿根廷的人均 6050 美元，葡萄牙的人均 7510 美元。这些中等发达国家会继续发展。到 21 世纪中叶，如果这类国家按年均 3% 左右的速度增长，人均 GNP 也会平均达到 20000 多美元。我国要达到这个水平，考虑到人口的增加，如果 2050 年人口增长到 15 亿人，GNP 需要达到 32 万亿美元。50 年内需要有年均经济增长 7.3% 的速度。有的年份可以增长 7% 左右，有的年份可以增长 8%—9%。如果能以 8% 左右的速度发展，则可以提前实现第三步发展战略。然而，50 年内保持这样的年均增长速度，不是一件容易的事情，需要有正确的发展战略与政策。

第一，我国的经济增长与发展，一定要克服片面追求高速、超高速的历史性倾向。改革开放后虽然接受经验教训，没有再发生 20 世纪五六十年代那种大起大落的经济增长状况，但依然出现过几次因片面追求高速度，造成经济过热，不得不进行治理整顿、采取调整措施的情况。经济成就的大小，不能只看增长速度，低效益的高速或经济过热的高速度，是不健康的和不能带来实惠甚至会造成经济混乱与巨大损失的高速度。拿“八五”时期（1991—1995 年）的年均 12% 的高速增长来讲，我们在肯定其成就的同时，不能忽视 1992 年经济过热造成的经济混乱和严重通货膨胀及其消极后果。本来，1988 年实行治理整顿后，1991 年国内生产总值已经升到 9.2% 的增长率，若顺其自然发展，1992 年也会达到 10% 的高度。但 1992 年又刮起了一次大干快上的旋风，当年出现了 14.2% 的超高速度，这是一种不正常的、具有很大负面效应的增长速度。其后不得不以加强宏观调控的手段实行紧缩措施，但又导致了通货紧缩趋势的出现。对经济增长中的盲目扩大和紧迫收缩，是要付出重大代价的。在目前条件下，决不要再追求超高速度。实现第三步发展战略，只需年均增长 7.5% 左右就可以了。个别年份可以达到 8%—9%。11% 的高速度可视作走向过热的警戒线。

第二，中共中央“十五”计划建议提出：发展是主题，结构调整是主线。结构调整包括多方面的内容。从当前国内外的形势特别是中国即将加入世贸组织的形势来看，优化产业结构、发展高新科技产业，应放在重要地位。“十五”建议还把科技进步与改革开放并列作为发展的动力。当前的国际经济竞争，核心是高新科技竞争，归根到底是高新科技人才的竞争，怎样更好地培养和发展科技人才，用好科技人才，是我国当前和今后发展社会经济中的一个突出的问题。党中央“十五”计划建议指出：“随着生产力的发展，科学技术工作和经营管理作为劳动的重要形式，在社会生产中起着越来越重要的作用”。在新的历史条件下，建立和健全收入分配的激励机制和约束机制。在这个问题上，笔者认为，不仅应肯定科技工作和经营管理作为高级的复杂劳动，会创造更多的价值，而且还应重视它们在提高劳动生产率、增进和实现财富中的重要作用。要把价值论和财富论既相统一又区别开来。一项重大的科技发明，可以提高劳动生产率几倍、几十倍、上百倍，从而相应地增加社会财富多少倍，但不等于增加价值多少倍。英国产业革命后，棉纺织业的劳动生产率和产量大幅度提高，而机制棉纱与棉布的价值与价格却大幅度下降。如百支棉纱每磅的单价，1786 年是 38 先令，1831 年下降为 2 先令 11 便士。棉布的价格，1820—1830 年的 10 年中下降了近一半。这是劳动生产率与单位商品价值成反比规律作用的表现。我国对科技工作和经营管理劳动的报酬，既要考虑其作为复杂劳动创造了更多的价值，也要考虑其提高劳动生产率增加社会财富的贡献。

第三，既要重视经济的增长，更要重视经济社会的可持续发展。而实现可持续发展，涉及经济、科技、环保、生态、文化各个领域的相互协调与配合。为此，笔者认为，应重视物质生产力和精神生产力的协调与配合。过去讲生产力，只是或主要是讲物质生产力；讲生产劳动也侧重于讲物质生产劳动，讲生产劳动又一般与创造价值联系在一起。随着社会经济的发展和科技的日益进步，非物质生产劳动如精神生产劳动包括科技、教育、文化、艺术、环保等领域的劳动所占比重也不断增加。精神生产力在社会进步中所起的作用也越来越大。精神生产劳动可创造精神财富，我认为，在理论认识上应跳出一个误区：似乎生产价值的劳动比不生产价值的劳动其地位和作用更高一筹，似乎只有生产价值的劳动才是生产劳动。其实不是这样。马克思曾设想在社会主义和共产主义社会，商品生产不再存在，劳动不再形成价值。但他决不认为，社会主义和共产主义社会不创造价值的劳动，不如资本主义社会创造价值的劳动更高贵。恰恰相反，他们认为，新社会中不再受剥削和奴役的“自由人联合体”成员的劳动，要比资本主义雇佣劳动的地位高得多。一位数学大师或哲学大师的精神生产劳动，不管它是否创造价值，其地位和贡献，要大于一位从事物质生产劳动、创造价值的普通职工。科技发明，起先是作为精神财富存在，用于生产便转化为物质财富。知识创新与技术创新的重要性日益突出，应重在它们在经济社会发展中的作用，而不重在它们是否创造和创造多大的价值。

发展中国的经济学，需要从国际对比中总结我国经济发展的经验与教训以及经济理论指导上的得失。多做一点铺垫工作，少讲点空话大话。

按照社会主义本质致力科学发展

一、既要做大“蛋糕”，又要分好“蛋糕”

党的十六大以来，我国的改革与发展事业，在中国特色社会主义理论指导下，在中国特色社会主义道路上大踏步前进，取得了举世瞩目的成绩。历史经验告诉我们：社会主义事业是否兴旺发达，是与是否切实贯彻实行社会主义本质要求紧密相关。搞社会主义，需要弄清什么是社会主义，怎样建设社会主义，而要弄清什么是社会主义，又以弄清为什么要实行社会主义为前提。马克思主义创始人之所以提出以科学社会主义取代资本主义，以公有制取代私有制，其根本出发点和落脚点是两条：一是快速发展生产力；二是共同富裕。资本主义在发展生产力，促进社会进步和文明方面起过巨大的作用，但在发展过程中，由于内在的矛盾，资本主义关系逐渐不适应强大的发展起来的生产力，表现为周期性的经济危机。搞社会主义，就是要解放被束缚的社会生产力，以获得更好更快的发展。但社会主义不是为发展生产力而发展生产力，其根本目的是实现全社会成员的共同富裕。快速发展生产力是实现共同富裕的物质条件。马恩列的许多著作中，都强渊上述两条。《共产党宣言》中提出：无产阶级取得政治统治，把一切生产工具集中在国家手中，“尽可能快地增加生产力的总量”。而发展生产力，是“丰富和提高工人生活的一种手段”。发展生产力是手段，提高人民生活水平是目的。马克思在别的著作中更为明确地指出：在新社会制度中，“社会生产力的发展将如此迅速，……生产将以所有人的富裕为目的”。列宁也讲，社会主义要创造出更高的劳动生产率，“使所有劳动者过最美好最幸福的生活”。因此，搞社会主义，就是为了通过快速发展生产力，使所有劳动者过共同富裕的、最美好和幸福的生活。共同富裕，是社会主义区别于以往一切社会制度的最本质的特点。邓小平的社会主义本质论，同样强调发展生产力和共同富裕。这正是使社会主义事业兴旺发达必须抓好的两大环节。用形象的语言说，就是既要做大“蛋糕”，又要分好“蛋糕”。

二、在中国特色社会主义理论指导下的经济社会发展

我国10年来之所以能够取得辉煌成就，从根本上说，正是在中国特色社会主义理论指导下，重视一手抓发展生产力，一下抓以人为本、民生为重的成果。十七大以来，更加强调共同富裕。为了解放和发展生产力，就要在理论和实践中致力于推进改革和开放；建设和完善社会主义市场经济体制；强调两个毫不动摇，即毫不动摇地实行公有制为主体，毫不动摇地鼓励、支持和引导非公有制经济的发展；强调又好又快地发展；提出和推进科学发展观，以科学发展为主题；由转变经济增长方式到转变经济发展方式；以加快转变发展方式为主线，实行全面协调可持续发展，统筹城乡、区域、经济社会发展，统筹人与自然和谐发展。重视创新，发展创新型经济。

为了更好地按社会主义本质要求发展经济社会，十七大调整了关于公平与效率关系的提法，强调两者的结合，初次分配和再分配都要重视效率和公平，再分配更加重视公平。胡锦涛同志在2008年12月18日的讲话中指出，“坚持效率和公平的有机结合才能更好地体现社会主义的本质”。

在正确的理论指导下，近10年来的经济发展是历史上最快的时期。2002年，国内生产总值为120333亿元人民币，2011年达到471564亿元，接近翻两番，扣除价格因素也增长1.5倍多。2003年到2011年，国内生产总值年均实际增长10.7%，高于改革开放以来年均9.9%的增速。2002年，中国GDP总量占世界份额的4.4%，在世界排名为第六位，2009年成为第三位，2010年，超过日本成为第二位，仅次于美国。经济总量占世界份额达10%左右。人均国内生产总值也快速增加，由2002年的1135美元，上升到2011年的5432美元。增加近3.8倍，翻了两番多。水涨船高，我与周围教师和职工的工资收入也在同期增长了约3倍。扣除价格因素，增长了近两倍，有少数教授增长更多。还需要看到，我国经济发展的辉煌成就，是在经历了多种严重的自然灾害和国际金融危机的情况下取得的。

建设社会主义新农村，重视解决“三农”问题，中央财政增加了“三农”支出，我国粮食产量连续9年增产。10多年前流传的“农村最穷、农民最苦、农业最危险”的警语已无人再提。

三、民生为重，增大惠民政策措施

随着生产力的快速发展，党和政府增大了惠民政策与措施，并从理论和实践上力求缓解收入差距扩大的趋势。中央一再提出和强调：“坚持发展为了人民，发展依靠人民，发展成果由人民共享”，“把不断改善人民生活作为处理改革发

展稳定关系的重要结合点”。强调走“共同富裕”的道路。10年来，城镇居民人均可支配收入年均增长9.2%，农村居民人均纯收入年均增长8.1%，是历史上增长最快的时期。我国城乡还有一部分生活困难人口，国家增大了扶贫救助措施，提高了扶贫标准。2006年，全面取消了农业税，结束了2600年来“哪个朝廷不纳粮”的历史。农民“迎闯王，不纳粮”的梦想成为当代现实。此外，种田还有补贴。义务教育的“两免一补”让1.5亿多个农村家庭受益。政府还出台了解决农民工问题的政策措施，形成了惠农、强农、富农的政策体系。

我国既面临着发展的战略机遇期，又面临着矛盾凸显和多发期。缓解和消除收入差距扩大的趋势，改革分配制度，迈向共同富裕，是当务之急。实现共同富裕，不仅需要以快速发展生产力为物质条件，还需要以公有制为主体的制度安排。需要坚持和完善中国特色社会主义经济制度，既不搞单一的公有制，又不搞私有化。私有化是不可能实现共同富裕的。

展望今后10年，经济社会将进一步显著发展，将全面实现更高水平的小康社会。经济增长和发展会更加重视质量和效益。经济增速将进入一个中高速的阶段。由于经济总量增大，即使年均增长8%，GDP的绝对量也会显著超过以往。

将继续高举中国特色社会主义旗帜，走中国特色社会主义道路，完善中国特色社会主义制度。将进一步推进改革开放，只有改革开放和中国特色社会主义，才能更好地发展中国，更好地发展社会主义和马克思主义。

转变发展方式依然是主题，科学发展会进一步推进，会更加关注、保障和改善民生。在共同富裕的道路上迈出新的步伐。